Data Engineering 4.0

Herbert Weber

Data Engineering 4.0

Kompositionale Informationsmodelle für industrielle Anwendungen

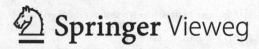

Herbert Weber
Berlin, Deutschland

ISBN 978-3-658-33184-9   ISBN 978-3-658-33185-6   (eBook)
https://doi.org/10.1007/978-3-658-33185-6

Die Deutsche Nationalbibliothek verzeichnet diese Publikation in der Deutschen Nationalbibliografie; detaillierte bibliografische Daten sind im Internet über http://dnb.d-nb.de abrufbar.

Planung: Petra Steinmüller
Springer Vieweg ist ein Imprint der eingetragenen Gesellschaft Springer Fachmedien Wiesbaden GmbH und ist ein Teil von Springer Nature.
Die Anschrift der Gesellschaft ist: Abraham-Lincoln-Str. 46, 65189 Wiesbaden, Germany

Für Fiona

Vorwort

Digitalisierung ist, wie der Begriff heute im öffentlichen Diskurs verstanden wird, jede Art der Nutzung von Daten und Algorithmen, die Nutzung von Computern zur Speicherung von Daten und Algorithmen und zur Ausführung der Algorithmen. Daten als Repräsentationen von Informationen charakterisieren den Gegenstand der jeweiligen Digitalisierung und Algorithmen repräsentieren im jeweiligen Gegenstandsbereich die dort stattfindenden Aktionen, Aktivitäten, Abläufe, Flüsse und Verfahren.

Die Digitalisierung erfolgt in nahezu allen Bereichen des öffentlichen und privaten Lebens der Menschen, in nahezu allen Bereichen der Arbeitswelt der Menschen und in nahezu allen Bereichen der Technik. Den Menschen eröffnet sie neue Möglichkeiten der Partizipation, stellt ihnen das Leben erleichternde Produkte und Verfahren bereit und schafft Prosperität und Wohlstand für die Gesellschaft. In der industriellen Welt ermöglicht sie durch weitergehende Automatisierung höhere Qualität, höheren Nutzungskomfort und höhere Sicherheits- und Zuverlässigkeitsstandards für technische Produkte und Anlagen. Sie wird dort zum Einsatz gebracht, um den schonenden Umgang mit natürlichen Ressourcen sicherzustellen und nun auch zunehmend, um den Menschen auf ihre individuellen Bedürfnisse ausgerichtete Angebote machen zu können.

Neue industrielle Welten durch Digitalisierung 4.0

Die Diversität der industriellen digitalen Systeme und Infrastrukturen und die damit verbundenen Heterogenitäten und Inkompatibilitäten sind heute häufig die „road blocks" für die Steigerung der industriellen Produktivität durch weitere Automatisierungen. Abhilfe wird durch eine neue Ganzheitlichkeit und Durchgängigkeit für die Digitalisierung des industriellen Handelns angestrebt. Für diese Aufgabe hat sich in der Zwischenzeit die Metapher „Digitalisierung 4.0" eingebürgert. Neue „industrielle Welten" mit hochgradig vernetzten Produkten und Prozessen als hochgradig vernetzte und hochgradig änderungsintensive, von Menschen konzipierte und vielleicht auch hergestellte Artefakte, haben hochgradig heterogene und damit hochgradig komplexe „Daten- und Informationswelten" zur Folge.

Weil in den neuen industriellen Welten sowohl seit Langem vorgehaltene, aber auch ganz neue, verschiedene oder sogar extrem verschiedene, Informationen zusammengeführt werden müssen, sind neue Konzepte erforderlich, die es erlauben unterschiedliche Informationen zusammenzuführen und die zusammengeführten Informationen verfügbar zu machen. Das erfordert neue Konzepte diese Daten zu erfassen und digital bereitzustellen um sie mit Hilfe intelligenter Algorithmen auszuwerten und nutzen zu können, sie kontrolliert zu modifizieren und die dabei entstehenden Folgewirkungen zu beherrschen, um sie als konsistente Daten- Und Informationswelten zu erhalten.

Es ist das Anliegen dieser Monographie einen Vorschlag für ein systematisches ganzheitliches und durchgängiges Daten und Informationsmanagement durch ein angemessenes Daten-und Information Engineering für industrielle Daten und Informationen, das diesen Herausforderungen gerecht wird, zu entwickeln.

Neue Daten/Informationswelten für die industrielle Digitalisierung 4.0

Die zunehmende Vernetzung schon existierender und neuer industrieller Anwendungen der Information-und Kommunikationstechnologien zu „digitalen Ökosystemen" verlangt eine Vernetzung von Daten, die in den jeweiligen Anwendungen autonom für die Nutzung in genau den jeweiligen Anwendungen konzipiert worden sind. Deren Bereitstellung und Nutzung erfolgt bisher, wie heute oft gesagt wird, in „Silos". Mit der autonomen Entwicklung und Nutzung der Daten dieser Silos sind häufig große Datenbestände geschaffen worden, die einerseits unverzichtbar sind, andererseits aber nicht kompatibel zueinander sind und für deren gemeinsame Nutzung zueinander kompatibel gemacht, das heißt integriert werden müssen.

Dabei soll auch verdeutlicht werden, dass sich im Hinblick auf die Art der relevanten Informationen und im Hinblick auf deren Integration die „industriellen Informationen" von den bisher in der Informationsmodellierung vorwiegend betrachteten „kommerziellen Informationen" unterscheiden und dass diese zum Teil sogar sehr verschieden voneinander sind. Das sind zum Beispiel industrielle, physikalisch definierte Informationen wie elektrische oder magnetische Felder oder mathematisch definierte Räume wie Vektorräume. Es sind aber auch möglicherweise geometrisch definierte Körper und Räume, deren Beschreibung dann zu deren Erzeugung mit additiven Fertigungsverfahren wie dem 3D-Druck dienen. Und Schließlich sind industrielle Informationen auch Repräsentationen von komplexen vernetzten Abläufen in technischen Anlagen sowie in kollaborativen vernetzten und grenzüberschreitenden Arbeitswelten.

Informationsmodellierung 4.0

Seit nunmehr fast 50 Jahren befassen sich Informatiker in der Wissenschaft und in der Praxis mit der Informationsmodellierung. In der Zwischenzeit sind nicht nur Theorien, Konzepte, Vorgehensweisen sondern auch Standards für die Informationsmodellierung verfügbar und in der Praxis zum Einsatz gebracht worden. Gibt es dann, so muss man sich fragen, überhaupt noch einen Anlass über Informationsmodellierung und Informationsmodelle neu nachzudenken. Mit dieser Monographie soll diese Frage positiv beantwortet werden. Anlass dafür ist, dass Daten als Repräsentanten von Informationen im Rahmen der industriellen Digitalisierung eine grundsätzlich neue und bedeutendere Rolle in den dortigen Anwendungen der Informations- und Kommunikationstechnologien zugeordnet wird.

Informationen und Daten erfassen und charakterisieren industrielle Gegenstandsbereiche der Digitalisierung und das Data Engineering entwickelt dazu Systematiken für die Handhabung von Daten: Für die Auswahl, Erfassung, Erzeugung, Speicherung, Aktualisierung und Nutzung von Daten. Data Engineering 4.0 entwickelt solche Systematiken für industrielle Digitalisierungen. Die Informationsmodellierung ist eine dieser Systematiken zur Handhabung von Daten als Repräsentationen von Informationen.

Vernetzung, Interoperation und Datenintegration

Die Integration der Daten aus interoperierenden, unabhängig voneinander entwickelten und betriebenen Anwendungen der Informations- und Kommunikationstechnologien, setzt die ganzheitliche Modellierung der durch sie genutzten Informationen voraus. Dabei wird gefragt, wie, wenn überhaupt, passen die Informationen aus einer Anwendung zu denen aus einer anderen Anwendung: Handelt es sich bei den verschiedenen Datenbeständen tatsächlich um Repräsentationen unterschiedlicher Informationen, treten Dopplungen auf, sind sie im Hinblick auf die integrierte Anwendung alle weiterhin nötig und repräsentieren sie alle für die integrierte Anwendung notwendigen Informationen.

Die Erfassung, Modellierung und Nutzung zu integrierender Daten erfordert möglicherweise auch die Integration unterschiedlicher Datenmodelle und Informationsmodelle, weil die Daten der zu integrierenden Daten und Informationen nach Vorgabe verschiedener Daten- und Informationsmodelle erfolgt ist. Die dazu nötigen Konzepte bereitzustellen und für unterschiedliche Anforderungen auch unterschiedliche Konzepte zur Anwendung zu bringen, ist das hier vertretene Anliegen. Dabei wird versucht solche Konzepte zu entwickeln, bei denen der Aufwand für die Integration unterschiedlicher, auch extrem heterogener Datenbestände, so gering wie möglich gehalten werden und die integrierten Datenbestände als eine „Kohabitation" der einzelnen zu integrierenden Datenbestände gestaltet werden können.

Semantik und Kompositionalität von Daten- und Informationsmodellen

Die Erfassung und Modellierung der durch zu integrierende Daten repräsentierten Informationen setzt voraus, dass die Bedeutung und zulässige Deutung der Daten im Hinblick auf die Informationen, die sie repräsentieren, bekannt ist. Diese Aufgabe entspricht in der Terminologie der Informationsmodellierung der Erfassung der Semantik der Daten und der Erfassung der Semantik der durch sie repräsentierten Informationen. Die Semantik der Daten wird als eine invariante Eigenschaft der Daten betrachtet, die auch bei Änderungen der Wertebelegungen der Daten unverändert erhalten bleibt. Entsprechen alle Daten eines Datenbestandes dieser Anforderung, wird diese Eigenschaft „Konsistenz" des Datenbestandes genannt.

Die Informationsmodellierung muss, um die Konsistenz der Daten zu jedem Zeitpunkt ihrer Existenz sicherstellen zu können, durch formalisierte Beschreibungen, die auch Überprüfungen zulassen, erfolgen. Diese formalisierten Beschreibungen werden durch die Nutzung von durch deren Syntax und Semantik definierte Modellierungssprachen ermöglicht. Der Aufgabe, der Erfassung und Modellierung der Semantik von Daten und Informationen und der dazu nötigen Konzepte, dient der größte Teil der Erläuterungen in dieser Monographie, weil eine nicht korrekte Integration und Verletzungen der Konsistenzforderung schwerwiegende Konsequenzen nach sich ziehen können

Kompositionalität bezeichnet eine Forderung für Daten und Informationen, die verlangt, dass in einem aus „Teilen" gebildeten „Ganzen" sich die Eigenschaften des „Ganzen" auf eine beweisbare Art aus den Eigenschaften seiner Teile ableiten lassen. Kompositalität ist damit die Voraussetzung dafür, in sich konsistente Daten und Informationsbestände aufzubauen und um nicht bei jeder neuen Nutzung von Teilen der Daten- und Informationsbestände überprüfen zu müssen, ob Inkonsistenzen und Inkompatibilitäten und sich daraus möglicherweise ergebende unübersehbare Folgen zu befürchten sind. Der Nachweis der Kompositionalität und damit der Nachweis von Eigenschaften der digitalen Systeme werden damit zur Basis für Zertifizierungen, die im Rahmen von Abnahmen und Zulassungen durch öffentliche Instanzen und sicher auch in gerichtlichen Haftungs-Auseinandersetzungen, eingefordert werden.

Mikro- und Makromodellierung

Die Erfassung und Beschreibung der Informationen auf dem „Granularitätsniveau" ganzer industrieller Systeme und Anlagen stellt, im Gegensatz zur heute meist praktizierten Mikromodellierung von Informationen mit den tradierten Techniken, eine Makromodellierung dar. Die heute vorwiegend genutzten objektorientierten Modellierungstechniken sind aber für die Mikromodellierung entwickelt worden. Deshalb werden sie auch nicht Ausgangspunkt der Überlegungen zur Makromodellierung sein. Für die Makromodellierung wird daher in dieser Monographie die der objektorientierten Modellierung vorausgegangene Entity-Relationship-Modellierung der Ausgangspunkt sein.

Sowohl in der Mikromodellierung als auch in der Makromodellierung müssen Informationsmodelle festlegen in welcher Weise Änderungen an den die Information repräsentierenden Daten erfolgen dürfen, um die in der Realität entstehenden Änderungen in einem Datenbestand nachvollziehen zu können. Die dazu im Datenbestand an einem Datum erfolgenden Änderungen können „Folgeänderungen" an anderen Daten des Bestandes nötig machen. Folgeänderungen können deshalb als „Seiteneffekte" der initialen Änderungen aufgefasst werden.

Die Informationsmodellierung muss auch die Voraussetzungen dafür schaffen, dass die sich aus Änderungen der Realität ergebenden Anforderungen zur Änderung eines schon erstellten und genutzten Informationsmodells und die sich daraus ergebenden, „Impacts" genannten Veränderungen eines Informationsmodells, korrekt und vollständig durchgeführt werden können.

Inhaltsübersicht

Um die Notwendigkeit der intensiveren Beschäftigung mit der Informationsmodellierung für industrielle Anwendungen zu verdeutlichen, wird im Kapitel 1 eine Auflistung von Argumenten zusammengetragen, mit denen deutlich gemacht wird, dass industrielle Anwendungen Besonderheiten aufweisen, die bisher nicht im Zentrum der Überlegungen zur Informationsmodellierung standen.

In Kapitel 2 werden die besonderen Anforderungen an die Informationsmodellierung für industrielle Anwendungen diskutiert. Dabei werden die verschiedenen in industriellen Anwendungen relevanten Informationen und der zu ihrer Darstellung nötigen Ausdrucksmittel erläutert. Es wird verdeutlicht, wie Beschreibung und Charakterisierung industrieller Artefakte unterschiedliche wissenschaftliche Bezugssysteme wie die der Mathematik oder die Physik nutzen muss, um Informationsmodelle zu erstellen und um deren intendierte Nutzung sicherzustellen.

Im Kapitel 3 werden dann anschließend konzeptionelle Grundlagen für die Informationsmodellierung dargestellt, um deutlich zu machen, dass die Begriffe „Wissen", „Information und Daten", „Syntax", „Semantik" und die Beziehungen zwischen ihnen für die Informationsmodellierung von zentraler Bedeutung sind. Gerade weil die Benutzung dieser Begriffe in unterschiedlichen Diskursen sehr unterschiedlich ist, müssen die Definitionen der Begriffe, der Abhängigkeiten und Beziehungen zwischen den Begriffen in dem jeweiligen Konzept für die Informationsmodellierung festgelegt sein, um die darauf aufbauenden Modellierungstechniken und Praktiken richtig einordnen zu können.

In Kapitel 4 werden kompositionale komponentenorientierte konstruierte Informationsmodelle eingeführt und damit werden die Grundlagen für systematische Kontextualisierungen und die damit möglich werdende uniforme Mikro- und Makromodellierung erläutert. Dazu wird deutlich gemacht, dass Wissen und Kenntnisse die Voraussetzung dafür sind Informationen und Daten realitätsgetreu zu erfassen und zu modellieren und um valide Abgrenzungen für einen Betrachtungsgegenstand zu erreichen. Sie sind damit nötig, um den „Überblick nicht zu verlieren" und die in einem Modell zu berücksichtigenden Daten und Informationen so zu modellieren, dass die Komplexität der Modelle beherrschbar bleibt.

In Kapitel 5 werden dann zunächst komponentenorientierte „extensionale Konstruktionen" als Konstruktionsmechanismen für Entities und Relationships als Bausteinhierarchien, und darauffolgend in Kapitel 6 komponentenorientierte „intensionale Konstruktionen" für die kompositionale Modellierung von Entity-

Klassen und Relationship-Klassen eingeführt. Von besonderem Interesse sind die in diesen Kapiteln wiederum diskutierten dynamischen Eigenschaften von Informationsmodellen. Mit „Propagationspfaden" werden die aus den Wirkungszusammenhängen resultierenden dynamischen Eigenschaft hierarchisch konstruierter Informationsmodelle spezifiziert, um die Änderungsdynamik, die zwischen Informations- und Datenbausteinen nachverfolgen zu können, und um festzulegen, welche Folgewirkungen eine Änderung an der Extension bzw. der Intension eines Informationsmodells an einer Stelle im Informationsmodell für den Rest des Modells hat.

Während bei extensionalen Konstruktionen Entities, Relationships und Entity-Relationships „gesammelt" und „erfasst" und solche mit gleichen Merkmalen „aufgezählt" und zu Klassen zusammengefasst werden, werden bei der intensionalen Konstruktion aus Entity-Klassen/Entity-Typen, Relationship-Klassen/Relationship-Typen und Entity-Relationship-Klassen/Entity-Relationship-Typen durch die Anwendung intensionaler Konstruktions-Abstraktions-Beziehungen „kreativ" konstruierte Entity-Klassen/Entity-Typen, Relationship-Klassen/Relationship-Typen und Entity-Relationship-Klassen/Entity-Relationship-Typen gebildet. Gegenstand der Betrachtung von intensionalen Konstruktionen sind also nicht mehr die die Extension bildenden einzelnen Daten, sondern die „Gesamtheit" aller extensionalen Elemente bevor diese extensionalen Elemente überhaupt bereitstehen, also die Intension.

In Kapitel 7 wird das HERMES Komponenten Konstruktionsmodell für die Informationsmodellierung definiert und in kompakter Form vorgestellt. Dabei wird deutlich gemacht, dass mit den in den vorangegangenen Kapiteln eingeführten Konstruktionen ein uniformes „Objektmodell" für die Informationsmodellierung entstanden ist. Es gestattet die Konstruktion mengenwertiger und nicht mengenwertiger Informationen, es gestattet die Konstruktion extensionaler und intensionaler Informationen und es gestattet die Konstruktion von Informationen, die die Konstruktion von Abläufen sowie die Dynamik von Abläufen abzubilden. Darüber hinaus wird die Sprache zur Beschreibung kompositionaler konstruierter Objekthierarchien eingeführt. Dazu wird deren Syntax und Semantik formal definiert und gezeigt, wie mit der Nutzung der Sprache die Darstellung von Syntax und Semantik von Informationsmodellen für industrielle Artefakte erfolgen kann.

Mit der Monographie ist nicht die Erstellung eines „Handbuches", sondern eher die eines „Essays" beabsichtigt, mit dem Interessierte zur Weiterarbeit am Thema eingeladen werden sollen. Wie später deutlich werden wird, ist die Informationsmodellierung für industrielle Anwendungen durch eine Vielzahl von nicht notwendigerweise neuen, aber in komplexen Verflechtungen zusammenspielenden- Themen bestimmt. Um trotz dieser komplexen Zusammenhänge das Lesen und Verstehen der folgenden Texte zu erleichtern ist neben der üblichen Dezimalnummerierung und der damit eingeführten Kapitelstruktur, in den Texten durch nicht nummerierte, fett gedruckte, Zwischenüberschriften versucht worden, auch das Wiederfinden spezieller Texte zu speziellen Themen zu erleichtern.

Die Konzepte der Informationsmodellierung werden im Text immer wieder durch graphische Darstellungen und einfache und damit stark simplifizierende Beispiele erläutert, um den Aufwand sie zu verstehen möglichst gering zu halten. Um ihre Tauglichkeit für die Modellierung auch großer spezieller Praxisbeispiele und für die Praxis selbst zu erproben, empfiehlt sich die Durchführung von Projektworkshops mit mehreren Beteiligten, bei denen die Dokumentation der Modellierungsergebnisse als Inzidenzmatrizen wie sie am Ende von Kapitel 7 vorgeschlagen werden zunächst mit einfachen Werkzeugen wie zum Beispiel Excel, durchzuführen.

Mit der Monographie wird, so ist zu hoffen, ein auch für die industrielle Praxis gangbarer Weg zum ingenieurtechnisch rigorosen „Data Engineering 4.0" aufgezeigt. Sie zeigt deshalb „was sein sollte" aber noch nicht, wie die Transformation dahin zustande zu bringen ist. Ein dafür entwickeltes Konzept zur Analyse und zum „profiling" existierender Informations- und Kommunikationsinfrastrukturen ist eines der in einem von der Kommission der Europäischen Union geförderten Vorhabens erarbeiteten Ergebnisse und steht bei Interesse zur Verfügung.

Meine langjährige Lehr-, Forschungs- und Beratungstätigkeit hat wohl zu der Einsicht geführt, dass der Informationsmodellierung und dem Informationsmanagement für industrielle Anwendungen in der Vergangenheit zu wenig Beachtung geschenkt worden ist. Mit dieser Monographie wird der Versuch gestartet, eine intensivere Beschäftigung mit dem Thema anzuregen. Dem ist zuzuschreiben, dass dieser Monographie im Anhang auch ein Vorschlag für ein Curriculum zum „Data Engineering 4.0" hinzugefügt worden ist.

Herbert Weber

Inhaltsverzeichnis

1. Informationen und Informationsmodelle

Zusammenfassung

Um die Notwendigkeit der intensiveren Beschäftigung mit der Informationsmodellierung für industrielle Anwendungen zu verdeutlichen, wird im Kapitel 1 eine Auflistung von Argumenten zusammengetragen, mit denen deutlich gemacht wird, dass industrielle Anwendungen Besonderheiten aufweisen, die bisher nicht im Zentrum der Überlegungen zur Informationsmodellierung standen.

In der Wirtschaft, aber auch in anderen Organisationen sind Informationen und die sie repräsentierenden digitalisierten Daten als „Geschäftsinformationen", als „technische Informationen" oder als „Marktinformationen" etc. seit langem bereitgehalten und für die Erledigung der jeweiligen Aufgaben verfügbar gehalten und genutzt. Sie werden dort allerdings noch immer und allzu häufig als etwas „ohnehin Verfügbares" betrachtet, ohne dass ihr „Geschäftswert" oder ihr „potenzieller Geschäftswert" Gegenstand weiterer Überlegungen ist: Sie gelten als eine „Commodity" und werden nicht immer -wie nötig- als strategisches Wirtschaftsgut angesehen.

In der Zwischenzeit setzt sich dazu mehr und mehr die Erkenntnis durch, dass Informationen und Daten nicht „Alles" sind, dass aber alles ohne qualitativ hochwertige, geschützte Informationen „Nichts" ist und dass das organisationsweite Informationsmanagement von strategischer Bedeutung ist. Unternehmen und Unternehmensleitungen bemühen sich, die Werte, die ihre Informationen darstellen, zu erhalten und vor dem illegalen Zugriff durch Unbefugte zu schützen, aber auch den Missbrauch und die unzulässige Nutzung durch Befugte zu verhindern.

Das ist auch Anlass genug für einen Paradigmenwechsel für die Nutzung von digital verfügbar gehaltenen Informationen und Daten. Während am Beginn der Digitalisierung Informationen und Daten -metaphorisch gesprochen- als digitalisierte Karteikarten betrachtet wurden, werden sie nun mehr und mehr als „corporate asset" und „corporate ressource" zur Entwicklung virtueller Abbilder von Unternehmen, Produkten und Produktionsverfahren, von Dienstleistungen sowie von Werkstücken und Werkzeugen verstanden. Es bedarf vor diesem Hintergrund keiner weiteren Erklärung, dass Informationen und Daten zu einem Herzstück aller Unternehmungen geworden sind.

Es ist in der Zwischenzeit auch offensichtlich, dass dafür Informationen und Daten, die zunächst unabhängig voneinander erhoben und elektronisch

© Springer Fachmedien Wiesbaden GmbH, ein Teil von Springer Nature 2021
H. Weber, *Data Engineering 4.0*, https://doi.org/10.1007/978-3-658-33185-6_1

gespeichert worden sind, so miteinander verknüpft werden müssen, dass mit ihnen auch „grenzüberschreitende" Anwendungen entwickelt werden können. Dafür ist die „passgerechte" Integration von Informationen und Daten bis zu dem Grad nötig, dass mit ihnen Gesamtheiten" entstehen, in denen die „Komplementarität" der verschiedenen Datenbestände sichergestellt wird und diese auch konsistent sind.

Neue integrierte Anwendungen, insbesondere integrierte technische industrielle Anwendungen, erzwingen auch einen veränderten Umgang mit Informationen und Daten: Während auf der einen Seite ihre konzeptionelle Integration nötig wird, ist in verteilten Organisationen auf der anderen Seite eine Tendenz zur Proliferation der Daten zu vielen Lokationen aus den unterschiedlichsten Gründen, wie zum Beispiel auch aus Effektivitätsgründen und Sicherheitsüberlegungen, nicht zu vermeiden. Integration und Verteilung von Daten und Informationen werden damit zu zentralen Anliegen in deren industriellen Nutzungen.

1.1 Informationsmodelle und Informationsmodellierung

Jedes Unternehmen nutzt Daten in der für das Unternehmen bestgeeigneten Weise, um seine Aufgaben zu erfüllen. Die Daten werden gespeichert, um sie wiederverwenden zu können, oder um sie als Archivdaten zur Dokumentation des Unternehmensgeschehens nutzen zu können. Daten dienen innerhalb der Unternehmensorganisation zum Informationsaustausch zwischen Akteuren und zum Informationsaustausch mit der Umwelt des Unternehmens.

Auch in industriellen Anwendungen sind Informationen solche, die eine langfristige Bedeutung haben und deshalb als persistente Informationen vorgehalten werden müssen und solche, die nur eine temporäre Bedeutung haben und als transiente Informationen betrachtet werden können. Transiente Informationen sind z.B. erforderlich um Aktionen anzustoßen oder zu beenden und dienen damit der Steuerung und Regelung der Aktivitäten der technischen Systeme. Nach ihrer Nutzung dienen sie eventuell noch der Protokollierung der durch sie gesteuerten und geregelten Ereignisse oder sie sind obsolet.

Diese Betrachtung der industriellen Nutzung von Informationen und Daten erfordert Informationsmodellierungen, die über klassische Konzepte hinausgehen, aber in vielfältiger Weise auf den dort gelegten Grundlagen aufbauen. Diese noch einmal darzustellen scheint nötig zu sein, um die neuen Herausforderungen erkennen zu können.

Datenbanken

Die Speicherung und das Wiederauffinden von Daten mit Hilfe einer Datenbank und einem Datenbankmanagementsystem zur wiederholten Nutzung der Daten in Anwendungen ist Stand der industriellen Praxis. Diese Nutzung der Daten ist dann erfolgreich, wenn mit der Bereitstellung der Daten in einer Datenbank und bei der späteren Nutzung sichergestellt ist, dass die Bedeutung und zulässige Deutung der Daten bekannt ist, ohne dass die Bedeutung der Daten explizit angegeben und in der Datenbank gespeichert worden ist, oder dass sichergestellt ist, dass die Bedeutung der Daten in jedem Fall aus der Benennung der Daten abgeleitet werden kann. Es wird also erwartet, dass Bereitsteller und Nutzer der Daten ein gemeinsames Verständnis von der Bedeutung und zulässigen Deutung sowie der Nutzung der Daten haben.

Die Entwicklung eines solchen gemeinsamen Verständnisses gelingt nur dann, wenn die „kognitive Distanz" zwischen Bereitsteller und Nutzer nicht zu groß ist oder wird, und damit das gemeinsame Verständnis mindestens im Großen und Ganzen gegeben ist. Mit der wachsenden und umfassender werdenden Digitalisierung industrieller Anwendungen im Ablauf der vergangenen Dekaden und mit der wachsenden Menge von digital verfügbaren Daten entstand immer häufiger das Problem, dass Bereitsteller und Nutzer der gespeicherten Daten dieses gemeinsame Verständnis nicht mehr entwickeln konnten, ohne dass dieses gemeinsame Verständnis selbst dokumentiert worden ist. Dies hat die Notwendigkeit von einem Datenmanagement zu einem Informationsmanagement überzugehen bedingt, und dafür spielt die Informationsmodellierung die entscheidende Rolle.

Informationsmodellierung

Informationsmodellierung ist in den 70er Jahren des vorigen Jahrhunderts mit der Diskussion um das richtige „Datenmodell" für Datenbanksysteme als Disziplin in der Informatik begründet worden. Die davor schon im Wesentlichen in der „Artificial Intelligence"- Forschung begonnenen Arbeiten, sogenannte semantische Netze als Repräsentationen für die Semantik gesprochener Sprache zu entwickeln, haben die Informationsmodellierung von Anbeginn an stark beeinflusst. Nicht zuletzt deshalb sind zunächst Entity-Relationship-Modelle als pragmatische Ausprägungen semantischer Netze zu einem attraktiven Modellierungskonzept weiterentwickelt worden. Letztlich sind Einflüsse des Software Engineering auf die Weiterentwicklung der Informationsmodellierung hin zu objektorientierten Konzepten, wie sie dann zur „Unified Modeling Language" geführt haben und dort auch standardisiert worden sind, aus der Praxis der Informationsmodellierung nicht mehr wegzudenken.

Die Informationsmodellierung ist eine der Aufgaben zur Planung der Bereitstellung von Informationen für deren anschließende Nutzung für einen bestimmten Zweck. Die entstehenden Informationsmodelle sind Darstellungen der für die erwarteten oder bekannten Nutzungen notwendigen und zur Verfügung stehenden Informationen. Die Informationsmodellierung ist also getrieben durch einen erwarteten oder schon existierenden Informationsbedarf. Auch wenn die Informationsmodellierung in diesem umfassenden Sinn erst jetzt ihre Bedeutung gewinnt, waren Informationsmodelle früher schon von praktischer Bedeutung. Sie dienten als Kataloge, Register oder Datenbank-Schemata für die in Datenbanken gespeicherten Daten und waren deshalb für das Datenmanagement mit Datenbanken und für die Realisierung von Datenbanksystemen ein unverzichtbares Konzept.

Informationsmodelle

Informationsmodelle sind „Ordnungsschemata" für Informationen in dem Sinne, dass sie Informationen und zwischen Informationen existierende Beziehungen und Abhängigkeiten darzustellen gestatten. Die Bedeutung der Informationsmodelle als Ordnungsschemata besteht im Wesentlichen darin, dass aus ihnen ablesbar wird, welche Deutungen den Informationen und den die Informationen repräsentierenden Daten zugeordnet werden dürfen oder auch müssen und welche ihnen nicht zugeordnet werden dürfen..

Von Informationsmodellen wird auch erwartet, dass sie nicht nur Momentaufnahmen für eine bestimmte Situation sind, sondern auch darstellen, welche Veränderungen der die Informationen repräsentierenden Daten zur Aktualisierung der Momentaufnahmen zugelassen werden können oder auch müssen, um eine sich verändernde Situation durch eine Veränderung der Daten korrekt widerzuspiegeln. Mit dem Begriff „Situation" wird deutlich gemacht, dass Informationsmodelle letztlich mehr oder weniger umfassende Abbilder einer „Realität" oder von Teilen dieser Realität im Zeitablauf sind. Sie dienen damit dem Verstehen und Dokumentieren der Realität im Zeitablauf.

Die im Zeitablauf nötig werdenden Änderungen von Informationen und den sie repräsentierenden Daten eines Datenbestandes können, um invariante Eigenschaften der modellierten Realität als invariante Eigenschaften von Informationen eines Informationsmodells darzustellen. Verletzen Änderungen von Daten an einer Stelle, können sie zur Wiederherstellung der invarianten Eigenschaften des Informationsmodells Änderungen an anderen Daten erfordern. Solche „Seiteneffekte" müssen in Informationsmodellen, quasi vorausschauend, dargestellt werden, um die Konsistenz der Informationsmodelle sicherstellen zu können

Die Dynamik der Veränderungen in der Realität ist allerdings nicht immer allein durch Veränderungen der Daten selbst möglich, sondern erfordert darüber hinausgehend auch die Veränderung schon existierender Informationsmodelle. Die Veränderung einer Information an einer „Stelle" im Informationsmodell hingegen, kann eine Vielzahl von Veränderungen an anderen „Stellen" des Informationsmodells nach sich ziehen. Änderungen eines Informationsmodells an einer „Stelle" bedingen einen sogenannten „Impact" auf andere „Stellen" des Informationsmodells. Mit der Informationsmodellierung müssen deshalb auch die Voraussetzungen für ein systematisches Seiteneffekt- und Impactmanagement geschaffen werden.

Unternehmens-Informationsmodelle

Die heutige industrielle Praxis ist auch dadurch gekennzeichnet, dass in den vergangenen Dekaden schon eine Vielzahl von Datenbeständen entstanden ist, für die nicht immer Informationsmodelle existieren. Für deren erfolgreiche weitere Nutzung ist dann, wenn deren „Vernetzung" unabdingbar ist, um weitergehende Ziele zu verfolgen, ein nicht zu unterschätzender Aufwand für die „Integration" zu bewältigen. Integration ist aber gerade auch eine der Innovationen, von der die großen Effekte für ein ökonomisches Informationsmanagement erwartet werden.

Wird angestrebt, ein Informationsmodell für eine ganze Unternehmung bereit zu stellen, wird dies dann als „Enterprise Information Model" bezeichnet. Die Gesamtheit der Informationen als Informationsmodell darzustellen, führt in der Regel dazu, dass voneinander unabhängig entwickelte Datenbestände zusammengeführt werden müssen. IT Unternehmen bieten dazu eine Vielzahl von Produkten an, mit denen der Datentransfer zwischen verschiedenen IT Systemen automatisch bewerkstelligt werden kann. Es gelingt mit diesen Angeboten zwar, den Zugriff auf Datenbestände unterschiedlicher Anwendungen und deren Transfers problemlos erscheinen zu lassen, sie liefern jedoch keine Lösungen im Hinblick auf die „richtige" Zusammenführung der „richtigen" Daten mit der „richtigen" Bedeutung für die Integration der verschiedenen Anwendungen.

Dieser Anforderung wird im Weiteren besondere Aufmerksamkeit zukommen, um den heute in industriellen Anwendungen anzutreffenden Gegebenheiten gerecht zu werden. Dass diese Integration unterschiedlicher, voneinander unabhängig entwickelter Datenbestände auch die Integration der durch die Daten repräsentierten Informationen erfordert, versteht sich von selbst.

Informationsmodelle industrieller Artefakte

Wenn industrielle Anwendungen Gegenstand der Informationsmodellierung sind, sind nicht nur Informationen über unterschiedliche Artefakte wie Werkstücke, Werkzeuge aber auch Anlagen und Maschinen von Bedeutung. Für industrielle Anwendungen müssen nicht nur Informationen und Daten als Abbilder von „Dingen" und „Sachverhalten", sondern auch Informationen und Daten, die „Aufgaben" und deren „Erledigung" darzustellen gestatten, also von Abläufen und Prozessen vorgehalten werden. Das heißt, dass anders als in der klassischen Informationsmodellierung, nicht nur persistente Daten, in der Praxis in Deutschland häufig „Stammdaten" genannt, sondern auch transiente Daten, die zwischen Ereignissen, wie z.B. zwischen dem Ende der Erledigung einer Aufgabe und dem Beginn der Erledigung einer folgenden Aufgabe, von einer Aufgabe zur nächsten transferiert werden müssen, Gegenstand der Informationsmodellierung sein müssen.

Die Beziehungen zwischen Aufgaben sind dann auch „zeitbezogene" Beziehungen wie z.B. „vorher" und „nachher". Mit Aufgaben und zeitbezogenen Beziehungen zwischen Aufgaben lassen sich dann nicht nur Aufgaben Folgen sondern z.B. auch Bearbeitungsabfolgen für Werkstücke, aber auch „Flüsse" wie z.B. „Materialflüsse" und „Informationsflüsse" sowie „Abläufe" wie z.B. „Geschäftsabläufe" und „Fertigungsabläufe" in Informationsmodellen darstellen.

Daten und Informationen und damit die Informationsmodelle für industrielle Anwendungen sind damit nicht nur Dokumentationen des „was ist" sondern auch des „wie". Damit ist gemeint, dass sie nicht nur Abbildungen von Werkstücken, Werkzeugen und industriellen Anlagen, sondern auch Abbildungen von während deren Produktion und Nutzung stattfindenden industriellen Abläufen und für deren Ausführungssteuerung sind. Sie müssen beides, die industriellen Produkte und die industrielle Produktion, nachbilden.

Werden für die Informationsmodellierung verschiedener zu integrierender Anwendungen, also auch mehrerer verschiedener Werkzeuge, Maschinen und Anlagen sowie unterschiedlicher industrieller Abläufe gefordert, lässt sich ermessen, welche Inkompatibilitäten existieren oder entstehen können und beherrscht werden müssen, um ein integriertes Informationsmanagement zu ermöglichen. Dabei werden dann nicht nur unterschiedliche Informationen, sondern auch unterschiedliche Nomenklaturen in unterschiedlichen Fachsprachen in der Modellierung verwendet werden müssen.

Dass dies eine Herausforderung von häufig unterschätzter Komplexität ist, die zu häufig unterschätzten Aufwänden für die Informationsmodellierung führt, wenn sie denn überhaupt bewältigt werden kann, bedingt, dass nicht immer die vollständige Integration der Informationen zu verlangen möglich ist, und stattdessen „föderale" Konzepte für das Datenmanagement heterogener Datenbestände etabliert werden müssen.

Werthaltigkeit und Nutzung von Informationsmodellen

Informationsmodelle sind die Basis für die Organisation der die Informationen repräsentierenden Daten in einer Datenbank oder einem anderen Typ eines „Data Repository". Sie stellen in diesem Sinne auch Kataloge dafür dar, für welche Informationen eine Datenbank Daten enthält. Über die Kataloge kann dann auch der Zugriff zu ihrer Nutzung unterstützt werden.

Der darüberhinausgehende Nutzen der Informationsmodellierung und von Informationsmodellen besteht darin, dass sie ein für alle Bereitsteller und Nutzer verbindliches Abbild der Realität sind. Damit wird erreicht, dass nur einmal ein Informationsmodell erstellt werden muss, um es anschließend beliebig oft und von beliebig Vielen nutzen zu können, ohne dass diese jeweils den dafür notwendigen Aufwand erneut auf sich nehmen müssen.

Auch wenn sich sowohl in der Wissenschaft als auch in der Praxis die Bezeichnung von Informationsmodellen als Abbildungen der Realität eingebürgert hat, konnte dieser Anspruch immer nur soweit gelten, als dass sie in aller Regel kein umfassendes und vollständiges, sondern nur ein partielles Abbild der Realität waren. Das war für praktische Anwendungen aber auch hinreichend, solange die durch das Modell dargestellten Informationseinheiten und die zwischen ihnen dargestellten Abhängigkeiten/Beziehungen, für den jeweiligen Nutzungsbereich als ausreichend betrachten worden sind. Es ist also aus den intendierten Nutzungen abzuleiten, ob die in einen Modell dargestellten Informationen notwendig und auch hinreichend sind oder nicht.

Mit der Erfassung und Bereitstellung von Daten und Informationen über industrielle Artefakte wie Werkzeuge und Anlagen und insbesondere mit der Erfassung auch von industriellen Abläufen entstehen neue Nutzenpotenziale für Informationsmodelle: Sie sind nicht mehr nur stationäre Abbilder sondern können mit simulierten Ausführungen der industrieller Abläufe der prospektiven Validierung industriellen Handelns während der Entwicklung der dafür nötigen industriellen Artefakte dienen. Als realitätsgetreue Abbilder können sie sogar Masterpläne für die spätere Betriebssteuerung nach der Fertigstellung der Artefakte sein und werden damit zur Basis „industrieller Betriebssysteme".1

1.2 Daten und Informationen für industrielle Anwendungen

Industrielle Anwendungen können sowohl „technische" als auch „betriebliche" Daten umfassen. „Technische" Daten beziehen sich auf technische Produkte und technische Verfahren zur Herstellung von technischen Produkten. „Betriebliche" Daten betreffen die Organisation und das Management von industriellen Organisationen. Die Zukunft der industriellen Anwendungen wird – so wird übereinstimmend angenommen – eine sehr viel stärkere informations- und kommunikationstechnische Integration „technischer" und „betrieblicher" Daten erfordern.

Während die Diskussionen der Erzeugung und Nutzung „betrieblicher" und „technischer" Daten und Informationen jeweils separat seit langem Gegenstand von Wissenschaft und Praxis waren, sind demzufolge jetzt integrative Konzepte gefragt. Die beiden Arten von Daten und Informationen in industriellen Anwendungen integrativ zu betrachten, wird deshalb zur Aufgabe für die Daten- und Informationsmodellierung für industrielle Anwendungen. Für die integrierte

Modellierung von „betrieblichen" und „technischen" Sachverhalten und für deren Repräsentation durch Daten und Informationen benötigen wir deshalb ein gemeinsames Modellierungsparadigma. Damit wird das Ziel verfolgt, Informationen in voneinander abgrenzbaren Informationsbausteinen darzustellen. Dazu wird das Konzept der „kompositionalen Konstruktion" eingeführt, mit dem es möglich werden soll, in einer konstruktiven Art umfassende technische und betriebliche Informationsmodelle als kompositionelle Informationsmodelle darzustellen. Kompositionale Konstruktion ist dann der „Gemeinsame Nenner" für die Modellierung von „betrieblichen" und „technischen" Daten für industrielle Anwendungen.

Technische industrielle Anwendungen erfahren zurzeit eine geradezu revolutionäre Weiterentwicklung durch weitergehende Vernetzungen und durch die mit der Vernetzung nötig werdende Integration. Damit wächst die Digitalisierung über ihre Rolle als Basis für die Automatisierung von Teilen der industriellen Anwendungen durch „NC-Maschinen", „Roboter", „3D-Druckern" etc. hinaus und ermöglicht das „grenzüberschreitende" Zusammenspiel vieler dieser Systeme und ganzer Anlagen. Dazu werden virtuelle Abbilder dieser Systeme und Anlagen benötigt, die durch Informationen und letztlich durch Daten repräsentiert und als solche vorgehalten und genutzt werden können.

Informationsmodelle für Produkte/Produkttypen

Die Breite der industriellen Anwendungen lässt eine umfassende Darstellung der dort anfallenden Daten und Informationen in den dort jeweils zum Tragen kommenden Wissensbereichen nicht zu. Um dennoch einen Hinweis auf die dort häufig anzutreffenden Anforderungen an die Nutzung von Daten und Informationen zu geben, soll hier ein einfaches „Produktmodell" als Metapher eingeführt werden: Das Informationsmodell eines Produktes ist nicht mehr nur eine beliebige Sammlung von Informationen, die das Produkt charakterisieren, sondern ein vollständiges Abbild des funktionstüchtigen Produktes.

Wie üblich werden Produkte aus mehreren Bausteinen wie zum Beispiel Systemen, Baugruppen, Bauteilen, Komponenten und Werkstücken aufgebaut. Die Unterscheidung zwischen mehreren Arten von Bausteinen dient dabei der Bezeichnung unterschiedlicher Grade der Zusammenführung von Bausteinen zu Zwischenprodukten und letztlich zum Produkt. Ein Produktmodell legt darüber hinaus die Darstellung der „Konstruktionsschritte" und der Schrittfolgen bis zur Fertigstellung eines Bausteins oder eines Produktes fest, indem es den jeweiligen „Stand" in der Konstruktion eines Bausteins oder Produktes und die nächsten möglichen und/oder zulässigen „Stand" der Konstruktion festzulegen gestattet.

Das Produktmodell für die Informationsmodellierung in technischen Anwendungen umfasst dann die folgenden Festlegungen:

- Es gestattet die Darstellung von Informationen über Bausteine unterschiedlicher Art.

- Es gestattet die Darstellung der Zusammenfügung auch unterschiedlicher Bausteine in einer „Aufbaustruktur".

- Es gestattet die Darstellung der Art der Zusammenfügung von Bausteinen unterschiedlicher Art.

- Es gestattet die Darstellung von Zuständen von Bausteinen unterschiedlicher Art im Zeitablauf.

Das Konstruktionskonzept ist demzufolge ein Selbstreferenzierungskonzept, und es kann als Hierarchie von Informationsbausteinen und/oder Informationsmodellen dargestellt werden, die das schrittweise Zusammenfügen von Bausteinen unterschiedlicher Art zu einem Produkt abbilden. Dies entspricht den in den Ingenieurtechniken verwandten „Stücklisten" zur Darstellung des Aufbaus auch komplexer Bausteine aus hierarchisch untergeordneten einfacheren Bausteinen.

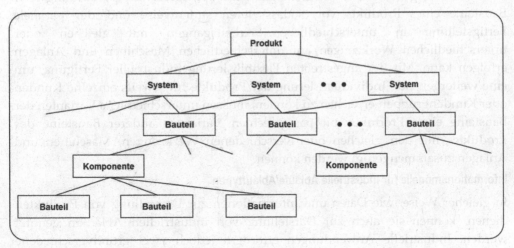

Abbildung 1-1: Produktmodell

Mit dem Konstruktionskonzept können dann beliebige Aufbaustrukturen für beliebige Bausteine in gleicher Weise modelliert werden und die Unterscheidung zwischen Werkstücken, Bauteilen, Baugruppen, Komponenten und Systemen, wie sie oben für unterschiedliche Bausteine eigeführt worden ist, ist für die Informationsmodellierung solcher Aufbaustrukturen irrelevant. Für die Informationsmodellierung ist allein wichtig, dass die Konstruktion immer das Zusammenfügen „passender" Produkte und Bausteine vorsieht. „Passen" oder auch „Passgenauigkeit" kann sich auf eine Vielzahl unterschiedlicher Charakteristika von Produkten und Bausteinen wie z.B. „Geometrie", „Material", „elektrische Leitfähigkeit", „Wärmeleitfähigkeit" etc. beziehen. Damit wird deutlich, dass die Informationsmodellierung für technische industrielle Anwendungen auch profunde Kenntnisse in der Physik und in den Ingenieurwissenschaften sowie in der Informatik erfordert.

Für ein Produktmodell, das auch die Unterscheidung zwischen der Art von Produkten sowie von Exemplaren des Produktes gestattet, stellt die Informationsmodellierung die Konzepte „Typ" und „Instanz" bereit. Die Einführung von beiden hat für industrielle Anwendungen eine besondere Bedeutung. Während in der Informationsmodellierung die Typkennzeichnung häufig dazu dient, festzulegen, wie viele und welche Menge von Exemplaren eines Typs zu irgendeinem Zeitpunkt existieren dürfen, gleichgültig, welche Exemplare das sind, ist in industriellen Anwendungen jedes Exemplar in einer Bausteinhierarchie auch individuell von Bedeutung. Das einzelne Exemplar ist ein Abbild eines real existierenden Bausteins eines bestimmten, individuell existierenden Produktes. Dies wird Gegenstand weiterer Erläuterungen im Abschnitt „Varianten und Versionen" sein.

Die Herstellung des Produktes sieht dann die „passgerechte" Verbindung aller Bausteine eines Produkts vor, sodass deren stufenweise und/oder parallele Fertigstellung in unterschiedlichen Arbeitsgängen mit gleichen oder unterschiedlichen Werkzeugen auf unterschiedlichen Maschinen und Anlagen erfolgen kann. Mit der angestrebten Flexibilisierung industrieller Fertigung, um eine weitergehende Individualisierung der Produkte für jeweils einzelne Kunden oder Kundengruppen erreichen zu können, müssen unterschiedliche Varianten der Bausteine eines Produkts mit passgerechten Varianten anderer Bausteine des Produktes mit den gleichen oder verschiedenen Werkzeugen, Maschinen und Anlagen zusammengefügt werden können.

Informationsmodelle für industrielle Abläufe/Ablauftypen

In gleicher Weise, wie Daten und Informationen zur Darstellung von Produkten dienen, können sie auch zur Darstellung von industriellen Abläufen genutzt werden. Industrielle Anwendungen erfordern jedoch zwei grundverschiedene Arten von Abläufen voneinander zu unterscheiden: Kontinuierliche und diskrete Abläufe. Kontinuierliche Abläufe finden z.B. in der chemischen Verfahrenstechnik oder in der Energieerzeugung statt, diskrete Abläufe charakterisieren z.B. die Fertigungsindustrie. Diskrete Abläufe sind Darstellungen von Abfolgen von Aktivitäten wie z.B. der Abfolge der Arbeitsschritte in der Bearbeitung eines Werkstücks oder der schrittweisen Zusammenfügung von Bausteinen und eventuell sogar die Abfolge von Zulieferungen in einer Lieferkette.

Die Reihenfolgen, in denen das Herstellen von Bausteinen und das Zusammenfügen der Bausteine erfolgen können, sind durch einen Fertigungsplan bestimmt und ergeben sich aus Bearbeitungsplänen und den Konstruktionsplänen der Bausteine. Diskrete Abläufe sind dann Reihenfolgen von Aktivitäten, in denen bestimmte Aufgaben erledigt werden. Das heißt, dass auch diskrete Abläufe, analog zu Produkten, als aus Bausteinen aufgebaut betrachtet werden können. Im Folgenden werden dann, wenn Abläufe betrachtet werden, nur diskrete Abläufe betrachtet werden (Abbildung 1-2).

Abläufe können, genau wie Produkte, als aus „Teilabläufen" zusammengesetzt betrachtet werden und Teilabläufe können wieder eine Menge von Aktivitäten umfassen. Mit einer solchen hierarchischen Zerlegung von Abläufen entsteht dann, wie bei Produkten, die Möglichkeit sie nicht immer in Gänze betrachten zu müssen, sondern als aus „Komponenten" aufgebaute Abläufe betrachten zu können. Der Vorteil dieser Betrachtungsweise besteht darin, dass bei Änderungen der Abläufe, die durch die Änderung möglicherweise entstehende Notwendigkeit „Folgeänderungen" vorzusehen, um einen konsistenten Ablaufplan für den Gesamtablauf sicherzustellen, einfacher und systematischer bewerkstelligt werden können.

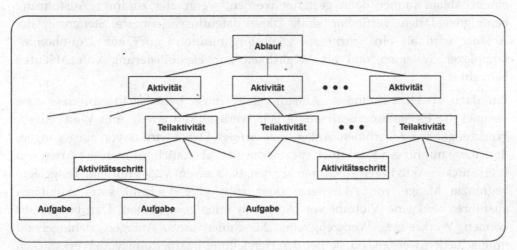

Abbildung 1-2:   Ablaufmodell

Auch für Abläufe gilt, dass Abläufe und Aktivitäten in Abläufen von einem bestimmten Typ sein können, und dass zu einem Typ von Aktivitäten mehrere Ausprägungen dieser Aktivitäten existieren können. Die jeweiligen Ausprägungen sind als Varianten für Aktivitäten zu betrachten, mit denen die bei ihren unterschiedlichen Ausführungen sich mehr oder weniger voneinander abweichende Aufgaben erledigt werden können.

Im weiteren Verlauf der Erläuterungen in dieser Monografie wird zur Einführung von Prinzipien der Informationsmodellierung für industrielle Anwendungen eine Differenzierung zwischen Daten und Informationen über „Produkte" und

„Abläufe" erst im Rahmen der Darstellung von industriellen Abläufen in später sogenannten Produktionssystemen vorgenommen, weil die durch das „Konstruktionsprinzip" gekennzeichnete Informationsmodellierung für alle Bedeutungen von Daten und Informationen in gleicher Weise gelten sollen.

Das bedeutet allerdings nicht, dass mit der Festlegung eines Ablaufmodells industrielle Abläufe hinreichend und vollständig charakterisiert worden wären. Ablaufmodelle stellen nur ein „statisches" Abbild von Abläufen und ihren Zerlegungen dar, es berücksichtigt nicht die während der Durchführung eines Ablaufs zu berücksichtigenden dynamischen Charakteristika eines Ablaufs wie z.B. Wiederholungen von Teilabläufen oder die Auswahl eines Teilablauf aus mehreren Optionen in einem Gesamtablauf.

Abläufe und Ressourcen

Noch weiter führende Überlegungen zur Modellierung von Abläufen gehen davon aus, dass diese durch eine „Kontrollinstanz", wie z.B. durch eine Leitwarte, gestartet , überwacht und beendet werden, so dass Abläufe „dynamisch" gesteuert werden, und dass die dynamische Steuerung dadurch erfolgt, dass Schritte in einem Ablauf immer dann gestartet werden, wenn alle zu Ihrer Ausführung benötigten Daten verfügbar sind. Diese datenflussorientierte Steuerung der Abläufe wird als ein Schritt zur „Selbstorganisation" oder zur „Autonomie" komplexer Systeme und als Möglichkeit zur Flexibilisierung von Abläufen betrachtet.

Ein dazu zu entwickelndes „Ablaufmodell" muss berücksichtigen, dass zum Beispiel die Herstellung/Bearbeitung von Werkstücken jeweils mit Werkzeugen, Werkzeugketten, Maschinen, Anlagen etc. erfolgt. Dabei wird davon ausgegangen, dass diese nur für ein Werkstück spezifische oder aber auch für mehrere Arten von Werkstücken Aktivitäten ausführen können, dass sie entweder nur eine festgelegte begrenzte Menge von Aktivitäten oder auch eine Vielzahl von Aktivitäten ausführen und eine Vielzahl von Aufgaben erledigen können. Darüber hinaus können Werkzeuge, Werkzeugkette, Maschinen und Anlagen dahingehend unterschieden werden, ob sie bei der Herstellung/Bearbeitung von Werkstücken Aktivitäten durchführen können, die Werkstücke verändern oder zusammenfügen können oder nur „Hilfsaktivitäten" wie z.B. Transportaufgaben übernehmen können. Eine weitere Diskussion dieser Modellierung von Abläufen erfolgt in späteren Kapiteln.

Produktmodelle in den Ingenieurwissenschaften

In einer von der klassischen Informationsmodellierung nahezu völlig unabhängigen Entwicklung sind Modelle und Modellierungstechniken für physikalische Artefakte und Produkte in den klassischen Ingenieurdisziplinen entstanden. Sie stützen sich auf Ingenieurprinzipien von „Zerlegung" und „Funktionsteilung" ab und haben das Arbeiten mit „Stücklisten" als allgemeingültiges Engineeringparadigma aus den klassischen Ingenieurwissenschaften übernommen. Für deren Informationsmodellierung sind heute hochentwickelte Modellierungstechniken des Computer Aided Design und Werkzeuge für die Unterstützung der Modellierungsaufgaben verfügbar.

Folge dieser beiden zunächst voneinander unabhängigen Entwicklungen in den beiden Bereichen industrieller Datennutzung sind häufig anzutreffende Sprach- und Verständigungsbarrieren zwischen Ingenieuren und Informatikern: Während für Ingenieure die Welt hierarchisch strukturiert ist und physikalische Objekte bezogen auf ein Produkt, in dem sie verwendet werden, von unterschiedlichem Granularitätsniveau sein können, sind für Informatiker Informationen zunächst gleichwertig „flach", und „flache" Strukturen entstehen durch Bezüge und Abhängigkeiten zwischen Informationen.

Für die Entwicklung von Modellierungstechniken für industrielle Anwendungen ist es auch unabdingbar, dass sie für die uniforme Modellierung hochkomplexer Strukturen und Abläufe für industrielle technische Artefakte und auch kommerzieller Artefakte in übersichtlicher, verständlicher nachvollziehbarer und reproduzierbarer Weise tauglich sind.

Das vordringliche Ziel, das mit der Bereitstellung von kompositionalen Modellen hier verfolgt wird, ist diese Sichten zusammenzuführen, um eine für Ingenieure und Informatiker gemeinsame Sprache und Verständigungsebene zu schaffen.

Über diese grundlegenden Anforderungen für die Informationsmodellierung für industrielle Anwendungen hinaus sind eine Reihe weiterer technischer Anforderungen zu bewältigen, die im Folgenden, ohne Anspruch auf Vollständigkeit, aufgeführt sind.

Modellierung „im Großen" und Modellierung „im Kleinen"

Die obigen Beispiele für Veränderungen der industriellen Welt haben, so ist es zu hoffen, deutlich gemacht, dass in der Zukunft nicht nur eine „kleinteilige", sondern eine zunehmend „großflächigere" Bereitstellung und Nutzung von Informationen nötig sind und zur Entwicklung und zum Betrieb der dazu notwendigen Informations- und Kommunikationsinfrastrukturen neue Methoden für die „großflächige" Informationsmodellierung unabdingbar sind. Gleichzeitig kann nicht übersehen werden, dass die Aufwände für die ganzheitliche Bereitstellung und Nutzung von Informationen nicht dazu führt, dass existierende „lokale" Informationsbestände in ihrem jeweiligen Unternehmenskontext aufgegeben werden können, weil neue ganzheitliche Informationsmodelle und

Methoden für die Informationsmodellierung entwickelt und zum Einsatz gebracht werden. Informationsmodellierung für (neue) industrielle Anwendungen stellt also einen Balanceakt zwischen existierenden „Best Practices" einerseits und „Herausforderungen" anderseits dar.

Damit sind einige der wichtigsten Herausforderungen für die Informationsmodellierung für industrielle Anwendungen einführend erklärt worden, die – so ist zu hoffen – durch die im Weiteren dargestellten Techniken für die Informationsmodellierung bewältigt werden können.

Pragmatik

Um Missverständnissen vorzubeugen, darf an dieser Stelle nicht unerwähnt bleiben, dass die Integration heterogener Datenbestände in aller Regel nicht bis zu dem Punkt vorangetrieben werden kann, an dem alle Daten eines Unternehmens, einer Wertschöpfungskette oder eines Produktionsvorganges, so zu sagen, „aus einem Guss" sind. Der intellektuelle und finanzielle Aufwand dafür ist in den meisten Fällen nicht zu bewältigen. In der Praxis wird das

Machbare getan, und das heißt, dass die Daten oder Datenbestände, die eine „grenzüberschreitende" Bedeutung haben und „grenzüberschreitend" genutzt werden, integriert werden. Die Daten und Datenbestände, die spezifisch für eine Nutzung sind, werden für die Nutzungen, für die sie relevant sind, abgeschottet vorgehalten. Das bedeutet dann auch, dass die ganzheitliche Konsistenz eines integrierten Informationsmodells nicht gewährleistet ist. Es entsteht dann für Informationsmodellierer die Herausforderung, sich mit der Nutzung oder den Nutzungen der Daten und Datenbestände soweit vertraut zu machen, dass sie Entscheidungen über die Abgrenzung zwischen zwingend notwendiger und nicht notwendiger Integration treffen können.

Die Anwendung dieses Prinzips der „partiellen Integration" von Daten und Datenbeständen kann, das sollte immer auch beachtet werden, die Ursache folgenschwerer Fehler sein, schafft aber andererseits die Voraussetzungen für ein pragmatisches Vorgehen. Es kann immer dann besonders sinnvoll sein, wenn die „semantische Distanz" zwischen den zu vernetzenden Daten und Datenbeständen nicht zu groß ist. Ohne dass dies hier detailliert erläutert werden kann, sind damit auch die Voraussetzungen dafür gegeben, um die vernetzten Daten und Datenbestände ohne große Softwareanpassungen in föderativen Anwendungssystemen zu nutzen.

2. Informationsmodellierung für industrielle Anwendungen

Zusammenfassung

In Kapitel 2 werden die besonderen Anforderungen an die Informationsmodellierung für industrielle Anwendungen diskutiert. Dabei werden die verschiedenen in industriellen Anwendungen relevanten Informationen und der zu ihrer Darstellung nötigen Ausdrucksmittel erläutert. Es wird verdeutlicht, wie Beschreibung und Charakterisierung industrieller Artefakte unterschiedliche wissenschaftliche Bezugssysteme wie die der Mathematik oder die Physik nutzen muss, um Informationsmodelle zu erstellen und um deren intendierte Nutzung sicherzustellen.

Die Nutzung von Informations- und Kommunikationstechnologien in der Breite der Wirtschaft begann in den 60er Jahren des vorigen Jahrhunderts. Sie kam dabei zunächst insbesondere bei der Nutzung in datenintensiven, betrieblichen (verwaltungs- und managementbezogenen) Anwendungen zum Einsatz. Nahezu zwangsläufig folgte dazu die Separierung von Programmen und Daten, um die konsistente Nutzung der gleichen Daten durch mehrere Programme sicherstellen zu können. Dies wiederum führte zu einer stürmischen Entwicklung von Datenbanken und Datenbank(-management)systemen.

Die Nutzung von Informations- und Kommunikationstechnologien in industriellen Anwendungen erfolgt nun auch schon seit mehreren Dekaden, um Informationen über Werkstücke, Werkzeuge, Maschinen und Anlagen, aber auch über Abläufe und Prozesse und natürlich auch über Materialien, als umfangreiche Dokumentationen zur Verfügung zu haben. Dass solche Dokumentationen immer auch große Umfänge erreicht haben, hat dazu geführt, dass große Aufwände dafür entstanden sind, die Gesamtheit der vorgehaltenen Informationen konsistent und aktuell zu halten.

Industrielle Nutzungen der Informations-und Kommunikationstechnologien erfolgen sowohl in der Entwicklung von Produkten als auch in deren industriellen Produktion, natürlich auch in der Organisation und im Management des industriellen Handelns. Informationen und Daten für industrielle Anwendungen sind deshalb auch Modelle von Produkten für deren automatisierte Produktion und nicht nur Abbildungen invarianter oder stationärer industrieller („menschengemachter") Artefakte, sondern auch solche zur Darstellung automatisierter oder sogar autonomer Abläufe in und zwischen diesen Artefakten.

© Springer Fachmedien Wiesbaden GmbH, ein Teil von Springer Nature 2021
H. Weber, *Data Engineering 4.0*, https://doi.org/10.1007/978-3-658-33185-6_2

Die in industriellen Anwendungen benötigten und erzeugten Informationen und Daten bilden aus ihrer Bedeutung und ihrer zulässigen Deutung abgeleitete komplexe Abhängigkeits-und Beziehungsgeflechte. Änderungen einzelner Informationen und Daten zur Erfassung der in den Anwendungen stattfindenden Veränderungen haben wegen dieser Beziehungen und Abhängigkeiten weitreichende „kollaterale" Änderungen zur Folge. Diese Änderungsdynamik zu beherrschen ist eine der großen Herausforderungen in der Informationsmodellierung für diese Anwendungen. Die diese Änderungsdynamik in den Anwendungen verursachenden neuen Anforderungen zu erklären ist Gegenstand der folgenden Erörterungen in diesem Kapitel.

Auch wenn der Begriff „Industrielle Anwendungen" suggerieren mag, dass er nur Anwendung in der industriellen Fertigung adressiert, soll hier betont werden, dass die dort im Hinblick auf die Informationsmodellierung zu bewältigenden Probleme sich möglicherweise im Großen und Ganzen in anderen Bereichen wie z.B. in der Energieversorgung, in der Logistik, in der Medizintechnik, in der Verkehrstechnik etc. in gleicher oder sehr ähnlicher Weise wiederfinden lassen. Damit soll allerdings nicht suggeriert werden, dass alle industriellen Anwendungen im Hinblick auf die Informationsmodellierung über einen Kamm geschoren werden können: Das wird im Folgenden auch dadurch verdeutlicht, dass die Nutzung der vorgeschlagenen Modellierungstechnik immer auch an Beispielen für diskrete industriellen Abläufe erläutert wird und die Probleme kontinuierlicher Abläufe, wie sie beispielsweise in der Verfahrenstechnik zu finden sind, nicht betrachtet werden.

Es kann wohl ohne großen Widerspruch zu herauszufordern behauptet werden, dass für die Entwicklung und Nutzung von Informations- und Kommunikationstechnologien in industriellen Anwendungen einige Trends auch übergreifende Bedeutung erlangt haben. Ohne einen Anspruch auf Vollständigkeit zu erheben soll dies im Folgenden dargestellt werden.

2.1 Organisatorische Vernetzung und grenzüberschreitende Kooperationen

Der Anlass, über neue Herausforderungen für die Informationsmodellierung in industriellen Anwendungen neu nachzudenken, besteht darin, dass in den industriellen Anwendungen im Ablauf der vergangen Dekaden signifikante Veränderungen stattgefunden haben und weitere, noch größere organisatorische und technische Veränderungen bevorstehen. Das kann an einigen Beispielen verdeutlicht werden.

Arbeitsteilung

Das Konzept der Konzentration auf ihre Kernkompetenzen hat bei vielen Unternehmen zu einem „Outsourcing" von Teilen ihrer Leistungen an externe

Leistungserbringer geführt. Müssen die im   Unternehmen weiterhin zu erbringenden Leistungen mit den Leistungen externer Leistungserbringer zusammengeführt werden, entstehen im Vorfeld für die gegenseitige Bereitstellung und Nutzung von Informationen Aufwände dadurch, dass auch nach dem Outsourcing ein kollektives Verständnis der Bedeutung der bereitgestellten und genutzten Informationen sichergestellt sein muss oder mit in der Regel großem Aufwand hergestellt werden muss.

Ein solches Phänomen lässt sich immer dann beobachten, wenn durch die Reduktion der Fertigungstiefe im Produktionsunternehmen durch die damit verbundene Zusammenarbeit mit Zulieferern zunächst ein kollektives Verständnis der Semantik der bereitgestellten und genutzten Informationen nicht vorausgesetzt werden kann. Die durch die Reduktion der Fertigungstiefe eigentlich zu erzielenden Produktivitätsgewinne werden zum Teil durch die notwendige Entwicklung eines kollektiven Verständnisses der Bedeutung und zulässigen Deutung der bereitgestellten und genutzten Informationen unproduktiv aufgebraucht.

Arbeitsteilung   unter   Nutzung   von   Informations-   und Kommunikationstechnologien findet darüber hinaus mehr und mehr in einer sogenannten „Multi-Sided-Economy" statt, in der nicht nur Leistungen mehrerer Partner zusammengeführt werden, sondern auch ein für alle Partner gemeinsames Geschäftsmodell vereinbart ist und die Leistungen und Erträge der einzelnen Partner als Beiträge zu gemeinsamen Leistungen und Erträgen betrachtet werden, die intern zwischen den Partnern „verrechnet" werden. Die dabei nötig werdende gemeinschaftliche Nutzung von Daten stellt möglicherweise sogar das gemeinsame Geschäftspotenzial dar und begründet damit das gemeinsame Geschäftsmodell.

Fusionen

Während die obigen Beispiele Arbeitsteilungen beschreiben und sie als Verursacher für den größeren Aufwand für die notwendige gemeinsame Bereitstellung und Nutzung von Informationen durch alle Beteiligten identifizieren, lassen sich ebenso Beispiele dafür finden, dass auch weitergehende Integrationen von Aktivitäten, Unternehmensabläufen und Unternehmen zu erhöhten Aufwendungen führen können.

An erster Stelle sind hierfür sicherlich Unternehmensfusionen zu benennen, von denen man weiß, dass sie nicht oder nicht immer erfolgreich sind, weil die unterschiedlichen "Kulturen" der an der Fusion beteiligten Unternehmen ein organisches Zusammenwachsen zu einem Gesamtunternehmen behindern. Genauso aufwändig wie die Angleichung der Kulturen kann die Angleichung von Fachsprachen und Terminologien und deren Nutzung in den Unternehmensinformationen bis hin zur Integration der Informations- und Kommunikationstechnologien der beteiligten Unternehmen sein.

Industrielle Ökosysteme

Es ist schon verdeutlicht worden, dass zukünftige Anwendungen die Integration sehr unterschiedlicher Anwendungen und letztlich auch sehr unterschiedlicher Datenbestände notwendig machen. Die besonderen Herausforderungen bestehen nun darin, nicht nur den Austausch der Daten, die die Informationen repräsentieren, zu ermöglichen, sondern auch darin, verschiedene Informationsbestände zu einem „Gesamtbild" zusammenzuführen, in dem „syntaktische und semantische Heterogenitäten" überbrückt werden, um einen insgesamt konsistenten integrierten Informationsbestand zu erhalten.

Die dazu hier noch zu erwähnende Herausforderung besteht darin, dass das „Informationsaufkommen" für integrierte Anwendungen in den in der Zwischenzeit sogenannten Ecosystemen enorm wächst und damit Methoden erforderlich werden, die zu entscheiden gestatten, welche Informationen wofür relevant sind und welche nicht, um die „Spreu vom Weizen" zu trennen. Die persistent zu haltenden Informationsbestände bestimmen dann den Bedarf an Suchtechnologien, mit denen alle relevanten Informationenmit akzeptablem Aufwand gefunden werden können. Dass dies der Suche nach der „Stecknadel im Heuhaufen" entspricht, darf erwartet werden.

Die Integration mehrerer, zunächst unabhängiger, Anwendungen entspricht der Formulierung von „Unternehmens-Informationsmodelle" über die dann auch das gewünschte Zusammenwirken aller im Unternehmen eingesetzter Programme und Softwaresysteme sichergestellt wird.

Industrielle Kooperationen

Für zukünftige industrielle Anwendungen wie sie in der Bundesrepublik mit dem Start des Innovationsprogramms „Industrie 4.0" entwickelt werden sollen und mit dem das „Internet der Dienste" und das „Internet der Dinge" für die weitergehende Integration industrieller Prozesse nutzbar gemacht werden sollen, stellen im Hinblick auf die Entwicklung eines gemeinsamen Verständnisses der Bedeutung und zulässigen Deutung von bereitgestellten und genutzten Informationen eine Herausforderung bisher unbekannter Größenordnung dar.

Nicht nur, dass hier schon existierende große „Informationsbestände" in verschiedenen Unternehmensbereichen, die häufig als „Informationssilos" bezeichnet werden, zusammengeführt werden müssen, sondern dass auch deren Zusammenführung mit extern im Internet vorgehaltenen Informationen wie etwa öffentlich zugänglichen Geoinformationen oder solchen Daten, die von externen Dienstleistern bereitgestellt oder genutzt müssen, lässt erwarten, dass dafür erhebliche Aufwände in Kauf genommen werden müssen.

Von ähnlichen – und vielleicht noch weiter reichenden – Herausforderungen ist zum Beispiel auch die Energiewende in Deutschland begleitet, mit der die heutige Energieversorgung und Energienutzung weitgehend dezentralisiert werden soll und dabei eine Vielzahl dezentraler Erzeuger und Verbraucher in einem Gesamtsystem zusammengeführt werden sollen.

Heterogenitäten und Inkompatibilitäten

Mit den beschriebenen Veränderungen in der Zusammenarbeit von industriellen Unternehmen sind auch neue weitere, aber nicht weniger wichtige Anforderungen verbunden: Industrielle Wertschöpfungen sind in einer arbeitsteilig organisierten Wirtschaft das Ergebnis einer Vielzahl autonom agierender Unternehmen. Die Nutzung existierender Datenbestände, die voneinander unabhängig aufgebaut worden sind unterscheiden sich möglicherweise sowohl syntaktisch aber natürlich auch semantisch signifikant voneinander. Dies ist die Ursache für eine Vielzahl von Heterogenitäten und Inkompatibilitäten in den jeweils verwandten Informations- und Kommunikationstechnologien sowie beim Verstehen und beim Beschreiben der entsprechenden, durch die Daten charakterisierten Sachverhalte. Selbst die Darstellung auch technischer Gegebenheiten und physikalischer Konzepte durch Informationen und Daten führt nicht selten zu Fehlinterpretationen, Missverständnissen und letztlich zu Fehlfunktionen der technischen Anwendungen.

2.2 Technische Vernetzung und Integration

Mit der bevorstehenden weiterführenden Vernetzung von einzelnen Aufgaben in industriellen Anwendungen und mit dem dabei verfolgten Ziel, eine höhere Flexibilität für die Anpassung und Änderung dieser Anwendungen zu deren Individualisierung zur Herstellung individualisierter Produkte entsprechend unterschiedlicher Kundenanforderungen zu erreichen, ist vor allen Dingen auch eine weitergehende Integration der in diesen und für diese Anwendungen benötigten Informationen nötig. Diese ist dann die Voraussetzung für eine weiterführende „bruchlos durchgängige" Automatisierung industrieller Abläufe.

Individualisierung der Produkte und dazu notwendige Flexibilisierung der Produktion

In einer weltweiten Debatte wird nun die Weiterentwicklung der Nutzung von Informations- und Kommunikationstechnologien mit den Begriffen „Digitalisierung" und „digitale Transformation" und – für die Weiterentwicklung der industriellen Anwendungen – mit dem Begriff „Industrie 4.0" charakterisiert. Als Anforderungen an eine Industrie 4.0 werden insbesondere die „Individualisierung" und die „Flexibilisierung" der industriellen Wertschöpfung betrachtet, mit denen einerseits die Voraussetzungen geschaffen werden sollen, kundenspezifische Ausprägungen von Massenprodukten herstellen zu können, ohne zusätzliche Aufwände und Kosten zu verursachen und mit denen andererseits die dafür notwendigen flexiblen Herstellungsverfahren ermöglicht werden sollen.

Diese Anforderungen für Herstellungsverfahren werden häufig mit der Metapher „Losgröße 1" als Ziel der Individualisierung und Flexibilisierung öffentlichkeitswirksam kommuniziert. Dabei wird allerdings nicht immer darauf hingewiesen, dass beide, Individualisierung und Flexibilisierung, schon immer Ziele für die Weiterentwicklung industrieller Herstellungsverfahren waren, und dass dafür auch schon in der Vergangenheit – z.B. in der Automobilindustrie mit der sogenannten Plattformstrategie – große Erfolge erzielt werden konnten. So werden dort mit in mehreren Modellen wiederverwendeten baugleichen Plattformen und entsprechenden Individualisierungen anderer Bauteile und von Ausprägungen dieser Bauteile erhebliche Kostenvorteile ermöglicht.

Ohne dass es bisher besonders betont worden ist, verursachen Individualisierungen und Flexibilisierungen auch Aufwände und Kosten, die durch anderweitige Einsparpotenziale kompensiert werden müssen. Aus diesem Grund wird auch in Zukunft der Grundsatz gelten „So viel Individualisierung wie nötig und so viel Standardisierung für Produkte und Bausteine wie möglich". Die richtige Aufbaustruktur für Produkte und Bausteine, mit der diesem Grundsatz Rechnung getragen wird, zu entwickeln, ist eine der großen Herausforderungen für Ingenieure und Informatiker. Informationsmodelle werden dabei für sie zum Werkzeug werden, mit dessen Hilfe „virtuelle Experimente" durchgeführt werden können, um festzustellen, welche Aufbaustrukturen für Produkte und Bausteine die größtmöglichen Flexibilisierungen für deren Herstellung und die größten Rationalisierungspotenziale eröffnen.

Integration, Komposition und Dekomposition, Semantik von Daten und Informationen

Im Folgenden wird deshalb der Integration von Informationen, die unterschiedlichen Artefakten wie zum Beispiel verschieden Maschinen, verschiedenen Organisationen und Organisationseinheiten oder verschiedenen Abläufen zuzuordnen sind, besondere Aufmerksamkeit gewidmet. Die kann nur gelingen, wenn allen zu betrachtenden Informationen und Daten eine eindeutig Bedeutung und zulässige Deutung zugeordnet ist. Dies entspricht der Aufgabe, die Semantik von Daten und Informationen zu erfassen und in Informationsmodellen zu repräsentieren.

Die Erfassung der Semantik von Daten und Informationen ist nicht nur eine Aufgabe zur Sicherung der Kompatibilität von Daten- und Informationsbeständen, sondern auch für die Beherrschung der Komplexität der Informationsmodelle für die durch die Daten und Informationen charakterisierten Artefakte. Dazu werden in den im Folgenden vorgeschlagenen Modellierungskonzepten klassische Ingenieurtechniken in die Informationsmodellierung übernommen, mit denen „Zerlegungen" von Artefakten in ihre voneinander abgrenzbaren „Bestandteile" eingeführt, die die Anwendung des „Teile und beherrsche-Prinzips" ermöglichen. Artefakte werden dann auch durch ihre Zerlegungsstruktur und durch Informationen, die diese Zerlegungsstruktur repräsentieren, charakterisiert.

Für in dieser Art strukturierte Informationsmodelle ist es dann unabdingbar, dass die Bedeutung (Semantik) der Daten aller Granularitätsniveaus des Informationsmodells und das Informationsmodell selbst als „kompositionale" Semantik ergibt, und dass sich dafür die Semantik granular übergeordneter Daten aus der Semantik der granular untergeordneten Daten ableiten lässt. Die Semantik der granular übergeordneten Daten darf dann nicht nur additiv aus der Semantik der granular untergeordneten Daten abgeleitet werden, sondern aus dieser und auch aus der Semantik der „Konstruktion", die das konkrete Konzept der Zusammenführung der granular untergeordneten Daten zu granular übergeordneten Daten charakterisiert.

Dieses Konzept für die Informationsmodellierung ist ein stark „konstruktiv" und „semantisch" geprägtes Konzept und erfordert demzufolge eine intensive Beschäftigung mit der Semantik von Daten. Aus diesem Grund wird der Erfassung und Darstellung der Semantik von Informationsmodellen im Folgenden breiter Raum gegeben.

Dies soll – so die Hoffnung – zur Formulierung eines für beide, für Ingenieure und Informatiker, akzeptablen Paradigmas für die Informationsmodellierung führen: Alle für industrielle Anwendungen relevanten Artefakte lassen sich, wie die Artefakte selbst, in Informationsmodellen stets als Konstruktionshierarchien von Informationsmodellen – oder genauer gesagt als gerichtete zyklenfreie Graphen – darstellen, mit denen deutlich gemacht wird, wie sich ein „Ganzes" aus seinen „Teilen" zusammensetzt.

Die Erfassung und Darstellung der Semantik von Daten und Informationen ist nicht nur zur Beherrschung von Komplexität und Heterogenität zwingend erforderlich, sondern auch, um mögliche „Sichten" auf die durch die Daten und Informationen charakterisierten Artefakte zu ermöglichen. Sichten sind Teilmodelle, in denen bestimmte „Ausblendungen" solcher Daten und Informationen, die für den jeweiligen Nutzer irrelevant sind, stattfinden. Sie dienen dem Komfort des jeweiligen Nutzers, indem sie seine Überflutung mit Informationen zu vermeiden gestatten.

Daraus folgt, dass in Informationsmodellen für einen komplexen Sachverhalt verschiedene reale oder virtuelle „Dinge" unterschiedlichen Sichten zugeordnet sein können. Anschaulich formuliert heißt das auch, dass es auch für Informationsmodelle möglich sein muss, ein „Automobil aus der Sicht des Fahrers und aus der Sicht eines Monteurs" darzustellen.

Agilität der Anwendungen, Änderungsdynamik von Informationen und Daten

Wenn industrielle Anwendung vor allen Dingen durch die Vernetzung und Integration von Anwendungen neue Wertschöpfungen ermöglichen sollen, müssen die dafür notwendigen Aufwendungen wesentlich kleiner als der zu erzielende Nutzen sein. Damit kommt der Frage, welches die Nutzenpotenziale sind, die durch Vernetzung und Integration entstehen und welche Aufwände entstehen und durch möglicherweise verbesserte Techniken für die Informationsmodellierung vermieden werden können.

Ein für diese Überlegungen in dieser Monographie hier maßgebendes Argument, neue Modellierungstechniken bereitzustellen, ist die hohe Änderungsdynamik von Informationen und Daten für industrielle, heute häufig agil genannte, Anwendungen. Darunter ist zu verstehen, dass Änderungen von Informationen und Daten gerade wegen ihres hohen „Vernetzungs- und Integrationsgrades", nicht nur einzelne Informations- und Datenelemente betreffen, sondern möglicherweise auch die mit den elementaren Informations- und Datenelementen vernetzten Informationen und Daten.

Seiteneffekte und Impacts und deren Propagation

Um die Konsistenz des gesamten Informations-und Datenbestandes zu erhalten, bedeutet das, dass in aller Regel Änderungen an den einzelnen Elementen zugeordneter Werte ganze Kaskaden von weiteren Änderungen an anderen Elementen zugeordneten Werten nach sich ziehen können: Initiale Änderungen ziehen Änderungen an den mit diesen vernetzte Elementen nach sich, und diese wiederum ziehen Änderungen an den mit diesen vernetzten Elementen nach sich usw. und erzeugen damit „Fernwirkungen", die möglicherweise große Teile des gesamten Informations- und Datenbestandes betreffen können.

Die Notwendigkeit der Propagation von Änderungsanforderungen zur Sicherung der Konsistenz der Informationen und Daten lässt sich schon an ganz einfachen Beispielen, wie zum Beispiel an der Änderung der Geometrie für ein zu bearbeitendes Werkstück, veranschaulichen, weil eine Änderung möglicherweise die Änderung der Geometrie vieler anderer Werkstücke erfordert. Die durch ein elektronisches Informations- und Datenmanagement, das solche Änderungspropagationen automatisch durchführt, zu erzielenden Wertschöpfungen sind durch den dadurch möglich werdenden Verzicht auf sonst nötig werdende „manuelle" Propagation zurückzuführen.

In gleicher Weise können Änderungen an der Struktur von Produkten und Prozessen und damit an daran der Menge der Elemente und den zwischen diesen existierenden Abhängigkeiten Implikationen (engl. Impacts) bewirken, die signifikante Änderungen an den Produkten und Prozessen selbst zur Folge haben

Einsparungen durch die automatische Erfüllung von Propagationsanforderungen für Seiteneffekte und Impacts werden für so signifikant gehalten, dass sich die Vorschläge zur Informationsmodellierung für industrielle Anwendungen darauf konzentrieren, entsprechende Konzepte zum Propagationsmanagement in Informationsmodelle zu integrieren.

Informations- und kommunikationstechnische Plattformen und Infrastrukturen

Schon in den letzten Dekaden sind dafür, z. B. mit dem Anspruch „Computer-Integrated Manufacturing" zu ermöglichen, sehr weitgehende Automatisierungserfolge erzielt worden. Die jetzt neu entstandenen breiten Diskussionen über das Thema sind vor allen Dingen der Tatsache geschuldet, dass Informations- und Kommunikationstechnologien jetzt Leistungsstandards erreicht haben, mit deren Hilfe früher nicht mögliche Vernetzungen und die Integration industrieller Abläufe nunmehr als erfolgsversprechend gelten können. Dafür allerdings ist die Verfügbarkeit einer integrierten konsistenten Informationsbasis eine unverzichtbare Voraussetzung. Dies zu ermöglichen, ist der Anlass, neu über Informationsmodellierung nachzudenken, mit der die „horizontale" Integration (von betrieblichen und technischen Abläufen und den darin genutzten Informationen) und die „vertikale" Integration (einer Vielzahl von betrieblichen oder technischen Aktivitäten und industriellen Abläufen) dargestellt werden können.

Die Übertragung dieser Gedanken in die Informations- und Kommunikationstechnologien wird nunmehr mit Konzepten wie z.B. der „ Plattformökonomie" angestrebt. Plattformen sind danach die von mehreren oder vielen Nutzern in gleicher Weise genutzten Teile einer Anwendung. Dies erfordert allerdings die durchgängig bruchlose Vernetzung und Integration aller in vielen Fällen unabhängig voneinander entwickelten und betriebenen – und damit häufig heterogenen, häufig sogar inkompatiblen – informations- und kommunikationstechnischen Anwendungen in den jeweiligen industriellen Herstellungsprozessen, um deren ganzheitliche Steuerung und Überwachung zu ermöglichen. Dies erfordert dann die Entwicklung auch „grenzüberschreitender" industrieller Abläufe und damit „grenzüberschreitender" industrieller Ökosysteme.

Die Beherrschung all dieser Herausforderungen ist die Voraussetzung für die fehlerfreie, bruchlos durchgängige Vernetzung und Integration technischer Anwendungen. Dafür ist es nötig, ein jeweils gemeinsames ganzheitliches Verständnis von der Bedeutung und der zulässigen Deutung von Informationen und den sie repräsentierenden Daten, mithin von deren Semantik zu entwickeln. Diesem Anliegen, der Entwicklung von Konzepten zur Erfassung und Darstellung der Semantik von Informationen und Daten, kommt deshalb in den folgenden Abhandlungen eine überragende Bedeutung zu.

Neue Nutzungen von Informations- und Kommunikationstechnologien

Es ist offensichtlich, dass technologische Entwicklungen auch weiterhin neue Nutzungsmöglichkeiten und Nutzungserfordernisse nach sich ziehen werden. Vorhersagen darüber sind nicht Gegenstand der weiteren Diskussionen zur Informationsmodellierung. Es sollen deshalb hier nur zwei technologische

Entwicklungen erwähnt werden, von denen schon jetzt neue und weitergehende Anforderungen an die Informationsmodellierung abgeleitet werden können.

Eine, die „Industrie 4.0" bestimmende technologische Entwicklung, resultiert aus der Verfügbarkeit kommunikationsfähiger Sensoren und Aktoren, mit denen „Cyber-Physical-Systems" und „Cyber-Physical-Infrastructures" aufgebaut werden können. Um für die Steuerung, Regelung und Überwachung industrieller Prozesse und für die Überwachung von Maschinen und Anlagen die nötigen Informationen bereitstellen zu können, um diese über ihren gesamten Lebensprozess hinweg verfügbar und aktuell zu halten, sind neue Konzepte für das Informations/Daten –Management unabdingbar. Die dabei entstehenden auch großen Datenmengen sind dann auch ein Anlass, über „Big Data" und „Smart Data" in industriellen Anwendungen und über die dort existierenden Gegebenheiten erneut nachzudenken.

Eine weitere technologische Entwicklung zur Nutzung des 3D-Drucks in der industriellen Fertigung ist zwar noch in ihren Anfängen, verspricht aber schon jetzt signifikanten Einfluss auf die zukünftige Fertigungstechnologie zu haben. Die Informations/Datenmodellierung ganzer, durch 3D Druck zu erzeugender Produkte, stellt sich dabei schon jetzt als eine neue Herausforderung dar.

2.3 Voraussetzungen für die Informationsmodellierung für industrielle Anwendungen

Um die für industrielle Anwendungen relevanten Informationen auch nur annähernd umfassend erfassen und in Informationsmodellen darstellen zu können, müssen zunächst einige Konzepte eingeführt werden, mit denen verdeutlicht wird, welche Fähigkeiten von Modellierern verlangt werden müssen.

2.3.1   Kenntnisse und Bezugssysteme

Der Erfassung und Bereitstellung von Informationen gehen in der Regel die Erledigung einer Vielzahl von Aufgaben voraus, bevor letztendlich Übereinstimmung darüber erzielt werden kann, welche Informationen als relevant bzw. erforderlich bezeichnet werden können. Das erfordert zunächst die Identifizierung der (Vor-)Kenntnisse, die verfügbar sein müssen, um industrielle Anwendungen und die dort verwendeten Informationen in einem Modell zu beschreiben. Dies wiederum erfordert die Definition des Begriffs „Kenntnisse".

2.3.1.1 Kenntnisse

Eine erste noch sehr oberflächliche Definition soll dadurch erreicht werden, dass Kenntnisse klassifiziert werden. Die dazu im Folgenden eingeführte Aufzählung von möglicherweise für eine Modellierungsaufhabe benötigten Kenntnisse bzw. Kenntnisbereichen soll eine erste Abgrenzung zwischen verschiedenen Kenntnissen und damit eine Klassifikation der benötigten Kenntnisse ermöglichen.

Mit dieser Abgrenzung soll erreicht werden, dass nicht immer über die Gesamtheit von geforderten Kenntnissen gesprochen werden muss, um Spezialisierungen der an der Modellierung Beteiligten zu nutzen sowie Arbeitsteilungen zwischen Spezialisten zu ermöglichen. Mit der Abgrenzung von Kenntnisbereichen wird

auch die später noch ausführlich diskutierte Kontextualisierung von Informationen in Informationsmodellen ermöglicht.

Auch wenn mit einer intuitiven Festlegung relevanter Kenntnisbereiche ein wichtiger erster Schritt zur Bewältigung einer Modellierungsaufgabe erfolgt, verbleibt zu einer Verbesserung der Abgrenzung der Kenntnisbereiche die Aufgabe, die jeweiligen Kenntnisse und Kenntnisbereiche auch „technisch" zu charakterisieren. Um diese technische Charakterisierung zu ermöglichen, führen wir den Begriff der „Bezugssysteme" ein. Bezugssysteme erlauben die Differenzierung zwischen verschiedenen Kenntnisbereichen z.B. „mathematischen", „physikalischen", „chemischen", „biologischen" Kenntnissen, aber auch solche, die die Klassifikation von Informationen der relevanten wirtschaftswissenschaftlichen Disziplinen wie z.B. „Finanzwirtschaft", „Warenwirtschaft" etc. reflektieren. Bezugssysteme erlauben. Es ist dabei auch beabsichtigt, zwischen „Unterbereichen" von Kenntnisbereichen wie z.B. „Geometriekenntnissen" und „Analysiskenntnissen" in der Mathematik weitergehend zu unterscheiden und damit ein hierarchisches Klassifikationssystem für relevante und nötige Kenntnisse zu entwickeln.

Für die Informationsmodellierung für industrielle Anwendungen beziehen sich die dort als relevant zu bezeichnenden Informationen häufig sowohl auf „materielle" als auch auf „virtuelle", von Menschen mit Hilfsmitteln erzeugte oder zu erzeugende, Artefakte. Zur Erfassung aller relevanten Informationen über diese Artefakte ist in der Regel auch zu beachten, dass Informationsmodelle für diese Artefakte nicht nur durch Kenntnisse eines Kenntnisbereichs sondern durch Kenntnisse mehrerer Kenntnisbereiche charakterisiert werden müssen. So ist z.B. ein Werkstück nicht nur ein Bauteil einer Maschine mit einer bestimmten Funktion in der Maschine sondern auch ein geometrischer Körper, der durch verschiedene Sichten beschrieben werden kann.

Für eine Festlegung der Gesamtheit der für die Bewältigung einer Modellierungsaufgabe für industrielle Anwendungen nötigen Kenntnisse wird im Folgenden ein Vorschlag für die Klassifikation der Kenntnisse vorgeschlagen.

Gegenstandsbezogene Kenntnisse für industrielle Anwendungen

Industrielle Anwendungen erfordern Kenntnisse sehr unterschiedlicher Art über sehr unterschiedliche Dinge:

- Über die „Umwelt", in der die industriellen Anwendungen erfolgen mit Kenntnissen über das am jeweiligen Ort herrschende Klima und die daraus folgenden Wetterbedingungen, über die Verfügbarkeit von Wasser, über geologische, biologische und chemische Verhältnisse am Standort, an dem die jeweiligen Anwendungen stattfinden etc.

- Über die „Infrastruktureinrichtungen" am jeweiligen Standort, an dem die Anwendungen stattfinden, über die Wasserversorgung und Entsorgung, die Energieversorgung durch Elektrizität, Gas oder andere fossile Energieträger, aber auch über die verfügbare Telekommunikationsinfrastruktur und über das Wegenetz und andere Mobilitätsinfrastrukturen etc.
- Über die „baulichen Gegebenheiten im Sinne von Gebäuden für unterschiedliche Zwecke wie z.B. zur Unterbringung von Produktionsanlagen und die dafür sicherzustellenden Eigenschaften wie z.B. „Tragfähigkeit", zur Unterbringung von Menschen mit Verwaltungsaufgaben oder von Menschen in Laboreinrichtungen etc.
- Über die Artefakte wie z.B. Geräte, Maschinen und Anlagen, die zur Nutzung in den jeweiligen Anwendungen unverzichtbar sind, über die „Kopplung" dieser Geräte, Maschinen und Anlagen in integrierten Produktionsvorgängen, über Materialflüsse zwischen Geräten, Maschinen und Anlagen sowie zur „Interaktion" von Menschen mit diesen Geräten, Maschinen und Anlagen und natürlich auch über die informations- und kommunikationstechnische Kopplung zwischen den oben erwähnten Artefakten und den Menschen.

Sozioökonomische Kenntnisse für industrielle Anwendungen

Neben den oben aufgezählten Kenntnisbereichen, die eher der uns umgebenden „naturwissenschaftlich-technischen" Welt zuzuordnen sind, sind in industriellen Anwendungen gleichbedeutend auch Kenntnisse über die uns umgebende „sozioökonomische" Welt unverzichtbar. Das sind Kenntnisse über „Organisation" und „Organisationen", über deren Aufbau und Arbeitsweisen, über deren Aufgaben und der Arbeitsteilung bei der Erledigung der Aufgaben, aber auch über individuelle Fähigkeiten und Defizite. Das sind darüber hinaus auch Kenntnisse über „Werte" und „Wertmaßstäbe" für „Aufwand", „Ertrag" und „Leistung" etc., die in aller Regel durch deren finanzielle Bewertung beschreibbar werden, und dann letztlich durch betriebs- oder volkswirtschaftliche Regelwerke wie z.B. „Bilanzen", „Buchhaltungsvorschriften" und „Bilanzierungsvorschriften sowie durch „Bewertungsvorschriften" allgemeinverbindlich werden und damit Vergleiche und Optimierungen ermöglichen.

Kognitionsbezogene Kenntnisse für industrielle Anwendungen

Die obige Aufzählung hat deutlich gemacht, dass sowohl Kenntnisse über natürliche Ressourcen der Umwelt, aber insbesondere auch Artefakte wie „Infrastruktureinrichtungen" und „Geräte, Maschinen und Anlagen" nötig sind, um Anwendungen zu entwickeln und zu betreiben. Alle diese Kenntnisse sind

Kenntnisse über die reale uns umgebende physikalische Welt. Sie allein reichen allerdings nicht aus, um industrielle Anwendungen zu entwickeln und zu betreiben. Sie müssen ergänzt werden durch Kenntnisse, die der Welt der „Kognitionen" zugeordnet werden müssen. Das sind wiederum Kenntnisse sehr unterschiedlicher Art über sehr unterschiedliche „virtuelle" Dinge: Ideen, Konzepte, Visionen Theorien etc.

- Das sind vor allen Dingen „Beschreibungen", Beschreibungen der natürlichen Ressourcen und der Artefakte wie Infrastrukturen, Geräte, Maschinen und Anlagen sowie der zwischen ihnen existierenden Kopplungen. Das sind für natürliche Ressourcen vor allen Dingen auf Beobachtungen basierende Darstellungen von Eigenschaften der natürlichen Ressourcen und von Phänomenen und Gesetzmäßigkeiten über diese Phänomene, die aus der Beobachtung ableitbar sind. Dies sind aus Empirie gewonnene Kenntnisse.

- Denen stehen die Beschreibungen gegenüber, die über Jahrhunderte in kognitiven Prozessen Dank Phantasie, Inspiration, Intuition und auf der Basis von empirisch gewonnenen Erkenntnissen abgeleitet worden sind, die in der Zwischenzeit den Charakter von Theorien, Modellen, Konzepten haben, und die heute summarisch zum Beispiel als naturwissenschaftliche Gesetze charakterisiert werden.

- Es sind aber auch all die Beschreibungen, die unter Anwendung der Naturgesetze bei der Entwicklung von Artefakten angefertigt werden. Sie sind konstruktiv entwickelte Kenntnisse in Form von Entwürfen, Berechnungen, Beweisführungen und experimentellen Überprüfungen etc.

Transdisziplinäre Kenntnisse

Wie bereits angedeutet erfordert die Informationsmodellierung industrieller Artefakte die Verfügbarkeit mehrerer zueinander komplementärer Kenntnisse. Insbesondere für die Modellierung technischer industrieller Artefakte, sowohl materielle als auch virtuelle Artefakte umfassende cyber-physikalische Systeme, erfordern offensichtlich komplementäre Kenntnisse in der Physik und Informatik.

- Werden cyberphysikalische Artefakte zu „Verbünden" zusammengefügt, in denen unterschiedliche Teilaufgaben einer Gesamtaufgabe von unterschiedlichen cyberphysikalischen Artefakten übernommen werden, werden durch diese „Integration" durchgängige Abläufe über mehrere Aufgaben, mehrere Organisationseinheiten, mehrere wirtschaftliche Einheiten hinweg ermöglicht; Es entstehen „grenzüberschreitende Ökosysteme". Deren Beschreibungen dienen dazu, die integrierten Abläufe zu planen, zu entwerfen, zu installieren und letztlich korrekt auszuführen. Auf Basis dieser Beschreibungen können dann die Abläufe gesteuert, geregelt und letztlich auch überwacht werden.

- In modernen industriellen Anwendungen wird das Zusammenwirken von cyberphysikalischen Artefakten mit Menschen störungsfrei organisiert, indem nicht mehr der Mensch die Steuerung, Regelung und Überwachung der cyberphysikalischen Artefakte und der Ökosysteme übernimmt, sondern die Ökosysteme selbst diese Aufgabe übertragen bekommen und dabei „autonom" agieren. Dazu müssen cyberphysikalische Artefakte ihre „Umgebung", in der auch Menschen eine Aufgabe zu erledigen haben, kontinuierliche beobachten und überwachen, um „Kollisionen" zwischen beiden zu verhindern. Dazu muss das cyberphysikalische Ökosystem auch Kenntnisse über die Menschen in ihrer Umgebung haben bzw. zeitnah erwerben, um den dynamisch agierenden Menschen, seinen jeweiligen Standort, seine Bewegungen und vielleicht sogar seine Gestik und Mimik vor Kollisionen zu schützen und zu gewährleisten, selbst die richtigen Aktionen auszuführen. Dazu müssen dann Beschreibungen über Menschen und deren Aufgaben in den jeweiligen industriellen Anwendungen für die cyberphysikalischen Ökosysteme verfügbar sein. In diesen Beschreibungen werden dann virtuelle Artefakte wie Daten, Algorithmen, Programme vorgehalten, mit denen reale Artefakte wie Computer, die mit realen Artefakten wie z.B. Robotern, Maschinen Anlagen gekoppelt sind, die Signale erzeugen, über die die realen elektronischen Artefakte gesteuert, geregelt und überwacht werden.
- Ökosysteme einschließlich der in diesen Ökosystemen tätig werdenden Menschen müssen auch beschrieben werden, um deren wirtschaftlichen Betrieb sicherzustellen. Dazu werden in den Beschreibungen der Ökosysteme für die jeweiligen Schritte in den integrierten Abläufen auch Kosten und Erträge aufgeführt oder zeitnah ermittelt, um die betriebliche Planung, Durchführung und Überwachung durch das Management zu ermöglichen. Die dazu entwickelten ERP-Systeme sind in diesem Sinne Abbildungen der cyberphysikalischen Ökosysteme aus einer betriebswirtschaftlichen Perspektive, die letztendlich auch die betriebswirtschaftliche Steuerung der Ökosysteme erlaubt.
-

Zusammenfassung und Übersicht: Kenntnisse

Mit dem folgenden Diagramm werden die oben aufgelisteten Kenntnisbereiche und deren geforderte Komplementarität dargestellt (Abbildung 2-1).

In der Informationsmodellierung für industrielle Anwendungen werden Kenntnisse über Gegenstände aus der „physikalischen" Welt und aus der „kognitiven" Welt benötigt. Kenntnisse über die „physikalische" Welt sind solche über die für industrielle Anwendungen nötigen natürlichen Ressourcen und die zu betrachtenden materiellen Artefakte und Kenntnisse über die „kognitive" Welt sind solche über virtuelle Ressourcen und die zu betrachtenden virtuellen

Artefakte. Kenntnisse über „virtuelle" und „natürliche" Ressourcen sind die Voraussetzung zur Entwicklung und Bereitstellung von „Artefakten" durch Nutzung der Kenntnisse über virtuelle und physikalische Ressourcen. Artefakte können dann entweder „virtuelle" oder „physikalische" Artefakte sein, und falls diese kombiniert werden können, können sie die Entwicklung, Bereitstellung und Nutzung „cyberphysikalischer" Artefakte ermöglichen.

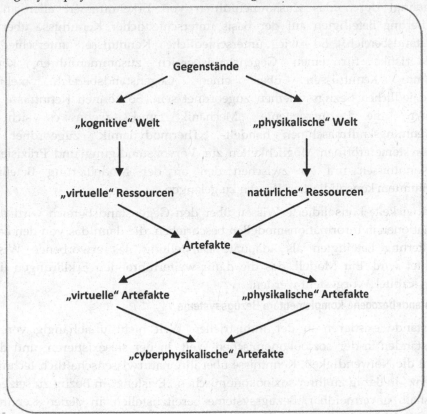

Abbildung 2-1:   Geforderte Kenntnisse über industrielle Anwendungen

Die obige Aufzählung von Kenntnissen und Kenntnisbereichen ist eine „gegenstandsbezogene" Klassifikation von Kenntnissen, obwohl sie die zur Charakterisierung unterschiedlicher Gegenstände wie „natürliche" Ressourcen oder „virtuelle" Ressourcen sowie „materielle" und „virtuelle" Artefakte voneinander zu unterscheiden erlaubt. In der weiteren Diskussion der Methoden der Informationsmodellierung in Kapitel 3 wird die dort für Gegenstände übliche bessere Bezeichnung „Universe of Discourse" verwendet werden um deutlich zu machen, dass Gegenstände nicht notwendigerweise Gegenstände der physikalischen Welt sind.

2.3.1.2 Bezugssysteme

Kenntnisse in möglicherweise mehreren Kenntnisbereichen sind die Voraussetzung für die Informationsmodellierung für industrielle Anwendungen. Sie dienen der ersten Abgrenzung zwischen den für eine Modellierungsaufgabe relevanten und den dafür nicht relevanten Informationen. Bezugssysteme werden genutzt um konsolidiertes Wissen über einen Gegenstandsbereich zu entwickeln.

Das gelingt durch das Zusammenführen von Erkenntnissen aller an der Modellierung Beteiligten auf der Basis unterschiedlicher Kenntnisse über den Gegenstandsbereich. So wie unterschiedliche Kenntnisse unterschiedliche Charakteristika für einen Gegenstandsbereich zusammenführen, können bestimmte Kenntnissen über einen Gegenstandsbereich mehreren unterschiedlichen Bezugssystemen zugeordnet sein. So können Kenntnisse über „Motoren" die Bezugssysteme „Mechanik" und –wenn es sich um „Verbrennungskraftmaschinen handelt– „Thermodynamik" zugeordnet sein. Bezugssysteme eröffnen Möglichkeiten zur Vervollständigung und Präzisierung von Kenntnissen um zu zwischen den an der Modellierung Beteiligten abgestimmtem konsolidiertem Wissen zu gelangen.

Das entwickelte konsolidierte Wissen über den Gegenstandsbereich wird durch Informationen in Informationsmodellen beschrieben, die dann das von den an der Modellierung Beteiligten als adäquate Darstellung des erworbenen Wissens betrachtet wird. Ein Modell, das die dafür weiterführenden Erklärungen liefert wird in Kapitel 3 vorgestellt werden.

Gegenstandsbezogene komplementäre Bezugssysteme

Gegenstände existieren in der industriellen Welt nicht unabhängig von den Gegenständen in der sozioökonomischen Welt, in der sie existieren, und damit entsteht die Notwendigkeit, Kenntnisse über ihre naturwissenschaftlich-technische „Existenz" in Bezug zu ihrer sozioökonomischen „Existenz" in Bezug zu setzen. Es ist deshalb unvermeidbar, Bezugssysteme bereitzustellen, in denen Kenntnisse über beide Welten integriert werden können, um deren systematische Darstellung als Informationen und Daten zu ermöglichen.

Die Gegenstände sind Artefakte und Zerlegungen von Artefakten, in denen sich die jeweiligen, aus der Zerlegung resultierenden Artefakte, im Hinblick auf die für ihre Entwicklung und ihren Betrieb notwendigen Kenntnisse und die ihnen zugrundeliegenden Bezugssysteme signifikant voneinander unterscheiden dürfen. So dürfen aus der Zerlegung resultierende Artefakte z.B. physikalische Kenntnisse über elektromechanische Eigenschaften und gleichzeitig Kenntnisse über die wirtschaftliche Bewertung durch Kosten für ihre Herstellung und für ihren Nutzen im Betrieb umfassen.

Damit wird zum Ausdruck gebracht, dass das gegenstandsbezogene Bezugssystem die Einordnung von Kenntnissen über Artefakte als „selbstreferenzierendes"

Konzept ermöglicht, und das heißt, dass Artefakte aus Artefakten aufgebaut werden, die wiederum aus Artefakten aufgebaut werden, bis sie letztendlich aus „atomaren", nicht weiter zerlegbaren, Artefakten aufgebaut werden. Damit wird auch zum Ausdruck gebracht, dass jedes Artefakt und alle aus der Zerlegung folgenden Artefakte sowohl durch Nutzung naturwissenschaftlich-technischer Kenntnisse als auch durch Nutzung sozioökonomischer Kenntnisse oder auch durch Nutzung noch anderer Kenntnisse, entwickelt und betrieben werden kann.

Mit der Einführung von Bezugssystemen für eine weitergehende Vervollständigung und Präzisierung von Kenntnissen über Gegenstände der naturwissenschaftlich-technische Welt und Gegenstände über die sozioökonomische Welt ist schon angedeutet worden, dass diese sich im Hinblick auf das über sie erlangte Wissen und dessen Darstellung durch Informationen und Daten voneinander unterscheiden. Durch mathematische Bezugssysteme bestimmtes Wissen unterscheidet sich z.B. signifikant von dem durch linguistische Bezugssysteme bestimmten Wissen.

Die für die Informationsmodellierung für industrielle Anwendungen für besonders wichtig gehaltenen Bezugssysteme werden in der folgenden Übersicht zusammengestellt.

Mathematische Bezugssysteme

- Skalen und Metriken

Skalen dienen der Darstellung von geordneten Skalenwerten. Der „Austausch" zwischen den Skalenwerten auf einer Skala wird in einer Metrik festgelegt. Skalen und Metriken erlauben beispielsweise die Darstellung von Maßeinheiten von Messgeräten und von Experimentergebnissen und sind für die Empirie ein unverzichtbares Bezugssystem.

- Kartesische Koordinaten

Kartesische Koordinaten leiten die Beschreibung der Position von geometrischen Objekten im dreidimensionalen Raum und sind damit unverzichtbar für die Beschreibung von Bauteilen, Komponenten etc. und deren passgerechter Zusammenfügung.

- Graphen

Graphen erlauben die Beschreibung von Strukturen, und als gerichtete Graphen – insbesondere von Bäumen – erlauben sie die Darstellung von Zerlegungsstrukturen für sowohl physikalische als auch virtuelle Artefakte.

- Tabellen

Tabellen erlauben die einheitliche Beschreibung einer Menge beliebiger physikalischer und virtueller Objekte durch zwei allen Elementen der Menge gemeinsame Merkmale.

Naturwissenschaftlich-technische Bezugssysteme

Von gleich großer Bedeutung wie mathematische Bezugssysteme sind für industrielle Anwendungen physikalische Bezugssysteme. Entsprechend der Breite und Tiefe der Kenntnisse über die physikalische Welt, die in den vergangenen Jahrhunderten erworben worden sind, und in den physikalischen Ingenieurtechniken zu einer historisch einmaligen Entwicklung der Nutzung physikalischer Kenntnisse geführt haben, sind auch eine Vielzahl physikalischer Bezugssysteme entstanden, die in der Regel auch auf Bezugssysteme der Mathematik aufbauen. Das sind z.B. Bezugssysteme der

- physikalischen Statik und Dynamik von Festkörpern
- physikalischen Fluidmechanik und Gasdynamik
- physikalischen Elektrotechnik und des Elektromagnetismus
- physikalischen Thermodynamik etc.

sowie einer Vielzahl weiterer, die die Beschreibung der physikalischen Welt ermöglichen. Diese Bezugssysteme sind in aller Regel das Ergebnis der Modellierung physikalischer Phänomene und der Verifikation oder Falsifikation der Modelle in einer Vielzahl von Experimenten bis dahin, dass aus physikalische „Naturgesetze" und eine Vielzahl von Theorien abgeleitet werden konnten.

Mit diesen Bezugssystemen werden physikalische Abhängigkeiten und Beziehungen zwischen den die physikalischen Phänomene charakterisierenden Parameter beschreibbar und dokumentierbar. Abhängigkeiten z.B. zwischen „Belastungen" und „Verformungen" jeder Körper, Abhängigkeiten zwischen „Druck", „Volumen" und „Temperatur" in „geschlossenen" thermodynamischen Systemen, zwischen „Spannung", „Strom" und „Widerstand" in der Elektrotechnik etc.

Diese Abhängigkeiten stellen dann auch Vorgaben für die Bereitstellung und Änderung von Informationen für die Beschreibung der physikalischen Welten dar.

Naturwissenschaftlich-technische Bezugssysteme zur Klassifikation von Kenntnissen existieren nicht nur in der Physik, sondern auch in allen anderen Naturwissenschaften wie der Chemie oder der Biologie. Sie alle sind in modernen industriellen Anwendungen relevant, um die nötigen Kenntnisse in unterschiedlichen industriellen Bereichen – wie der Fertigungsindustrie, der chemischen und pharmazeutischen Industrie, der Versorgungs – und Entsorgungsindustrie und in der Entwicklung und Nutzung von industriellen Infrastrukturen - zu ordnen, zu klassifizieren und zu vermitteln, um die entsprechenden Kenntnisse anwendungsspezifisch verfügbar machen zu können.

Darüber hinaus existieren Bezugssysteme nicht nur in der naturwissenschaftlich-technischen Welt. So werden sowohl in der Betriebswirtschaft als auch in der Volkswirtschaft Bezugssysteme verwandt, um die Kenntnisse über das „Finanzwesen", aber auch über „Warenflüsse", „Verkehrsflüsse" dadurch zugänglich zu machen, dass sie mit Hilfe der dort jeweils bereitgestellten Bezugssysteme eingeordnet und zueinander in Beziehung gesetzt werden können.

Sozioökonomische Bezugssysteme

Auch in der sozioökonomischen Welt sind die dort verwendeten Bezugssysteme mathematische Bezugssysteme, vorwiegend der Arithmetik und Statistik. Insbesondere für die betriebswirtschaftliche Dokumentation des betrieblichen Geschehens, z.B. in einer Buchhaltung, werden Summen und Differenzen gebildet, werden Prozentsätze festgelegt und ermittelt und diese jeweils betriebs- oder volkswirtschaftlichen Parametern zugeordnet. Insbesondere in der empirischen Überprüfung von Annahmen, Modellen, Parametern in Modellen, kommen dann jeweils retrospektiv statistische Auswertungen zum Einsatz. Wie später noch ausführlicher dargestellt, kommen Verfahren der mathematischen Statistik zunehmend bei der Auswertung großer Datenmengen zum Einsatz, um auch „prospektiv" Aussagen – ähnlich wie in der naturwissenschaftlich-technischen Welt – machen zu können.

Wie auch in der naturwissenschaftlich-technischen Welt werden Kenntnisse über Modelle und die die Modelle charakterisierenden Parameter empirisch verifiziert oder falsifiziert. Anders als in der naturwissenschaftlich-technischen Welt erfolgt diese aber nicht im Experiment, sondern in der Praxis. Damit eignen sich diese Bezugssysteme für die Einordnung von Kenntnissen immer nur so lange, bis sie in der Praxis als untauglich oder nur begrenzt tauglich erkannt werden. Sie eignen sich – im Gegensatz zu den Bezugssystemen der naturwissenschaftlich-technischen Welt – nur begrenzt für Vorhersagezwecke.

Für die Darstellung von Kenntnissen durch Informationen unterscheiden sich die Bezugssysteme der naturwissenschaftlich-technischen Welt von denen der sozioökonomischen Welt fundamental. Die Beziehungen zwischen den in den Modellen relevanten Parameter sind in der naturwissenschaftlich-technischen Welt „statisch", sie sind durch Naturgesetze festgelegt und ändern sich nicht im Zeitverlauf, wohingegen sich die Menge der Parameter und der Beziehungen zwischen den jeweiligen sozioökonomischen Parametern im Zeitablauf ändern können; sie sind nur vorübergehend „stationär". Darüber hinaus gilt für die Modelle der sozioökonomischen Welt, dass die Menge der für ein Modell relevanten Parameter möglicherweise auch umfänglichen Veränderungen unterworfen ist. Sozioökonomische Bezugssysteme sind mithin auch „dynamisch". Beispiele dafür stellen die Besteuerungssysteme des Staates dar, die durch Steuerreformen auch Änderungen der Besteuerungsmodelle umfassen können.

Linguistische Bezugssysteme

Für die Darstellung von Kenntnissen durch Informationen entstehen damit auch Herausforderungen für die integrative Darstellung von Informationen und Daten dieser oben charakterisierten Welten. Für die Darstellung von Informationen über diese beiden Welten müssen dann auch „informationstechnische" oder „linguistische" Bezugssysteme zur Verfügung stehen. In diesen werden Informationen – oder besser Informationsbausteine – erfasst, in Schemata eingeordnet, um kenntlich zu machen, wie sich Informationsbausteine zueinander in Beziehung setzen lassen, um mit Informationsbausteinen und Beziehungen zwischen diesen Informationsbausteinen Kenntnisse über „Sachverhalte" der sozioökonomischen und der naturwissenschaftlich-technischen Welt integriert darzustellen. Die dazu benötigten informationstechnischen Bezugssysteme müssen dabei die über „statische" Bezugssysteme einzuordnenden Kenntnisse und die über „stationäre und dynamische" Bezugssysteme einzuordnenden Kenntnisse darzustellen erlauben.

Linguistische Bezugssysteme dienen also der Identifikation von Kenntnissen, zur Beschreibung von Kenntnissen in Bezugssystemen und zu deren Einordnung entsprechend der naturwissenschaftlichen und sozioökonomischen Bezugssysteme. Ein Beispiel für ein linguistisches Bezugssystem sind „Alphabete", in denen die Gesamtheit aller Symbole und Signale, die in „Beschreibungssprachen" verwendet werden dürfen, und die Regeln für die Zusammensetzung von Symbolen und Signalen in „Worten"(das sind Grammatiken") festgelegt werden. Ein weiteres ‘Beispiel sind „Vokabulare", in denen alle in Beschreibungen zulässigen Worte sowie Regeln für die Zusammenführung von Worten zu „Termen" („Sätzen", „Absätzen", „Kapiteln" etc.) festgelegt werden. Für die folgende Einführung in die Informationsmodellierung wird davon ausgegangen, dass Alphabete und Grammatiken einerseits und Vokabulare und Regeln für die Zusammenführung von „Vokabeln" vor der Informationsmodellierung bestimmt worden sind und in der Informationsmodellierung nicht weiter betrachtet werden müssen.

Für die Beschreibung von Gegenständen und damit für die Beschreibung von sozioökonomischen und naturwissenschaftlich-technischen Kenntnissen und ihrer jeweiligen gegenstandsbezogenen Bezugssysteme beschränken wir uns auf die Entwicklung eines linguistischen Bezugssystems, in das die Kenntnisse über die „Konstruktion" von Artefakten eingeordnet werden können.

Zusammenfassung und Übersicht

Zusammenfassend lassen sich die oben eingeführten Bezugssysteme zur Einordnung von Kenntnissen für die Entwicklung und den Betrieb von industriellen Anwendungen durch folgende Graphik darstellen: M (mathematische), S (sozioökonomische), N (naturwissenschaftlich-technische) und L (linguistische) Bezugssysteme.

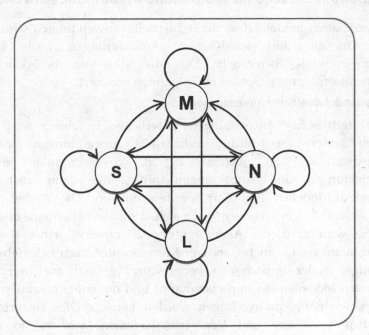

Abbildung 2-2:   Beziehungen zwischen Bezugssystemen

Das Bild verdeutlicht die Abhängigkeiten zwischen den für die Informationsmodellierung industrieller Anwendungen relevanten Bezugssystemen. Die Mathematik ist Ausdrucksmittel zur Beschreibung sozioökonomischer, naturwissenschaftlich-technischer und linguistischer Sachverhalte. Gleichzeitig können weder Beschreibungen mathematischer Sachverhalte, noch die Beschreibung sozioökonomischer und naturwissenschaftlich-technischer Sachverhalte auf linguistische Ausdrucksmittel verzichten. Auch die Beschreibung sozioökonomischer und naturwissenschaftlich-technischer Sachverhalte benutzen die Ausdrucksmittel des jeweils anderen.

Die zur Entwicklung und zum Betrieb von industriellen Anwendungen benötigten Kenntnisse und die ihnen zugeordneten Bezugssysteme sind die Voraussetzung dafür, konsolidiertes Wissen über den jeweiligen Gegenstand zu entwickeln. Das auf der Basis von (Vor-)Kenntnissen im Rahmen der Informationsmodellierung entwickelte konsolidierte Wissen über Gegenstände wird durch die Klassifikation für Kenntnisse vorgeprägt und wird, wie in Kapitel 4 gezeigt wird, entsprechend dieser Klassifikation strukturiert.

In den späteren Diskussionen zur Informationsmodellierung für industrielle Anwendungen wird eine Beschränkung auf solche für die Beschreibung von „Produkten" und „Produktionsabläufen" bei der Herstellung von Produkten eingeführt.

2.4 Informationsmodelle für technische industrielle Anwendungen

Von der Informationsmodellierung für industrielle Anwendungen wird erwartet, dass sie für die dort spezifischen Anforderungen auch spezifische Modellierungskonzepte bereitstellt. Die die dort zu berücksichtigenden spezifischen Anforderungen werden im Folgenden erläutert.

Änderungsdynamik industrieller Anwendungen

Industrielle (technische) Anwendungen unterliegen in einem weit größeren Ausmaß als andere (betriebliche) industrielle Anwendungen einer hohen „Änderungsdynamik": So werden z. B. für Produkte fortlaufend Weiterentwicklungen und Anpassungen nötig, die dann auch in den entsprechenden Modellen reflektiert werden müssen. Die Änderungen von Bausteinen ziehen „Folgewirkungen" nach sich, die andere Bausteine des Produkts betreffen. So wird z. B. die Änderung der „Geometrie" einer Komponente Auswirkungen auf die Geometrie anderer Komponenten nach sich ziehen. Solche Folgewirkungen (oder Impacts) zu beherrschen, gelingt nur, wenn in den entsprechenden Modellen die Impacts erkannt und die entsprechenden Einflüsse überall dort, wo nötig, nachvollzogen werden können. Dies entspricht einem systematischen Varianten- und Versionsmanagement wie es im folgenden Abschnitt ausführlicher erläutert wird.

Die betrieblichen industriellen Anwendungen, die in den letzten Dekaden in der Informationsmodellierung im Vordergrund standen, haben im Wesentlichen die Erfassung und Nutzung persistenter (langfristig bereitgehaltener) Daten und damit auch deren Modellierung betrachtet. Deren relativ geringe „Änderungsdynamik" betrachtet die Änderung von „Werten" oder „Ausprägungen", die diese Daten annehmen können, und nur sehr selten, wenn überhaupt, die Änderung der „Datenart", d.h. ihrer Bedeutung. Die zu dieser Unterscheidung eingeführten Begriffe „Intension" und „Extension" sind die Basis für das dort verwandte Modellierungskonzept.

Neben diesen persistenten Daten, deren Nutzung auch für industrielle (technische) Anwendungen unabdingbar ist, werden in industriellen Anwendungen auch Daten genutzt, die nur kurzfristig von Bedeutung sind. Dies betrifft insbesondere Daten, mit deren Hilfe industrielle Abläufe in diesen Anwendungen charakterisiert werden. Viele dieser Daten haben eine möglicherweise nur kurze „Lebenszeit" und sind nach kurzer Zeit obsolet. Diese transienten Daten können aber auch zwischen industriellen Abläufen ausgetauschte persistente Daten sein und müssen deshalb auch Gegenstand der Informationsmodellierung für technische Anwendungen sein.

Darüber hinaus sind transiente Daten in technischen industriellen Anwendungen auch für die Steuerung industrieller Abläufe von großer praktischer Bedeutung.

Die Modellierung transienter Daten für diesen Zweck erfordert die Verknüpfung von Informations- und Vorgangsmodellierung für industrielle Abläufe.

Individualisierte Produkte, Varianten und Versionen

Zur Erfüllung der Forderung dass Individualisierungen von Produkten und damit auch die Flexibilisierung der industriellen Abläufe zu deren Herstellung möglich sein sollen, müssen für deren Darstellung in Informationsmodellen entsprechende Darstellungskonzepte verfügbar gemacht werden. Dazu wird davon ausgegangen, dass Individualisierungen zu „Varianten" von Produkten und Bausteinen führen. Dabei kann deutlich werden, dass Varianten sich kaum oder aber auch signifikant voneinander unterscheiden können, und demzufolge ihre „Gemeinsamkeiten" groß oder aber auch klein sein können. Im Rahmen der Informationsmodellierung führt das zur Unterscheidung von „generischen" und „spezialisierten" Bausteinen. Varianten können dadurch entstehen, dass die Ausprägung, z.B. die Farbe einzelner Exemplare unterschiedlich sein kann, oder dass sich Produkte oder Bausteine in ihrem Aufbau aus (untergeordneten) Bausteinen voneinander unterscheiden können. Als Folge davon ist es dann angebracht, von „Produktvarianten" und „Produkttypvarianten" zu sprechen. Um dies modellieren zu können, werden die folgenden Unterscheidungen nötig:

Industriell hergestellte Produkte werden trotz Individualisierungen immer auch in großen Stückzahlen hergestellt. Dies führt zur Unterscheidung zwischen („virtuellen") Produkttypen und („realen") Exemplaren des Produkttyps. Zur Darstellung dieses Sachverhaltes in Informationsmodellen stellt die klassische Informationsmodellierung das Konzept der „Klassenabstraktion" und die Konzepte „Entity" und „Entity Typ" bereit.

Individualisierte Produkte oder Bausteine stimmen in ihrer Aufbaustruktur in einer Vielzahl von Bausteinen überein und in einigen Bausteinen ihrer Aufbaustruktur nicht überein. Die allen Exemplaren eines Produkttyps/ eines Bausteintyps gemeinsamen Bausteine werden generische Bausteine aller Exemplare eines Produkttyps/Bausteintyps genannt. Die von Exemplar zu Exemplar verschiedenen Bausteine in der Aufbaustruktur eines Produkttyps/Bausteintyps werden spezialisierte Bausteine genannt. Auch schon die klassische Informationsmodellierung stellt für deren Modellierung mit dem Konzept der „Aggregationsabstraktion" einen ersten Ansatz bereit, um eine Aufbaustruktur eines Produkttyps/Bausteintyps darzustellen. Die Aggregationsabstraktion modelliert damit auch eine „Variante" eines bestimmten Produkttyps/Bausteintyps , und alle Varianten eines Produkttyps/Bausteintyps werden durch eine Aggregationsabstraktion für jede Variante im Informationsmodell dargestellt.

Individualisierte Produkte oder Bausteine stimmen in ihrer Aufbaustruktur und in der Ausprägung einer Vielzahl ihrer Eigenschaften überein und in einigen Ausprägungen ihrer Eigenschaften nicht überein. Die allen Exemplaren gemeinsamen Ausprägungen von Eigenschaften werden generische Eigenschaften aller Exemplare eines Produkttyps respektive eines Bausteintyps genannt. Die von Exemplar zu Exemplar verschiedenen Ausprägungen von Eigenschaften werden spezialisierte Ausprägungen von Eigenschaften von Exemplaren eines Produkttyps/ Bausteintyps genannt. Die klassische Informationsmodellierung sieht für deren Modellierung das Konzept einer „Generalisierungsabstraktion" vor, um die generischen Eigenschaften aller Exemplaren eines

Produkttyps/Bausteintyps und die Menge aller Exemplare mit den gleichen spezialisierten Eigenschaften in einer Generalisierungsabstraktion darzustellen. Die Generalisierungsabstraktion modelliert damit eine „Variante" eines bestimmten Produktes/Bausteins, und alle Varianten eines Produkttyps/Bausteintyps werden durch eine Generalisierungsabstraktion für jede Variante im Informationsmodell dargestellt. Generalisierungsabstraktionen modellieren demzufolge Individualisierungen auf der Ebene der Exemplare.

Kontinuierliche Weiterentwicklung von Produkten

Informationsmodelle sollen des Weiteren auch dazu dienen, Weiterentwicklungen von Produkten und Bausteinen während ihres Einsatzes und ihrer Nutzung zu erfassen und darzustellen, weil industrielle Produkte häufig von der Art sind, dass ihre Weiterentwicklung und Änderung unvermeidlich ist. Das gilt insbesondere für langlebige Produkte und solche, die eine erhebliche Investition darstellen. Die Notwendigkeit für die Weiterentwicklung kann dadurch entstehen, dass damit Fehler und Fehlfunktionen ausgemerzt werden sollen. Um zum Beispiel den eingetretenen Verschleiß eines Bauteils, das nicht durch ein exakt identischen Baustein ersetzt werden kann, weil dieser als Ersatzteil nach längerer Zeit nicht mehr verfügbar ist, oder weil Bausteine als verbesserte, veränderte Bausteine verfügbar gemacht worden sind, erfordert eine entsprechende Weiterentwicklung. Alle diese Veränderungen führen zu neuen, veränderten „Versionen" von Produkten und Bausteinen. Informationsmodelle dienen damit der Dokumentation, um im Ablauf des Lebenszyklus von Produkten und Bausteinen stets eine aktuelle Beschreibung für z.B. die Wartung und Reparatur zur Verfügung stellen zu können.

Besondere Aufmerksamkeit erfordert bei der Entwicklung von Versionen von Produkten und Bausteinen die „Passgerechtigkeit" der veränderten Bausteine in einem Produkt oder Baustein gegenüber den mit diesem Produkt oder Baustein in Beziehung stehenden Bausteinen. In der klassischen Informationsmodellierung werden dazu die Konzepte „Relationship" und „Relationship-Typ" zur Darstellung von Beziehungen und Abhängigkeiten zwischen Produkten und Bausteinen sowie von entsprechenden Kompatibilitätsbedingungen bereitgestellt. Die Informationsmodellierung sieht dafür Möglichkeiten, diese Kompatibilitätsbedingungen als Integritäts- oder Konsistenzbedingungen darzustellen, mit denen die zulässigen Veränderungen an Produkten und

Bausteinen dargestellt werden und damit von den unzulässigen Veränderungen abgegrenzt werden können.

Uniforme Mikromodelle und Makromodelle

Informationsmodelle für industrielle Anwendungen müssen darüber hinaus sehr unterschiedliche Detailliertheitsgrade für Informationen darstellen: Informationen für die Maschinensteuerung, für die Bearbeitung von Werkstücken unterschiedlicher Geometrien, stellen einen sehr hohen Detailliertheitsgrad dar; abstrakte Darstellungen einer ganzen Fertigungsstrecke, in der eine Vielzahl programmierbarer Maschinensteuerungen zur Anwendung kommen, werden dagegen in der Regel in einem niedrigeren Detaillertheitsgrad dargestellt. Das „Gesamtbild" für alle Informationen für die Fertigungsstrecke muss aber dennoch sicherstellen, dass die „Mikromodelle" für die das Werkstück charakterisierenden Informationen und das „Makromodell" für die die Fertigungsstrecke charakterisierenden Informationen zu einem semantisch kohärenten Gesamtmodell zusammengefügt werden können.

Hier gilt natürlich, dass existierende „Mikromodelle" für deren Integration in „Makromodellen" sinnvollerweise nicht, mit einer möglicherweise neuen Modellierungstechnik, neu „erfunden" werden sollten, sondern als „Komponenten" eines Gesamtmodells erhalten bleiben. Dies wird in den folgenden Entwicklungen semantischer Informationsmodelle für industrielle Anwendungen durch die Zuordnung von „Kontextinformationen" als Metainformationen zu den existierenden Modellen erreicht. „Kontextualisierungen" von Modellen wird damit zu einer Methodik, mit der existierende Modelle charakterisiert werden können, ein streng strukturiertes Gesamtbild entwickelt werden kann, das leicht zu analysieren und zu verstehen ist, und das die Auswirkungen der Änderungen an Teilmodellen zu beherrschen in der Lage ist.

Es ist offensichtlich, dass die Verfügbarkeit aller Informationen für eine industrielle Anwendung die Voraussetzung dafür ist, dass „virtuelle Leitwarten" für die Steuerung und Regelung ihre Aufgabe erfüllen können. Die Tatsache, dass die „virtuellen Leitwarten" dazu die Steuerung und Regelung auch einzelner Systeme und Anlagen ermöglichen müssen, spricht für eine auch informations- und kommunikationstechnisch weitgehende Integration der für den Betrieb der „virtuellen Leitwarten" notwendigen informations- und kommunikationstechnischen Infrastrukturen. Damit bekommen sie für die verteilte und vernetzte Realität eine zentrale Aufgabe, die - so ist zu erwarten - durch die Virtualisierung der dazu genutzten Informations- und Kommunikationstechnologien in einer Cloud bestmöglich erledigt werden kann.

Damit wird nach der „Virtualisierung erster Ordnung" für die industrielle Anwendungen zur Darstellung von materiellen und virtuellen Gegenständen und mit der „Virtualisierung zweiter Ordnung" für die in der industriellen

Anwendung genutzten Informations- und Kommunikationstechnologien dem Anspruch, Flexibilität und Integration zu ermöglichen, bestmöglich Rechnung getragen.

Daten- und Informationslebenszyklen

Mit der digitalen Darstellung von Daten sind neue Möglichkeiten für deren Handhabung entstanden. Die durch die Entwicklung in den vergangenen Dekaden geprägte „Kultur" des Umgangs mit Daten ist gekennzeichnet durch Begriffe wie „Datenbanken", „Stammdaten", „Data Dictionaries", „Datenmodelle", „Datenbankmanagementsysteme" etc. und in neuerer Zeit durch Begriffe wie „Webpages", „Suchmaschinen", „Wikis" etc. Sie alle verweisen auf eine permanente Verfügbarkeit einmal erzeugter und gespeicherter Daten und damit auf deren Persistenz.

Daten für industrielle Anwendungen unterliegen, wie die meisten industriellen Artefakte, einem Lebenszyklus: Manche von ihnen sind nur für kurze Zeit von Interesse und Wert, wie z. B. Messwerte für sich kontinuierlich ändernde physikalische Größen (Temperatur, Druck etc.). Andere haben einen Wert und sind valide Daten, solange ein industrielles Artefakt, mit dem die Daten assoziiert sind, wie z. B. die „Wartungsgeschichte", überhaupt existiert. Wiederum andere haben einen archivarischen Wert, wie z. B. die Konstruktionsdaten für ein industrielles Artefakt, und verlieren – wenn überhaupt – nur nach langer Zeit ihren Wert oder ihre Bedeutung. Der Aufwand für die Aufrechterhaltung ihrer kontinuierlichen Verfügbarkeit könnte durch deren zeitgerechte Aussonderung begrenzt werden. Dies wird häufig wegen der massiv gesunkenen Kosten für digitale Speicher nicht für nötig gehalten. Dabei wird übersehen, dass die unbefristete Verfügbarkeit auch möglicherweise invalider Daten Kosten verursacht. Diese entstehen dadurch, dass die Suche in großen Datenbeständen dann auch höhere Kosten verursacht, dass die Aktualisierung und der Erhalt der Konsistenz der noch validen Daten mit möglicherweise größeren Aufwänden verbunden sind, und dass schließlich unübersehbare „Datenfriedhöfe" entstehen.

Es entspricht auch der Tradition, über Veränderungen von Daten und Datenbeständen im Ablauf ihrer Existenz zu sprechen. Die Aufgabe von Daten und Datenbeständen am Ende ihres Lebenszyklus, wenn deren Werthaltigkeit nicht mehr offensichtlich ist, ist hingegen hier kein zentrales Anliegen. Daten werden sogar häufig als möglicherweise für immer für potenziell werthaltig betrachtet um sicherzustellen, dass mit ihrer Aufgabe kein Fehler begangen wird. Nicht zuletzt die Weiterentwicklung der Speichertechnologien hat diesen Trend verstärkt. Der Stand der Technik hat jetzt dazu geführt, dass beliebige Daten, gleichgültig ob sie mit Sicherheit valide sind oder nicht, und weil auch für beliebig große Datenvolumina kein wirtschaftlicher Zwang zu deren Aufgabe besteht, undefiniert lange verfügbar gehalten.

Nicht nur für industrielle Anwendungen, aber besonders für sie, scheint eine Änderung dieser Haltung notwendig zu sein, denn hier kann nicht mehr allein die potenzielle Werthaltigkeit der Daten zum Maßstab des Handelns gemacht werden. Es muss auch sichergestellt sein, dass die Daten, gemessen an einer Menge von Charakteristika der Daten, als (noch) valide gelten können.

Suchen und Finden

Seit den frühen Phasen der Etablierung und Nutzung von Datenbanken haben unterschiedliche Paradigmen die Suche in den dort gespeicherten Datenbeständen bestimmt. Zunächst ist die Suche als „Navigation" in den Datenbeständen hin zu den Zieldaten über Suchpfade hinweg organisiert worden. Die Navigation war ein auf der Intuition der Suchenden basiertes Konzept und verlangte die Durchführung der Navigation durch sie selbst.

Insbesondere die Relationalen Datenmodelle haben den Weg zu einer Entwicklung geebnet, mit der die Suche durch die Formulierung einer algebraischen, sehr viel abstrakteren und nutzerfreundlicheren Suchanfrage ermöglicht worden ist. Die neueren Entwicklungen haben auch die Suche in unstrukturierten Datenmengen durch die Bereitstellung von Suchmaschinen ermöglicht.

Ohne dass hier die Suche von Informationen in Informationsbeständen besonders betrachtet wird, soll hier nur angemerkt werden, dass für viele Anwendungen im industriellen Umfeld die navigatorische Suche nicht nur hilfreich, sondern dass diese für die Erzielung möglichst präziser Suchergebnisse, sogar unabdingbar sein kann. Navigatorische Suche über Verweise ist dann, wenn diese Verweise auch eine spezielle Semantik tragen hilfreich, um die Semantik der gesuchten Information bestmöglich zu erfassen.

In der folgenden Diskussion werden insbesondere „Kontexte", „Kontextverfeinerungen" und „Kontexterweiterungen" wesentlicher Bestandteil der Informationsmodellierung sein. Wenn diesen Kontextverfeinerungen und Kontexterweiterungen jeweils spezielle unterschiedliche Konstruktionen unterliegen, können in der navigatorischen Suche diese zum Finden der „richtigen" Information führen und eine Vielzahl von Vorteilen für die korrekte Interpretation der Bedeutung und Deutung der Informationen entstehen.

In den zu erwartenden neuen industriellen Anwendungen, wie sie durch die Metapher „Industrie 4.0" gekennzeichnet werden, ist eine weitergehende Suche und weitergehendes Finden zu konzipieren: Die dort angestrebte weitere Vernetzung und Integration von Anwendungen und die Flexibilisierung industrieller Abläufe in grenzüberschreitenden industriellen Ökosystemen erfordert nicht nur die klassische „Mikrosuche" von Daten in integrierten Datenbeständen, sondern auch die „Makrosuche" um unterschiedliche Datenbestände in heute autonomen Anwendungen aufzufinden, um sie in einen Daten-Ökosystem zusammenzuführen. Das soll insbesondere mit Hilfe der oben schon erwähnten Kontextualisierungen in der Informationsmodellierung und mit der navigatorischen Suche gelingen.

Insbesondere dann, wenn Kontexte hierarchisch strukturiert sind und in dieser Struktur übergeordnete und untergeordnete Kontexte dargestellt werden können, kann das Suchen und Finden schrittweise stattfinden. Mit jedem Schritt wird dann ein Erkenntnisgewinn durch eine Kontexteingrenzung d.h. eine semantische Präzisierung der Suchanfrage erzielt. Die Navigation der Kontexthierarchie definiert dann Kontextpfade oder auch Kontextgraphen, und mit der Navigation von übergeordneten zum untergeordneten Kontext erfolgt eine (semantische) Präzisierung der Suchanfrage. Bei einer Navigation von einem untergeordneten zu einem übergeordneten Kontext erfolgt hingegen eine (semantische) Verallgemeinerung.

2.5 Big Data und Smart Data in industriellen Anwendungen

Als „Big Data" sind ursprünglich nur solche Daten bezeichnet worden, die – wie im „data engineering" definiert – unstrukturiert sind. Das sind Daten, die zum Beispiel Texte repräsentieren, die in einer gesprochenen Sprache abgefasst sind. Diese Einschränkung ist im Laufe der letzten Jahre weitgehend aufgegeben worden. Deshalb wird heute von „Big Data" in der Regel dann gesprochen, wenn mehr oder weniger voluntaristisch von großen Gruppen Interessierter große Mengen von Daten erzeugt und bereitgestellt werden, die daran anschließend analysiert werden, um auf ihre möglicherweise nicht sofort erkennbare oder auch versteckte Bedeutungen schließen zu können. Dabei werden mit der „Data Analytics" in aller Regel syntaktische Merkmale zur Feststellung von Korrelationen und zur Entwicklung von Prognosen unterschiedlichster Art genutzt. Für die „Data Analytics" sind eine Vielzahl intelligenter Verfahren entwickelt worden, sodass „Big Data" und „Data Analytics" Grundlage einer Vielzahl von Geschäftsmodellen und Geschäftserfolgen sind.

Die Verfügbarkeit und Nutzung sehr großer Datenmengen hat sich, wegen der früher immer auch begrenzten Möglichkeiten, ausreichend Speicherplatz und Verarbeitungskapazität bereitzustellen, als eine der großen Herausforderungen in einer Reihe von Anwendungen erwiesen. Die wohl ersten Anwendungen, in denen „Big Data" erzeugt und genutzt wurden, waren die Erzeugung und Nutzung physikalischer Messwerte z.B. in der Meteorologie für Wetter- und Klimadaten, in der Überwachung physikalischer Vorgänge in wissenschaftlichen Experimente, in der Weltraumforschung, in der Bildanalyse etc. Die dabei gewonnenen Erfahrungen haben auch dazu beigetragen, Lösungen für andere „Big Data" für andere Anwendungen zu entwickeln.

Besonders profitiert von diesen Erfahrungen haben zunächst Anwendungen zum Erhalt des nationalen und internationalen Kulturerbes und nunmehr auch Anwendungen der operativen Wirtschaft, der Verwaltung und natürlich auch der

Politik zur Archivierung langlebig werthaltiger großer Datenbestände. Für all diese Anwendungen und für viele weitere Anwendungen haben die in den vergangenen Dekaden erfolgten technologischen Entwicklungen zur kostengünstigen Speicherung und Bearbeitung von „Big Data" neue Möglichkeiten eröffnet. Mit dem entstehenden Internet der Dinge werden nun auch die Voraussetzungen geschaffen, die Datenverfügbarkeit für industrielle Anwendungen drastisch zu erhöhen und für die Nutzung zur Verfügung zu stellen.

Die technischen Voraussetzungen, auch sehr große Datenvolumina zu erfassen, zu speichern und zu analysieren, hat zu der Vermutung geführt, dass sich jedes Datum – irgendwann – nutzbringend verwenden lässt und folglich dauerhaft verfügbar gehalten werden muss. Die Folge davon ist, dass auch große Anstrengungen unternommen werden, um möglichst viele Daten zu erzeugen. Diese Ansicht – so wird hier postuliert – sollte für Daten für industrielle Anwendungen nicht aufrechterhalten werden. Dies wird aus folgenden Überlegungen abgeleitet: Die Bereitstellung von Daten verursacht auch Kosten. Dabei sind weniger die Kosten für die Bereitstellung der zur Verwaltung der Daten notwendigen Informations- und Kommunikationstechnologien, als vielmehr die „Pflege" der Daten, um deren Aktualität zu gewährleisten, der kostentreibende Faktor. Nicht genutzte, „auf Vorrat" vorgehaltene Daten, können Störfaktoren sein und unbeabsichtigte Effekte auslösen.

2.5.1 Big Data in industriellen Anwendungen

Es gibt keinen Zweifel: Eine der großen Herausforderungen in der Nutzung von Informations- und Kommunikationstechnologien in der Zukunft ist die Beherrschung der auch in industriellen Anwendungen kontinuierlich wachsenden Menge von Daten, die erzeugt und gespeichert, eventuell nutzbringend verwendet und/oder nutzbringend ausgewertet werden kann. In dieser Monografie steht die nutzbringende Verwendung von strukturierten Daten im (technischen) industriellen Umfeld im Fokus der Überlegungen. Die nutzbringende (statistische) Auswertung der Daten zum Gewinnen „versteckter" nutzbringender Informationen durch Algorithmen der Datenanalyse wird nicht betrachtet. Dies scheint auf den ersten Blick angesichts des „Big Data"-Trends etwas außerhalb des „main stream" zu sein, ist aber vor dem Hintergrund, dass das „Big-Data"-Problem nach der hier vertretenen Auffassung nicht das wichtigste Thema für die Nutzung von Informations- und Kommunikationstechnologien in der nächsten Generation der industriellen (technischen) Anwendungen sein wird, begründet.

Big Data in betrieblichen industriellen Anwendungen

Die Fokussierung auf industrielle Anwendungen und auf die in diesen Anwendungen erzeugten und genutzten Daten erfordert allerdings die Lösung einiger Probleme, die in der bevorzugt betrachteten Datenanalyse für betriebliche industrielle Daten nicht behandelt werden. Für industrielle Anwendungen steht die weitergehende Vernetzung von Aktivitäten in sogenannten (grenzüberschreitenden) Ökosystemen im Vordergrund der Überlegungen. Dies erfordert dann auch eine entsprechende weitergehende Integration der häufig als „Silos" verfügbaren Unternehmens-IT. Mit der Integration wird dann auch das Zusammenführen von Daten aus unterschiedlichen Quellen nötig, um sie zu einem integrierten Datenbestand weiterzuentwickeln. Dabei müssen dann die „Bedeutungszusammenhänge" zwischen den Daten aus unterschiedlichen Silos erkannt und berücksichtigt werden. Dies systematisch durchzuführen, erfordert die Analyse und Erfassung der Bedeutungen bzw. der möglichen Deutungen der Daten aus den verschiedenen Quellen. Dies ist für viele (technische) industrielle Anwendungen eine der großen Herausforderungen, und sie entspricht mehr der Nutzung von „Smart Data" als von „Big Data".

In industriellen technischen Anwendungen werden künftig – so jedenfalls die Prognosen – zwar auch große Datenmengen erzeugt werden, sie werden sich jedoch signifikant von den voluntaristisch erzeugten großen Datenmengen unterscheiden: Die Big Data in technischen industriellen Anwendungen sind in aller Regel einem physikalischen „Bezugssystem" zugeordnet. Sie entstehen zum Beispiel bei der Überwachung von Maschinen und Anlagen, sie entstehen als Bilddaten mit hoher Auflösung, sie repräsentieren umfangreiche Produktbeschreibungen auf deren Basis die Produkte im 3D-Druck erzeugt werden. Dies wird insbesondere durch die Verfügbarkeit von einer Vielzahl auch sehr unterschiedlicher kommunizierender Sensoren und Aktoren zu geringen Preisen möglich, die zusammen mit technischen Steuerungs- und Überwachungssystemen zum „Internet der Dinge" zusammengeführt werden können.

Dabei werden die Daten nicht nur als „Ansammlungen" erzeugt, sondern sie bilden häufig, wie auch die physikalischen Systeme selbst in diesen technischen Anwendungen, „Datengebäude" mit Fundamenten aus „Basisdaten", zum Beispiel aus „Geometriedaten", für Werkstücke und den diesen zugeordneten „Materialdaten". Darauf aufbauend können „Konstruktionsdaten" die Integration einzelner Komponenten zu komplexen Maschinen und diese wiederum zu komplexen Anlagen repräsentieren. Und diese „Konstruktionsdaten" können dann als Basis für eine Vielzahl von „Prozessdaten" für die Darstellung der Fertigungsabläufe für Maschinen und Anlagen dienen.

Der Erfassung und Nutzung, aber insbesondere das nachhaltige Management von Big Data in betrieblichen Anwendungen, wird dennoch nicht ausgeblendet. Big Data sind in diesen Nutzungen nicht nur „big" weil sie große Volumina annehmen, sondern vor allen Dingen auch weil sie hochkomplex vernetzt sind und damit „big" einen hohen Vernetzungsgrad und damit eine hohe Komplexität aufweisen. Für große Mengen betrieblichen Daten, die strukturierte „mengenwertige" Informationen repräsentieren wird hingegen in den Kapiteln 5 und 6 ausführlich über deren nachhaltiges Management diskutiert werden. Die Analyse unstrukturierter oder semistrukturierter „Big Data" ist aber tatsächlich nicht Gegenstand der weiteren Diskussionen über Informationsmodelle für industrielle Anwendungen.

Big Data in technischen industriellen Anwendungen

In (technischen) industriellen Anwendungen der Zukunft werden Objekte unterschiedlicher Art, wie z. B. Werkstücke, Werkzeuge, Anlagen, nicht nur in ihrer physikalischen Ausprägung, sondern auch als virtuelle Objekte als digitale Abbildungen der physikalischen Objekte benötigt, um die digitale (intelligente) Steuerung von Abläufen in den industriellen Anwendungen zu ermöglichen. Virtuelle Objekte sind letztlich Datenrepräsentationen der physikalischen Objekte, die nicht nur z. B. die Geometrie der physikalischen Objekte, sondern auch deren Materialeigenschaften, aber auch deren „Konstruktionspläne" umfassen und letztlich sogar deren „Produktionspläne". Die dafür bereitgehaltenen Daten werden jeweils zu den Zeitpunkten, zu denen sie benötigt werden, an den Nutzungsstellen, wie z. B. Bearbeitungsmaschinen, Robotern, 3D-Druckern, verfügbar gemacht. Damit erhalten Daten für (technische) industrielle Anwendungen eine ähnlich große Bedeutung wie   z. B. betriebswirtschaftliche Daten, wie sie in ERP-Systemen bereitgestellt werden.

Big Data bilden als Abbilder physikalischer und virtueller Artefakte komplexe Strukturen aus zum Beispiel Menschen, Maschinen, Anlagen und ganzen Infrastrukturen für die Versorgung und Entsorgung. Die Informationsmodelle, die diese Strukturen dokumentieren, sind dann zum Beispiel Produktmodelle, Prozessmodelle, Modelle von Werkzeugen und Werkstücken etc. Da alle diese Modelle in der Regel über nicht triviale Beziehungen und Abhängigkeiten verbunden sind, ist die Existenz von diese Beziehungen darstellenden „ganzheitlichen" Informationsmodellen unabdingbar. In den ganzheitlichen Modellen muss dennoch deren Aufbau aus Teilmodellen erkennbar bleiben. Von besonderer Bedeutung für diese Anwendungen ist deshalb die uniforme Modellierung aller Teilmodelle und der sie umfassenden ganzheitlichen Modelle, um eine Barrieren freie Vernetzung der Teilmodelle zu ermöglichen.

Anders als in vielen anderen Anwendungen werden (technische) industrielle Anwendungen und die in ihnen relevanten Objekte durch Daten repräsentiert, die eine feste, durch Naturgesetze der Mechanik, Elektrotechnik, Thermodynamik, Mechatronik etc. definierte, Bedeutung haben. Sie sind Elemente einer normierten Fachsprache. Die verwendeten sprachlichen Konstrukte, wie Worte der natürlichen Sprache und aus diesen Worten gebildete Wortkonstrukte, werden aus vordefinierten Vokabularien gebildet. Die Abhängigkeiten zwischen Daten sind naturgesetzlich definierte Korrelationen zwischen den in den Vokabularien enthaltenen einzelnen Begriffen und Bezeichnern.

Da in (technischen) industriellen Anwendungen die Anforderungen an die Qualität der Daten in der Regel sehr hoch sind – dies gilt selbst für archivierte Daten – sind die Aufwände zur Sicherung von Kohärenz und Konsistenz der Daten keine niedrig anzusetzende Größe. Für diese Daten gilt demzufolge eher das Paradigma: So viel Daten wie nötig und so wenig Daten wie möglich. Die Befolgung dieses Paradigmas ist auch deshalb sinnvoll, weil die mit großen Datenvolumina häufig auch entstehende Datenkomplexität begrenzt werden kann.

Mit der weitergehenden Digitalisierung in Produktion und Fertigung, in der dezentralen Energieerzeugung und Nutzung, aber auch mit der Komforterhöhung in „Smart Homes", gehen Informations- und Kommunikationstechnologien ein sehr viel „intimeres" Verhältnis zur uns umgebenden physikalischen Welt ein, und treffen dabei auf die Naturgesetze der Physik. Es geht dort in der Regel nicht so sehr um unstrukturierte (textuelle) oder semistrukturierte (strukturierte textuelle), sondern um strukturierte Daten, die elektrische Ströme, Geometrien und Topologien sowie mechanische Eigenschaften betreffen und in aller Regel nicht nur qualitativ, sondern auch quantitativ charakterisiert werden können und müssen.

Diese Auffassung steht – zugegebenermaßen – im Widerspruch zu den meisten in der Öffentlichkeit und leider auch zu vielen in der Fachöffentlichkeit zu findenden Darstellungen zur Nutzung des „Internet der Dinge" im industriellen Umfeld, in dem Myriaden von Sensoren unvorstellbar große Datenmengen erzeugen, die anschließend algorithmisch analysiert zur Steuerung und Regelung komplexer industrieller Abläufe genutzt werden. Dem steht hier die Auffassung entgegen, dass im (technischen) industriellen Umfeld der größte Teil des Geschehens unzweideutig physikalisch und damit naturgesetzlich determiniert ist. Damit soll nicht gesagt werden, dass nicht auch solche so entstehende Datenmengen sinnvoll und nutzbringend analysiert werden können, es soll nur deutlich gemacht werden, dass Digitalisierung nicht die Physik neu erfinden wird.

In Folge dieser Überlegungen erfordern die folgenden Empfehlungen zur Differenzierung des Begriffs „Big Data" in technischen industriellen Anwendungen eine besondere Beachtung.

Big Data: Größe versus Komplexität

Die mit dem Begriff „big data" verbundene Vorstellung, dass eine große Anzahl von Daten über einen Gegenstandsbereich Ausgangspunkt für die Gewinnung von neuen Erkenntnissen über den Gegenstandsbereich sein können, steht für die Informationsmodellierung für industrielle und insbesondere für technische industrielle Anwendungen nicht im Mittelpunkt des Interesses. Große Mengen gleichartiger Daten zur Entwicklung von Erkenntnissen durch die Anfertigung von Statistiken spielen in den betrieblichen industriellen Anwendungen eine Rolle und dienen zur Überwachung technischer Artefakte in technischen industriellen Anwendungen.

Für die in dieser Monografie behandelten Themen ist die Tatsache, dass insbesondere hoch- strukturierte Informationen als Beschreibungen technischer Artefakte auch ein „Big Data"-Problem darstellen im Zentrum der Überlegungen. In diesen Überlegungen sind nicht nur die Größe der Datenmengen sondern auch die strukturelle Größe und Komplexität, die es nötig machen, die Beherrschung der Komplexität und Größe der Daten zum Gegenstand von Überlegungen zu machen, die zentralen Anliegen. Und dass die dort auftretenden Probleme eine herausragende Bedeutung haben, steht wohl außer Frage. Auch dies ist ein Anlass dafür, auch über die klassischen Methoden der Informationsmodellierung hinauszudenken.

Es ist deshalb naheliegend, dass für die Modellierung von Güter und Anlagen für die sie repräsentierenden Informationen ähnliche Strukturierungen entwickelt werden wie für die (physikalischen) Güter und Anlagen selbst. Dies erfordert eine Modellierungstechnik, mit deren Hilfe beliebige „Zerlegungen" modelliert werden können, um vom Ganzen bis zu den kleinsten Teilen uniforme Darstellungen entwickeln zu können.

Big Data: Relevanz und Informationswert

Aus den obigen Erläuterungen werden die folgenden Schlussfolgerungen für die Informationsmodellierung für industrielle Anwendungen abgeleitet.

1) Daten an sich haben keinen Wert – und deshalb gibt es auch keinen allgemein akzeptierten Begriff „Datenwert" oder „Informationswert" – sondern nur einen „Nutzwert", und sie verdienen nicht in jedem Fall, mit großen Aufwänden bereitgehalten zu werden, sondern nur, wenn ein Nutzwert bekannt ist oder erwartet werden kann.

2) Die Relevanz der Daten für eine oder mehrere Nutzungen der Daten oder Informationen bestimmen einen Wertmaßstab und damit den Wert von Daten für deren (potenzielle) Nutzung in konkreten Anwendungen, in denen sich der „Nutzwert" der Daten und der sie repräsentierenden Informationen abschätzen oder sogar bestimmen lässt.

3) Der „Nutzwert" von Daten kann sich erheblich voneinander unterscheiden. Dessen Abschätzung kann zu Abstufungen wie z. B. „geringer Nutzwert", „akzeptabler Nutzwert", „hoher Nutzwert" führen oder sogar mit den Wert beschreibenden Attributen wie „projektkritisch", „unternehmenskritisch" oder sogar „überlebenskritisch" belegt werden.

4) Die Differenzierungen zwischen unterschiedlichen „Nutzwerten" von Daten können dann die Basis für ein „nutzwertorientiertes" Datenmanagement für (technische) industrielle Anwendungen sein.

2.5.2 Smart Data in industriellen Anwendungen

Der Begriff „Smart Data" wird seit einiger Zeit häufig genutzt, ohne dass dem eine Definition oder Erklärung des Begriffes zugrunde liegt. Selbst seine Verwendung als Synonym für „Big Data" ist in der Zwischenzeit gebräuchlich, ohne dass im Einzelnen erläutert wird, warum und wann „Big Data" auch „Smart Data" sind. Diese definitorischen Defizite werden, wie so häufig, in den Informations- und Kommunikationstechnologien, eher zu einer Verwirrung als zu einer Erklärung des eigentlichen, mit dem Begriff „Smart Data" verbundenen Anliegens führen.

Annotationen

„Smart Data" sollen „intelligente Daten" sein, deren Intelligenz darin besteht, dass sie „Wissen" (in Form von Informationen, repräsentiert als Daten) über sich selbst und über ihre zulässigen Nutzungen haben. Smart Data „wissen", was ihre Bedeutung und zulässige Deutung (d.h. ihre Semantik) ist. Die ihre Semantik präzisierenden Informationen/Daten werden den zu erklärenden Informationen/Daten als „Annotationen" zugeordnet. Mit Annotationen verbinden wir damit die Vorstellung, dass die Bezeichnung eines Datums nicht nur durch seinen eigenen Bezeichner, sondern durch mehrere weitere Bezeichner erfolgt. Dies entspricht dem Konzept der Nutzung der Suchspalte einer Suchmaschine, mit der als Suchbegriff für ein Datum eine Menge von Bezeichnern genutzt werden kann, und durch weitere Bezeichner die Suche durch die damit stattfindende semantische Einschränkung des Suchraumes, zu besseren Ergebnissen führen kann. Dazu werden im Weiteren Modellierungskonzepte zu dieser „inkrementellen" Präzisierung der Semantik diskutiert werden.

Smart Data können nicht nur durch ihre Annotation mit weiteren Bezeichnern entstehen, sondern auch durch deren „Einkapselung". „Eingekapselte Daten" werden so genannt, weil sie über eine „äußere Hülle" nach außen hin abgegrenzt sind und damit innerhalb der Hülle geschützt sind. Die Hülle der Kapsel ist eine die Nutzung steuernde Schnittstelle zu den in der Kapsel befindlichen Daten. Die Hülle der Kapsel umfasst dazu Informationen/Daten, die festlegen, wer die Daten in der Kapsel nutzen darf, und zur Erledigung welcher Aufgaben sie genutzt werden und wozu sie nicht genutzt werden dürfen. Die Daten in der Kapsel - so kann man sagen - „wissen", was mit ihnen geschehen darf, ob und wie sie verändert werden dürfen oder nicht, und wie die Veränderungen gegebenenfalls ausgeführt werden müssen.

Mit einem solchen rigiden Nutzungsregime sollen besonders werthaltige oder sicherheitssensitive Daten vor nicht zulässiger, weil fehlerhafter, oder auch missbräuchlicher Nutzung geschützt werden. Daten sollten immer dann als „Smart Data" gekapselt werden, wenn die bestimmungsgerechte Nutzung nicht anderweitig garantiert werden kann.

Dieses hier für „Smart Data" genutzte zur Sicherung der intendierten Nutzung von Informationen/Daten Konzept ist nicht neu und entspricht in etwa den in

Computerbetriebssystemen für die Nutzung von Daten festgelegten „Capabilities". Das Konzept „Smart Data" wird gegenüber den „Capabilities" auf Daten beliebiger Art übertragen und kann in gleicher Weise auch auf digitale Dienste als „Smart Services" angewandt wenden.

Metadaten

Es ist leicht nachzuvollziehen, dass Annotationen und Kapseln als Metainformationen/Metadaten, also als Informationen/Daten, über Informationen/Daten gelten können, mit denen „Berechtigungen" charakterisiert werden. Solche Berechtigungen können Berechtigungen für bestimmte Deutungen der Informationen/Daten aber auch „Zugangsberechtigungen", „Änderungsberechtigungen", „Löschungsberechtigungen" etc. sein. Als ein erster konzeptioneller Rahmen für die Menge sinnvoller Berechtigungen kann der Satz der Interrogativpronomen „was", „wer", „wozu", „womit" „wie" etc. betrachtet werden.

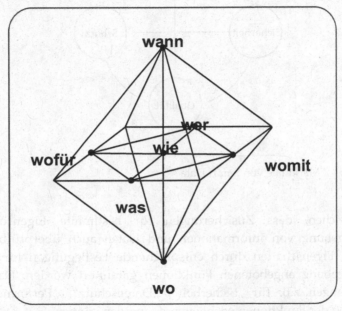

Abbildung 2-3: Metadaten

Mit der Frage nach dem „wofür" soll eine Antwort über die (potenziellen) Nutzungen der Informationen /Daten induziert werden, mit der „wer"-Frage eine Antwort über die berechtigten Nutzer und Bereitsteller, mit der „was"-Frage eine Antwort über das erwartete Ergebnis der Nutzung der Informationen/Daten. Mit der „wie"-Frage eine Antwort auf die Art, wie die Daten genutzt werden müssen und mit der „womit"-Frage eine Antwort darauf welche technischen Voraussetzungen für die Nutzung der Informationen/Daten existieren müssen. Darüber hinaus können für die Nutzung der Informationen/Daten Restriktionen im Hinblick auf Ort („wo") und Zeit („wann") festgelegt werden. Die Gesamtheit dieser Fragen, die mit diesen Interrogativpronomen eingeleitet werden, und die dazu gegebenen Antworten werden aus Sicht der Informationsmodellierung als „administrative" Metadaten bezeichnen.

Fragen zur Sicherstellung technischer Eigenschaften der „Nutzungsumgebungen" für Informationen/Daten wie z.B. „Funktionalität", „Sicherheit", „Datenschutz", „Datenqualität" etc. lassen sich in einem weiteren Schema darstellen.

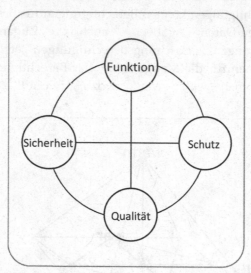

Abbildung 2-4:   Merkmale von Smart Data

Um zu erreichen, dass Zusicherungen für bestimmte Eigenschaften der Nutzungsumgebung von Informationen und Daten auch überprüfbar werden, können diese Eigenschaften durch entsprechende Festlegungen für die in der Nutzungsumgebung angebotenen Funktionen garantiert werden. Dazu müssen die Zusicherungen z.B. für „Sicherheit", „Datenschutz", „Performanz" durch Überprüfungen der Funktionen nachgewiesen werden können.

„Smart Data" sind aus einer Nutzersicht Daten mit einem hohen „Erkennungswert", einem hohen Nutzwertpotenzial, und ihre Nutzung kann „geschäftskritisch" und im Extremfall auch überlebenswichtig sein. Sie sind demzufolge auch besonders schutzwürdig. Sie können sowohl Marktdaten als auch Unternehmensdaten, aber auch Produktdaten und Prozessdaten und auch medizinische Diagnosedaten etc. sein. Welche Daten als „Smart Data" bereitgestellt werden sollten, ist durch den jeweiligen Anwendungskontext bestimmt.

Im Folgenden werden „Smart Data" und die technischen Konzepte für „Smart Data" nicht näher betrachtet werden, obwohl sie für (technische) industrielle Anwendungen sehr relevant sind. Mit der Einführung kompositionaler Informationsmodelle werden die Grundlagen für differenzierte

Nutzungsstrategien und damit für sowohl „generische" als auch sehr „spezifische" „Smart Data" gelegt.

Die folgenden Abhandlungen werden jedoch über „Wissen", das Informationen/Daten über sich selbst „besitzen" und „besitzen müssen", um bestimmungsgerecht genutzt zu werden, ausführlich berichten. Dazu zählt zuallererst die so weit wie möglich und nötig gehende Erklärung und ·Beschreibung der Bedeutung der Daten, um deren Fehlinterpretation zu vermeiden und Fehler in den die Daten nutzenden Anwendungen vermieden werden.

2.5.3 Von Big Data zu Smart Data

Aus den obigen Erläuterungen kann abgeleitet werden, dass das Informationsmanagement für industrielle Anwendungen den sehr sorgfältigen Umgang mit Informationen erfordert, und dass dabei die Nutzungen von Big Data eine andere Qualität haben und haben müssen als in vielen anderen Anwendungen, und dass dabei häufig nicht darauf verzichtet werden kann, Daten als Smart Data verfügbar zu halten. Diese neue Qualität zu erreichen, schließt die sehr sorgfältige Auswahl und Festlegung ein, welche Daten in einem Nutzungs- und Anwendungskontext relevant sind und erhoben werden sollten, und es schließt insbesondere auch die Vermeidung der Erhebung unnötiger Daten und Datenquellen ein, um einerseits eine hinreichende Datenbasis verfügbar zu haben, und andererseits unnütze Komplexitäten zu vermeiden

Der Übergang von „Big Data" zu „Smart Data" ist mit einem nicht unerheblichen Aufwand verbunden. Dies ist vor allen Dingen darauf zurückzuführen, dass künftige industrielle Anwendungen die Integration von Daten aus unterschiedlichen Quellen erfordern, die möglicherweise in mehrfacher, unterschiedlicher Weise heterogen sind. Um diesen Aufwand so gering wie möglich zu halten, ist ein systematisches Vorgehen dabei unerlässlich. Für ein Scenario, das man in Anlehnung an die in der Beschreibung von Cloud Technologien als „data as a service" Scenario bezeichnen könnte und in dem die Verfügbarkeit großer Datenmengen der Anlass für möglicherweise neue industrielle Nutzungen der Daten ist, wird mit dem im Folgenden erläuterten und in der folgenden Graphik dargestellten schrittweisen Vorgehen eine solche Systematik vorgeschlagen.

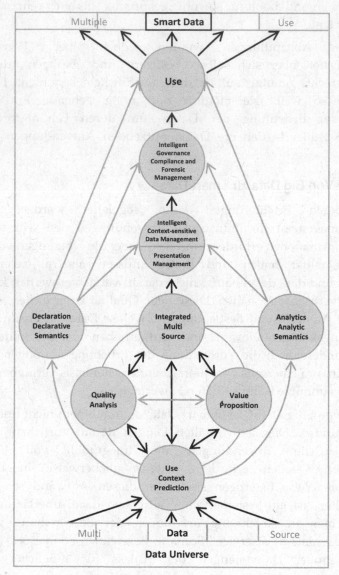

Abbildung 2-5:   Von Big Data zu Smart Data

Die Integration von Daten und Datenquellen zur Entwicklung vernetzter Anwendungen erfolgt nach der vorgeschlagenen Systematik in Schritten, die am unteren Rand in der obigen Graphik beginnen und sich bis zum oberen Rand der Graphik erstrecken. Dabei bezeichnen die von unten nach oben zeigenden dunklen Pfeile die Reihenfolge, in der die Schritte und die mit den Schritten verbundenen Aufgaben erledigt werden sollen. Mit Doppelpfeilen wird das möglicherweise jeweils notwendige werdende iterative Vorgehen beim Übergang von einem Schritt zum nächsten Schritt gekennzeichnet. Die hellen Pfeile bezeichnen

Erkenntnisse, die mit den in einem Schritt gewonnenen Ergebnissen auch für andere Schritte im Gesamtablauf von Bedeutung sind.

1. Die erste Aufgabe umfasst die Entwicklung einer ersten Vorstellung vom „Nutzungs- bzw. Anwendungskontext" in dem die Daten aus ausgewählten Datenquellen genutzt werden sollen, um nur notwendige und relevante Daten und Datenquellen für die intendierten Nutzungen auszuwählen. Ergebnis der Erledigung der ersten Aufgabe ist die initiale

2. Festlegung einer Menge von Daten und Datenquellen und eine –vielleicht noch vage – Charakterisierung der Daten und Datenquellen im Hinblick auf ihre Bedeutung und zulässige

3. Deutung (d.h. ihrer Semantik). Die mit der Erledigung der ersten Aufgabe gewonnenen Erkenntnisse sind damit auch von Bedeutung für die Entwicklung einer ersten Vorstellung von der „Werthaltigkeit" und der „Qualität" der initial ausgewählten Daten und Datenquellen. Die Erledigung der ersten Aufgabe endet mit einer ersten Entscheidung über die für den Nutzungs- und Anwendungskontext ausgewählte Menge von Daten und Datenquellen.

4. Die zweite Aufgabe umfasst eine erste systematische Abschätzung des potenziellen Wertbeitrages der ausgewählten Menge von Daten und Datenquellen im initial definierten Nutzungs- und Anwendungskontext. Ergebnis der Erledigung dieser Aufgabe ist eine erste quantitative Abschätzung der Werthaltigkeit der ausgewählten Daten und Datenquellen einzelner Anwendungen im Nutzungs- und Anwendungskontext.

5. Die dritte Aufgabe umfasst eine erste Abschätzung der Qualität der initial ausgewählten Daten und Datenquellen im Hinblick auf z.B. Vollständigkeit, Korrektheit, Aktualität, Präzision etc. Ergebnis der Erledigung dieser Aufgabe ist eine quantitative Abschätzung der Tauglichkeit der ausgewählten Daten und Datenquellen im Hinblick auf die erwartete Werthaltigkeit der ausgewählten Daten und Datenquellen.

6. Die vierte Aufgabe umfasst die Festlegung einer ganzheitlichen, integrierten Sicht auf die Menge der ausgewählten Daten und Datenquellen durch die Entwicklung eines initialen „Makro-Informationsmodells", das die initial ausgewählten Daten und Datenquellen umfasst und Beziehungen und Abhängigkeiten zwischen diesen darstellt. Das Ergebnis der Erledigung dieser Aufgabe ist eine Entscheidung über die Nutzung der initial ausgewählten Daten und Datenquellen im Hinblick auf deren Relevanz im Nutzungs- und Anwendungskontext sowie eine Entscheidung über die Auswahl anderer und/oder weiterer Daten und Datenquellen für den Nutzungs-und Anwendungskontext.

7. Die fünfte Aufgabe umfasst die Präzisierung der ganzheitlichen , integrierten Sicht im Hinblick auf die Semantik der Menge der ausgewählten Daten und Datenquellen durch deren Zuordnung zu Aktivitäten, Prozessen oder Vorgängen und deren mögliche hierarchische Zerlegungen im Nutzungs- und Anwendungskontext. Ergebnis der Erledigung der Aufgabe ist die initiale Festlegung einer „deklarativen Semantik" der Menge der ausgewählten Daten und Datenquellen in einem verfeinerten, kompositionalen Informationsmodell.

8. Die sechste Aufgabe besteht darin, ergänzend oder alternativ (falls eine deklarative Semantik nicht angegeben werden kann) zum verfeinerten Informationsmodell, eine analytische Bestimmung der Semantik durch statistische Analysetechniken zur Bestimmung von Korrelationen, Abhängigkeiten und Beziehungen oder durch Techniken des maschinellen Lernens zu erreichen. Das Ergebnis der Erledigung der Aufgabe ist eine „analytische Semantik" in Form von Annotationen der Menge der ausgewählten Daten und Datenquellen

9. Die siebente Aufgabe umfasst die Spezifikation der Nutzungen der Daten und Datenquellen und des dazu erforderlichen Datenmanagements für die Daten und Datenquellen aus der ausgewählten Menge des Nutzungs- und Anwendungskontext. Die Spezifikation erfolgt durch die Festlegung der Abläufe, durch Angabe der Schritte und der Schrittfolge in den jeweiligen Nutzungen und Anwendungen und durch die Zuordnung der in den jeweiligen Schritten genutzten Daten und Datenquellen zu den Schritten. Dabei wird überprüft, ob das in den Schritten intendierte Datenmanagement zulässig und zur festgelegten Semantik der Daten und Datenquellen kompatibel ist: Es wird festgelegt, in welchen Schritten die Daten und Datenquellen nur genutzt werden dürfen ohne sie zu verändern, in welchen Schritten sie verändert oder auch gelöscht werden dürfen. Das Ergebnis der Erledigung dieser Aufgabe ist dann die Spezifikation der operationalen Eigenschaften der integrierten ausgewählten Daten und Datenquellen und der integrierten Menge der Daten und Datenquellen im jeweiligen Nutzungs- und Anwendungskontext.

10. Die achte Aufgabe besteht darin, die für die Nutzung der integrierten Menge von Daten und Datenquellen mit deren festgelegten operationalen Eigenschaften angestrebten

11. Rahmenbedingungen im jeweiligen Nutzungs- und Anwendungskontext festzulegen. Dazu gehören vor allen Dingen Spezifikationen von Berechtigungen für Nutzer, Berechtigungen für die Lokation und Relokation von Daten und Datenquellen in vernetzten Informations- und Kommunikationsinfrastrukturen und mögliche zeitliche Begrenzungen für deren Lokation etc., aber auch Sicherheitsvorkehrungen und Datenschutzvorkehrungen sowie für den jeweiligen Nutzungs- und spezifische Governance-Regeln. Ergebnis der Erledigung der achten Aufgabe ist dann ein umfassendes Konzept für die Protektion der Daten und Datenquellen.

2.5.4 Die kognitiven Grenzen für die Informationsmodellierung

Industrielle (technische) Anwendungen und Nutzungen von Informations- und Kommunikationstechnologien treffen nicht nur auf die Realitäten der Physik, sondern auch auf die Realitäten der menschlichen kognitiven Grenzen: Die menschlichen Fähigkeiten zum Erkennen und Verstehen sind begrenzt, und das insbesondere dann, wenn sie mit einem Übermaß an Größe, Vielfalt und daraus resultierender Komplexität von Sachverhalten und Gegenständen konfrontiert sind. Die dann jeweils nötig werdende Arbeitsteilung ist nicht immer ein Teil der Lösung des Problems, sondern ein Teil des Problems: Arbeitsteilung erfordert ein gemeinsames Verständnis, gemeinsame Fachsprachen, gleichartig verstandene Arbeitsteilungs- und Integrationskonzepte etc. All dies erfordert auch ein gemeinsames Verständnis für die Deutung von Daten, die in den jeweiligen Arbeitsteilungen genutzt werden. Dies zu erreichen gelingt mit den bisher üblichen pragmatischen Konzepten wie z. B. der „Teamarbeit" und den dazu nötigen Sitzungsmarathons nicht oder nur sehr bedingt.

Es ist vorherzusehen, dass mit der weitergehenden Integration von (technischen) industriellen Anwendungen nicht in jedem praktischen Fall eine den in dieser Monografie eingeführten Formalismen folgende Analyse und Integration von Informationen aus unterschiedlichen Quellen stattfinden wird. In manchen Fällen wird sie nicht nötig sein, weil die Bedeutung der jeweiligen Informationen „offensichtlich" ist, in anderen Fällen wird man den großen Aufwand für die Nutzung eines formalisierten Vorgehens scheuen, weil man auch mit starken, intuitiv geprägten, Vorgehensweisen die gewünschten Ergebnisse erzielen können wird. Für kritische Integrationsaufgaben hingegen wird man nicht darauf verzichten können, den Aufwand für eine formalisierte Vorgehensweise zu akzeptieren, weil bei ihnen andernfalls nicht zu verantwortende Gefährdungen nicht auszuschließen sind.

Auch mit den eingeführten Formalismen wird demzufolge der Fachexperte für die Durchführung der Aufgaben unverzichtbar bleiben. Die Formalismen ersetzen nicht die kognitiven Fähigkeiten des Fachexperten zur Erfassung der letztendlich doch intuitiven Semantik von durch Daten repräsentierten Informationen. Aber auch diese kognitiven Fähigkeiten sind – wie uns die Kognitionswissenschaften deutlich machen – begrenzt und können Limitationen für die grenzüberschreitende Integration mit sich bringen. Ein anschauliches Bild, das diese – sicherlich individuell unterschiedlichen – Begrenzungen und deren Folgen aufzeigt, soll als Hilfe dabei dienen, sich eigener Grenzen bewusst zu werden.

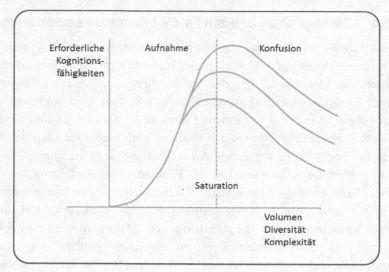

Abbildung 2-6:   Kognitive Grenzen

Dabei ist es unerheblich, ob die Kognitionsfähigkeiten von Individuen oder von Gemeinschaften von Individuen betrachtet werden – auch „Schwarmintelligenz" erreicht ihre Grenzen. Das gibt Anlass zu der Vermutung, dass auch die Integration (technischer) industrieller Anwendungen ihre jeweiligen Grenzen nicht überschreiten darf, ohne Schäden anzurichten.

3 Methoden der Informationsmodellierung

Zusammenfassung

Im Kapitel 3 werden dann anschließend konzeptionelle Grundlagen für die Informationsmodellierung dargestellt, um deutlich zu machen, dass die Begriffe „Wissen", „Information und Daten", „Syntax", „Semantik" und die Beziehungen zwischen ihnen für die Informationsmodellierung von zentraler Bedeutung sind. Gerade weil die Benutzung dieser Begriffe in unterschiedlichen Diskursen sehr unterschiedlich ist, müssen die Definitionen der Begriffe, der Abhängigkeiten und Beziehungen zwischen den Begriffen in dem jeweiligen Konzept für die Informationsmodellierung festgelegt sein, um die darauf aufbauenden Modellierungstechniken und Praktiken richtig einordnen zu können.

Die folgende Einführung in die klassischen Methoden der Informationsmodellierung wird in diesem Kapitel nicht primär für die in der Informationsmodellierung Ungeübten als ein mögliches Propädeutikum für die konstruktive Informationsmodellierung verstanden, sondern als ein Versuch zur Motivation, sich mit der Semantik von Daten und Informationen, als Voraussetzung für die erfolgreiche Informationsmodellierung in industriellen Anwendungen, zu beschäftigen. Der Begriff Semantik gilt in der nichtakademischen Beschäftigung mit der Informationsmodellierung zu Unrecht noch immer als „akademisch und praxisfern". Semantik hat das „Verstehen der Bedeutung" zum Gegenstand und ohne hinreichendes Verständnis für die Bedeutung und ohne Erfassung und Repräsentation der zulässigen Deutung von Daten und Informationen, können keine vertrauenswürdigen Informationsmodelle erstellt werden.

Dennoch, nicht jedem mit der Entwicklung neuer industrieller Anwendungen Beauftragten – davon muss man wohl ausgehen – sind die existierenden Techniken der Informationsmodellierung hinreichend geläufig, so dass im Folgenden dem Leser mit der Einführung der Grundbegriffe der Informationsmodellierung, vor der Darstellung der formalen Grundlagen und der weiterführenden Konzepte der Informationsmodellierung, ein sinnvoller Einstieg ermöglicht werden soll.

Die in diesem Kapitel dargestellten Grundlagen der Informationsmodellierung sind dennoch keine Einführung in die Informationsmodellierung. Vielmehr wird davon ausgegangen, dass die Leser schon Vorkenntnisse und vielleicht sogar schon Erfahrungen mit der Informationsmodellierung besitzen. Die hier dargestellten formalen Grundlagen zielen vor allen Dingen darauf ab, dem Leser Kenntnisse über Syntax und Semantik von Informationsmodellen und über die Bedeutung beider für die Bewältigung der Aufgaben in der Praxis zu vermitteln.

© Springer Fachmedien Wiesbaden GmbH, ein Teil von Springer Nature 2021
H. Weber, *Data Engineering 4.0*, https://doi.org/10.1007/978-3-658-33185-6_3

In den folgenden Erläuterungen wird deutlich werden, dass Informationsmodellierung und Informationsmodelle nicht nur intuitiv entwickelte Konzepte sondern auch mathematisch fundierte Konzepte sind. Die heute als klassische Informationsmodellierung bezeichnete Entity-Relationship-Modellierung und die in der Zwischenzeit auch standardisierte objektorientierte Informationsmodellierung mit der „Unified Modeling Language" sind durch mathematisch definierte Mengen und mathematisch definierte Relationen zwischen Mengen charakterisiert.

In der Informationsmodellierung Geübte werden erwarten, dass diese Einführung mit der Erläuterung der Konzepte der objektorientierten Informationsmodellierung beginnt. Schon im Vorwort ist erläutert worden, dass diese Vorgehensweise für die Entwicklung und insbesondere auch für die Integration existierender Datenbestände nicht notwendigerweise bestgeeignet zu sein scheint. Die Erfahrungen der letzten Dekaden machen auch deutlich, dass Objektorientiertheit für in der Programmierung Geübte, aber leider nicht für in der Programmierung nicht Versierte der richtige Einstieg ist.

3.1 Wissen, Informationen, Daten

Wissen ist der „Treibstoff" für unser Handeln als Individuen und für das kollektive Handeln vieler Individuen in der Gesellschaft. Es veranlasst uns, Aktivitäten zu beginnen, es wird benötigt, um Aktivitäten auszuführen, und es ist das Ergebnis der Ausführung von Aktivitäten. Um dies zu ermöglichen, wird Wissen von den „Besitzern" des Wissens abgefordert, und die „Besitzer" des Wissens stellen ihr Wissen für dessen Nutzung zur Verfügung. Wissen wird in Form von Informationen zur allgemeinen Nutzung bereitgestellt. Informationen werden durch Daten repräsentiert und durch deren Speicherung zur Nutzung vorgehalten.

Wissen ist zunächst die Summe der Kenntnisse, Erkenntnisse, Erfahrungen von Individuen im Hinblick auf ein bestimmtes Bezugssystem. Zu seiner Nutzung stellen Individuen ihr Wissen zur Verfügung. Dies wird dadurch möglich, dass Individuen ihr Wissen verbalisieren und das verbalisierte Wissen als Information darstellen. Kollektives Wissen entsteht durch die Bereitstellung „ihres" Wissens durch viele Individuen. Das so entstehende „kollektive" Wissen ist demzufolge sowohl gemeinschaftlich erzeugtes also auch gemeinschaftlich genutztes Wissen.

Die Verfügbarkeit von Wissen ist die Voraussetzung für die Informationsmodellierung. Sie erfordert Wissen über den Bereich der materiellen und/oder virtuellen Welt für den Informationen benötigt werden oder verfügbar sind. Wissen ist auch nötig, um eine zweckdienliche Abgrenzung eines Bereiches von anderen Bereichen der materiellen und/oder virtuellen Welt zu erreichen. Wissen ist darüber hinaus auch nötig um für den jeweils ausgewählten Bereich Ziele zu formulieren und festzulegen, zu deren Erreichung Informationen und

Informationsmodelle verfügbar sein müssen und für die Festlegung der sich daraus ergebenden Aufgaben und Vorgehensweisen. Dies entspricht einem für die Informationsmodellierung benötigten „Vorwissens".

Die Informationsmodellierung selbst ist die Darstellung von Wissen durch Informationen und Daten für die Erledigung der für den jeweiligen Bereich vorgegebenen Aufgaben. Das so genutzte Wissen stellen menschliche „Wissensträger" selbst zur Verfügung oder diese Nutzen ihr Wissen um technische Anlagen, um die ihrem Wissen nach notwendigen Informationen „maschinell" zu erzeugen. Dies geschieht im ersten Fall dadurch, dass ein menschlicher „Wissensträger" sich artikuliert und dabei sein Wissen als Information bereitstellt. Das geschieht im zweiten Fall zum Beispiel dadurch, dass auf der Basis des Wissens, dass die elektrische Stromstärke bestimmte Werte nicht übersteigen darf, Messgeräte installiert werden, mit deren Hilfe Messwerte über die jeweilige Stromstärke als Informationen bereitgestellt werden.

Während der Informationsmodellierung selbst ist darüber hinaus Wissen über den Diskursbereich zur Validierung der Ergebnisse und Zwischenergebnisse gefordert um zum Beispiel eine korrekt Zuordnung von Informationen zu anderen Informationen des jeweiligen Bereiches sicherzustellen.

Individuelles und kollektives Wissen

In Anwendungen kommt sowohl individuelles als auch kollektives Wissen zur Nutzung, und die das Wissen repräsentierenden Informationen werden durch deren Transfer von „Besitzern" zu „Nutzern" oder durch den Zugriff auf vorgehaltene „Informations-Pools" für die Nutzung bereitgestellt. Die in einem Informations-Pool vorgehaltenen Informationen repräsentieren in der Regel kollektives Wissen. Für kollektives Wissen gilt, dass es nicht nur kollektiver Besitz ist, sondern dass seine „korrekte" Nutzung davon abhängt, dass alle „Besitzer" des Wissens und alle „Nutzer" des als Information dargestellten kollektiven Wissens das gleiche Verständnis von der Bedeutung, d. h. vom „Sinn" (der intendierten Deutung) oder der „Semantik", der Informationen, haben. Um Fehlinterpretationen der Bedeutung von Informationen und damit Schäden zu vermeiden, müssen Informationen eine von allen Beteiligten geteilte Auffassung von der Semantik der Informationsdarstellung haben. Dies ist die zentrale Herausforderung für die Informationsmodellierung für „grenzüberschreitende" Anwendungen, weil insbesondere hier in arbeitsteiligen Vorgehensweisen sichergestellt werden muss, dass in einzelnen Aktivitäten erzielte Einzelergebnisse zu einem kohärenten Gesamtergebnis zusammengeführt werden können, und das in einzelnen Aktivitäten genutzte Wissen Teil eines „Gesamtwissens" ist.

Bereitstellung und Nutzung kollektiven Wissens

Es entspricht Erfahrungen der in Gemeinschaften Tätigen, dass gerade die Herstellung eines kollektiven Verständnisses von der Semantik der bereitgestellten und genutzten Informationen außerordentlich aufwendig ist, und dass dieser Aufwand mit der Anzahl der Beteiligten exponentiell wächst: Gemeinschaften, die über längere Zeit in stabiler Zusammensetzung arbeiten, entwickeln dieses kollektive Verständnis für die von ihnen bereitgestellten und genutzten Informationen im Ablauf der Zeit, ohne dass dieses kollektive Verständnis durch seine Beschreibung fixiert zu werden erfordert. In sich verändernden Gemeinschaften, z. B. durch deren Vergrößerung oder Verkleinerung oder durch den Austausch von Mitgliedern, entstehen jeweils wieder Aufwände, die die Produktivität der Gemeinschaft drastisch reduzieren können.

Im Umfeld „grenzüberschreitender" Anwendungen sind solche Verluste durch die stets neu geforderte Entwicklung eines kollektiven Verständnisses der Semantik der bereitgestellten und genutzten Informationen nicht nur auf der Ebene von Gemeinschaften von Individuen, sondern auch auf der Ebene von Gruppen, unterschiedlichen Abteilungen und schließlich auf der Ebene von Gemeinschaften von Unternehmen – die heute häufig Ökosysteme genannt werden – zu beobachten: Und sie nehmen dort auch viel größere Ausmaße an. Diese Verluste zu vermeiden oder wenigstens zu minimieren, soll durch semantische Informationsmodelle erreicht werden.

Diskursbereiche

Informationsmodelle erfassen stets nur einen Ausschnitt der realen Welt. Um diesen Ausschnitt zu beschreiben, besteht die Notwendigkeit, zunächst von der Gesamtheit von Dingen und Sachverhalten zu abstrahieren, und sich auf die für einen bestimmten Zweck relevanten Dinge und Sachverhalte zu beschränken. Die Gründe für eine solche Einschränkung sind offensichtlich: In das Modell gehen also nur die Informationen ein, die dem Modellierer relevant erscheinen, alle Informationen, die bei der Betrachtung des Ausschnittes der realen Welt zum Zeitpunkt der Modellbildung als überflüssig erscheinen, werden nicht in das Modell aufgenommen.

Eine Modellbildung in diesem Sinne erfolgt also durch Auswahl. Ein durch Auswahl gewonnenes Modell bildet den sogenannten Diskursbereich („Universe of Discourse"). Informationsmodelle sind die Beschreibungen eines Diskursbereiches.

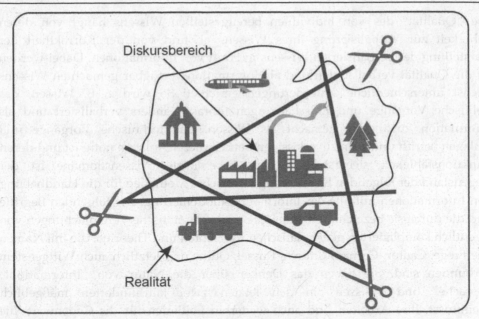

Abbildung 3-1:   Diskursbereich und Realität

Diese erste Definition des Begriffs „Diskursbereich" als die Definition einer
Begrenzung, ist sinnvollerweise zu ergänzen, um deutlich zu machen, dass mit
dem Begriff, auch bei industriellen Anwendungen, bei der Beschreibung des
Ausschnittes der Realität ein „Diskurs" zwischen möglicherweise vielen
Beteiligten unabwendbar ist, um diese Beschreibung hinreichend „sachgerecht"
abzufassen. Wir gehen dabei davon aus, dass in einem Diskursbereich Wissen
existieren muss, dass dieses Wissen als Information verfügbar gemacht werden
kann und dass entsprechende Darstellungen der Informationen durch Daten
möglich sind, die deren Handhabung erlauben.

3.1.1   Bereitstellung von Wissen als Information

Wissen wird durch Nutzung möglicherweise unterschiedlicher Techniken zur
Darstellung von Informationen verfügbar gemacht und verfügbar gehalten: Durch
Symbole auf Steinplatten in der Frühzeit, durch Schriftzeichen auf Tierhaut oder
Papyrus und natürlich auf Papier, durch Bilder und Filme auf Leinwand oder
Zelluloid und letztlich durch dessen Digitalisierung und durch die globale
Verfügbarkeit der Digitalisate. Um Wissen verfügbar zu machen, sind darüber
hinaus Techniken zur Speicherung, zum Wiederauffinden und zum Verändern der
das Wissen repräsentierenden Information nötig, um Wissensgewinne zu
dokumentieren.

Die „Qualität" des von Individuen bereitgestellten Wissens hängt von deren Fähigkeit zur Verbalisierung ihres Wissens ab und von der Korrektheit der Darstellung des verbalisierten Wissens in Form von Informationen. Dabei werden an die Qualität verbalisierten und als Information verfügbar gemachten Wissens höchst unterschiedliche Anforderungen gerichtet: So wird z. B. Wissen, das politische Vorgänge und Einschätzungen umfasst, anders verbalisiert und als Information zugänglich gemacht als Wissen, das technische Vorgänge und Anlagen betrifft und zum zuverlässigen Betrieb dieser Anlagen nötig ist und deren Funktionsfähigkeit sicherstellt. Genau diese letzte Wissensdomäne ist der Gegenstand der folgenden Erweiterung klassischer Methoden für die Handhabung von Informationen mithilfe der Informationsmodellierung. Die folgenden Begriffe und die durch sie bezeichneten Konzepte sind pragmatische Vereinfachungen von eigentlich komplizierten mathematischen Konzepten und Theorien, die mit Namen wie Frege, Cantor, Carnap, Church, Russel, Quine und letztlich auch Wittgenstein verbunden sind. Sie haben das Denken über die Natur von „Information", „Sprache" und „Wissen" in den letzten zwei Jahrhunderten maßgeblich beeinflusst. Ihre Arbeiten sind auch weiterhin Leitlinien für die Gegenwart, die durch neue Größenordnungen für Informationen gekennzeichnet ist und die elektronische Bereitstellung und Nutzung großer Mengen von Informationen erfordert.

Wissen und Modellierungssprachen

Auch wenn die Informationsmodellierung eine Teildisziplin der Informatik ist, darf nicht vergessen werden, dass die Konzepte, mit denen sich die Informationsmodellierung vor allen Dingen beschäftigt hat, im Wesentlichen linguistische Konzepte sind: Sprachen stellen die Ausdrucksmittel bereit mit denen Wissen „beschrieben" werden kann. Jede Information, die in einem Informationsmodell erscheint, wird durch ein Konstrukt einer Sprache dargestellt. Das können unterschiedliche Umgangssprachen mit nicht nur Buchstaben und Alphabeten, sondern auch Zeichen aus Zeichensprachen sein.

Dies können auch Fachsprachen sein, in denen Symbole unterschiedlicher Art als Bezeichner für z.B. elektrische, akustische oder visuelle Signale verwendet werden. Informationsmodellierung ist also nicht sprachspezifisch und damit universell. Im Umkehrschluss heißt das auch, dass mit einem bestimmten Konzept für die Informationsmodellierung auch eine Modellierungssprache definiert wird. Es wird deshalb in den nachfolgenden Ausführungen auch verdeutlicht, dass Sprachen allgemein und natürlich auch Modellierungssprachen, einen engen Zusammenhang zum „Verstehen" und „Kommunizieren" herstellen. Sie müssen demzufolge auch wie Sprachen und deren Nutzung als ein Regelwerk aufgefasst werden, in dem insbesondere deren Syntax und Semantik der sie konstituierenden Sprachelemente festgelegt werden müssen.

Umgangssprachen, aber auch Fachsprachen erlauben im Wesentlichen die konsekutive (lineare) Aneinanderreihung von Sprachelementen. Informationsmodelle sind hingegen zweidimensionale Beziehungsgeflechte, und Modellierungssprachen sind deshalb „zweidimensionale" Sprachen. Auch in Umgangssprachen können, mehr oder weniger ausgeprägt, durch z.B. durch Relativsätze (hierarchische) Strukturen gebildet werden. Diese Hierarchisierungskonzepte werden nicht ausreichen um die Anforderungen für die Informationsmodellierung für industrielle Anordnungen zu erfüllen. In diesen müssen die in den Informationsmodellen dargestellten Sachverhalte häufig „hierarchische" Konstruktionen aus „Komponenten" sein. Wir werden deshalb im Weiteren dieser Anforderung besondere Bedeutung beimessen.

Wie in den vergangenen Ausführungen mehrfach betont, kann Informationsmodellierung sowohl für die „Modellierung im Großen" als auch für die „Modellierung im Kleinen" gefordert sein. Der hier verfolgte Ansatz hat zum Ziel, beides mit Hilfe der gleichen Begrifflichkeiten möglich zu machen, um konzeptionelle Brüche zu vermeiden, und damit den Lernaufwand für Modellierer klein zu halten. Die in der klassischen Informationsmodellierung verwendeten Begriffe wie „Entity", „Relationship", „Association" etc. sind allgemeingültig genug, um mit ihnen abstrakte oder konkrete Gegenstände sehr unterschiedlicher Art bezeichnen zu können. Deshalb sollte darauf hingewiesen werden, dass die in den folgenden Kapiteln in der Regel für das „Modellieren im Kleinen" gewählten Beispiele nicht bedeuten, dass die Anwendung dieser Modellierungskonzepte auch nur im Kleinen, sondern auch im Großen möglich ist. Die Wahl der Beispiele folgt dem Wunsch, die Beispiele so einfach wie möglich zu halten, um sie sofort verstehen zu können.

Zum Verständnis der in den weiteren Kapiteln ausführlich erläuterten weiterführenden Konzepte zur Informationsmodellierung werden zunächst die wichtigsten Grundbegriffe und Konzepte zur Informationsmodellierung einleitend erläutert.

Internalisierung und Externalisierung

Unter der Internalisierung der Bedeutung/des Sinns von Informationen wird ein kognitiver Prozess verstanden, der „Perzeption" genannt wird und umgangssprachlich mit „Erfassung und Deutung" übersetzt werden kann. Das Ergebnis der Perzeption ist Wissen desjenigen, der Informationen erfasst und deutet. Wissen ist also – nach dieser Vorstellung – immer an Individuen gebunden, die Informationen erfassen und denken können. Dies ist kein Widerspruch zu der Auffassung, dass das Erfassen und Deuten von Informationen auch „maschinell" erfolgen kann, weil die zur maschinellen Perzeption notwendigen Algorithmen durch menschliches Wissen zustande gekommen sind.

Damit Perzeption stattfinden kann, ist darüber hinaus „Vor" - Wissen erforderlich, mit dessen Hilfe das Erfassen und Deuten überhaupt möglich ist, und die Einordnung des neu erworbenen Wissens in das schon existierende Wissen erfolgen kann. Diese Feststellung ist wichtig, um eine Erklärung dafür zu erhalten, dass jede Perzeption eine „individuelle" Perzeption ist, die durch das „Vorwissen" desjenigen, der Informationen erfasst und deutet, determiniert ist. Wollen wir diese „Individualität" der Perzeption einschränken und zur mehrere Individuen übergreifenden kompatiblen Perzeption gelangen, müssen für die Perzeption auch „Deutungsvorschriften" existieren, mit denen erreicht werden kann, dass alle betroffenen Individuen zu einem annähernd gleichen Ergebnis der Perzeption gelangen. Die dazu notwendigen „Deutungsvorschriften" sind Elemente der Semantik von Informationen und Daten.

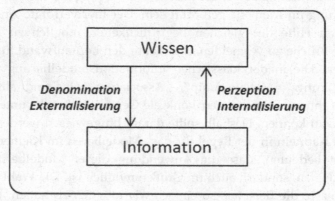

Abbildung 3-2:   Externalisierung und Internalisierung

Der zur Internalisierung inverse Prozess der Externalisierung ist in gleicher Weise wie die Internalisierung ein „individueller" Vorgang, denn die Externalisierung umfasst eine kognitive Zuordnung von Wissen zu Informationen und damit eine sogenannte „Denomination". Dabei steht der Begriff „Denomination" für die umgangssprachlichen Begriffe „Bezeichnung" oder „Namensgebung".

Typische Denominationen erfolgen durch die Verbalisierung des Wissens, d. h. durch seine Darstellung gesprochener und/oder geschriebener Worte und/oder Texte. Dies ist keineswegs die einzige Möglichkeit zur Denomination von Wissen: Die Darstellung eines Sachverhaltes durch eine technische Zeichnung oder durch ein von einen Künstler gestaltetes Bild oder eine Skulptur sind andere Formen der Denomination. Anders als bei der Internalisierung bleibt die Externalisierung immer ein „individueller" Vorgang. Es ist allein dem Wissensträger möglich, seine Denomination durchzuführen. Ein Abgleich zwischen den Denominationen mehrerer Individuen zum gleichen Gegenstandsbereich ist erst nach der

Denomination möglich und entspricht der Kompromissbildung in unserem täglichen Leben.

Repräsentation und Interpretation

Die Fortsetzung der Informationsmodellierung erfolgt mit der Einführung des Begriffs „Daten", weil dieser mit dem Begriff „Information" in engem Zusammenhang steht. In der Standardisierung wird deshalb bei der Definition von Daten erklärt, dass sie der Darstellung von Informationen dienen und dass sie selbst „Gebilde" aus Zeichen sind. Wir wollen diese Erläuterungen der Begriffe aufgreifen und ein wenig präzisieren.

Daten sind geordnete Mengen von Symbolen und/oder Signalen. Symbole können alle Buchstaben eines (arabischen) Alphabets, aber auch (japanische) Kenji-Zeichen und natürlich auch Bildpunkte in einem Bild und geometrische Symbole sein. Signale können z. B. Töne, elektrische Messwerte oder Flussmesswerte in hydraulischen Anlagen sein. In der klassischen – eher an administrativen Anwendungen orientierten – Informationsmodellierung werden vorwiegend Alphabete natürlicher Sprachen und grafische Symbole verwandt. Dies ist eine Einschränkung und wird vielen der heute notwendigen „multimedialen" Darstellungen von Informationen nicht mehr gerecht. In ihnen müssen Informationsmodelle sowohl die Darstellung von Texten, Grafiken, Halbtonbildern, Videos als auch von Audioinformationen zulassen.

In der Normung wird darüber hinaus veranlagt, dass die als „Gebilde" von Zeichen erzeugten Daten „Informationen" darstellen, und damit ist gemeint, dass sie eine Bedeutung haben. Mit dem Begriff „Bedeutung" ist hier gemeint, dass ein Datum eine Deutung zulässt, die für einen menschlichen Betrachter einen Sinn ergibt. Wir werden den Begriff „Bedeutung" späterhin mit „Semantik" gleichsetzen und dabei nicht nur die Semantik von Daten, sondern auch die Semantik von aus vielen Elementardaten zusammengesetzten Daten und dabei über die Semantik von elementaren und zusammengesetzten Informationsbausteinen diskutieren.

Die aus den in der Normung verwandten Erläuterungen der Begriffe „Daten" und „Informationen" abgeleiteten Konzepte lassen sich durch das folgende Diagramm visualisieren und erklären:

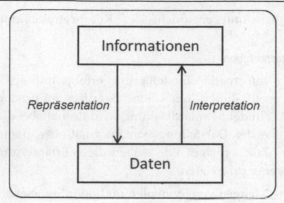

Abbildung 3-3:   Repräsentation und Interpretation

Informationen werden durch Daten repräsentiert, und Daten lassen sich interpretieren, um deren „inhärente" Bedeutung zu erfahren. Das obige grafische Modell lässt sich leicht erweitern, um zum Ausdruck zu bringen, dass auch Daten aus elementaren Symbolen und Signalen aufgebaut sind.

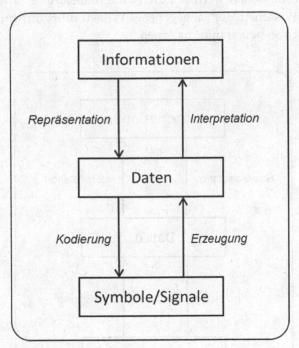

Abbildung 3-4:   Kodierung und Erzeugung

Daten werden aus Symbolen und/oder Signalen aufgebaut und haben eine Bedeutung: Das Zeichen "a" kann als Buchstabe "a" des arabischen Alphabetes interpretiert werden, das Zeichen "-" als das geometrische Symbol für eine Linie. Ob bestimmte Ordnungen von Symbolen/Signalen zulässige Ordnungen sind, wird nicht immer durch die Vorgabe einer „Konstruktionsregel" bestimmt: Jede Buchstabenordnung für Buchstaben des arabischen Alphabets ist eine zulässige Ordnung, wenn der entstehenden geordneten Menge von Buchstaben eine Bedeutung zugeordnet ist oder zugeordnet werden kann. Im ersten Fall ist die Bedeutung „vorbestimmt". Im zweiten Fall erfolgt die Zuordnung einer Bedeutung „retrospektiv" (wie z. B. bei Kunstworten, die ihre Bedeutung durch ihre Popularisierung erhalten).

Das Hauptaugenmerk in der Informationsmodellierung liegt auf der Betrachtung von Daten und Informationen und auf den Beziehungen zwischen beiden sowie auf der Frage, welchem übergeordneten Zweck Informationen und Daten dienen. Mit ihnen wird ein Nutzer in die Lage versetzt, eine Aufgabe zu erledigen und damit einen Nutzen zu stiften. Wir beschäftigen uns in der hier diskutierten Informationsmodellierung nicht mit dem umgangssprachlich als „Small Talk" bezeichneten Austausch von Informationen, sondern konzentrieren uns auf die Informations- und Datennutzung, die zu neuem „Wissen" führt und damit einem Nutzen dient. Auch das lässt sich durch eine Erweiterung des obigen Bildes visualisieren: Informationen werden durch „Internalisierung" zu neuem Wissen, und von einem „Wissensträger" abgegebenes Wissen führt durch Externalisierung zur Verfügbarkeit von neuen Informationen.

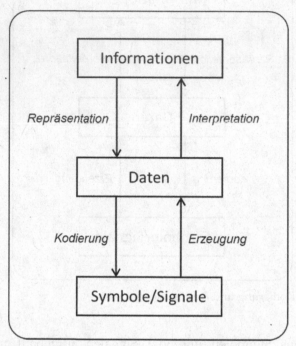

Abbildung 3-5:   Informationen, Daten, Symbole und Signale

Nach diesen Erläuterungen wird deutlich, dass der Wissensbegriff und damit Wissen in der Informationsmodellierung - auch dann, wenn in diesem Zusammenhang in der Regel nicht immer darüber gesprochen wird - eine entscheidende Rolle zukommt: Informationen dienen dem auch langfristigen Erhalt von Wissen für eine „Allgemeinheit" und für die Nutzung dieses als Information vorliegenden Wissens. Die Akkumulation von Informationen ist – oder sollte – deshalb zweckbestimmt sein, um zur Vergrößerung des als Information verfügbaren Wissens beizutragen.

Der Wissensbegriff und Wissen sind aus einem weiteren Grund fundamental für die Informationsmodellierung: Informationsmodellierung ist nur dann denkbar und durchführbar, wenn ein entsprechendes Wissen darüber existiert, damit Perzeption und Internalisierung einerseits und Denomination und Externalisierung andererseits überhaupt möglich sind, denn sie erfordern eine kognitive Fähigkeit, zu erwerbendes Wissen in das schon existierende „Vor"-Wissen „einzuordnen" und eine kognitive Fähigkeit, weiterzugebendes Wissen in eine darstellbare Form zu überführen.

Damit sind noch nicht alle Argumente für die Nutzung des Wissensbegriffs und von Wissen in der Informationsmodellierung zusammengeführt: Wissen – sogar Fachwissen einer speziellen Art – ist nötig, um die Repräsentation von Informationen durch Daten und die - inverse - Interpretation von Daten zur „Ableitung" der von ihnen repräsentierten Informationen zu erreichen. Repräsentation von Informationen erfordert - damit zu einem späteren Zeitpunkt Datenrepräsentationen von Wissen präzise interpretiert werden können - die Befolgung von Regeln für die Repräsentation von Informationen durch Daten.

Syntax und Semantik als Vorwissen

Die Summe dieser Regeln entspricht der Definition einer Syntax und einer Semantik für die Sprache, mit der Datenrepräsentationen von Informationen beschrieben werden sollen. Die Summe der Regeln dient dann auch gleichermaßen zur Erzielung einer präzisen Interpretation der Datenrepräsentationen der Informationen. Es ist offensichtlich, dass solche Regeln nur von Fachexperten vorgegeben werden können, die über das dafür notwendige Wissen verfügen. Dies wird mit dem weiterentwickelten obigen Diagramm verdeutlicht (Abbildung 3-6).

Die Angabe von Regeln als Syntax und Semantik für die Repräsentationssprache für Informationen ist wiederum ein kreativer Akt, der kognitive Fähigkeiten und entsprechendes „Vor"-Wissen erfordert, um die Denominatation von Wissen durch Regeln zu erreichen. Wissen muss allerdings nicht unbedingt durch die Denominatation von Wissen erfolgen, sondern kann auch das Ergebnis einer Analyse vorliegender Daten sein. Die dazu verfügbaren – auch maschinellen – Techniken zum Erkennen von Regeln werden als Lernen bzw. „maschinelles Lernen" in der Datenanalyse seit langem in der Praxis angewandt und sollen nicht Gegenstand der Betrachtung in dieser Monografie sein.

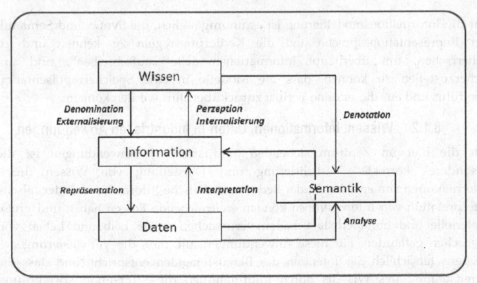

Abbildung 3-6:   Semantik, Denotation und Analyse

In ähnlicher Weise wie Wissen zur Entwicklung einer Syntax und Semantik für die Repräsentationssprache für Informationen durch Daten dient, dient es auch zur Definition von Kodierungen für Daten. Diese muss auch die Regeln für den Aufbau von Daten aus einzelnen Symbolen und/oder Signalen umfassen, um Daten letztendlich für ihre elektronische Speicherung und Verarbeitung als Symbole und Signale darstellen zu können, sie also zu kodieren.

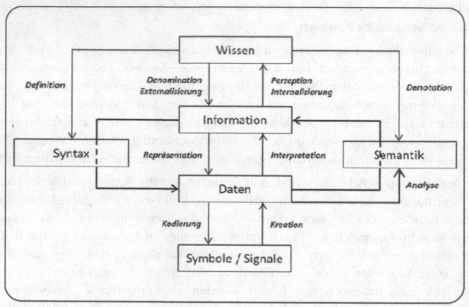

Abbildung 3-7:   Syntax und Semantik

Für die Informationsmodellierung ist es unumgänglich, die Syntax und Semantik der Repräsentationssprache und die Kodierungsregeln zu kennen und zu beherrschen, um überhaupt Informationsmodelle „aufschreiben", und um sicherzustellen zu können, dass die Modelle in eine Speicherrepräsentation überführt und aus dieser ohne Verlust zurücküberführt werden können.

3.1.2   Wissen, Informationen, Daten in industriellen Anwendungen

Für die hier im Zentrum stehenden „industriellen" Anwendungen ist die besonders „korrekte" Verbalisierung und Darstellung von Wissen durch Informationen von entscheidender Bedeutung: Falsche Informationen oder falsche Interpretation von Informationen können weitreichende Folgen haben und große materielle und immaterielle Schäden verursachen sowie Leib und Leben von Menschen gefährden. Für diese Anwendungen gilt, dass die Verbalisierung des Wissens tatsächlich der Intention des Bereitstellenden entspricht, und dass die Bereitstellung des Wissens durch Informationen diese Intention korrekt und vollständig wiedergibt, sodass die Nutzung der Informationen wiederum der Intention des Bereitstellers entspricht.

Das richtige Wissen, die richtige Information für den richtigen Zweck

Die durch Informationen zu charakterisierenden Artefakte in industriellen Anwendungen unterscheiden sich möglicherweise fundamental voneinander. Materielle Artefakte sind in aller Regel primär durch ihre Geometrie und ihre Dimension charakterisiert. Industrielle Abläufe sind hingegen durch deren zeitliche Charakterisierung bestimmt und umfassen Angaben über Beginn, Ende, Dauer, mögliche Unterbrechungen und ihren Neubeginn. Insbesondere die Verfügbarkeit von elektrischen und elektronischen Meßeinrichtungen als Informationsquellen, die Informationen über Zustände und Ereignisse in industriellen Anwendungen erfassen, erfordern deren zweckgerichteten Einsatz um über sie Informationen zu gewinnen aus denen Handlungen abgeleitet werden können oder müssen. Es ist zu erwarten, dass für den Einsatz kommunikationsfähiger mikroelektronischer Sensoren umfassendes Wissen über die Funktionsweise der jeweils überwachten industriellen Geräte und Anlagen erforderlich ist, um die richtigen Informationen für n richtigen Zweck zu erfassen.

Vollständigkeit und Korrektheit

Es ist eine offensichtliche Erfahrung, dass Menschen diesem Anspruch an die Informationsmodellierung nicht immer vollständig und häufig nur annähernd gerecht werden können. Welche Verbalisierung von Wissen und seiner Darstellung als Information notwendig und welche hinreichend ist, ist eine Frage, die für jede Art der Nutzung von Informationen von den Beteiligten zu stellen ist.

Für die von uns ins Zentrum der Überlegungen gestellten „industriellen" Anwendungen gilt, dass für sie zurzeit besondere Herausforderungen zu beachten und Lösungen zu entwickeln sind, die den Herausforderungen gerecht werden können. Wir sehen hier insbesondere solche Anwendungen, wie sie etwa mit der Metapher „Industrie 4.0" charakterisiert werden. Nicht nur, dass hier schon große „Informationsbestände" existieren, deren Korrektheit und Vollständigkeit im Hinblick auf eine isolierte Anwendung möglicherweise hinreichend sind, für deren Integration in integrierten Anwendungen diese Zusicherung von Korrektheit und Vollständigkeit nicht ausreicht, um daraus die Korrektheit und Vollständigkeit der aus ihnen aufgebauten integrierten Anwendungen ableiten zu können.

Darüber hinaus ist zu erwarten, dass die Anzahl der schon existierenden Informationsbestände um viele weitere Informationen ergänzt werden oder ergänzt werden müssen, um die von Sensoren bereitgestellten Informationen im „Internet der Dinge" zu integrieren, und um darauf aufbauend korrekt funktionierende, vollständig automatisierte, industrielle Prozesse zu ermöglichen.

Vor diesen und ähnlichen oder sogar noch weiterreichenden Herausforderungen, zum Beispiel im Rahmen der Energiewende in Deutschland, stehen nicht nur die bisherigen Energieversorger, die als Energieerzeuger und Energieverteiler in der

Vergangenheit die flächendeckende Energieversorgung sichergestellt haben, sondern auch die vielen dezentralen Energieerzeuger und Energieverteiler, aber auch die Hersteller von Geräten und Anlagen, die sich z. B. die Möglichkeiten des „Smart Metering" zunutze machen möchten. Diese im industriellen Informationsmanagement (und dies schließt für uns das betriebswirtschaftliche Informationsmanagement, das für Steuerung und Regelung notwendige technische Informationsmanagement etc. ein) entstehenden Herausforderungen für die Informationsmodellierung sind Gegenstand der weiteren Überlegungen in den folgenden Ausführungen.

Funktionalität, Sicherheit, Schutz, Qualität

Eine weitere, hier allerdings nicht im Zentrum der Aufmerksamkeit stehende Herausforderung, besteht darin, auch die Sicherheit der häufig sehr werthaltigen und damit sensiblen Informationen zu garantieren. Neben der Entwicklung eines „Gesamtbildes" für die Gesamtheit der Informationen in einem Anwendungsumfeld ist auch eine Differenzierung zwischen besonders und weniger schutzwürdigen Informationen nötig, um den für den Schutz entstehenden Aufwand in einem akzeptablen Rahmen zu halten. Dazu soll hier noch nur noch einmal auf die Ausführungen über die besondere Bedeutung von „Smart Data" in industriellen Anwendungen verwiesen werden.

3.2 Methoden der klassischen Informationsmodellierung

Die Darstellung einer „Gesamtsicht" auf alle Informationen eines Dikursbereichs oder des Wissens über einen Diskursbereich ist Gegenstand der Informationsmodellierung, und die geforderte Gesamtsicht entspricht dann dem Informationsmodell für den Diskursbereich oder „Wissensbereich". In industriellen Anwendungen muss davon ausgegangen werden, dass sehr unterschiedliche „Wissensbereiche" und damit auch sehr unterschiedliche Teilmodelle zu einem Gesamtmodell zusammengeführt werden müssen.

3.2.1 Informationsmodelle der klassischen Informationsmodellierung

Die Informationsmodellierung hat die Darstellung realer oder abstrakter Dinge oder Sachverhalte durch Informationen über die Dinge und Sachverhalte eines Diskursbereichs und möglicherweise mehrerer in diesem Diskursbereich relevanter Wissensbereiche zum Gegenstand. Sie führt also nicht zu einem Abbild der Realität, sondern zu einem Abbild der Wahrnehmung der Realität. Von den Darstellungen durch Informationen wird erwartet, dass sie möglichst realitätsgetreu und möglichst eindeutig sind; die Darstellungen müssen Rückschlüsse auf die Realität zulassen.

Informationen finden ihre Darstellung durch Daten. In der Informationsmodellierung spricht man von Informationen , wenn durch die

Zuordnung von Daten zueinander auf deren Bedeutung möglichst unzweideutig geschlossen werden kann, Daten also auch zur Charakterisierung der Deutung von Daten und damit der Information dienen.

Dinge und Sachverhalte

Die Informationsmodellierung erfolgt mit unterschiedlichen Arten von Daten: Durch Bezeichner für Dinge und Sachverhalte der realen oder abstrakten Welt und durch Bezeichner für Beziehungen zwischen Dingen und Sachverhalten. Als Bezeichner dienen dabei die in einer natürlichen Sprache angebbaren Namen dieser Dinge/Sachverhalte und Beziehungen. Wir sprechen von Informationsmodellen, wenn die Bezeichner für Dinge/Sachverhalte und Beziehungen nach einem bestimmten Ordnungsschema, einem Modell, einander zugeordnet werden.

Die Informationsmodellierung erfolgt allerdings auch durch die Nutzung anderer Daten, wie z. B. Grafiken, Audio- und Videosignale, und durch die integrative Nutzung von Bezeichner, Audio- und Videodaten als multimedialen Repräsentationen von Informationen. Da in der folgenden Abhandlung der Realitätstreue der Informationen und deren korrekter Deutung besondere Bedeutung zukommen wird, kommt der Repräsentation von Informationen durch Bezeichner im Folgenden eine dominante Rolle zu.

Komponentenorientierte kompositionale Informationsmodelle

In der hier eingeführten komponentenorientierten Informationsmodellierung werden Informationen über Dinge und Sachverhalte als Komponenten eines Gesamtinformationsmodells dargestellt und Konstruktionen von Komponenten möglich gemacht, sodass aus ihnen wiederum (größere)

Komponenten entstehen. Die komponentenorientierte Informationsmodellierung dient damit vor allen Dingen dem leichteren Verständnis der Informationsmodelle und deren Beherrschung als Instrument des Informationsmanagements in Organisationen aller Art.

Die in der industriellen Informationsmodellierung entstehenden Informationsmodelle erreichen nicht selten eine Größe, dass sich – spöttisch gesagt – mit ihren Ausdrucken auch große Räume spielend tapezieren lassen. Die Größe der Modelle bedingt auch die Schwierigkeit, die Modelle in ihrer Gesamtheit zu verstehen und zu beherrschen.

Die Beherrschung der Größe der in der Praxis verwendeten Informationsmodelle wird, wie in den Ingenieurdisziplinen allgemein üblich, durch die Einführung von Abstraktionskonzepten möglich, nach deren Anwendung Sachverhalte auf verschiedenen Detailliertheitsniveaus erörtert werden können. Werden Abstraktionskonzepte zum integralen Bestandteil der Informationsmodelle gemacht, wird es damit auch möglich, die Bedeutung von Informationen auf verschiedenen

Detailliertheitsniveaus zu definieren. Voraussetzung dafür, dass die Ingenieurpräzision, die mit den Informationsmodellen eingeführt wird, zwischen den verschiedenen Detailliertheitsniveaus sichergestellt wird, sind eindeutige Definitionen der Beziehungen zwischen den Niveaus gefordert. Der Darstellung der Erweiterungen des einfachen Informationsmodells zu einem über beliebig viele Detailliertheitsniveaus definierten Modell erfolgt in Kapitel 4.

Die heute in der Praxis gebräuchlichsten Informationsmodelle sind überwiegend auf Entity-Relationship-Modellen basierende objektorientierte Modelle, die seit vielen Jahren bekannt und in unterschiedlichen Varianten im Einsatz sind. Die Unterschiede zwischen den verschiedenen Varianten sind häufig durch unterschiedliche Anforderungen, denen die Modelle genügen sollten, häufig aber auch nur durch besondere Stil-Präferenzen und Vorurteile bedingt.

Diese Monografie hat nicht die Definition eines grundsätzlich neuen Modellierungskonzeptes oder die Darstellung einer speziellen Variante existierender Konzepte zum Gegenstand sondern versucht mit der Einführung der Konzepte der kompositionalen Konstruktion von Modellen in Kapitel 4 existierende Modellierungstechniken für industrielle Anwendungen weiterzuentwickeln.

3.2.2 Daten und Datenmodelle

Die digitale Repräsentation von Daten unterschiedlicher Art, wie z. B. von Worten der Sprache und von Kombinationen von Worten oder von Bildpunkten aus einem auch mehrfarbigen Bild oder auch von Audio- und Videosignalen, aber auch Messwerte unterschiedlicher Messgeräte, werden im heutigen Sprachgebrauch summarisch als Daten bezeichnet. Ihre Speicherung erfolgt in Datenformaten, die durch die jeweilige digitale Speichertechnologie vorgegeben sind. Um auch ihre „Lesbarkeit" durch menschliche Nutzer zu ermöglichen, werden Daten und aus Daten aufgebaute Datenstrukturen in Übereinstimmung mit Datenmodellen, wie z. B. von Tabellen, Bäumen, Graphen, dargestellt. Mit den Modellen wird die möglichst „bedeutungsgetreue" Darstellung von Daten angestrebt.

Dazu werden einerseits möglichst umfassende Darstellungen der Bedeutung der Daten und Datenstrukturen angestrebt und andererseits werden dazu bei der Speicherung der Daten die mit den Daten und den Datenmodellen verbundenen Bedeutungen in die entsprechenden Speicherungsformate überführt, um diese im Bedarfsfall aus der Speicherung „zurückgewinnen" zu können.

 Der Erhalt der Bedeutung von Daten und Datenmodellen in deren Speicherung und deren korrekte Deutung nach deren Speicherung und Wiederauffindung sind die vordringlichen mit der Modellierung von Daten verfolgten Ziele. Dass im Prozess von der Modellierung bis zur späteren Deutung der gespeicherten Daten und Datenmodelle diese Ziele nicht immer im vollen Umfang erreicht werden können, ist eine Folge davon, dass nicht alle Arten von Daten eindeutige

Bedeutungen haben: Während physikalische Messgrößen wie z. B. „elektrische Ströme" dank ihrer präzisen Definition in der Physik eineindeutig in unterschiedlichen Modellen dargestellt werden können, ohne dass deren Bedeutung verändert werden würde, ist bei der Darstellung von Worten und Wortkonstruktionen der natürlichen Sprache weder eine eindeutige noch eine eineindeutige Transformation immer sicherzustellen.

Die mit der Darstellung von Daten und Datenmodellen und mit der Transformation zwischen verschiedenen Datendarstellungen einhergehenden verbundenen Probleme sind Gegenstand von Betrachtungen zur Syntax und Semantik von Daten. Während die Syntax von Darstellungen von Daten in Datenmodellen und Speicherformaten zwangsläufig durch präzise Syntaxregeln festgelegt ist, ist die Semantik der Daten in vielen Anwendungen nur durch die allgemeine Kenntnis der Bedeutung der Daten des Anwendungsbereichs und nicht durch ein „Modell" festgelegt. Dass dies in „grenzüberschreitenden Anwendungen", wie sie in der sich zunehmend vernetzenden Industrie häufig auftreten, nicht mehr immer hinreichend ist, wird Gegenstand der Diskussion in dieser Monografie sein.

3.2.3 Kontextualisierungen und Semantik

Der Begriff „Kontext" wird umgangssprachlich immer dann benutzt, wenn für Informationen und Daten ein „Bezugsrahmen" hergestellt werden soll, in dem die Informationen und Daten eine allgemeinverständliche („common sense") Bedeutung haben oder haben sollen. Kontexte grenzen damit auch, beispielsweise, verschiedene Diskursbereiche und Wissensbereiche voneinander ab. Dass diese Abgrenzung nicht immer überlappungsfrei stattfinden kann folgt aus den „Gemeinsamkeiten" in Kontextbereichen. Eine Lösung der durch Gemeinsamkeiten verursachten Probleme erfordert Formalisierungen und Formalismen zur Beschreibung von gewünschten bzw. zulässigen Bedeutungen/Deutungen/Interpretationen von Daten. Dies zu erreichen, ist der Anlass für die folgenden Überlegungen:

1) Die in komplexen Sachverhalten und für komplexe Dinge zur Nutzung kommenden Daten entstammen im Allgemeinen einer Vielzahl von Informationsquellen, die mit jeweils spezifischen Intentionen erstellt werden oder erstellt worden sind. Sie dürfen deshalb als semantisch heterogen gelten.

2) Um die Daten aus unterschiedlichen Quellen möglichst getreu der mit ihrer Erzeugung verbundenen Intention zu nutzen, helfen Kenntnisse über diese Intention. Als wichtigen Indikator für die Erfassung der Intention betrachten wir eine Bezeichnung des „Kontexts", in dem die Daten erzeugt worden sind und für den die Nutzung der Daten intendiert worden ist. Dazu wird eine möglichst treffsichere „Kontextualisierung" semantisch heterogener Daten nötig.

3) Daten sind nicht in jedem Fall qualitativ hochwertig. Sie sind möglicherweise durch Fehler in ihrer Erfassung, aber auch durch ihre langjährige Aktualisierung verfälscht worden. Ihre Nutzung in einem von ihrem „Erzeugungskontext" verschiedenen „Nutzungskontext" erfordert eine Abschätzung ihrer Qualität bzw. eine Verbesserung ihrer Qualität durch entsprechende werkzeuggestützte Verfahren.

4) Für Daten eines bestimmten „Erzeugungskontexts" muss für deren Nutzung in einem anderen „Nutzungskontext" eine Abschätzung ihres „Nutzwertes" erfolgen, um im „Nutzungskontext" nicht mit Aufwänden für die Nutzung geringwertiger Informationen belastet zu werden. Dies entspricht dem Grundsatz, sich bei der Erzeugung und Nutzung von Daten an deren Nutzwert zu orientieren und keine „überflüssigen" Informationsbestände zu schaffen.

5) Die Nutzung von Informationen aus unterschiedlichen Quellen mit unterschiedlichem „Erzeugungskontext" in einem neuen „Nutzungskontext" erfordert eine semantische Integration der verschiedenen Informationen. Dazu sind Beschreibungen der Semantik der Informationen durch Metainformationen nötig. Kontextbezeichnungen für die verschiedenen „Erzeugungskontexte" und für den integrativen „Nutzungskontext" führen dann zur Charakterisierung von heterogenen Informationen durch Kontexthierarchien. Die Kontextualisierung von Informationen entspricht damit der Annotation der Informationen für einen „Nutzungskontext", durch Bezeichner (Namen, komplexe Terme von Namen etc.).

6) Neben der „deklarativen" Kontextualisierung von Informationen wird auch in (technischen) industriellen Anwendungen nicht auf Methoden der automatischen Informationsanalyse zur Unterstützung der Kontextualisierung verzichtet werden können. Allerdings werden sich die Analyseverfahren in aller Regel deutlich von den Analyseverfahren für die Analyse klassischer (unstrukturierter) textueller Informationen unterscheiden.

7) Die semantische Integration von Informationen aus unterschiedlichen Daten und unterschiedlichem „Erzeugungskontext" erfordert entsprechende Methoden für deren fortlaufende Änderung im Ablauf ihrer Nutzung. Dies entspricht einem „semantischen Informationsmanagement" wie es durch die Zuordnung von semantisch zulässigen Operationen zu den Informationen in der „Objektorientiertheit" erzielt werden kann.

8) Die semantische Integration von Informationen aus unterschiedlichen „Erzeugungskontexten" für einen „Nutzungskontext" ist als Voraussetzung für eine semantisch getriebene „Governance" zur Beachtung von organisatorischen und technischen Anforderungen für Erzeugung und Nutzung von Daten unabdingbar, um späterhin die „Compliance" der Nutzungen mit diesen Anforderungen nachweisen zu können.

9) Bei der semantischen Integration von Informationen aus unterschiedlichen Kontexten können dann auch weitergehende Fragen zur „Relevanz" von Informationen aus einem bestimmten „Erzeugungskontext" für einen „Anwendungskontext" oder über die „Genauigkeit" („Accuracy") von bestimmten insbesondere quantitativen Informationen beantwortet werden.

Mit den im Kapitel 4 eingeführten Konstruktionen für die Informationsmodellierung werden Lösungen für diese Probleme vorgeschlagen und diskutiert.

3.3 Syntax und Semantik von Informationsmodellen

Für die Entwicklung von Informationsmodellen sind Ausdrucksmittel zur Darstellung von Daten und Informationen nötig, die insgesamt als Modellierungssprache bezeichnet werden können. Das sind entweder sogenannte natürliche gesprochene Sprachen oder solche, die nur einen Bruchteil der Ausdruckmittel natürlicher Sprachen umfassen. Es sind aber möglicherweise auch spezielle Fachsprachen wie zum Beispiel die der Mathematik. Es sind aber möglicherweise auch Zeichensprachen in denen graphische Symbole unterschiedlicher Art die verfügbaren Ausdrucksmittel darstellen.

Alphabete

Elementare Bausteine von Informationsmodellen sind Alphabete in denen die Menge von Symbolen festgelegt ist, die in der Modellierungssprache verwendet werden dürfen. Mit den Symbolen, z.B. den Buchstaben des lateinischen Alphabets, dürfen nach bestimmten Regeln „Worte", „Bezeichner", „Namen", „Eigennamen" etc. aber auch Sätze und Texte gebildet werden. Für die Informationsmodellierung mit graphischen Darstellungen der Modelle umfasst das Alphabet sowohl linguistische Symbole, wie z.B. Buchstabe, Sonderzeichen, als auch graphische Symbole, wie z.B. „Rechtecke", „Pfeile" etc.

Vokabulare

Nicht jede Kombination von Symbolen wird jedoch als eine sinnvolle und zulässige betrachtet. Solche, die sinnvoll und zulässig sind, sind durch Vokabulare bestimmt. Vokabulare sind dann nicht als universell zu betrachten, sondern sind spezifisch für ein bestimmtes „Bezugssystem". Während z.B. ein linguistisches

Bezugssystem zur Festlegung eines Vokabulars einer gesprochenen Sprache dient, dient ein mathematisches Bezugsytem der Festlegung eines Vokabulars für mathematische Formeln. Vokabeln in diesen Vokabularien sind dann nicht mehr beliebige Kombinationen von Symbolen sondern nur solche, die auch einen „Sinn" haben. Die Festlegung eines Vokabulars kann also nicht mehr allein durch eine „Kombinations-Vorschrift" für Symbole festgelegt werden.

Welche Kombinationen von linguistischen und graphischen Symbolen für die Bildung von Vokabeln eines Vokabulars für die Informationsmodellierung verwendet werden dürfen ist durch ein „Daten-Modell" oder „Informationsmodell" festgelegt. Im Folgenden wird das Vokabular für die Entity-Relationship-Modellierung vorgestellt und erläutert werden.

Semantik

Mit den Vokabeln im Vokabular für die Informationsmodellierung dürfen die Vokabeln des Vokabulars nach bestimmten Regeln verwendet werden um größere „Gebilde" zu erzeugen. Die dafür festgelegten Regeln werden durch die Syntax einer Modellierungssprache festgelegt. Die jeweilige Ausprägung eines Gebildes bestimmt die Bedeutung beziehungsweise zulässige Deutung des Gebildes, das heißt von dessen Semantik. Während für die Festlegung der Syntax die Regeln soweit formalisiert und damit präzisiert werden können, dass deren Einhaltung überprüft und ein eindeutiges Ergebnis der Überprüfung, richtig oder falsch, erstellt werden kann, ist eine Festlegung der Semantik zur späteren eindeutigen Interpretation eines Modells nur annähernd möglich.

Diese „Annäherung" soll dadurch erreicht werden, dass in der Informationsmodellierung schon immer genutzte Konzepte aber auch einige neue Konzepte benutzten. Für sie wollen wir den schon eingeführten Begriff „Annotation" nutzen und erläutern, wie Annotationen dazu dienen können diese „Annäherungen" zu erreichen. Da die in der Informationsmodellierung benutzte Modellierungssprache auch komplexe (graphisch-linguistische) Formen vorsieht, kann die durch invariante Formen festgelegte „Formsemantik" von der „Domänensemantik", mit der die Bedeutung oder Deutung eines Modells eines Diskursbereiches festgelegt wird, voneinander unterschieden werden, um die semantischen Annäherungen sowohl durch „formsemantische" als auch durch „domänensemantische" Konzepte zu erreichen.

3.3.1 Formsemantik

Mit der Syntax von Informationsmodellen werden »Formen« (das sind »Darstellungsmuster«, »Schablonen«) definiert und für den »Aufbau« von Informationsmodellen bereitgestellt.

Formen

Mit diesen Formen werden Strukturen dadurch definiert, dass in der Syntax einer Modellierungssprache festgelegt wird, welche Formen wie mit anderen Formen in

Beziehung gesetzt werden können. Die entstehenden Strukturen lassen sich dann z.B. durch Entity-Relationship-Diagramme darstellen.

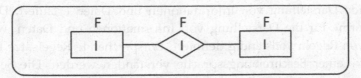

Abbildung 3-8: Form und Inhalt

Jede über Formen, das kann man dem Bild entnehmen, kann, entsprechend der Syntax der Modellierungssprache, wieder mit anderen Formen in Beziehung gesetzt werden.

Formen ermöglichen »Einträge« von Daten an den in den Formen dafür vorgesehenen Positionen. Während die Formen für eine Modellierungstechnik festgeschrieben werden und damit dann für alle Modelle, die mithilfe dieser Modellierungstechnik erstellt werden, generische sind, können Einträge nach Bedarf des Modellierers frei gewählt werden und sind damit spezifisch. Die durch eine Syntax vorgegebenen Formen definieren demzufolge auch nur die »Form-Semantik« eines Modells. Sie ist eine generische Semantik, die für alle Modelle, in denen diese Formen verwendet werden, gleich ist. Die durch einen Modellierer gewählten Einträge definieren einen Inhalt und deshalb eine modell- und möglicherweise sogar eine modellierer-spezifische „Domänen-Semantik".

Formen werden auch eingeführt, um die Anzahl der Darstellungsmöglichkeiten für Informationen durch Daten einzugrenzen, um damit z.B. die Lesbarkeit und Verständlichkeit von Modellen zu erhöhen. Mit der Eingrenzung werden aber andererseits auch die Ausdrucksmöglichkeiten für die Repräsentation von Informationen durch Daten eingegrenzt. Die Einführung von Formen erfordert also eine sorgfältige Abwägung darüber, welche Formen hinreichend große Ausdrucksmöglichkeiten bereitstellen und welche nicht. Abhängig von den Ausdrucksmöglichkeiten, die durch die von der Syntax vorgegebenen Formen existieren, können dann entsprechend »semantisch reichhaltige« oder eher »semantisch einfache« Informationsmodelle gebildet werden.

Damit ist noch einmal verdeutlicht worden, dass letztlich Daten die Darstellung von Informationen in Informationsmodellen ermöglichen. Daten wiederum können von sehr unterschiedlicher Art sein: Sie entstehen durch die Nutzung der natürlichen Sprache zur Bildung von Worten und Wortgebilden, durch Bilder, Signale und komplexe Signalströme etc. Deren Interpretation (d. h. deren Semantik) ist nicht immer hinreichend präzise durch die Daten selbst definiert, sodass Daten möglicherweise unterschiedlich interpretiert werden können. Dies soll in industriellen Anwendungen nach Möglichkeit oder sogar unter allen Umständen vermieden werden.

Diesem Ziel folgend, werden nunmehr Konzepte für eine präzise ihrer Intention entsprechende Darstellung von Informationen und Daten erläutert. Die Syntax, also die »Form« für die Darstellung von Informationen und Daten, wird durch einen Satz von Regeln vollständig definiert. Entsprechende Regelsätze können als »Grammatik« einer Beschreibungssprache verstanden werden. Die Semantik ist hingegen – auch wenn Formalismen zu ihrer Präzisierung eingeführt worden sind – Gegenstand einer individuellen Interpretation und damit letztlich nur als intuitive Semantik angebbar.

Formvorschriften

Die Festlegung von Formvorschriften für die Erstellung von Informationsmodellen ist damit auch eine Festlegung ihrer Bedeutung, d. h. ihrer Semantik. Das ist der Anlass dafür, die aus den Formvorschriften für Informationsmodelle folgende Bedeutung der Informationsmodelle deren „Formsemantik" zu nennen, weil durch sie Vorgaben für die richtige Deutung der Informationsmodelle erfolgen. Das bedeutet aber auch, dass durch unterschiedliche Formvorschriften auch unterschiedliche Formsemantiken festgelegt werden.

Durch die Formvorschriften für die Erstellung z. B. von Entity-Relationship-Modellen wird zunächst festgelegt, dass sie aus beliebigen Netzen von beliebigen Folgen von Entities und Relationships bestehen dürfen. Wie schon erläutert, ist deren korrekte Interpretation nur relativ „lose" festgelegt. Dies kann durchaus im Interesse des Nutzers des Informationsmodells sein, weil die „lose" Formsemantik ihm Interpretationsspielräume eröffnet.

Als Gegenbeispiel zu dieser Modellierung mit Formvorschriften, die die Formsemantik nur lose festlegen, können Modellierungen mit dem relationalen Datenmodell gelten. Die dort festgelegte Form „Tabellen" mit der festen Formvorschrift, dass jede Tabelle die Darstellung des Kreuzproduktes mehrerer Mengen gemäß der folgenden Formel

$$R \subseteq M_1 \times M_2 \times M_3 \ldots$$

sein muss, stellt eine „starke" Formvorschrift dar, weil die Formsemantik sogar mathematisch definiert ist.

Die Auswahl einer bestgeeigneten Modellierung für die Erstellung von Informationsmodellen hängt also davon ab, welcher Grad der „Verbindlichkeit" für die Interpretation der Informationsmodelle für deren jeweilige Nutzung angemessen ist. Für Informationen und Informationsmodelle für industrielle Anwendungen ist – so wird hier postuliert – sowohl die Nutzung allein von Entity-Relationship-Modellen oder relationalen Modellen ungeeignet. Die Modelle, die dagegen für geeignet gehalten werden, sind solche, mit denen Kontextualisierungen durch Hierarchisierung möglich werden.

3.3.2 Domänensemantik

Neben der durch die Formen in den Informationsmodellen vorgegebenen generischen Semantik lässt sich für Modelle dann zusätzlich eine »Domänensemantik« angeben, die die Bedeutung eines Modells bestimmt, das dadurch entsteht, dass in ihm die Formen mit entsprechenden domänenspezifischen Inhalten vervollständigt werden.

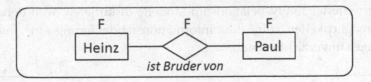

Abbildung 3-9: Sachverhalt

Dieser Sachverhalt wird mit dem folgenden Diagramm nochmals verdeutlicht:

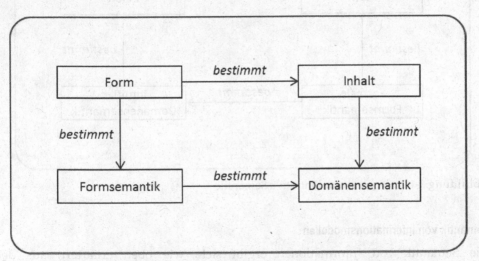

Abbildung 3-10: Formsemantik und Domänensemantik

Die Form hat eine Formsemantik, mit der die Bedeutung der Form festgelegt ist. Die Form bestimmt, welche Inhalte in die Form eingebracht werden dürfen. Die Formsemantik und die Inhalte bestimmen die Domänensemantik.

Es ist darüber hinaus möglich, die zur Anwendung kommenden Semantikkonzepte für die Bestimmung von Form- und Domänensemantik weiter zu charakterisieren: Die Formsemantik ist eine »formale Semantik«, wenn sie formal – in der Regel durch mathematische Konstrukte wie »Mengen«, »Prädikate«, »Klassen«, »Relationen« etc. – definiert wird. Die Domänensemantik ist dagegen eine »intuitive« Semantik, weil sie nicht formal, sondern durch frei interpretierbare Inhalte wie »Texte« in einer natürlichen Sprache, durch »Bilder«,

»Grafiken«, »Filme« etc. definiert ist. Das obige Bild wird deshalb ergänzt, um diesen Sachverhalt zu erfassen (Abbildung 3-11).

Mit Hilfe dieser Semantikkonzepte wird nachfolgend die Definition der Semantik von Informationsmodellen erläutert.

Wir werden zunächst einfache Entity-Relationship-Diagramme und die in ihnen verwandten Formen diskutieren, um deren Syntax und Semantik und damit deren Ausdrucksmächtigkeit kennenzulernen. Wir werden später die Syntax und Semantik erweiterter Entity-Relationship-Modelle diskutieren, weil deren größere Ausdrucksmöglichkeiten für die Informationsmodellierung in industriellen Anwendungen unverzichtbar sind.

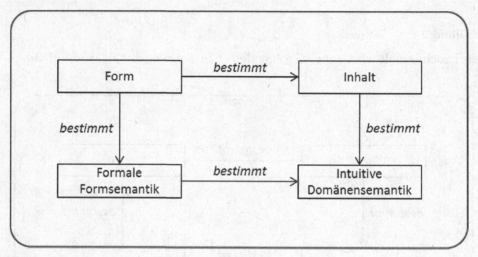

Abbildung 3-11:   Formale und intuitive Semantik

Semantik von Informationsmodellen

Die Semantik von Informationen ergibt sich, wie oben erläutert, aus der Interpretation von Daten in ihrem jeweiligen durch ein Informationsmodell festgelegten Kontext. Die Semantik von Daten ergibt sich aus deren Interpretation und damit der Feststellung von deren subjektiver intuitiver Bedeutung.

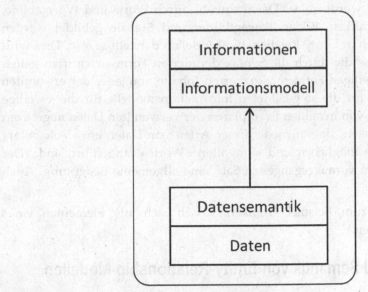

Abbildung 3-12:   Datensemantik und Informationsmodelle

Daten mit ihrer Datensemantik sind konstituierende Elemente eines Informationsmodells, und damit ist deren Datensemantik konstituierend für die Semantik der durch sie repräsentierten Informationen. Diese durch Daten und deren Semantik vorgegebene konstituierende Semantik für die durch sie repräsentierten Informationen erfährt darüber hinaus durch den aus dem Informationsmodell ableitbaren Kontext eine entsprechende Präzisierung. Die Präzisierung erfolgt dadurch, dass aus dem Kontext »Einschränkungen« für die konstituierende Semantik abgeleitet werden können.

Im Folgenden wird zunächst am Beispiel von Entity-Relationship-Diagrammen die Syntax für deren Darstellung und die jeweiligen Formalismen zu deren möglichst richtiger Interpretation eingeführt. Die letzteren insbesondere erfordern deren einleitende Erklärung.

Es ist schon erläutert worden, dass Daten sowohl durch Worte und Wortgebilde, aber auch durch Grafiken, Bilder, Bewegtbilder und Signale gebildet werden können. Dies soll auch in Entity-Relationship-Modellen darstellbar sein. Dies wird dadurch erreicht, dass die durch die Syntax definierten Formvorschriften gelten und die mit den jeweiligen Formen assoziierten Inhalte von jeder der erwähnten Art sein dürfen. Um für die so gebildeten Informationsmodelle für die jeweilige Art von Daten valide von invaliden Exemplaren der verwandten Daten abgrenzen zu können, erwarten wir, dass für jede dieser Arten von Daten ein »Vokabular« existiert, in dem alle möglichen und sinnvollen »Worte« aufgeführt sind. (Der Begriff »Wort« hat im vorausgegangenen Satz eine allgemeine Bedeutung. Auch nichtsprachliche

Darstellungen, wie zum Beispiel Grafiken, lassen sich aus Elementen eines »Vokabulars« aufbauen.)

3.4 Syntax und Semantik von Entity-Relationship-Modellen

Es mag überraschen dass die Diskussion der Informationsmodellierung für industrielle Anwendungen in dieser Monographie mit dem ersten Konzept für die Informationsmodellierung, dem Entity-Relationship-Modell, aus Ausgangspunkt beginnt. Es gibt, so die Annahme, hinreichend viele Gründe, die später noch ausführlich erläutert werden.

3.4.1 Entity-Relationship-Modelle

Die erste allgemein akzeptierte Notation zur Informationsmodellierung ist das Entity-Relationship-Modell (ERM). Das ERM ist eingeführt worden, um eine möglichst „natürliche" Darstellung des Diskursbereiches zu erreichen.

Das ERM unterscheidet Entities und Relationships als die Konstituenten, aus denen die Informationsmodelle aufgebaut sind. Ein Entity beschreibt einen Gegenstand des Diskursbereiches. Es ist dabei unerheblich, ob der Gegenstand strukturiert oder atomar, real oder abstrakt ist. Entities werden durch eine Menge von Eigenschaften charakterisiert. Entity-Typen beschreiben Entities mit gleichen Eigenschaften. Eine Relationship beschreibt eine Zuordnung von Entities zueinander auf der Basis von Bedingungen für diese Zuordnung und von Abhängigkeiten zwischen Entities in einer Relationship. Relationship-Typen beschreiben die Regeln für die Zuordnung von Entities zueinander Relationships. Die Eigenschaften von Entities und Relationships können –wie später noch verdeutlicht wird – durch Attribute beschrieben werden.

Informationsmodelle als semantische Daten-Modelle

In erweiterten Entity-Relationship-Modellen werden über Entities und Relationships hinausgehende Konzepte eingeführt, die eine realitätsnähere Darstellung von Dingen und Beziehungen ermöglichen. Durch diese Erweiterung zu semantischen Datenmodellen soll der Informationsmodellierer in die Lage versetzt werden, auch komplexe Dinge und Beziehungen darstellen zu können.

Diese semantischen Datenmodelle umfassen dazu im Wesentlichen die folgenden Abstraktionskonzepte: Klassifikation, Aggregation, Generalisierung, Gruppierung. Diese Abstraktionskonzepte sind heute Bestandteil nahezu aller Modellierungskonzepte, wobei jedoch nicht jedes der existierenden Modelle den Abstraktionskonzepten die gleiche Bedeutung zuordnet.

Entity-Relationship-Modelle werden späterhin als Grundlage für die Entwicklung von objektorientierten Modellierungskonzepten, wie sie letztendlich in der Unified Modeling Language UML beschrieben sind, dienen.

Der Rückgriff auf die Modellierung mit Entity-Relationship-Modellen und nicht die Nutzung der objektorientierten Modellierungskonzepte als Ausgangspunkt für die Informationsmodellierung für industrielle Anwendungen zu nutzen, erfordert eine weitere Begründung: Da für industrielle Anwendungen die Nutzung existierender Datenbestände, die möglicherweis im Ablauf von vielen Jahren erzeugt, gepflegt und genutzt worden sind und einen großen Geschäftswert darstellen, unumgänglich ist, diese Datenbestände aber nicht als Objekte modelliert worden sind, weil sie auch nicht als Ganzes Gegenstand der Nutzung und Aktualisierung sind, ist die Modellierung der integrierten Datenbestände auch nicht als „Objektintegration" darstellbar. Vielmehr beziehen sich Nutzung und Aktualisierung der zu integrierenden Datenbestände auf Elementen aus diesen Datenbeständen. Dennoch müssen zur Integration der Datenbestände und bei der Modellierung der integrierten Datenbestände die möglicherweise vielfältigen semantischen Beziehungen zwischen den Ausgangs-Datenbeständen erkannt und im „Integration-Modell" erfasst werden.

Der in dieser Monographie nun folgende Rückblick auf Entity-Relationship-Modelle erfolgt auch deshalb, weil nach unserer Beobachtung die objektorientierte Modellierung, und insbesondere UML, für Nutzer, die über keine oder nur begrenzte Programmierkenntnisse und Erfahrungen in der Softwaretechnik verfügen, zu komplex und deshalb nicht verständlich und damit nur schwer zu handhaben ist. Die später hier eingeführten erweiterten Modellierungstechniken können dennoch als Erweiterungen sowohl der Entity-Relationship als auch der objektorienterten Modellierung verstanden werden. Sie führen trotzdem – so ist zu hoffen – nicht zu einer weiteren Erhöhung der Komplexität der Modellierungsmethode, sondern unterstützen durch weitergehende Strukturierungskonzepte das Verständnis für sie und tragen zur Vereinfachung ihrer Nutzung bei.

Der Rückgriff auf die Modellierung mit Entity und Relationships ist hier auch gewählt worden, um diese späteren Erweiterungen schrittweise einführen und verständlich machen zu können. Für den Leser, der die Entity-Relationship-Modellierung nicht kennt, werden deshalb zunächst Grundbegriffe zur Entity-Relationship-Modellierung präziser eingeführt.

Typen und Instanzen

Die Entity-Relationship-Modellierung führt die Paare Entity/Entity-Typ und Relationship/ Relationship-Typ als elementare Darstellungskonzepte ein. Sie sind über einem Alphabet gebildete Sprachelemente wie Worte oder Wortfolgen. Für die weitere Diskussion wird hier das lateinische Alphabet genutzt, die über diesem Alphabet gebildeten Sprachelemente werden hier Bezeichner bzw. Begriffe bzw. aus Bezeichnern und Begriffen gebildete Terme genannt. Begriffe die der (eindeutigen) Identifikation dienen, werden Bezeichner genannt. Begriffe und Bezeichner dienen der Darstellung von Entities/Entity-Typen sowie Relationships und Relationship-Typen. Dies entspricht der vorangegangenen Einführung von „Typen" und „Instanzen" mit dem Ziel dass Instanzen eines Typs gemeinsame oder gleiche Eigenschaften der Dinge oder Sachverhalte aus einem Diskursbereich besitzen und die Typen die Menge der zulässigen Instanzen für die Modellierung festlegen. Die Einführung von Entities und Relationships als Instanzen und von Entity-Typen und Relationship-Typen erfolgt – im Folgenden an Hand von Beispielen.

Entity

Die in einem betrachteten Diskursbereich relevanten Dinge werden Entities genannt.

Beispiele:

Fräsmaschine, Mitarbeiter, Hans, Bereich, Installation usw.

Entity-Typ

Ein Entity-Typ bezeichnet eine Menge von Entities mit gleichartigen Eigenschaften.

Beispiele:

1. der Entity-Typ „Vorname" bezeichnet die Menge von Entities „Susanne", „Sabine", „Hans" usw.
2. der Entity-Typ „Maschine" bezeichnet die Menge von Entities „Bohrmaschine", „Drehbank" usw.

Relationship

Relationships sind Zuordnungen von Dingen des Diskursbereiches, also Zuordnungen von Entities zueinander. Ein Entity kann dabei -abhängig von der Art der Relationships- mit einem oder mehreren anderen Entities- in Beziehung stehen, die nicht zwangsläufig vom selben Entity-Typ sein müssen.

Beispiele:

1. „studiert" ist eine Relationship zwischen den Entities „Susanne" und „Informatik"
2. „hat_Hauptstadt" ist eine Relationship zwischen den Entities „Deutschland" und „Berlin"

Relationship-Typ

Der Relationship-Typ repräsentiert eine Zuordnungsvorschrift mit der festgelegt welche Zuordnungen zwischen Entities zulässige Zuordnungen sind. In der Regel wird einem Relationship-Typ festgelegt welche Entities, welchen Entity-Typ, einander zugeordnet werden dürfen, wie viele Entities des einen Entity-Typs wie vielen Entities des anderen Entity-Typ zugeordnet werden dürfen und ob die Relationships des Relationship-Typs Entities eines Entity-Typs nur den Entities eines anderen Entity-Typs oder den Entities mehrerer anderer Entity-Typen zuordnet.

Beispiel:

Der Relationship-Typ „Studium" erlaubt nur die Zuordnung zwischen einem Entity des Entity-Typs „Student" mit nur einem Entity des Entity-Typs „Studienfach". Es seien folgende Entities mit den sie verbindenden Relationships gegeben:

„Susanne" „studiert" „Informatik"

„Sabine" „studiert" „Biologie"

„Uwe" „studiert" „Informatik","

Entity-Relationship

Entity-Relationships sind einzelne Exemplare von Zuordnungen von Entities zu Entities in Übereinstimmung mit einem gegebenen Relatioship-Typ. Die Bedeutungen dieser Entities und Relationships können dann wie folgt angegeben werden:

„Susanne", „Sabine" und „Uwe" sind Vornamen, sie sind vom Entity-Typ „Vorname"

„Informatik" und „Biologie" sind Studienfächer, sie sind vom Entity-Typ „Studienfach"

Die Relationship „studiert" beschreibt eine Zuordnung zwischen einem Studenten und einem Studienfach und sie sie ist vom Relationship-Typ „Studiert"

Eigenschaften

Durch Eigenschaften werden Entities bzw. Relationships charakterisiert.

Beispiele:

1. *Das Entity „Sabine" kann durch die Eigenschaft „23_Jahre_alt" näher beschrieben werden.*
2. *Die Relationship „wohnt" kann durch die Eigenschaft „seit_2_Jahren" näher beschrieben werden.*

Attribut / Attribut-Typ

Attribute dienen der Darstellung von Eigenschaften. Über sie werden den Entities eines Entity-Typs bzw. Relationships eines Relationship-Typs Werte einer Domäne, die Attributwerte, zugewiesen.

Beispiel:

Ist „Student" ein Entity-Typ und „Alter" ein Attribut des Entity-Typs „Student", charakterisiert das Attribut „Alter" den Entity-Typ „Student".

Beispiel: *Der Entity-Typ „P#,Name" ist durch die Attribute „P#" und „Name" charakterisiert und umfasst die Entities „p#1, schmidt"; „p#2, schmidt"; „p#3, müller". Das Attribut „P#" ist der eindeutige Identifizierer für den Entity-Typ, die Attributwerte p#i sind die eindeutigen Identifizierer der Entities.*

Attributwerte stellen also Elemente von Entities, Attribute Elemente von Entity-Typen dar. Sie werden als die atomaren, nicht weiter zerlegbaren, Konstituenten von Informationsmodellen betrachtet. Entities bzw. Entity-Typen sind nach dieser Auffassung bereits zusammengesetzte Konzepte für die Informationsmodellierung. Dies korrigiert den möglicherweise bisher entstandenen Eindruck, dass Entities die die elementaren Informationseinheiten der Informationsmodellierung zu betrachten sind. Die Einführung von Attributen als Elemente von Entities ist somit ein bereits auch in der klassischen Informationsmodellierung angelegtes „Konstruktions-Konzept.

Mit der Einführung von Attributen von Relationships und Relationship-Typen entsteht auch die Möglichkeit, Relationship und Relationship-Typen Eigenschaften zuzuweisen, d. h. auch Relationships und Relationship-Typen als bereits zusammengesetzte Konzepte für die Informationsmodellierung zu betrachten.

Mit Attributen für Entities/Entity-Typen und Relationships/Relationship-Typen entsteht also ein Zwei – Ebenen - Modell der Informationsmodellierung: Die atomare Attributebene und die nichtatomare Entity(Typ)-Relationship(Typ)-Ebene.

Wir werden den in dieser Zwei-Ebenen-Konzeption enthaltenen Ansatz in Kapitel 4 zu einem n-Ebenen-Ansatz verallgemeinern und damit die Basis für die komponentenorientierte Informationsmodellierung legen.

Domäne

Eine Domäne legt die Menge von zulässigen Eigenschaftswerten fest.

Beispiele:

1. *Alter: CARDINAL*
2. *Alter: 1...120*

Identität und Identifikation

Die Nutzung von Entity-Typen/Entities und Relationship-Typen/Relationships zur Darstellung von Dingen und Sachverhalten ermöglicht durch deren Aneinanderreihung die Erstellung von Modellen als partielle Abbilder der Realität. Dinge und Sachverhalte in der Realität können durch deren Bezeichnung durch Worte und Wortgebilde der gesprochenen Sprache eine Identität erhalten und über die Dinge und Sachverhalte jederzeit „wiedererkannt" werden. Diese Identifikation von Dingen und Sachverhalten durch deren Bezeichner wird dann zum Wiederauffinden gespeicherter Daten und für deren Nutzung benötigt, um tatsächlich die Daten zu finden und zu nutzen, die benötigt werden.

Auch Entity-Typen und Relationship-Typen erhalten in Entity-Relationship-Modellen durch Bezeichner, die aus Worten und Wortgebilden der gesprochenen Sprache gebildet werden, ihre Identität. Allerdings werden häufig für die Modellierung nur wenige Basistypen wie „integer", „real", „letter" etc. zugelassen. Diese Beschränkungen sollen für die Informationsmodellierung für industrielle Anwendungen aufgegeben werden.

In Entity-Relationship-Modellen wird zwischen Bezeichnern, über die die Identität festgelegt wird, und weiteren Worten und Wortgebilden, die Entities und Relationships umfassen, nur dadurch unterschieden, dass die Bezeichner durch ein oder mehrere Identifizierungs-Attribute von anderen Attributen abgegrenzt werden.

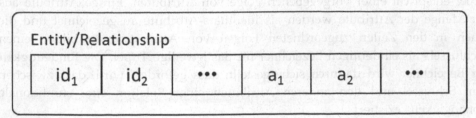

Abbildung 3-13:   Identifizierung und Identität

Beide Identifizierungs-Attribute id_1 und id_2 und weitere Attribute a_i, bilden ein Entity oder eine Relationship. Die Entscheidung, welche Attribute als Identifizierungs-Attribute ausgewählt werden, wird so getroffen, dass die eindeutige Identifizierung aller Entities/Relationships sichergestellt werden kann. Für die Nutzung von Worten und Wortgebilden zur Darstellung von Entities und Relationships wird in der Regel auch nur eine Konkatenation (die lineare Folge) von Worten zugelassen.

Die durch Entity – Relationship - Modelle damit vorgegebenen Möglichkeiten zur Festlegung von Identitäten und zur späteren Identifikation reichen für industrielle Anwendungen nicht aus. Hier erfolgt die Festlegung der Identität häufig durch grafische Muster (z. B. Barcode, Wasserzeichen, Laser-Imprints) und viele andere Identifikationscodes sowie durch die „geometrische Form" von Artefakten oder durch „Wertstoff-Identifikationscodes" etc. Damit ist verdeutlicht, dass Identitäten durch sehr komplexe Gebilde aus unterschiedlichen Darstellungselementen hergestellt werden können und müssen. Für die Festlegung von Identitäten in industriellen Anwendungen werden wir deshalb jedes Datum durch die Separierung seines Bezeichners und seines vom Bezeichner bezeichneten Wertes charakterisieren und dabei sowohl für Bezeichner also auch für Werte beliebige Darstellungskonzepte zulassen.

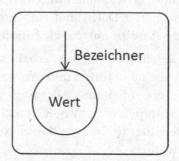

Abbildung 3-14:   Datum: Bezeichner/Identifizierer und Wert

Im Relationen-Modell wird eine dem Entity-Relationship-Modell verwandte Methode zur Festlegung von Identitäten vorgesehen: Jede Zeile in einer Relation (d. h. jedes Tupel) enthält eine Menge von Werten. Die Folge von Werten in einem Tupel entspricht einer vorgegebenen Folge von Attributen. Einige Attribute aus der Menge der Attribute werden als Identitäts-Attribute ausgezeichnet und die ihnen in den Zeilen zugeordneten Folgen von Attributwerten bilden einen „Schlüssel" als eindeutigen Bezeichner für das jeweilige Tupel. Die Eindeutigkeit der Bezeichner wird dadurch sichergestellt, dass gefordert wird, dass zwischen dem Schlüssel und den anderen Attributen einer Relation eine „funktionale Abhängigkeit" existiert.

3.4.2 Syntax von Entity-Relationship-Diagrammen

Entity-Relationship-Diagramme sind - wie der Name sagt - grafische Darstellungen durch festgelegte grafische Symbole als Formen, die zur Bildung von Modellen verwendet werden dürfen.

In Entity-Relationship-Diagrammen werden die folgenden Basiskonzepte verwendet: Entity, Relationship, Entity-Typ, Relationship-Typ. Sie werden durch die folgenden grafische Symbole und Bezeichner dargestellt.

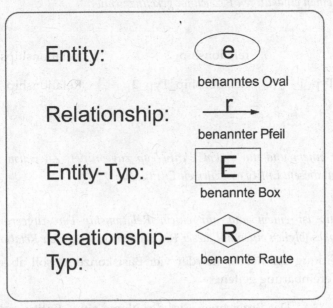

Abbildung 3-15:   Formen für die E/R Modellierung

Entity-Typen, Entities, Relationship-Typen und Relationships

Die Unterscheidung zwischen einem Entity-Typ und einem Entity, wie einem Relationship-Typ und einer Relationship, entspricht dabei durchaus auch dem in der gesprochenen Sprache existierenden Unterschied zwischen „das Gleiche" und „dasselbe", wobei es von „dem Gleichen" viele Exemplare geben kann, wohingegen „dasselbe" immer auf ein bestimmtes Exemplar verweist. In der Informationsmodellierung werden beide Konzepte genutzt, um „variante" und „invariante" Teile der Realität abzubilden, und um insbesondere den scheinbar invarianten Teilen der Realität (Typen) ihre tatsächlich auch varianten Teile (Exemplare) zuzuordnen. Dies entspricht dem Konzept einer Abstraktion, d. h. der „vorübergehenden" Vernachlässigung von Charakteristika der Realität. Damit werden die Voraussetzungen für eine zweistufige Modellierung geschaffen.

Neben diesen Definitionen sollen in der Informationsmodellierung mit Entity – Relationship-Diagrammen noch die folgenden Konventionen gelten:

Konvention 1

Jedes Entity und jeder Entity-Typ wird zur eindeutigen Unterscheidung stets durch einen eindeutigen Bezeichner gekennzeichnet.

entity_1, entity_2, ...   für Entities

Entity_Typ_1, Entity_Typ_2, ...   für Entity-Typen.

Konvention 2

Jede Relationship und jeder Relationship-Typ wird zur eindeutigen Unterscheidung ebenfalls durch einen eindeutigen Bezeichner gekennzeichnet

relationship_1,   relationship_2   Relationships

Relationship_Typ_1   Relationship_Typ_2   Relationship-Typen

Konvention 3

Jedes Entity ist einem und nur einem Entity-Typ zugeordnet. Zu jedem Entity gibt es folglich einen mit diesem Entity assoziierten Entity-Typ.

Konvention 4

Jede Relationship ist einem und nur einem Relationship-Typ zugeordnet. Zu jeder Relationship gibt es folglich einen mit dieser Relationship assoziierten Relationship-Typ.

Zur Unterscheidung der Bezeichner der vier Basiskonzepte soll ab jetzt folgende syntaktische Vereinbarung gelten:

Entity: Der Bezeichner e ist der Name eines Entity, gekennzeichnet durch einen kleinen Anfangsbuchstaben.

Relationship: Der Bezeichner r ist der Name einer Relationship, gekennzeichnet durch einen kleinen Anfangsbuchstaben

Entity-Typ: Der Bezeichner E ist der Name eines Entity-Typs, gekennzeichnet durch einen großen Anfangsbuchstaben.

Relationship-Typ: Der Bezeichner R ist der Name eines Relationship-Typs, gekennzeichnet durch einen großen Anfangsbuchstaben.

Die eindeutige Bezeichnung verschiedener Entities und Entity-Typen erfolgt auch durch Indizierung:

$e_1, e_2, ..., e_j, e_k$ für Entities und

$E_1, E_2, ..., E_j, E_k$ für Entity-Typen.

Beispiele:

Entity:	„hans"	Entity:	„fahrrad"	Die Unterscheidung verschiedener Relationships und Relationship-Typen erfolgt ebenfalls durch Indizierung:
Entity-Typ:	„Vorname"	Entity-Typ:	„Fahrzeug"	
Relationship:	„wohnt_in"	Relationship:	„hat"	
Relationship-Typ:	„Wohnt_In"	Relationship-Typ:	„Hat"	
Entity:	„berlin"	Entity:	„kette"	
Entity-Typ:	„Wohnort"	Entity-Typ:	„Antrieb"	

Entity-Relationship

„hans"
„wohnt_in"
„berlin"

Entity-Relationship

„fahrrad"
„hat"„kette"

Entity-Relationship-Typ:

„Vorname"„Wohnt_In"„Wohnort"

Entity-RelationshipTyp:

„Fahrzeug"„Hat"„Antrieb"

Die Beispiele zeigen, dass sowohl eine Relationship als auch der assoziierte Relationship-Typ durch den gleichen Bezeichner (bis auf die Klein- und Großschreibung) benannt werden können. Das wird von jetzt ab der Standardfall sein. Dies ist gerechtfertigt, weil die Bedeutung der Relationship und des zugeordneten Relationship-Typs gleich ist.

Um die eindeutige Bezeichnung zu gewährleisten, müssen alle Entities, Entity-Typen, Relationships und Relationship-Typen eines Informationsmodells voneinander verschiedene Namen haben. Diese harte Forderung wird später zugunsten einer flexiblen Benennungskonvention aufgegeben. Später vorzustellende Konzepte verlangen die Verschiedenheit der Namen nur im gleichen „Kontext". Zunächst jedoch soll die Eindeutigkeit der Namen für den gesamten Diskursbereich gelten.

Entity-Relationships

Die vier Basiskonzepte können nunmehr zum Aufbau von Entity-Relationship-Diagrammen benutzt werden.

Stehen genau zwei Entities über eine Relationship in Beziehung, wird die Relationship eine binäre Relationship oder einfach Entity-Relationship genannt. Das sie darstellende Diagramm wird elementares Entity-Relationship-Diagramm genannt.

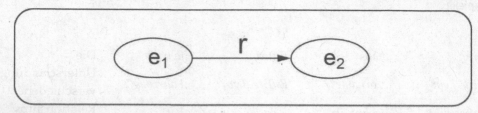

Abbildung 3-16:   Entity-Relationship

Das elementare Entity-Relationship-Diagramm wird durch einen Pfeil zwischen den beiden Entity-Symbolen und einem Bezeichner für die Relationship repräsentiert. Der Pfeil wird eingeführt, um die Leserichtung für binäre Entity-Relationships anzudeuten.

Beispiel:

Ein Entity mit dem Bezeichner „e1" steht über eine Relationship, die durch den Bezeichner „r" repräsentiert wird, mit einem zweiten Entity „e2" in Beziehung.

Stehen genau zwei Entity-Typen über einen Relationship-Typ in Beziehung, wird der Relationship-Typ binärer Relationship-Typ genannt. Das ihn darstellende Diagramm wird elementares Entity-Relationship-Typ-Diagramm genannt.

Das elementare Entity-Relationship-Typ-Diagramm verbindet über eine durch eine Raute unterbrochene Verbindungslinie die Entity-Typen. Die benannte Raute bezeichnet den Relationship-Typ. Bei der Darstellung von Entity-Relationship-Typen wird auf eine Richtungskennzeichnung verzichtet.

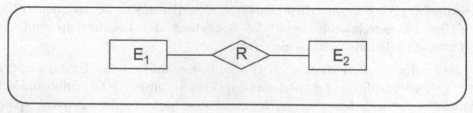

Abbildung 3-17:   Entity-Relationship-Typ

Zur Darstellung einfacher Sachverhalte in der Informationsmodellierung werden im weiteren Ablauf des Textes binäre Relationships und die ihnen zugeordneten elementaren Entity-Relationship-Diagramme Verwendung finden. Wir wollen deshalb jetzt einige weitere Konventionen für die Darstellung elementarer Entity-Relationships bzw. für die Darstellung elementarer Entity-Relationship-Typen einführen.

Konvention 5

Elementare Entity-Relationship-Diagramme umfassen stets ein linkes Entity e_l, ein rechtes Entity e_r und eine sie verbindende Relationship r. Elementare Entity-Relationship-Typ-Diagramme umfassen stets einen linken Entity-Typ E_l, einen rechten Entity-Typ E_r und einen sie verbindenden Relationship-Typ R.

Zur Erklärung der Bedeutung von Entity/Relationships und Entity-Relationship-Typen ist zunächst nur zu sagen, dass Entity-Relationship-Diagramme einerseits und Entity-Relationship-Typ-Diagramme andererseits in einer engen Beziehung zueinander stehen. Die Entity-Relationship-Typ-Diagramme stellen ein Muster oder eine Schablone dar, nach der Entity-Relationship-Diagramme dargestellt werden müssen. Dieser Sachverhalt wird mit den folgenden Beispieldiagrammen verdeutlicht.

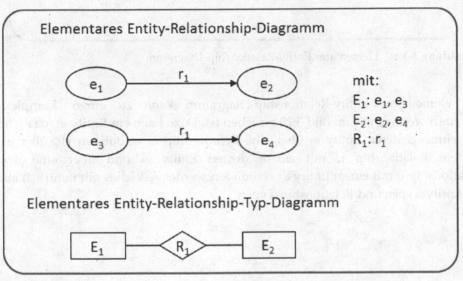

Abbildung 3-18: Elementare   Entity-Relationship-   und   Entity-Relationship-Typ-Diagramme

In den Bildern 3.18 und 3.19 werden Beispiele für elementare Entity-Relationship-Diagramme gegeben. In der Darstellung in Bild 3.18 kennzeichnet der Entity-Typ E_1 die Entities e_1 und e_3 und der Entity-Typ E_2 die Entities e_2 und e_4. Die die Entities verbindende Relationship r_1 wird durch den Relationship-Typ R_1 gekennzeichnet.

Nicht-elementare Entity-Relationships

Eine erste Erweiterung erfahren elementare Entity-Relationship-Diagramme durch deren Verknüpfung. Dies wird an den folgenden Diagrammen verdeutlicht:

Beispiel:

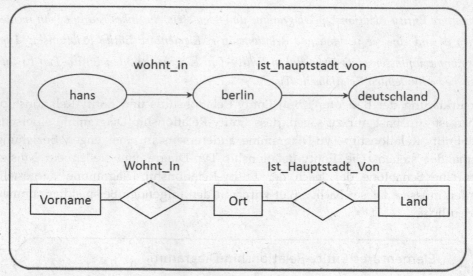

Abbildung 3-19:   Elementares Entity-Relationship-Diagramm

Ein elementares Entity-Relationship-Diagramm kann zu einem komplexen erweitert werden, wie im Bild 3.20 zu sehen ist. Dazu kann ein Entity e_2, das schon mit einem anderen Entity e_1 über eine Relationship r_1 verbunden ist, über eine weitere Relationship r_2 mit einem dritten Entity e_4 und über eine dritte Relationship r_3 mit einem Entity e_3 verbunden werden. Gleiches gilt natürlich auch für Entity-Typen und Relationship-Typen.

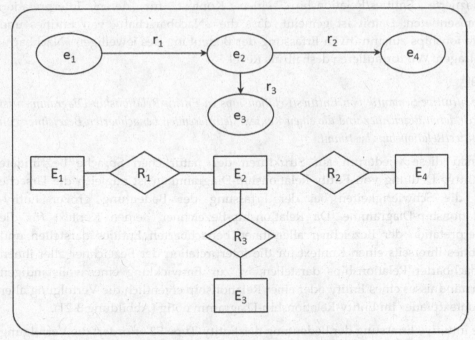

Abbildung 3-20: Komplexes Entity-Relationship-Diagramm und Entity-Relationship-Typ-Diagramm

Entities und Relationships im Kontext

Die Assoziation von Entities und Relationships in erweiterten Entity-Relatioship-Diagrammen eröffnet die Möglichkeit zu einer weitergehenden Definition ihrer Bedeutungen: Eine Relationship und die durch sie verbundenen Entities können nunmehr als Ganzheit zum Gegenstand der Bedeutungsbestimmung gemacht werden. Die Ganzheit einer Entity-Relationship gewinnt ihre

Deutung jetzt auch dadurch, dass die Bedeutung der Relationship und der durch sie verbundenen Entities zusammen einen intuitiv erfassbaren Sinn haben muss. Es wird deshalb erwartet, dass in einer Entity-Relationship sinngebende Kombinationen von Namen verwendet werden.

Die mit solchen intuitiv erfassten Bedeutungen entstehenden Probleme, wenn mehrere Beteiligte als Entwickler oder Nutzer einer Beschreibung auftreten, können hier nicht annähernd erschöpfend behandelt werden. Das Entity-Relationship-Modell hat trotz dieser Probleme große Akzeptanz gefunden. Das ist wahrscheinlich primär darin begründet, dass die initialen intuitiven Deutungen durch die Einführung weiterer Beschreibungskonzepte schrittweise verbessert werden können.

Die Assoziation von Entities und Relationships zu einer Entity-Relationship begründet deren erweiterte intuitive Semantik, da zu Entities/Relationships assoziierte Entities/Relationships einen Kontext für deren Interpretation repräsentieren. Damit ist gemeint, dass die »Nachbarschaft« von Entities und Relationships zur intuitiven Erfassung der Bedeutung des jeweiligen »Nachbarn« beitragen. Wir formulieren deshalb als Regel.

Regel

Die intuitive Semantik von Entities/Relationships in Entity-Relationship-Diagrammen ist durch deren Bezeichner und die einen Kontext definierenden benachbarten Bezeichner von Entities/Relationships bestimmt.

Genau diese wiederum auf Strukturen der natürlichen Sprache begründete intuitive Deutung von Entity-Relationship-Diagrammen ist zugleich die Ursache für die Schwierigkeiten bei der Erfassung der Bedeutung großer Entity-Relationship-Diagramme. Da Relationship-Bezeichner einen Kontext für die Interpretation der Bezeichner aller ihnen benachbarten Entities darstellen und Entities ihrerseits einen Kontext für die Interpretation der Bezeichner aller ihnen benachbarter Relationships darstellen, ist zur Entwicklung eines vollständigen Verständnisses eines Entity oder einer Relationship eigentlich die Verfolgung aller »Kontextpfade« im Entity-Relationship-Diagramm nötig (Abbildung 3-21).

Die intuitive Erfassung der Bedeutung des Entity-Typs E2 erfordert die Verfolgung der »Kontextpfade« oder anders ausgedrückt, die Auswertung des folgenden Ausdrucks

$$(E_2 (R_1 (E_1), R_2 (E_3, E_4 (R_3 (E_5, E_6))))).$$

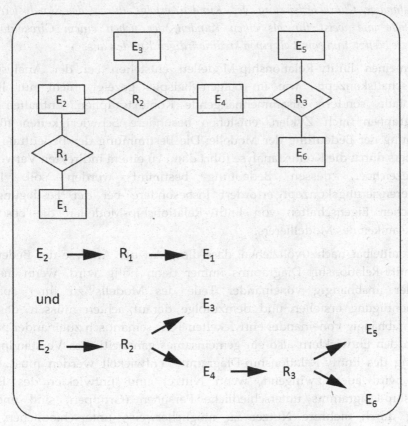

Abbildung 3-21: Kontextpfade eines ERD für den Entity-Typ E₂

Beispiel:

Das folgende Entity-Relationship-Typ-Diagramm charakterisiert den Kunden einer Bank.

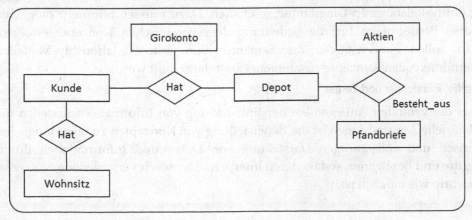

Abbildung 3-22: Beispiel für Kontextpfade

Die vollständige Charakterisierung des Kunden erfolgt durch das Analysieren der Kontextpfade und weist ihn als einen Kunden, der neben einem Girokonto auch Wertpapiere besitzt, und somit als einen kreditwürdigen Kunden aus.

In allgemeinen Entity-Relationship-Modellen entstehen bei der Analyse der Nachbarschaftskonzepte, wie im obigen Beispiel gezeigt, nicht nur lineare Kontextpfade, sondern zusammenhängende Kontextgraphen. Enthalten diese Kontextgraphen auch Zyklen, entstehen besondere Schwierigkeiten für die Bestimmung der Bedeutung der Modelle: Die Bestimmung der Bedeutung eines Bezeichners durch die Kontextanalyse führt dann zu einem indirekten Verweis auf den Bezeichner, dessen Bedeutung bestimmt werden soll. Dieses Selbstreferenzierungskonzept erfordert insbesondere bei der Festlegung der dynamischen Eigenschaften von Entity-Relationship-Modellen die besondere Aufmerksamkeit des Modellierers.

Es ist unmittelbar nachzuvollziehen, dass diese Art der Analyse der Bedeutung eines Entity-Relationship-Diagramms immer dann nötig wird, wenn mehrere Entwickler unabhängig voneinander Teile des Modells zu ihrer späteren Zusammenfügung erstellen und demzufolge darauf achten müssen, dass die jeweils unabhängig voneinander entwickelten Teile semantisch zueinander passen, zwischen den Entwicklern also ein gemeinsames ganzheitliches Verständnis der Bedeutung des Entity-Relationship-Diagramms entwickelt werden muss. Diese Analyse wird auch zwingend, wenn Nutzer und Entwickler des Entity-Relationship-Diagramms unterschiedliche Personen (Gruppen) sind und die Nutzung durch mehrere Nutzer zu möglicherweise unterschiedlichen, weit auseinanderliegenden, Zeitpunkten erfolgt.

3.4.3   Die Semantik von Entity-Relationship-Diagrammen

Nach der Einführung des Metamodells zur Definition einer Syntax zur Modellierung mit Entities und Relationships im vorangegangenen Kapitel ist nunmehr auch die Voraussetzung für eine formalisierte Darstellung der Semantik für Entity-Relationship-Diagramme geschaffen. Dazu müssen nunmehr möglichst präzise Festlegungen für die Bedeutung der syntaktischen Konzepte erfolgen. Dazu sollen zunächst die die Semantik von Entity-Relationship-Modellen determinierenden Konzepte zusammengefasst dargestellt werden.

Begriffe, Bezeichner und Terme

Eines der zentralen Anliegen bei der Entwicklung von Informationsmodellen für industrielle Anwendungen ist die Bereitstellung von Konzepten zu einer möglichst präzisen und vollständigen Darstellung von Daten und Informationen durch Begriffe und Bezeichner, sodass deren Interpretation durch verschiedene Nutzer so eindeutig wie möglich ist.

Dies soll dadurch möglich werden, dass die Repräsentationen von Informationen und Daten zunächst – wie in der Informationsmodellierung seit langem üblich – durch Worte und Wortkombinationen einer gesprochenen Sprache erfolgt. Dabei wird davon ausgegangen, dass die jeweiligen Worte in der jeweiligen gesprochen Sprache eine oder auch mehrere Bedeutungen haben. Um diese Mehrdeutigkeiten zu vermeiden, werden Informationen und deren Repräsentationen durch Daten mit Annotationen unterschiedlicher Art versehen, um sie in einen für deren korrekte Interpretation gültigen Kontext zu setzen.

Beides, Worte zur Darstellung von Daten und Worte zur Darstellung von Annotationen, bilden dann aus Worten aufgebaute „Terme", und deren Semantik bezeichnen wir als „Term-Semantik". Als Beispiel für die Repräsentation von Informationen und von Annotationen durch Terme werden im Folgenden Regeln für die Syntax für die Darstellung von Termen und für die durch die Terme bestimmte Semantik für Entity-Relationship-Modelle bzw. Entity-Relationship-Design-Diagramme erläutert. Damit soll den mit Informationsmodellierung bisher nicht Vertrauten ein erster Einstieg in die Thematik ermöglicht werden.

Datentypen und Dateninstanzen

Die klassische Vorgehensweise, um Ambiguitäten zu vermeiden oder einzuschränken, besteht darin, den Daten jeweils Daten beschreibende weitere Daten – die Metadaten – zuzuordnen. Wie solche Annotationen genannte Zuordnungen erfolgen können, kann sehr verschieden sein. Eine sehr fundamentale und schon im vorangegangenen Kapitel eingeführte Möglichkeit der Annotation von Daten wird im Folgenden ausführlich vorgestellt werden: die Zuordnung von »Datentypen« zu »Dateninstanzen«.

Datentypen dienen dazu, Ähnlichkeiten zwischen verschiedenen »Dateninstanzen« und damit die Klassifikation der »Dateninstanzen« zu erreichen. Mit der Annotation jeder »Dateninstanz« mit dem jeweiligen »Datentyp« wird für die jeweilige »Dateninstanz«, zusätzlich durch die Bezeichnung einer Klasse ähnlicher »Dateninstanzen«, der die »Dateninstanz« angehört, weiterhin charakterisiert. Für die Interpretation einer »Dateninstanz« kann dann die Bezeichnung des »Datentyps« hinzugezogen werden, um Fehlinterpretationen zu vermeiden. In der Informationsmodellierung haben sich auch die Begriffe »Intension« und »Extension« eingebürgert, um mit der Intension den jeweiligen »Datentyp« und mit der Extension die jeweilige Klasse der »Dateninstanzen« zu einem »Datentyp« zu bezeichnen.

Datentypen haben darüber hinaus aber auch noch eine sehr viel weitergehende Bedeutung als eine »Sammlung« von ähnlichen Dingen zu bezeichnen und als ein Metadatum für die Dateninstanzen in dieser Sammlung zu sein. Mit Datentypen wird auch festgelegt, welches die Gesamtheit aller zulässigen Dateninstanzen in einer Sammlung sein darf. Mit anderen Worten: Datentypen legen einen »Wertebereich« fest und damit alle zulässigen Werte, die ein Datentyp als

Metadatum bezeichnen darf. Diese Eigenschaft von Datentypen besagt auch, dass mit Datentypen invariante Eigenschaften definiert werden können, weil das Hinzufügen von Dateninstanzen aus einem durch den Datentyp definierten Wertebereich dazu führt , dass nicht zugelassene Dateninstanzen in der „aktuellen" Menge von Dateninstanzen auftauchen können.

Datentypen und deren Bezeichner stellen damit einen Kontext dar, in dem die dem Datentyp zugeordneten Dateninstanzen interpretiert werden müssen.

Beziehungen und Beziehungsnetze

Die erste schon aus dem vorangegangenen Kapitel bekannte Vorgehensweise zur Präzision der Interpretation von Bezeichnern und Termen entsteht dadurch, dass mehrere Bezeichner und Terme, wie im Entity-Relationship-Modell dargestellt, zueinander in Beziehung gesetzt werden. Damit wird jedes Entity in einem Modell eine Annotation zu seinem über eine Beziehung verbundenen benachbarten Entity. Darüber hinaus ist der Bezeichner der Beziehung eine Annotation zu den durch sie verbundenen Entities. Die benachbarten Entities und Relationships stellen einen Kontext für deren Interpretation dar. (Dies entspricht einer weitergehenden Nutzung des früher eingeführten Kontextbegriffs: Nicht mehr allein die »grobe« Zuordnung von Informationen zu einem »Erzeugungskontext« und »Nutzungskontext« oder der Zuordnung zu einem »Gegenstandsbereich«, einem „Wissensbereich", sondern auch die unmittelbare Zuordnung von Bezeichnern führt zu einer Kontextualisierung der beteiligten Bezeichner.)

Der Kontextbegriff bezeichnet damit ein auf allen möglichen Granularitätsstufen gleichermaßen verwendbares Konzept zur Präzisierung der Semantik von Bezeichnern, gleichgültig, ob sie als Begriffe, die Sachverhalte charakterisieren, oder als Bezeichner, die Dinge identifizieren, verwendet werden.

Zustände und Zustandsübergänge

Mit der Darstellung von Daten in Informationsmodellen als Datentypen und damit als Wertebereiche einerseits und als Dateninstanzen als Ausprägungen der Datentypen andererseits, wird die Möglichkeit geschaffen, invariante und variante Teile eines Informationsmodells zu unterscheiden. Mit Datentypen wird der invariante Teil eines Informationsmodells bezeichnet, den varianten Teil bilden die Dateninstanzen. Damit wird zum Ausdruck gebracht, dass Dateninstanzen dem Datenmodelle hinzugefügt werden dürfen, wenn sie Dateninstanzen des Wertebereichs des Datentyps sind. Damit wird auch zum Ausdruck gebracht, dass Dateninstanzen eines Informationsmodells gelöscht werden dürfen, und dass Dateninstanzen modifiziert werden dürfen, wenn die nach der Modifikation entstandene veränderte Dateninstanz auch eine Instanz aus dem Wertebereich des zugeordneten Datentyps ist. Mit der Möglichkeit, Veränderungen des Informationsmodells durch Veränderungen des varianten Teils des Informationsmodells zu erreichen, kann das Informationsmodell auch zum Abbild der sich in der Realität vollziehenden Veränderungen werden: Das

Informationsmodell befindet sich zu jeder Zeit in einem durch seinen varianten Teil bestimmten Zustand, und jede Veränderung des varianten Teils führt zu einer Zustandsänderung des Informationsmodells.

Damit ergibt sich eine weitere Möglichkeit, durch Annotationen die Interpretation von Informationsmodellen zu präzisieren, indem man die zulässigen Zustände, in denen ein Informationsmodell sein darf, festlegt. Das gelingt in Entity-Relationship-Modellen beispielsweise dadurch, dass die Relationships mit Integritätsbedingungen annotiert werden, mit denen die zulässigen Kombinationen von Zuständen der an einer Entity-Relationship beteiligten Entity-Typen festgelegt werden. Das bedeutet dann, dass die Zustandsänderung an einem Entity-Typ einer Entity-Relationship nur möglich ist, wenn als Ergebnis der Zustandsänderung wieder eine durch die Integritätsbedingung definierte zulässige Kombination von Zuständen beider beteiligter Entity-Typen entsteht. Wird die Integritätsbedingung verletzt, muss dann möglicherweise auch der Zustand des zweiten Entity-Typs entsprechend angepasst werden. Diesen »Sekundareffekt« bezeichnen wir als »Wirkungszusammenhang«. Unterschiedliche Integritätsbedingungen und mögliche daraus abgeleitete »Wirkungszusammenhänge« werden im Folgenden ausführlich diskutiert.

Dies ist nur eine von mehreren Möglichkeiten zur Annotation von Daten, um deren Semantik zu charakterisieren. So werden z. B. zur Charakterisierung von Texten und Textbausteinen, also von zunächst unstrukturierten Daten, diesen sogenannte »Tags« als Annotationen zugeordnet, mit deren Hilfe wiederum eine Kontextualisierung stattfindet und damit letztlich auch eine Unterstützung der Interpretation der Texte.

Mit den in den späteren Kapiteln eingeführten kompositionalen Informationsmodellen werden solche Annotationen durch Kontextbezeichnungen erfolgen. Mit einem Kontextbezeichner wird zum Ausdruck gebracht, dass ein Datum oder ein Datentyp in einem bestimmten Kontext relevant ist und seine Interpretation diesen Kontext berücksichtigen muss, um zuverlässige Interpretationen der Daten und von Informationsmodellen sicherzustellen. Darüber hinaus wird durch die Strukturierung von Kontexten und Kontextbezeichnungen als Hierarchien die Möglichkeit eröffnet, mit der Nutzung der Kontexthierarchien eine »Partitionierung« der Informationen in einem Informationsmodell zu erreichen und die Interpretation der Daten über mehrere Kontexthierarchiestufen schrittweise zu präzisieren.

Zum Verständnis der Techniken zur Präzisierung der Interpretation und damit der Semantik von Daten und Informationsmodellen werden zunächst Syntax und Semantik von erweiterten Entity – Relationship - Modellen erläutert.

In Kapitel 3.5 wird dann verdeutlicht, dass die Semantik von Informationen und Daten, dargestellt durch Terme, nicht allein durch die Struktur der Informationsmodelle determiniert ist, sondern darüber hinaus auch durch deren dynamische Änderungseigenschaften. Diese wiederum sind festgelegt durch Regeln, mit denen invariante und variante Teile eines Informationsmodells voneinander abgegrenzt werden, und durch Regeln, mit denen die zulässigen von den unzulässigen Änderungen der varianten Teile eines Informationsmodells abgegrenzt werden können. Diese für Entity-Relationship-Modelle definierten Integritätsbedingungen werden dann dazu dienen, die dynamischen Eigenschaften durch sogenannte „Wirkungszusammenhänge" zu definieren und diese Wirkungszusammenhänge durch eine neue Klasse von Termen, den „Propagationspfaden", darzustellen.

3.4.4   Metamodelle für die Darstellung der Syntax und Semantik von ERD

Unter Verwendung der soeben eingeführten Diagrammtechnik wollen wir nun eine Definition der   Syntax und der Semantik der Modellierungssprache mithilfe eines Metamodells angeben.

Metamodell zur Definition von Syntax von ERD

Wir sagen dazu, dass grafische Symbole, wie sie am Beginn des Kapitels eingeführt worden sind, und deren zugeordnete Bezeichner jeweils als Zuordnung betrachtet werden und diese Zuordnung als ein syntaktisches Konzept für die Entity-Relationship-Modellierung (im folgenden Diagramm als „hat"- Relationship) dargestellt wird.

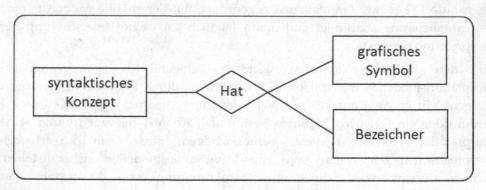

Abbildung 3-23:   Metamodell zur Syntaxdefinition für ERD

Modelle entstehen dadurch, dass mehrere syntaktische Konzepte so miteinander in Verbindung gebracht werden, dass jeweils nur Entities zu Relationships benachbart sind und Entity-Typen zu Relationship-Typen benachbart sind.

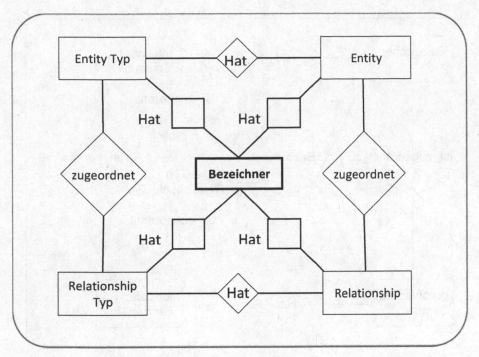

Abbildung 3-24:   Metamodell zur Syntaxdefinition für ERD

Wie oben dargestellt, werden als syntaktische Konzepte zur Entity-Relationship-Modellierung grafische Symbole und diesen Symbolen zugeordnete Bezeichner eingeführt. Gemeinsam repräsentieren sie entweder ein Entity oder einen Entity-Typ oder eine Relationship oder einen Relationship-Typ. Dies lässt sich durch das folgende Metamodell darstellen.

Metamodell für die Definition der Semantik von ERD

Um auch die Semantik der oben eingeführten syntaktischen Formen darstellen zu können, erweitern wir das Metamodell entsprechend der folgenden Ausführungen über die Semantik von ERD im folgenden Kapitel.

Um ein Metamodell für die Semantik von ERD angeben zu können, verwenden wir die im Metamodell für die Darstellung der Syntax von ERD dargestellten syntaktischen Konzepte, also Entities, Entity - Typen, Relationships und Relationship - Typen. Das folgende Bild stellt dann das Metamodell für die Darstellung der Semantik von ERD dar.

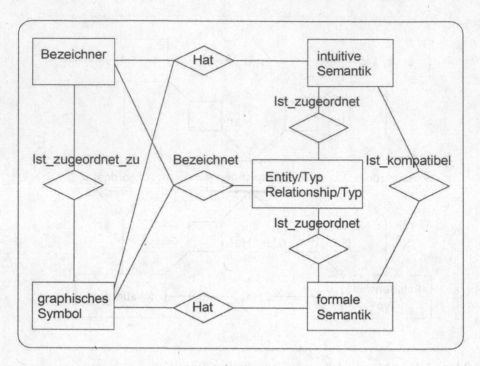

Abbildung 3-25:   Metamodell für die Semantik für ERD

Mit dem Metamodell wird deutlich gemacht, dass jedes der zulässigen grafischen Symbole mit jedem zulässigen Bezeichner eines Diskursbereiches (oder einem Teil davon) bezeichnet werden darf, also auf den Teil der Realität verweist, der modelliert werden soll. Jede Zuordnung eines Bezeichners zu einem grafischen Symbols erlaubt dem Betrachter dieser Zuordnung eine Deutung. Diese Deutung erfolgt intrinsisch, d. h. nur als kognitiver Prozess des Betrachters und bewirkt beim Betrachter die Entwicklung eines intuitiven Verständnisses des mit der dargestellten Zuordnung zum Ausdruck gebrachten Sachverhaltes.

Das Metamodell macht auch deutlich, dass für ein grafisches Symbol auch eine formale Beschreibung seiner Bedeutung - eine formale Semantik angegeben werden kann. Diese formale Semantik ist nur besonders einfach, weil das grafische Symbol ein einfaches geometrisches Bild wie »Rechteck«, »Oval«, »Gerade« etc. ist. Die intuitive Bedeutung der Zuordnung von Bezeichner und grafischem Symbol und die formale Semantik des Symbols müssen ein Abbild des modellierten (Teils des) Diskursbereiches sein. Beide sind also im Metamodell dem Diskursbereich zugeordnet. Schließlich wird mit dem Metamodell dargestellt, dass die vom Betrachter entwickelte intuitive Bedeutung der Zuordnung von grafischem Symbol und Bezeichner und die formale Semantik des grafischen Symbols zueinander kompatibel sein müssen.

Beispiel:

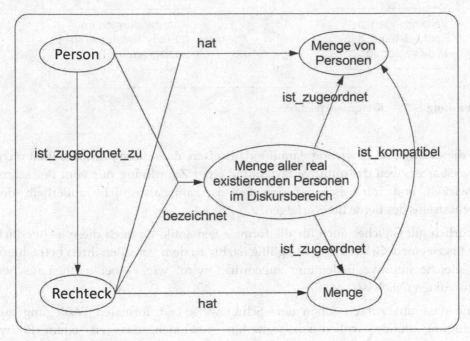

Abbildung 3-26:   Beispiel-Modell für die Semantik für ERD

Es ist nun wichtig darauf hinzuweisen, dass im Rahmen der Informationsmodellierung Informationsmodelle sowohl auf der Entity-Relationship-Typ-Ebene als auch auf der Entity- Relationship-Ebene angegeben werden und dass zwischen beiden eine Abbildung existieren muss, die bisher dadurch charakterisiert worden ist, dass wir verlangt haben, dass die Modelle auf der Entity -Relationship-Typ-Ebene eine Schablone für die Modelle auf der Entity-Relationship-Ebene sein sollen. Diese Abbildung kann formal nur als Abbildung zwischen den Zuordnungen von Bezeichnern und Symbolen definiert werden. Wir verlangen, dass die Abbildung zwischen einem Entity-Relationship-Typ-Diagramm und einem Entity-Relationship-Diagramm im Hinblick auf die das Modell konstituierenden Verbindungen zwischen den Symbolen durch die Kongruenz-Relation gegeben sein soll.

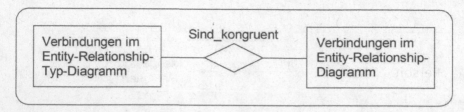

Abbildung 3-27:   Kongruenzrelation

An dieser Stelle ist es wichtig darauf hinzuweisen, dass diese Kompatibilität nicht beweisbar ist, weil die intuitive Bedeutung einer Zuordnung nur vom Betrachter entwickelt und intrinsisch ist. Ein Beweis kann also nicht außerhalb des Bewusstseins des Betrachters erfolgen.

Natürlich gilt Gleiches auch für die formale Semantik, da auch diese letztendlich nur bis zu einem Grade allgemein gültig ist, bis zu dem von allen ihren Betrachtern die gleiche intuitive Bedeutung zugeordnet wird, wie es bei mathematischen Konstrukten üblich ist.

Ohne dass uns zurzeit schon eine Schreibweise zur formalen Festlegung zur Verfügung stünde, wollen wir weiterhin annehmen, dass zu jedem Entity-Relationship-Typ-Diagramm auch mehrere Entity-Relationship-Diagramme existieren können.

Die Bedeutung der Basiskonzepte der Informationsmodellierung wird häufig allein durch die folgenden einführenden Definitionen festgelegt.

3.4.5   Intuitive Bedeutung von Entity-Relationship-Modellen

Eine bei Entity-Relationship-Modellen geübte Praxis sieht vor, dass als Bezeichner für Entities bzw. Entity-Typen Substantive verwendet werden (für Entities allerdings mit kleinen Anfangsbuchstaben geschrieben), wohingegen als Bezeichner für Relationships bzw. Relationship-Typen Verben Verwendung finden. Mit diesem Vorschlag wird suggeriert, dass Entity-Relationship-Diagramme eine ähnliche Bedeutung wie die Elemente natürlich-sprachlicher Sätze haben und aus

    Subjekt   **Prädikat**   **Objekt**

bestehen.

Auch wenn dieser Konvention nicht strikt gefolgt wird, kann damit die Bedeutung von Entities und Relationships definiert werden. Diese an der natürlichen Sprache angelehnte Deutung ist auch die Begründung für den breiten Erfolg. Entities und Relationships werden durch natürlichsprachliche Begriffe beschrieben. Diese werden in aller Regel so gewählt, dass ihre natürlichsprachliche Bedeutung intuitiv klar ist. Es gibt für Entities und Relationships zunächst keine über diese natürlich-sprachliche Deutung hinausgehende Definition ihrer Bedeutung.

Dieser Argumentation folgend, formulieren wir folgende Regel:

Regel:

Entities und Relationships haben eine durch die verwendeten Bezeichner gegebene intuitive Semantik.

Selbst Begriffe, für die eine sogar international einheitliche Interpretation existiert, geben Anlass für Fehlinterpretationen, wie sich mit dem folgenden einfachen Beispiel demonstrieren lässt.

Beispiel:

Die Begriffe „Volt", „Ampere", „Watt" lassen sich nur deshalb als physikalische Messgrößen und nicht als Namen bekannter Physiker interpretieren, weil der Begriff „Volt" nicht den Namen des Physikers Volta, sondern nur die nach ihm benannte physikalische Messgröße darstellt.

Die Feststellung, dass es sich demzufolge bei allen drei Begriffen um physikalische Messgrößen handelt, wird allein daraus abgeleitet, dass alle drei Begriffe „im gleichen Zusammenhang" benutzt werden.

Interpretation von Begriffen und Bezeichnern

Das obige Beispiel macht deutlich, dass nicht nur Bedeutungsüberlagerungen wie sie in natürlichen Sprachen üblich sind, Ursache für Fehlinterpretationen von Worten und Texten sein können, sondern auch minimale orthografische Abweichungen signifikante Veränderungen der Bedeutung nach sich ziehen.

Das Beispiel verdeutlicht damit, dass richtige Interpretationen davon abhängen, dass der Interpretierer eines Begriffs ein „(Vor)Wissen" benötigt, um zu wissen, dass der Begriff „Volt" keine Darstellung des Namens des Physikers Volta ist, sondern eine Darstellung der physikalischen Messgröße für die elektrische Spannung.

Die Existenz semantischer Uneindeutigkeiten und Mehrdeutigkeiten lässt sich nicht nur für Substantive der Sprache sondern auch für Verben zeigen. Da Verben häufig die Bezeichner von Relationships sind gilt, dass auch für deren Interpretation sprachbedingte Fehler nicht auszuschließen sind.

Beispiel:

Das Verb „umgehen" bezeichnet einerseits eine Beziehung mit der Bedeutung „wie kann ich mit einer Tatsache, einem Sachverhalt umgehen" und andererseits eine Beziehung mit der Bedeutung „wie kann ich ein Hindernis umgehen".

Mit dem Beispiel wird verdeutlicht, dass allein eine unterschiedliche Betonung der Silben des Wortes „umgehen" deren unterschiedliche Bedeutung bedingt.

Die Existenz semantischer Uneindeutigkeiten und Mehrdeutigkeiten lässt sich bei Worten zeigen, die einerseits als Verb und andererseits als Attribut interpretiert werden können.

Beispiel:

Das Wort „überlegen" kann als das Verb den Sachverhalt des Nachdenkens und andererseits als Attribut, dass den Sachverhalt des überlegen seins charakterisieren.

Kontextabhängige Interpretation von Begriffen und Bezeichnern

Die obigen Beispiele machen deutlich, dass eine präzise Interpretation eines Begriffs davon abhängt, dass der „Zusammenhang" oder der „Kontext", in dem der Begriff verwendet wird, bekannt ist, sodass durch die Beschreibung des Kontexts eine Eingrenzung der Bedeutung von Worten und Texten erreicht wird. Genau diese Eingrenzung der Bedeutung leisten Entity-Relationship-Modelle dadurch, dass sie jeden Begriff in eine Beziehung zu anderen Begriffen setzen und damit den „Interpretationsspielraum" für einen gegebenen Begriff eingrenzen. Im Folgenden werden dieser Art der Eingrenzung der Bedeutung von Entity-Relationships, in denen ein Begriff verwendet wird, weitere Möglichkeiten der „Kontextbegrenzung" hinzugefügt und dafür entsprechende Erweiterungen der Entity-Relationship-Modellierung eingeführt werden.

Deshalb werden im Folgenden zunächst die oben eingeführten Begriffe „Wissen" (oder „Vorwissen"), „Kontext", „Interpretation", „Repräsentation" etc. weitergehend erklärt und definiert. Dazu wird zunächst der Zusammenhang von „Wissen" und „Information" erörtert.

Damit wird deutlich, dass Informationsmodellierung in hohem Maße von der Nutzung einer „natürlichen" (gesprochenen) Sprache abhängig ist. Es besteht andererseits kein Zweifel darüber, dass natürliche Sprachen, gleichgültig welche auch immer, nicht hinreichend eindeutige Vokabulare bereitstellen, um eine präzise Erfassung und Darstellung von Informationen zu ermöglichen: Nicht nur die vielfachen „Überlagerungen" einzelner Begriffe, durch deren Eigenschaft Synonyme oder Homonyme zu sein, sondern auch die Nuancen, in denen sich unterschiedliche Interpretationen eines „an sich" eindeutigen Begriffs unterscheiden, aber noch viel mehr, die durch Sprache auch zu erzielenden „unsichtbaren" Beschreibungen „zwischen den Zeilen" sind hinreichend Beweis für diese These.

Interpretation zusammengesetzter Begriffe und Bezeichner

Trotz der Probleme, die bei der Interpretation von Worten als Bezeichner und Begriffe auftreten können, ist deren Verwendung die einzige Möglichkeit, Informationen zu erzeugen und bereitzustellen. Entity-Relationship-Modelle sehen deshalb auch vor, dass sowohl Bezeichner als auch Begriffe aus mehreren Worten gebildet werden können, um deren Bedeutung zu präzisieren. Dabei gilt in der Regel, dass diese dann als lineare Folge von einzelnen Worten gebildet werden.

Darüber hinaus können unter Nutzung des Attributkonzepts Entities als aus mehreren Attributen bestehend betrachtet werden. Dies wird insbesondere dann, wenn Entities auch eine Menge von Ausprägungen haben können, durch unterschiedliche Kombinationen von Attributwerten der beteiligten Attribute darstellbar. Jede Ausprägung eines Entity aus der Menge der Ausprägungen wird dann als Tupel von Attributwerten betrachtet. Die Erläuterung dieses Konzepts erfolgt im Kapitel 3.1.2.2.

Dieses eher als linguistisch zu bezeichnende Paradigma für die Informationsmodellierung wird später weiterentwickelt, um in vielen technischen Anwendungen die Modellierung komplexer Artefakte, wie z. B. Maschinen und Anlagen, durch Strukturmodelle und damit Komponenten und Komponentenstrukturen zu ermöglichen. Dazu werden neben den linguistischen

Subjekt   Prädikat   Objekt   Strukturen

auch solche zur Modellierung von

Komponenten-Kompositions-/Dekompositionsstrukturen

zur Modellierung bereitgestellt. Die entstehenden „kompositionalen" Modelle werden nach wie vor durch ihre intuitive Semantik definiert. Wir werden aber zeigen, dass damit semantische

„Anreicherungen" möglich werden, die signifikant zum Verständnis der Modelle beitragen und damit „Fehldeutungen" zu reduzieren gestatten.

Am Beginn dieses Kapitels sind die Elemente zur Bildung von Informationsmodellen beispielhaft eingeführt worden. Dies ist natürlich nur eine Möglichkeit von beliebig vielen, Informationsmodelle zu konstruieren. Entity-Relationship-Modelle kommen zur Modellierung von Informationen durch strukturierte Daten zur Anwendung. Andere Modelle erlauben die Konstruktion von Informationsmodellen mit semistrukturierten oder unstrukturierten Daten.

Interpretation von Strukturen von Begriffen und Bezeichnern

Strukturierte Daten unterliegen in allen ihren Ausprägungen einer fest vorgegeben „Formvorschrift", sodass jedes Datum im Informationsmodell einer der dort zulässigen Formen entspricht. Semistrukturierte Daten umfassen strukturierte und unstrukturierte Anteile, d. h. die strukturierten Anteile gehorchen wiederum einer

Formvorschrift, die unstrukturierten Anteile sind „freie" Darstellungen als Texte, Bilder, Grafiken, Videos etc. Unstrukturierte Daten unterliegen in keiner ihrer Ausprägungen irgendwelchen Formvorschriften.

Mit strukturierten und semistrukturierten Informationsmodellen werden Strukturen über Daten dadurch definiert, dass Daten über Beziehungen repräsentierende Daten einander zugeordnet werden, sodass ein Beziehungsgeflecht wie z.B. eine Hierarchie oder ein Netz von Daten entsteht. Die durch die Definition der Modellierungstechnik vorgegebenen Möglichkeiten zur Bildung von Strukturen entscheiden über „Ausdrucksmächtigkeit" der Modelle.

Mit über den Daten definierten festen Strukturen kann möglicherweise weniger Information dargestellt werden als mit ungeordneten Strukturen. Deshalb wird im Folgenden die Bedeutung geeigneter Strukturen weiter diskutiert, um einerseits sicherzustellen, dass die Modellierungstechnik ausreichende Ausdrucksmöglichkeiten bereitstellt und anderseits nicht zu unverständlichen Modellen führt. Wir werden uns dazu an der menschlichen Erfahrung orientieren, die den Umgang mit Informationen bestimmt, die aber selbst ihre Basis in den kognitiven menschlichen Fähigkeiten hat. Wir werden dazu das menschliche Wissen und seine Internalisierung und Externalisierung im Rahmen der Informationsmodellierung zum Ausgangspunkt für die Entwicklung von kompositionalen Informationsmodellen machen.

Im Folgenden wird nun die Syntax und Semantik einer erweiterten Diagrammtechnik zur Darstellung von Entity-Relationship-Modellen dargestellt. Dazu werden zunächst die Syntax und Semantik und die zwischen beiden existierenden Abhängigkeiten erläutert.

3.4.5.1 Domänensemantik von Entity-Relationship-Modellen

Die intuitive Domänensemantik von Entity-Relationship-Modellen ist vor allen Dingen durch die von ihnen getragenen Bezeichner definiert.

Entity-Typen bzw. Relationship-Typen in Entity-Relationship-Modellen werden durch natürlichsprachliche Begriffe bezeichnet. Entity-Typen bzw. Relationship-Typen sind Mengen von Entities bzw. Relationships, die wie Entity-Typen und Relationship-Typen Bezeichner tragen. Entities eines Entity-Typs haben gleiche gemeinsame durch den Entity-Typ festgelegte Eigenschaften. Entities bzw. Relationships werden deshalb auch Instanzen von Entity-Typen bzw. Relationship-Typen genannt. Dass Entities und Relationships darüber hinaus sie individuell kennzeichnende Eigenschaften haben, ist nicht von Belang, da mit dem Entity-Typ bzw. Relationship-Typ eine pragmatische Charakterisierung von Entities und Relationships für einen bestimmten Zweck erfolgt und jede andere Zusammenfassung auf der Basis eines anderen Zwecks jederzeit möglich ist.

Regel:

Entity-Typen bzw. Relationship-Typen stellen damit einen Kontext für die intuitive Deutung der die Entities und Relationships repräsentierenden Bezeichner dar.

Es wird erwartet, dass die die Entities bzw. Relationships repräsentierenden Bezeichner in dem durch den Bezeichner des Entity-Typs bzw. Relationship-Typs definierten Kontext Sinn machen. Die noch sehr beliebige Deutung der Bezeichner von Entities und Relationships erfährt durch den vom Entity - Typ- bzw. Relationship - Typ-Bezeichner gegebenen Kontext eine Einschränkung und Präzisierung.

Eine Relationship und die durch sie verbundenen Entities sind aber auch als »Ganzheit« Gegenstand der Bedeutungsbestimmung. Die Ganzheit einer Entity-Relationship gewinnt ihre Deutung jetzt auch dadurch, dass die Bedeutung der Relationship und der durch sie verbundenen Entities zusammen einen intuitiv erfassbaren Sinn haben muss.

Die Semantik von Entity-Relationship-Diagrammen

Die Assoziation von Entities und Relationships zu einer Entity-Relationship begründet deren erweiterte intuitive Semantik, da zu Entities/Relationships assoziierte Entities/Relationships einen Kontext für deren Interpretation repräsentieren. Dies wird zunächst mit dem folgenden Diagramm verdeutlicht:

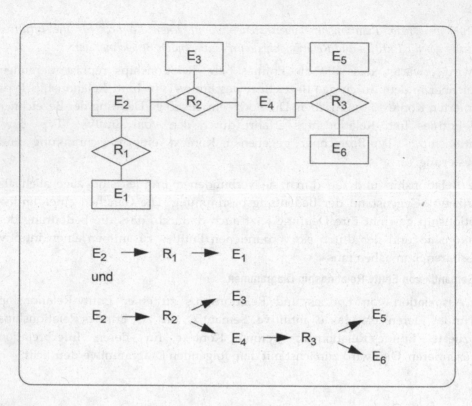

Abbildung 3-28:   Entities und Relationships im Kontext

Die intuitive Erfassung der Bedeutung des Entity-Typs E_2 erfordert die Verfolgung der „Kontextpfade" oder anders ausgedrückt, die Auswertung des folgenden Ausdrucks

$$(E_2(R_1 (E_1), R_2 (E_3, E_4(R_3(E_5, E_6)))).$$

Beispiel:

Das folgende Entity-Relationship-Typ - Diagramm charakterisiert den Kunden einer Bank.

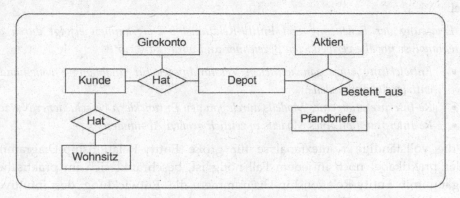

Abbildung 3-29: Beispiel: Entities und Relationships im Kontext

Die vollständige Charakterisierung des Kunden erfolgt durch das Analysieren der Kontextpfade und weist ihn als einen Kunden, der neben einem Girokonto auch Wertpapiere besitzt und somit als einen kreditwürdigen Kunden, aus.

Regel:

Die intuitive Semantik von Entities/Relationships in Entity-Relationship-Diagrammen ist durch deren Bezeichner und die einen Kontext definierenden benachbarten Bezeichner von Entities/Relationships bestimmt.

Genau diese wiederum auf Strukturen der natürlichen Sprache begründete intuitive Deutung von Entity-Relationship-Diagrammen ist zugleich die Ursache für die Schwierigkeiten bei der Erfassung der Bedeutung großer Entity-Relationship-Diagramme. Da Relationship-Bezeichner einen Kontext für die Interpretation der Bezeichner aller ihnen benachbarten Entities darstellen und Entities ihrerseits einen Kontext für die Interpretation der Bezeichner aller ihnen benachbarter Relationships darstellen, ist zur Entwicklung eines vollständigen Verständnisses eines Entity oder einer Relationship eigentlich die Verfolgung aller »Kontextpfade« im Entity-Relationship-Diagramm nötig.

In Entity-Relationship-Modellen entstehen bei der Analyse der Nachbarschaftskonzepte, wie im obigen Beispiel gezeigt, nicht nur lineare Kontextpfade, sondern zusammenhängende Kontextgraphen. Enthalten diese Kontextgraphen auch Zyklen, entstehen besondere Schwierigkeiten für die Bestimmung der Bedeutung der Modelle: Die Bestimmung der Bedeutung eines Bezeichners durch die Kontextanalyse führt dann zu einem indirekten Verweis auf den Bezeichner, dessen Bedeutung bestimmt werden soll. Dieses Selbstreferenzierungskonzept erfordert insbesondere bei der Festlegung der dynamischen Eigenschaften von Entity-Relationship-Modellen die besondere Aufmerksamkeit des Modellierers.

Regel:

Die Erfassung der Bedeutung von Entity-Relationship-Diagrammen erfolgt durch die Kontextanalyse für alle verwendeten Bezeichner und wird nötig zur

- *Entwicklung eines ganzheitlichen Verständnisses für unabhängig voneinander entwickelte Teilmodelle,*
- *Re-Interpretation eines Modells durch von den Entwicklern verschiedener Nutzer,*
- *Re-Interpretation eines Modells in zeitlich großen Abständen.*

Da die vollständige Kontextanalyse für große Entity-Relationship-Diagramme weder praktikabel noch in jedem Fall nötig ist, beschränkt sich im praktischen Umgang mit Entity-Relationship-Diagrammen die Entwicklung des intuitiven Verständnisses von Entities bzw. Relationships in der Regel auch auf die Betrachtung der unmittelbar benachbarten Entities bzw. Relationships, ohne dass die dabei möglicherweise entstehenden Fehlinterpretationen bekannt und bewusst werden. Entity-Relationship-Diagramme dieser einfachen Art (sogenannte flache Entity-Relationship-Diagramme) werden deshalb in diesem Buch zu hierarchischen Entity-Relationship-Diagrammen weiterentwickelt, in denen eine »Kontextbegrenzung« für die Bezeichner von Entities und Relationships stattfindet, der Aufwand für die Erfassung der Bedeutung von Modellen reduziert wird und damit Fehlinterpretationen minimiert werden.

Es ist unmittelbar nachzuvollziehen, dass diese Art der Analyse der Bedeutung eines Entity-Relationship-Diagramms immer dann nötig wird, wenn mehrere Entwickler unabhängig voneinander Teile des Modells zu ihrer späteren Zusammenfügung erstellen und demzufolge darauf achten müssen, dass die jeweils unabhängig voneinander entwickelten Teile semantisch zueinander passen, zwischen den Entwicklern also ein gemeinsames ganzheitliches Verständnis der Bedeutung des Entity-Relationship-Diagramms entwickelt werden muss. Diese Analyse wird auch zwingend, wenn Nutzer und Entwickler des Entity-Relationship-Diagramms unterschiedliche Personen (Gruppen) sind, und die Nutzung durch mehrere Nutzer zu möglicherweise unterschiedlichen, weit auseinanderliegenden, Zeitpunkten erfolgt.

Ontologische Bedeutung

Die bisher diskutierten Verfahren zur Bestimmung der intuitiven Bedeutung von Informationsmodellen beruhten auf der Zuordnung von Bezeichnern und Symbolen zueinander. Wir nennen das hier zur Anwendung kommende, kontextorientierte Vorgehen in Übereinstimmung mit vergleichbaren Ansätzen ontologische Bedeutungsbestimmung und das entstehende Ergebnis ontologische Bedeutung von Informationsmodellen. Es ist wichtig zu bemerken, dass die ontologische Bedeutung von Informationsmodellen eine bei demjenigen, der die ontologische Bedeutung ermittelt, internalisierte Bedeutung darstellt, die nur durch die Verwendung der natürlichen Sprache kommuniziert werden kann. Es kann deshalb nicht sichergestellt werden, dass die von einem Menschen ermittelte ontologische Bedeutung von einem anderen Menschen vollständig und übereinstimmend nachvollzogen werden kann.

3.4.5.2 Formsemantik für Entity-Typen und Relationship-Typen

Entity-Typen und Relationship-Typen sind Mengen von Entities beziehungsweise von Relationships. Ein Entity wird jetzt als atomare Informationseinheit eines Entity-Relationship-Diagramms betrachtet. Ihr innerer Aufbau ist entweder nicht bekannt oder ist im Rahmen des Informationsmodells, in dem es vorkommt, nicht von Interesse. Seine Darstellung erfolgt durch einen Bezeichner.

Ein Entity-Typ ist eine zusammengesetzte Informationseinheit eines Informationsmodells. Ein Entity-Typ umfasst Entities, er verleiht ihnen die Eigenschaft von gleicher Art, also vom gleichen Typ zu sein. Seine Darstellung erfolgt durch einen Bezeichner ET. Seine Bedeutung E ist durch die Menge der vom Entity-Typ ET umfassten Entities e_i bestimmt.

$$ET = \{e_1, e_2, e_3, \ldots, e\}$$

Eine Relationship wird jetzt als zweite atomare Informationseinheit eines Informationsmodells betrachtet. Ihre Darstellung erfolgt wiederum durch einen Bezeichner. Eine Relationship stellt eine Beziehung zwischen zwei oder mehreren Entities her. Ihre Bedeutung ergibt sich aus der Bedeutung des Bezeichners.

Ein Relationship-Typ ist eine zusammengesetzte Informationseinheit eines Entity-Relationship Diagramms. Ein Relationship-Typ umfasst eine Menge von Relationships, er verleiht ihnen die Eigenschaft von gleicher Art, also vom gleichen Typ zu sein. Seine Darstellung erfolgt durch einen Bezeichner RT. Seine Bedeutung R ist durch die Menge der durch den Relationship-Typ RT charakterisierten Relationship r_i und damit als

$$R \subseteq E_1 \times E_2 \times \ldots E_n$$

bestimmt.

Tabellen als Formen für die Darstellung von Entities und Entity-Typen sowie von Relationships und Relationship-Typen

Die Darstellung eines Informationsmodells durch Entities/Entity-Typen und Relationships/Relationship-Typen erfolgte bisher durch Graphen und Annotationen. Die nächstliegende Darstellungsform sind tabellarische Darstellungen. Entities und Entity-Typen einerseits sowie Relationships und Relationship-Typen andererseits stehen – wie beschrieben – in einer festen Zuordnung zueinander. Diese Zuordnung lässt sich einfach tabellarisch darstellen.

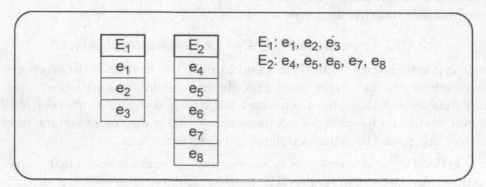

Abbildung 3-30:   Tabellarische Darstellung von Entities und Entity-Typen

In Bild 3.30 werden zwei Tabellen für jeweils einen Entity-Typ und die zugehörigen Entities dargestellt. Jede Zeile der dargestellten Tabellen (mit Ausnahme der Kopfzeile) repräsentiert ein Entity mit dem Bezeichner ei. Die Kopfzeile enthält den Bezeichner Ei des Entity-Typs. Die Entities e_1, e_2, e_3 – und genau nur diese Entities – sind vom Entity-Typ E_1 und die Entities e_4, e_5, ..., e_8 – und genau nur diese Entities – sind vom Entity-Typ E_2. Die Aufzählung der Gesamtheit der Entities für einen Entity-Typ entspricht der Definition des Wertebereiches für diesen Entity-Typ.

In Bild 3.31 wird nunmehr eine Tabelle dargestellt, die Relationships repräsentiert. Jede Zeile der Tabelle (mit Ausnahme der Kopfzeile) repräsentiert eine Relationship. Die Kopfzeile enthält den Bezeichner R1 des Relationship - Typs und die Bezeichner E_1 und E_2 der zugeordneten Entity-Typen.

R_1	E_1	E_2
	e_1	e_5
	e_2	e_6
	e_3	e_7
	e_4	e_8

r_{11}: e_1, e_5
r_{12}: e_2, e_6
r_{13}: e_3, e_7
r_{14}: e_4, e_8

Abbildung 3-31:   Tabellarische Darstellung von Relationships und Relationship-Typ

Die tabellarische Darstellung einer Relationship bzw. eines Relationship-Typs entspricht der Darstellung eines elementaren Entity-Relationship-Diagramms.

Es ist bereits betont worden, dass eine Relationship und der ihm zugeordnete Relationship-Typ die gleiche Bedeutung haben. In einer tabellarischen Darstellung kann deshalb auf die explizite

Bezeichnung jeder einzelnen Relationship verzichtet werden, wenn der zugeordnete Relationship-Typ explizit bezeichnet worden ist.

Es wird später gezeigt werden, dass zu einem bestimmten Zeitpunkt eine Datenbank nicht notwendigerweise alle Entities eines Typs bzw. alle Relationships eines Relationship-Typs enthalten muss, sondern auch eine Untermenge der Entities bzw. Relationships ihres Typs (auch die leere Menge ist eine zulässige Untermenge) umfassen kann. In dem später vorzustellenden Abstraktionskonzept der Klassifizierung wird deshalb die zeitabhängige Instanziierung von Entity-Typen und Relationship-Typen detaillierter dargestellt.

Tabellen als Formen zur Darstellung von Attributen und Attributwerten

In den meisten der heute gebräuchlichen Modellierungskonzepte werden Attribute als weiteres Basiskonzept eingeführt. Attribute dienen der Beschreibung von Eigenschaften von Entities/Entity- Typen bzw. Relationships/Relationship-Typen.

Entity-Relationship-Diagramme, die Attribute darzustellen gestatten, haben häufig die Form, wie sie in Bild 3.32 veranschaulicht wird.

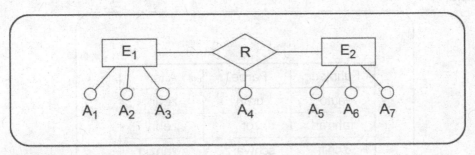

Abbildung 3-32:   Attribute

Attribute können Werte annehmen. Die Zuordnung eines Attributes zu einem Entity-Typ erlaubt dann die Zuordnung eines Attributwertes zu einem Entity des entsprechenden Typs. Und die Zuordnung eines Attributes zu einem Relationship-Typ erlaubt die Zuordnung eines Attributwertes zu einer Relationship.

Die folgende tabellarische Darstellung eines Entity-Typs verdeutlicht diesen Sachverhalt: Entity-Typ E_1 erhält die Attribute A_1, A_2 und A_3 zugeordnet.

E_1	A_1	A_2	A_3
e_1	w_1	w_5	w_3
e_2	w_2	w_6	w_1
e_3	w_3	w_1	w_2
e_4	w_4	w_2	w_1

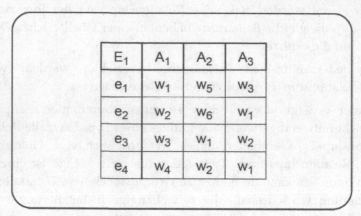

Abbildung 3-33: Tabellarische Darstellung von Attributen zu einem Entity-Typ

Entity-Typen erhalten dadurch Eigenschaften, dass mit den Attributen den Entity-Typen sie charakterisierende Eigenschaften zugeordnet werden. Diese charakterisierenden Eigenschaften erhalten Ausprägungen, die den Attributwerten entsprechen und den Entities zugeordnet werden.

Beispiel:

Fahrzeug	Farbe	Alter
auto	grün	zehn
fahrrad	rot	zehn
schiff	schwarz	zwanzig

Abbildung 3-34: : Attribute „Farbe" und „Alter" des Entity - Typs „Fahrzeug"

Der Entity -Typ „Fahrzeug" hat als eine charakterisierende Eigenschaft eine Farbe. Ihm wird deshalb das Attribut „Farbe" zugeordnet. Die charakterisierende Eigenschaft „Farbe" nimmt verschiedene Ausprägungen an, die zu den Attributwerten „grün", „rot" und „schwarz" korrespondieren und den Entities „auto", „fahrrad" und „schiff" zugeordnet werden.

Relationships bzw. Relationship-Typen stellen einerseits Beziehungen zwischen Entities bzw. Entity - Typen her. Durch die Relationships bzw. Relationship-Typen werden damit auch Beziehungen zwischen den Eigenschaften dieser Entities bzw. Entity-Typen begründet. Die Angabe von Relationships bzw. Relationship-Typen beinhaltet also auch Aussagen über die Beziehungen zwischen Attributen der verbundenen Entities bzw. Entity-Typen.

Relationships bzw. Relationship-Typen können andererseits aber auch eigene sie charakterisierende Eigenschaften haben. Dies wird durch Hinzufügen von Eigenschaften repräsentierender Attribute zu diesen Relationship-Typen erreicht. Die grafische Darstellung von Relationship-Typen, denen von Entities unabhängige Attribute zugeordnet werden, erfolgt im Allgemeinen wie in Bild 3.35:

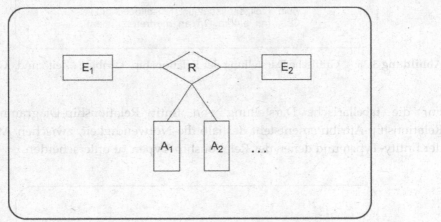

Abbildung 3-35: Grafische Darstellung von Relationship-Attributen

Die Attribute von Relationships bzw. Relationship-Typen charakterisieren nur diese Relationship bzw. den Relationship-Typ.

Im Folgenden wird ein Beispiel für diese von Entities unabhängigen Eigenschaften eines Relationship-Typs gegeben.

Beispiel:

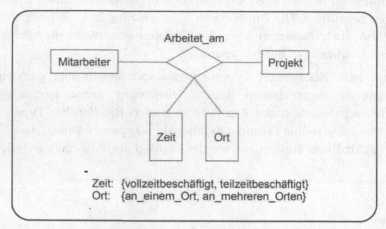

Abbildung 3-36:   Grafische Darstellung der Relationship-Attribute „Zeit" und „Ort"

Für die tabellarische Darstellung von Entity-Relationship-Diagrammen mit Relationship-Attributen entsteht deshalb die Notwendigkeit, zwischen Attributen der Entity-Typen und denen der Relationship-Typen zu unterscheiden.

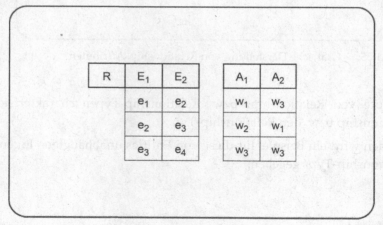

Abbildung 3-37:   Tabellarische Darstellung von Attributen zu einem Relationship-Typ

Es ist wichtig zu beachten, dass die Attribute A1 und A2 dem Relationship-Typ R und nicht den durch den Relationship-Typ R verbundenen Entity-Typen E1 und E2 zugeordnet sind. Sie sind deshalb auch in einer zweiten Tabelle dargestellt worden, weil sonst Fehldeutungen der Art möglich wären, dass die Attribute A1 und A2 dem Entity-Typ E2 zugeordnet seien.

Es ist wichtig zu beachten, dass die Attribute A1 und A2 dem Relationship-Typ R und nicht den durch den Relationship-Typ R verbundenen Entity-Typen E1 und

E2 zugeordnet sind. Sie sind deshalb auch in einer zweiten Tabelle dargestellt worden, weil sonst Fehldeutungen der Art möglich wären, dass die Attribute A1 und A2 dem Entity-Typ E2 zugeordnet seien.

Die vorangegangenen Ausführungen machen deutlich, dass für Relationship-Typen mit eigenen sie charakterisierenden Attributen eine ganzheitliche tabellarische Darstellung nicht möglich ist, weil in ihr der wichtige semantische Unterschied zwischen Attributen der über einen Relationship-Typ verbundenen Entity-Typen und Attributen des Relationship-Typs verwischt werden würden. Dies führt letztendlich dazu, dass für Entity-Typen und Relationship-Typen jeweils eigene miteinander verbundene tabellarische Darstellungen notwendig sind.

Beispiel:

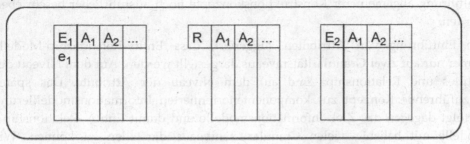

Abbildung 3-38: Tabellarische Darstellung von Entity-Typen und Attributen

Die obige tabellarische Darstellung macht deutlich, dass die Verbindung der Entity-Typen E1 und E2 über den Relationship-Typ R1 in einer weiteren Tabelle dargestellt werden muss.

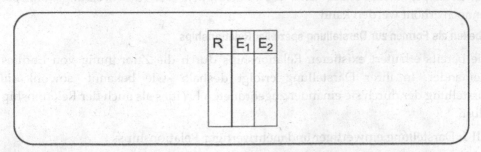

Abbildung 3-39: Tabellarische Darstellung von Relationships und Entity-Typen

Es war in der bisherigen Darstellung von Attributen und der Beschreibung ihrer Bedeutung unschwer zu erkennen, dass ein zwingender Grund für die Unterscheidung zwischen Attributen und Entity - Typen nicht existiert. Wie auch schon durch Bild 3.35 suggeriert wird, sind Attribute Entity-Typen auf einem niedrigeren Granularitätsniveau: Die Gesamtheit der Attribute erst – so könnte man sagen – konstituiert einen Entity-Typ, und selbst der Identifizierer eines einzelnen Entity ist auch nur ein bestimmter Attributwert bzw. ein identifizierendes Entity auf einem niedrigeren Granularitätsniveau.

Mit Einführung des Konzeptes des Attributes wird deutlich gemacht, dass Entity-Typen nicht als unteilbare monolithische Informationseinheiten aufzufassen sind, sondern selbst eine innere Zerlegungsstruktur aufweisen. Dies führt natürlich zu einer signifikanten Erweiterung des Entity-Relationship-Modells, dessen Bedeutung nicht mehr allein durch die in Kapitel 3.1.1 gegebenen Regeln abgeleitet werden kann. Hinzugefügt wird durch die Einführung von Attributen eine Konstruktion von Entities/Relationships und Entity-Typen/Relationship-Typen aus elementareren Konzepten, und diese Konstruktion begründet eine entsprechende »Konstruktionssemantik«. Diese Konstruktionssemantik wird später bei der Einführung allgemeinerer Konstruktionskonzepte noch ausführlicher beschrieben werden.

Die Einführung von Attributen suggeriert, dass Entity-Relationship-Modelle immer nur auf zwei Granularitätsniveaus dargestellt werden: Auf dem Niveau der Entities und Relationships und auf dem Niveau der Attribute. Das später einzuführende Konzept zur komponentenorientierten Informationsmodellierung verfolgt dagegen das Ziel, Informationsmodelle und damit Entity -Relationship - Modelle mit beliebig vielen Granularitätsniveaus darstellen zu können. Wir werden dann auf die Einführung des Konzeptes eines Attributes vollständig verzichten.

Zur Einführung von Informationsmodellen mit beliebig vielen Granularitätsniveaus dienen die in Kapitel 4 eingeführten Abstraktionskonzepte. Der dabei auftretende angenehme Nebeneffekt besteht darin, dass die Anzahl der Basiskonzepte klein bleibt und die Mächtigkeit der Beschreibungskonzepte dennoch erhöht werden kann.

Tabellen als Formen zur Darstellung spezieller Relationships

Wie bereits erläutert existieren Relationships durch die Zuordnung von Entities zueinander. In ihrer Darstellung erfolgt deshalb -wie bekannt- sowohl die Darstellung der durch sie einander zugeordneten Entities als auch der Relationship selbst.

Fall 1: Darstellung einwertiger und mehrwertiger Relationships:

Steht ein Entity eines Entity-Typs mit nur einem Entity eines anderen Entity-Typs in einer Relationship, spricht man von einer einwertigen Relationship. Dies sind die bisher schon dargestellten Relationships.

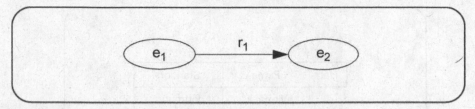

Abbildung 3-40: Einwertige Relationship

Steht demgegenüber ein Entity eines Entity-Typs mit mehreren Entities eines zweiten Entity-Typs in der gleichen Relationship, sprechen wir von einer mehrwertigen Relationship.

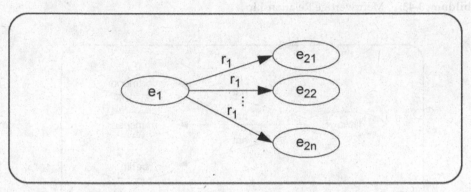

Abbildung 3-41: Mehrwertige Relationship

Beispiel:

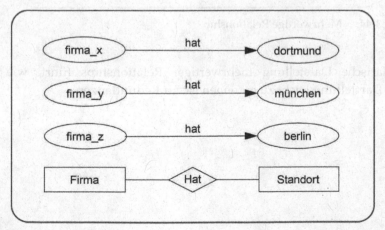

Abbildung 3-42: Beispiel: Einwertige Relationship

Hat	Firma	Standort
	firma_x	dortmund
	firma_y	münchen
	firma_z	berlin

Abbildung 3-43:   Mehrwertige Relationship

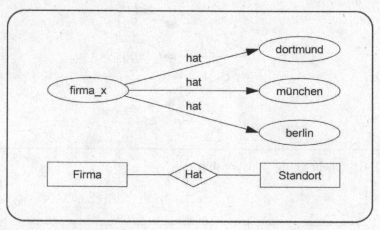

Abbildung 3-44:   Mehrwertige Relationship

Die tabellarische Darstellung mehrwertiger Relationships führt, wie an der folgenden Darstellung leicht zu erkennen ist, zu Redundanzen.

R_1	E_1	E_2
	e_1	e_{21}
	e_1	$\vdots$
	e_1	e_{2n}
	e_2	e_{21}
	e_2	$\vdots$
	e_2	e_{2k}

Abbildung 3-45:   Tabellarische Darstellung mehrwertiger Relationships

Hat	Firma	Standort
	firma_x	dortmund
	firma_x	münchen
	firma_x	berlin
	firma_y	düsseldorf
	firma_y	berlin

Abbildung 3-46:   Tabellarische Darstellung mehrwertiger Relationships

Achtung!

Die Unterscheidung zwischen einwertigen und mehrwertigen Relationship-Typen wird in den Typ-Diagrammen und den tabellarischen Darstellungen zunächst nicht sichtbar, sodass ein Relationship-Typ jede der möglichen Ausprägungen haben kann. Später führen wir Konzepte ein, die auch hier eine Festlegung ermöglichen.

Fall 2: Einstellige und mehrstellige Relationships

Steht ein Entity eines Entity-Typs mit einem oder mehreren Entities nur eines anderen (vom ersten verschiedenen) Entity-Typs in nur einer Relationship, so sprechen wir von einer einstelligen Relationship.

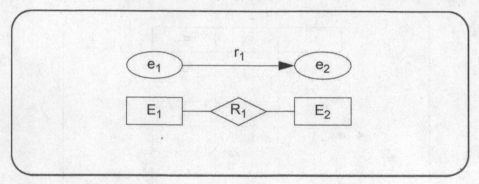

Abbildung 3-47:   : Einstellige Relationship, einstelliger Relationship-Typ

Einstellige Relationships sind die bisher ausschließlich betrachteten und bedürfen an dieser Stelle keiner weiteren Erklärung.

Steht demgegenüber ein Entity eines Entity-Typs mit einem oder mehreren Entities mehrerer unterschiedlicher Entity-Typen in nur einer Relationship, sprechen wir von einer mehrstelligen Relationship.

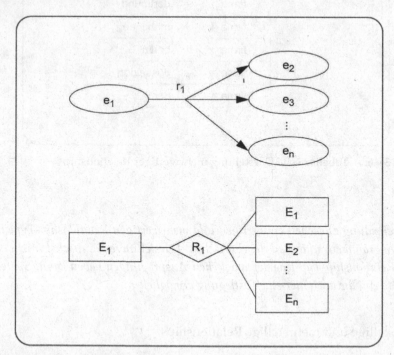

Abbildung 3-48:   Mehrstellige Relationship, mehrstelliger Relationship-Typ

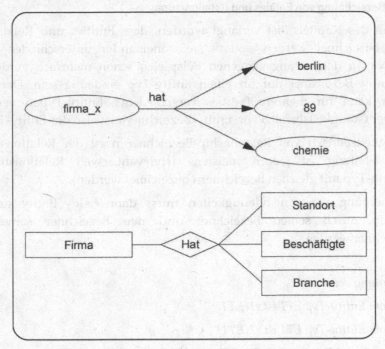

Abbildung 3-49: Beispiel: Mehrstellige Relationship, mehrstelliger Relationship-Typ

Bei mehrstelligen Relationships stehen also Entities mehrerer Entity-Typen über nur eine Relation in Beziehung. Die tabellarische Darstellung mehrstelliger Relationships wird beispielhaft im Bild 3.50 dargestellt:

Beispiel:

Hat	Firma	Standort	Beschäftigte	Branche
	firma_x	berlin	89	chemie
	firma_y	leipzig	120	optik
	firma_z	bremen	50	chemie

Abbildung 3-50: Tabellarische Darstellung mehrstelliger Relationships

Eindeutige Bezeichnung von Entities und Relationships

Am Beginn des Kapitels 3ist verlangt worden, dass Entities und Relationships eindeutig bezeichnet werden, sodass sie voneinander unterschieden werden können. Wie in den vorangegangenen Beispielen schon mehrfach verdeutlicht, müssen Entity-Bezeichner nur für einen Entity-Typ eindeutig sein. Der gleiche Bezeichner kann für mehrere Entities verschiedener Entity-Typen verwendet werden. Der Gültigkeitsbereich von Entity-Bezeichnern ist also der Entity-Typ.

Der Gültigkeitsbereich von Relationship-Bezeichner n ist der Relationship-Typ (diese Feststellung ist jedoch meistens irrelevant, weil Relationship und Relationship-Typ mit gleichen Bezeichnern bezeichnet werden).

Zur Vermeidung von Uneindeutigkeiten muss dann jedes Entity und jede Relationship durch seinen Bezeichner und den Bezeichner seines Typs gekennzeichnet werden.

Beispiel:

Die Bezeichnung von:

Entity e1 vom Entity-Typ ET1 ist e1(ET1)

Entity e2 vom Entity-Typ ET1 ist e2(ET1)

Relationship r1 vom Relationship-Typ RT2 ist r1(RT2).

Für eine Entity-Relationship gilt, dass allein die eindeutige Bezeichnung eines der Entities (des Schlüssel-Entity) in einer Entity-Relationship genügt, um eine eindeutige Bezeichnung der Entity-Relationship zu erreichen.

Regel:

Die intuitive Bedeutung von Informationsmodellen ist durch deren (ontologische) Domänensemantik und durch deren (formale) Formsemantik festgelegt.

3.5 Die dynamischen Eigenschaften von Entity-Relationship-Modellen

Die bisher eingeführten Konzepte zur Informationsmodellierung dienen der Darstellung struktureller Eigenschaften von Informationsmodellen. Mit ihnen werden durch das in Beziehung setzen von Entities über Relationships bzw. von Entity-Typen über Relationship-Typen, wie in vorangegangenen Kapiteln dargestellt, komplexe Entity-Relationship-Netze aufgebaut.

Sollen Informationsmodelle realistische Abbilder eines Diskursbereiches sein, müssen mit ihnen auch die zulässigen Änderungen im Diskursbereich im Ablauf der Zeit nachvollzogen werden können. Das entspricht durchaus der Beobachtung für die Anwendungsbereiche, für die die Informationsmodellierung vorgenommen wird: Soziale Systeme, ökonomische Systeme, technische Systeme. Dieser Forderung liegt dann die Annahme zugrunde, dass auch Informationsmodelle veränderbar sein müssen. Dazu müssen deshalb auch Beschreibungskonzepte eingeführt werden, mit denen die zeitliche Änderung von Informationsmodellen dargestellt werden kann. Dies geschieht durch die Modellierung der dynamischen Eigenschaften von Informationsmodellen.

Intension und Extension

Die dafür notwendigen Konzepte sind mit der Einführung der Basiskonzepte der Informationsmodellierung bereits eingeführt worden. Man erklärt die aus Entity-Typen und Relationship-Typen erzeugten Modelle als invariant und die aus Entities und Relationships gebildeten, den invarianten Modellen zugeordneten Modelle, als variant. Entity-Typen und Relationship-Typen nehmen dann einerseits die Rolle von Schablonen oder Schemen, die die Bildung von Entities und Relationships determinieren und andererseits die Rolle von Repräsentanten der unveränderlichen Modelle war. Mit ihnen erfolgt somit, mit der Separierung invarianter und varianter Eigenschaften und damit entsteht eine Möglichkeit zur weitergehenden Bestimmung der Bedeutung (Semantik) von Informationsmodellen.

Die durch Entity-Typen und Relationship-Typen definierten Informationsmodelle werden dieser Eigenschaft wegen auch die intensionalen Informationsmodelle - oder die Intension eines Informationsmodells - genannt. Die durch Entities und Relationships gebildeten Informationsmodelle werden folglich die extensionalen Informationsmodelle - oder die Extension des Informationsmodells - genannt.

„Logik-bestimmte" Formsemantik von Information-Modellen

Wir führen deshalb für die Form (Syntax), wie sie für das Entity- Relationship-Modell im vorangegangenen Kapitel definiert worden ist, eine erweiterte Formsemantik und damit eine neue von der ursprünglichen Bedeutung abweichende Interpretation von Entity-Relationship-Diagrammen ein. Während „klassischen" Entity - Relationship-Modellen als Formsemantik das in den vorangegangenen Kapiteln beschriebene „linguistische" Modell

Subjekt:Prädikat:Objekt

Zugrunde liegt, soll nunmehr das Tripel

Entity:Relationship:Entity

einer „logischen" Formsemantik gehorchen. Die „logische" Formsemantik entspricht einer Interpretationen der Art

wenn (gilt).....dann (gilt) .....

oder

wenn (gilt)..... dann (gilt)...... andernfalls (gilt)...

Mit dieser „logischen" Formsemantik sollen nunmehr „Wirkungszusammenhänge" zwischen Entities erfasst werden, mit denen die Veränderung eines „linksseitigen" Entity eine Folgewirkung auf eine an es angrenzende Relationship sowie auf das „rechtsseitige" Entity eines Entity-Relationship -Diagramms hat. Derartige Wirkungszusammenhänge müssen immer dann beachtet werden, wenn Änderungen an einem Entity sekundäre, tertiäre etc. Änderungen an angrenzenden Relationships und angrenzenden Entities zur Folge haben müssen, um die Konsistenz des gesamten Informationsmodells aufrechtzuerhalten.

So ist zum Beispiel eine Änderung der Geometrie eines Entity „Werkstück" in der Regel in einem Wirkungszusammenhang mit einem anderen Entity „Werkstück 2" oder auch in einem Wirkungszusammenhang mit der angrenzenden Relationship „passt-zu", und dies erfordert entsprechende Anpassungen bei der Geometrie des „Werkstücks 2" bzw. bei der Relationship „passt-zu". In einem anderen Beispiel, in dem ein Entity eine „Aktion 1" repräsentiert und diese „Aktion 1" mit einer anderen „Aktion 2" in einem Wirkungszusammenhang der Art steht, dass nach der Beendigung der „Aktion 1" wegen der sie verbindenden Relationship „folgt" die „Aktion 2" ausgeführt werden kann oder muss, werden in der Programmierung als „Seiteneffekte" bezeichnete Sekundärwirkungen erfasst.

Beide Beispiele deuten auf, dass in den technischen industriellen Anwendungen eine Vielzahl solcher „Wirkungszusammenhänge" existieren und existieren müssen, um komplexe Produktmodelle und Vorgehensmodelle abzubilden.

Mit dieser veränderten Formsemantik für Entity-Relationship-Modelle entsprechen Entity-Typen jetzt z. B. den „Werkstück-Typen" und die dazugehörigen Entities speziellen Varianten des jeweiligen „Werkstück-Typs". Für die Darstellung von „Aktionen" stellen die Entity-Typen den „Aktions-Typ" dar und die zugeordneten Entities die speziellen Varianten eines „Aktions-Typs".

Damit wird deutlich, dass die Wahl der jeweiligen Formsemantik zu einer gegebenen Syntax sehr weitreichende Folgerungen für die Modellbildung hat, und dass deren Festlegung vor der Modellierung zwingend nötig ist.

Änderung von Informationsmodellen

Die Änderung von Informationsmodellen kann somit in der klassischen Informationsmodellierung durch Veränderungsoperationen auf der extensionalen Ebene erfolgen. Die Änderung der Informationsmodelle soll durch das Hinzufügen von Entities, Relationships bzw. Entity-Relationships zum Informationsmodell, durch das Löschen von Entities, Relationships bzw. Entity-Relationships des Informationsmodells und durch das Modifizieren von Entities, Relationships bzw. Entity-Relationships des Informationsmodells erreicht werden.

An dieser Stelle wird nun ein Unterschied zwischen den Definitionen der Konzepte Entity-Typ, Relationship-Typ bzw. Entity-Relationship-Typ einerseits und den Konzepten Entity, Relationship bzw. Entity-Relationship andererseits deutlich erkennbar. Es war und wird weiterhin angenommen, dass Typen eine feste Menge von Elementen enthalten, um eine invariante Eigenschaft für ein

Informationsmodell darzustellen. Um dennoch der Forderung, Änderungen am Informationsmodell durchzuführen, nachkommen zu können, muss ein weiteres Beschreibungskonzept verfügbar sein: das Konzept der sich zeitlich ändernden Menge von Elementen, den Klassen.

Wie später im Kapitel 5 noch detaillierter gezeigt wird, sind Entity-Klassen bzw. Relationship-Klassen jeweils Untermengen der Menge aller Entities/Relationships eines Entity-Typs bzw. Relationship-Typs. Klassen werden also immer über einen Typ gebildet. Eine Klasse enthält nie Entities/Relationships unterschiedlichen Typs.

Als dynamische Eigenschaften eines Informationsmodells werden dann Festlegungen der zulässigen Änderungen des varianten Teils von Informationsmodellen eingeführt, denn nicht jede denkbare Änderung ist eine zur Modellierung der Realität zulässige Änderung.

Beispiel

Sollen Klassen zur Festlegung der varianten Eigenschaften eines Informationsmodells dienen, müssen für sie auch Möglichkeiten zur Darstellung von Regeln für ihre Änderung existieren, sodass z. B. angegeben werden kann, dass Klassen entweder durch das Einfügen oder Löschen beliebiger Entities/Relationships des zugeordneten Typs oder nur durch das Einfügen bestimmter Entities/Relationships des zugeordneten Typs geändert werden können, oder das Einfügen oder Löschen von Entities/Relationships des zugeordneten Typs überhaupt ausgeschlossen werden soll.

Mit der Festlegung der dynamischen Eigenschaften eines Informationsmodells werden insbesondere auch notwendige »Fortpflanzungen« von Änderungen in Informationsmodellen eingeführt, die deshalb notwendig werden, weil initiale Änderungen des Informationsmodells zu einem nicht zulässigen Modell führen, das durch weitere Änderungen am nicht zulässigen Informationsmodell korrigiert werden kann und nach denen wieder ein zulässiges Informationsmodell erreicht werden kann. Um solche dynamischen Eigenschaften festlegen zu können, wird das Konzept des Zustands von Informationsmodellen eingeführt und auf dieser Basis Wirkungszusammenhänge und Integritätsbedingungen als Darstellung der dynamischen Eigenschaften von Informationsmodellen eingeführt.

Mit der Fortpflanzung von Änderungen schaffen wir die Möglichkeit, sogenannte atomare Änderungen einzuführen, die später durch Datenbank-Transaktionen realisiert werden können.

Selbstverständlich sind Struktureigenschaften und dynamische Eigenschaften von Informationsmodellen nicht unabhängig voneinander. Wenn die Struktureigenschaften von Informationsmodellen durch die Darstellung der invarianten Bestandteile der Struktur gegeben sind, können nicht gleichzeitig dynamische Eigenschaften der Informationsmodelle definiert werden, die zu diesen invarianten Struktureigenschaften in Widerspruch stehen. Die invarianten

Struktureigenschaften von Informationsmodellen repräsentieren also unabänderliche Einschränkungen für die Definition der dynamischen Eigenschaften. Da die invarianten Struktureigenschaften durch Entity-Typ-/Relationship-Typ-Netze gegeben sind, können die dynamischen Eigenschaften der Informationsmodelle immer nur in Übereinstimmung mit diesen festgelegt werden. Wir werden im folgenden Kapitel zeigen, wie die dynamischen Eigenschaften von Modellen in Übereinstimmung mit ihren invarianten strukturellen Eigenschaften festgelegt werden können. Wir führen dazu die folgenden Erweiterungen zur bisher schon eingeführten Terminologie ein.

Entity-Klassen, Relationship-Klassen und Entity-Relationship-Klassen

Die sich im Zeitablauf ändernde Menge von Entities eines Entity-Typs wird von nun an (im Vorgriff auf eine spätere detailliertere Beschreibung des Begriffs) Entity-Klasse (EK) genannt und die sich im Zeitablauf ändernde Menge von Zuordnungen von Entities eines Entity-Typs zu den Entities eines anderen Entity-Typs wird Relationship-Klasse (RK) genannt. Eine Relationship-Klasse und zwei über diese Relationship-Klasse zueinander in Beziehung stehende Entity-Klassen werden Entity-Relationship-Klasse genannt. Entity-Relationship-Klassen dienen der Darstellung der varianten Teile eines Informationsmodells. Entity-Relationship-Typen dienen weiterhin der Darstellung der invarianten Teile eines Informationsmodells.

3.5.1 Wirkungszusammenhänge

Die Festlegung der invarianten Anteile an Informationsmodellen durch Entity-Typ-/ Relationship-Typ-Modelle bedingt Wirkungszusammenhänge im Hinblick auf die in Informationsmodellen nötig werdenden Veränderungen und damit notwendig werdenden Folgeänderungen. Die Veränderungen selbst erfolgen durch Modifikation der Menge der einem Entity-Typ zugeordneten Entities und durch Modifikationen der Menge der einem Relationship-Typ zugeordneten Relationships.

Mit Wirkungszusammenhängen wird also zum Ausdruck gebracht, dass eine initiale Änderung eines von Teilen eines Informations-Modells Folgewirkungen für andere Teile des Informationsmodells hat, um die den Teilen gemeinsamen invarianten Eigenschaften des Informationsmodells sicherzustellen. So bewirken z.B. initiale Einfügungen, Löschungen in Entity-Klassen oder Relationship-Klassen möglicherweise Verletzungen der invarianten Eigenschaften, die durch Folgeänderungen am Informationsmodells behoben werden.

Der Wirkungszusammenhang wird also durch eine initiale und eine dadurch „induzierte" darauffolgende Änderung des Informationsmodells repräsentiert. Der Wirkungszusammenhang legt damit fest wie mit Änderungen der Extension eines Informationsmodells seine temporäre Inkonsistenz wieder in Übereinstimmung mit seinen geforderten invarianten Eigenschaften gebracht. Der Sachverhalt wird durch die folgende Skizze verdeutlicht:

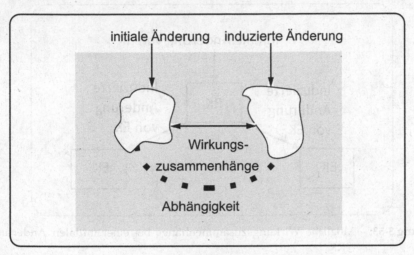

Abbildung 3-51: Auf ein Informationsmodell wirkende initiale und induzierte Änderungen

Wirkungszusammenhänge sollen nunmehr an elementaren Entity- Relationship - Klassen verdeutlicht werden. Zur schematischen Darstellung der Wirkungszusammenhänge werden nun die folgenden stilisierten Darstellungen herangezogen:

EK-induzierte Wirkungszusammenhänge

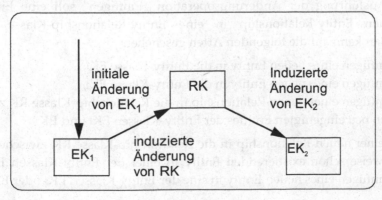

Abbildung 3-52:   : Initiale und induzierte Modifikation

Die initiale Modifikation von EK1 induziert eine Modifikation von RK, und diese wiederum induziert eine Modifikation von EK2. Eine initiale Änderung von EK2 führt zu einem zum obigen Modell symmetrischen Modell.

RK-induzierte Wirkungszusammenhänge

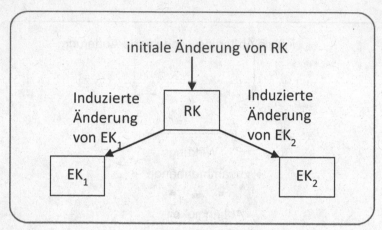

Abbildung 3-53:   Mögliche Wirkungszusammenhänge bei einer initialen Änderung von RK

Die initiale Änderung von RK induziert eine Änderung von EK1 und EK2.

Mit der Ausführung der Änderungsoperationen auf einer Entity-Relationship-Klasse wird die Menge der konstituierenden Entities der konstituierenden Entity - Klassen EK$_i$ in der im nächsten Abschnitt beschriebenen Weise verändert.

3.5.2   Wirkungszusammenhänge für die Änderungsoperationen „Einfügen", „Löschen", „Modifizieren"

Mit der Ausführung der Änderungsoperation „Einfügen" soll eine Einfügung einer neuen Entity-Relationship in eine Entity-Relationship-Klasse bewirkt werden. Dies kann auf die folgenden Arten geschehen:

a)   Einfügen eines neuen Entity in die Entity-Klasse EK1,
b)   Einfügen eines neuen Entity in die Entity-Klasse EK2,
c)   Einfügen einer neuen Relationship in die Relationship-Klasse RK zwischen den neu eingefügten Entities der Entity-Klassen EK1 und EK2.

Einfügen einer neuen Relationship in die Relationship-Klasse RK zwischen einem möglicherweise schon existierenden Entity in einer der Entity-Klassen EK1 oder EK2 und Einfügen eines neuen Entity in eine der Entity-Klassen EK1 oder EK2.

Einfügen einer neuen Relationship in die Relationship-Klasse RK zwischen einem schon existierenden Entity der Entity-Klasse EK1 und einem schon existierenden Entity der Entity-Klasse EK2.

Für die Einfügeoperation soll gelten, dass sie immer nur dann ausgeführt werden muss, wenn die durch sie beabsichtigte Einfügung auch tatsächlich nötig ist, weil das einzufügende Entity bzw. die einzuführende Relationship noch nicht Element der entsprechenden Entity-Klasse bzw. Relationship-Klasse ist (Vermeidung von Duplikation). Wir nehmen deshalb an, dass die Einfügeoperation mit einer Prüfung verbunden ist, in der die Existenz bzw. Nichtexistenz des Einzufügenden festgestellt und eine entsprechende Entscheidung getroffen wird.

Mit der Ausführung der Änderungsoperation Löschen wird eine Entity-Relationship in einer Entity-Relationship-Klasse gelöscht. Dies kann auf folgende Arten geschehen:

a) Die Entity-Relationship der Entity-Relationship-Klasse wird dadurch gelöscht, dass nur die Relationship aus der Relationship-Klasse RK, aber nicht die über die Relationship verbundenen Entities aus den Entity-Klassen EK1 und EK2 gelöscht werden.

b) Die Entity-Relationship der Entity-Relationship-Klasse wird dadurch gelöscht, dass sowohl die Relationship aus der Relationship-Klasse RK als auch die über die Relationship verbundenen Entities aus den Entity-Klassen EK1 und EK2 gelöscht werden.

c) Die Entity-Relationship der Entity-Relationship-Klasse wird dadurch gelöscht, dass die Relationship aus der Relationship-Klasse RK und ein Entity aus einer der Entity-Klassen EK1 oder EK2 gelöscht werden.

Mit der Ausführung der Änderungsoperation Modifizieren wird eine Entity-Relationship selbst verändert und bleibt in der veränderten Form in der Entity-Relationship-Klasse enthalten. Dabei erfolgt die Modifikation einer Entity-Relationship durch die Änderung eines der beiden oder beider über die Relationship verbundenen Entities. Diese Änderung erfolgt, wenn Entities als atomar betrachtet werden, durch die Ersetzung eines der beiden oder beider Entities durch ein anderes Entity gleichen Typs.

Die oben dargestellten Möglichkeiten führen zu den in der folgenden Tabelle dargestellten Unterscheidungsfällen für elementare Wirkungszusammenhänge:

Da Entity-Klassen nur unteilbare Entities enthalten, sind nur Einfügungen und Löschungen von Entities möglich. Modifikationen an Entities sind nicht definiert.

| | Änderungen initiiert | |
	Entity-Klasse	Relationship-Klasse
Einfügen	Fall 1.1	Fall 2.1
Löschen	Fall 1.2	Fall 2.2
Modifizieren	0^*	Fall 2.3

Da Entity-Klassen nur unteilbare Entities enthalten, sind nur Einfügungen und Löschungen von Entities möglich. Modifikationen an Entities sind nicht definiert.

Tabelle 3-1:   Unterscheidungsfälle für elementare Wirkungszusammenhänge

Einfügen eines Entity eines konstituierenden Entity-Typs in eine Entity-Relationship-Klasse

Bei der Ausführung einer Einfügeoperation auf einer Entity-Klasse EK1 wird ein weiteres Entity in diese Entity-Klasse eingefügt. Diese Einfügeoperation induziert keinen Wirkungszusammenhang, denn konstituierende Entities können unabhängig von ihrer Einbindung in eine Entity-Relationship existieren.

Das folgende Beispiel soll das Einfügen eines Entity in eine konstituierende Entity-Klasse veranschaulichen.

Beispiel:

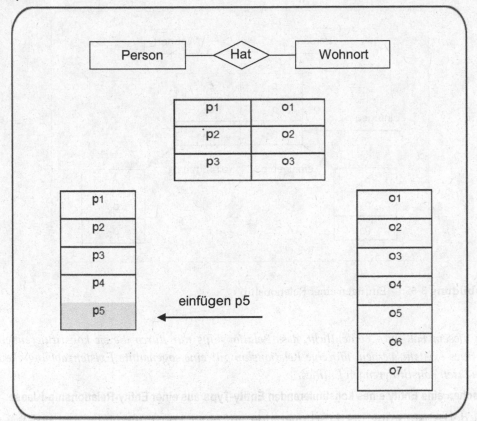

Abbildung 3-54: Einfügen eines konstituierenden Entity

Eine Entity-Relationship wird durch eine Einfügung eines Entity in eine der beteiligten Entity-Klassen nicht geändert.

Einfügen einer Relationship in eine Entity-Relationship-Klasse

Bei der Ausführung einer Einfügeoperation auf einer Relationship-Klasse wird eine weitere Relationship in die Relationship-Klasse eingetragen. Durch sie kann die Ausführung weiterer Einfügeoperationen auf die konstituierenden Entity-Klassen induziert werden, wenn die einzufügenden konstituierenden Entities noch nicht in den konstituierenden Entity-Klassen enthalten sind.

Beispiel:

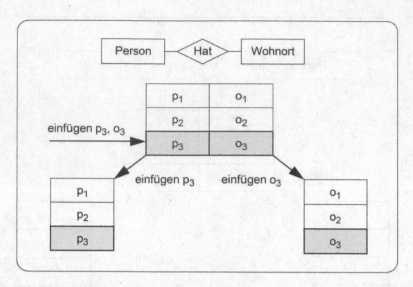

Abbildung 3-55:   Einfügen einer Relationship

An diesem Fall wird verdeutlicht, dass Relationships nur durch die sie konstituierenden Entities existent werden. Für eine Relationship gilt eine sogenannte Existenzabhängigkeit von ihren konstituierenden Entities.

Löschen eine Entity eines konstituierenden Entity-Typs aus einer Entity-Relationship-Klasse

Bei der Ausführung der Löschoperation auf einer konstituierenden Entity-Klasse EK_1 wird ein Entity dieser Entity-Klasse gelöscht. Durch diese Löschoperation kann eine Löschung einer Relationship-Klasse induziert werden, wenn das gelöschte Entity ein konstituierendes Entity einer Entity-Relationship war. Ein weiterer Wirkungszusammenhang existiert für eine Entity-Relationship-Klasse nicht, weil das zu der gelöschten Entity-Relationship gehörende zweite konstituierende Entity von dieser elementaren Entity-Relationship unabhängig existieren kann.

Beispiel:

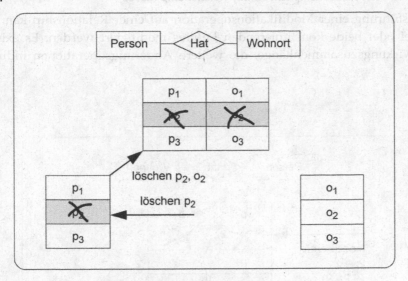

Abbildung 3-56:   Löschen eines konstituierenden Entity

Löschen einer Relationship aus einer Entity-Relationship-Klasse

Bei der Ausführung einer Löschoperation auf einer Relationship-Klasse wird eine Relationship in dieser Entity-Relationship-Klasse gelöscht. Es existieren keine Wirkungszusammenhänge, die weitere Änderungsoperationen induzieren würden.

Beispiel:

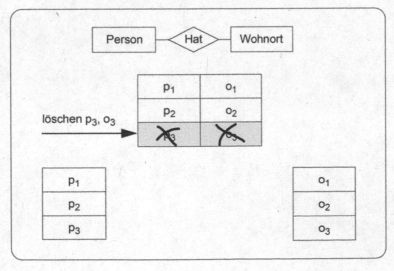

Abbildung 3-57:   Löschen einer Relationship

Modifizieren einer Relationship einer Entity-Relationship-Klasse

Zur Ausführung einer Modifikationsoperation auf einer Relationship kann eines der zwei oder beide konstituierenden Entities modifiziert werden. Es existieren keine Wirkungszusammenhänge, die weitere Änderungsoperationen induzieren würden.

Beispiel:

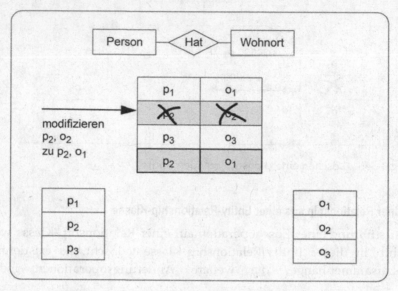

Abbildung 3-58:　　Modifizieren einer Entity-Relationship

3.5.3 Darstellung von Wirkungszusammenhängen durch Propagationspfade

Zur Darstellung von Wirkungszusammenhängen werden nun Propagationspfade eingeführt. Propagationspfade sind Folgen von Operationsnamen. Mit ihnen wird die Gesamtheit der initialen und induzierten Operationen und die Reihenfolge, in der die Operationen ausgeführt werden müssen, um Wirkungszusammenhänge korrekt widerzuspiegeln, angegeben. Nicht alle Operationen eines Propagationspfades müssen strikt sequentiell ausgeführt werden. Propagationspfade unterscheiden deshalb sequentielle und mögliche parallele Ausführungen der Operationen eines Propagationspfades:

1. Propagationspfade enthalten nur die Operationsnamen „einfügen", „löschen" und „modifizieren".
2. Jede der unter 1. bezeichneten Operationen darf sowohl auf die Operanden „EK₁" (Entity - Klasse 1) und „EK₂" (Entity-Klasse 2) als auch auf den Operanden „RK" (Relationship-Klasse) angewendet werden.
3. Die in einem Propagationspfad bezeichneten Operationen müssen entweder aufeinanderfolgend ausgeführt werden (sie werden dann im Propagationspfad durch das Symbol „ ; " getrennt aufgeführt), oder sie dürfen parallel zueinander ausgeführt werden (sie werden dann im Propagationspfad durch das Symbol „+" getrennt aufgeführt).
4. Propagationspfade beginnen mit dem „BEGIN"-Symbol und enden mit dem „NIL" Symbol.

Für ihre Beschreibung gilt deshalb folgende einfache Syntax:

```
<propagationspfad>::=  BEGIN {<operations_name> <delimiter>} NIL

    <operations_name>::=   <operator> (<parameter>)

    <delimiter>::=       ; | +

    <operator>::=    'einfügen' | 'löschen' | 'modifizieren'

    <parameter>::=     'EK1' | 'EK2' | 'RK'
```

Beispiel 1:

```
BEGIN        operation1(operand_1,operand_2...);

             operation2(operand_1,operand_ 2...);

             operation3(operand_1,operand_2...); NIL
```

Bedeutung:

Der Ausführung der operation1(operand_1, operand_2...) muss die Ausführung der operation2(operand_1, operand_2...) und dieser muss die operation3(operand_1, operand_2...) folgen.

Beispiel 2:

BEGIN

      operation1(operand_1);operation2(operand_2)+operation3(operand_3);NIL

Bedeutung:

Der Ausführung der operation1(operand_1) folgen ggf. parallel die Operationen operation2(operand_2) und operation3(operand_3).

Im Folgenden sollen Propagationspfade zur Beschreibung von Wirkungszusammenhängen für eine Entity-Relationship-Klasse benutzt werden. Gleichzeitig sollen die durch Pfadausdrücke beschriebenen Wirkungszusammenhänge jeweils durch ein Erklärungsschema und ein Beispielschema ergänzt werden.

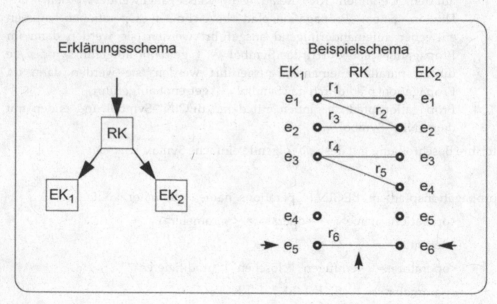

Abbildung 3-59:   Erklärungs- und Beispielschema zur Darstellung von Wirkungszusammenhängen

Die Wirkungszusammenhänge im Erklärungsschema werden wie bisher schon durch Pfeile dargestellt. Die Wirkungszusammenhänge werden im Beispielschema durch horizontale und vertikale Cursorpfeile dargestellt.

Die Schemata sollen wie folgt interpretiert werden:

Erklärungsschema:

Die Entity-Klasse EK_1 steht mit der Entity-Klasse EK_2 über der Relationship-Klasse RK in Beziehung. Eine Modifikation der Relationship-Klasse RK erfordert die Modifikation der Entity-Klassen EK_1 und EK_2 (Pfeile im Erklärungsschema).

Beispielschema:

Die Entity-Klasse EK_1 umfasst im Beispielschema die Entities e_1, e_2,...,e_5. Die Entity-Klasse EK_2 umfasst im Beispielschema die Entities e_1, e_2,..., e_6. Die Entities e_i (EK_1) und e_i (EK_2) stehen durch die Relationships r_1, r_2,..., r_6 in der durch Verbindungslinien gekennzeichneten Weise in Beziehung. Das Entity e_4 (EK_1) und das Entity e_5 (EK_2) stehen in keiner Beziehung. Die Modifikation der Relationship r_6 (Cursorpfeil an der Verbindungslinie) erfordert auch die Modifikation (d. h. die Löschung/Neueinführung) der Entities e_5 (EK_1) und e_6 (EK_2). Sollen die Modifikationen in einer bestimmten Reihenfolge stattfinden, soll eine Abfolge der Cursorpfeile diese Reihenfolge symbolisieren (z. B. ↟ ↤ ↦).

Wirkungszusammenhänge und deren Beschreibung durch Propagationspfade weisen Ähnlichkeiten zu den in UML verwendeten »Message Sequence Charts« auf. Wir haben sie hier jedoch vor allen Dingen deshalb eingeführt, weil mit ihnen atomare Transaktionen zur Beschreibung konsistenzerhaltender Änderungen schon bei der Informationsmodellierung eingeführt werden können. Wir halten dies für nötig, um den späteren Benutzer einer Datenbank, die ein dem Informationsmodell entsprechenden Datenbestand enthält, die korrekte Formulierung von Datenbank - Änderungsoperationen zu ermöglichen, und um das Wissen über die dynamischen Eigenschaften von Informationsmodellen zu dem Zeitpunkt festzuhalten, wenn es durch die Informationsmodellierung in aller Regel leicht erfassbar wird.

Eine weitergehende Erklärung von Wirkungszusammenhängen und von Propagationspfaden zur Beschreibung von Wirkungszusammenhängen erfolgt in Kapitel 5 und 6.

3.5.4 Zustände und Zustandsübergänge

Die vorangegangene eiführende Beschreibung der dynamischen Eigenschaften von Informationsmodellen durch Wirkungszusammenhänge und Propagationspfade entspricht der Erfassung nur einer Art dynamischer Eigenschaften: Dynamische Eigenschaften, die aus notwendigen Seiteneffekten zur Konsistenzsicherstellung resultieren. Diese Art dynamischer Eigenschaften lassen sich als »Inter-Objekt-Dynamik« von Informationsmodellen charakterisieren.

Daneben haben natürlich auch Entities und Entity-Klassen bzw. Relationships und Relationship-Klassen selbst dynamische Eigenschaften, die wir die „Intra-Objekt-Dynamik" nennen können. Mit ihnen wird die erlaubte Modifikation von Entities und Entity-Klassen bzw. Relationships und Relationship-Klassen festgelegt. Die Darstellung dieser dynamischen Eigenschaften von Entities/Entity-Klassen und Relationship/Relationship-Klassen gelingt durch die Einführung des Zustandskonzeptes. Die Definition von Zuständen/Zustandsänderungen für Entities und Entity-Typen erfolgt, wenn Entities und Entity-Typen als nichtatomare Konzepte aufgefasst werden, durch die Zuordnung von Attributwerten zu ihren Attributen.

Danach hat jedes Entity den durch seine Attributwerte gegebenen Zustand. Die Gesamtheit der Zustände aller Entities einer Entity-Klasse definiert den Zustand der Entity-Klasse. Analog dazu hat jede Relationship den durch seine Attributwerte gegebenen Zustand. Die Gesamtheit der Zustände aller Relationships einer Relationship-Klasse definiert den Zustand der Relationship-Klasse.

Zustandsänderungen

Zustandsänderungen für Entities lassen sich dadurch herbeiführen, dass durch die Ausführung der Änderungsoperation „Modifiziere" ein oder mehrere Attributwert(e) eines Entity verändert wird (werden). (Attributwerte werden durch andere Attributwerte ersetzt.) Zustandsänderungen für Relationships lassen sich dadurch herbeiführen, dass durch die Ausführung der Änderungsoperation „Modifiziere" ein oder mehrere Attributwert(e) einer Relationship verändert wird (werden).

Zustandsänderungen für Entity-Klassen lassen sich auch dadurch herbeiführen, dass den Entity-Klassen neue Entities hinzugefügt werden, existierende aus einer Klasse gelöscht werden oder Entities selbst so, wie soeben beschrieben, verändert werden.

Zustandsänderungen für Relationship-Klassen lassen sich dadurch herbeiführen, dass Relationship-Klassen neue Relationships hinzugefügt werden, existierende aus einer Relationship-Klasse gelöscht werden oder Relationship selbst, wie soeben beschrieben, verändert werden.

Werden Entities/Entity-Typen als atomare Konzepte aufgefasst, erfolgt die Änderung des Zustandes einer Entity-Klasse durch die Ersetzung eines Entities der Entity-Klasse durch ein anderes Entity oder durch eine Hinzufügung oder Löschung eines Entity. Entities haben einen unveränderlichen Zustand.

Zulässige und unzulässige Zustandsänderungen

An die Einführung des Zustandskonzeptes lassen sich dann mehrere weitergehende Konzepte für die Darstellung der dynamischen Eigenschaften von Entities/ Entity-Klassen und

Relationships/Relationship-Klassen anschließen. Mit der Separierung zulässiger Zustände von unzulässigen Zuständen kann sichergestellt werden, dass nur solche Zustandsänderungen stattfinden, die zu zulässigen Zuständen führen. Die endgültige Ausführung der Änderungsoperation setzt dazu die vorherige Überprüfung voraus, ob die durch die Änderungsoperation bewirkte Zustandsänderung zu einem zulässigen Zustand führen würde.

Andere zustandsbasierte Verfahren zur Darstellung der dynamischen Eigenschaften von Entities/Entity-Klassen und Relationship/Relationship-Klassen definieren für jeden zulässigen Zustand die in diesem Zustand zulässigen Zustandsänderungen. Wiederum andere zustandsbasierte Verfahren erlauben die Darstellung der dynamischen Eigenschaften durch Angaben aller zulässigen Zustandsfolgen.

Die heute gebräuchlichsten Konzepte zur zustandsbasierten Darstellung der dynamischen Eigenschaften können in UML gefunden und anhand der Dokumentation der UML studiert werden. Auf deren ausführliche Darstellung muss hier verzichtet werden. Stattdessen werden wir hier die durch Integritätsbedingungen separierbaren zulässigen Zustände von den unzulässigen Zuständen ausführlich diskutieren.

3.5.5   Die Darstellung von Integritätsbedingungen

Integritätsbedingungen legen invariante Eigenschaften für Informationsmodelle fest.

Invariante Eigenschaften sind dabei solche, die sich bei der Änderung der Zustände der Entities und Relationships nicht ändern dürfen. Mit ihnen können also die zulässigen Zustände von den nicht zulässigen Zuständen abgegrenzt werden.

Mit Integritätsbedingungen für Entity-Klassen werden z. B. Festlegungen für den Wertebereich der Entity-Klassen getroffen. Darunter ist die Festlegung der Menge aller Mengen von Entities eines Entity-Typs, die der Entity-Klasse zugeordnet werden können, zu verstehen. Mit Integritätsbedingungen für Entity-Klassen sind damit Einschränkungen gegenüber der Menge von Entities des zugeordneten Entity-Typs möglich. Solche Eingrenzungen können z. B. durch die Aufzählung der zulässigen Zustände der Entity-Klasse erreicht werden.

Integritätsbedingungen für Relationship - Klassen werden jedoch besser durch die Darstellung von Kardinalitäten und durch die Einführung spezieller Relationship-Klassen, der

- partiellen Relationship-Klasse
- totalen Relationship-Klasse und
- schwachen Relationship-Klasse

angegeben.

Integritätsbedingungen sind dadurch, dass sie invariante Eigenschaften für Informationsmodelle festlegen, Bestandteil der Intension eines Informationsmodells. Sie können deshalb auch in Ergänzung zu den bisherigen Konzepten der intensionalen Modellierungen durch Entity-Typen und Relationship-Typen als Invarianten für Entity-Typen und Relationship-Typen eingeführt werden. Sie gelten dann für alle über den betreffenden Entity - Typen/Relationship-Typen gebildeten Entity-Klassen/Relationship-Klassen. Dies ist die gängige Praxis, und ihr soll in den folgenden Kapiteln mit der Einführung von Integritätsbedingungen für Relationship-Typen gefolgt werden.

3.5.5.1 Kardinalität von Relationship-Typen

Die Kardinalität eines Relationship-Typs repräsentiert eine Zuordnungsvorschrift für diesen Relationship-Typ. Ein Relationship-Typ kann einer der folgenden Zuordnungsvorschriften unterliegen: 1:1, 1:n, n:1 und n:m.

Mit der Angabe der Kardinalität wird zum Ausdruck gebracht, dass für zwei über diese Relationship verbundene Entity-Typen jeweils unterschiedlich viele Entities des einen Entity-Typs unterschiedlich vielen Entities des anderen Entity-Typs in unterschiedlich vielen Relationships zugeordnet sein können.

Kardinalität 1:1

Der Relationship-Typ mit der Kardinalität 1:1 legt fest, dass zu jedem Zeitpunkt für jedes Entity des linken Entity-Typs E_1 nur eine Relationship zu einem Entity des rechten Entity-Typs E_2 existiert und dass zu jedem Entity des rechten Entity-Typs E_2 nur eine Relationship zu einem Entity des linken Entity-Typs E_1 existiert (Bild 3.60).

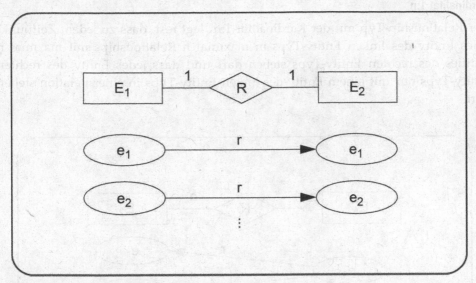

Abbildung 3-60:   Darstellung der Kardinalität 1:1

Beispiel:

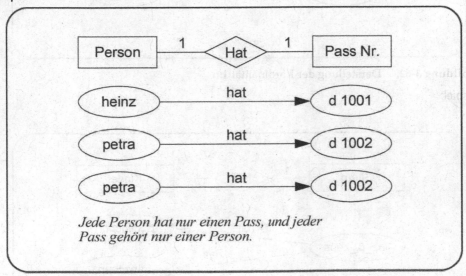

Jede Person hat nur einen Pass, und jeder Pass gehört nur einer Person.

Abbildung 3-61:   Kardinalität 1:1

Kardinalität 1:n

Der Relationship-Typ mit der Kardinalität 1:n legt fest, dass zu jedem Zeitpunkt jedes Entity des linken Entity-Typs in maximal n Relationships mit maximal n Entities des rechten Entity-Typs stehen darf und dass jedes Entity des rechten Entity-Typs nur mit einem Entity des linken Entity-Typs in einer Relation stehen darf.

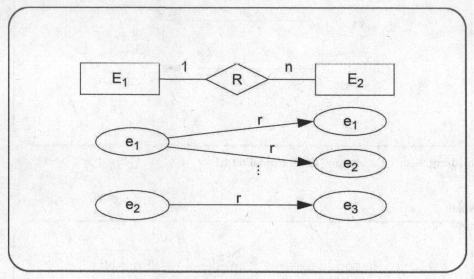

Abbildung 3-62:   Darstellung der Kardinalität 1:n

Beispiel:

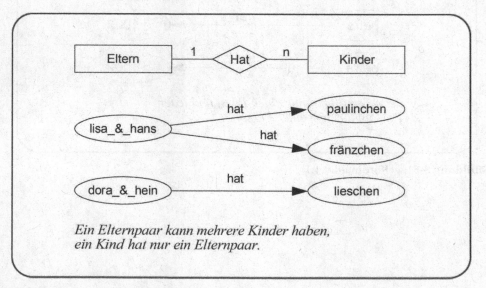

Abbildung 3-63:   Kardinalität 1:n

Kardinalität n:1

Der Relationship-Typ mit der Kardinalität n:1 legt fest, dass zu jedem Zeitpunkt jedes Entity des rechten Entity-Typs in maximal n Relationships mit maximal n Entities des linken Entity-Typs stehen darf und dass jedes Entity des linken Entity-Typs nur mit einem Entity des rechten Entity-Typs in einer Relation r stehen darf.

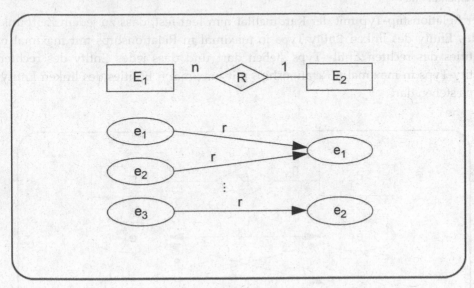

Abbildung 3-64:   Darstellung der Kardinalität n:1

Beispiel:

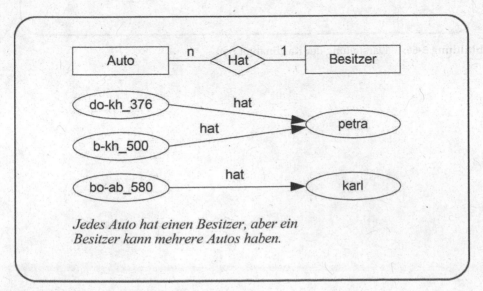

Jedes Auto hat einen Besitzer, aber ein Besitzer kann mehrere Autos haben.

Abbildung 3-65:   Kardinalität n:1

Hinweis:

Die Begründung, neben einer Kardinalität 1:n auch eine Kardinalität n:1 einzuführen, ist zunächst nicht sichtbar, da ja die Entity-Typen seitenvertauscht werden können. Mit der Einführung spezieller Relationship-Typen, wie sie nachfolgend beschrieben werden, ist dann jedoch eine richtungsabhängige Zuordnung nötig.

Kardinalität n:m

Der Relationship-Typ mit der Kardinalität n:m legt fest, dass zu jedem Zeitpunkt jedes Entity des linken Entity-Typs in maximal m Relationships mit maximal m Entities des rechten Entity-Typs stehen darf und dass jedes Entity des rechten Entity-Typs in maximal n Relationships mit maximal n Entities des linken Entity-Typs stehen darf.

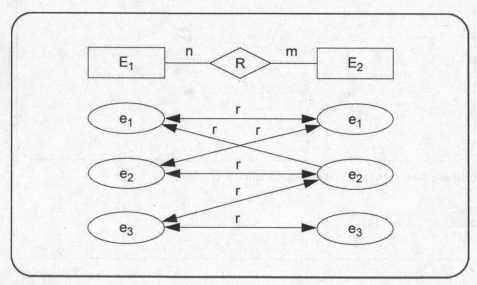

Abbildung 3-66:   Darstellung der Kardinalität n:m

Beispiel

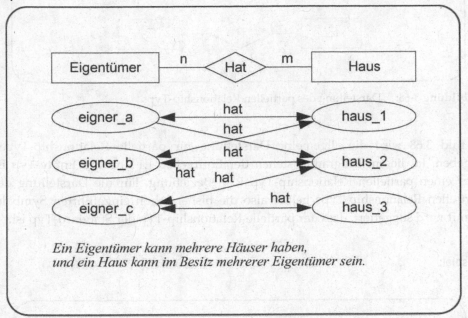

Ein Eigentümer kann mehrere Häuser haben,
und ein Haus kann im Besitz mehrerer Eigentümer sein.

Abbildung 3-67:   Kardinalität n:m

Diese hier eingeführten Kardinalitäten sind keineswegs die allein möglichen. Verschiedene in der Praxis der Informationsmodellierung eingeführte Konzepte und Werkzeuge definieren diese Kardinalitäten in abgewandelter oder erweiterter Form. So wird zum Beispiel durch Kardinalitäten statt der Anzahl der maximal zulässigen Entities in einer Relationship auch die Festlegung einer festen Anzahl von Entities in einer Relationship möglich.

Ihre ausführliche Diskussion an dieser Stelle erscheint jedoch nicht nötig, weil in der hier geführten Diskussion allein ein allgemeines Verständnis des Konzeptes ermöglicht und keine erschöpfende Darstellung aller denkbaren Kardinalitäten erfolgen soll.

3.5.5.2 Spezielle Relationship-Typen

Im Entity-Relationship-Modell sind zur Darstellung der dynamischen Eigenschaften neben der Angabe von Kardinalitäten auch spezielle Relationship-Typen eingeführt worden.

Partieller Relationship-Typ

In einem partiellen Relationship-Typ müssen nicht alle Entities der beteiligten Entity-Typen in einer Relationship stehen. Es kann „unabhängige" Entities der beteiligten Entity-Typen geben.

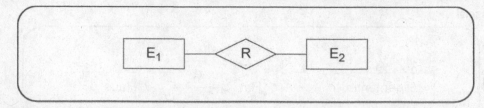

Abbildung 3-68:   Darstellung des partiellen Relationship-Typs

In Bild 3.68 wird die allgemeine Darstellung für partielle Relationship-Typen gegeben. In diesem Diagramm stehen der Entity-Typ E1 und der Entity-Typ E2 über einen partiellen Relationship-Typ R in Beziehung. Für die Darstellung des partiellen Relationship-Typs gelten also die bisher schon eingeführten Symbole. Damit wird suggeriert, dass der partielle Relationship-Typ der Standard-Typ ist.

Beispiel:

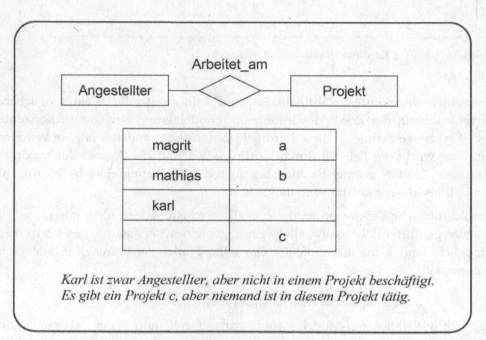

Abbildung 3-69:   Partieller Relationship-Typ „Arbeitet_am"

Totaler Relationship-Typ

In einem totalen Relationship-Typ müssen alle Entities mindestens eines beteiligten Entity-Typs in der Relationship stehen. Für diesen Entity-Typ können keine „unabhängigen" Entities existieren.

Für die Darstellung des totalen Relationship-Typs wird ein modifiziertes Entity-Relationship-Diagramm eingeführt. Der Punkt an der linken Seite des Relationship-Typ-Symbols weist darauf hin, dass für den linken Entity-Typ nur Entities existieren dürfen, die in einer Relationship mit den Entities des rechten Entity-Typs stehen (unabhängige Entities des linken Entity-Typs existieren nicht, es darf aber unabhängige Entities des rechten Entity-Typs geben).

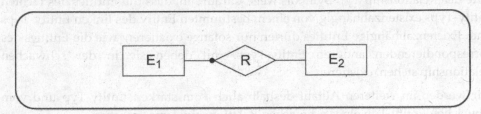

Abbildung 3-70: Darstellung des totalen Relationship Typs

Beispiel:

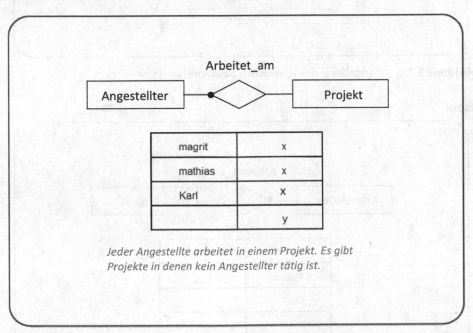

Abbildung 3-71: Totaler Relationship-Typ „Arbeitet_am"

Die Eigenschaft der Totalität kann sich sowohl auf den linken als auch auf den rechten Entity-Typ und auch auf beide Entity-Typen beziehen.

Schwacher Relationship-Typ

Für einen schwachen Relationship-Typ sind alle Entities eines beteiligten Entity-Typs existenzabhängig von einem bestimmten Entity eines anderen beteiligten Entity-Typs.

Für die Darstellung des schwachen Relationship-Typs wird ein weiteres modifiziertes Entity-Relationship-Diagramm eingeführt. Der Punkt an der rechten Seite des Relationship-Typ-Symbols weist darauf hin, dass die Entities des rechten Entity-Typs existenzabhängig von einem bestimmten Entity des linken Entity-Typs sind. Existenzabhängige Entities dürfen nur solange existieren, wie die Entities des korrespondierenden anderen Entity-Typs, mit denen sie in der schwachen Relationship stehen, existieren.

Wir werden im weiteren Ablauf deshalb auch vom starken Entity-Typ und vom schwachen Entity-Typ eines schwachen Relationship-Typs sprechen.

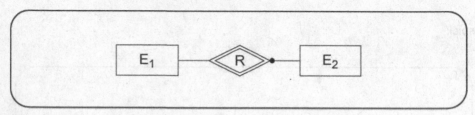

Abbildung 3-72:   Darstellung des schwachen Relationship-Typs

Beispiel:

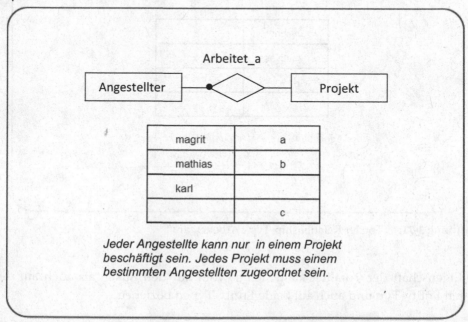

Abbildung 3-73:   Schwacher Relationship-Typ „Gebar"

Anmerkung

Der schwache Relationship-Typ muss auch immer ein totaler Relationship-Typ sein. Nicht jeder totale Relationship-Typ ist auch ein schwacher Relationship-Typ. Die Integritätsbedingung „Schwach" ist gegenüber der Integritätsbedingung „Total" eine verschärfende Integritätsbedingung, da sie außerdem die Existenzabhängigkeit beinhaltet.

Überlagerung von Integritätsbedingungen

Integritätsbedingungen dürfen mit gewissen Einschränkungen überlagert werden. In der Überlagerung wird ein Relationship-Typ durch mehr als eine Integritätsbedingung charakterisiert. Die folgenden Einschränkungen müssen beachten werden. Ein Relationship-Typ darf nicht gleichzeitig

- partiell und total,
- partiell und schwach

sein.

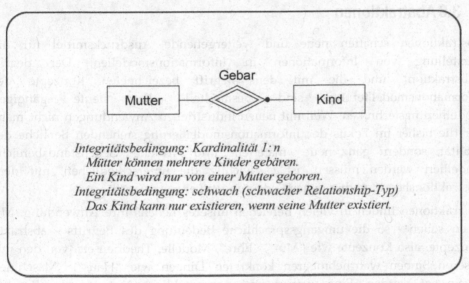

Abbildung 3-74:   Überlagerung: Kardinalität 1: n und schwachem Relationship-Typ

Komplexe Entity-Relationship-Modelle

Die Darstellung komplexer Sachverhalte führt zu komplexen Entity-Relationship-Diagrammen. Das folgende Beispiel zeigt diese Komplexität:

Beispiel:

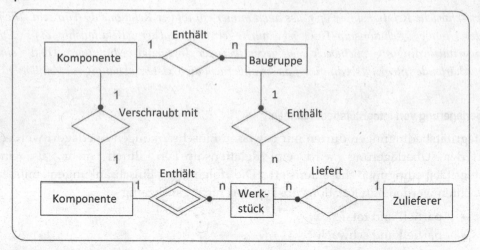

Abbildung 3-75:   Komplexes Entity-Relationship-Modell

3.6 Abstraktionen

Abstraktionen schaffen neue und weitergehende Ausdrucksmittel für die Darstellung von Informationen in Informationsmodellen. Der Begriff „Abstraktion" und die mit dem Begriff bezeichneten Konzepte der Informationsmodellierung sind Bestandteil aller heute gängigen Modellierungstechniken. Weil mit neuen industriellen Anwendungen nicht mehr nur die bisher im Fokus der Informationsmodellierung stehenden Bereiche der Realität, sondern ganz neue –materielle und virtuelle- Gegenstandsbereiche modelliert werden müssen, ist es wichtig die unterschiedlichen, mit dem Abstraktionsbegriff verbundenen Bedeutungen kennenzulernen.

Abstraktionen finden in vielen Bereichen unseres Lebens ihre Anwendung. Mit ihnen sollen - so die umgangssprachliche Bedeutung des Begriffs - abstrakte Konzepte, also Konzepte wie "Mut", "Ehre", Modelle, Theorien etc. von den mit unseren Sinnen wahrnehmbaren konkreten Dingen wie "Haus", "Maschine" abgegrenzt werden. Eine weitere umgangssprachliche Nutzung des Begriffs entspricht in aller Regel der folgenden Erläuterung. "Abstraktion: Das Herauslösen bestimmter Merkmale mit der Absicht, das Wesentliche verschiedener Gegenstände zu erkennen, um so zu allgemeinen Begriffen und Gesetzen zu kommen" (Brockhaus).

Zur Präzisierung seiner Bedeutung wird der Abstraktions-Begriff in der Informatik mit einer Reihe weiterer Begriffe und Konzepte in Verbindung gebracht. Zunächst gilt aber auch hier ganz allgemein: Eine Abstraktion ist eine nutzungsbedingte und nutzungsgerechte Auswahl von Informationen aus einer Menge weiterer verfügbarer Informationen über einen Diskursbereich. Mit der Auswahl findet eine

„Informationsabgrenzung" statt, mit der festgelegt wird, welche Informationen für die Betrachtung des Diskursbereiches relevant sind und welche Informationen anderen angrenzenden Diskursbereichen zugeordnet werden müssen. Mit der Auswahl findet aber auch eine „Informationsbeschränkung" statt indem aus der Gesamtheit der über einen Diskursbereich möglichen Informationen nur die ausgewählt werden, die für die Nutzung zur Erledigung von Aufgaben signifikant oder signifikanter sind.

Der Abstraktionsbegriff wird auch benutzt um „Zusammenfassungen" einzelner Informations-Elementen zu einem neuen, übergeordneten „Ganzen" darstellen zu können. In sich daran anschließende Betrachtungen kann dann erörtert werden, ob das neue „Ganze" eine eigene Identität erhalten soll oder ob das neue „Ganze" immer nur durch die Gesamtheit seiner Elemente identifiziert ist. Wird dem neuen „Ganzen" eine eigene Identität zugeordnet entsteht die weitere Möglichkeit die Gesamtheit der Informations-Elemente des „Ganzen" im „Ganzen" zu verstecken und nur bei Bedarf das Versteckte sichtbar zu machen. Dies entspricht einem dem Software Engineering entlehnten Konzept des „information hiding".

Ein weiteres, für die folgenden Überlegungen zur Informationsmodellierung für industrielle Anwendungen besonders wichtiges, Abstraktions-Konzept betrifft die vielstufige Kaskadierung von „Zusammenfassungen" zur Bildung von Abstraktionshierarchien in denen dann wieder Sichtbarkeitsbegrenzungen festgelegt werden können. Sie dienen, wie später gezeigt wird, dann der Charakterisierung der „Konstruktion" großer und komplexer materieller und virtueller industrieller Artefakte.

Schon mit dieser kurzen Einführung der unterschiedlichen Charakteristika von Abstraktionen wird verdeutlicht, dass sie ein wichtiges Konzept zur Organisation der Bereitstellung und Nutzung von Informationen über komplexe Sachverhalte darstellen. Die Naturwissenschaften und die Informatik haben dem Abstraktionsbegriff eine jeweils besondere, spezifischere Bedeutung zugeordnet.

Abstraktionen in der physikalischen Welt

Mit dem in den Naturwissenschaften verwendeten Begriff "Abstraktion" wird vor allen Dingen das „Heraussondern" von Dingen aus ihrem Zusammenhang bezeichnet, um die Eigenschaften, Merkmale und Charakteristika dieser Dinge losgelöst von bestimmten Einflüssen und Wechselwirkungen erfassen und betrachten zu können. So beschäftigt sich zum Beispiel die Physik mit Systemen von "Punktmassen", um allgemeine Gesetze der Kinematik formulieren zu können. Dabei wird bewusst in Kauf genommen, dass mit der Abstraktion Idealisierungen stattfinden, die nicht der Realität entsprechen, die aber einerseits wichtige Theoriebildungen und andererseits - auf die Realität übertragen - Näherungslösungen für praktische Probleme ermöglichen.

Von großer Bedeutung sind auch Abstraktionen, nach denen Eigenschaften und Charakteristika physikalischer Systeme unabhängig voneinander betrachtet werden, um die den Eigenschaften und Charakteristiken unterliegenden Gesetzmäßigkeiten experimentell zu überprüfen und Theoriebildungen möglich zu machen. So werden zum Beispiel die mechanischen und die thermodynamischen Eigenschaften physikalischer Systeme separat behandelt, mit einer jeweils eigenen Theorie der "Berechnung" zugänglich gemacht, und mögliche gegenseitige Beeinflussungen der mechanischen und thermodynamischen Eigenschaften werden in jeder der Theorien nur sehr pauschal berücksichtigt.

Von herausragender Bedeutung für physikalische Systeme sind jedoch Abstraktionen, mit denen physikalische Systeme auf unterschiedlichen Aggregationsstufen betrachtet werden können. So werden zum Beispiel Automobile als Ganzes betrachtet und mit Eigenschaften wie Form, Farbe, Fahrverhalten und Leistungskennzeichen belegt. Davon völlig unabhängig dieses Automobil durch die Bauteile konstituierenden Bauteile, wie z. B. Motoren, Fahrwerk, Karosseriedurch beschrieben werden. Der Motor wiederum kann durch die physikalischen Messgrößen wie Drehmoment, Hubraum und Umdrehungsgeschwindigkeit, charakterisiert werden, ohne dass notwendigerweise bei der Betrachtung des Aufbaus des Automobils darauf Bezug genommen wird.

Kommentar

Für die spätere Einführung kompositionaler Informationsmodelle soll davon ausgegangen werden, dass jeder „Aufbau" von materiellen und/oder virtuellen Artefakten aus anderen materiellen und/oder virtuellen Artefakten auch einer Abstraktion entspricht.

In diesem Sinne ist ein Automobil ein abstrakteres Artefakt als der Motor dieses Automobils.

Kommentar

Zur Bezeichnung dieser Abstraktionen soll dann in den folgenden Kapiteln auch der Begriff „Konstruktions-Abstraktionen" und für die Bezeichnung von Bauteilen als „Teile" eines „Ganzen" beliebiger Art soll dann der Begriff „Komponente" benutzt werden.

Die vorangegangenen Ausführungen über Abstraktionen in der physikalischen Welt sind unseren Betrachtungen über Abstraktionen in der Informationsmodellierung vorangestellt worden, weil Abstraktionen in der Informationsmodellierung für neue industrielle Anwendungen denen der Physik sehr ähnlich sind und darüber hinaus, weil nicht nur immaterielle Artefakte, sondern auch materielle Artefakte in Form von "Produktmodellen" zum Gegenstand ihrer Betrachtung werden. Sie sind aber auch deshalb so ausführlich dargestellt worden, weil die komponentenorientierte Informationsmodellierung, wie sie in diesem Buch eingeführt wird, in vielfältiger Weise bei den Abstraktionskonzepten der Physik Anleihen macht.

Abstraktionen in der virtuellen Welt

Die virtuelle Welt umfasst als Basiselemente Daten und Programme und in beiden sind Abstraktionen möglich und nützlich. Daten-Abstraktionen sind schon mit der vorangegangenen Einführung in die Informationsmodellierung erläutert worden. Die in der Programmierung und im Software Engineering gebräuchlichen Abstraktionen und die dazu dort entwickelten Abstraktionsmechanismen sind- so wird hier postuliert- auch für die Informationsmodellierung relevant und nützlich.

Solche für die Informationsmodellierung als nützlich zu betrachtende Abstraktionen sind die in der Programmierung üblichen Substitutionskonzepte mit denen die widerholte Nutzung von Programmteilen im Programmtext nur einmal im Detail aufgeführt ist und die Nutzung an anderen Stellen im Programm nur mit dem Einfügens des Namens des Programmteils an diesen anderen Stellen möglich wird. Dies entspricht einem „Verstecken" von Informationen und dieses „hiding of information"- Prinzip ist dann sogar eines der Grundprinzipien des Software Engineering zum Erhalt der Übersichtlichkeit großer Software-Systeme. Neben diesem ist zum Beispiel die Begrenzung der Gültigkeit für Bezeichnern von Variablen in Programmen und die Begrenzung der Sichtbarkeit für Bezeichner unterschiedlicher Art ein Abstraktionsmechanismus mit dem Übersichtlichkeit erlangt und Fehleranfälligkeit reduziert werden kann.

Abstraktionskonzepte sind trotz ihrer in vielen Aspekten gleichgroßen Bedeutungen in der Informationsmodellierung und in der Softwaretechnik dennoch bisher nicht vollumfänglich wechselseitig genutzt. Im Folgenden werden deshalb die jeweiligen Abstraktionskonzepte gegenübergestellt um deutlich zu machen, dass insbesondere für die integrierte Modellierung physikalischer und virtueller Artefakte, die Softwaretechnik weitergehende Modellierungskonzepte für die Informationsmodellierung bereitstellen kann. Beide zusammen werden in den später dargestellten „Konstruktionen" von Informationsmodellen eine wichtige Rolle spielen und deshalb hier einleitend vorgestellt werden. Dabei soll auch deutlich werden, dass Informationsmodellierungen, auch für unterschiedliche Gegenstandsbereiche, als Folgen von aufeinander aufbauende Abstraktionen aufgefasst werden können.

3.6.1   Abstraktionskonzepte der Informationsmodellierung

Abstraktionen in Informationsmodellen dienen deren Strukturierung und damit deren Übersichtlichkeit und Verständlichkeit. Sie dienen damit auch ihrer Handhabbarkeit, insbesondere dann wenn sie Größen erreichen, die von Menschen nicht mehr zu überblicken sind. Schließlich dienen sie der Zuverlässigkeit der Informationsmodelle im Hinblick auf ihre Widerspruchsfreiheit.

Ohne dass besonders darauf hingewiesen worden wäre, sind Abstraktionskonzepte der Informationsmodellierung bereits in den vorangegangenen Kapiteln zur Anwendung gebracht worden. Sie werden hier noch einmal als solche dargestellt und gewürdigt werden.

Fundamental-Abstraktionen

(Abstraktionen der Informationsmodellierung 1. Art)

Mit der Informationsmodellierung werden Informationen über einen Ausschnitt der Realität - den Diskursbereich - erfasst. Mit der Festlegung des Diskursbereiches erfolgt also eine Abgrenzung zwischen den Teilen der Realität, für die ein Interesse besteht, und denen, für die dieses Interesse nicht besteht. Auch wenn dies an dieser Stelle nicht durch sehr viel weitergehende philosophische, natur-, gesellschafts- und sprachwissenschaftliche Betrachtungen überzeugend dargelegt werden kann, soll davon ausgegangen werden, dass die Abgrenzung eines Teils der Realität vom Rest existierender Bezüge, Verbindungen, Abhängigkeiten und Wechselwirkungen vernachlässigt und damit ein nur unvollständiges Bild des Teils der Realität entsteht, der zum Diskursbereich erklärt werden soll.

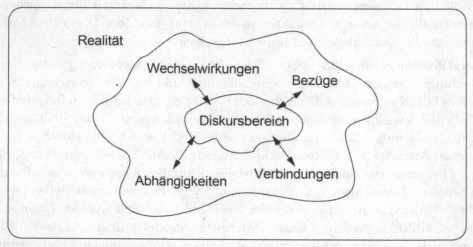

Abbildung 3-76: : Eingrenzung des Diskursbereichs durch Fundamental-Abstraktion

Die Abgrenzung des Diskursbereiches vom Rest der Realität stellt also eine Abstraktion dar, mit der bestimmte Vernachlässigungen einhergehen. Wir wollen diese Abstraktion hier Fundamental-Abstraktion nennen, weil ohne sie in ihrem Umfang begrenzte Betrachtungen der Realität überhaupt nicht möglich wären und ihnen demzufolge eine fundamentale Bedeutung zukommt.

Beispiel:

Die Festlegung eines Diskursbereiches "Unternehmen" erzwingt Beschränkungen im Hinblick auf Beziehungen zu anderen Teilen der Realität, wie z. B. Staat, Privathaushalt etc., obwohl zu diesen eine Vielzahl von Bezügen, Verbindungen, Abhängigkeiten und Wechselwirkungen existieren mögen.

Fundamental-Abstraktionen sind nicht spezifisch für die Informationsmodellierung. Die Thermodynamik führt beispielsweise den Begriff des "abgeschlossenen Systems" ein, um eine Abgrenzung von Teilen der Realität zu erreichen, für die dann Gesetze und Theorien angebbar sind, die sich andernfalls nicht angeben lassen würden.

Basis-Abstraktion

(Abstraktionen der Informationsmodellierung 2. Art)

Die Entity-Relationship-Modellierung sieht die Beschreibung eines Diskursbereiches durch eine Reihe unterschiedlicher Bezeichner für Entity(-Typen), Relationship(-Typen), Entity-Relationship(-Typen) und durch eine Reihe weiterer Symbole vor. Als Bezeichner werden, wie schon in Kapitel 3.4 für das Entity-Relationship-Modell dargestellt, Worte über einem Alphabet, wie z.B. dem Alphabet der deutschen Sprache, gewählt.

Symbole sind in der Darstellung des Entity-Relationship-Modells die dort eingeführten grafischen Symbole

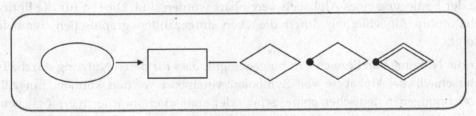

Abbildung 3-77: Symbole für Basis-Abstraktionen

zur Charakterisierung von Entities, Relationships, Entity-Typen (partiellen, totalen und schwachen) sowie Relationship-Typen.

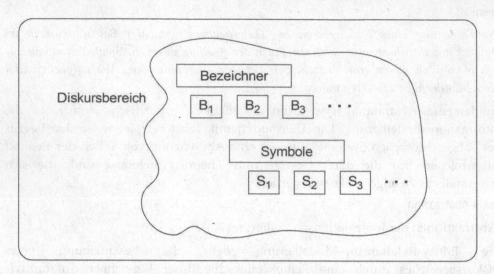

Abbildung 3-78: Darstellung des Diskursbereichs durch Basis-Abstraktion

Weitere Symbole gestatten, als zusätzliche Annotationen zu diesen grafischen Symbolen, die Darstellung dynamischer Eigenschaften von Informationsmodellen durch Integritätsbedingungen in Form von z.B. Kardinalitäten.

Es darf an dieser Stelle nicht unerwähnt bleiben, dass in der Modellierung nicht jedes beliebige Symbol genutzt werden darf, sondern nur die Symbole, die zuvor mit der Festlegung eines Alphabets vereinbart worden sind. Dies ist für die Entity Relationship Modellierung durch die oben aufgezählten graphischen Symbole erfolgt.

Für die Nutzung von Bezeichnern hingegen gilt, dass für deren Nutzung durchaus unterschiedliche Alphabete von Symbolen vereinbart werden können, um z.B. Bezeichnungen in deutscher, chinesischer oder arabischer Sprache zu ermöglichen. Für die Nutzung von Bezeichnern kann darüber hinaus festgelegt sein, dass nicht jede beliebige Kombination von Symbolen eines vorgegebenen Alphabets, sondern nur die in einem Vokabular festgelegten Worte und Kombinationen von Worten zugelassen sein sollen.

Die Informationsmodellierung hat also nicht die Gegenstände des Diskursbereiches selbst, sondern deren Repräsentanten in Form von Bezeichnern und anderen Symbolen zum Gegenstand. Mit der Entity-Relationship-Modellierung erfolgt also eine Abstraktion von den Dingen der Realität hin zu deren symbolischer Darstellung.

Diese Abstraktion soll hier die Basis-Abstraktion der Informationsmodellierung genannt werden. Nach der Basis-Abstraktion können die Darstellung des Diskursbereiches und seine Veränderung durch Bezeichner- und damit als Symboldarstellungen- und durch Darstellungen ihrer Manipulationen erfolgen.

Natürlich werden mit den Basis-Abstraktionen nur unvollständige Bilder des Diskursbereiches erzeugt, da mit den verwendeten Bezeichnern und Symbolen erstens nicht notwendigerweise eindeutige Bezeichnungen erfolgen, und zweitens die Gesamtheit der ausgewählten Bezeichnungen selbst natürlich nur ein unvollständiges Abbild des Diskursbereiches darstellen.

Mit dieser Feststellung wird wiederum die Frage aufgeworfen, wie kann sichergestellt werden, das in der späteren Nutzung der Darstellung eines Diskursbereiches die verwendeten Bezeichner korrekt im Hinblick auf die ihnen bei ihrer Einführung zugedachten Bedeutung interpretiert werden? Dies ist dann wiederum die Frage nach der den Bezeichnern bei ihrer Einführung in die Darstellung des Diskursbereiches „mitgegebenen" Semantik. Sie wird heute häufig so beantwortet, das für die Bestimmung und Darstellung der Semantik von Bezeichnern Ontologien verfügbar sein müssen, aus den deren Semantik abgeleitet werden kann. Mit Ontologien werden Bezeichner mit anderen sie erklärenden Bezeichner in Beziehung gesetzt, die ontologische Spezialisierungen genannt werden.

Gemäß neuerem Sprachgebrauch werden die hier kurz charakterisierten Basis-Abstraktionen "ontologische Abstraktionen" genannt, um deutlich zu machen, dass mit der Ontologie eine Theorie der Bezeichnung und Bedeutungsbestimmung gegeben ist, die die Basis für die "richtige" Interpretation von Bezeichnern und Symbolen schafft. Mit ontologischen Spezialisierungen (die zu ontologischen Abstraktionen inverse Abbildung) wird ein Bezeichner durch andere Bezeichner "spezialisiert", d. h. in einen Kontext gestellt, mit dessen Hilfe die "richtige" Interpretation des Bezeichners möglich werden soll. Für ontologische Abstraktionen und die in ihnen verwendeten Bezeichner gilt die oben eingeführte Argumentation zur Bestimmung der Bedeutung von Entity-Relationship-Modellen.

- Danach erfolgt die Bestimmung der Bedeutung der Modelle durch die Interpretation
- des Bezeichners des betreffenden Entity, Entity-Typs, der Relationship oder des Relationship-Typs,
- der Bezeichner der den Kontext bildenden Entities, Entity-Typen, Relationship oder Relationship-Typen,
- der Symbole, die zur Charakterisierung von Entities, Entity-Typen, Relationships und Relationship-Typen eingeführt worden sind
- und der Symbole, die zur Darstellung der dynamischen Eigenschaften von Entities, Entity-Typen, Relationships und Relationship-Typen eingeführt worden sind.

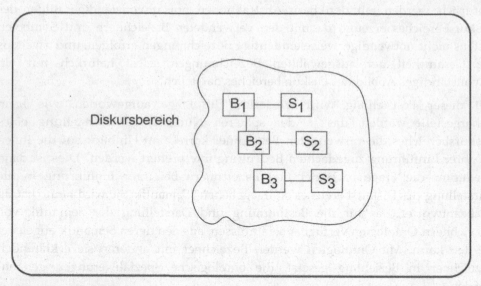

Abbildung 3-79:   Darstellung des Diskursbereichs durch ontologische Abstraktion

Dies entspricht weitgehend der schon in Kapitel 3.4 eigeführten
Bedeutungsbestimmung für Bezeichner. In ontologischen Abstraktionen wird, wie
dort bereits dargestellt, der Kontext zur Bestimmung der Bedeutung nicht
"vollständig" erfasst (z. B. durch die Erfassung aller Kontextgraphen), sondern
durch eine Auswahl der Kontext-Bezeichner aus der Menge aller möglichen
Kontextbezeichner getroffen, genau in dem Sinne, wie jedes Wörterbuch nur eine
Auswahl erklärender Begriffe zu einem zu definierenden Begriff bereitstellt.

Kommentar

Die bisher beschriebenen Abstraktionskonzepte

- *Fundamental-Abstraktionen*
- *Basis-Abstraktionen*

*basieren auf der Anwendung des Prinzips der Ausblendung vorhandener Informationen
von der weiteren Betrachtung. Sie werden demzufolge auch häufig »Information-
Neglection« Abstraktionen" genannt.*

Linguistische Abstraktionen

(Abstraktionen der Informationsmodellierung 3. Art)

Der Begriff „linguistische Abstraktionen" ist in der Informationsmodellierung
nicht verwandt und wird hier eingeführt weil er die sprachliche Darstellung von
Abstraktionen ermöglicht, in dem er die (sprachliche) Bezeichnung von Abstrakten
zum Gegenstand hat. Sie können also in Informationsmodellen, in denen

Informationen durch sprachliche Symbole, Alphabete und Vokabulare dargestellt sind und Abstraktionen mit den fest vorgegebenen linguistischen Abstraktionskonzepten „Generalisierung" und „Aggregation" gebildet werden, genutzt werden. Wenn stattdessen Informationen durch Bilder dargestellt werden ist mit ihrer Hilfe wiederum auch eine Bezeichnung der Abstrakte aber nicht die Erklärung der Bedeutung des zur Anwendung kommenden Abstraktionskonzepts gegeben.

Linguistische Abstraktionen können als eine Präzisierung der oben eingeführten ontologischen Abstraktionen aufgefasst werden. In ontologischen Abstraktionen werden Dinge, Sachverhalte, Beziehungen in einem Diskursbereich durch Bezeichnung und durch beliebige ontologische Spezialisierungen erklärt. Linguistische Abstraktionen werden durch spezielle ontologische Spezialisierungen gebildet.

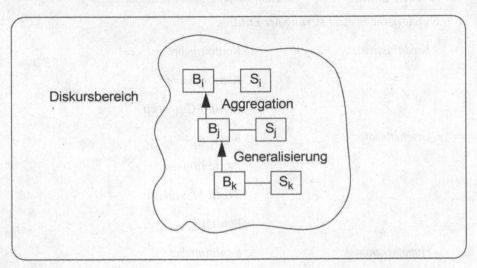

Abbildung 3-80: Darstellung des Diskursbereichs durch linguistische Abstraktion

Generalisierungen

Nachdem eine ontologische Abstraktion stattgefunden hat, trägt jeder Bezeichner eine feste Menge von Charakteristika (sein Kontext ist durch eine feste Anzahl von Bezeichnern definiert). Die linguistische Abstraktion erfolgt jetzt zwischen mehreren ontologisch definierten Bezeichnern. Ein abstraktes (generalisiertes) Entity trägt nicht mehr alle Charakteristika seiner ihm zugeordneten konkreten Entities, sondern nur die allen konkreten Entities die in einer Ontologie festgelegten gemeinsamen Charakteristika. Die konkreten Entities erben alle

Charakteristika des zugeordneten abstrakten Entity und tragen neben diesen weitere spezifische Charakteristika.

In der Informationsmodellierung mit Entity-Relationship-Attribut-Diagrammen führt dies dazu, dass abstrakte Entities alle sie charakterisierenden Attribute an die ihnen zugeordneten konkreten Entities vererben, und dass die konkreten Entities darüber hinaus andere sie charakterisierende Attribute haben können.

Wegen dieser gegenüber der ontologischen Spezialisierung weitergehenden Definition der Spezialisierung von Bezeichnern in Generalisierungsabstraktionen nennen wir sie auch die »eigentliche Spezialisierung« oder einfach die Spezialisierung der Informationsmodellierung.

Beispiel:

Abstraktes Entity:	*Kreditinstitut*
Konkrete Entities:	*Geschäftsbank, Hypothekenbank*

Ontologische Spezialisierung der Entities:

Kreditinstitut:	*Kontoinhaber*
	Kontonummer
	Kredit / Guthaben
Geschäftsbank:	*Kontoinhaber*
	Kontonummer
	Kredit / Guthaben
	Bonität
Hypothekenbank:	*Kontoinhaber*
	Kontonummer
	Kredit / Guthaben
	Sicherheiten

Damit wird deutlich, dass die linguistische Abstraktion der Generalisierung als eine spezielle ontologische Abstraktion aufgefasst werden kann.

Aggregation

Nachdem eine ontologische Abstraktion stattgefunden hat, trägt jeder Bezeichner eine feste Menge von Charakteristika (sein Kontext ist durch eine feste Anzahl von Bezeichnern definiert). Die linguistische Abstraktion erfolgt wieder zwischen mehreren ontologisch definierten Bezeichnern. Ein abstraktes (aggregiertes) Entity trägt nicht notwendigerweise die Charakteristika seiner ihm zugeordneten konkreten Entities, sondern seine ihm zugeordneten spezifischen Charakteristika. Die Charakteristika des abstrakten Entity und die Charakteristika der ihm zugeordneten konkreten Entities stehen möglicherweise in einer Beziehung zueinander, die jedoch nicht explizit angegeben wird.

Beispiel:

abstraktes Entity:	*PKW*
konkrete Entities:	*Motor*
	Fahrgestell

Ontologische Spezialisierung der Entities:

PKW:	*Hersteller*
	Typ
	Ausstattung
Motor:	*Leistung*
	Drehmoment
	Verbrauch
Fahrgestell:	*Motoraufhängung*
	Radaufhängung

In der Aggregation findet die Zuordnung immer zwischen einem Ganzen und seinen es konstituierenden Teile statt. Diese Bedingung stellt die weitergehende Charakterisierung der hier zur Anwendung kommenden Spezialisierung gegenüber der ontologischen Spezialisierung dar.

Abstraktionen in der Mikro-und Makromodellierung

Die Modellierung von Dingen und Sachverhalten und damit von Teilen der Realität mit Entity – Relationship - Modellen entspricht in aller Regel einer Mikromodellierung. Einzelne in der Regel elementare Daten werden zueinander in Beziehung gesetzt, und die Mikromodelle dienen vor allen Dingen dazu, „Richtlinien" für die Programmierung von Datenmanagementfunktionen vorzugeben.

Die Nutzung von Entity-Relationship-Modellierung „im Großen" zur Erstellung, Bereitstellung und Nutzung von „Datenbeständen" und vor allen Dingen auch von dezentral erzeugten verschiedenen Datenbeständen in einer bestimmten Anwendung, verlangt weitere Ausdrucksmittel. Abstraktionen sind diese weitergehenden Ausdrucksmittel.

3.6.2 Abstraktionskonzepte der Informationsmodellierung und des Software Engineering

Zur Handhabung vieler unterschiedlicher, dezentral erstellter Datenbestände sind weitergehende Festlegungen der Bedeutung/Deutung (der Semantik) der Daten in den Datenbeständen nötig, und dies wiederum erfordert weitergehende Ausdrucksmittel zur Darstellung der Semantik. Darüber hinaus sind wegen der möglichen unberechtigten Nutzung der Datenbestände Vorkehrungen für deren Protektion nötig, mit denen sichergestellt wird, dass z. B. die rechtmäßigen Besitzer über die Nutzung der Daten entscheiden dürfen. Dafür sind dann weitergehende Abstraktionen und die Konstruktion von Informationsmodellen aus Informationsmodellen zu erlauben. In Vorbereitung auf die Einführung solcher weitergehenden Konzepte für die Informationsmodellierung sollen zunächst Abstraktionskonzepte des Software Engineering vorgestellt werden.

Sichten-Abstraktionen

Für einen gegebenen Diskursbereich ist die Erfassung und Darstellung der diesen

Diskursbereich kennzeichnenden und charakterisierenden Informationen in der Praxis in der Regel eine hochkomplexe Aufgabe. Die Beherrschung der Komplexität der Aufgabe verlangt dann die Separierung der Informationen in Gruppen, für die jeweils separate Teilmodellierungen durchgeführt werden und für die die dabei entstehenden Teilmodelle zusammengeführt werden müssen.

Bei der Betrachtung der Teilmodelle sprechen wir deshalb in Anlehnung an Datenbankkonzepte von Sichten auf Informationsmodelle, die, wenn sie "zusammengefügt" werden, das Gesamtinformationsmodell ergeben.

Schon in der Einführung der elementaren Modellierungskonzepte in den vorangegangenen Kapiteln ist von der Abstraktion durch Separierung Gebrauch gemacht worden. Wir haben darin die Separierung der strukturellen und dynamischen Charakteristika von Entities des Diskursbereiches eingeführt. Die strukturellen Charakteristika sind durch Entities/Entity-Typen und ihre Zuordnung zu Relationships/ Relationship-Typen, die dynamischen Charakteristika durch Integritätsbedingungen und die daraus folgenden Wirkungszusammenhänge- die in der Softwaretechnik mit dem Begriff „Seiteneffekte" belegt werden- festgelegt worden.

Dazu sei daran erinnert, dass Integritätsbedingungen und Wirkungszusammenhänge in der Entity-Relationship-Modellierung sich auf die Basis-Operationen auf Daten „insert", „delete" und „update" beziehen und mit ihnen sichergestellt wird, dass zu jedem Zeitpunkt nur die Entities und Relationships in der Extension eines Informationsmodells existieren, mit denen ein Modell „invariant vollständig und konsistent" gehalten werden kann. Es bietet sich deshalb an von den durch Entity Typen und Relationship-Typen gebildeten „invarianten" strukturellen Eigenschaften und von den durch Entities und Relationships gebildeten „varianten" strukturellen Eigenschaften zu sprechen über die zusammen die dynamischen Eigenschaften festgelegt sind.

Eine weitergehende Präzisierung der Bedeutung der invarianten strukturellen Charakteristika von den varianten strukturellen Charakteristika von Informationsmodellen wird durch die Einführung von Entity-Klassen und Relationship-Klassen in späteren Kapiteln erreicht werden.

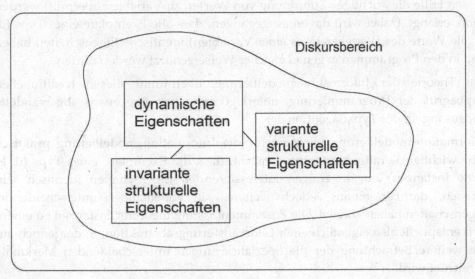

Abbildung 3-81:   Sichten-Abstraktion

Es ist schon in Kapitel 3.1.3 betont worden, dass die Darstellung des Diskursbereiches in mehreren Sichten natürlich die Kompatibilität dieser Sichten voraussetzt. In der dort diskutierten Separierung ist insbesondere, wie leicht einzusehen war, Kompatibilität zwischen den invarianten strukturellen und den strukturell varianten Charakteristika gefordert worden. Erst dies erlaubt dann auch die Separierungen zwischen der Sicht der strukturellen und der Sicht der dynamischen Eigenschaften.

Die Separierung zwischen strukturellen und dynamischen Eigenschaften sind gängige Praxis in der Programmierung und im Software Engineering seit der Einführung objektorientierten Programmierens und des Software Engineering. Wir nennen die auf dieser Art der Separierung beruhenden Abstraktionen deshalb auch softwaretechnische Abstraktionen.

Es überrascht deshalb auch nicht, dass in neuen Konzepten der Informationsmodellierung, wie z. B. in UML sichtenorientierte Abstraktionen eingeführt werden, indem zunächst strukturelle Modelle (Entity-Relationship-Modelle) und danach dynamische Modelle (Operationen, State-Charts und Message-Sequence-Charts) etc. erstellt werden. Auf die z. B. bei UML entstehenden Kompatibilitätsprobleme zwischen verschiedenen Sichten soll hier jedoch nicht näher eingegangen werden.

Typ-Abstraktionen und Klassenabstraktionen

Typ-Deklarationen in der Programmierung haben ihre Bedeutung zunächst als Bezeichnungen für Wertebereiche für Variablen und damit als ein Konzept, mit dessen Hilfe die »richtige« Zuordnung von Werten zu Variablen überprüft werden kann, erlangt. Dabei wird davon ausgegangen, dass alle Exemplare eines Typs (d. h. alle Werte des Wertebereiches einer Variablen) identische Eigenschaften haben und in den Programmen in genau gleicher Weise genutzt werden dürfen.

Die Theorie der Informationsmodellierung übernimmt diesen traditionellen Typbegriff der Programmierung, unterlegt ihm aber eine etwas abgewandelte Bedeutung. In der Typkonzeption der

Informationsmodellierung wird die für die Informationsmodellierung praktisch sehr wichtige Verallgemeinerung gemacht, dass die Exemplare eines Typs (d. h. seine Instanzen) nur in einigen interessierenden Eigenschaften identisch sein müssen, darüber hinaus jedoch weitere, sie voneinander unterscheidende, Eigenschaften haben können. Die Zusammenfassung mehrerer Instanzen zu einem Typ entspricht also eigentlich einer Generalisierungsabstraktion, in der jedoch auf die weitere Betrachtung der die Spezialisierungen unterscheidenden Merkmale verzichtet wird.

Natürlich dürfen sich dann Nutzungen der Instanzen in unterschiedlichen Kontexten nur auf die allen Spezialisierungen gemeinsamen Merkmale beziehen, d. h. nur die Ausprägungen der gemeinsamen Merkmale dürfen die entsprechende für den Typ bestimmende Interpretation erhalten.

Neben dieser ersten Unterscheidung zwischen Typ-Abstraktionen in der Informationsmodellierung und denen in der Programmierung bzw. im Software Engineering, muss an dieser Stelle noch auf eine andere Diskrepanz hingewiesen werden. Ein Entity-Typ wird in der Informationsmodellierung so betrachtet, als repräsentiere er die Menge aller ihm zugeordneten Entities als Gesamtheit und habe damit einen Wert und somit einen Zustand, der durch die Werte der ihm zugeordneten Entities gegeben ist. Damit wird in der klassischen Informationsmodellierung der Typ-Begriff häufig mit dem Klassenbegriff der objektorientierten Programmierung gleichgesetzt.

Dies entspricht nicht der klassischen programmiertechnischen/softwaretechnischen Bedeutung des Typ-Begriffs. Hier wird der Typ als eine abstrakte Charakterisierung für jede einzelne seiner ihm zugeordneten Instanzen betrachtet. Der Typ trägt seine Eigenschaften quasi stellvertretend für jede seiner Instanzen. Der Typ hat keinen ihm zugeordneten Wert und damit auch keinen Zustand und unterliegt auch keinen Zustandsänderungen. Um dem Anspruch in der Informationsmodellierung, einem Entity einen Wert und damit einen Zustand zuordnen zu können muss deshalb zwischen einer Typ-Abstraktion und einer Klassenabstraktion, wie wir sie oben schon einführend beschrieben haben, strikt unterschieden werden. Wir werden auch im Folgenden diese Unterscheidung strikt beachten.

Die Typ-Abstraktionen des modernen Software Engineering dienen der integrierten Festlegung sowohl der strukturellen als auch der dynamischen Eigenschaften von Daten. Dies entspricht für die Informationsmodellierung der Festlegung der Intension und damit der Festlegung der intendierten invarianten Struktur und der intendierten invarianten Dynamik für jede Instanz des Typs. Mithin werden mit einer Typabstraktion invariante strukturelle Eigenschaften „direkt" und die dynamischen Eigenschaften „indirekt" festgelegt, indem die für die jeweilige Struktur prinzipiell zulässigen Veränderungen so festgelegt werden, dass die festgelegte invariante Struktur nicht verletzt wird.

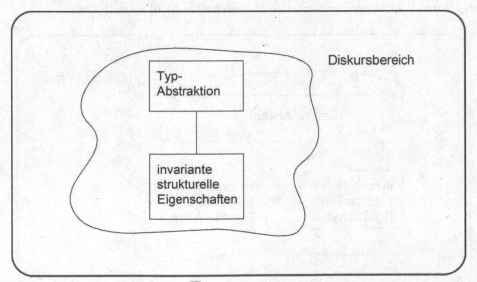

Abbildung 3-82:   Darstellung des Diskursbereichs durch Typ-Abstraktion

Mit einer entsprechenden Klassenabstraktion werden Daten sich im Zeitablauf ändernde Werte und damit Zustände zugeordnet, die die im jeweiligen im Zeitablauf entstehenden Extensionen für jede Instanz des Typs darstellen.

Klassenabstraktionen der Programmierung und des Software Engineering folgen den dortigen Typ-Abstraktionen in dem Sinne, dass jede Untermenge der Menge der Instanzen (Entities) eines Typs (Entity-Typs) eine Klasse darstellen, und dass die Menge der Instanzen einer Klasse zeitlich veränderbar ist. Die Klasse repräsentiert im Zeitablauf also verschiedene Untermengen der Menge der Instanzen des Typs. Da jeder Instanz (jedes Entity eines Entity Typs) im Zeitablauf unterschiedliche Werte zugeordnet werden können haben Klassen einen Wert und einen Zustand.

Klassenabstraktionen der Programmierung und des Software Engineering können der Festlegung der varianten Eigenschaften eines Informationsmodells dienen. Dies geschieht durch die Beachtung von Restriktionen und Wirkungszusammenhängen für Änderungen von Klassen durch Einfügungen, Löschungen und Modifikationen von Entities in Entity-Klassen und von Relationships in Relationship-Klassen und durch die Veränderung der Zuordnung von Werten zu Instanzen.

Klassenabstraktionen dienen damit der integrierten Festlegung der invarianten und varianten strukturellen Eigenschaften von Informationsmodellen indem sie festlegen, wie aus den invarianten strukturellen Eigenschaften auf die varianten strukturellen Eigenschaften geschlossen werden kann und wie die Änderungen der Instanzen ausgeführt werden müssen um die für den jeweiligen Typ festgelegten invarianten strukturellen Eigenschaften nicht zu verletzen.

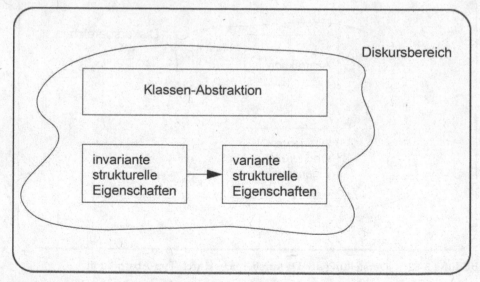

Abbildung 3-83:   Darstellung des Diskursbereichs durch Klassenabstraktion

Für die Informationsmodellierung in der industriellen Praxis der sind in der Regel sich im Zeitablauf verändernde Diskursbereiche zu betrachten und damit die Darstellung der Informationen durch Klassen und die sie definierenden Typen gemeinsam zu betrachten. Dies wird im Kapitel 5 bei der Einführung von Klassen-Konstruktionen im Detail begründet werden.

Objekt-Abstraktionen

Der nächstfolgende Abstraktion-Schritt zur integrierten Modellierung von strukturellen und dynamischen Eigenschaften sind Objekt-Abstraktionen. Dazu werden Klassen Operationen zugeordnet. Diese Operationen stellen sicher, dass eine Klasse aus einem zulässigen Zustand in einen anderen zulässigen Zustand überführt wird. Die Operationen sind dann nicht mehr die bisher betrachteten Universaloperationen "einfügen", "löschen", "modifizieren", sondern sind klassenspezifisch definierte Veränderungsoperationen. Dies entspricht dem softwaretechnischen Prinzip der Datenkapselung, bei dem Daten durch die auf sie zugelassenen Operationen eingekapselt werden.

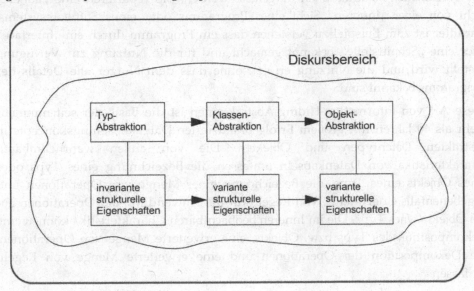

Abbildung 3-84:   Objekt-Abstraktionen

Während Klassenabstraktionen den Typ-Abstraktionen in dem Sinne folgen, dass Typ-Abstraktionen die Schablone darstellen, nach der Klassenabstraktionen gebildet werden können und Objekt-Abstraktionen folgen den Klassen – Abstraktionen in dem Sinne, dass sie nur noch Veränderungen der Daten ermöglichen, die den Festlegungen der möglichen Veränderungen der Klassen durch die den Klassen in Objekten zugeordneten „eigenen" Operationen entsprechen. In Objekten sind, so die Sprechweise, Klassen durch die auf den Klassen zugelassenen Operationen „eingekapselt". Moderne Techniken der

Informationsmodellierung, wie sie insbesondere durch die Unified Modeling Language (UML) repräsentiert werden, unterstützen die objektorientierte Informationsmodellierung.

Information-Hiding-Abstraktionen

Der Begriff „information hiding" bezeichnet in der Regel nicht das Vorenthalten von Informationen sondern den freiwilligen Verzicht, um sich nicht mit Informationen auseinandersetzen zu müssen, die von untergeordneter, von geringer oder ohne Bedeutung in der jeweiligen Nutzung oder Nutzungsumgebung sind. Das Konzept ist im Alltagsleben bekannt und den meisten Menschen bekannt und wird dort häufig mit dem Satz umschrieben: Man muss nicht wissen was unter der Motorhaube geschieht um ein Automobil zu nutzen.

Information-Hiding-Abstraktionen sind in der Programmierung und im Software Engineering erfolgreich genutzte Ausdrucksmittel. Sie können als eine spezielle Art von Sichten-Abstraktionen aufgefasst werden: Sie separieren eine „äußere" Sicht von einer „inneren" Sicht eines Programms oder eines Softwaresystems. Darunter ist zum Beispiel zu verstehen dass ein Programm durch ein „Interface" oder eine „Schnittstelle" bekannt gemacht und für die Nutzung zur Verfügung gestellt wird und die Nutzung erfolgt, ohne dass dem Nutzer alle Details des Programms bekannt sind.

Diese Art von Information-Hiding-Abstraktionen ist die Basis der seit nunmehr mehr als 40 Jahren mit großem Erfolg praktizierten Datenkapselungskonzepte in abstrakten Datentypen und Objekten. Die von außen wahrnehmbaren Charakteristika von Datenkapseln umfassen die Bezeichnung eines Typs oder eines Objekts eines Typs, die Bezeichnung einer Menge von Operationen und gegebenenfalls einer Menge von Regeln für die Anwendung der Operationen auf die Objekte eines Typs. Die im Inneren beobachtbaren Charakteristika können eine Dekomposition des Typs bzw. Objekts, eine erweiterte Menge von Operationen, die Dekomposition der Operationen und eine erweiterte Menge von Regeln umfassen.

Dass die innere Sicht dem Nutzer eines Programms oder Softwaresystem nicht bekannt gemacht wird kann sich auch auf die innere Struktur des Programms oder Softwaresystems beziehe: Dass ihm nicht bekannt gemacht wird, dass das betrachtete Programm aus abgrenzbaren Programm-Teilen, in der Regel Komponenten genannt, besteht. Es ist eine häufig geübte Praxis der Programmierung auch Komponenten weiter in voneinander abgrenzbare Teil-Komponenten zu zerlegen.

Übertragen auf Informationsmodelle bedeutet dies, dass ein Entity/Entity-Typ oder eine Relationship/ein Relationship-Typ als aus Teilen aufgebaut betrachtet werden müssten. In der äußeren Sicht werden dann die durch einen Beobachter außerhalb eines Entity/Entity-Typs oder einer Relationship/eines Relationship-Typ, in der inneren Sicht werden die durch einen Beobachter im Inneren eines Entity/Entity-Typs oder einer Relationship/eines Relationship-Typs wahrnehmbaren Charakteristika des Entity/Entity-Typs oder einer Relationship/eines Relationship-Typs dargestellt.

Damit setzen Information-Hiding-Abstraktionen voraus, dass es im Inneren von betrachteten Dingen und Sachverhalten versteckte, „innere" Teil-Dinge und Teil-Sachverhalte, gibt. Solche „inneren" Informationen über Dinge und Sachverhalte im Sinne der Informationsmodellierung sind möglicherweise im „Inneren" existierende Detail-Informationen zu den von außen wahrnehmbaren Informationen der zu den modellierten Dinge und Sachverhalte. Solche Detaillierungen könnten dann als eine Dekomposition der die Dinge und Sachverhalte beschreibenden Entities/Entity-Typen oder Relationships/Relationship-Typen aufgefasst werden.

Information-Hiding-Abstraktionen sind also immer dann sinnvoll, wenn eine hierarchische Zerlegung existiert oder existieren soll. Für die Informationsmodellierung bedeutet dies, dass der zu modellierende Diskursbereich als aus Teilbereichen aufgebaut betrachtet werden kann, die wiederum aus Teilbereichen aufgebaut betrachtet werden können usw. Damit sind Information-Hiding-Abstraktionen als orthogonale Sichtenabstraktionen zu den anderen bisher betrachteten Sichten-Abstraktionen zu bezeichnen. Während die anderen Sichten-Abstraktionen jeweils bestimmte Bedeutungsaspekte heraussondern, sind Information-Hiding-Abstraktionen darauf ausgerichtet, ein Ding oder einen Sachverhalt in Teile zu zerlegen. Dieser Sachverhalt ist in Bild 3.72 durch die hochgestellten Indizes angedeutet.

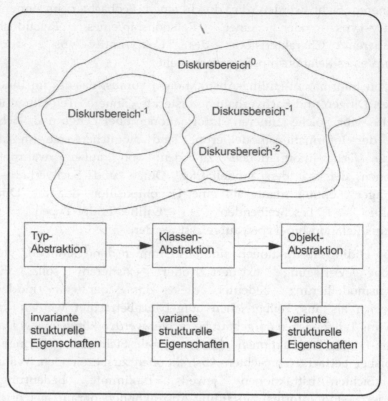

Abbildung 3-85:   Information-Hiding-Abstraktionen

Die mit Information-Hiding-Abstraktionen verbundenen Zerlegungen verweisen auf ein weiteres in der Software-Technik häufig zur Anwendung kommendes Abstraktionsprinzip hin: Das Teile- und Beherrsche-Prinzip. Die Zerlegung eines Programms oder eines Softwaresystems muss nicht notwendigerweise eine lineare Zerlegung sein: Komponenten dürfen auch –wie in der obigen Abbildung von strukturieren Sachverhalten verdeutlicht- nebeneinander existieren. Information-Hiding-Abstraktionen sind also eine Überlagerung aus Sichten-Abstraktion und Teile- und Beherrsche-Abstraktion, die im Kapitel 4 ausführlich dargestellt werden.

Information-Hiding-Abstraktionen bedingen, wie die vorangegangene Argumentation zeigt, die Existenz eines Kapselungsmechanismus durch den zwischen einem Entity/Entity-Typ als Ganzem und seinen konstituierenden Komponenten-Entities unterschieden werden kann. Mit dem Kapselung-Konzept und der Verallgemeinerung des Kapselungskonzeptes, nach dem Komponenten einer Kapsel wiederum als Kapseln aufgefasst werden können, ist die Basis für ein hierarchisches Komponentenkonzept gelegt. Ein solches hierarchisches Komponentenkonzept soll die Basis der im Folgenden eigeführten

komponentenorientierten Informationsmodellierung werden. Die über Export-
und Importschnittstellen bewirkte Einkapselung wird die Basis für die in den
folgenden Kapiteln detailliert beschriebenen Konstruktions-Abstraktionen.

Kommentar

Die in den vorangegangenen Abschnitten beschriebenen Sichten-Abstraktionen

> *Typ-Abstraktionen*

> *Klassenabstraktionen*

> *Objekt-Abstraktionen*

> *Information-Hiding-Abstraktionen*

*basieren auf der Anwendung des Prinzips des "separation of concern", mit dem
Informationen eines festgelegten Diskursbereiches durch die Separierung ihrer
Eigenschaften und die getrennte Erfassung, Darstellung und Analyse dieser Eigenschaften
dem einfachen Verstehen und der Beherrschung zugänglich gemacht werden. Information
hiding Abstraktionen eröffnen darauf aufbauende Abstraktionen als „devide and conquer"-
Abstraktionen.*

Parametrisierungs-Abstraktionen

Mit dem Begriff der Parametrisierung wird in der Programmierung die
Vorstellung verbunden, dass Parameter währen ihrer Existenz unterschiedliche
Werte annehmen können. Parameter entsprechen in diesem Sinne den Variablen in
Programmen. Parametrisierung schafft die Voraussetzung für Flexibilität: Mit
einem Programm können für unterschiedliche Ausführungen des Programms mit
unterschiedlichen Eingangsdaten den Variablen im Programm unterschiedliche
Werte zugeordnet und es werden jeweils unterschiedliche Ergebnisse erzielt.

Nach der hier etwas groben Beschreibung der heute üblichen Interpretation des
Begriffs ein verallgemeinerter Begriff für Parametrisierung eingeführt werden. Die
erweiterte Bedeutung von Parametrisierung entspricht der folgenden
Verallgemeinerung der Konzeption: Die dort stattfindende Ersetzung soll sich
nicht nur für Variablen-Werte sondern sich auch auf beliebige Programme
erstrecken, mit denen Programme durch die Ersetzung von Teil-Programmen
durch andere (kompatible) Teilprogramme möglich sein soll, um den
übergeordneten Programmen eine für einen veränderten Bedarf veränderte
Funktion zuordnen zu können. Parametrisierungen dienen also der
Flexibilisierung von Programmen im Hinblick auf sich ändernde Anforderungen
an die Programme. Um einen heute gern genutzten Begriff zu verwenden würde
man sagen, Programme werden zu agilen Programmen.

Übertragen auf die Informationsmodellierung bedeutet das neue
Parametrisierungskonzept zum Beispiel für Entity-Relationship-Modelle, dass mit
ihm die Ersetzung von Entities/Entity Typen in den Modellen durch andere
Enities/Entity Typen ermöglicht werden soll, um Anpassungen an Veränderungen

im Diskursbereich zeitnah, systematisch und mit geringem Aufwand im Modell nachvollziehen zu können. Dabei wird nicht nur die Ersetzbarkeit einzelner Entities/Entity Typen sondern auch die Ersetzung ganzer Teil-Modelle in einem Modell betrachtet werden.

Wir werden diese erweiterte Parametrisierungs-Abstraktion damit zum Ausgangspunkt der komponentenorientierten Informationsmodellierung machen, weil durch sie sichergestellt werden kann, dass ein Entity/Entity-Modell stets als Ganzes sondern auch als aus Modell-Komponenten aufgebautes Gesamt-Modell aufgefasst werden kann. Veränderungen des Gesamt-Modells können dann auch durch die Ersetzung von Teil-Modellen erreicht werden.

Mit der Einführung der Begriffe „Gesamt-Modell" und „Teil-Modell" ist schon deutlich geworden, dass mit den erweiterten Parametrisierungs-Abstraktionen eine Modell-Hierarchie aufgebaut werden kann. Diese ist nicht notwendigerweise eine nur über zwei Stufen definierte Hierarchie sondern kann durch die Zerlegung von Teil-Modellen in TeilTeil-Modelle zu einer n-stufigen Hierarchie erweitert werden. Modelle lassen sich damit allgemein –unabhängig von der der vorangegangenen linguistischen Abstraktion- als Komponenten –Hierarchien darstellen und seine konstituierenden Komponenten müssen sogar nicht notwendigerweise durch die gleichen linguistischen Abstraktionen bestimmt sein. Parametrisierungs-Abstraktionen schaffen so die Möglichkeit im Hinblick auf die für die Modellierung verwandten Modellierungssprachen heterogene Komponenten-Modelle zu erzeugen. Komponenten-Modelle dieser Art werden damit für die Erstellung „grenzüberschreitender" Modelle zu einem geeigneten Modellierungskonzept für „grenzüberschreitende" Modellierungsaufgaben.

Nicht nur für heterogene Komponenten-Modelle sondern für Komponenten-Modelle überhaupt muss bei der Modellierung für die „Passgerechtigkeit" und „Passgenauigkeit" für die in der Hierarchie miteinander in Beziehung stehenden Komponenten gesorgt werden. Dazu muss sichergestellt werden, dass eine Komponente und ihre Unter-Komponenten syntaktisch „kompatibel" sind oder gemacht werden, ihre Zusammenfügung zu einen Gesamt-Modell semantisch „konsistent" und im Hinblick auf gegebene nichttechnische Vorgaben „complient" ist. In der später folgenden detaillierten Erläuterung solcher hierarchischen Kompositionen wird das Konzept eines Konstruktors eingeführt werden, mit sichergestellt werden soll, dass die obigen Anforderungen erfüllt werden .

Darunter soll verstanden werden, dass mit Konstruktoren die Verbindungen zwischen übergeordneten und untergeordneten Komponenten in einer Komponenten-Hierarchie über deren Export- und Import-Schnittstellen erfolgen kann. Dabei wird das Import-Interface einer Komponente Anforderungen an die Unter-Komponenten als "formale Parameter", die zu beliebigen Zeitpunkten durch bestimmte Unter-Komponenten aktualisiert werden können, festlegen. Die Aktualisierung kann dann mit solchen Unterkomponenten erfolgen, die in ihren Export-Interfaces Angebote bereitstellen, die mindestens die Anforderungen der übergeordneten Komponente erfüllen.

Beispiel:

Ein Unternehmens-Informationsmodell stellt ein Unternehmen in der Exportschnittstelle mit seinen Leistungen als Anbieter von Produkten und Dienstleistungen dar:

> *Unternehmen X: EXPORT*
>
> *liefert (Produkt A)*
>
> *liefert (Produkt B)*
>
> *erbringt (Dienstleistung A) erbringt (Dienstleistung B)*

Die Erstellung der Produkte bzw. die Erbringung der Dienstleistungen selbst ist nicht

Gegenstand des Interesses und bleibt in der Kapsel, die das Entity (bzw. den Entity-Typ) "Unternehmen" repräsentiert, versteckt. Zur Erstellung der Produkte bzw. zur Erbringung der Dienstleistung muss das Unternehmen Zulieferungen oder Zuarbeiten anderer externer oder interner Organisationseinheiten in Anspruch nehmen. Dazu wird im Import-Interface des Entity/Entity-Typs –„Unternehmen" die Anforderung an Zulieferer bzw. Zuarbeiter durch die Vorgabe eines Geschäftsprozesses festgelegt.

Unternehmen X: IMPORT Geschäftsprozess A

Welche externen oder internen Organisationseinheiten zur Übernahme der Zulieferung bzw. Zuarbeit geeignet sind, ist allein durch die Fähigkeit, den geforderten Geschäftsprozess zu bedienen, bestimmt, nicht jedoch z. B. durch die derzeitigen Produkt- und Dienstleistungsangebote des Zulieferers bzw. Zuarbeiters. Als Folge davon können bedarfsweise unterschiedliche Zulieferer bzw. Zuarbeiter verpflichtet werden. Dies wird im Informationsmodell durch unterschiedliche Aktualisierungen des formalen Parameters "Geschäftsprozess" darstellbar.

Zwischen den Abstraktionskonzepten, die mit den klassischen Techniken der Informationsmodellierung früher eingeführten „linguistischen" Abstraktionen (das heißt, den „Basis-Abstraktionen", „Sichten-Abstraktionen", „Typ-Abstraktionen", „Klassenabstraktionen" und „Objekt-Abstraktionen") sowie den „ Information-Hiding-Abstraktionen" und der „Parametrisierungs-Abstraktionen", bestehen wichtige Unterschiede. Linguistische Abstraktionen dienten dazu, komplexe Sachverhalte dadurch verstehbar und beherrschbar zu machen, dass die Bedeutung von Entities durch das „Begriffs-Netzwerk" über das sie mit anderen

Entities in Beziehung stehen, zu verdeutlichen. Die durch linguistische Abstraktionen gebildeten „Begriffs-Netzwerke" sind also nur als Ganzes Erklärungen der Bedeutung von Entities/Entity-Typen.

Den durch linguistische Abstraktionen gebildeten Strukturen stehen die durch „Information-Hiding-Abstraktionen" und „Parametrisierungs-Abstraktionen" gebildeten Hierarchien insoweit gegenüber, als mit ihnen eine Kapselung für jede Stufe der Hierarchie so erfolgt, dass jedes Element der Hierarchie als Ganzes (als black box), aber nicht die in seinem Inneren erfolgenden weiteren ontologischen Spezialisierungen für den Beobachter sichtbar gemacht werden. Mit Information-Hiding-Abstraktionen werden also Hierarchien mit Sichtbarkeitsbegrenzungen darstellbar.

Die nicht sichtbaren "inneren" ontologischen Spezialisierungen trügen, wären sie bekannt, zweifellos auch zur Bestimmung der Bedeutung bei. Sie werden jedoch aus pragmatischen Gründen der Sichtbarkeit entzogen und belassen die Bestimmung der Bedeutung eines Entity auf einem weniger detaillierten Niveau. Um dies zu ermöglichen, werden Informationskapseln mit Schnittstellen versehen, in denen ihre von außen beobachtbaren Bedeutungen (Exportschnittstelle) und die durch die Dekomposition erreichbaren Verfeinerungen ihrer Bedeutungen (Importschnittstelle) beschrieben werden können, ohne dass auf die inneren, ontologischen Spezialisierungen der Komponenten selbst verwiesen werden muss.

Mit der Einführung von Export- und Importschnittstellen für Entities bzw. Entity-Typen sind die konzeptionellen Voraussetzungen dafür geschaffen, diese Entities bzw. Entity-Typen als "bedeutungs-autonome" Einheiten" (als Übersetzung des den Sachverhalt besser charakterisierenden englischen Begriffs "selfcontained units") zu betrachten.

Teile- und Beherrsche-Abstraktionen

Mit den beiden Hierarchisierungskonzepten, basierend auf Information-Hiding-Abstraktionen einerseits und auf Parametrisierungs-Abstraktionen andererseits können unterschiedliche Varianten eines in der Wissenschaft und Praxis sehr häufig angewandten Prinzips, das "teile- und beherrsche-Prinzip", in die Informationsmodellierung eingeführt werden. Während mit linguistischen Abstraktionen Hierarchien ohne Sichtbarkeitsbegrenzungen entstehen, werden mit Information-Hiding- und Parametrisierungs-Abstraktionen Sichtbarkeitsbegrenzungen und damit Aufteilungen eines Informations-Modells möglich.

Die bisherigen Darstellungen der in der Informationsmodellierung und in der Software-Technik zur Anwendung kommenden Abstraktionskonzepte lassen auf eine notwendige Ordnung in der Anwendung dieser Konzepte schließen. Diese soll im folgenden Bild noch einmal explizit dargestellt werden.

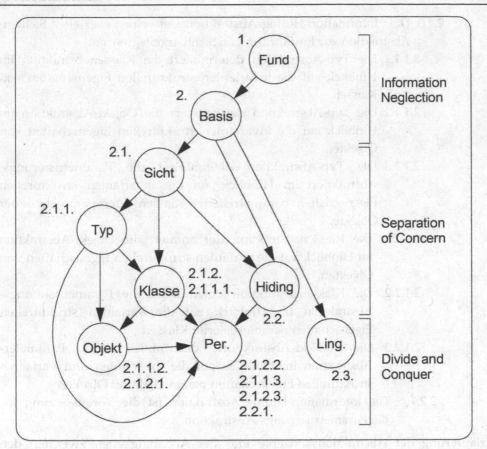

Abbildung 3-86: Folgen von Abstraktionen

1. Fundamental-Abstraktionen grenzen den Diskursbereich ab.
2. Basis-Abstraktionen bestimmen die (formale) Sprache zur Beschreibung des Diskursbereichs.
   2.1. Sichten-Abstraktionen beschränken die Beschreibung des Diskursbereiches auf die Beschreibung einiger Charakteristika oder nur eines Charakteristikums.
   2.2. Eine spezielle Sichten-Abstraktion, die Information-Hiding-Abstraktion, bedingt die Beschreibung des Diskursbereiches als hierarchische Komposition von Teilen des Diskursbereiches.
   2.3. Die linguistische Abstraktion bedingt eine linguistisch getriebene Komposition des Diskursbereiches und deren Beschreibung.
       2.1.1. Die Typ-Abstraktion ist eine spezielle Sichten-Abstraktion zur Darstellung invarianter struktureller Eigenschaften.
       2.1.2. Die Klassenabstraktion ist eine spezielle Sichten-Abstraktion zur Darstellung varianter struktureller Eigenschaften.

2.1.3. Die Information-Hiding-Abstraktion ist eine spezielle Sichten-Abstraktion zur Einführung von Sichtbarkeitsgrenzen.

2.1.1.1. Die Typ-Abstraktion determiniert die Klassenabstraktion im Hinblick auf die invarianten strukturellen Eigenschaften von Klassen.

2.1.1.2. Die Typ-Abstraktion determiniert die Objekt-Abstraktion im Hinblick auf die invarianten strukturellen Eigenschaften von Objekten.

2.1.1.3. Die Typ-Abstraktion determiniert die Parametrisierungs-Abstraktion im Hinblick auf die invarianten strukturellen Eigenschaften parametrisierter Klassen oder parametrisierter Objekte.

2.1.2.1. Die Klassenabstraktion determiniert die Objekt-Abstraktion im Hinblick auf die varianten strukturellen Eigenschaften von Objekten.

2.1.2.2. Die Klassenabstraktion determiniert die Parametrisierungs-Abstraktion im Hinblick auf die varianten strukturellen Eigenschaften parametrisierter Klassen.

2.1.2.3. Die Objekt-Abstraktion determiniert die Parameter-Abstraktion im Hinblick auf die invarianten und varianten strukturellen Eigenschaften parametrisierter Objekte.

2.2.1. Die Information-Hiding-Abstraktion ist die Voraussetzung für die Parametrisierungs-Abstraktion.

Erläuterung der Abstraktionskonzepte und der Abhängigkeiten zwischen den diskutierten Abstraktionskonzepten erfolgt durch die folgenden Bilder und Beispiele.

3.6.3   Beispiele zur graphischen Veranschaulichung von Abstraktionen

Auf dem „information neglection" Abstraktions-Konzept basierende   Abstraktionen

Die auf dem »Information neglection«-Abstraktions-Konzept basierenden Abstraktionen sind die unabdingbare Voraussetzung für die Anwendung weitergehender Abstraktionskonzepte.

Fundamental- und Basis-Abstraktionen

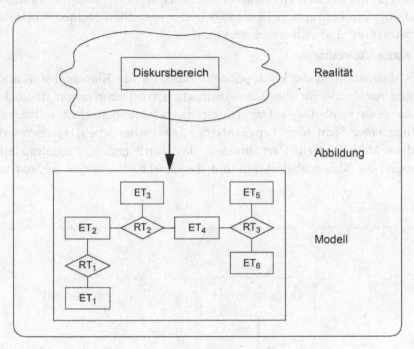

Abbildung 3-87:   Fundamental- und Basis-Abstraktion

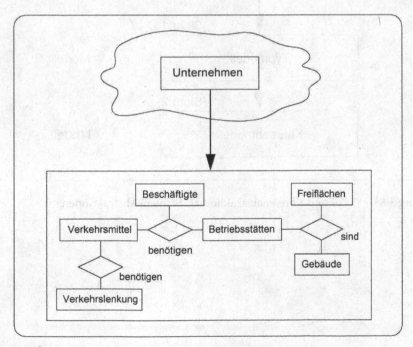

Abbildung 3-88:   Beispiel Fundamental- und Basisabstraktionen

Auf dem „separation of concerns" Abstraktions-Konzept basierende Abstraktionen:

Das Konzept der Sichten-Abstraktion ist, entsprechend unserer einführenden Beschreibung, die konzeptionelle Basis für die speziellen Sichten-Abstraktionen „Typ-Abstraktion" und „Klassenabstraktion".

Typ-und Klassenabstraktionen

Die Typ-Abstraktion ist die konzeptionelle Basis für die Klassenabstraktion. Aus der obigen Abbildung für die Basis-Abstraktion wird aber schon deutlich, dass schon die erste symbolische Darstellung des Diskursbereiches selbst nur die Darstellung einer Sicht (der Typ-Sicht) des Diskursbereiches repräsentiert. Das entstandene Modell ist ein Partialmodell, das durch andere Partialmodelle wie zum Beispiel die Klassenabstraktion und die Objekt-Abstraktion ergänzt werden kann.

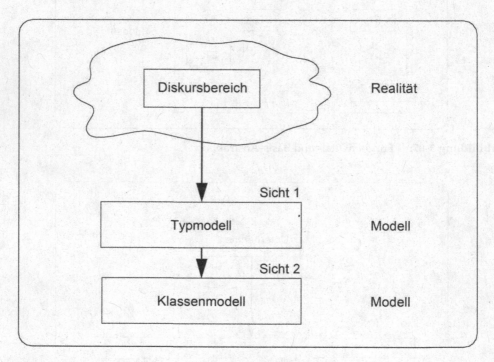

Abbildung 3-89:   Typ- und Klassenabstraktion als Sichten-Abstraktionen

Die Klassenabstraktion ist ihrerseits dann die konzeptionelle Basis für die Objekt-Abstraktion.

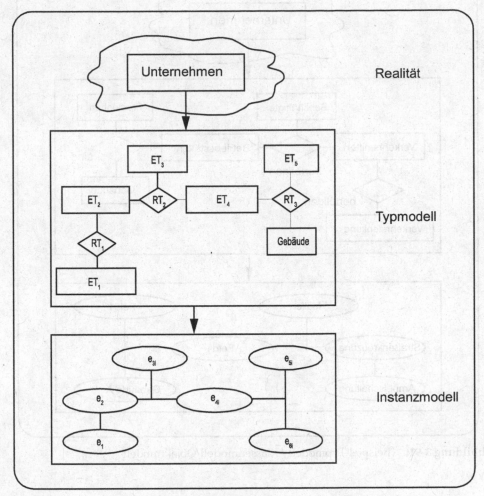

Abbildung 3-90: Typ- und Klassenabstraktion als Sichten-Abstraktionen

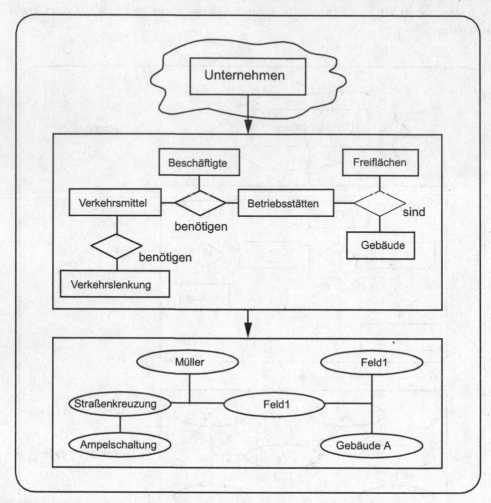

Abbildung 3-91:   Beispiel Typmodell / Klassenmodell/Objektmodell

Auf dem „information hiding" Abstraktions-Konzept basierende Abstraktionen

Das Konzept der Sichten-Abstraktion ist auch die konzeptionelle Basis für eine spezielle Sichten-Abstraktion, die „information–hiding" - Abstraktion. Mit ihnen wird für bestimmte Nutzungen und/oder Nutzer die Sichtbarkeit auf Teilmodelle verhindert.

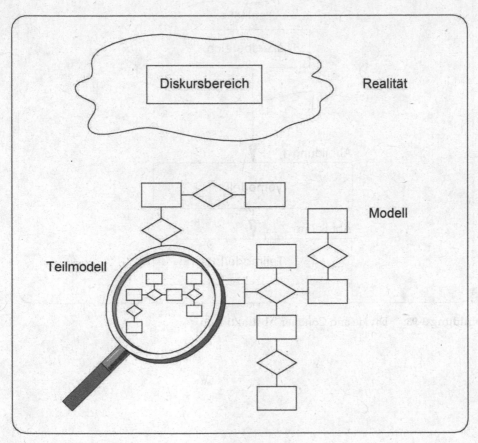

Abbildung 3-92:   Information- Hiding- Abstraktion

Auf dem „divide and conquer" Abstraktions-Konzept basierende Abstraktionen

Information- Hiding -Abstraktionen sind die konzeptionelle Basis für die hierarchische Strukturierung von Modellen durch Modelle und Teilmodelle.

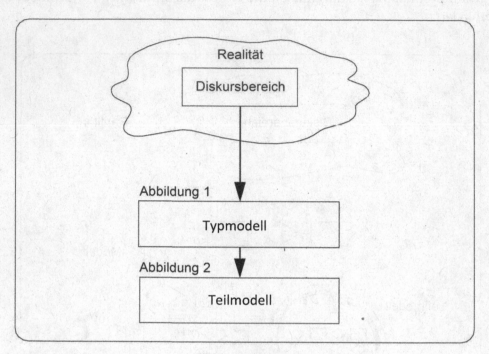

Abbildung 3-93:   Divide and Conquer Abstraktionen

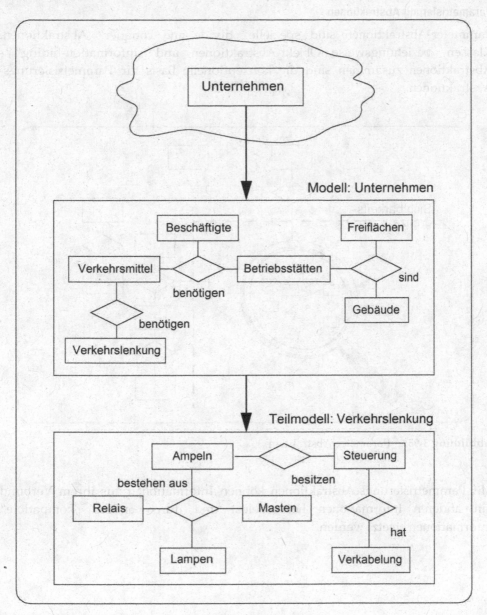

Abbildung 3-94:   Beispiel Divide and Conquer Abstraktion

Parametrisierung-Abstraktionen

Parameter-Abstraktionen sind spezielle „divide and conquer" Abstraktionen. Klassen- beziehungsweise Objekt-Abstraktionen und „information-hiding" - Abstraktionen zusammen sind die konzeptionelle Basis für Parametrisierungs-Abstraktionen.

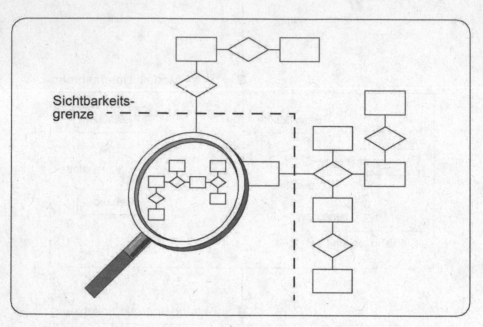

Abbildung 3-95:   Parameter-Abstraktion

Mit Parametrisierungs-Abstraktionen können Informationen aus ihrem Verbund mit anderen Informationen herausgelöst und durch andere „kompatible" Informationen ersetzt werden.

Komponenten-Konstruktionen

Komponenten-Abstraktionen sind spezielle Parameter-Abstraktionen. Parameter-Abstraktionen sind die konzeptionelle Basis für Komponenten-Abstraktionen.

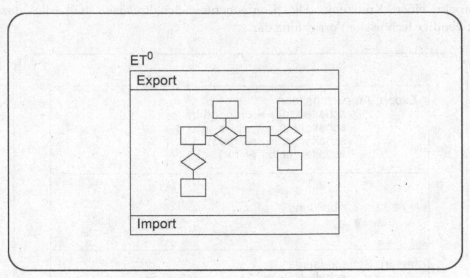

Abbildung 3-96:   Parameter-Abstraktion

Das Herauslösen einer Komponente aus dem Verbund eines Entity-Relationship-Modells erzwingt, dass die dabei offen bleibenden Verbindungen des herausgelösten Teilmodells zum

Rest des Ausgangsmodells müssen, um die Kompatibilität mit einer einzufügenden „Ersatz-Komponente" sicherstellen zu können, invariant bleiben. Um dies zu erreichen, werden Komponenten mit Schnittstellen versehen:

1) Mit einer Exportschnittstelle, die alle Informationen enthält, die ein Nutzer dieser   Komponente kennen muss, um diese Komponente in ein ihm geeignet erscheinendes Modell einbinden zu können. Dies sind also all die Informationen, die bei einem Herauslösen der Komponente aus einem Ausgangsmodell als »offene Enden« der Komponente entstünden.

2) Mit einer Importschnittstelle die all die Informationen enthält, die ein Ausgangsmodell als   »offene Enden« hinterlässt, nachdem eine Komponente aus dem Ausgangsmodell herausgelöst worden ist. Die Importschnittstelle enthält als Informationen, die ein Ausgangsmodell über die herausgelösten Komponenten braucht, um noch immer ein vollständiges Modell sein zu können. Der innere Teil einer Komponente enthält dann das Gesamtmodell oder die Vorschriften für die Konstruktion des Gesamtmodells aus seinen Komponenten, nicht notwendigerweise aber das Gesamtmodell selbst.

Dies soll an folgendem Beispiel verdeutlicht werden. Eine Ampelschaltung kann als Komponente einer Verkehrslenkung aufgefasst werden, die ihrerseits aus Komponenten besteht. Eine der enthaltenen Komponenten soll »Schaltrelais« heißen. Die Komponente »Ampelschaltung« modelliert den Farbwechsel an den Ampeln einer Kreuzung. Die Komponente »Schaltrelais« stellt die dazu notwendige technische Vorrichtung dar.

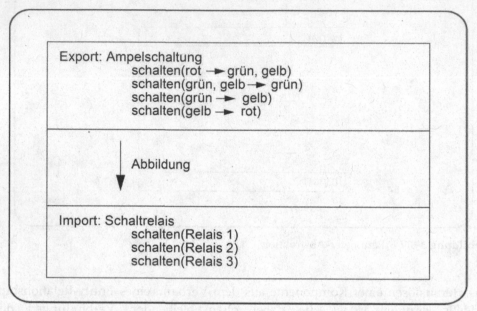

Abbildung 3-97:   Komponente Verkehrslenkung

Parameter-Abstraktionen und linguistische Abstraktionen sind die konzeptionelle Basis für komponentenorientierte Abstraktionen.

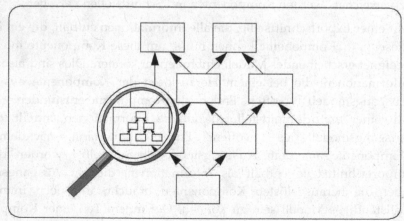

Abbildung 3-98:   Komponentenorientierte Abstraktion

Mit ihnen wird festgelegt, in welcher Weise Komponenten zu neuen Komponenten zusammengefügt werden, wie Komponenten konstruiert werden. Mit ihnen wird also die Konstruktionsbeziehung zwischen über- und untergeordneten Komponenten festgelegt.

Wie in der Informationsmodellierung üblich, können hierarchische Konstruktionen durch linguistische Abstraktionen bestimmt sein. Die Komponentenkonstruktion kann damit als durch eine linguistische Abstraktion determiniert betrachtet werden.

Die damit entstehende komponentenorientierte Abstraktion stellt eine Überlagerung einer Parametrisierungs-Abstraktion mit einer linguistischen Abstraktion dar. Dies soll für eine komponentenorientierte Abstraktion, die durch eine Aggregationsabstraktion determiniert ist, mit dem folgenden Beispiel verdeutlicht werden.

Beispiel:

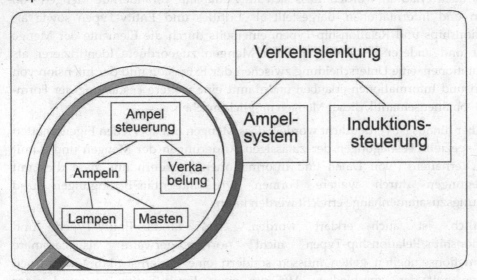

Abbildung 3-99:   Komponentenorientierte Abstraktion determiniert als Aggregation

Eine ausführliche Diskussion der komponentenorientierte Informationsmodellierung, in der die obigen Abstraktionskonzepte zur Anwendung kommen, erfolgt im folgenden Kapiteln.

Mit der vorangegangen ausführlichen Erläuterung der Rolle von Abstraktionen in der Informationsmodellierung sollte letztlich verdeutlicht werden, dass nicht Notationen sondern die richtigen Abstraktionen der Schüssel zur erfolgreichen Informationsmodellierung sind.

3.7 Semantik-Konzepte der klassischen Informationsmodellierung: Synopse

Mit den Beschreibungen der Konzepte der klassischen Informationsmodellierung in diesem Kapitel sind sowohl die die Syntax als auch die Semantik bestimmenden Konzepte für die Gestaltung und Nutzung von Daten- und Informationsmodellen getroffen worden. Es ist beschrieben worden, wie einfachen geometrischen Formen wie „Rechteck" und „Raute" eine Semantik der durch diese Formen repräsentierten Daten eine Daten-Semantik zugeordnet werden kann. Es ist auch beschrieben worden, dass festgelegt durch Grammatiken, mit Symbolen aus Alphabeten Vokabeln und aus diesen „Werte" als „Terme", d.h. „Worte", „Sätze" und „Texte", gebildet werden dürfen, mit denen die Formen befüllt werden dürfen. Das entspricht einerseits der Festlegung einer „Form- und Domänensemantik" und andererseits der Festlegung einer Domänensemantik für Daten- und Informationen und für Daten- und Informationsmodelle.

Es ist auch erläutert worden, dass sich im Zeitablauf verändernde Mengen von Daten und Informationen, dargestellt als Entities und Entity-Typen sowie als Relationships und Relationship-Typen, einerseits durch die Elemente der Menge selbst und andererseits durch die den Mengen zugeordnete Identifizierer als Annotationen, eine Unterscheidung zwischen der Extension und der Intension von Daten und Informationen erlauben und damit eine weitere Festlegung der Form- und Domänensemantik dieser Mengen möglich machen.

Darüber hinaus ist verdeutlicht worden, dass Mengen mit speziellen Eigenschaften auch spezielle Festlegungen der zulässigen Änderungen der Mengen und damit des „Verhaltens" von Daten und Informationen erfordern und dass dies mit Festlegungen durch weitere Formen wie Integritäts-Bedingungen und Wirkungszusammenhänge erreicht werden kann.

Letztlich ist auch erklärt worden, dass Einities/Entity-Typen und Relationships/Relationship-Typen nicht notwendigerweise als atomare Informationseinheiten gelten müssen sondern eine „Internstruktur" aufweisen können, mit der verschiedene Attribute eines Entity/Entity-Typs und eines Relationship/Relationship-Typs unterschieden werden, die verschiedene Eigenschaften des modellierten Gegenstandsbereiches im betroffene Diskursbereich darstellen, abgebildet werden können, sodass auch damit weitere Verfeinerungen der Form- und Domänensemantik der Informationsmodelle erreicht werden können.

Form- und Domänensemantik von Informationsmodellen

Mit der folgenden Übersicht über die die Semantik von Informationsmodellen bestimmenden, bisher eingeführten, Basis-Konzepte sollen insbesondere die zwischen diesen bestehende Zusammenhänge noch einmal verdeutlicht werden.

Die für die Bestimmung der Semantik von Informationsmodellen vorgeschlagene Differenzierung zwischen einer Semantik der in der Modellierung genutzten „Formen" und der Semantik durch Alphabete und Vokabulare bestimmten „Domäne" ist vorgenommen worden, um die auch formal darstellbare und die nur intuitiv zu bestimmende Semantik voneinander abzugrenzen. Damit ist auch verdeutlicht worden, dass sowohl die Bestimmung der Form- als auch der Domainsemantik letztlich durch eine –möglicherweise subjektive- Interpretation erfolgt.

Für die Bestimmung der Semantik von Entity-Relationship-Modelle ist verdeutlicht worden, dass die dort genutzten intensionalen Formen das Muster für die darzustellende Extension sind und dass den intensionalen Formen zugeordnete Annotationen der intensionalen Formen einen Kontext für die Interpretation von Entity-Relationships bereitstellen.

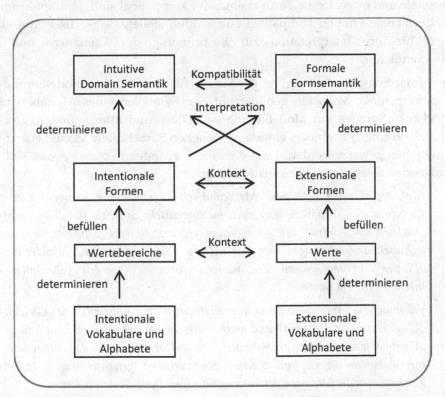

Abbildung 3-100: Semantik-Konzepte der Informationsmodellierung

Das Bild stellt die inkrementelle Entstehung von Formen für die Darstellung der Intension und Extension von Informationsmodellen und die dafür mögliche Bestimmung einer Form- und Domänensemantik dar. Alphabete umfassen die verwendbaren Symbole in Informationsmodellen und definieren den Rahmen für die Bildung von Vokabularen. Die in Vokabularen erfassten Vokabeln sind zulässigen atomare Werte bzw. Wertemengen atomarer Werte für die in Informationsmodellen darzustellenden Informationen.

Intensionale bzw. extensionale Formen sind Festlegungen für die die Bildung von „Werten" der Intension und der Extension, für die Zusammenfügung von Vokabeln spezieller Informationsmodelle. Werte sind -linguistisch gesprochen- und aus Vokabeln aufgebaute Sätze möglicherweise sowie sogar-für die Modellierung im Großen- Paragraphen, Kapitel und Unter-Kapitel und Bücher. Der Allgemeinheit der Aussage wegen sind Werte beliebige aus Vokabeln aufgebaute Terme.

Die mit Werten bzw. Wertebereichen befüllten extensionalen und intensionalen Formen erlauben die Bestimmung der formalen Formsemantik und die Ableitung einer intuitiven Domainsemantik wenn sichergestellt ist das die jeweilige intensionale und extensionale Form zueinander kompatibel sind. Sind intensionale und extensionale Formen kompatibel zueinander, stellen sie wechselseitig einen Kontext für ihre Interpretation zur Bestimmung der Domänen- und der Formsemantik dar.

Diese primär linguistische Prägung der klassischen Informationsmodellierung hat dazu geführt, dass, Vokabeln gebildet mit den Symbolen eines Alphabets einer gesprochenen Sprache, zur Modellierung von Daten und Informationen, gebildet mit Vokabeln eines Vokabulars einer gesprochenen Sprache, zur Modellierung von Informationen genutzt werden. Dass dies nicht zwingend so sein muss, soll mit den folgenden Beispielen verdeutlicht werden.

> *Alphabete für die Intension: Mathematische Symbole für Mengen, Elemente, Klassen,   Prädikate aber auch mathematische Symbole für „Untermenge", „kartesisches Produkt" etc. Andere ingenieurtechnische Symbole, wie sie in technischen Zeichnungen zur Darstellung von „Wellen", „Zahnrädern" oder „Platten" in technischen Zeichnungen verwendet werden bezeichnen eine Intension für ein Bauteil.*

> *Vokabulare der Intension: Bezeichner mathematischer Konzepte wie „Gleichung", „Ungleichung", „Prädikat" und mathematische Formeln für die Berechnung von „Drehmomenten" oder „Biegelinien" sind Darstellungen der Intension von Informationen über physikalischer Sachverhalte, genauso wie technische Zeichnungen die Intension der Information über Bauteile darstellen..*

> *Alphabete für die Extension: Buchstaben, Ziffern, Sonderzeichen, chinesische oder japanische Schriftzeichen, Messwerte, geometrische Muster.*

> *Vokabulare der Extension: Buchstabenfolgen, Ziffernfolgen, Vektoren, Bilder, Ton- und Videoaufzeichnungen, Listen, Tabellen, Graphen etc.*

Die Bildung nicht-linguistischer Strukturen wie zum Beispiel die Bildung zwei- und dreidimensionaler geometrischer Strukturen ist in der klassischen

Informationsmodellierung nicht und stattdessen im Computer Aided Design betrachtet worden. Die Differenzierung zwischen Form-Semantik und Domänen-Semantik behält, so die Konklusion, ihre Bedeutung auch für nicht linguistische geprägte Modellierungen ihre Gültigkeit.

Über die Basis-Konzepte hinausgehend hat die klassische Informationsmodellierung auch eine mathematische Prägung erhalten. Diese ist vor allen Dingen darauf ausgerichtet veränderbare Mengen von Elementen und Beziehungs-Geflechte zwischen Mengen als Ausdruckmittel für die Informationsmodellierung zu nutzen. Mit den möglichen Veränderungen der Mengen und der Beziehung-Geflechte zwischen ihnen wird die Modellierung der Veränderungen eines Gegenstandsbereiches im Ablauf der Zeit abbildbar. Die Festlegung von Bedingungen für die Veränderung von Mengen eröffnet darüber hinaus die Möglichkeit von Invarianten für Informationsmodelle zu sprechen, den Begriff des Zustands eines Informations-Modells einzuführen und zulässige von unzulässigen Zuständen zu unterscheiden.

Die in einem Informations-Modell dargestellten Beziehungsgeflechte sind so zu verstehen, dass Änderungen der in ihnen dargestellten Mengen auch kollaterale Änderungen, die hier Wirkungszusammenhänge genannt worden sind, an anderen Mengen induzieren können um sicherzustellen, dass die festgelegten invarianten Eigenschafen des Informations-Modells sichergestellt werden können. Die zur Darstellung der Wirkungszusammenhänge bereitgestellten Ausdrucksmittel sind „Propagationspfade" genannt worden, und entsprechen den in der relationalen Datenmodell-Theorie dort so genannten „Triggern".

Wenn veränderbare Mengen von Elementen und Beziehungsgeflechte von Mengen die klassische Informationsmodellierung prägen muss auch gefragt werden, ob auch die Veränderung des Beziehungsgeflechtes ein notwendiges Ausdrucksmittel für die Informationsmodellierung ist. Die dazu in der Regel erteilte Antwort lautet: Im Prinzip ja, aber die Beherrschung der durch Kollateral-Effekte, die hier „Impacts" genannt werden, ist nur schwer zu bewältigen. Dazu ist eine Erweiterung des Zustandsbegriffes nötig, der auch Zustandsänderungen durch Veränderungen des Beziehungsgeflechtes zwischen Mengen einbezieht und die Festlegung von Impact-Strukturen umfasst, wie sie erst im Kapitel 7 diskutiert werden.

In der folgenden schematischen Übersicht werden die aus den jeweiligen intensionalen und extensionalen Formen und deren Befüllungen ableitbare Form-Semantik und die aus den jeweiligen intensionalen und extensionalen Formen und deren Befüllungen ableitbare Domänen-Semantik sowie deren Bezug zur Entity-Relationship-Modellierung noch einmal verdeutlicht:

Alphabete für die Festlegung extensionaler Vokabulare für die Entity-Relationship-Modellierung

Die Festlegung eines extensionalen Alphabets ist die Voraussetzung für die Festlegung eines extensionalen Vokabulars.

Die Elemente des extensionalen Alphabets eines Entity-Relationship-Modells sind die für die graphische Darstellung der Extension eines Modells verwendeten Symbole „Ellipse" und „Verbindungslinie" und die für die Befüllung der Form „Rechteck" benötigten Symbole zur Bildung der dazu nötigen Vokabeln.

Vokabeln des extensionalen Vokabulars sind beliebige aus Folgen von „Ellipsen" und „Verbindungslinien" zusammengefügte Netze mit ihren jeweiligen Befüllungen.

Alphabete für die Festlegungen intensionaler Vokabulare für die Entity-Relationship-Modellierung

Die Festlegung eines intensionalen Alphabets ist die Voraussetzung für die Festlegung eines intensionalen Vokabulars.

Die Elemente des intensionalen Alphabets eines Entity-Typ/Relationship-Typ-Modells sind   die für die graphische Darstellung der Intension verwendeten Symbole „Rechteck", „Raute", „markierte Raute", „Doppel-Raute" und „Verbindungslinie" und die für die Befüllung der Formen „Rechteck" und „Raute" benötigten Symbole zur Bildung der dazu nötigen Vokabeln.

Vokabeln   des   intensionalen   Vokabulars   sind   beliebige Aneinanderreihungen   von   Folgen   von „Rechteck"/„Verbindungslinie"/„Raute"   und   von „Raute"/"Verbindungslinie"/"Rechteck" mit ihren jeweiligen Befüllungen.

Die Elemente des intensionalen Alphabets zur Darstellung von Integritätsbedingungen zur   Festlegung invarianter Eigenschaften von Entity-Typen, Relationship-Typen und Entity-Relationship-Typen zur Bildung von Vokabeln sind Bezeichner für Entity-Typen und Relationship-Typen und Symbole zur Bezeichnung der Art der Integritätsbedingung.

Vokabeln   des   intensionalen   Vokabulars   zur   Formulierung unterschiedlicher   Integritätsbedingungen   wie   „Kardinaliät"   und „Zustand" und „Zustandsfolge".

Die Elemente des intensionalen Alphabets zur Beschreibung von durch Änderungen der Extension bedingten Wirkungszusammenhängen zwischen Entity-Typen und Relationship-Typen sowie zwischen Relationship-Typen und Entity-Typen in Entity-Typ/Relationship-Typ-Modellen sind Bezeichner für Entity-Typen, Relationship-Typen und d

Entity-Relationship-Typen zugeordnete Operationen und Bezeichner für Folgen von Operationen in Propagationspfaden.

Vokabeln des intensionalen Vokabulars zur Darstellung von unterschiedlichen Abfolgen von Wirkungszusammenhängen in Entity-Typ/Relationship-Typ- Netzen sind Propagationspfade.

Kontexte in Entity-Relationship-Modellen

Kontexte sind nicht expliziert, durch eigene Alphabete und Vokabulare dargestellte Beziehungen in Informationsmodellen. Kontexte entstehen –quasi als Beiprodukte- im Rahmen der Modellierung mit intensionalen und extensionalen Alphabeten und Vokabularen. Sie entsprechen dem im nicht externalisierten Wissen der Modellierer und Nutzer der Modelle eines Diskursbereiches über Beziehungen und Beziehungsgeflechte in den externalisierten Informationen über den Diskursbereich. Sie unterstützen die Interpretation (die Erfassung der Bedeutung und zulässigen Deutung) des in Informationsmodellen explizierten Wissens. Die Nutzung von Kontexten folgt der Logik dass wenn „xxx" die Bedeutung „XXX" hat, dann muss das in Beziehung zu „xxx" stehende „yyy" und als Kontext zu „xxx" die Bedeutung „YYY" haben. In der Entity-Relationship-Modellierung sind die folgenden entstehenden Kontexte zu beachten.

Die duale Existenz von Entity-Relationship-Modellen als Intension und als Extension ist eingeführt worden, um mit der Intension einen Kontext für die Interpretation der Extension zu erzeugen bis dahin, dass die Intension die Rolle einer Schablone für die Gestaltung der Extension zugeordnet bekommt und mit der Struktur der intensionalen Modelle die Struktur der extensionalen Modelle festlegt.

Entity-Relationship –Modellen erzeugen die Bezeichner zur Identifikation von Entities (den Bezeichnern von den Entities zugeordneten Werte) und von Entity-Typen (den Bezeichner der Entity-Typen zugeordneten Wertebereiche) sowie die Bezeichner zur Benennung von Relationship-Typen und damit von Relationships einen Kontext für die Interpretation der den Entities und den Entity-Typen zugeordneten Werte. Die Entities zugeordneten Werte, die über eine Relationship in Beziehung stehen, erzeugen wechselseitig einen Kontext füreinander.

Die in der Entity-Relationship-Modellierung entstehende Komplexität ist der Anlass dafür über andere Ausdrucksmittel für die Informationsmodellierung zu suchen, mit denen strukturell einfachere Kontextualisierung zu erreichen sind, um damit die Komplexität der Modelle beherrschbar zu machen. Dazu werden im folgenden Kapitel „Konstruktionen" in die Informationsmodellierung eingeführt.

Vorausschau auf Kapitel 4

Im folgenden Kapitel 4 wird eine weitere Form für die Darstellung von Daten und Informationen und damit werden weitere Ausdrucksmittel für die Informationsmodellierung, die „Konstruktion", diskutiert werden, mit der nicht nur linguistisch geprägte Modellierungen durch Mengen sondern auch Modellierungen beliebig konstruierter materieller und virtueller Artefakte ermöglicht werden sollen.

Mit diesen Ausdrucksmitteln werden dann über die klassische Informationsmodellierung hinausgehende Abstraktionen und auf diesen Abstraktionen basierende Konstruktionen in Informationsmodellen erklärt werden, mit denen einerseits die Ausdrucksmächtigkeit der Modellierungssprache erhöht werden soll und andererseits die Beherrschung der Größe und Komplexität der Modelle sichergestellt bleiben.

Mit Konstruktionen soll darüber hinaus einer anderen Anforderung als der zur Dokumentation verfügbarer Daten und Informationen sondern auch zur kreativen Festlegung eines Bedarfs für Daten und Informationen für neue Anwendungen und für neue, zu entwickelnde Diskursbereiche bereitgestellt werden. Eine solche prospektive Festlegung eines Diskursbereiches erfordert für die Modellierung die

> Festlegung der Wissensbereiche, die die Voraussetzung zur Entwicklung der neuen Anwendungen und der dazu benötigten Informationen des Diskursbereiches, und die

> Festlegung von Bezugssystemen, die die Voraussetzung für die sachgerechten Zuordnungen von Informations-Bausteinen zueinander in einem Modell des Diskursbereiches.

Damit sollen die Voraussetzung zur vollständigen und korrekten Festlegung der Form-und Domänensemantik für konstruierte kompositionale Informationsmodelle geschaffen werden.

4 Kompositionale konstruierte Informationsmodelle

Zusammenfassung

In Kapitel 4 werden kompositionale komponentenorientierte konstruierte Informationsmodelle eingeführt und damit werden die Grundlagen für systematische Kontextualisierungen und die damit möglich werdende uniforme Mikro- und Makromodellierung erläutert. Dazu wird deutlich gemacht, dass Wissen und Kenntnisse die Voraussetzung dafür sind Informationen und Daten realitätsgetreu zu erfassen und zu modellieren und um valide Abgrenzungen für einen Betrachtungsgegenstand zu erreichen. Sie sind damit nötig, um den „Überblick nicht zu verlieren" und die in einem Modell zu berücksichtigenden Daten und Informationen so zu modellieren, dass die Komplexität der Modelle beherrschbar bleibt.

Mit kompositionalen konstruierten Informationsmodellen soll eine Erweiterung der Modellierungs-Möglichkeiten gegenüber den klassischen Methoden für die Informationsmodellierung erfolgen. Dazu werden neue Ausdrucksmittel eingeführt, mit denen die Ausdrucksmächtigkeit der Modellierungssprache erhöht wird. Die neuen Ausdrucksmittel sind insbesondere neue, durch Konstruktionen ermöglichte, Abstraktions-Konzepte in der Informationsmodellierung, weil Abstraktionen in der Informationsmodellierung, wie in den Systematiken, Konzepten und Theorien in den Wissenschaften und in der Praxis überhaupt, die Instrumente sind, um die „Welt" zu verstehen und zu beschreiben.

Konstruktionen in der Informationsmodellierung eröffnen darüber hinaus Möglichkeiten zu systematischen Kontextualisierungen um Wissen, Kenntnisse Informationen und Daten und letztlich auch Informationsmodelle zu charakterisieren und zu klassifizieren und damit zur Erfassung und Repräsentation der Semantik von Informationsmodellen beizutragen, die dann dazu dienen, deren unabwendbare Größe und Komplexität zu beherrschen.

Kompositionale Informationsmodelle sind die konzeptionelle Basis für die konstruktive Informationsmodellierung. Der Begriff weist auf eine Qualitäts-Eigenschaft von durch Konstruktion entstehenden Informationsmodelle und damit auf einen Paradigmenwechsel in der Informationsmodellierung hin, mit dem der Tatsache Rechnung getragen wird, dass in industriellen Anwendungen Daten und Informationen, deren nachhaltige Konsistenz und Sicherheit, mehr als in vielen anderen Anwendungen die Voraussetzung für industrielles unternehmerisches und technisches Handeln sind. Kompositionalität bedeutet deshalb, dass die Eigenschaften der konstruierten Modelle aus den Eigenschaften der Teil-Modelle abgeleitet werden können. Dabei bedeutet „Konstruktion" keineswegs eine mit einem weißen Blatt Papier beginnende Entwicklung, sondern auch die Weiterentwicklung schon existierenden Informations-(Teil)-Modelle durch deren spätere Integration. In diesem Kapitel werden Konstruktion und Kompositionalität erklärt und die ihren hier zukommende besondere Beachtung begründet.

Konstruktionen

Die Konstruktion von Informationsmodellen erfordert (Vor-)Wissen über den zu modellierenden Gegenstandsbereich in der Regel in mehreren einschlägigen Wissensbereichen und über das erwartete Ergebnis und den erwarteten Nutzen des zu konstruierenden Informations-Modells, um daran anschließend die Information, die für das konstruierte Informations-Modell benötigt werden, zusammenzutragen. In diesem Kapitel wird deshalb erläutert was konstruktive Informationsmodellierung bedeutet und daran anschließend wird erklärt, welche Voraussetzungen erfüllt werden müssen, um Teile von Informationsmodellen zusammenzuführen sowie welche Kompetenzen technisch-wissenschaftlicher Bezugssysteme zusammengeführt werden müssen, um die konstruktive Information-Modellierung zu ermöglichen.

Kompositionale konstruierte Informationsmodelle sind ein Konzept zur Strukturierung der Darstellung externalisierten Wissens durch Informationen, von Informationsmodellen und Teilmodellen sowie von die Informationen repräsentierenden Daten. Die durch Kompositionalität determinierte Struktur entspricht der Zusammensetzung von „Bausteinen" als Teilen eines „Ganzen" wie sie in den uns umgebenden „physikalischen Artefakten" zu finden ist. Die durch kompositionale Strukturierung entstehenden Artefakte lassen sich als Hierarchien auffassen und darstellen. Wiederum in Anlehnung an die Zusammensetzung von physikalischen Bausteinen sind dann kompositionale Strukturen als gerichtete Graphen darstellbar.

Mit kompositionalen konstruierte Informationsmodellen soll ein vom klassischen, linguistisch determinierten Paradigma für die Informationsmodellierung, der Übergang zu einem neuen Paradigma der Informationsmodellierung, der Kompositionalität von Informationen aufgezeigt werden. Informationsmodelle sollen nicht mehr Sätzen oder Satzgeflechten einer natürlichen d.h. gesprochenen Sprache nachempfinden sondern sollen den Aufbau konstruierter virtueller und realer („physikalischer") Artefakte widerspiegeln. Es geht letztlich bei kompositionalen Informationsmodellen um eine Abkehr von der Formsemantik der nach dem Entity-Relationship-Modell oder dem Objektmodell gebildeten Informationsmodelle hin zu einer Formsemantik der Kompositionalität.

Kompositionale konstruierte Informationsmodelle sind die Voraussetzung dafür eine für Mikro- und Makro-Modelle uniforme Modellierungs-Konzeption zu entwickeln. Sie sind auch dafür konzipiert dem Anspruch der Praxis insoweit gerecht zu werden, einmal mit großem Aufwand erstellte Informationsmodelle weiterhin zusammen mit neuerstellten kompositionalen Modellen nutzen zu können. Das bedeutet, dass die Modelle von Komponenten in kompositionalen Modellen auch mit den klassischen, linguistisch definierten Konzepten, „Entity", „Relationship" und „Entity-Relationship" gebildet sein können. Die Konstruktion solcher Komponenten wird dann –wie im Folgenden gezeigt wird- entsprechend zu einer Konstruktion für diese Modellierungskonzepte.

Mit Kompositionalität konstruierter Informationsmodelle wird auch das Ziel angestrebt große Modelle verstehbar und beherrschbar zu machen aber auch um sie arbeitsteilig erstellen zu können und um demzufolge nicht bei jeder Nutzung eines Modells jeweils das ganze Modell verstehen zu müssen, auch wenn sich das Interesse in einer bestimmten Situation nur auf einen kleinen Teil des Modells bezieht. Umgangssprachlich formuliert kommen bei der Kompositionalität das Prinzip „teile und beherrsche" („divide and conquer"-Abstraktionen) und das Prinzip „Fokussierung auf das Ding von Interesse" („separation of concern"-Abstraktionen) zur Anwendung. In der Nutzung dieser und des damit beschriebenen Bausteinprinzips werden sowohl „physikalische" als auch „virtuelle" Dinge zu beschreiben sein. Um in der kompositionalen Modellierung beiden dieser Nutzungen terminologisch gerecht zu werden, wird im Folgenden – wie schon in Kap.3 vorgeschlagen- der in beiden Domänen gebräuchliche Begriff „Komponente" statt des Begriffs „Baustein" verwendet werden.

Komponenten und Komponenten-Konstruktionen

Der oben eingeführte Begriff der "Zusammensetzung" zur Bezeichnung eines „Zusammenbaus" von Bausteinen bzw. von Komponenten bedarf, weil der Zusammenbau physikalischer und virtueller Komponenten in der Realität auf sehr verschiedene Arten erfolgen kann, einer weiteren Erläuterung. Dazu verwenden wir deshalb statt des Begriffs „Zusammensetzung" den Begriff „Konstruktion", um deutlich zu machen, dass die Zusammensetzung nicht beliebig, sondern systematisch, bestimmt durch eine „Konstruktionsvorschrift", erfolgen muss.

Kompositionalität ist gleichermaßen auch ein Konzept zur Festlegung der Semantik von Modellen, der Semantik von Informationsmodellen, der Semantik von Informationen und der Semantik von Daten für hierarchisch konstruierte physikalische und virtuelle Artefakte. Es sieht vor, dass sich die Semantik von Daten, Informationen und Informationsmodellen von hierarchisch übergeordneten Artefakten aus der Semantik von Daten, Informationen und Informationsmodellen der ihnen hierarchisch untergeordneten Artefakte sowie aus der Semantik der „Konstruktion" ableiten lässt.

Kompositionalität umfasst damit auch die Festlegung einer kompositionalen Semantik. Die Konstruktion und die Semantik der Konstruktion für Daten, Informationen und Informationsmodelle können durch Abstraktionen beliebiger Art determiniert sein. Das können sowohl die „klassischen" Abstraktionskonzepte der Informationsmodellierung als auch beliebige andere, die Konstruktion bestimmende Regeln wie z.B. für physikalische Artefakte die „Konstruktionsbeschreibungen" für eine Maschine aus Maschinenteilen, sein. Mit dem Begriff wird zu Ausdruck gebracht, dass sich –wie oben schon gesagt- die Semantik der in einer Konstruktionshierarchie übergeordneten Komponenten aus der Semantik der in der Konstruktionshierarchie untergeordneten Komponenten ableiten lässt. Dies wiederum ist dadurch sichergestellt, dass die Konstruktion nach einer vorgegebenen Konstruktionsvorschrift erfolgt.

Der Begriff kompositionale Semantik bedeutet darüber hinaus aber auch, dass eine Komponente in einer Konstruktionshierarchie auch als eigenständiges Artefakt mit einer eigenen vollumfänglich bestimmten Semantik ist. Dies entspricht dem sowohl für die Konstruktion von physikalischen als auch von virtuellen Artefakten benutzten Begriff der „Modularität". Komponenten in Konstruktionshierarchien sind damit, trotz ihrer Einbettung in Konstruktionshierarchien, „unabhängig" von dieser Hierarchie, eigenständige Komponenten. Für Komponenten in einer Konstruktionshierarchie gilt demzufolge eine „konzeptionelle Unabhängigkeit", die es dann erlaubt, eine Komponente in mehrere verschiedenen Konstruktionshierarchien einzubetten und damit die Wiederverwendung einer einmal konzipierten Komponente zu ermöglichen. (Z.B. Ein Elektromotor mit bestimmten Eigenschaften kann sowohl zum Antrieb einer Werkzeugmaschine als auch zum Antrieb eines Förderbandes geeignet sein.)

Insbesondere diese Eigenschaft erlaubt es, jede Komponente in einer Konstruktionshierarchie auch „isoliert" zu betrachten und die ihr in der Konstruktionshierarchie untergeordneten Komponenten bei der Betrachtung „auszublenden". Diese Begrenzung der „Sichtbarkeit" in der Betrachtung einer Konstruktionshierarchie entspricht einer Abstraktion insbesondere dann, wenn für eine übergeordnete Komponente auch weitere Eigenschaften, die sich nicht aus den Eigenschaften der untergeordneten Komponenten ableiten lassen, festgelegt werden. In der kompositionalen Semantik können deshalb für eine Komponente auch zwischen den durch eine Konstruktion von untergeordneten Komponenten erworbenen Eigenschaften und den weitergehenden „eigenen" Eigenschaften der Komponente unterschieden werden. (Z.B. Eine Werkzeugmaschine hat Eigenschaften, die durch Eigenschaften des Elektromotors für ihren Antrieb bestimmt sind und darüber hinaus auch weitere eigene Eigenschaften.)

Auch wenn mit der kompositionalen Semantik von Komponentenkonstruktionen „konzeptionelle Unabhängigkeit" der Komponenten angestrebt ist, ist allein durch die hierarchischen Konstruktionen ein „konzeptionelles Enthaltensein" vorgegeben. Mit dem „konzeptionellen Enthaltensein" ist aber auch die Forderung verbunden, dass untergeordnete Komponenten einer Konstruktionshierarchie auch in die übergeordneten Komponenten „hineinpassen". Ist eine übergeordnete Komponente ein passgerechter Rahmen für die „konzeptionelle Einbettung" der untergeordneten Komponenten, stellt die übergeordnete Komponente für die untergeordneten Komponenten einen „Kontext" für die untergeordneten Komponenten dar. (Z.B. Der Elektromotor „von der Stange" passt zum Antrieb der Werkzeugmaschine.)

Der Kontext, festgelegt durch eine übergeordnete Komponente für ihre untergeordneten Komponenten in einer Konstruktionshierarchie besagt, dass die untergeordneten Komponenten „konzeptionelle Teile" des durch die übergeordneten Komponenten festgelegten „konzeptionellen Ganzen" sind. In der kompositionalen Semantik für Konstruktions-Hierarchien ist somit der Kontext auch die Festlegung eines konzeptionellen Rahmens, innerhalb dessen untergeordnete Komponenten in einer Konstruktions-Hierarchie Teile eines speziellen „konzeptionellen Ganzen" geworden sind. (Z.B. Der Elektromotor zum Antrieb einer Werkzeugmaschine ist Teil der Werkzeugmaschine geworden.)

Kontextualisierungen sind, so kann konstatiert werden, ein Instrument zur Begrenzung des Betrachtungsbereiches für die Informationsmodellierung. Kontextualisierungen dienen –wie im Folgenden erläutert wird- damit aber auch der Präzisierungen der Semantik der Daten, Informationen und Informationsmodelle konstruierter Artefakte und unterstützen die zuverlässige Interpretation von Daten, Informationen und Informationsmodellen.

Kontextualisierung durch Hierarchisierung in Komponenten-Konstruktionen

Kontextualisierung sind nicht nur in der Informationsmodellierung ein wichtiges Konzept zur Organisation von Wissen, Informationen und Daten, sondern auch von Handlungen unterschiedlicher Art. So werden beispielsweise Internetadressen dadurch kontextualisiert, dass ihnen unterschiedliche Suffixe wie z.B. „com", „de", edu", „eu" etc. angegeben werden. Durch sie erfolgt eine Strukturierung eines Adressenbestandes, um seine Entwicklung, Weiterentwicklung und Nutzung zu vereinfachen und technisch die Kommunikation so effizient wie möglich zu machen.

Im Folgenden soll nunmehr erläutert werden, wie Kontextualisierung durch Hierarchisierung, das heißt, durch die hierarchische Zerlegung in „Teilmodelle" oder Zusammenfügung von Modellen aus „Teilmodellen" Kontextbeziehungen entstehen, mit deren Hilfe die Interpretation der Modelle unterstützt wird.

Die Entwicklung von Informationsmodellen, die kontextspezifische „Teilmodelle" darzustellen gestatten, kann auf unterschiedliche Art erfolgen. Aus pragmatischen Gründen sollen auch hier wieder Entity-Relationship-Modelle Ausgangspunkt für diese hierarchische Modellierung sein. Für sie soll gezeigt werden, wie durch die Segmentierung der Modelle und die Festlegung einer neuen Identität für jedes der Segmente eines Entity-Relationship-Modells eine „Segment-Hierarchie" aufgebaut werden kann. Die damit verbundene „semantische Anreicherung", d.h. die weitere Präzisierung der Semantik der Informationsmodelle, erfolgt durch die Festlegung eines Kontexts durch die Festlegung einer (neuen) Identität für jedes der Segmente.

Dies entspricht einer top-down Kontextualisierung für existierende Informationsmodelle.

In einem weiteren Konzept für die Kontextualisierung von Entity-Relationship-Modellen wird eine Weiterentwicklung der Formsemantik von Entity-Relationship-Modellen selbst erfolgen: Während für ER-Modelle die Formsemantik den Unterschied zwischen Entity-Typen/ Entities einerseits und Relationship-Typen/ Relationships festlegt, wird nunmehr dieser festgelegte formsemantische Unterschied aufgehoben werden. Das besagt, dass jedes Ding, jeder Sachverhalt, sowohl als Entity als auch als Relationship betrachtet wird und damit eine „duale" Existenz hat.

Die Rechtfertigung dafür besteht darin, dass alle Dinge und Sachverhalte – mit Ausnahme von atomaren Dingen und Sachverhalten – als teilbar betrachtet werden. Damit wird auch gesagt, dass jedes Ding, jeder Sachverhalt sowohl als „black box" als auch als „white box" betrachtet werden kann, und damit den Charakter eines Entity („black box") , oder einer Relationship („white box") zwischen den in der Hierarchie untergeordneten Entities annimmt. Dieses „Relativitätsprinzip" führt dazu, dass Relationships zwischen untergeordneten Entities als in übergeordneten Entities „eingebettet" betrachtet werden.

Physikalische Artefakte als Muster

Dies entspricht der „physikalischen" Betrachtung von Artefakten, nach der zwischen Teilen eines Ganzen Relationships existieren und beachtet werden, die das „Zusammenfügen" der Teile zum Ganzen bestimmen und das Ganze den Kontext für die Teile darstellt. Als Folge davon können dann, wenn sowohl das Ganze als auch die Teile des Ganzen, in einem Informations-Modell als Entities dargestellt werden, werden Kontexte durch Entities dargestellt: Ein in einer Entity-Hierarchie existierendes übergeordnetes Entity bildet den Kontext, in dem die untergeordneten Entities existieren. Die Bezeichner für übergeordnete Entities legen den Kontext für die Bezeichner der untergeordneten Entities fest, und die Semantik des übergeordneten Entity ist durch die Semantik der untergeordneten Entities und durch die Konstruktions-Semantik für die Konstruktion des übergeordneten Entity aus den untergeordneten Entities bestimmt.

In einer noch einmal weitergehenden Formvorschrift für die Informationsmodellierung müssen dann in einem Informations-Modell nicht nur die in einer Hierarchie über- und untergeordneten Entities dargestellt werden, sondern auch die „Konstruktionsvorschrift" oder der „Konstruktor", nach deren Regeln – unter Beachtung der zwischen den untergeordneten Entities existierenden Relationships - aus den untergeordneten Entities übergeordnete Entities konstruiert werden. Die Kontextualisierung von Daten, Informationen und Informationsmodellen umfasst jetzt nicht mehr nur die Festlegung von Identitäten für über- und untergeordnete Entities sondern darüber hinaus auch die Festlegung einer Identität für die jeweilige „Konstruktionsvorschrift" zur Konstruktion übergeordneter Entities aus untergeordneten Entities.

Für Informationsmodelle, in denen Kontext-Hierarchien durch die Konstruktion von übergeordneten Entities aus untergeordnete Entities entstehen, führen wir die Bezeichnung „Kompositionale Informationsmodelle" ein.

Dies entspricht dem, was in der physikalischen Welt unter Konstruktion verstanden wird, und das hier für die Informationsmodellierung auf beliebige, reale und virtuelle Dinge und Sachverhalte übertragen wird.

Dynamik kompositionaler Informationsmodelle

Für jede dieser Erweiterungen für die Informationsmodellierung durch Kontextualisierungen werden im Folgenden auch die dynamischen Eigenschaften ausführlich diskutiert. Dies geschieht wiederum durch die Erfassung und Darstellung gewünschter, oder sich auch aus der Existenz semantischen Abhängigkeiten ergebenden, Wirkungszusammenhängen durch „Propagationspfade". Mit ihnen wird festgelegt welche initialen Änderungen in einem Informations-Modell sekundäre, tertiäre etc. Änderungen nach sich ziehen müssen, um die semantische Konsistenz des Informations-Modells sicherzustellen zu können. Aus der Sicht der Programmierung entspricht dies der Implementierung gewünschter Seiteneffekte.

In den vorangegangenen Ausführungen kann der Eindruck entstanden sein, dass das vorgeschlagene Kontextualisierungskonzept für die Informationsmodellierung nur für strukturierte Daten anwendbar ist. Dies ist nicht der Fall. Die Trennung von Identität und Wert von Daten, und die durch die Festlegung von Identitäten erfolgende Kontextualisierung machen es möglich, auch semistrukturierte und unstrukturierte Daten mit Annotationen durch Kontexthierarchien zu charakterisieren.

Kompositionale Informationsmodelle lassen sich für beliebige Sachverhalte angeben, sobald eine Hierarchisierung dieser Sachverhalte durch Darstellung von »Teilen« und dem »Ganzen« möglich ist. Dabei ist es unerheblich, ob die in den Modellen dargestellten Daten strukturiert, semistrukturiert oder unstrukturiert sind, oder aber auch Kombinationen von allen umfassen. Wir werden uns in diesem Kapitel jedoch, um die folgenden Erläuterungen zu vereinfachen, Beispiele, die sich auf die Erstellung von Informationsmodellen mit strukturierten Daten beschränken

In den folgenden Abhandlungen geht es mehr darum deutlich zu machen, dass kompositionale Informationsmodelle auch zur „Modellierung im Großen" und zur Erstellung von Makromodellen, die sehr unterschiedlichen Wissen- und Anwendungsbereichen zugeordnet werden können, taugen.

4.1 Kompositionale konstruierte Wissens- und Informationsmodelle

Am Beginn der folgenden Erläuterungen zur Erstellung und Nutzung kompositionaler Modelle steht – nach der Einführung des Begriffs und des Konzepts „Bezugsysteme" in Kap. 2.3.1.2 – zum wiederholten Mal die Behauptung, dass die Informationsmodellierung nur dann zu einer, auch semantisch hinreichend akzeptablen Repräsentation von Dingen und Sachverhalten führt, wenn die Modellierer das „Vorwissen" in den jeweiligen Bezugssystemen besitzen, das nötig ist, um ihre Wahrnehmungen in Form von Modellen darzustellen.

Es ist deshalb nötig, um Informationsmodellierung mit kompositionalen Modellen zu diskutieren, von der Existenz kompositionaler Wissensmodelle auszugehen. Wissen oder Vorwissen stellen einen „Kontext" dar für die Informationsmodellierung. Es ist nötig, um zu erkennen, worum es bei der Aufgabe ein Informations-Modell zu erstellen, „überhaupt geht". Der durch Vorwissen existierende Kontext für eine Modellieungs-Aufgabe findet seine Ergänzung und Verfeinerung durch die oben beschriebenen Kontxtualisierungen sind innerhalb konstruierter Informationsmodelle. Beide sind für semantisch korrektes modellieren eine wichtige Hilfe.

In industriellen Anwendungen entstehen Anforderungen für die Modellierung sehr unterschiedlicher Artefakte: Wir erwarten die Anforderung zur Modellierung von »abstrakten« Artefakten wie z. B. von technischen Zeichnungen, von ganzen Personalprofilen für das Personalmanagement von Unternehmen oder von Bilanzen und von »konkreten« Artefakten wie z. B. von Produktbeschreibungen für 3D-Objekte, von Werkstücken und auch von Fertigungseinrichtungen. Im Rahmen künftiger Entwicklungen wie z. B. in »Industrie 4.0« wird letztlich auch die integrierte Modellierung »realer« und »virtueller« Artefakte nötig. Es ist deshalb sinnvoll, zunächst Vorstellungen über die „Struktur" von Wissen zu entwickeln, bevor über die Struktur von Informationen und die darauf aufbauende Informationsmodellierung nachgedacht wird.

Die durch die Anforderung, Informationen sehr verschiedener Wissensbereiche zu integrieren, entstehende neue Komplexität, erzwingt die Verfügbarkeit von Techniken für die „Strukturierung von Wissen", um die entstehende Komplexität zu beherrschen.

Dies führt zu dem Anspruch mit einem Modell diese Herausforderung anzunehmen. Dies soll durch das in der »physikalischen Welt« hinlänglich erprobte Prinzip des »Teile und Herrsche« auch für Wissen erreicht werden. Mit der Anwendung dieses Prinzips wird dann die Entwicklung des Konzepts der »kompositionalen Wissens-Struktur« als einem Strukturierungskonzept für Wissen und Informationen ermöglicht. Dazu erfolgt zunächst eine Erläuterung der

Konzepte »Wissens- und Informationsbausteine« als Basis für das Konzept der kompositionalen Wissens-/Informationsmodelle.

4.1.1   Struktur von Wissen und Wissensprofile

Wissen umfasst unterschiedliche Gegenstände und Gegenstandsbereiche der realen oder virtuellen Umgebungswelt: Wissen betrifft sogar metaphysische und physikalische Konzepte, gleichgültig, ob diese durch Beobachtung oder Schlussfolgerung zugänglich werden. Die Gesamtheit des Wissens, das ein Mensch oder eine Gruppe von Menschen in einer Organisation im Ablauf ihres „Lebens" erwirbt, wird wegen seiner

Fülle nur dann handhabbar und nutzbar, wenn es unterschiedlichen Kategorien zugeordnet werden kann. Daraus folgt, dass das Wissen eines Menschen oder einer Gruppe von Menschen, sich dann dadurch auszeichnen kann, dass es viele Kategorien überdeckt, aber nicht notwendigerweise auch in jeder Kategorie Detailwissen umfasst, oder dass es nur eine oder wenige Kategorien überdeckt, aber in diesen Kategorien Detailwissen umfasst. Umgangssprachlich wird deshalb von »breitem« und »tiefem« Wissen gesprochen, oder die Menschen mit breitem Wissen werden »Generalisten«, die mit tiefem Wissen werden »Spezialisten« genannt.

Wissens-Bausteine

Wir betrachten Wissen deshalb als eine Sammlung von »Wissensbausteinen« zur Abgrenzung zwischen Wissen verschiedener Kategorien. Dazu werden unterschiedliche Wissenskategorien oder Zerlegungen von Wissenskategorien in Unterkategorien eingeführt, und mit den Bausteinen ermöglichen wir dann die Auffassung von Wissen als Mengen von Bausteinhierarchien:

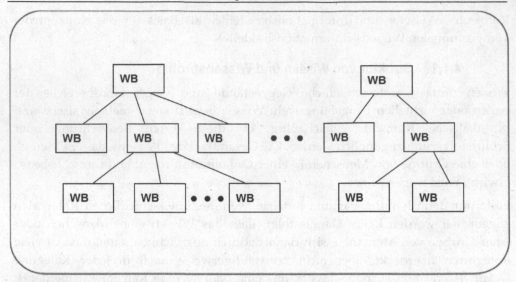

Abbildung 4-1:   Wissensbaustein-Hierarchien

Jeder Wissensbaustein repräsentiert ein mehr oder weniger abgegrenztes »Wissensgebiet«. Internalisiertes Wissen wird, um genutzt zu werden, im Rahmen von Aktivitäten als externalisiertes Wissen (d. h. als Informationen) zur Anwendung gebracht. Die das Wissen repräsentierende Information wird ihrerseits durch eine Vielzahl unterschiedlicher Daten zur Nutzung bereitgestellt.

Wissensbausteinmodell

Mit der Einführung des Begriffs »Wissensbaustein« ist es möglich, ein Strukturierungskonzept für Wissen, ein Strukturierungskonzept für Informationen, ein Konzept zur strukturierten Erklärung der Bedeutung/des Sinns von Informationen und ein Konzept zur strukturierten Repräsentation von Informationen durch Daten anzugeben.

Mit der Einführung des Konzepts eines Wissensbausteins wird neben der Möglichkeit, Wissen, Informationen und Daten zu strukturieren, noch ein weiteres Ziel verfolgt: Wissensbausteine sind weiterhin charakterisierte Wissenskategorien. Sie werden dazu durch die folgenden charakterisierenden Parameter gekennzeichnet:

Z: Der Zweck, dem das Wissen eines Wissensbausteins zugeführt werden kann bzw. der Zweck, für den das Wissen eines Wissensbausteins erworben ist.

E: Der Eigentümer des Wissens eines Wissensbausteins, also eines "Wissensträgers" für das Wissen eines bestimmten Wissensbausteins.

R: Die Repräsentation des externalisierten Wissens eines Wissensbausteins in einem Informations-Modell.

Q: Die Quellen, aus denen das externalisierte Wissen eines Wissensbausteins, also die Informationsquellen, aus denen das externalisierte Wissen als Information erhalten werden kann.

Dies wird mit dem folgenden Bild verdeutlicht:

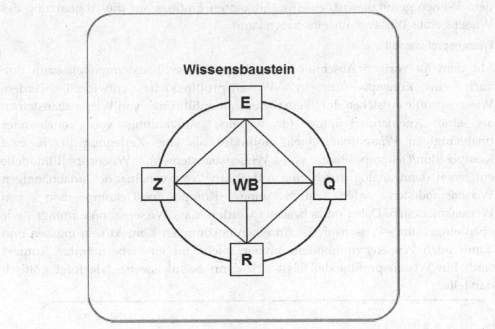

Abbildung 4-2:   Wissens-Baustein

Wissens-Bausteine stellen mit der Angabe des Zwecks des von ihnen repräsentierten Wissens die Verbindung zu dem, dem Wissensbaustein zugeordneten jeweiligen Bezugssystem her.

Mit dem Wissensbausteinmodell wird also das Ziel verfolgt, Wissen stets relativ zu einem durch ein Bezugssystem determinierten »Kontext«, in dem das Wissen existiert, zu sehen, um damit sicherzustellen, dass die dem Wissen stets anhaftende Abhängigkeit von der Umgebung, in der es internalisiert und externalisiert ist, deutlich werden lassen. Darüber hinaus wird für Wissensbausteine auch die Abhängigkeit zwischen den Kontext definierenden Parametern dargestellt, um zwei verschiedene »Sichten« auf Wissen zu ermöglichen: Mit der einen Sicht wird die Verfügbarkeit und mit der anderen Sicht die Nutzung von Wissen in den Mittelpunkt der Charakterisierung von Wissen gerückt.

Soll die Verfügbarkeit von Wissen zum Gegenstand der Diskussion gemacht werden, »determiniert« der Eigentümer von Wissen dessen Zweck und »legt fest«, in welchen Quellen das externalisierte Wissen als Information verfügbar gemacht wird.

Soll die Nutzung von Wissen zum Gegenstand der Diskussion gemacht werden, »determiniert« der Zweck des Wissens des Wissensbausteins den möglichen Eigentümer und die Repräsentation des externalisierten Wissens durch Informationen in einem Informations-Modell. Damit ist deutlich gemacht worden, dass der Kontext, in dem Wissen verfügbar gemacht wird, und der Kontext, in dem Wissen genutzt wird, einen signifikanten Einfluss auf die Abgrenzung des Wissens eines Wissensbausteins haben kann.

Wissensprofilmodell

Mit dem im vorigen Abschnitt eingeführten Wissensbausteinmodell kann nun auch ein Konzept für ein »Wissensprofilmodell« entwickelt werden. Wissensprofile entstehen durch eine »Zusammenführung« von Wissensbausteinen als eine Aneinanderreihung (d. h. eine Aufzählung von voneinander unabhängigen Wissensbausteinen) und/oder als eine Zerlegung (d. h. eine Komposition/Dekomposition von Wissensbausteinen). Wissensprofilmodelle entstehen dann analog durch eine Aufzählung von voneinander unabhängigen Wissensmodellen oder durch eine Komposition/Dekomposition von Wissensmodellen. Dabei muss beachtet werden, dass Wissensprofile immer - wie oben eingeführt - Wissensprofile für einen bestimmten Kontext sein müssen und damit auch Wissensprofilmodelle immer solche für einen bestimmten Kontext sind. Ein Wissensprofilmodell lässt sich dann beispielsweise wie folgt grafisch darstellen:

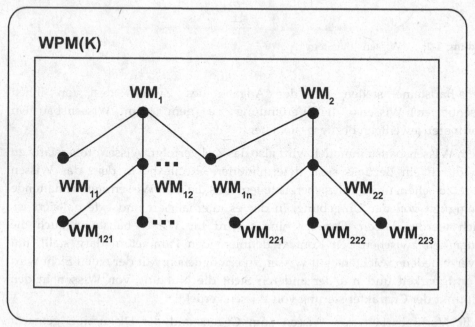

Abbildung 4-3:   Wissensprofilmodell

Das Wissensprofilmodell WPM(K) für einen bestimmten Kontext K besteht aus zwei oder mehreren voneinander unabhängigen hierarchisch strukturierten Wissensbausteinhierarchien.

Das damit eingeführte Wissensprofilmodell ist zugegebenermaßen noch sehr unvollkommen. Es berücksichtigt insbesondere die Tatsache nicht, dass Wissensprofile nicht überschneidungsfrei sind: Wissensbausteine gehören möglicherweise zu mehr als einem Wissensprofil. Dies ist nicht nur ein zu berücksichtigendes Faktum, sondern auch eine besonders gewünschte Eigenschaft von Wissensprofilen: Es dokumentiert die gewünschte Vernetzung von Wissen. Die Darstellung »vernetzter« Wissensprofile in einem Wissensprofilmodell nimmt dann die folgende Form an:

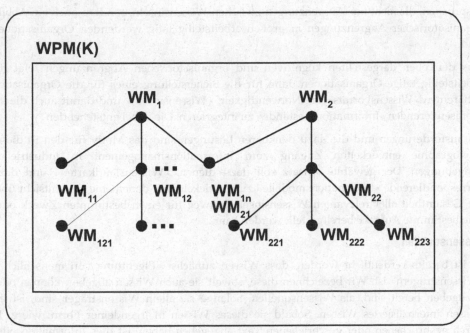

Abbildung 4-4:   Vernetztes Wissensprofilmodell

Es sei noch einmal ausdrücklich darauf hingewiesen, dass Wissensprofile im Hinblick auf die den Wissens-Bausteinen eines Wissensprofils zugeordneten Bezugssysteme keineswegs homogen sein müssen. Das heißt, dass in einem Wissensprofil Bausteine enthalten sein können denen unterschiedliche Bezugssysteme zugeordnet sind. So kann zum Beispiel ein Wissensprofil „Entwurf" einen Wissensbaustein umfassen, dem das Bezugssystem „Geometrie" und einen anderen dem das Bezugssystem „Mechanische Eigenschaften" zugeordnet ist.

Wissens-Inseln und Wissenslücken

In den vorangegangenen Diskussionen über Wissen ist einer möglichen Fehlinterpretation des Wissensbegriffs Vorschub geleistet worden: Unser Wissen lässt sich keineswegs immer und überall als eine Hierarchie von Wissensbausteinen modellieren. Der Realität entspricht vielmehr, dass die Begrenztheit der kognitiven Fähigkeiten von Individuen, aber auch von Organisationen, dazu geführt hat, dass Wissen als »Wissensinsel« ohne direkten Bezug zu anderen »Wissens-Inseln« aufgefasst wird und mögliche Beziehungen und Abhängigkeiten zwischen »Wissens-Inseln« daher auch unentdeckt bleiben und »Wissenslücken« entstehen.

Dieses Phänomen ist nicht zuletzt dadurch verursacht, dass die kognitive Begrenztheit den Zwang zu Spezialisierungen mit sich gebracht hat und über »Wissensinseln« hinwegreichendes Wissen erst durch die Synthese von Wissensinseln möglich wird. Dies wird dann auch in der Darstellung und Bereitstellung von Informationen deutlich werden. In der Informationsbereitstellung wird deshalb auch häufig von »Informationssilos« gesprochen, die nicht nur Abgrenzungen zwischen Wissensinseln, sondern auch ein Abbild organisatorischer Abgrenzungen in großen arbeitsteilig tätig werdenden Organisationen sind.

Aus den oben dargestellten kognitiven und organisatorischen Abgrenzungen folgt für arbeitsteilig tätige Organisationen dann für die Sicherstellung eines für die Organisation kohärenten »Wissensvorrats« die Notwendigkeit, »Wissensinseln« und damit auch die sie repräsentierenden »Informationsbestände« zu integrieren. Die dabei entstehenden

Herausforderungen und die dazu denkbaren Lösungen sind das Motiv für den in dieser Monographie entwickelten Zugang zum Informationsmanagement in industriellen Umgebungen. Der gewählte Ansatz soll dazu dienen, »Wissenslandkarten« und dazu korrespondierende »Informationsmodelle« zu entwickeln, mit denen eine Gesamtsicht über die Gesamtheit aller relevanten Wissensinseln hinweg für einen bestimmten Zweck oder eine bestimmte Aufgabe bereitgestellt werden kann.

Wissensquellen

Es ist bereits verdeutlicht worden, dass Wissen zunächst »Eigentum« von menschlichen »Wissensträgern« ist. Wir bezeichnen diese, soweit sie auch Wissen abgeben können oder abzugeben bereit sind, als Wissensquellen. Solange sie allein Wissensträger sind, ist ihr Wissen internalisiertes Wissen. Sobald sie dieses Wissen in irgendeiner Form, wie z. B. durch gesprochenen oder geschriebenen Text abgegeben haben, ist dies Information oder externalisiertes Wissen.

Externalisiertes Wissen, gleichgültig in welcher externalisierten Form es letztendlich vorliegt, kann über verschiedene Wissensquellen verfügbar gemacht werden. Zu den eher klassischen Verfahren, Wissensquellen bereitzustellen, zählen geschriebene oder gedruckte Texte, die in Form von Zeitschriften, Büchern etc. in Bibliotheken oder Archiven aufbewahrt werden. Liegt das externalisierte Wissen in Form von gesprochenen Texten vor, sprechen wir von »Tonarchiven« als Wissensquellen. Liegt das externalisierte Wissen in Form von Bildern und Bewegtbildern vor, sprechen wir von »Bild- und Filmarchiven«. Liegt das jeweils externalisierte Wissen in digitalisierter Form vor, sprechen wir von elektronischen Text-, Ton- oder Bild- und Filmarchiven.

Eine andere Art von Wissensquellen sind existierende Informations- und Datenbestände. Diese in einem weitergehenden Sinne zu nutzen, ist das Ziel der als Datenanalyse bezeichneten Techniken, mit denen in diesen Datenbeständen eingebettetes externalisiertes

Wissen zurückgenommen werden soll. Die Analyse relevanter Informations- und Datenquellen zugänglich zu machen, kann »automatisch«, z. B. durch Techniken des maschinellen Lernens, erfolgen.

Zusammenfassen kann konstatiert werden: Nicht nur zur Unterstützung zur semantisch korrekten Informationsmodellierung ist die Festlegung eines Wissens-Profils für eine Modellierungsaufgabe sondern auch für die Auswahl der die Modellierung durchführenden Mitarbeiter aber auch für die Schulung der Mitarbeiter für die Informationsmodellierung mehr als empfehlenswert.

4.1.2 Struktur von Information und Informationsprofile

In Analogie zur abstrakten Strukturierung von Wissen durch Wissensbausteine und Wissensprofile soll auch die Strukturierung von Informationen durch Informationsbausteine und Informationsprofile erfolgen können, die wir dann als »wissensbausteinorientierte Informationsmodellierung« bezeichnen wollen.

Informationsbausteine

Die wissensbausteinorientierte Informationsmodellierung ist im Gegensatz zu der Entity-Relationship-Modellierung, wie sie am Beginn dieser Monographie eingeführt wurde, eine hierarchische Strukturierung von Informationen: Nicht allein atomare Entities und Relationships werden in den Modellen dargestellt, sondern hierarchisch verfeinerte Informationsbausteine.

Das Ziel für die Weiterentwicklung der klassischen Entity-Relationship-Modellierung in dieser Monografie ist die Entwicklung einer Modellierungsmethodik, mit der Modelle jeweils durch eine Hierarchie charakterisiert werden können. Dies soll durch ein Vorgehen ermöglicht werden, in dem Hierarchien nicht nur durch eine „Top-down" Verfeinerung von Informationsbausteinen entstehen, sondern auch durch ein »Bottom-up«-Vorgehen bei der Modellierung entwickelt werden können. Um den Bezug zu den heutigen Entity-Relationship-Modellierungen bzw. zu den objektorientierten Modellierungen herzustellen, wird in den nächstfolgenden Kapiteln diese ein „Kompositionsprinzip" befolgende Modellierung anwendende Erweiterung der klassischen Modelle erfolgen.

In den ersten Erläuterungen der beabsichtigten Erweiterung der klassischen Modellierungstechniken in dieser Monografie ist schon angedeutet worden, dass dabei der präzisen Erfassung der intendierten Bedeutung, d. h. der Semantik von Informationen die besondere Aufmerksamkeit gewidmet wird. Dies ist insbesondere bei der Modellierung „kritischer" Sachverhalte unumgänglich, weil durch nicht vermiedene Fehlinterpretation von Informationen große materielle und/oder immaterielle Schäden entstehen können.

Die Enthaltenseins-Beziehung

Die bausteinorientierte Darstellung von Wissen und von das Wissen repräsentierenden Informationen korrespondiert zu dem in der physikalischen Welt und in den Ingenieurwissenschaften vielfach erprobten und genutzten »Stücklistenprinzip«, mit dem der physikalische Aufbau auch komplexer Artefakte anschaulich dargestellt werden kann. Die zwischen übergeordneten und untergeordneten Artefakten existierende Beziehung ist eine »Enthaltenseins-Beziehung«: Die untergeordneten Artefakte sind immer in den übergeordneten Artefakten enthalten.

Gleiches gilt dann für die Darstellung von Wissens- und Informationsbausteinen: Die untergeordneten Wissens-/Informationsbausteine sind in den übergeordneten Wissens-/Informationsbausteinen enthalten. Anders ausgedrückt: Das umfassende Wissen schließt unterschiedliches »Teilwissen«, die umfassende Information schließt unterschiedliche »Teilinformationen« ein. Dieses Modell zur Strukturierung von Wissen und Informationen korrespondiert auf den ersten Blick dem in der Informationsmodellierung üblichen Modell, wonach Aggregationsabstraktionen dazu dienen die Teile eines Ganzen zu benennen. Dies ist allerdings nur auf den ersten Blick richtig, weil übergeordnetes und untergeordnetes Wissen/untergeordnete Informationen sehr wohl auch in einer Generalisierungs-/Spezialisierungsbeziehung zueinander stehen können und das untergeordnete Wissen/die untergeordnete Information eine Spezialisierung des (gleichen) übergeordneten Wissens/der übergeordneten Information sein kann.

Die in einer Enthaltenseins-Beziehung untergeordneten Wissens-/Informationsbausteine können selbstverständlich sehr unterschiedliches Wissen darstellen. So kann z. B. der übergeordnete Wissensbaustein »Fertigungsstrecke« die untergeordneten Wissensbausteine »Maschinensteuerung« und »Transportlogistik« umfassen.

Die obigen Erläuterungen der Enthaltenseins-Beziehung suggerieren zunächst nur, dass mit ihr jeweils ein „Ganzes" und seine „Teile" Gegenstand der Modellierung sind und damit die Enthaltenseins-Beziehung der Aggregationsabstraktion aus der klassischen Informationsmodellierung entspricht. Ihr wird eine darüberhinausgehende Bedeutung dadurch zugeordnet, dass mit ihr auch die zwischen den „Teilen" des „Ganzen" existierenden Beziehungen und Abhängigkeiten umfasst sein sollen. Sie verlangt sogar, dass das übergeordnete „Ganze" von der Existenz von Beziehungen zwischen den „Teilen" abhängig ist. Das „Ganze" umfasst keine „losen", nicht durch Beziehungen verbundene „Teile". Die Beziehungen zwischen den „Teilen", bzw. das zwischen den „Teilen" existierende Beziehungsgeflecht, ist konstituierend für das „Ganze".

Die Beziehungen zwischen den „Teilen" dürfen, wie auch in der klassischen Informationsmodellierung, von beliebiger Art sein. Sie dürfen, für den Fall dass die „Teile" physikalische Artefakte sind, z.B. die „geometrische Passfähigkeit, mit der der Zusammenbau der „Teile" ermöglicht wird oder die „Material-Kompatibilität", die zwischen den „Teilen" eingefordert wird, betreffen.

Die Enthaltenseins-Beziehung genügt darüber hinaus die Forderung, dass zwischen dem „Ganzen" und der Gesamtheit seiner „Teile" auch eine explizit angebbare „Beziehung" existieren muss. Sie repräsentiert wiederum auf physikalische Artefakte bezogen den „Bauplan" für das „Ganze" und sie heißt auch „Abstraktions-Beziehung" weil sie erlauben muss, dass das „Ganze" als abstrakt, also auch als unabhängig von seinen konstituierenden „Teilen" betrachtet werden kann. Die dafür denkbaren „Abstraktions-Beziehungen" können auch die aus der klassischen Informationsmodellierung bekannten Abstraktionen „Generalisierung", „Aggregation", „Klassifikation" etc., aber auch beliebige andere, frei zu definierende Abstraktionen sein.

Etwas abstrakter formuliert kann gesagt werden, dass die Enthaltenseins-Beziehung einem „Ganzen" seine „Teile" zuordnet, den „Teilen" eine Rolle oder Funktion im „Ganzen" zuordnet und die Abstraktions-Beziehung zwischen dem „Ganzen" und der Gesamtheit seiner „Teile" festlegt. Um eine Unterscheidung zwischen den Abstraktions-Beziehungen der klassischen Informationsmodellierung und den Abstraktions-Beziehungen in der Enthaltenseins-Beziehung zu ermöglichen, werden die letzteren später nach der weitergehenden Definition der Enthaltenseins-Beziehung „Konstruktions-Abstraktions-Beziehungen" genannt werden.

Die Enthaltenseins-Beziehung hat demzufolge eine über die klassischen Abstraktionskonzepte hinausgehende „umfassendere" Bedeutung. Sie erlaubt –wie gleich erläutert wird- die Kontextualisierung von Wissen/Informationen und unterstützt damit die »richtige« Interpretation der in einem übergeordnete Wissensbaustein/Informationsbaustein enthaltenen untergeordneten Wissensbausteine/Informationsbausteine. So ist z.B. der Wissensbaustein/Informationsbaustein »Transportlogistik«, wie im obigen Beispiel verdeutlicht, die Transportlogistik in einer »Fertigungsstrecke« und nicht die Transportlogistik für den »schienengebundenen Warenverkehr«.

Kontextualisierungshierarchien für Wissen und Information

Mit Wissens-/Informationsbaustein-Hierarchien erfolgt eine weitere – über die Kontextualisierung in der klassischen Informationsmodellierung – hinausgehende Kontextualisierung von Wissens- bzw. Informationsbausteinen. Für jeden Wissens- oder Informationsbaustein stellen die in der Verfeinerungshierarchie übergeordneten Wissens- oder Informationsbausteine einen Kontext für die untergeordneten Wissens- oder Informationsbausteine dar. In einer Kontexthierarchie ist die Bedeutung der Informationen der untergeordneten Bausteine durch die gesamte Kontexthierarchie definiert und mit jedem Verfeinerungsschritt erfolgt eine Bedeutungseingrenzung für die Informationen des Wissensbausteins.

Dieses Prinzip der Kontextualisierung für Wissen und Informationen ist, kann man schlussfolgern, eine weitere Möglichkeit, die Semantik von Informationsmodellen zu erfassen und darzustellen. Der übergeordnete Wissens/Informationsbaustein stellt einen »Interpretationskontext« für die untergeordneten Bausteine dar und hilft bei der Entwicklung einer intuitiven Deutung der untergeordneten Bausteine.

Modelle für Wissen/Informationen, die dieses Kontextualisierungsprinzip konsequent zur Anwendung bringen, sollen deshalb „baustein-orientierte Informationsmodelle" oder „komponenten-orientierte Informationsmodelle" genannt werden. Sie sind die Basis für ein „kontextsensitives" oder „kontextorientiertes" Informationsmanagement zur Nutzung der in den Modellen dargestellten Informationen und des damit repräsentierten Wissens und vor allen Dingen auch zur Nachverfolgung von Änderungen des repräsentierten Wissens und der dargestellten Information im jeweiligen Diskursbereich.

In diesem Sinne können übergeordnete Wissens-/Informationsbausteine in baustein-orientierten Wissens/Informationsmodellen auch als Metainformationen für die untergeordneten Wissens-/Informationsbausteine betrachtet werden. Die Metainformationen selbst sind nicht wie häufig in der Informationsmodellierung beliebige Annotationen in Form von Schlüsselworten als »Tags«, sondern sind selbst möglicherweise (komplexe) Darstellungen der übergeordneten Wissens-/Informationsbausteine.

Komponentenorientierte Informationsmodelle

Die Nutzung des Kontextualisierungsprinzips für konstruierte Informationsmodelle unterscheidet sich signifikant von vielen anderen Modellierungstechniken, indem in einer

Kontextualisierungs-Hierarchie für übergeordnete Informations-Bausteine nicht beliebige Metainformationen zugelassen sind, sondern primär nur solche, durch Konstruktionen entstehende Metainformationen. Dies stellt im Hinblick auf die möglichst unzweideutige Interpretation von Information und Informationsmodellen einen großen Vorteil dar: Die Metainformationen und die zwischen ihnen möglicherweise existierenden Beziehungen stellen nicht mehr beliebige Metainformationsnetze, sondern nur noch Metainformationshierarchien dar, in denen inkonsistente Kontextualisierungen dadurch weitestgehend vermieden werden, dass durch die Konstruktion jeweils abgegrenzte, voneinander unabhängige Kontextbereiche gebildet werden.

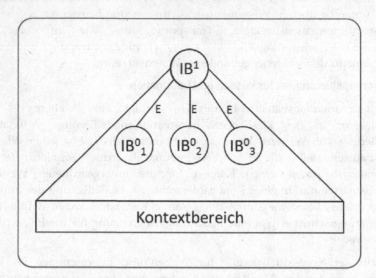

Abbildung 4-5:   Bausteinorientierte Konstruktion von Informationen

Nur der Informationsbaustein IB1 definiert einen »Kontextbereich« für die Informationsbausteine IB01, IB02 und IB03, weil jeder von ihnen in einer Enthaltenseins-Beziehung zum übergeordneten Informationsbaustein IB1 steht.

Es ist offensichtlich, dass Veränderungen von Bausteinen eines baustein-orientiertes Informations-Modells auch immer Veränderungen eines übergeordneten Informations-Bausteins und aller untergeordneten Veränderungen eines übergeordneten und aller untergeordneten Kontextbereiche nach sich ziehen und Veränderungen der Bedeutung (der Semantik) des übergeordneten und aller untergeordneten Informationsbausteine nach sich ziehen. Die Nachverfolgung der Veränderungen ist jedoch stets durch die Tiefe der Baustein-Hierarchie im Wissens/Informations-Modells begrenzt.

Bausteinorientierte Konstruktionen und Komponenten

Als Erweiterung des Kontextualisierungsprinzips betrachten wir nunmehr konstruierte Informationsmodelle. Die mit der Enthaltenseins-Beziehung gebildeten hierarchischen konstruierten Modelle können auch durch spezialisierte „Enthaltenseins-Beziehungen" gebildet worden sein. Die jeweiligen speziellen

Enthaltenseins-Beziehungen unterscheiden sich dadurch voneinander, dass mit ihnen unterschiedliche Konstruktionen zwischen übergeordneten und untergeordneten Wissens/Informationsbausteinen modelliert werden können.

So können übergeordnete und untergeordnete Wissens-/Informationsbausteine z. B. die später eingeführten" Aggregationsabstraktion" darstellen, in der der übergeordnete Wissens-/Informationsbaustein ein »Aggregat« der untergeordneten Wissens-/Informationsbausteine ist: Ein übergeordnetes Modell »Fertigungsstrecke« kann dann z. B. als ein aus mehreren untergeordneten Modellen Fertigungsstrecken für »Motoren«, »Fahrgestelle« und »Karosserien« zusammengefügt betrachtet werden. Dieses Enthaltenseins-Konzept erlaubt es dann in der Informationsmodellierung von über- und untergeordneten und von „konstruierten" und „konstituierenden" Komponenten zu sprechen.

Beispiel:

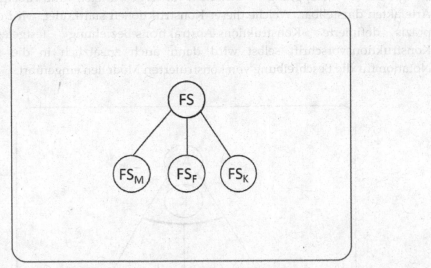

Abbildung 4-6:   Beispiel für eine bausteinorientierte Konstruktion

Alle »Fertigungsstrecken« besitzen gemeinsame (generische) Charakteristika eine Fertigungsstrecke zu sein und die untergeordneten »Fertigungsstrecken« sind spezielle Fertigungsstrecken mit speziellen Charakteristika.

Konstruktions-Abstraktions-Beziehung und konstruierte Modelle

Bis dahin unterscheiden sich klassische und konstruierte Wissens- und Informationsmodelle nur dadurch, dass konstruierte Modelle nicht mehr nur in einer Ebene (gleichartig) dargestellte Wissens-/Informationsbausteine umfassen, sondern dass die Gesamtheit der Wissens-/Informationsbausteine in einem Modell im Hinblick auf ihre »Granularität« unterschieden werden und in die Modelle »Granularitätsebenen« eingeführt werden können. Aus den »flachen« klassischen Modellen werden dadurch »strukturierte« hierarchische Modelle. Dies genau entspricht dem in den klassischen Ingenieurdisziplinen angewandten Konzept der „Stücklisten" zur Beherrschung der Komplexität technischer Artefakte.

Eine wesentliche Erweiterung beim Übergang zu konstruierten Wissens/Informationsmodellen erfolgt dadurch, dass die Artefakte unterschiedlicher Granularitätsebenen in einer »Konstruktions-Beziehung« zueinander stehen. Mit dem Begriff »Konstruktions-Beziehung« wird zum Ausdruck gebracht, dass Artefakte einer untergeordneten Granularitätsebene durch eine »Konstruktion« zu Artefakten einer übergeordneten Granularitätsebene werden. Die »Konstruktions-Beziehung« wird, wie später gezeigt werden wird, sehr unterschiedliche Ausprägungen annehmen: Mit ihr ist nicht nur die »Aufzählung« der in einem übergeordneten Artefakt enthaltenen untergeordneten Artefakte sondern auch zum Beispiel die „mechanische","elektrische" oder auch „magnetische" „Kopplung" zwischen untergeordneten und übergeordneten Artefakten darstellbar. Welche dieser Konstruktionen stattfindet, wird durch eine präzis definierte »Konstruktions-Abstraktions-Beziehung« festgelegt. Diese Konstruktionsvorschrift selbst wird dann auch zusätzlich in die (grafische) Notation für die Beschreibung von konstruierten Modellen eingeführt.

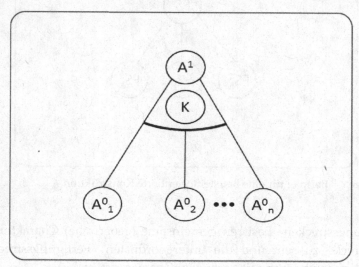

Abbildung 4-7:   Konstruktion und Konstruktor

Das übergeordnete Artefakt A1 wird mit der Konstruktionsvorschrift (dem »Konstruktor«) K aus den untergeordneten Artefakten A01, A02, ..., A0n gebildet. Die »Konstruktionsbeziehung« ist also eine spezielle »Enthaltenseins-Beziehung«, gebildet durch die jeweilige »Konstruktions-Abstraktions-Beziehung« zwischen der Gesamtheit der untergeordneten und dem übergeordneten Artefakt, sowie eine die „Konstruktionsvorschrift" umfassende Beziehung.

Dies lässt sich mit dem folgenden Beispiel verdeutlichen: Ein »Automobil« entsteht durch die Konstruktion aus mehreren Komponenten wie z. B. »Motor«, »Fahrwerk«, »Karosserie«. Die Komponenten »Motor«, »Fahrwerk« und »Karosserie« sind in »Automobil« enthalten. Die im Informations-Modell für das »Automobil« dargestellte Konstruktion-Abstraktions-Beziehung zwischen den untergeordneten und dem übergeordnetem Artefakt lässt sich als eine später ausführlich beschriebenen Aggregationsbeziehung auffassen: Sie setzt die Teile und die Gesamtheit zueinander in Beziehung – sie ist also eine „ist-Teil"- Beziehung zwischen jedem einzelnen Teil und dem Automobil. Die Modellierung mit Konstruktionen erlaubt also metaphorisch gesprochen - in Anlehnung an das obige Beispiel - den »Blick unter die Motorhaube«.

Im Vorgriff auf spätere Erläuterungen sei an dieser Stelle schon darauf hingewiesen, dass Konstruktionen ein "enthalten sein" implizieren: Ein Bauteil „enthält" andere Bauteile auf eine ganz bestimmte „Art und Weise" und dass das „enthalten sein" durch eine „Enthaltenseins-Beziehung" festgelegt sein muss. Diese „Enthaltenseins-Beziehung" wird in der weiteren Beschreibung von Konstruktionen einerseits durch eine „Konstruktions-Abstraktions-Beziehung" und andererseits durch eine „konstituierende Beziehung" in Modellen abgebildet werden. Die Festlegung dieser Art und Weise entspricht einer Festlegung der Semantik der Repräsentation der Bauteile durch Informationen und Daten in Informations-und Datenmodellen.

Unabhängig von der Art der unterschiedlichen Konstruktionen in einer Konstruktions-Hierarchie wird für die Konstruktions-Hierarchie selbst die folgende Festlegung getroffen: Konstruktions-Hierarchien erlauben eine Menge von übergeordneten konstruierten Komponenten, in denen eine Komponente enthalten sein kann und sie erlauben eine Menge von konstituierenden Komponenten, die eine konstruierte Komponente enthalten kann. Darüber hinaus wird festgelegt, dass Komponenten nicht in sich selbst enthalten sein können. Damit werden Konstruktions-Hierarchien durch zyklenfreie gerichtete Graphen, wie mit dem folgenden Bild illustriert, darstellbar.

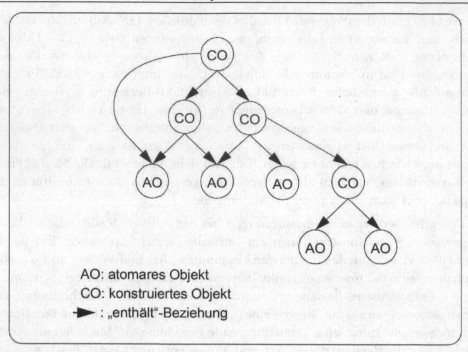

Abbildung 4-8:   Konstruktions-Hierarchie

Konstituierende Beziehungen für Konstruktionen

Vorbedingung für die Konstruktion ist, dass zwischen den mit einer Konstruktion zusammenzufügenden, durch Informationen und Daten repräsentierten materiellen und virtuellen Artefakten, überhaupt eine Beziehung im Sinne der Informationsmodellierung existiert, mit der deutlich gemacht wird, dass ein Zusammenfügen überhaupt von Interesse ist weil damit ein Modell eines neuen gewünschtes konstruiertes Artefakts entstehen kann. Diese die Vorbedingung der Konstruktion bezeichnende Beziehung wird demzufolge auch als „konstituierende Beziehung" oder „constituent relationship" für die Konstruktion genannt. Sie begründet die Möglichkeit und die Notwendigkeit für eine Konstruktion. Beziehungen sind dann abhängig vom jeweiligen Diskursbereich „Integritätsbedingungen", „Korrelationen", „Informationsfluss-Abhängigkeiten" und viele andere mehr.

In den Modellierungen technischer Artefakte sind dann beispielsweise „geometrische Abhängigkeiten" zwischen Werkstücken aber auch „kommunikative Abhängigkeiten" zwischen Werkzeugen, die jeweils Informationen bereitstellen und an anderer Stelle bereitgestellt Informationen nutzen durch die constituent relationship charakterisiert. Konstituierende Beziehungen können also natürlich auch beliebig komplex und detailliert sein um deutlich zu machen, dass zwischen den zusammenzufügenden Artefakten bei der

Konstruktion eine Vielzahl von Abhängigkeiten zu berücksichtigen ist. Eine weiter gehende Erläuterung der Rolle der konstituierenden Relationships in der Modellierung von Konstruktionen erfolgt in den Kapiteln 5 und 6 für die dort erklärten unterschiedlichen Konstruktions-Konzepte und In Kapitel 7 für „Objekt-Konstruktionen.

Dies ist der Anlass dafür die obige Graphik zu erweitern und damit auch ein graphisches Symbol für die Konstruktion in der Informationsmodellierung einzuführen.

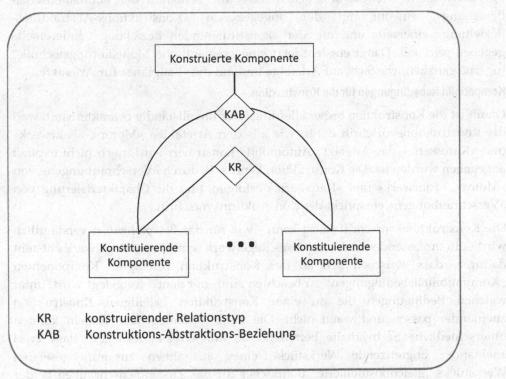

Abbildung 4-9:   Konstruktionskonzept

Die die Konstruktion bildenden Konstituenten sind:

1. Die konstituierenden Komponenten sind die Basis für die Konstruktion. Sie stellen das mit der Konstruktion zu Verbindende dar.
2. Die konstituierende Relationship stellt die Basis-Voraussetzung für die Konstruktion der konstituierenden Komponenten dar.
3. Die Konstruktions-Abstraktions-Beziehung repräsentiert die Vorschrift für die Konstruktion, die angewandt wird um die Konstruktion durchzuführen.

4.   Die konstruierte Komponente stellt das Ergebnis der Konstruktion dar, das nach der Durchführung der Konstruktion, die konstituierenden Komponenten enthält.

Die Konstruktion ist also durch zwei Beziehungen, die konstituierende Relationship und die Konstruktions-Abstraktions-Beziehung, die gleichzeitig gelten und nach der Durchführung der Konstruktion beide erfüllt sein müssen. Dafür müssen beide miteinander kompatibel sein. Ist die Kompatibilitätsforderung erfüllt sollen beide „zusammengefasst" den Konstruktor für die Konstruktion dar.

Für konstruierte Modelle soll gelten, dass die Semantik der »Enthaltenseins-Beziehung«, sowohl mit der angegebenen »Konstruktions-Abstraktions-Beziehung« einerseits und mit der »konstituierenden Beziehung« andererseits gegeben sein soll. Damit entsteht jetzt eine „semantische Modellierungstechnik" für eine ganzheitliche Sicht auf Artefakte und auf die »Baupläne« für Artefakte.

Kompatibilitätsbedingungen für die Konstruktion

Damit ist die Konstruktion bisher allerdings nur unvollständig charakterisiert, weil die Konstruktionsvorschrift dafür, wie aus den Artefakten »Motor«, »Fahrwerk« und »Karosserie« das Artefakt »Automobil« konstruiert wird, noch nicht explizit angegeben worden ist. Die Konstruktion kann z. B. durch »Verschraubungen« von »Motor«, »Fahrwerk« und »Karosserie« erfolgen, und die Charakterisierung von »Verschraubungen« entspricht der Konstruktionsvorschrift.

Die Konstruktionsvorschrift selbst kann - wie für das Beispiel sofort verständlich wird - ein umfassendes und komplexes Regelwerk sein. Dieses Regelwerk entsteht dadurch, dass zwischen den an der Konstruktion beteiligten Komponenten „Kompatibilitätsbedingungen" zu beachten sind, mit denen festgelegt wird, unter welchen Bedingungen die an einer Konstruktion beteiligten Konstruktion zueinander passen und wann nicht. Die dafür festzulegenden Regeln können unterschiedliche Sachverhalte betreffen: Sie können z.B. festlegen, dass zwei aneinander angrenzende Werkstücke eines aus ihnen zusammengesetzten Werkstücks „gleichpositionierte" Bohrlöcher für das Zusammenschrauben beider Werkstücke haben oder dass die Materialeigenschaften von zwei zu verbindenden Werkstücken so zueinander passen müssen, dass elektrische Spannungen zwischen ihnen nicht entstehen können.

Damit wird deutlich, dass die Definition von Konstruktionen nicht nur Kenntnisse zur klassischen Informationsmodellierung sondern auch Kenntnisse über die jeweiligen Anwendungen und über die in den Anwendungen relevanten Bezugssysteme, wie sie in Kapitel 2 diskutiert worden sind, erfordert.

Wie man leicht erkennen kann ist die Modellierung von „Kompatibilitätsbedingungen" für Konstruktionen nicht vernachlässigbar, in vielen Fällen sogar bedeutungsvoller als die Modellierung der Artefakte und der zwischen ihnen existierenden sonstigen Beziehungen. Mit der Angabe eines

Konstruktors für eine Konstruktion wird aber auch ein vollständigeres Bild eines Artefaktes erzeugt, und es gilt der Aristoteles'sche Satz »Das Ganze ist mehr als die Summe seiner Teile«.

Struktur und Verhalten

Die bisherige »strukturelle« Betrachtung von kompositionalen Modellen muss ergänzt werden durch deren »operationale« Betrachtung. Industrielle Produkte und Prozesse werden nicht nur entwickelt sondern auch kontinuierlich weiterentwickelt. Für viele industrielle Prozesse und Produkte muss sogar mit einer extrem hohen „Änderungsgeschwindigkeit" gerechnet werden. Änderungen und die Auswirkungen von Änderungen auf die Repräsentation von industriellen Artefakten durch Informationen und Daten müssen in diesen Modellen nachvollzogen werden. Die Festlegung welche Änderungen als zulässige Änderungen erlaubt sein sollen und welche Auswirkungen zulässiger Änderungen an Modellen welche Auswirkungen haben ist Gegenstand der Modellierung des Verhaltens.

Mit der operationalen Betrachtung wird festgelegt, welche Operationen auf konstruierten Artefakten möglich und zulässig sind. Handelt es sich bei den betrachteten Artefakten um konstruierte virtuelle Artefakte, sind mögliche Operationen »Veränderungsoperationen« wie »Einfügungen«, »Löschungen« oder »Aktualisierungen« für Teile der Artefakte.

Handelt es sich bei den betrachteten Artefakten zum Beispiel um konkrete (physikalische) Artefakte, sind mögliche Operationen »Bearbeitungsoperationen« wie z. B. »Drehen«, »Fräsen«, »Bohren« für atomare Artefakte wie einfache Werkstücke oder z. B. »Verschrauben«, »Schweißen«, »Kleben« etc. für konstruierte Artefakte. Auch hier können wieder Folgen für die Ausführung von Operationen zu beachten sein wie wir sie durch die Einführung von »Wirkungszusammenhängen« schon für klassische Information- Modelle eingeführt haben.

Extensionale und intensionale Wirkungszusammenhänge, Existenz-Abhängigkeiten

Extensionale Wirkungszusammenhänge sind zum Beispiel die schon in Kapitel 3 eigeführten, aus Integritätsbedingungen, die Prädikaten über Entity-Mengen oder Entity-Relationship-Mengen entsprechen, abgeleiteten Wirkungszusammenhänge in der klassischen Informationsmodellierung. Einige dieser Wirkungszusammenhänge haben eine besondere Bedeutung, sie sind aus Integritätsbedingungen abgeleitete „extensionale und Existenz-Abhängigkeiten", so wie eine Relationship zwischen zwei Entities von der Existenz der beiden Entities abhängig ist und bei der Veränderung der durch die Relationship verbundenen Entities zwangsläufig zu einer Veränderung der Relationship führen muss.

In Konstruktionen entstehen weitere Existenzabhängigkeiten, solche zwischen konstruierten und konstituierenden Komponenten: Die konstruierte Komponente kann nur existieren wenn alle ihre konstituierenden Komponenten existieren. Diese Abhängigkeiten können, weil sie nur aus der Intension der Konstruktion abgeleitet und werden können, „intensionalen Existenz-Abhängigkeiten" und die daraus abgeleiteten Wirkungszusammenhänge sind intensionale Wirkungszusammenhänge. Beide, extensionale Wirkungszusammenhänge und intensionale Wirkungszusammenhänge, sind Teil der Festlegung des Verhaltens von Konstruktionen. Eine ausführliche Erläuterung folgt in den Kapiteln 5 und 6.

Wenn die Festlegung des Verhaltens von Informations-Bausteinen die Beachtung von Wirkungszusammenhängen impliziert, kann dies zu einzelne Informations-Bausteine übergreifende Wirkungszusammenhänge implizieren und damit von ganzen Ketten solcher Wirkungszusammenhänge. Folgen die die Wirkungszusammenhänge auslösenden Änderungen aus der Änderung der Extension eines Modells entstehen auch nur extensionale Wirkungszusammenhänge. Folgen sie hingegen aus der Änderung der Intension, sind Wirkungszusammenhänge zu beachten, mit denen Änderungen der Modelle selbst ausgelöst werden.

Sowohl die Modellierung der »strukturellen« Eigenschaften als auch der »operationalen« Eigenschaften von kompositionalen Modellen und damit von deren Verhalten, wird in den Kapiteln 5 und 6 ausführlich beschrieben werden. In Kapitel 7 erfolgt die ausführliche Darstellung des Konzepts zur integrierten Struktur- und Verhaltens-Modellierung für Konstruktions-Hierarchien.

Semantik und Kompositionalität von Konstruktionen

Es kann kein Zweifel darüber bestehen, dass die in der Informationsmodellierung zur Anwendung kommenden Konstruktionen von nicht zu unterschätzender semantischer Komplexität sind. Mit der Anwendung und Nutzung von Konstruktionen in der praktischen Informationsmodellierung werden Informationsmodelle aber kompakter (in ihrer Größe reduzierter) darstellbar und damit verständlicher und handhabbarer. Das wird dadurch erreicht, dass zur Erstellung eines Modells Fokussierungen auf die Erstellung von Teilmodellen und die arbeitsteilige Erstellung von Teilmodellen möglich wird. Das ist aber nur dann möglich, wenn die Semantik von Konstruktionen sich aus der Semantik der konstituierenden Komponenten ableiten lässt, das heißt also sich auch konstruieren lässt. Diese Eigenschaft von Konstruktionen wird „Kompositionalität" genannt.

Kompositionale Konstruktionen sind also nur möglich, wenn die die Konstruktion bestimmenden Konzepte semantisch definiert sind, also ihre Form- und Domänensemantik bekannt ist. Das geschieht, wie schon in Kapitel 3 erläutert, durch die Festlegung

1. der die Extension von Komponenten definierenden Alphabete und Vokabulare

2. der die Intension von Komponenten definierenden Alphabete und Vokabulare

3. der die Strukturen definierenden Beziehungen zwischen Komponenten wie z.B. von „Abhängigkeiten", „Korrelationen", „Integritäts-Bedingungen" etc.

4. der das Verhalten definierenden Wirkungszusammenhänge zwischen Komponenten

Das damit vorgestellte Konstruktions-Konzept macht deutlich, dass in der Konstruktion das „Ganze" mehr als die Summe seiner „Teile" sein soll. Dies entspricht einem ingenieurwissenschaftlichen Grundverständnis über die industrielle Realität und dies wiederum schafft die Voraussetzung für Spezialisierung und Arbeitsteilung.

Damit verlangt die kompositionale Informationsmodellierung in ihrer praktischen Durchführung keineswegs von jedem an der Modellierung Beteiligten und von allen Nutzern des Modells das Nachvollziehen aller Abstraktionen für jede Komponenten-Konstruktion. Sie erlaubt damit eine geordnete komponentenorientierte Arbeitsteilung und Spezialisierung der Modellierer und Nutzer auf das Verstehen der von ihnen zu entwickelnden oder genutzten Modellteile, aber auch die nötige semantisch konsistente „Ganzheitlichkeit" der Modelle sicherzustellen.

Dies entspricht vor allen Dingen aber auch dem Anspruch die bisher gewohnte klassische »Informationsmodellierung im Kleinen« die dabei entstehenden extrem großen und hochkomplexen „Beziehungs-Geflechte" der Modelle -quasi auf dem „Programmier-Niveau"- weiterzuentwickeln und die nötige „Informationsmodellierung im Großen" auf jedem beliebigen Granularitätsniveaus zu ermöglichen.

4.2 Kompositionale konstruierte Entity-Relationship-Modelle

Nach der Diskussion der möglichen komponentenorientierten Strukturierung von Wissen und Informationen im vorangegangenen Kapitel 4.1, wird nun ein Vorschlag zur kompositionalen Strukturierung von Informationsmodellen in Form von Entity-Relationship-Modellen als Repräsentanten komponentenorientiert strukturierten Wissens beschrieben. In klassischen Entity-Relationship-Modellen werden Beziehungen zwischen Entities des gleichen Granularitätsniveaus und zwischen Entities verschiedener Granularitätsniveaus gleichgestellt in der gleichen Modellebene dargestellt. Als Folge davon entstehen Informationsmodelle als flache Netze. In den nachfolgend eingeführten Konzepten wird nun –unter Anwendung der in Kapitel 4.1 eingeführten Konzepte- zwischen Beziehungen zwischen Entities des gleichen Granularitätssniveaus und Beziehungen zwischen Entities unterschiedlichen Granularitätsniveaus und deren Darstellung auf mehreren Modellebenen unterschieden.

Beziehungen zwischen Entities des gleichen Granularitätssniveaus dienen der »horizontalen« Strukturierung eines Diskursbereiches und „Konstruktionsbeziehungen" (Beziehungen zwischen Entities unterschiedlicher Granularitätsniveaus) dienen der »vertikalen« (hierarchischen) Strukturierung eines Diskursbereiches.

Der horizontalen Strukturierung eines Diskursbereiches liegen die in den vorangegangenen Kapiteln eingeführten Entity-Relationship-Modelle zugrunde. Der vertikalen Strukturierung eines Diskursbereiches liegen sowohl Entity-Relationship-Modelle und da insbesondere auch die in Kapitel 3.6 eingeführten Abstraktionskonzepte zugrunde. Die vertikale Strukturierung eines Diskursbereichs erfolgt durch die Einkapselung von Modellen und Teilmodellen unter Anwendung dieser Abstraktionskonzepte. Mit der Einkapselung entstehen zueinander in Beziehung stehende Modelle auf unterschiedlichen Granularitätsstufen.

4.2.1   Komponenten in Entity-Relationship-Diagrammen

Für die Komponentenorientierte Modellierung mit Entity-Relationship-Modellen kann deren vertikale Strukturierung sowohl retrospektiv durch deren Zerlegung als auch prospektiv durch deren Konstruktion erfolgen.

Komponentenorientierte Zerlegung von Entity-Relationship-Modellen

Die vertikale Strukturierung von Entity-Relationship-Modellen erfolgt durch die

Einkapselung von Teilmodellen. Mit der Einkapselung erfolgt eine »Sichtbarkeitsbegrenzung« für die eingekapselten Teilmodelle: Sie werden von da an als neue Ganzheiten betrachtet, deren Internstruktur nicht mehr sichtbar, nicht mehr von Interesse oder (bei »atomaren« Kapseln) auch nicht existent ist. Die Einkapselung ist also eine Anwendung des Information- Hiding- Prinzips und von Information- Hiding- Abstraktionen.

Dies wird mit dem folgenden Beispiel in Bild 4.10 verdeutlicht. Das dort dargestellte Entity-Relationship-Diagramm wird in die Entity-begrenzten Teilmodelle K_1, K_2, K_3 zerlegt.

Sowohl die Teilmodelle K_1, K_2, K_3 als auch das Gesamtmodell K_0 können im obigen Sinne eingekapselt werden (gekennzeichnet durch die sie umschließenden Rechtecke). Nach ihrer Einkapselung kann das Ausgangsmodell durch ein abstrakteres Modell, bestehend aus dem Gesamtmodell K_0 und den Teilmodellen K_1, K_2, K_3, beschrieben werden. Da das

Gesamtmodell K_0 die Teilmodelle enthält, muss dies auch im abstrakten Modell dargestellt werden. Die in der zweiten Abbildung in Bild 4.10 gewählte Darstellung des abstrakten Modells repräsentiert das Enthaltensein durch die Kanten des dort dargestellten Graphen. Das abstrakte Modell ist also der Graph der Enthaltenseinsbeziehung.

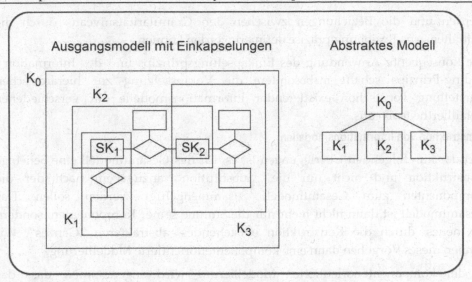

Abbildung 4-10:   Clustern durch Entity-begrenzter Teilmodelle

Es ist wichtig zu betonen, dass die im Ausgangsmodell dargestellten Relationship-Typen solche zwischen Entity-Typen des gleichen Granularitätsniveaus sind. Der im abstrakten Modell dargestellte Relationship-Typ »Enthaltenseinsbeziehung« ist einer zwischen Entity-Typen unterschiedlicher Granularitätsniveaus. Zur Unterscheidung von Relationship-Typen der konventionellen Entity-Relationship-Modellierung werden die Relationship-Typen des abstrakten Modells -wie im vorangegangenen Kapitel schon erklärt- Konstruktions-Abstraktions-Beziehungen genannt.

Mit der durch das Bild 4.10 veranschaulichten Vorgehensweise ist die Komponentenbildung in Informationsmodellen durch eine sehr einfache Konstruktions-Abstraktions-Beziehung, die „Substitution" beschrieben. Danach sind Komponenten einfach nur benannte eingekapselte Entity-Relationship-Typ-Modelle oder eingekapselte Entity-Typ-begrenzte Teilmodelle. Die Namen der Teilmodelle „ersetzen" die Teilmodelle wenn nicht alle Details eines Modells betrachtet werden sollen und erlauben die Entwicklung eines abstrakten Modells mit den Namen der Teilmodelle. Die Namen der Teilmodelle können dann als Bezeichner von Entities verstanden werden, die Teilmodelle repräsentieren. Sollen die Details eines Modells betrachtet werden, werden die Namen der Teilmodelle durch die Teilmodelle selbst ersetzt. Die Teilmodelle stehen über den konstituierenden Relationship-Typ „ist verbunden mit" zueinander in Beziehung. Die Konstruktions-Abstraktions-Beziehung ist die Enthaltenseins-Beziehung.

Als Vorteil der Informationsmodellierung mit benannten Einkapselungen und Enthaltenseins-Beziehungen wird das Entstehen abstrakterer Modelle angesehen, in denen Modellierungen auf unterschiedlichen Granularitätsniveaus möglich werden und die Beziehungen zwischen den Granularitätsniveaus durch die Enthaltenseins-Beziehung präzise definiert werden können.

Die konsequente Anwendung des Einkapselungsprinzips und des Information -Hiding-Prinzips schafft insbesondere die Voraussetzung zur hierarchischen Darstellung von schon existierender Informationsmodelle auf verschiedenen Detailliertheitsniveaus.

Konstruktion von Informationsmodellen

Ziel der nun folgenden Überlegungen ist es, für das Gesamtmodell eine beliebige Konstruktion und nicht nur die „Substitution" anzugeben, nach der die Komponenten zum Gesamtmodell zusammengefügt werden sollen. Das Gesamtmodell ist dann nicht mehr nur die Summe seiner Komponenten, sondern ein neues, durch die Konstruktion entstehendes, abstrakteren „Ganzes". Wir nennen dieses Vorgehen dann eine komponentenorientierte Modellierung.

In der komponentenorientierten Modellierung wird angenommen, dass das Gesamtmodell in Gänze aus seinen Komponentenmodellen konstruiert werden kann, und dass alle Komponentenmodelle integraler Bestandteil des Gesamtmodells werden. Es wird darüber hinaus angenommen, dass alle Komponentenmodelle zwingend nötig sind, um das Gesamtmodell zu konstruieren und dass die Komponentenmodelle „zusammenhängend" sind. Die Entity-Typ-begrenzten Komponentenmodelle sind zusammenhängend, wenn zwischen ihnen Relationship-Typen existieren, die den notwendigen Zusammenhang herstellen, oder wenn sie über ihnen gemeinsame Unterkomponenten verbunden sind.

Dies macht deutlich, dass in der komponentenorientierten Modellierung nicht vorausgesetzt wird, dass alle Komponenten-Modelle paarweise disjunkt sind. Es ist ganz im Gegenteil möglich, dass mehrere Komponentenmodelle identische Unterkomponenten enthalten. Dies wird an dem in Bild 4.10 eingeführten Beispiel im nun folgenden Bild 4.11 verdeutlicht. Die Komponenten K_1 und K_2 enthalten die Unterkomponente SK_1 und die Komponenten K_2 und K_3 enthalten die Unterkomponente SK2. Die Komponenten K_1, K_2, K3 sind in diesem Fall zusammenhängend, weil sie über gemeinsame Unterkomponenten definiert sind. Das abstrakte Modell zeigt darüber hinaus auch, dass jede der nicht atomaren Komponenten durch eine Konstruktion C_i gebildet wird.

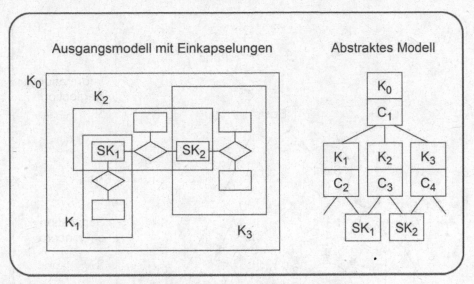

Abbildung 4-11:   Einkapselung Entity-begrenzter Teilmodelle

Mit den bisherigen Erläuterungen zur komponentenorientierten Strukturierung von Informationsmodellen durch deren Zerlegung in Teilmodelle sind zwei Ebenen der Modellierung eingeführt worden: Die (vertikale) Hierarchie-Modellierung mit Modellen und Teilmodellen sowie die (horizontale) Modellierung mit Entities/Entity-Typen und Relationships/Relationship-Typen. Damit wird die zur Anwendung kommende Modellierungssprache scheinbar umfangreicher und die Modellierung komplizierter. Eine solche Zwei-Ebenen-Modellierung ist aber nicht zwingend mit einer Erweiterung der Modellierungssprache verbunden. Die Komponenten orientierte Modellierung kann – wie im Folgenden dargestellt – mit den gleichen Abstraktionskonzepten wie mit denen der klassischen Entity-Relationship-Modellierung erreicht werden.

Abstraktionen in der Komponenten-Konstruktion

Die Gesamtdarstellung der für die komponentenorientierte Informationsmodellierung zur Anwendung kommenden Abstraktionskonzepte und wird deshalb hier wiederholt wie folgt dargestellt:

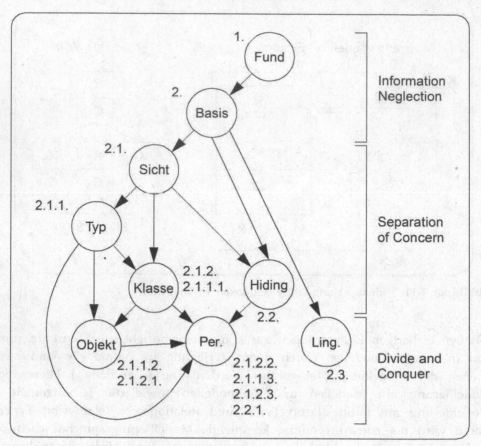

Abbildung 4-12: Abstraktionen der komponentenorientierten Informationsmodellierung

Die Beschränkung der vorangegangenen Erläuterungen zur komponentenorientierten hierarchischen Konstruktion auf Konstruktions-Abstraktions-Beziehungen, die den Abstraktionen der klassischen Informationsmodellierung entsprechen, bedeutet nicht , dass nur diese Abstraktionsbeziehungen in der Definition von Konstruktionen zugelassene Abstraktionen sind. Sie sind nur deshalb hier bisher allein diskutiert worden, weil mit deren Darstellung der Unterschiede zwischen komponentenorientierten hierarchischen Abstraktionen und den bekannten „flachen" Darstellung von Abstraktionskonzepten der klassischen Informationsmodellierung besonders einfach erklärt werden können. Weitergehende komponentenorientierte hierarchische Abstraktionen dürfen durch jede beliebige Art von Konstruktion-Abstraktions-Beziehungen festgelegt sein.

4.2.2 Abstrakte Modelle, abstrakte Entities und abstrakte Relationships

Im Folgenden sollen nun die für die Konstruktions-Abstraktions-Beziehung „Substitution" erläuterten Konzepte verallgemeinert und beliebige, auch selbst definierte Konstruktions-Abstraktion-Beziehungen, zugelassen werden. Dabei wird sich dann später zeigen, dass dafür zwei wichtige Klassen solcher Konstruktions-Abstraktion-Beziehungen, solche zur Erzeugung extensionaler und solche zur Erzeugung intensionaler Abstraktionen, von besondere Bedeutung sein werden und demzufolge in den Kap. 5 und Kap.6 ausführlich diskutiert werden.

Die durch Konstruktion entstehenden Modelle, die durch Konstruktion entstehenden Entities sowie die durch Konstruktion entstehenden Relationships werden im Folgenden –wie in Kap 3 begründet- „abstrakte Modelle" bzw. „abstrakte Entities" und „abstrakte Relationships" genannt. Mit der Einführung der Konstruktions-Abstraktions-Beziehung ist verdeutlicht worden, das eine hierarchische Konstruktion nur dann möglich ist, wenn „Teile" eines prospektiven „Ganzen" in einer konstituierenden Beziehung zueinander stehen, mit der zum Ausdruck gebracht wird, dass die Teile als in irgendeiner Weise abhängig voneinander zu betrachten sind.

Abstrakte Modelle

Abstrakte Modelle entstehen durch deren Konstruktion aus elementaren Modellen nach folgendem Schema:

1. Abgegrenzte, voneinander unabhängige Modelle als Ausgangspunkt: Im ersten Schritt der Entwicklung einer Konstruktion geht man von der Existenz von voneinander abgegrenzten, unabhängigen Modellen aus. Eine Konstruktion erfolgt so, dass die zunächst als voneinander abgegrenzt und als unabhängig voneinander betrachteten Modelle überprüft werden, ob durch eine zwischen ihnen bestehende konstituierende Beziehung bedingt, einem gemeinsamen übergeordneten Diskursbereich zugerechnet werden können. Für zwei voneinander unabhängige Modelle wird das durch die folgende Graphik veranschaulicht.

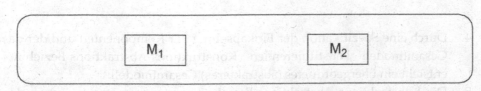

Abbildung 4-13: Abgegrenzte Modelle

2. Einkapselung von über eine Relationship verbundener Modelle: Eine Einkapselung von über mindestens eine konstituierende Relationship miteinander verbundenen Modellen, erfolgt zunächst dadurch, dass sie dem für sie gefundenen gemeinsamen übergeordneten Diskursbereich zugeordnet werden. Die sie verbindende Relationship kann deshalb dann „konstituierende Relationship" für den gemeinsamen übergeordneten Diskursbereich und damit für ein aus den in Beziehung stehenden Modellen erzeugtes Gesamtmodell, betrachtet werden.

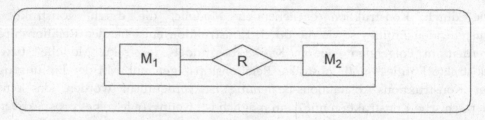

Abbildung 4-14:   In Beziehung stehende Modelle

3. Wird das durch eine Einkapselung entstehende übergeordnete Gesamtmodell mit einer eigenen Bezeichnung zu seiner Identifikation versehen, entsteht ein durch die Einkapselung ein neues übergeordnetes Modell, das die eingekapselten Modelle als untergeordnete Komponenten enthält.

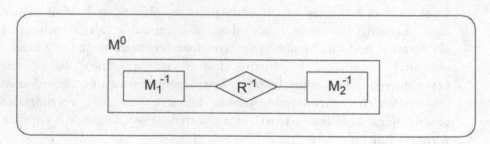

Abbildung 4-15:   Abstraktes Modell

4. Durch eine Spezifikation der Einkapselung der Komponenten und der das Gesamtmodell konstituierenden Konstruktions-Abstraktions-Beziehung entsteht ein übergeordnetes (abstrakteres) Gesamtmodell.

5. Die Konstruktions-Abstraktions-Beziehung zusammen mit zwischen den Komponenten zu berücksichtigenden „Kompatibilitätsbedingungen" definiert dann den „Konstruktor" für das übergeordnete Gesamtmodell und damit die Konstruktion.

6. Das entstandene übergeordnete (abstrakte) Modell kann dann wiederum als Komponente zur Bildung eines nochmals übergeordneten (nochmals abstrakteren) Modells dienen.

Dies wird durch die folgende Graphik veranschaulicht:

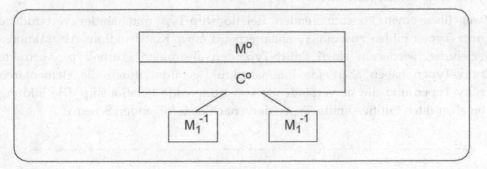

Abbildung 4-16:   Konstruktion eines abstrakten Modells

Mit der Bildung der übergeordneten Komponente verschwindet in der Darstellung, die die Ausgangsmodelle verbindende Relationship. Dies ist gerechtfertigt und folgendermaßen begründet: Dies konstituierende Relationship und das aus ihr möglicherweise resultierende Verhalten des Gesamtmodells und der elementaren Ausgangsmodellen wird vom übergeordneten Gesamtmodell festgelegt, weil das Verhalten der elementaren Ausgangsmodelle nach deren Einkapselung nicht mehr unabhängig vom Gesamtmodell festgelegt werden kann. Die Spezifikation des mit dem Gesamtmodell konformen Verhaltens der elementaren Ausgangsmodelle wird mit der Spezifikation des Konstruktors erreicht. Zu einer weiterführenden Erläuterung wird zunächst auf die etwas später folgende Diskussion des Relativitätskonzepts für die komponentenorientierte Informationsmodellierung verwiesen.

Abstrakte Entity Typen

Im Rahmen der Erläuterungen der Konstruktion durch Substitution ist schon angedeutet worden, dass die Namen benannter Teilmodelle wiederum als Enities/Entity-Typen aufgefasst werden können. Im Anschluss daran soll nun die Unterscheidung von Modellen und abstrakten Entities/Entity-Typen nicht weiter aufrechterhalten werden. Von einem Modell soll jedoch nicht mehr gesprochen werden, wenn es sich tatsächlich nur um ein(en) nicht weiter zerlegbares(n) Entity/Entity-Typ handelt. In einem nächsten Schritt zur Erläuterung der komponentenorientierte Informationsmodellierung sollen –ganz im Sinne der Entity-Relationship-Modellierung- Modelle, auch abstrakte Modelle, wieder als Entities/Entity-Typen bezeichnet werden, die dann jeweils ganze Entity-Relationship-Netze repräsentieren können. Das schafft die Möglichkeit der Beschreibung auch kompositionaler Informationsmodelle allein durch die

Nutzung der Sprachkonzepten der klassischen Informationsmodellierung wie zum Beispiel von Entity-Relationships oder von Objekten etc.

Das oben eingeführte Schema zur schrittweisen Konstruktion abstrakter Modelle aus Teilmodellen kann dann auch direkt auf die Konstruktion abstrakter Entity Typen angewendet werden:

Zwei über einen konstituierenden Relationship-Typ miteinander verbundene Entity-Typen bilden zusammen, entsprechend einer Konstruktions-Abstraktions-Beziehung, wiederum einen Entity-Typ, den abstrakten Entity-Typ. Abstrakte Entity-Typen haben aber eine Internstruktur, gebildet durch die elementaren Entity-Typen und die sie verbindende konstituierende Relationship. Die Bildung von abstrakten Entities/Entity-Typen dann nach dem folgenden Schema:

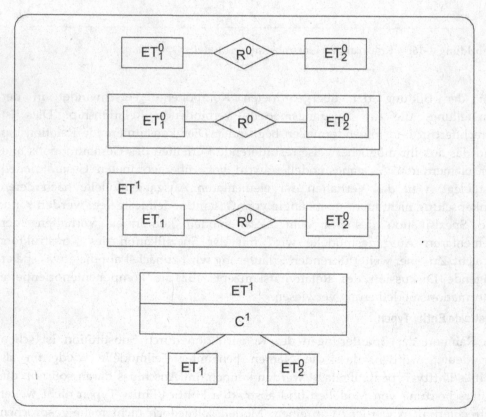

Abbildung 4-17:   Konstruktion eines abstrakten Entity-Typs

Wir nennen den durch die komponentenorientierte Abstraktion entstehenden Entity-Typ abstrakten Entity-Typ und unterscheiden ihn von seinen konstituierenden Entity-Typen und dem ihn konstituierenden Relationship-Typ durch unterschiedliche hochgestellte Indizes.

Für abstrakte Entity-Typen gilt nun die folgende Bezeichnungskonvention. Die in abstrakten Entity-Typen eingebetteten konstituierenden Entity-Typen (auch Komponenten-Entity-Typen genannt), müssen nur innerhalb eines abstrakten Entity-Typs eindeutig bezeichnet sein. Die Bezeichner von Komponenten-Entity-Typen verschiedener abstrakter Entity-Typen dürfen gleich sein, wenn jeder Komponenten-Entity-Typ durch seinen eigenen Bezeichner und den Bezeichner des abstrakten Entity-Typs bezeichnet ist.

Abstrakte Entities

Zwei über eine Relationship miteinander verbundene Entities können über eine komponentenorientierte Abstraktion zu einem abstrakten Entity zusammengefügt werden. Das abstrakte Entity wird mit einem hochgestellten Index von den „Komponenten"-Entities unterschieden.

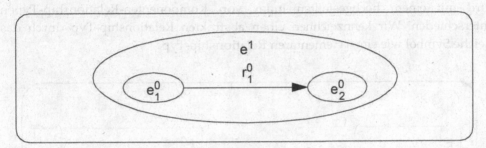

Abbildung 4-18:   Darstellung eines abstrakten Entity

Beispiel:

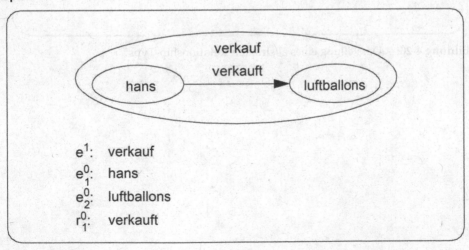

Abbildung 4-19:   Darstellung des abstrakten Entitys „verkauf"

Abstrakte Relationship-Typen

Abstrakte Relationship-Typen werden nicht durch einen Abstraktionsmechanismus, der auf konstituierende Relationship-Typen angewendet wird, gebildet. Abstrakte Relationship-Typen werden eingeführt, um nicht aus Konstruktionen ableitbare Beziehungen, Abhängigkeiten etc. zwischen abstrakten Entity-Typen zu modellieren. Sie stellen demzufolge von der Semantik der Konstruktionen unabhängige semantische Anreicherung der durch die Konstruktion entstandenen abstrakten Entity-Typen dadurch dar, dass mit ihnen für diese abstrakten Entity-Typen ein neuer Kontext entsteht. Dies entspricht vollumfänglich einer klassischen Entity/Relationship-Modellierung, die allerdings nun auf einem höheren Granularitätsniveau stattfindet.

Die graphische Darstellung von abstrakten Relationship-Typen zwischen zwei Entity-Typen nimmt dann die folgende Form an. Der abstrakte Relationship-Typ wird mit einem hochgestellten Index von Komponenten-Relationship-Typen unterschieden. Wir kennzeichnen einen abstrakten Relationship-Typ durch das gleiche Symbol wie einen elementaren Relationship-Typ.

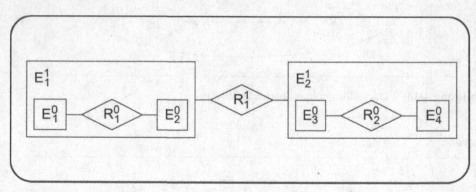

Abbildung 4-20:   Darstellung eines abstrakten Relationship-Typs

Beispiel:

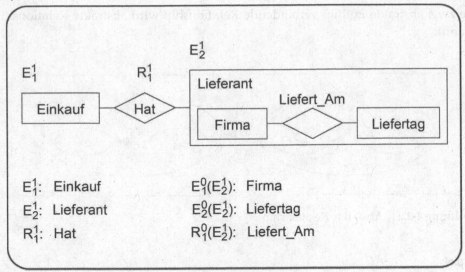

E_2^1

E_1^1 R_1^1

Einkauf — Hat — Lieferant

Liefert_Am

Firma — Liefert_Am — Liefertag

E_1^1:	Einkauf	$E_1^0(E_2^1)$:	Firma
E_2^1:	Lieferant	$E_2^0(E_2^1)$:	Liefertag
R_1^1:	Hat	$R_1^0(E_2^1)$:	Liefert_Am

Abbildung 4-21:   Darstellung des abstrakten Relationship-Typs „Hat"

Abstrakte Relationship-Typen haben die gleiche Bedeutung wie die in Kapitel 3 eingeführten Relationship-Typen. Insbesondere gilt, dass aus abstrakten Entity-Typen und aus abstrakten Relationship-Typen die dort eingeführten Definitionen und Erklärungen in gleicher Weise zur Anwendung kommen. Abstrakte Entity-Relationship-Typen werden so interpretiert, als würden sie keine Internstruktur besitzen.

Für abstrakte Relationship-Typen gilt nunmehr auch die folgende Benennungskonvention:

Die Bezeichner abstrakter Relationship-Typen auf dem gleichen Abstraktionsniveau innerhalb des gleichen übergeordneten abstrakten Entity-Typs müssen voneinander verschieden sein. Die Bezeichner abstrakter Relationship-Typen auf dem gleichen Abstraktionsniveau in verschiedenen, übergeordneten, abstrakten Entity-Typen müssen nicht voneinander verschieden sein, wenn ein Relationship-Typ durch seinen eigenen Bezeichner und den Bezeichner des übergeordneten Entity-Typs bezeichnet wird.

Abstrakte Relationships

Eine zwei abstrakte Entities verbindende Relationship wird abstrakte Relationship genannt.

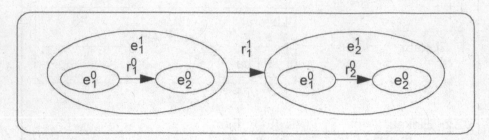

Abbildung 4-22: Abstrakte Relationship

Beispiel:

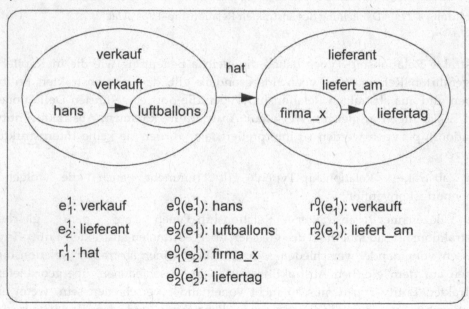

Abbildung 4-23: Abstrakte Relationship „hat"

Als Bezeichner für eine abstrakte Relationship kann – wie bei einfachen Relationships – der Bezeichner des zugeordneten abstrakten Relationship-Typs verwendet werden. Eine eindeutige Bezeichnung aller abstrakten Relationships erübrigt sich.

Die obigen Definitionen von abstrakten Modellen, abstrakten Entity-Typen/Entities und Relationship-Typen/Relationships als Ergebnisse einer Konstruktion von konstituierenden Modellen, Entity-Typen/Entities und Relationship-Typen/Relationships durch die Verwendung entsprechender, die Abstraktion verdeutlichender Bezeichner und Begriffe, entspricht nur ihrer intuitiven linguistischen Erklärung. Um deren Charakterisierung für das praktische Informations- und Datenmanagement zu erreichen, ist eine deren weitergehende Definition erforderlich. Dies soll mit einer konzeptionellen und einer diese implementierenden algorithmischen Beschreibung der Konstruktion von Entity-Relationship-Modellen erfolgen.

4.2.3 Konstruktion von Entity-Relationship-Modellen

Das im vorangegangenen Kapitel eigeführte Konstruktions-Konzept „C" für Entity-Relationship-Modelle, und damit für Entity-Typen/Entities sowie für Relationship-Typen/Relationships, sind dort nur benannt aber nicht hinreichend definiert worden. Es bezeichnet den dort schon eigeführten Begriff „Konstruktor". Wie dort schon angedeutet umfasst das Konzept eines Konstruktors mehrere konzeptionelle Festlegungen:

Das betrifft zunächst die Festlegung, dass eine Konstruktion durch eine Konstruktions-Abstraktions-Beziehung definiert ist. Mit ihr wird festgelegt wie die Konstruktion aus konstituierenden Komponenten bewerkstelligt wird beziehungsweise was das Ergebnis einer Konstruktion für vorgegebene konstituierende Komponenten ist. Für das praktische Informations-und Datenmanagement wird mit der Konstruktions-Abstraktions-Beziehung ein Algorithmus assoziiert, der die Konstruktion dann tatsächlich bewerkstelligt.

Mit einer zweiten Festlegung wird gefordert, dass die mit einem Konstruktor assoziierte Konstruktions-Abstraktions-Beziehung festgelegte Art der Ausführung dieser Konstruktion, die zwischen den konstituierenden Komponenten existierenden konstituierenden Relationships nicht verletzt werden dürfen. Das heißt, dass auch im neu entstandenen abstrakten Model, Entity-Typ/Entity, Relationship-Typ/Relationship der konstituierende Relationship-Typ zwischen den konstituierenden Komponenten Geltung behalten muss.

Eine erste, leicht verständliche graphische, aber noch unvollständige Widergabe der obigen Festlegungen, für die Darstellung der Konstruktion durch ein Entity-Relationship-Diagramm stellt sich, wie schon in Kapitel 4 eigeführt, wie folgt dar:

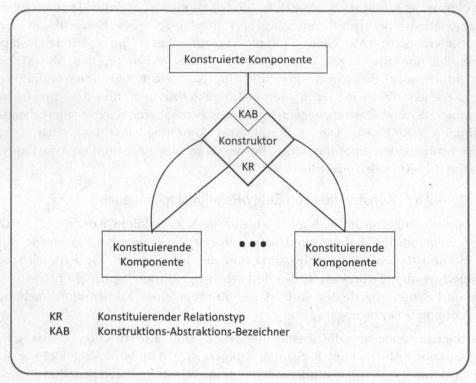

Abbildung 4-24:   Konstruktor

Konstituierende Relationship für Konstruktionen von Entity-Relationship-Modellen

Die Voraussetzung für die Konstruktion ist die Existenz einer konstituierenden Relationship zwischen den konstituierenden Komponenten. Die Konstruktion selbst ist durch die Konstruktions-Abstraktions-Beziehung zwischen den konstituierenden Komponenten definiert. Zwischen den konstituierenden Komponenten existieren demzufolge zwei sich voneinander unterscheidende Relationships. Die Konstruktion muss demzufolge so ausgeführt werden, dass in der konstruierten Komponente keine der beiden Relationships verletzt wird. Die beiden voneinander verschiedenen, sich aber gegenseitig beeinflussenden Relationships, müssen demzufolge „kompatibel zueinander sein. Ist diese Kompatibilität sichergestellt bilden sie zusammen den Konstruktor für die Konstruktion.

Im Kapitel 5 wird dann erläutert werden, dass konstituierende Relationships für mengenwertige Komponenten durch Prädikate oder wie in der Entity-Relationship-Modellierung üblich durch äquivalente Integritätsbedingungen definiert werden. Weitere Festlegungen werden bei der Darstellung der dynamischen Eigenschaften von komponentenorientierten Konstruktionen in späteren Kapiteln ausführlich diskutiert werden.

Eine vollständige grafische Repräsentation der Konstruktion umfasst nach diesem Schema

- die abstrakte konstruierte Komponente,
- die konstituierenden Komponenten,
- den oder die konstituierende(n) Relationship-Typ(en)/Relationship(s) zwischen den konstituierenden Komponenten,
- die Darstellung des Konstruktors der Konstruktion.
- die Darstellung der Begrenzung der abstrakten konstruierten Komponente, die das „Enthaltensein" der konstituierenden Komponenten und die konstituierenden Relationship-Typen/Relationships und der Konstruktions-Abstraktions-Beziehung veranschaulicht.

Die Konstruktions-Abstraktions-Beziehung wird von nun ab –um die Nutzung des mit dem Bezeichner gemeinten Konzepts in der folgenden Graphik vereinfacht darstellen zu können – kurz Abstraktionsbeziehung für abstrakte Entity Typen genannt werden. Konstruierte und konstituierende Komponenten werden durch hochgestellte Indizes voneinander unterschieden.

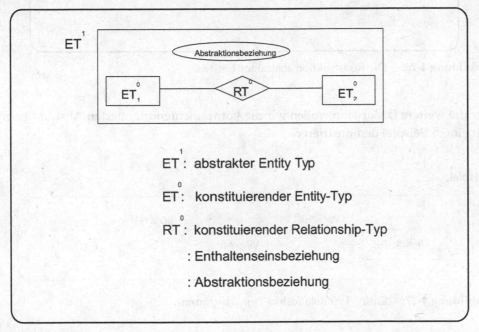

Abbildung 4-25:   Die Konstruktion abstrakter Entity Typen

Die obige Darstellung entspricht der Abbildung der Intension der Konstruktion. Die dazu korrespondierende vollständige graphische Darstellung der Konstruktion der Extension der Komponenten wird wie folgt abgebildet.

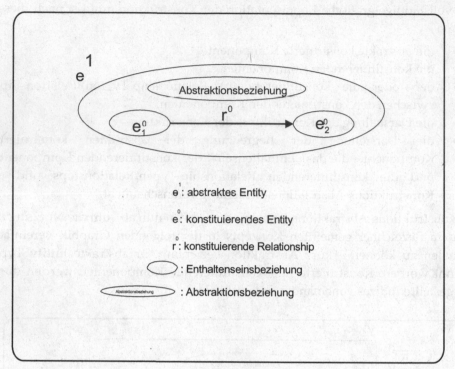

Abbildung 4-26:   Die Konstruktion abstrakter Entities

Für die weitere Diskussion wollen wir die komponentenorientierten Abstraktionen mit einem Beispiel demonstrieren:

Beispiel:

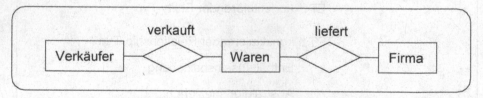

Abbildung 4-27:   Entity-Typ Relatioship-Typ Diagramm

Das obige Entity-Relationship-Typ-Modell wird überführt in das folgende Komponentenmodell:

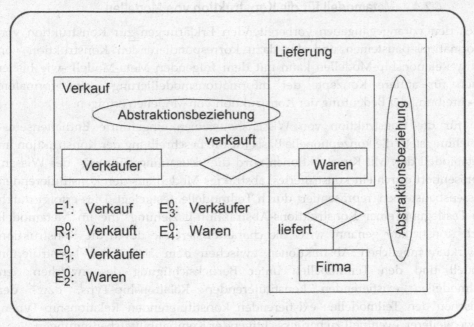

Abbildung 4-28: Darstellung der abstrakten Entity-Typen „Verkauf" und „Lieferung

Die beiden Entity-Typ-begrenzten Teilmodelle werden zu den Komponenten „Verkauf" und „Lieferung", die zu einem Gesamtmodell verbunden werden, das als Wurzel des Zerlegungsgraphen mit dem Bezeichner „Handelshaus" dargestellt werden kann.

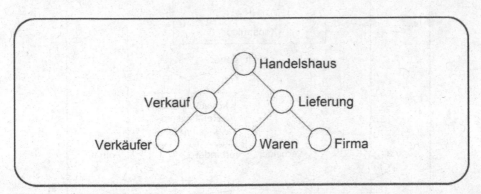

Abbildung 4-29: Zerlegungsgraph für Komponenten

Nach der Bildung des abstrakten Entity-Typs soll dessen Benutzung ohne Verweis auf seine Internstruktur erfolgen können. Mit seiner Bildung findet also eine Einkapselung das das „Verstecken" dieser Internstruktur statt.

4.2.4   Metamodell für die Konstruktion von Modellen

Nach den vorangegangenen vorbereitenden Erklärungen zur Konstruktion von Informations-Bausteinen und der dazu korrespondierenden Konstruktion von Entity-Relationship-Modellen kann mit dem folgenden Meta-Modell -wie bisher schon für andere Konzepte der Informationsmodellierung eine formalere Beschreibung der Bedeutung der Konstruktion von Modellen erfolgen.

Die für die Konstruktion von Wissensbausteinen eingeführte Enthaltenseins-Beziehung stellt die konzeptionelle Basis für die Beschreibung der Konstruktion im Metamodell dar. Mit Konstruktionen wird die „Zusammenführung" des Wissen, repräsentiert durch ein konstruiertes, abstraktes Modell aus den konstituierenden Wissensbausteinen, repräsentiert durch Teilmodelle, festgelegt. Dies erfolgt durch die Festlegung einer Konstruktions-Abstraktion-Beziehung, die im Metamodell auch Konstruktor genannt wird. Sie charakterisiert die durch die Konstruktion bewirkten möglichen Abstraktionen zwischen dem abstrakten, konstruierten Modell und den Teilmodellen unter Berücksichtigung des zwischen den Teilmodellen existierenden konstituierenden Relationship-Typs, bzw. der zwischen den Teilmodellen existierenden konstituierenden Relationship-Typen, sowie weiterer, eventuell zu berücksichtigender Kompatibilitätsbedingungen.

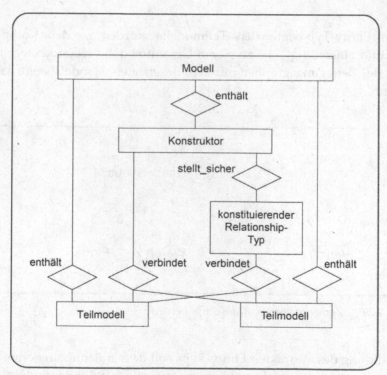

Abbildung 4-30:   Metamodell der Konstruktion eines Modells aus Teilmodellen

In der graphischen Repräsentation des Meta-Modells für die Konstruktion wird dargestellt:

Das konstruierte, abstrakte Modell, bezeichnet als „Modell".

Die nicht notwendigerweise nur zwei, aber mindestens zwei, konstituierenden „Teilmodelle".

Die Enthaltenseins-Beziehung „enthält" zwischen dem konstruierten, abstrakten Modell und den Teilmodellen, um zu verdeutlichen, dass durch die Konstruktion eine „Zusammenführung" von Wissen erfolgt.

Der „Konstruktor" als Repräsentant einer frei wählbaren, aber sinnvollen, Konstruktions-Abstraktions-Beziehung.

Der oder die vorgegebenen, die Teilmodelle „verbindende" konstituierende Relationship-Typ als Repräsentant für die zwischen den Teilmodellen existierenden und vom Konstruktor zu berücksichtigenden Relationships.

Die „stellt sicher" Beziehung zwischen dem Konstruktor und der konstituierenden Relationship zwischen den Teilmodellen, mit der zum Ausdruck gebracht wird, dass keine Nutzung und/oder Veränderung des Modells eine Verletzung der konstituierenden Relationship nach sich ziehen darf.

Metamodell für die Konstruktion von Entities

In den vorangegangenen Erklärungen ist deutlich gemacht worden, dass Konstruktionen auch auf Entity-Typen/Entities anwendbar sind. Es ist insbesondere auch verdeutlicht worden, dass die Konstruktion von Entity-Typen/Entities im Ergebnis zu konstruierten abstrakten Entity-Typen/Entities führt. Damit folgt aber, dass jeder(s) Entity-Typ/Entity zunächst als Repräsentant eines ganzen Modells aufgefasst werden kann, es sei denn, dass es nicht als konstruiert, also nur als atomar, betrachtet werden kann. Betrachtet man Modelle wiederum als Entity-Typen, so lässt sich die Konstruktion eines abstrakten Entity-Typs aus konstituierenden Entity-Typen im Meta-Modell in gleicher Weise darstellen:

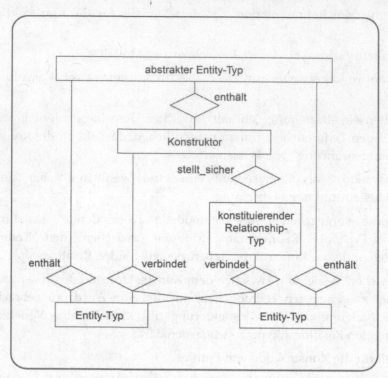

Abbildung 4-31:   Metamodell   der   Konstruktion   eines   abstrakten   Entity-Typs   aus
                       konstituierenden Entity-Typen

Mit der Erläuterung der Bedeutung der Meta-Modelle ist sicherlich klar geworden,
dass Konstruktionen ein semantisch nicht ganz triviales Konzept darstellen. Für
die Modellierungspraxis darf mit Sicherheit davon ausgegangen werden, dass am
Beginn eines Modellierungsvorhabens eine einfachere erste Beschreibung von
Konstruktionen, mit der die essentiellen, die Konstruktion bestimmenden
Parameter festgelegt werden, bevor die Modellierung aller Aspekte einer
Konstruktion umfassend darstellt werden, unverzichtbar ist. Als eine solche
vereinfachte und sicherlich auch leichter intuitiv erfassbare Darstellung der
Konstruktion wird mit der folgenden Graphik vorgeschlagen.

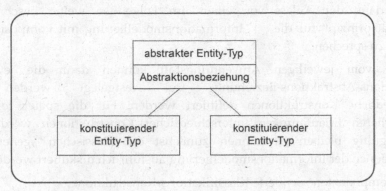

Abbildung 4-32: Vereinfachtes Modell der Konstruktion

Um diese Darstellung der Konstruktion korrekt zu interpretieren ist es wichtig zu betonen, dass zu einer wirklich vollständigen Modellierung der Konstruktion sichergestellt sein muss, dass neben der die Konstruktion bestimmende Konstruktions-Abstraktions-Beziehung auch die Berücksichtigung der konstituierenden Relationships sowie die Berücksichtigung von Integritäts- oder anderen Kompatibilitätsbedingungen zwischen den konstituierenden Komponenten explizit angegeben werden müssen.

Mit dem eingeführten Konstruktionskonzept in die Informationsmodellierung ist ein mächtiges und zugleich in seiner Komplexität beherrschbares Modellierungsinstrument geschaffen worden denn Konstruktionen können kaskadenförmig beliebig oft wiederholt werden, so dass auch über viele Konstruktionsschritte entstehende Artefakte durch Nutzung nur dieses einen Modellierungskonzepts als Informationsmodelle dargestellt werden können. Durch die Kaskadierung von Konstruktionen entstehen demzufolge auch stets zyklenfreie hierarchische Modelle, deren Semantik sehr viel leichter zu erfassen und zu verifizieren ist, als die auch Zyklen umfassende Modelle.

Dies entspricht, wie schon in der ersten Charakterisierung kompositionaler Modelle betont, der Bedeutung des Konzepts „Konstruktion" in der „physikalischen Welt" aber nicht notwendigerweise der in der „virtuellen Welt". Um auch virtuelle, zyklische Artefakte nach dem gleichen Konstruktionsprinzip in Modellen darstellen zu können, muss bei der Konstruktion darauf geachtet werden, dass Zyklen nur in Teilmodellen „eingebettet" existieren dürfen und damit zu „internen" Zyklen werden. Damit reduzieren wir die Informationsmodellierung auf die Verwendung nur eines Modellierungskonzeptes: Auf das Konzept der Konstruktion von „Komponenten" deren Resultat wiederum „Komponenten" sind und deren Konstruktion als Komponenten orientierte Konstruktion" bezeichnet werden kann.

Dies ist dann der Anlass von einem im Folgenden weiter beschriebenen „Relativitätsprinzip" für die   Informationsmodellierung mit kompositionalen Modellen zu sprechen.

Abhängig vom jeweiligen Anwendungsfall können dann die jeweiligen Konstruktions-Abstraktions-Beziehung frei festgelegt werden und unterschiedliche Konstruktionen definiert werden. Für die später folgenden ausführlicheren Erläuterungen unterschiedlicher Konstruktionen werden, um allgemeingültig bleiben zu können zunächst die klassischen „generischen" Konstruktionen der Informationsmodellierung ausführlich diskutiert werden:

- Komponentenorientierte Klassifikations-Konstruktionen
- Komponentenorientierte Gruppierungs-Konstruktionen
- Komponentenorientierte Aggregations-Konstruktionen
- Komponentenorientierte Generalisierungs-Konstruktionen

Dazu muss betont werden, dass hier nicht die „linguistischen" Abstraktionen Klassifikation, Gruppierung, Aggregation und Generalisierung wie sie in Kapitel 3 dargestellt worden sind, sondern   Konstruktions-Abstraktions-Beziehungen gemeint sind wie sie Kapitel 5 und 6 ausführlich diskutiert werden.

Dies sind keineswegs, wie früher schon erwähnt wurde, die notwendigerweise einzigen möglichen Konstruktionen. Sie wurden hier ausgewählt, weil sie aus den Grundlagen der Informationsmodellierung bekannt sind und helfen sollen, komponentenorientierte Konstruktionen zu erklären und zu verstehen.

4.3 Relativitätsprinzip für die komponentenorientierte Informationsmodellierung

Die komponentenorientierte Konstruktion führt, wie im Bild 4.29 dargestellt worden ist, zu kompakteren komponentenorientierten Darstellungen für Informationsmodelle. Diese kompakten Darstellungen umfassen nur noch Komponenten und die Modellierung der

Komponentenkonstruktionen. Dies stellt ein von der klassischen Entity-Relationship-Modellierung abweichendes Modellierungskonzept dar und führt zur Formulierung eine Relativitätskonzeptes für die Informationsmodellierung mit kompositionalen Informationsmodellen.

Das Relativitätsprinzip hebt die strikte Trennung zwischen Entities bzw. Entity-Typen einerseits und Relationships bzw. Relationship-Typen andererseits auf. Es besagt, dass ein Gegenstand des Diskursbereiches je nach Betrachtung als Entity-Typ oder als Relationship-Typ betrachtet werden kann. Dies ist allerdings kein in der Informationsmodellierung völlig neues Konzept. Schon das relationale Datenmodell definiert einen Gegenstand des Diskursbereiches einerseits durch die zwischen seinen Komponenten (dort Attributen) existierenden Beziehungen und andererseits durch eine Tabelle. Die die Beziehung repräsentierende Tabelle erhält einen eigenen Namen und wird damit als Ganzes referenzierbar. Sie nimmt als eine durch das kartesische Produkt über seinen Attributen definierte Relation den Charakter einer Relationship und durch ihre Darstellung als Tabelle, und durch deren Benennung und Referenzierung den Charakter eines Entity-Typs an.

Beispiel:

Der Relationship-Typ „verkauft" im Entity-Relationship-Diagramm

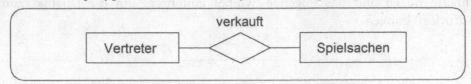

Abbildung 4-33: Beispiel Entity-Relationship-Typ

lässt sich einerseits durch die Relation

$$Verkauf \subseteq Vertreter \times Spielsachen$$

definieren und andererseits durch die Tabelle „Verkauf" darstellen.

Verkauf	Vertreter	Spielsachen
	Heinz	Puppenstuben
	Hans	Legosteine
	Franz	Puzzles

Abbildung 4-34: Entity-Relationship-Typ als Tabelle

Der Relationship-Typ „verkauft" ist in seiner relationalen Darstellung lediglich durch seine substantiierte Form „Verkauf" dargestellt worden. Die Tabellendarstellung ermöglicht es, auf die Gesamtheit der Beziehungen zwischen Vertretern und Spielsachen als umfassendes Ganzes Bezug zu nehmen.

Offensichtlich ist die Darstellung eines Gegenstandes des Diskursbereiches als abstrakter Relationship-Typ oder als abstrakter Entity-Typ vom Ziel der Modellierung abhängig: Wird eine ganzheitliche Darstellung eines Gegenstandes des Diskursbereiches angestrebt, ist seine Modellierung durch einen neuen abstrakteren Entity-Typ nötig; wird hingegen die Darstellung der Internstruktur eines Gegenstandes angestrebt, ist seine Modellierung durch die ihn konstituierenden Entity-Typen und den die Abstraktionsbeziehung charakterisierenden Relationship-Typen nötig.

Es wird daher postuliert, dass alle Gegenstände eines Diskursbereiches einen dualen Charakter haben. Sie können entweder als Entity-Typen oder als Relationship-Typen aufgefasst werden. Es bleibt dem Modellierer überlassen, darüber zu entscheiden, ob ein Gegenstand des Diskursbereiches als Entity/Entity-Typ oder als Relationship/Relationship-Typ modelliert wird.

Wir werden dieser Tatsache auch in der symbolischen Darstellung von Entities/Entity-Typen und Relationship/Relationship-Typen an späterer Stelle Rechnung tragen und das folgende Symbol einführen, um die Dualität zum Ausdruck zu bringen.

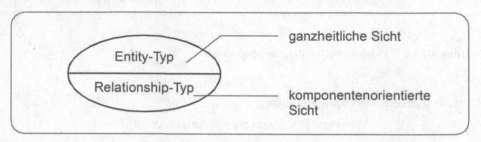

Abbildung 4-35:   Duale Darstellung

Die Sicht von oben auf die Darstellung eine Komponente entspricht der ganzheitlichen Sicht auf einen Gegenstand des Diskursbereiches als Entity/Entity-Typ. Die Sicht von unten auf die Darstellung einer Komponente liefert die komponentenorientierte Sicht auf einen Gegenstand des Diskursbereiches und auf den Relationship/Relationship-Typen Charakter einer Komponente sowie auf die durch den Relationship-Typ verbundenen Entities/Entity-Typen.

Das Relativitätsprinzip für die Informationsmodellierung findet seine Begründung in der Tatsache, dass das Konzept »Relationship-Typ« ein Konzept zweiter Ordnung gegenüber dem Konzept erster Ordnung »Entity-Typ« ist, weil ein Relationship-Typ von mindestens zwei oder mehreren Entity-Typen existenzabhängig ist. Das heißt, dass ein Relationship-Typ nur existieren kann, wenn die durch ihn verbundenen Entity-Typen existieren, wohingegen Entity-Typen auch ohne deren Verbindung mit einem Relationship-Typ existieren können. Da also Relationship-Typen immer zusammen mit ihren konstituierenden Entity-Typen existieren, oder aber überhaupt nicht existieren, kann ihnen stets sowohl die Bedeutung von »Beziehung zwischen Dingen« als auch die Bedeutung »Ding, entstanden durch die Beziehung« zugeordnet werden. Die Bedeutung, »Ding, entstanden durch die Beziehung« bezieht sich dabei ganz offensichtlich nicht mehr auf die konstituierenden Entity-Typen des Relationship-Typ, sondern auf ein neues, durch »Zusammenfügen« der konstituierenden Entity-Typen des Relationship-Typs entstandenes neues Ding.

Das Relativitätsprinzip ist damit die konzeptionelle Basis für die uniforme komponentenorientierte Informationsmodellierung, in der nicht zwischen Entities/Entity-Typen und Relationships/Relationship-Typen unterschieden werden muss, weil unter dem obigen Postulat Komponenten als Komponenten einen dualen Charakter als Entity/Entity-Typ einerseits und als Relationship/Relationship-Typ andererseits besitzen.

Nach Einführung des Relativitätsprinzips kann nun auch die Verbindung zwischen der komponentenorientierten und der klassischen Informationsmodellierung aufgezeigt werden. Es wird dabei deutlich werden, dass die komponentenorientierte Modellierung auf der eingeführten klassischen Modellierung aufbaut, deren Gesetzmäßigkeiten übernimmt und einige Erweiterungen einführt. Die Erweiterungen bestehen zunächst darin, dass jedes(r) Entity/Entity-Typ als ein abstraktes(r) Entity/Entity-Typ (im Sinne der Komponenten-Konstruktion) aufgefasst werden kann und damit ein Repräsentant für ein ganzes Entity begrenztes Teilnetz sein kann.

4.4 Alternative graphische Darstellungen für Komponenten-Konstruktionen

Das vorgestellte Relativitätsprinzip ermöglicht einen Diskursbereich als eine Hierarchie von Komponenten zu betrachten, die jeweils den Charakter eines Entity/Entity-Typs und einer Relationship/eines Relationship-Typs annehmen und damit für jede Komponenten zwei Sichten angebbar macht.

4.4.1   Graphen als Darstellungen von Komponenten-Konstruktionen

Die Darstellung eines nach dem Relativitätsprinzip gebildeten hierarchischen komponentenorientierten Informations-Modells kann durch das folgende Graphen-Modell erfolgen:

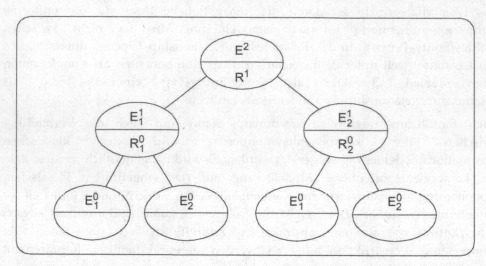

Abbildung 4-36:   Graphen-Modell   eines   hierarchischen   komponentenorientierten
Informations-Modells

Mit diesem Modell kann die duale Bedeutung von Komponenten des Informations-Modells besonders deutlich dargestellt werden. Jeder abstrakte Entity-Typ ist zugleich ein Repräsentant für die zwischen den konstituierenden Entity-Typen existierenden und dem konstruierten Entity-Typ zur Anwendung kommenden Konstruktion.

Die zwischen übergeordneten und untergeordneten Entity-Typen existierende Konstruktion ist bei der Betrachtung ihrer Existenz als Entity-Typen (im Bild die Sicht von oben nach unten) nicht von Belang und deshalb nicht explizit dargestellt. Bei ihrer Betrachtung als Relationship-Typen (im Bild die Sicht von unten nach oben) erlauben sie die Darstellung der intendierten Konstruktion für übergeordnete Entity-Typen aus untergeordneten Entity-Typen durch die Angabe des jeweiligen Konstruktors. Die Entity-Typ-orientierte Sicht ist also offensichtlich eine unvollständige Darstellung der Konstruktion. Der Relationship-Typ orientierte Sicht ist eine vollständige Beschreibung der Konstruktion nur dann, wenn der jeweilige Konstruktor für jede im Graphen dargestellte Konstruktion explizit im Graphen angegeben ist. Die Graph-Darstellung ist darüber hinaus eindeutig, wenn der zur Darstellung genutzte Graph gerichtet und zyklenfrei ist. Weitergehende Erläuterungen dazu werden in den folgenden Kapiteln 5 und 6 folgen.

Neben dieser Darstellung komponentenorientierter Informationsmodelle durch eine Hierarchie von Komponenten, mit den nach dem Relativitätsprinzip möglichen zwei Sichten auf eine Komponente, durch den oben dargestellten gerichteten zyklenfreien Graphen, sind natürlich andere Darstellungen möglich und auch gebräuchlich. Während einige Darstellungen die Internstruktur von

Komponenten vollständig verstecken - also eine black-box-Darstellung von Komponenten sind - sind auch vollständige white-box- und gray-box-Darstellungen möglich. Die Entscheidung eine bestimmte Darstellung zu bevorzugen folgt einerseits einer Vielzahl von pragmatischen Gründen und andererseits der Forderung zur Festlegung des nötigen und hinreichenden Grads der Vollständigkeit der Darstellung der Konstruktionen in einer Komponenten-Hierarchie.

Die Präferenz für eine bestimmte und eventuell auch nicht vollständige Beschreibung einer komponentenorientierten Konstruktion folgt dem Wunsch der Nutzer nur bestimmte, für sie relevante Informationen über die Konstruktion von Komponenten verfügbar zu haben und andere Informationen über die Konstruktion zu „unterdrücken". Dies würde dann einer Informations-Selektion entsprechen, wenn die vollständige Beschreibung zwar vorhanden wär, aber für unterschiedliche Nutzer jeweils unterschiedliche Sichten auf einen Teil der Beschreibung der Konstruktion gewünscht sind. Eine unvollständige Beschreibung einer Konstruktion und deren Nutzung können allerdings auch aus grundsätzlichen Erwägungen heraus, als ausreichend für den Zweck des Nutzers betrachtet werden und damit erübrigt sich dann auch die Bereitstellung einer vollständigen Beschreibung.

Im Folgenden werden unterschiedlich vollständige Beschreibungen als Beispiele dargestellt aus denen der jeweils unterschiedliche Grad der Vollständigkeit der Beschreibungen ersichtlich ist.

Werden konstruierte und konstituierenden Komponenten als abstrakte Entities/Entity-Typen dargestellt, werden zur graphischen Darstellung auch nur die Symbole der klassische Modellierung, ergänzt um die oben eingeführten Symbole für die Einkapselung von konstituierenden Entities/Entity-Typen in konstruierten Entities/Entity-Typen, benötigt.

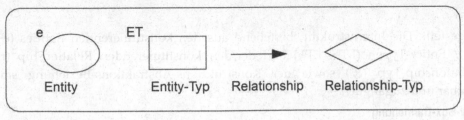

Abbildung 4-37: Symbole für die Modellierung

White-box-Darstellung:

White-Box-Darstellungen sollen solche Darstellungen genannt werden, die eine vollständige Beschreibung der Konstruktion von Abstrakten Entities/Entitity-Typen aus anderen abstrakten untergeordneten Entities/Entity-Typen oder aus elementaren untergeordneten Entities/Entity-Typen bezeichnen. Ein abstraktes(r) Entity/Entity-Typ wird durch das folgende Schema

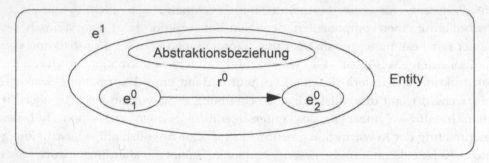

Abbildung 4-38: White-Box-Darstellung eines abstrakten Entity

bzw. durch das Schema

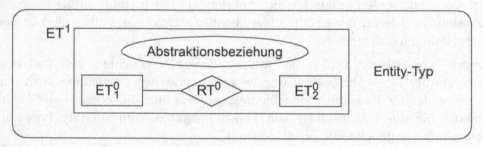

Abbildung 4-39: White-Box-Darstellung eines abstrakten Entity-Typs

dargestellt. Die Internstruktur, bestehend aus den konstituierenden Entities (e^0_1, e^0_2) / Entity-Typen (ET^0_1, ET^0_2) und der/den konstituierenden Relationship (r^0) /Relationship-Typ (R^0) sowie der Konstruktions-Abstraktions-Beziehung sind sichtbar und zugänglich.

Gray-Box-Darstellung:

In einer der möglichen Gray-Box-Darstellungen könnte ein abstraktes(r) Entity/Entity-Typ sowie die konstituierenden untergeordneten Entities/Entity-Typen zusammen mit der(m) diese verbindenden konstituierenden Relationship/Relationship-Typ in der Beschreibung der Konstruktion berücksichtigt werden, aber auf die vollständige Beschreibung, die auch die

Beschreibung der Konstruktions-Abstraktions-Beziehung umfassen müsste, verzichtet wird.

Ein abstraktes(r) Entity/Entity-Typ wird dann durch das Schema

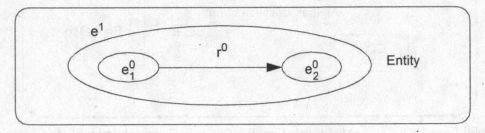

Abbildung 4-40:   Gray-Box-Darstellung eines abstrakten Entity

bzw. durch das Schema

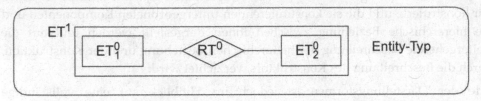

Abbildung 4-41:   Gray-Box-Darstellung eines abstrakten Entity-Typs

dargestellt. Die Internstruktur wird durch die konstituierenden Entities (e^0_1, e^0_2) / Entity-Typen (ET^0_1, ET^0_2) und die/den konstituierenden Relationship (r^0) / Relationship-Typ (R^0) dargestellt. Die Konstruktions-Abstraktions-Beziehung bleibt verborgen.

In einer modifizierten Gray-Box-Darstellung wird hingegen die Konstruktions-Abstraktions-Beziehung explizit dargestellt, jedoch auf die Darstellung der(s) konstituierenden Relationship/Relationship-Typ verzichtet.

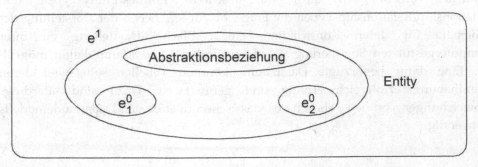

Abbildung 4-42:   Modifizierte Gray-Box-Darstellung eines abstrakten Entity

bzw.

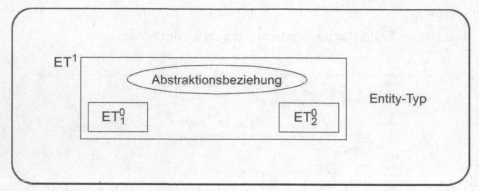

Abbildung 4-43:   Modifizierte Gray-Box Darstellung eines abstrakten Entity-Typs

Black-Box-Darstellung:

Black-Box-Darstellungen sollen solche Beschreibungen genannt werden, in denen nur konstruierte und die sie konstituierenden untergeordneten Komponenten und die hierarchische Beziehung zwischen ihnen dargestellt werden und auf die weitergehende Beschreibung der hierarchischen Beziehung und der Konstruktion, durch die Beschreibung des Konstruktors, verzichtet wird.

Jede der Darstellungsformen ist jedoch im Hinblick auf eine vollständige Beschreibung abstrakter Entities/Entity-Typen noch immer unzureichend, weil mit ihnen die

Darstellung der dynamischen Eigenschaften abstrakter Entities/Entity-Typen und deren Abhängigkeit von den dynamischen Eigenschaften der konstituierenden Entities/Entity-Typen noch immer nicht möglich ist. Wir werden dazu in den folgenden Kapiteln Erweiterungen der Darstellungen um Darstellungen der dynamischen Wechselwirkungen, durch Propagationspfade vornehmen.

4.4.2   Tabellarische Darstellung konstruierter abstrakter Entities/Entity-Typen

Natürlich erhebt sich auch für abstrakte Entities/Entity-Typen und Relationship/Relationship-Typen die Frage, ob für sie, neben der Darstellung der Schemata für deren Konstruktion, eine einfache Darstellung zu ihrer computergestützten Speicherung, Wiederauffindung und Manipulation möglich ist. Eine dafür bevorzugte Darstellung könnten Tabellen sein, weil deren Handhabung erfolgreich erprobt und genutzt ist. Dazu sind allerdings Abweichungen von den Tabellen des klassischen relationalen Datenmodemodells notwendig.

Wir haben schon am Beginn des Kapitels 4.3 darauf hingewiesen, dass Relationen des Relationen-Modells den dualen Charakter von Entity-Typen und Relationship-Typen aufweisen. Wir greifen diese Tatsache nun wieder auf, um zu zeigen, dass Relationen des Relationen-Modells auch als Komponenten im oben definierten Sinn betrachtet werden können:

Mit dem Relationen-Modell werden Attributwerte (Entities) unterschiedlicher Attribute (Entity-Typen) zueinander in Beziehung gesetzt. Eine Menge von Beziehungen (Relationships) zusammen mit den durch sie verbundenen Attributwerten konstituiert eine Relation (einen abstrakten Entity-Typ). Jede Relationship mit den durch sie verbundenen Attributwerten kann als abstraktes Entity betrachtet werden. Die Abstraktionsbeziehung wird durch den Namen der Tabelle dargestellt. Die Abstraktionsbeziehung zwischen dem abstrakten Entity-Typ und den konstituierenden Entity-Typen ist als die Untermenge über dem kartesischen Produkt

$$R \subseteq A1 \times A2 \times \text{ entsprechend } ET^1 \subseteq ET^0 1 \times ET^0 2 \times \dots$$

definiert.

Ein abstrakter Entity-Typ $ET^1(R)$

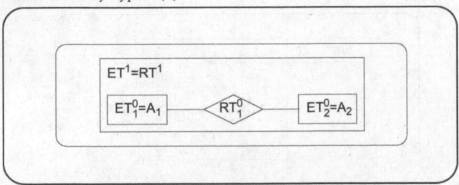

Abbildung 4-44:   Relation als abstrakter Entity-Typ

wird in der tabellarischen Darstellung des relationalen Modells als Relationenschema wie folgt repräsentiert:

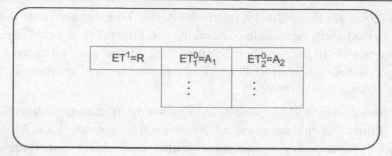

Abbildung 4-45:   Relationenschema eines abstrakten Entity-Typs

Der Relationship-Typ RT^0_1 ist der konstituierende Relationship-Typ für den abstrakten Entity-Typ (Relation) mit dem Entity-Typ Bezeichner ET^1. Auf deren explizite Darstellung im Relationenschema wird, wie jetzt gezeigt wird, im Relationen-Modell üblich, dabei verzichtet.

Abstrakte Entities werden in der tabellarischen Darstellung des Relationen-Modells durch die sie konstituierenden elementaren Entities wie folgt dargestellt:

RT^1	ET^0_1	ET^0_2
	e^0_1	e^0_7
	e^0_2	e^0_8
	e^0_3	e^0_1
	e^0_4	e^0_2

Abbildung 4-46:   Relation eines abstrakten Entity-Typs

Der abstrakte Entity-Typ ET^1 wird durch seine Konstruktions-Abstraktions-Beziehung RT1 bezeichnet und enthält die konstituierenden Entity-Typen (ET^0_1, ET^0_2). Dies entspricht der ganzheitlichen Sicht auf den abstrakten Entity-Typ ET^1.

Beispiel:

Firmensitz	Firma	Standort
	siemens	münchen
	siemens	berlin
	mannesmann	düsseldorf
	mannesmann	münchen

Abbildung 4-47:   Tabellarische Darstellung eines abstrakten Entity-Typs und seiner zugeordneten abstrakten Entities

Abstrakte Relationship-Typen können in der tabellarischen Darstellung des relationalen Modells repräsentiert werden. Das Relationenschema eines abstrakten Entity-Typs, der über zwei abstrakten Entity-Typen gebildet wird, stellt sich dann folgendermaßen dar:

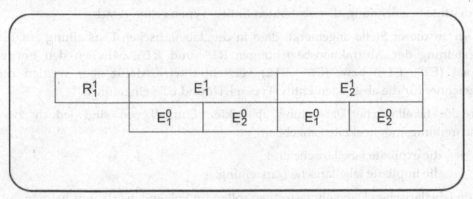

R_1^1	E_1^1	E_2^1
	E_1^0 | E_2^0	E_1^0 | E_2^0

Abbildung 4-48:   Tabellarische Darstellung eines abstrakten Relationship-Typ

Diese Form der tabellarischen Darstellung, in der nun neben atomaren Relationen-Attributen (Entity-Typen) auch zusammengesetzte Attribute (abstrakte Entity-Typen) dargestellt werden, entspricht dem NF2-Modell für Datenbanken.

Die tabellarische Darstellung einer abstrakten Relationship nimmt dann die folgende Form an:

RT_1^1	ET_1^1		ET_2^1	
	ET_1^0	ET_2^0	ET_1^0	ET_2^0
e_1	e_4	e_2	e_1
e_2	e_5	e_2	e_3
e_3	e_1	e_1	e_2

Abbildung 4-49:   Tabellarische Darstellung einer abstrakten Relationship

Als Bezeichner für einen abstrakten Entity-Typ wird – wie bei einfachen Entity-Typen – der Bezeichner der zugeordneten Abstraktionsbeziehung verwendet. Eine eindeutige Bezeichnung aller abstrakten Entity-Typen erübrigt sich.

Es sei an dieser Stelle angemerkt, dass in der tabellarischen Darstellung auf die Darstellung der Abstraktionsbeziehungen RT^0_1 und RT^0_2 zwischen den Entity-Typen (ET^0_1, ET^0_2) bzw. (ET^1_1, ET^1_2) verzichtet wird, dafür aber werden die Bezeichner für die abstrakten Entity-Typen ET^1_1 und ET^1_2 eingeführt.

Für die tabellarische Darstellung abstrakter Entity-Typen sind jedoch zwei Beschreibungsmöglichkeiten angebbar:

- die explizite tabellarische und
- die implizite tabellarische Darstellung.

Beide tabellarischen Darstellungsformen sollen im Folgenden erläutert werden.

Ausgangspunkt unserer Betrachtungen ist Bild 4.50. Dargestellt sind die Tabellen für zwei abstrakte Entity-Typen E^1_1 und E^1_2.

ET_1^1	
ET_1^0	ET_2^0
e_1	e_4
e_2	e_5
e_3	e_6

ET_2^1	
ET_3^0	ET_4^0
e_7	e_1
e_8	e_2
e_9	e_3

Abbildung 4-50: Tabellarische Darstellungen zweier abstrakter Entity-Typen E^1_1 und E^1_2

Die beiden abstrakten Entity-Typen E^1_1 und E^1_2 sollen über einen Abstraktionsbeziehung gemäß der folgenden Schemadarstellung verbunden werden.

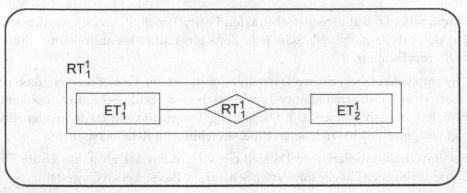

Abbildung 4-51: Abstrakter Entity-Typ RT^1_1

Bei der expliziten tabellarischen Darstellung entsteht die schon eingeführte Repräsentation als NF2-Relation.

R_1^1	E_1^1		E_2^1	
	E_1^0	E_2^0	E_3^0	E_4^0
	e_1	e_4	e_2	e_1
	e_2	e_5	e_2	e_3
	e_3	e_1	e_1	e_2

Abbildung 4-52: Explizite tabellarische Repräsentation von abstrakten Relationship-Typen

Die Entities der konstituierenden abstrakten Entity-Typen E^1_1 und E^1_2 werden so in Zeilen der Tabelle dargestellt, dass jede Zeile ein Entity des abstrakteren Entity-Typs R^1_1 repräsentiert.

Bei der impliziten tabellarischen Darstellung muss vorausgesetzt werden, dass die Entities eines abstrakten Entity-Typs durch ein Schlüssel-Entity eindeutig identifiziert werden können. Die Darstellung von Schlüsseln im folgenden Bild erfolgt wie gewöhnlich durch deren Unterstreichung im Relationenschema.

In der impliziten tabellarischen Darstellung wird dann der abstrakte Entity-Typ RT^1_1 in einer eigenen Tabelle mit Verweisen auf die Basistabellen dargestellt.

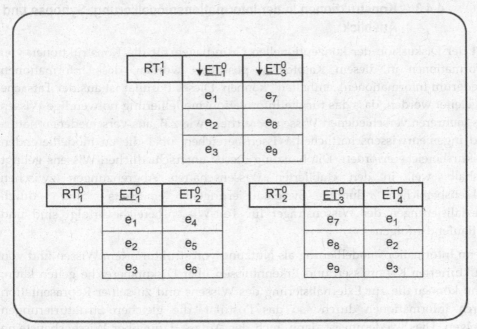

Abbildung 4-53:   Implizite tabellarische Repräsentation eines abstrakten Relationship-Typs

In der impliziten tabellarischen Darstellung sind die konstituierenden Entity-Typen ET^0_1 bzw. ET^0_3 der abstrakten Entity-Typen RT^0_1 bzw. RT^0_2 als Schlüsselattribute in ihren jeweiligen Tabellen bestimmt.

Über den Schlüssel der konstituierenden Entity-Typen RT^0_1 und RT^0_2 wird in der Tabelle für RT^1_1 jeweils in einer Zeile (einem abstrakten Entity) des konstituierenden Entity -Typs RT^0_1 mit einer Zeile (einem abstrakten Entity) des konstituierenden Entity-Typs RT^0_2 zusammengeführt.

4.4.3 Konstruktionen in der Informationsmodellierung: Synopse und Ausblick

Mit der Diskussion der konzeptionellen Grundlagen für die Konstruktionen von Informationen in diesem Kapitel ist postuliert worden, dass Informationen wiederum Informationen „enthalten" können. Dieses Postulat ist aus der Tatsache abgeleitet worden, dass das für die Informationsmodellierung notwendige Wissen aus mehreren verschiedenen Wissensbereichen, wie z.B. aus verschiedenen natur- und ingenieurwissenschaftlichen Wissensbereichen, über die zu modellierenden Diskursbereiche erfordert. Die Nutzung dieses unterschiedlichen Wissens gelingt deshalb, weil in den etablierten Wissenschaften Abgrenzungen zwischen Wissensbereichen durch Systematisierungen einerseits und durch Spezialisierungen der Wissensträger für Teil-Wissensbereiche erfolgt sind und fortlaufend erfolgen.

Wenn Informationsmodellierung als Nutzung von strukturiertem Wissen und von strukturierten Kenntnissen und Erkenntnissen über Diskursbereiche gelten kann, dann können die zur Externalisierung des Wissens und zu seiner Repräsentation durch Informationen durch –so das Postulat- die gleichen Strukturierungen erfolgen. Dies wiederum ist dann auch der Anlass dafür über Wissensbausteine einerseits und Informationsbausteine andererseits zu sprechen.

Syntax und Semantik von Konstruktionen in Informationsmodellen

Um Missverständnissen vorzubeugen sei an dieser Stelle betont, dass die Einführung der „Konstruktion" als ein weiteres Modellierungs-Konzept nicht bedeutet, dass die Konzepte der klassischen Informationsmodellierung obsolet geworden sind. Die „Konstruktion" ist eingeführt, um weitere Ausdruckmöglichkeiten für die Informationsmodellierung zu schaffen und eine weiterreichende Disziplin in die Information-Modellierung einzuführen und um damit die Größe und Komplexität der Modelle für die industrielle Realität beherrschbar zu machen. Damit wird, wie in den etablierten Wissenschaften, nicht nur für (hierarchisch) strukturiertes Wissen ermöglicht, sondern auch die „konstruktive" Strukturierung von Informationen für die Informationsmodellierung nutzbar gemacht, um Informationsmodelle als hierarchische Konstruktionen von Komponenten darstellen zu können.

Zur Darstellung des Enthaltenseins von Informationen in Informationen sind Graphen als neue Formen in die Informationsmodellierung eingeführt worden, die enthaltene, konstituierende Informationen und enthaltende, konstruierte Informationen als Hierarchie erlauben. Die Konstruktion ist durch zwei zueinander kompatiblen Beziehungen, der konstituierenden Relationship zwischen den konstituierenden Informationen und der Konstruktion-Abstraktionsbeziehung zwischen den konstituierenden und den konstruierten Informationen, definiert worden. Das Enthaltensein von Informationen in

Informationen darf durch Kaskaden von Konstruktionen gebildet werden und sind im Ergebnis Konstruktions-Hierarchien.

Die Definition der Konstruktion erfolgte durch ein Metamodell mit dem verdeutlicht wird, dass das Enthaltensein durch zwei zueinander kompatible Relationships, der konstituierenden Relationship und der Konstruktions-Abstraktions-Beziehung, bestimmt ist. Beide zusammen bilden den Konstruktor für eine Konstruktion. Die mit einer Konstruktion beabsichtigte Modellierung des Enthaltenseins entspricht damit einer durch die Konstruktions-Abstraktions-Beziehung bestimmten Abstraktion von durch eine konstituierende Relationship in Beziehung stehenden Entities. Die Definition der Syntax und Semantik der Konstruktion wird damit auf die Bestimmung der Syntax und Semantik eines Meta-Entity-Relationship-Modells zurückgeführt.

In hierarchischen Konstruktionen sind dann neue Kontextualisierungen dadurch möglich, dass in der Hierarchie übergeordnete Komponenten einen Kontext für die Interpretation der in der Hierarchie untergeordneten Komponenten darstellen. Damit wird eine weitere Möglichkeit zur Kontextualisierung neben den in Kapitel 3 beschriebenen Kontextualisierungen innerhalb und zwischen Intension und Extension für die Informationsmodellierung bereitgestellt, um damit die Bestimmung der Semantik von Informationsmodellen inkrementell und strukturiert durchführen zu können.

Hierarchische Konstruktionen sollen somit die Komplexität betrachteter Diskursbereiche und damit die Komplexität der Informationsmodelle zu diesen Diskursbereichen beherrschbar machen und nicht reduzieren, wie häufig fälschlicherweise versprochen wird. Die zu beherrschende Komplexität ist die Komplexität der Realität und diese existiert und kann nicht durch die Informationsmodellierung reduziert werden.

Konstruktionen in Entity-Relationship-Modelle

Zur Erläuterung der Konstruktion von Informationsmodellen ist die Konstruktion von Entity-Relationship-Modellen mit Beispielen demonstriert worden. Mit diesen Beispielen werden nicht nur die jeweils zur Anwendung kommenden Konstruktions-Abstraktions-Beziehungen, die konstituierenden Relationships zwischen den zu konstituierenden Entities/Entity-Typen und zwischen ihnen möglicherweise zu beachtenden Integritätsbedingungen dargestellt, sondern auch das daraus   resultierende Verhalten diskutiert. Dazu wird zwischen konstituierenden Entities und Entity-Typen und konstruierten Entities und Entity-Typen sowie zwischen konstituierenden Relationships und Relationship-Typen und konstruierten Relationships und Relationship-Typen unterschieden.

Mit den Beispielen wird auch verdeutlicht, wie das durch Konstruktionen bestimmte Enthaltensein konstituierender Entities/Entity-Typen und konstituierender Relationships/Relationship-Typen in konstruierten Entities/Entitity-Typen in Entity-Relationship-Modellen abgebildet wird. Dabei wird demonstriert, dass konstituierende Entities in einer Konstruktion zu einem abstrakten Entity konstruiert werden, dass die konstituierende Entity-Relationship enthält.

Darauf basierend wird mit dem Relativitäts-Prinzip für die Konstruktion von Entity-Relationship-Modellen postuliert, dass Entities eine duale Existenz aufweisen: Sie könne sowohl als ganzheitlich zu betrachtende Entities als auch als durch eine Konstruktion, und damit als eine zwischen konstituierenden Entities existierende konstituierende Relationship betrachtet werden, weil das zu konstruierende abstrakte Entity/der zu konstruierende abstrakte Entity-Typ von den konstituierenden Entities/Entity-Typen und von der konstituierenden Relationship/dem konstituierenden Relationship-Typ existenzabhängig ist.

Ausblick auf die Kapitel 5 und 6

In den Kapiteln 5 und 6 werden mehrere weitere Formen mit unterschiedlicher Formsemantik zur Darstellung unterschiedlicher Konstruktionen eingeführt. Dabei werden zunächst weiterhin Formen für die Darstellung von Mengen und Formen für die Konstruktion von Mengen aus Elementen und Formen für die Konstruktion von Mengen aus Mengen betrachtet werden. Danach erfolgt die Einführung spezieller Konstruktionen von Mengen aus Mengen durch die Anwendung spezieller Konstruktion-Abstraktions-Beziehungen, mit denen spezielle Abstraktionen, die schon aus der klassischen Informationsmodellierung bekannt sind, Generalisierungs- und Aggregations-Konstruktionen.

Letztlich werden Konstruktionen von nicht als Mengen darstellbaren Informationen zur Modellierung beliebiger materieller und virtueller Artefakte eingeführt wie sie insbesondere in technischen industriellen Anwendungen unverzichtbar sind. Dabei werden diese Artefakte nicht nur als Konstruktionen sondern dann wenn sie, wie viele materielle Artefakte der Technik wie zum Beispiel Maschinen unterschiedlicher Art, auch aktivierbare Konstruktionen sind, eingeführt. Mit ihnen entsteht dann die Forderung auch deren Ausführung in Inforations-Modellen nachzubilden.

In den folgenden Kapiteln werden wieder extensionale und intensionale Konstruktionen unterschieden werden, so wie in diesem Kapitel zwischen den Konstruktionen von Entities und Entity-Typen unterschieden worden ist. Extensionale Konstruktionen sind der Dokumentation von Informationen dienende, formsemantische Konstruktionen und intensionale Konstruktionen sind der Konstruktion von Informationen dienende, domänensemantisch determinierte Konstruktionen.

So wie die Entity-Relationship-Modellierung in Kapitel 3 eingeführt worden ist, wird wieder davon ausgegangen worden, dass Extensionen jeweils durch sich im Zeitablauf ändernde Mengen form-und domänensemantisch identischer Elemente gebildet werden und die Elemente sich nur durch die ihnen zugeordneten Werte unterscheiden, um dann aufzuzeigen welche Abweichungen von dieser

Grundannahme für die Modellierung in industriellen Anwendungen benötigt werden.

Von der Grundannahme der klassischen Informationsmodellierung, dass alle Mengen von Entities und die sie umfassenden Entity-Typen form-identisch sind, wird in der folgenden Beschreibung extensionaler Konstruktionen in Kapitel 5 insoweit abgewichen werden, als nicht mehr vorausgesetzt wird, dass die die Extension oder Intension einer Informationsmodelle darstellende Menge nur Elemente umfasst, die durch die exakt gleiche Form charakterisiert sind. Es soll dann zugelassen werden, dass die Elemente eine Internstruktur, definiert durch eine Menge von Attributen und Attributwerten, aufweisen und nur im Hinblick auf einige dieser Attribute identisch sind.

Die über die in der klassischen Informationsmodellierung etablierten hinausgehenden Konzepte der konstruktiven Informationsmodellierung für industrielle Anwendungen erfordert auch die Erweiterung der Menge der Begriffe zur Erläuterung der weitergehenden Konzepte:

> Sich im Zeitablauf ändernde Mengen von Daten und Informationen werden jetzt als „mengenwertige" Daten und Informationen bezeichnet.

> Die Elemente einer Menge von Daten und Informationen, die selbst aus mehreren Teilen aufgebaut sind denen jeweils unterschiedliche Werte zugeordnet werden, werden „mehrwertige" Elemente genannt. Die mehrwertigen Elemente der Menge sind dann auch form- und domänensemantisch identisch. Die Elemente der Menge unterscheiden sich voneinander nur durch die ihnen zugeordneten Werte.

> Sind alle mehrwertigen Elemente einer Menge von Daten und Informationen in gleicher Weise aus Teilen gebildet, werden die Elemente der Menge „form-identisch" genannt. Sind die mehrwertigen Elemente einer Menge von Daten und Informationen nur in einigen ihrer Teile identisch werden die Elemente der Menge „partiell form-identisch" genannt. Die Elemente der mehrwertigen Menge sind dann auch form- und domänensemantisch nur partiell identisch. Die Elemente der Menge unterscheiden sich nur voneinander durch die ihnen zugeordneten Werte.

> Sind alle konstituierenden Mengen einer Konstruktion in genau gleicher Weise form-identisch, ist auch die Konstruktion form-identisch. Sind alle konstituierenden Mengen einer Konstruktion form-identisch, unterscheiden sich aber in ihren jeweiligen Formen voneinander, ist auch die Konstruktionen nur partiell form-identisch. Eine partiell form-identische Konstruktion führt dann auch nur zu partiell form-und domänensemantisch identischen konstruierten Mengen.

Die Beschreibung von extensionalen Konstruktionen partiell form-identischer konstituierenden Mengen von Daten und Informationen erfolgt in Kapitel 5 mit der Einführung von extensionalen Konstruktionen von „Klassen" und „Gruppen". Die mit den extensionalen Konstruktionen möglich werdenden Abstraktionen sind „Separation of Concern" – Abstraktionen.

In Kapitel 6 werden intensionale Konstruktionen von sowohl mengenwertigen als auch von nicht-mengenwertigen Informationen beschrieben. Intensionale Konstruktionen mengenwertiger Informationen sind Konstruktionen, mit denen die auch aus der klassischen Informationsmodellierung bekannten Abstraktionen „Generalisierung" und „Aggregation" ermöglicht werden. In Kapitel 6 werden darüber hinaus Aggregations-Konstruktionen für nicht durch Mengen darstellbare Informationen eingeführt. Mit ihnen sollen Daten und Informationen verschiedener Formen und damit form- und domänensemantisch völlig verschiedene konstituierende Informationen zu neuen konstruierten Informationen mit einer konstruierten Form- und Domänensemantik zusammengeführt werden um beispielsweise auch materielle Artefakte und deren Konstruktion darstellen zu können. Die Konstruktionen können dann sowohl mathematisch oder auch algorithmisch definiert sein. Letztlich soll dazu in Kapitel 6 auch die Konstruktion „aktivierbarer" Informationsmodelle eigeführt werden um aktivierbare materielle und virtuelle Artefakte und deren Verhalten abzubilden.

Während Konstruktionen mengenwertiger Informationen immer auch mathematisch definiert werden können und damit auch kompositional sind, sind Konstruktionen nicht mengenwertiger Informationen nur dann kompositional, wenn andere mathematische Kalküle, wie sie zum Beispiel in der Physik genutzt werden, zur Beschreibung der Konstruktionen verfügbar sind. Für algorithmisch definierte Konstruktionen nicht mengenwertiger Informationen lässt sich dann auch nur eine „algorithmischer Nachweis" der Kompositionalität erreichen.

Die mit intensionale Konstruktionen möglich werdenden Konstruktions-Abstraktionen sind sowohl „Information Neglection", „Separation of Concern" als auch „Divide and Conquer" – Abstraktionen.

5 Extensionale Konstruktionen

Zusammenfassung

In Kapitel 5 werden dann zunächst komponentenorientierte „extensionale Konstruktionen" als Konstruktionsmechanismen für Entities und Relationships als Bausteinhierarchien, und darauffolgend in Kapitel 6 komponentenorientierte „intensionale Konstruktionen" für die kompositionale Modellierung von Entity-Klassen und Relationship-Klassen eingeführt. Von besonderem Interesse sind die in diesen Kapiteln wiederum diskutierten dynamischen Eigenschaften von Informationsmodellen. Mit „Propagationspfaden" werden die aus den Wirkungszusammenhängen resultierenden dynamischen Eigenschaft hierarchisch konstruierter Informationsmodelle spezifiziert, um die Änderungsdynamik, die zwischen Informations- und Datenbausteinen nachverfolgen zu können, und um festzulegen, welche Folgewirkungen eine Änderung an der Extension bzw. der Intension eines Informationsmodells an einer Stelle im Informationsmodell für den Rest des Modells hat.

Wie im Ablauf der folgenden Erläuterungen leicht zu erkennen sein wird, schließen sich die hier beschriebenen extensionalen Konstruktionen insoweit unmittelbar an die in Kapitel 3 dargestellten Methoden der Informationsmodellierung an. Mit extensionalen Konstruktionen sollen die dort schon diskutierten Formen zur Darstellung von Informationen weiterhin verwendet werden und um Formen zur Beschreibung von Konstruktionen von Informationen ergänzt werden um damit die Ausdrucksmöglichkeiten zu vergrößern und die Ausdrucksmächtigkeit der Konzepte der Informationsmodellierung zu erhöhen.

In diesem Kapitel werden dazu die in Kapitel 4 eingeführten Konstruktionen für „mengenwertige" Informationen und Daten zur Anwendung gebracht. Mengenwertige Informationen und Daten werden eingeführt um zu verdeutlichen, dass nicht mehr Mengen im strikt mathematischen Sinn, sondern sich im Zeitablauf ändernde Mengen von Informationen und Daten betrachtet werden. Die Veränderungen können entweder durch das Hinzufügen, Entfernen und das Verändern von Elementen der Mengen bewirkt werden. Mengenwertige Informationen dienen in aller Regel der Darstellung der Extension in einem Informations-Modell. Die in diesem Kapitel betrachteten mengenwertigen Formen für extensionale Konstruktion in Informationsmodellierung werden „Klassen" und „Gruppen" sein.

Der Begriff „mehrwertige" Informationen für Elemente der betrachteten Mengen wird eingeführt, um deutlich zu machen, dass nicht zwingend immer nur „uniforme" Elemente einer Menge Gegenstand der Betrachtung sein müssen. Dies

© Springer Fachmedien Wiesbaden GmbH, ein Teil von Springer Nature 2021
H. Weber, *Data Engineering 4.0*, https://doi.org/10.1007/978-3-658-33185-6_5

entspricht der Annahme in der klassischen Informationsmodellierung mit Entities und Relationships, dass Entities auch mehrere, sich form- und domainsemantisch voneinander unterscheidende Attribute umfassen dürfen. Sind die Elemente der betrachteten Menge im Hinblick auf die in der Internstruktur dargestellten Attribute nur in einigen Attributen identisch, also nur „partiell identisch", sind sie dadurch auch in ihrer Form- und Domänensemantik nur „partiell identisch". Die Elemente der partiell identischen Mengen dürfen selbst wiederum Mengen sein.

Das entspricht nicht mehr der in der klassischen Informationsmodellierung durch Entities und Relationships getroffenen Annahme, dass Entities und Relationships zu Mengen zusammengefasst werden können, wenn sie sich weder form- noch domänensemantisch, sondern sich nur im Hinblick auf eine, von einer vorgegebene Form- und Domänensemantik festgelegten möglichen Ausprägung der ihnen zugeordneten Werte, voneinander unterscheiden.

Die über die in der klassischen Informationsmodellierung etablierten hinausgehenden Konzepte der Informationsmodellierung für industrielle Anwendungen erfordert auch eine Erweiterung der Menge der Begriffe zur Erläuterung der weitergehenden Konzepte wie sie im Folgenden zusammengefasst beschrieben werden.

> Sich im Zeitablauf ändernde Mengen von Daten und Informationen werden jetzt als „mengenwertige" Daten und Informationen bezeichnet.

> Die Elemente einer Menge von Daten und Informationen, die selbst aus mehreren Teilen aufgebaut sind, werden „mehrwertige" Elemente genannt. Sind alle mehrwertigen Elemente einer Menge von Daten und Informationen in gleicher Weise aus Teilen gebildet, werden die Elemente der Menge „form-identisch" genannt. Sind die mehrwertigen Elemente der Menge nur im Hinblick auf einige Teile „form-identisch" und damit form- und domänensemantisch identisch werden sie „partiell form-identisch" genannt.

> Die Elemente der mehrwertigen Menge sind dann auch form- und domänensemantisch nur partiell identisch.

> Sind alle konstituierenden Mengen einer Konstruktion in genau gleicher Weise form-identisch, ist auch die Konstruktion form-identisch. Sind alle konstituierenden Mengen einer Konstruktion form-identisch, unterscheiden sich aber in ihren jeweiligen Formen voneinander, ist auch die Konstruktionen nur partiell form-identisch. Eine partiell form-identische Konstruktion führt dann auch nur zu partiell form-und domänensemantisch identischen konstruierten Mengen.

Extensionale Konstruktionen von mengenwertigen Informationen sind formsemantisch bestimmte Konstruktionen der Extension von Informationsmodellen. Die extensionale Konstruktion einfachster Art besteht darin

Daten von Interesse aufzuzählen und anschließend als eine Gesamtheit zu betrachten. Eine zusammenfassende Darstellung der Konzepte für extensionale Konstruktionen erfolgt mit der folgenden Graphik auf der nächsten Seite.

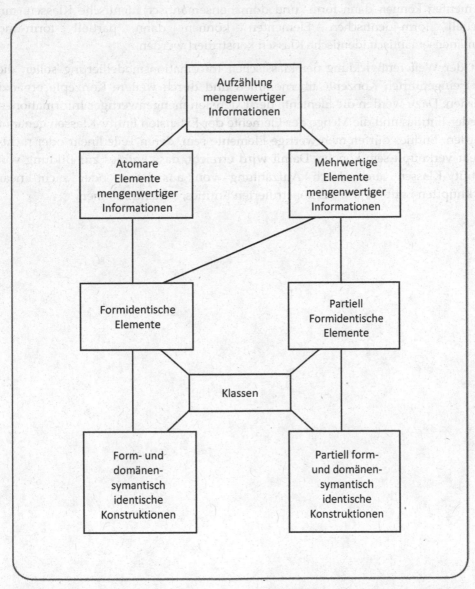

Abbildung 5-1: Klassen-Konstruktion durch Aufzählung

Extensionale Konstruktionen unterscheiden zwischen Aufzählungen mengenwertiger Informationen deren Elemente entweder atomar oder mehrwertig sind. Die betrachteten atomaren Informations-Elemente sollen form-identisch sein um sie in eine Menge einfügen zu können, mehrwertige Informations-Elemente können auch form-identisch sein oder sollen partiell form-identisch sein um sie in eine Menge einfügen zu können. Die so charakterisierten mengenwertigen Informationen sollen wieder als Klassen bezeichnet werden. Mit form-identischen Elementen können dann form- und domänensemantisch identische Klassen, mit partiell form-identischen Elementen können dann partiell form-und domänensemantisch identische Klassen konstruiert werden.

Mit der Weiterentwicklung der klassischen Informationsmodellierung sollen die dort eingeführten Konzepte übernommen und durch weitere Konzepte ergänzt werden. Dazu werden die Elemente der Extension mengenwertiger Informationen wieder Entities und die Menge der Elemente der Extension Entity-Klassen genannt werden. Entities dürfen mehrwertige Elemente sein, deren Teile linear oder nicht-linear verknüpft sein können. Damit wird erreicht, dass Entities zur Bildung von Entitity-Klassen auch durch Aufzählung von aus linear oder nicht-linear verknüpften Entities, also aus konstruierten Entities, bestehen können.

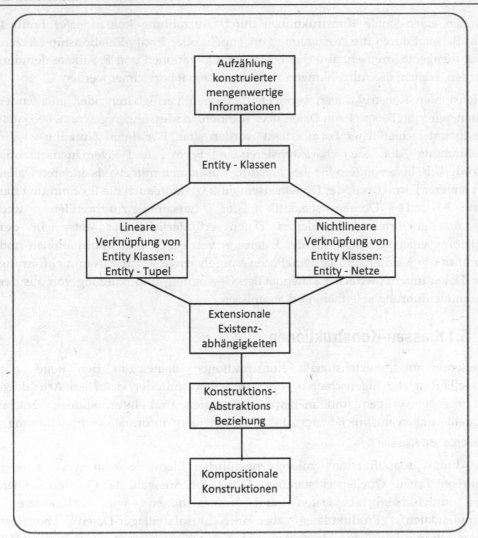

Abbildung 5-2:   Klassen-Konstruktion durch Aufzählung konstruierter Elemente

Mit der Aufzählung konstruierter Entities werden Beziehungen zwischen den konstituierenden Entites von konstruierten Entities, also konstituierende Relationships festgelegt, die dann auch extensionale Existenzabhängigkeiten zwischen den konstituierenden Entities sein können. Die Konstruktions-Abstraktions-Beziehung der jeweiligen extensionalen Konstruktion ist dann zum Beispiel die „Tupel-Bildung" für die lineare Verknüpfung von konstituierenden Entities oder „Entity-Relationship-Netz" für die nichtlineare Verknüpfung der konstituierenden Entities.

Können extensionale Konstruktionen durch Aufzählung konstruierter Entities, zum Beispiel durch die Aufzählung von Tupeln oder Entity-Relationship-Netzen, auch mengentheoretisch, also durch Mengen-Operationen und Prädikate definiert werden, können die Aufzählungen als kompositional bezeichnet werden.

Extensionale Konstruktionen betrachten Mengen verfügbarer oder anfallender Daten, wie zum Beispiel von Daten über Kunden, in Messungen gewonnene Daten die in unterschiedlicher Form erfasst worden sind. Für deren Nutzung ist die Bestimmung der sie charakterisierenden Form- und Domänensemantik erforderlich. Insbesondere für ihre Nutzung zusammen mit jeweils anderen Daten mit anderer Form- und/oder Domänensemantik ist dann auch die Bestimmung der Form- und Domänensemantik der zusammenzuführenden und zusammengeführten konstruierten Daten erforderlich. Das entspricht der Ableitung einer Intension aus der Extension von Daten und Informationen und damit der in Kapitel 2.5.3 beschriebenen Vorgehensweise zur Zusammenführung von Daten unterschiedlicher Datenquellen Gewinnung und Nutzung von aus der Zusammenführung ableitbaren Erkanntnissen.

5.1 Klassen-Konstruktionen

Klassenorientierte extensionale Konstruktionen dienen in der Regel der Modellierung der Eigenschaften von materiellen und/oder virtuellen Artefakten mit mengenwertigen und mehrwertigen Daten und Informationen. Solche Modellierungen entsprechen der „dokumentierenden" Informationsmodellierung.

Elemente von Klassen

Die durch „Klassifikation" zusammengeführten Elemente können einer oder mehreren Daten- Quellen entstammen. Durch die Auswahl der Quellen können sehr unterschiedliche Daten und Informationen wie „Marktdaten", „Kundendaten", „Produktdaten" aber auch „Ersatzteillager-Daten", „Betriebs-Überwachungsdaten" für Maschinen und Anlagen zu Klassen zusammengefasst werden. Ihre Bildung erfolgt durch eine „Aufzählung" genannte Konstruktion. Klassen werden gebildet, um Elemente mit exakt gleichen und solche mit nur gemeinsamen gleichen Mengen von Eigenschaften zu einem neuen „Ganzen", der Klasse, zusammenzufassen.

In der industriellen Praxis entspricht das der Situation, dass „ohnehin anfallende" Daten, zum Beispiel in der technischen Überwachung des Betriebs von Maschinen oder Anlagen, wie die kontinuierliche Erfassung der „Betriebs-Temperatur" oder die Temperatur eines Kugellagers erfolgt. Die Erfassung dieser Daten in Zeitreihen erlaubt dann Überlegungen über Kombinationen unterschiedlicher Daten aus unterschiedlichen Zeitreihen, die zum Beispiel dazu dienen können, bessere Prognosen über Verschleiß und notwendige Wartungen zu entwickeln. Das entspricht, wie in den folgenden Darstellungen erläutert wird, der Konstruktion von Klassen aus elementaren oder auch mehrwertigen Elementen.

Das heißt, dass nicht vorausgesetzt wird, dass die Elemente einer Klasse in allen ihren Eigenschaften und damit im Hinblick auf alle den Elementen zugeordneten Attributen gleich sind. Vielmehr ist nur gefordert, dass sie in den, in der jeweiligen Anwendung interessierenden Eigenschaften, gleich sind. In ihren weiteren Eigenschaften dürfen sie sich voneinander unterscheiden.

Neben der Konstruktion von Klassen durch Aufzählung von Elementen können Konstruktionen durch die Anwendung von aus der Mathematik bekannten Mengenoperationen wie zum Beispiel „Vereinigung", „Durchschnitt", „Differenz" etc. erfolgen. In Konstruktionen durch Aufzählungen oder Mengenoperationen entstehen Komponenten, die durch Konstruktionen wieder zu konstruierten Mengen zusammengeführt werden können. Anwendungen in denen diese Anforderungen entstehen, sind z.B. solche für die Darstellung der Daten über in Materiallagern abgelegt Bauteile und deren Varianten und Versionen, um das (Ersatz)Teile-Management und das entsprechende Produktions-Management zu ermöglichen.

Entity-Klassen

Konstituierende Elemente von Klassen dürfen im Rahmen extensionaler Konstruktionen der Informationsmodellierung Informationen über beliebige Konzepte, Modelle, Beschreibungen etc. materieller oder virtueller Artefakte sein. Wie für Konstruktionen in der Informationsmodellierung in Kapitel 4 gefordert, müssen auch in extensionalen Konstruktionen konstituierende Entities konstruierten Entities entsprechend einer vorgegebenen „Zuordnungsvorschrift", das heißt eine Konstruktions-Abstraktions-Beziehung erfolgen wenn sie durch eine konstituierende Relationship miteinander verbunden sind.

Die konstituierenden Elemente von Klassen dürfen Entities oder aber auch aus mehreren einzelnen Entities zusammengesetzte Entity-Relationships sein, die dann wiederum als (konstruierte) Entities betrachtet werden dürfen. Die Frage ob Entities in ihren Eigenschaften gleich oder voneinander verschieden sind, lässt sich dann zunächst dadurch beantworten, dass sie daraufhin überprüft werden, ob sie in den mit ihnen assoziierten Attributen und damit in ihrer Formsemantik gleich oder verschieden voneinander sind.

Wenn ein Entity keine elementare Informationseinheit, sondern eine durch eine Folge mehrerer Attribute gebildete ist, ist in aller Regel die Modellierung eines durch seine Eigenschaften definierten Dinges oder Sachverhaltes beabsichtigt. Das wird in der klassischen Informationsmodellierung häufig auch dadurch zum Ausdruck gebracht, dass ein Entity durch eine „Hat-Relationship" zwischen einem Identifizierer-Attribut für das Entity und seine weiteren Attributen, die dann die Eigenschaften repräsentieren, dargestellt. Entities als aus Attributen konstruiert zu betrachten ist eine dazu äquivalent Betrachtung. Wenn mehrwertige Entities nur im Hinblick auf einige ausgewählte Attribute von Interesse gleich sein müssen, um der zu bildenden Klasse zugeordnet zu werden, also nur in Teilen die gleiche

Formsemantik haben, sollen sie als „partiell form-identisch" und nicht als „form-identisch" bezeichnet werden.

Ganz offensichtlich haben mehrwertige, im Hinblick auf ihre Internstruktur nur „partiell form-identische" Entities, auch nur eine „partiell identische" Domänensemantik weil einige ihrer Attribute für die Konstruktion nicht von Interesse sind. Damit ist aber nicht ausgeschlossen, dass die Attribute, die für die Konstruktion als nicht von Interesse betrachtet sind, in konstruierten Klasse domainsemantisch inkompatibel sind. In den in Kapitel 6 diskutierten intensionalen Konstruktionen wird dieses Problem dadurch gelöst, dass die Konstruktionen auch Information-Neglection-Abstraktionen sind und die nicht als Attribute von Interesse ausgewählten Attribute bei der Betrachtung der Domänensemantik der konstruierten Entity-Klasse domänensemantisch ausgeblendet werden.

Form- und Domänensemantik von Klassen gleichartiger (partiell form-identischer) Entities

Die Konstruktion einer Entity-Klasse aus Entities entspricht einer Auswahl gleichartiger Entities im Hinblick auf deren Attribute. Die Zuordnung von Entities zu einer Klasse erfolgt durch die Überprüfung der „Gleichartigkeit" der Dinge und Sachverhalte, die durch Entities repräsentiert werden. Die Gleichartigkeit mehrwertiger Entities ist dann gegeben, wenn die der Klasse zuzuordnenden Entities in den ausgewählten Eigenschaften, die für die Klassenbildung von Interesse sind, übereinstimmen. Im Hinblick auf ihre weiteren Eigenschaften dürfen sie sich voneinander unterscheiden, weil die für die mögliche Nutzung **nicht relevant sind. Die konstituierenden Entities sind dann nur „partiell** identisch".

In der Informationsmodellierung wird die Feststellung und Darstellung der Gleichartigkeit nicht einfach durch den „Augenschein" sichergestellt, sondern verlangt nachvollziehbare Kriterien für die Darstellung und die –menschliche und/oder „maschinelle- Verifikation der Gleichartigkeit.

Neben der Überprüfung der „Gleichartigkeit" umfasst die Konstruktion einer Klasse die Festlegung eines Rahmens, mit dem die Abgrenzung zwischen den Entities in der gebildeten Klasse und denen außerhalb der Klasse möglich wird. Dies gelingt mit der Festlegung eines Bezeichners für eine gebildete Klasse und mit der Zuordnung der Entities der Klasse zu diesem einen Kontext definierenden Klassen-Bezeichner.

In den folgenden Erläuterungen extensionaler Konstruktionen wird auch deutlich werden, dass das Konzept in großem Umfang Anleihen bei der Relationen-Algebra der relationalen Datenbank-Theorie macht. Die dort definierten Operationen auf Relationen sind Operationen auf Klassen. Der Unterschied zwischen beiden Konzepten besteht darin, das die Ausführung der Operationen der relationalen Algebra dazu dient Datenbank-Anfragen zu formulieren und mit der Ausführung transiente Daten zu erzeugen, während die Ausführung der gleichen Operationen im Rahmen extensionaler Konstruktionen dazu dient als Ergebnis persistente Daten-Konstruktionen zu erzeugen.

5.1.1 Klassen

Im Klassenkonzept können Elemente einer Klasse nicht nur Entities und Tupel von Entities, sondern auch Entity-Relationships und auch Tupel von Entity-Relationships sowie auch Folgen von Entities und Entity-Relationships sondern wiederum auch Klassen, das heißt, Klassen von Klassen sein. Das bedeutet letztlich, dass auch ganze Entity-Relationship-Netze, die dann –wie in Kapitel 4 gezeigt- wiederum als Entities betrachtet werden können, Elemente von Klassen sein dürfen. Die Entities, die Folgen von Entities und Folgen von Entity-Relationships der Entity-Relationship-Netze müssen dann allerdings auch für alle Elemente einer Klasse für einige ihrer Eigenschaften „gleichartig" sein und das heißt vor allen Dingen, sie müssen auch auf gleiche Weise strukturiert worden sein.

Begriffsdefinition 1

Entity ∈ Entity-Klasse ⊆ Entity-Typ

Ein Entity ist ein Element einer Entity-Klasse. Die Menge der Entities einer Entity-Klasse   ist eine Untermenge der Menge der Entities des zugeordneten Entity-Typs.

Begriffsdefinition 2

Relationship ∈ Relationship-Klasse ⊆ Relationship-Typ

Eine Relationship ist ein Element einer Relationship-Klasse. Die Menge der Relationship einer Relationship-Klasse ist eine Untermenge der maximal möglichen Menge der Relationships des zugeordneten Relationship-Typs.

Begriffsdefinition 3

Entity-Relationship ∈ Entity-Relationship-Klasse ⊆ Entity-Relationship-Typ

Eine Entity-Relationship ist ein Element einer Entity-Relationship-Klasse. Die Menge der Entity -Relationships einer Entity-Relationship-Klasse ist eine Untermenge der maximal möglichen Menge der Entity- Relationships des zugeordneten Entity-Relationship-Typs.

Nach diesen Definitionen erhebt sich nun die Frage. „Wie entstehen konstruierte Klassen durch „Aufzählung", wie werden sie gebildet, wie werden sie nach den Regeln der konstruktiven Informationsmodellierung „konstruiert".

Klassen sollen darüber hinaus, wie oben schon erwähnt, zeitlich variable Aufzählungen von Entities sein. Das heißt, dass ihnen im Zeitablauf neue Entities hinzugefügt und Entities aus einer Klasse auch entfernt werden dürfen. Es ist deshalb angemessen für Klassen auch einen Klassen-Typ zu definieren, mit dem die „Gesamtheit" der für eine Klasse zugelassenen Elemente oder der Wertebereich der Klasse, festgelegt wird. Das wiederum entspricht dem Konzept des Entity-Typs in der klassischen Informationsmodellierung. Dies wird durch die folgenden Erläuterungen noch einmal verdeutlicht werden.

5.1.2 Klassen-Konstruktionen

Während der Einführung von komponentenorientierten Konstruktionen in Kapitel 4 ist betont worden, dass die Bildung eines konstruierten abstrakten Entity bzw. eines konstruierten abstrakten Entity-Typs einerseits durch eine konstituierende Relationship bzw. einen konstituierenden Relationship-Typ und andererseits durch eine Konstruktions-Abstraktions-Beziehung determiniert ist. Das gilt, wie nachfolgend demonstriert wird, in dieser Weise dann auch für Klassen-Konstruktionen und ganz allgemein, wie später noch gezeigt wird, sowohl für die extensionale Konstruktion durch Aufzählung, als auch für die extensional Konstruktionen durch Mengenoperationen. Für den Fall, dass alle an der Konstruktion beteiligten Klassen Typen zugeordnet sind, gilt dann das folgende Meta-Modell für extensionale Konstruktionen.

Meta-Modell für die Klassen-Konstruktion

Die für die extensionale Konstruktion vorgegebene Konstruktions-Abstraktions-Beziehung wird mit dem Schlüsselwort „Konstruktor" bezeichnet um deutlich zu machen, dass die Konstruktions-Abstraktions-Beziehung durch die konstituierende Relationship zwischen den konstituierenden Entity-Klassen „vorbestimmt" und dass durch die Konstruktions-Abstraktions-Beziehung die konstituierende Relationship sichergestellt werden muss.

Die Konstruktions-Abstraktions-Beziehung zur Bildung einer konstruierten Klasse, zusammen mit der dazu kompatiblen konstituierenden Relationship zwischen den Komponenten-Entities, ist in Kap.4 mit dem dort eingeführte Metamodell, als Konstruktor bezeichnet worden.

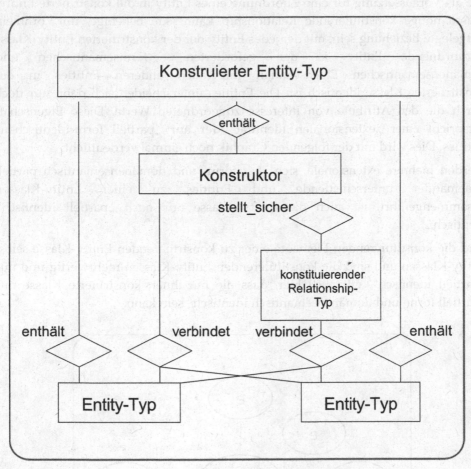

Abbildung 5-3:   Metamodell der Konstruktion eines Entity-Typs

Der Konstruktor ist hier dann so definiert, dass mit ihm nur zulässige Aufzählungen von Elementen der konstruierten Klasse erfolgen.

Die konstituierende Relationship für Klassen-Konstruktionen

Die als Voraussetzung für eine Zuordnung eines Entity in die konstruierte Entity-Klasse nötige konstituierende Relationship kann jede beliebige, im Vorhinein festgelegte Beziehung sein, mit der jedes Entity der der konstruierten Entity-Klasse zuzuordnende Entity in den geforderten formsemantischen und domänensemantischen Eigenschaften mit allen anderen Entities in der konstruierten Klasse identisch ist. Die Entities unterscheiden sich dann nur noch durch die den Attribute von Interesse zugeordneten Werte. Diese Eigenschaft entspricht einer „extensionalen Identität" der nur „partiell form-identischen" Entities. Dies wird mit der folgenden Graphik noch einmal verdeutlicht:

Werden mehrere extensionale, sich aber form- und domänensemantisch partiell voneinander unterscheidende und Entities zu einer Entity-Klassen zusammengeführt, ist auch die Entity Klasse nur noch „partiell identisch" identisch.

Sind die konstituierenden Elemente einer zu konstruierenden Entity-Klasse selbst Entity-Klassen und sind die konstituierenden Entity-Klassen mehrwertig und nur „partiell identisch", gilt auch hier, dass die mit ihnen konstruierte Klasse nur „partiell form- und domänensemantisch identisch" sein kann.

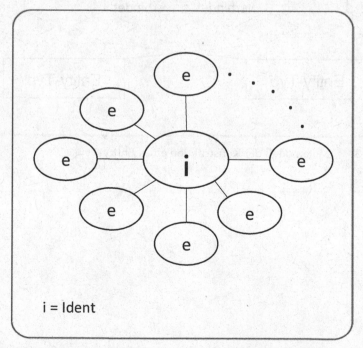

Abbildung 5-4:   Extensionale Identität.

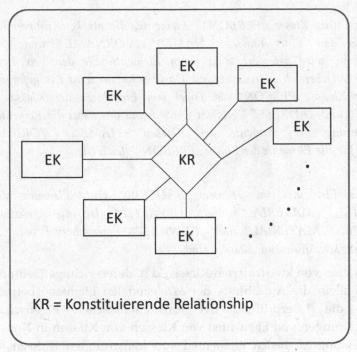

Abbildung 5-5:   Intensionale Identität

Gleichartigkeit und Identitäts-Beziehung von Entity-Klassen

Nach der obigen Einführung von Klassen-Konstruktionen lässt sich nun auf der Basis dieses Konzepts auch eine Formalisierung für die bisher nur vage beschriebene Darstellung und Verifikation der „Gleichartigkeit" von Elementen von Klassen im Hinblick auf einige ihrer formsemantischen Eigenschaften ableiten. Elemente einer Klasse sollen nach diesen Vorüberlegungen als gleichartig gelten, wenn sie als Tupel von Entities, als Entity-Relationships oder als Entity-Relationship-Netze mit der gleichen Menge von „kostituierenden Elementen" gebildet worden sind und deren Zusammenführung nach dem gleichen Konzept in gleicher Weise entweder als Entity-Tupel, Entity-Relationship oder Entity-Relationship-Netz erfolgt ist und sie –mathematisch formuliert- im Hinblick auf ihre Struktur kongruent sind

Das soll zunächst mit den folgenden einfachen Beispielen illustriert werden.

Beispiel 1:

Umfasst eine Entity-Klasse „PERSON" Elemente, die als konstituierende Elemente, Elemente aus den Entity-Klassen „NAME", „VORNAME" und „ADRESSE" zusammenführen, wird gefordert, dass deren Elemente alle dem jeweiligen, für sie vorgesehenen Wertebereich zugeordnet sind. Darüber hinaus wird z.B. gefordert, dass alle Elemente der Klasse „PERSON" als Tupel von Elementen der Klassen „NAME", „VORNAME" und „ADRESSE" gebildet werden und das dabei die Reihenfolge für die Zusammenführung der Elemente der Klassen „NAME", „VORNAME" und „ADRESSE" für alle Elemente der Klasse „PERSON" gleich ist.

Beispiel 2:

Umfassen die Elemente einer Klasse „BAUTEIL" Unter-Elemente der Klassen „GEOMETRIE", „MATERIAL" und „GEWICHT" ist die Assoziation, dass „GEOMETRIE", „MATERIAL" und „GEWICHT" Eigenschaften von „BAUTEIL" repräsentierende konstituierende Klassen sind.

Die Interpretation von konstruierten Klassen d.h. deren richtige Deutung dadurch erfolgt, dass allein die Aufzählung der extensionalen Elemente betrachtet wird, also durch die Überprüfung der formsemantischen Eigenschaften. Die Zusammenführungen von Elementen von Klassen von Klassen in Konstruktionen durch Aufzählung zu neuen Elementen von konstruierten Klassen sind „nur" Ergebnisse von Kaskadierungen von Aufzählungen. Sind alle Elemente einer Klasse formidentisch stehen sie in einer „Identitäts-Beziehung" zueinander. Sind alle Elemente einer Klasse darüber hinaus einem vorgegebenen „Wertebereich" zugehörig, wird damit ein der Klasse zugordnete Entity-Typ definiert.

5.1.2.1 Extensionale Konstruktion von Entity-Klassen und Entity-Relationship-Klassen durch Aufzählung

Wie bereits erläutert werden Klassen durch die Aufzählung der Klassen-Elemente gebildet, die entsprechend einem Auswahlkriterium der Klasse zugeordnet werden dürfen. Die konstituierende Relationship für die Konstruktion ist eine Identitätsbeziehung mit der die Formidentität oder die partielle Formidentität festgestellt wird. Das Auswahlkriterium stellt damit aber noch nicht unbedingt sicher, dass nur Elemente einer Klasse zugeordnet werden, die Dinge und Sachverhalte mit sowohl gleichen form- als auch domänensemantischen Eigenschaften repräsentieren. Dies geschieht in der Praxis in aller Regel erst dadurch, dass angenommen wird, dass Daten und Informationen aus einer Quelle auch domänensemantisch identisch sind.

Wie durch das obige Meta-Modell vorgegeben lässt sich dann die extensionale Konstruktion einer Entity-Klasse durch Aufzählung durch das folgende Modell beschreiben.

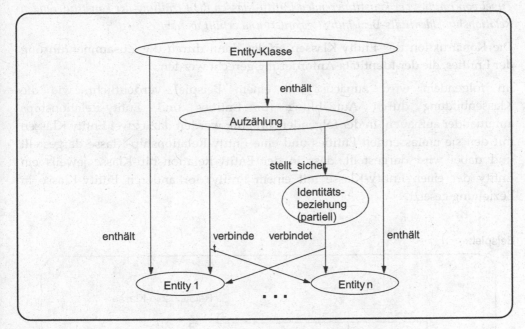

Abbildung 5-6: Konstruktion von Entity-Klassen durch Aufzählung

Kommentar 1:

Die Zuordnung der Entities zu einer Entity-Klasse in einer durch Aufzählung gebildeten konstruierten Entity-Klasse entspricht der Forderung, dass die Entities der Klasse im Hinblick auf ihre „Eigenschaften von Interesse" identisch sind und das heißt auch, dass zwischen den konstituierenden Entities einer konstruierten Klasse eine konstituierende Relationship existiert. Diese konstituierende Relationship ist eine „Identitäts-Beziehung" weil die konstituierenden Entities im Hinblick auf ihre Form- und Domänensemantik identisch sein sollen.

Kommentar 2:

Sind die zu einer Entity-Klasse zusammenzuführender Klassenelemente nicht Entities sondern Entity-Relationships erfolgt die Zuordnung der Entity-Relationships zu einer durch Aufzählung gebildeten konstruierten Entity-Relationship-Klasse erfordert analog. Die Entity-Relationships der zu konstruierenden Entity-Relationship-Klasse müssen im Hinblick auf deren Eigenschaften identisch sein. Damit dies sichergestellt ist, muss auch für alle Entity-Relationships der konstruierten Entity-Relationship-Klasse die konstituierende Relationship „Identität" erfüllt sein.

Kommentar 3:

Sollen die konstituierenden Entities nicht nur einzelne Entities sein sondern Tupel von Entities sein muss für alle zu einer Entity-Tupel-Klasse Klasse zusammenzuführenden

Tupel von Entities der konstituierenden Entity-Klassen die Erfüllung der konstituierenden Relationship „Identitäts-Beziehung" gefordert und erfüllt werden.

Die Konstruktion der Entity-Klassen erfolgt dann durch die Zusammenführung der Entities, die der Identitäts-Anforderung gerecht werden.

Im folgendem wird zunächst mit einem Beispiel verdeutlicht, wie die Klassenbildung durch Aufzählung für Entities und Entity-Relationships aufeinander aufbauen. In der folgenden Graphik werden dazu zwei Entity Klassen mit den sie umfassenden Entities und eine Entity-Relationship-Klasse dargestellt und dabei wird dargestellt, dass in der Entity-Relationship-Klasse jeweils ein Entity der einen Entity-Klasse mit einem Entity der anderen Entity-Klasse in Beziehung gesetzt.

Beispiel:

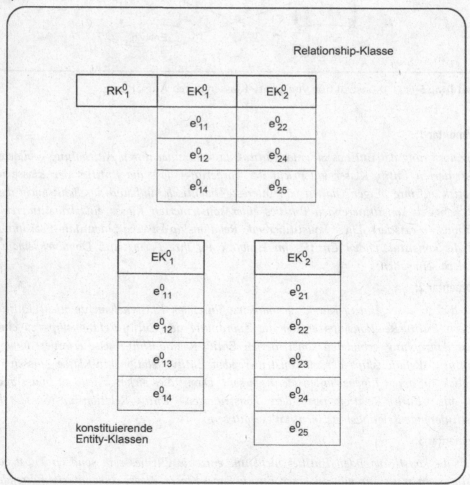

Abbildung 5-7:   Relationship-Klasse und der konstituierende Entity-Klassen

Das Bild repräsentiert die Bildung einer Relationship-Klasse indem es Zuordnungen von Entities von zwei Entity-Klassen in einer Relationship-Klasse darstellt. Dass die im Bespiel dargestellte Relationship-Klasse durch eine Konstruktion entsprechend der Konstruktions-Abstraktion-Beziehung „Mengenkonstruktion" determiniert, ist nicht explizit dargestellt. Die konstruierte Relationship-Klasse ist in der Darstellung nur eine Aufzählung von Paaren von Entities der beiden Komponenten-Entity-Klassen. Die Darstellung zeigt nur, dass sichergestellt ist, dass die aufgelisteten Paare tatsächlich nur Entities der beiden konstituierenden Entity-Klassen enthalten und dass diese in der richtigen Reihenfolge in den Paaren aufgelistet worden sind.

Das Bild der konstruierten Relationship-Klasse kann auch als Bild einer Entity-Relationship-Klasse bezeichnet werden, weil die graphische Darstellung der Extension beider -wie oben schon ausführlich erläutert- identisch ist. Außerdem zeigt das Bild, dass nicht alle Entities der Komponenten-Entity-Klassen in der Entity-Relationship-Klasse einander zugeordnet sein müssen.

Wie oben ausgeführt, dürfen Elemente von Klassen sowohl Entities aber auch Folgen von Entities, Entity-Relationships und Folgen von Entity-Relationships sein, die wiederum als Entities betrachtet werden, sodass die Konstruktion auch nach dem obigen Schema dargestellt werden kann. Das Schema unterscheidet sich dann auch nur in der Bezeichnung des Ergebnisses der Klassen-Konstruktion als „Relationship-Klasse" bzw. als "Entity-Relationship-Klasse".

Das folgende Bild stellt zwei aufeinander aufbauende Klassen-Konstruktionen dar und dies entspricht auch dem schon erwähnten allgemeinen Prinzip für Klassen-Konstruktionen, der Kaskadierung von Klassen-Konstruktionen.

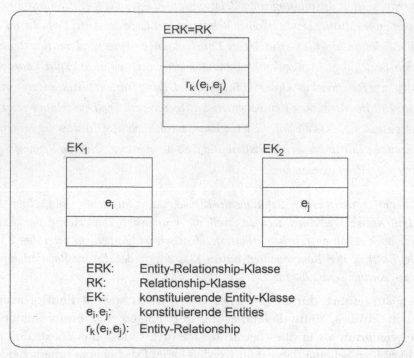

Abbildung 5-8:   Darstellung von Entity-Klassen und einer Entity-Relationship-Klasse

Wie im Bild dargestellt können die konstituierenden Entity-Klassen EK selbst durch eine Aufzählung gebildet worden sein und deren Elemente können zu Entity-Relationships zusammengeführt Elemente der durch Aufzählung konstruierten Entity-Klasse ERK sein.

In gleicher Weise, wie mit dem obigen Beispiel demonstriert, können beliebige Klassen-Konstruktionen von einfachen Konstruktionen kaskadenmäßig zu hochkomplexen Konstruktionen weiterentwickelt werden um damit hochkomplexe Dinge und Sachverhalte als Klassen-Konstruktionen darzustellen.

Kommentar:

Genauso wie in Kapitel 3 für die dort eingeführten Entity-Relationship-Klassen dargestellt, gilt auch hier, dass die zu einer Entity-Relationship-Klasse zusammengefassten Entity-Relationships nur durch die durch sie verbundenen Entities dargestellt werden kann. Eine Entity-Relationship-Klasse kann aber immer auch durch Verweise in jeder ihrer Entity-Relationships auf die entsprechenden Entities in den jeweiligen konstituierenden Entity-Klassen dargestellt werden:

$$r_1(e_1(EK_1), e_1(EK_2)); \; r_2(e_1(EK_3), e_2(EK_4)), \dots$$

Die graphische Darstellung einer Entity-Relationship-Klasse ist demzufolge identisch zur Darstellung einer Relatioship-Klasse und letztlich auch einer Entity-Klasse wie im obigen Bild deutlich gemacht wird. Diese Identität der Darstellungen von Entity-Klassen, Relationship-Klassen und Entity-Relationship-Klassen hat ihre Ursache in dem in Kap.3 postulierten Relativitätsprinzip für die Informationsmodellierung.

Die Konstruktions-Abstraktions-Beziehung „Aufzählung"

Mit der Konstruktions-Abstraktions-Beziehung „Aufzählung" wird zum Ausdruck gebracht, dass jedes Element einer konstruierten Entity-Klasse die Anforderung „ zu Recht in der Klasse enthalten zu sein" erfüllen muss. Die Konstruktions-Abstraktions-Beziehung „Aufzählung" determiniert also in einer Aufzählung die zulässige Zuordnung eines Elements zu einer konstruierten Klasse. Die Konstruktions-Abstraktions-Beziehung „Aufzählung" ist also tatsächlich auch eine Selektionsvorschrift. Sie ist, für den Fall dass nur gleichartige „partiell identische" Entities und nicht form- und domänensemantisch gleiche Entities zu einer Klasse gehören dürfen, findet mit der Konstruktion auch eine „Information-Neglection-Abstraktion", wie sie in Kapitel 3 eigeführt worden ist statt.

Aufzählungen können von unterschiedlicher Art sein und demzufolge kann auch die Konstruktions-Abstraktions-Beziehung unterschiedliche Ausprägungen erhalten: Die Aufzählung kann zum Beispiel auch Identität im Hinblick auf die Quelle oder die Quellen, aus denen Informationen bezogen und aufgezählt sein sollen, sie kann Identität im Hinblick auf den Zweck der erfassten und aufgezählten Entities und sie kann natürlich auch Identität von Regeln für die Erfassung der Informationen umfassen.

Solche Regeln können beispielweise festlegen dass Informationen aus einer bestimmten Quelle in äquidistanten zeitlichen Abständen erfasst und aufgezählt werden müssen, sie können auch festlegen, dass nur Informationen erfasst werden dürfen, die Überschreitungen von bestimmten Extremwerten betreffen erfasst und aufgezählt werden sollen. Diese und viele andere Festlegungen können auch mathematisch präzis formuliert werden und wenn diese Bedingungen erfüllt sind, sind die entsprechenden Konstruktionen als kompositionale Konstruktionen zu betrachten.

5.1.2.2 Durch Mengenoperationen definierte Aufzählungen kompositionaler extensionaler Klassen-Konstruktionen

Lassen sich extensionale Konstruktionen durch Aufzählung auch als Anwendungen formaler mathematischer Konzepte, wie z.B. durch die Bildung des Produkts von Mengen, der Vereinigung von Mengen, der Bildung des Durchschnitts von Mengen, der Differenz von Mengen oder von Joins von Mengen, wie sie in der relationalen Algebra definiert sind darstellen, wird sichergestellt, dass sich die Semantik der konstruierten Entity-Klassen, Relationship-Klassen, Entity-Relationship-Klassen aus der Semantik der konstituierenden Klassen und aus dem Konstruktor ableiten lässt. Dies wiederum entspricht der Eigenschaft, die gefordert ist, um Konstruktionen als kompositionale Konstruktionen bezeichnen zu können. Das bedeutet, dass kompositionale konstruierte Entity-Typen, Relationship-Typen und Entity-Relationship-Typen durch eine präzise Semantik ausgezeichnet sind.

Die Mengen-Operationen sind dann nicht die anzuwendenden „Konstruktions-Vorschriften", definiert durch die vorgegebene Konstruktions-Abstraktions-Beziehung, für die Bildung konstruierter Enity-Klassen, sondern die zur Anwendung gebrachte „Auswahl-Vorschrift" für die Auswahl eines konstituierenden Entities im Rahmen der Aufzählung der Entities der konstruierten Entity Klasse und für die Zulässigkeit einer Änderung der Entity-Klasse während deren Lebenszeit.

Das oben dargestellte allgemeingültige Metamodell für Konstruktionen nimmt dann die folgende, für die Konstruktions-Abstraktion-Beziehung „Mengenkonstruktion" für Entity-Klassen spezielle Ausprägung, an.

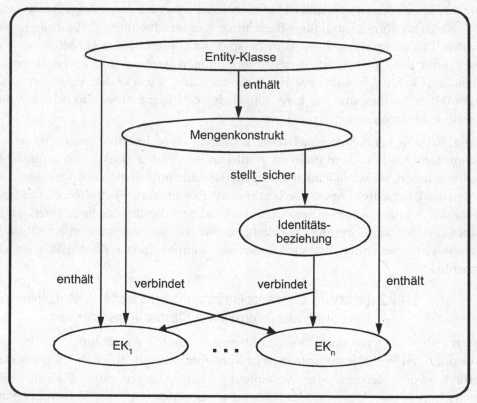

Abbildung 5-9:   Konstruktion von Entity-Klassen durch Mengenkonstruktion

Durch die Bildung des kartesischen Produkts definierte konstruierte Entity-Klassen

Wir werden in den folgenden Beispielen in der Darstellung der Wirkungszusammenhänge zwischen konstruierten Entity-Klassen und ihren konstituierenden Entity-Klassen davon ausgehen, dass die konstruierten Entity-Klassen durch die Konstruktion entsprechend der Mengen-Operation „Kartesisches Produkt" definiert sind. Die Beispiele werden sich deshalb im Hinblick auf die Unterschiede zwischen den verschiedenen, in den folgenden Beispielen dargestellten Konstruktionen der abstrakten konstruierten Entity-Klassen, nur durch die die Konstruktion determinierende konstituierende Relationship zwischen den Komponenten-Entity-Klassen voneinander unterschieden sein.

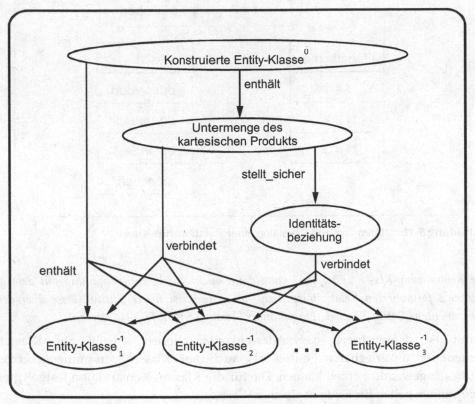

Abbildung 5-10: Kartesische Produkte als konstruierte Entity-Klassen

Im folgenden Beispiel wird mit einer tabellarischen Darstellung einer Entity-Relationship-Klasse und der konstituierenden Entity-Klassen die Konstruktion von Entity-Relationship-Klassen nach dem obigen Metamodell verdeutlicht.

Beispiel:

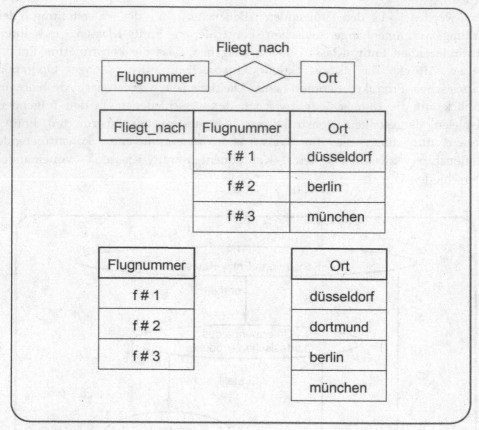

Abbildung 5-11:   Intension und Extension einer Relationship-Klasse

Die Relationship-Klasse „Flugplan" kann dann auch -in Übereinstimmung mit dem in Kapitel 3 formulierten Relativitätsprinzip- als eine konstruierte Entity-Klasse über den Komponenten- Entity-Klassen „Flugnummer" bzw. „Ort" aufgefasst werden.

Damit ist demonstriert, dass Klassenkonstruktionen sowohl auf Klassen elementarer unzerlegbarer Entities als auch auf Klassen zusammengesetzter Entities angewandt werden können. Die für die Klassen-Konstruktion festgelegten Definitionen gelten für beide in gleicher Weise.

Definition der Konstruktions-Abstraktions-Beziehung Aufzählung durch Mengenoperationen

Wie mit dem obigen Beispiel gezeigt ist die Konstruktion von Eintity-Klassen aus Entity-Klassen die Bildung von Tupeln von Entities der konstituierenden Entity-Klassen und deren Aufzählung als Entities der konstruierten Entity-Klasse. Die Konstruktions-Abstraktions-Beziehung für die Klassen-Konstruktion entspricht der Auswahl-Vorschrift für Entities der konstituierenden Entity-Klassen, die einander in einem Tupel zugeordnet werden sollen und der Bildung einer konstruierten Entity-Klasse durch Aufzählung der gebildeten Tupel.

Soll nun auch überprüft werden, ob die Konstruktion einer Klasse auch als Resultat einer Mengenoperation aufgefasst werden kann und vielleicht auch aufgefasst werden soll, muss die die Konstruktion bestimmende Mengenoperation identifiziert werden. Das obige Beispiel kann als eine durch die Mengenoperation „Kartesisches Produkt" definierte Konstruktion aufgefasst werden.

Das obige Bild macht deutlich, dass das Resultat der dort dargestellten Mengenkonstruktion keine „vollständige Kombination" der zwei Ausgangmengen darstellt, sondern nur eine Auswahl von Element-Tupeln. Die Mengenkonstruktion ist also eine Konstruktion durch Aufzählung, verbunden mit einer Auswahl. Das die Auswahl bestimmende Auswahlkriterium kann mathematisch als ein Prädikat formuliert werden, mit dem festgelegt wird, welche Entity-Paare aus der vollständigen Kombination ausgewählt werden sollen, um den konstruierte Menge darzustellen.

$$R \subseteq M1 \times M2 \times M3 \times \ldots \ldots$$

Eine Relationship-Menge ist eine Untermenge des Kartesischen Produktes der Ausgangsmengen M1, M2, M3,.........und die damit verbundene Abstraktion ist eine „Information Neglection"-Abstraktion.

Wie bekannt, ist die Mengenkonstruktion durch das kartesische Produkt und durch entsprechende Prädikate auch die Basis-Annahme des Relationalen Datenmodells, dass das Strukturierungskonzept für die meisten der heute angebotenen Datenbanksysteme ist. Dort sind darüber hinaus für die Konstruktion von Entitiy-Klassen auch weitere, durch die Relationen-Algebra für das relationale Modell definierten Operationen „Vereinigung", „Durchschnitt", „Differenz" sowie „Join" und „Division" determinierte Konstruktionen angebbar. Die mathematische Definition der Konstruktion durch eine Mengen-Operation ist die auf die Aufzählung folgende Überprüfung der Kompositionalität der Konstruktion.

Die Einführung der extensionalen Konstruktion von Mengen aus Mengen ist -das soll noch einmal betont werden- eine Konstruktion durch Aufzählung, weil die in die Konstruktion eingehenden konstituierenden Mengen und die konstruierten Mengen letztendlich Aufzählungen sind. Das heißt, dass sich nicht für jede Konstruktion von Mengen aus Mengen durch Aufzählung auch eine mathematische Definition angeben lässt. In diesem Fall verliert die Konstruktion die Eigenschaft kompositional zu sein.

Die mathematische Definition der Konstruktion ist im Hinblick auf die Änderung der Eintity-Klassen, von Änderungen der konstituierenden wie auch der konstruierten Mengen, auch wenn sie immer Veränderungen einer Aufzählung sind, möglicherweise durch Existenzabhängigkeiten zwischen den konstruierten und den konstituierenden Entity-Klassen und den daraus folgenden Wirkungszusammenhängen charakterisiert sein können. Die dazu nötigen weiteren Erklärungen erfolgen in Kapitel 5.1.3 und 5.1.4.

Konstituierende Relationships für Klassenkonstruktionen durch Aufzählungen konstruierter Entities definiert durch Mengenoperationen

Die Definition der Konstruktions-Abstraktions-Beziehung „Aufzählung" für konstruierte Entities durch die Mengen-Operation „Kartesisches Produkt" sieht vor, dass nicht notwendigerweise alle durch das kartesische Produkt gebildeten konstruierten Entities auch Ergebnis der Konstruktion sein müssen. Das Ergebnis der Konstruktion darf eine Untermenge aller Kombinationen atomarer Entities sein. Die Bestimmung der Untermenge des kartesischen Produktes, kann auch durch eine die Konstruktion definierende vermutete, erwartete oder tatsächlich existierende konstituierende Relationships bestimmt sein. Mit ihnen kann zum Beispiel festgelegt sein, dass die konstituierenden Klassen einer durch Mengen-Operationen definierten Klassen-Konstruktion im Ergebnis der Konstruktion durch Kardinalitäten oder spezielle Relationships vorgegeben sind. Für die durch eine Mengen-Operationen definierte Aufzählungen einer konstruierten Entity-Klassen fordert die konstituierende Relationship für die Konstruktion nicht nur die form- und domänensemantische Identität sondern auch noch eine Auswahl konstruierter Entities aus der Menge der durch die Mengen-Operation gebildeten konstruierten Entities. Damit werden für die durch Mengen-Operationen definierte Aufzählungs-Konstruktionen mit der Festlegung der konstituierenden Relationship für die Konstruktion möglicherweise auch Existenzabhängigkeiten zwischen den Elementen der konstituierenden Entity-Klassen und der konstruierten Entity-Klasse begründet und dann auch Wirkungszusammenhänge bei der Veränderung der Entity-Klassen zu beachten sein.

Wie im Kapitel 5.1.4 dargestellt werden wird, sind die für konstruierte Aufzählungen zu beachtenden Existenzabhängigkeiten und Wirkungszusammenhänge identisch zu den für Entity-Relationships, wie sie in Kapitel 3 eingeführt worden sind.

5.1.3   Modifikation konstruierter Klassen

Klassen sind als sich zeitlich ändernde Mengen von Elementen eingeführt worden. Diese Definition soll sowohl für konstruierte als auch für deren konstituierende Klassen und gleichermaßen für Konstruktionen durch Aufzählung und durch

Mengenkonstruktion gelten. Damit wird verdeutlicht, dass eine Änderung einer Entity-Klasse auch eine „neue" Aufzählung. Klassen-Konstruktionen, und letztlich alle extensionalen Konstruktionen, sind unter diesen Vorgaben als Folgen von „Rekonstruktionen" der Klassen, also als Folgen von sich unterscheidenden Mengen zu betrachten. Damit ist für durch Mengen-Operationen definierte Klassen-Konstruktionen sichergestellt, dass sie kompositional sind.

Für die praktische Nutzung von Klassen in der Informationsmodellierung entspricht das der Durchführung von algorithmisch definierten Änderungsoperationen „Einfügen", „Löschen" oder von Veränderungen von Elemente einer Klasse. Damit wird erlaubt, dass die Menge der Elemente einer Klasse dieser Klasse nicht nur als „Ganzes" zugeordnet ist, sondern dass sowohl aus der konstruierten als auch einer der konstituierenden Klassen einzelne Entities entfernt, hinzugefügt oder geändert werden dürfen. Die Änderungsoperationen müssen dann aber algorithmisch so definiert sein, dass mit der Ausführung der Änderungsoperationen die durch Prädikate vorgegebenen Regeln für die Auswahl zulässiger Elemente in der Klasse bei deren Veränderungen befolgt werden. Diese Regeln werden im Folgenden in Form von Wirkungszusammenhängen, wie sie schon in Kapitel 3 eingeführt worden sind, definiert.

Für die Information-Modellierung mit Entities und Relationships bedeutet dies: Eine Entity-Klasse/Relationship-Klasse oder einer Entity-Reationship-Klasse entsteht durch ihre eventuell temporäre Zuordnung von Entities zur jeweiligen Klasse: Die Zuordnung der Entities ei zur Entity-Klasse EK erfolgt nach Überprüfung der Übereinstimmung in den geforderten gemeinsamen formsemantischen Eigenschaften der Entities ei und der Erfüllung der durch Prädikate vorgegebenen Selektions-Regeln.

Die Bildung einer Entity-Klasse / Relationship-Klasse erfolgt durch die Zusammenführung der Entities der Entity- Klasse / Relationships der Relationship-Klasse sowie durch deren Zusammenfassung und Bezeichnung mit einen eindeutigen Bezeichner. Dem trägt die bisher schon verwandte - und ursprünglich zur Darstellung von Entity-Typen und Relationship-Typen eingeführte sowie auch die folgende für Entity-Klassen und Entity-Typen- Darstellung Rechnung.

Beispiel:

Entity-Klasse

Die Entity-Klasse „Werkzeug" umfasst zum Zeitpunkt t1 beispielsweise die

Entities „Hammer", „Zange", „Feile" und zum Zeitpunkt t2 die Entities „Hammer", „Hobel", „Säge", „Schraubendreher".

Relationship-Klasse

Die Relationship-Klasse RK_1 umfasst zum Betrachtungszeitpunkt die Entities der Klasse EK_1

$\{e_1 (EK_1), e_2 (EK_1), e_3 (EK_1), e_4 (EK_1), e_5 (EK_1)\}$ und die die Entities $\{e_1 (EK_2), e_2 (EK_2), e_3 (EK_2), e_4 (EK_2), e_5 (EK_2), e_6 (EK_2), e_7 (EK_2)\}$ der Entity-Klasse EK_2 .

Die Relationship-Klasse RK umfasst zum Betrachtungszeitpunkt die Relationships $\{r_1 (RK), r_2 (RK), r_3 (RK), r_4 (RK), r_5 (RK), r_6 (RK), r_7 (RK)\}$ der Relationship-Klasse RK.

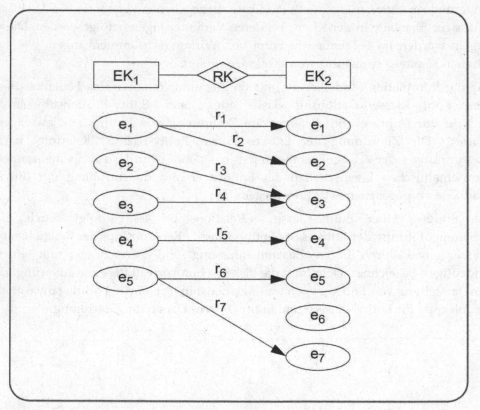

Abbildung 5-12:   Relationship-Klasse zu einem bestimmten Betrachtungszeitpunkt

Die Variabilität von Klassen wird dadurch zum Ausdruck gebracht, dass Klassen im Zeitablauf neue Elemente hinzugefügt werden oder aus den Klassen entfernt werden dürfen. Selbst die Änderung einzelner Elemente einer Klasse kann erforderlich werden und dies kann dann als Löschung des zu ändernden Elements und als Hinzufügung des geänderten Elements aufgefasst werden.

Aufzählungen von Entities oder Entity-Relationships zur Konstruktion von Entity-Klassen

Sind, wie im obigen Beispiel, Konstruktionen durch Aufzählung von Entity-Relationships zu Entity-Relationship-Klassen beabsichtigt, ist nur zu beachten, dass alle konstituierenden Entities der für die Aufzählung festgelegten Identitäts-Beziehung als konstituierender Relationship genügen. Erfolgt die extensionale Konstruktion von Entity-Klassen durch die Bildung von konstruierten Mengen aus konstituierenden Mengen durch Mengen-Operation sind möglicherweise auch zwischen den konstituierenden Entities zu beachtende konstituierende Relationships zu beachten. Die Konstruktion von Entity-Relationship-Klassen und die damit verbundene Zuordnung von Entity-Relationships zur Entity-Relationship-Klasse werden dann nicht nur von der Erfüllung der Identitäts-Beziehung sondern darüber hinaus auch noch von der Erfüllung einer konstituierenden Relationship und damit einer Existenzabhängigkeit zwischen der konstituierenden Relationship und den konstituierenden Entiity-Klassen bestimmt.

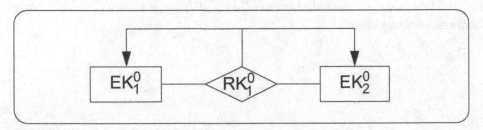

Abbildung 5-13: Darstellung von Existenzabhängigkeiten

Die Existenzabhängigkeit einer konstituierenden Relationship von den durch sie verbundenen Entity-Klassen gibt, wie schon in Kapitel 3 demonstriert, den Anlass dafür, Entities und Entity-Klassen als „Objekte erster Ordnung", hingegen Relationships und Relationship-Klassen als „Objekte zweiter Ordnung" (als abhängige Objekte) zu betrachten.

Nach dieser vorbereitenden Erläuterungen ist es nunmehr möglich, die die Klassen-Konstruktion charakterisierende Konstruktionen „Aufzählung" „Mengenoperation" und insbesondere die durch ein Prädikat festgelegte Auswahl der zulässigen Entities einer Entity-Klasse algorithmisch sicherzustellen und durch die Beschreibung von Wirkungszusammenhängen zu demonstrieren. Dabei ist unerheblich ob die jeweiligen konstruierten Klassen durch Aufzählung oder durch Mengenkonstruktion erzeugte Klassen sind.

5.1.4 Darstellung von Wirkungszusammenhängen durch Änderungen in konstruierten Entity-Klassen

Die für Entity-Relationship-Klassen in Kapitel 3.5 beschriebenen dynamischen Eigenschaften von Entity-Relationship-Klassen, bestimmt durch Wirkungszusammenhänge und Propagationspfade, können jetzt analog auf Klassen-Konstruktionen angewandt werden. Die dort definierten Wirkungszusammenhänge unterscheiden sich von den hier zu definierenden Wirkungszusammenhängen für über eine Konstruktion definierte nur dadurch, dass sie hier eine „vertikale" Komponentenbeziehung charakterisieren, während sie dort eine „horizontale" Beziehung charakterisiert haben.

Beispiel:

Die Entity-Klassen „Person" und „Wohnort" sind in einer „Hat-Beziehung" mit der zum Ausdruck gebracht wird, dass eine Person einen Wohnort hat. Die beiden Entities „Person" und „Wohnort" bilden mit der Hat-Beziehung ein nicht mehr elementares Entity sondern eine Entity-Relationship. Wenn nun zugelassen ist, dass die Entity-Relationship nicht nur einer Entity-Relationship-Klasse hinzugefügt oder von ihr entfernt, sondern dass eine Entity-Relationship „Person/Wohnung" auch durch eine Veränderung von „Person" oder „Wohnung" verändert werden darf entstehen möglicherweise Wirkungszusammenhänge.

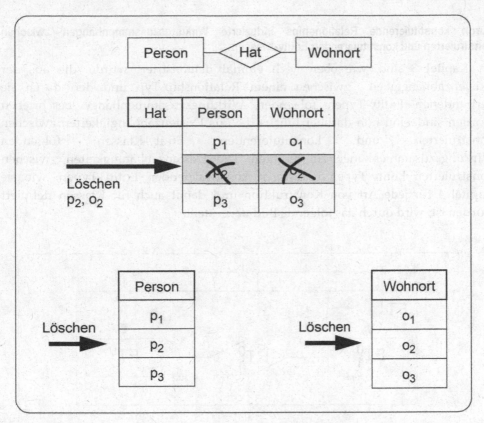

Abbildung 5-14:   Existenzabhängigkeit einer Relationship-Klasse

Bezeichnet die Relationship-Klasse „Hat" auch eine in beiden Richtungen geltende Existenzabhängigkeit der Entity-Klassen „Person" und „Wohnort", können hingegen in der Entity-Klasse nur Paare von Entities der durch die Hat-Beziehung verbundenen Entities der Klassen „Person" und „Wohnort" existieren. Im Folgenden werden Beispiele für solche Fälle angegeben, in denen solche Wirkungszusammenhänge entstehen.

Durch konstituierende Relationships induzierte Wirkungszusammenhängen zwischen konstruierten und konstituierenden Entity-Klassen

Im Kapitel 3 sind, wie oben noch einmal demonstriert wurde, die aus der Existenzabhängigkeit zwischen einem Relationship-Typ und den durch sie verbundenen Entity-Typen folgenden Wirkungszusammenhänge beschrieben worden sind, sind nun darüber hinaus die aus Existenzabhängigkeiten zwischen konstruierten und konstituierenden Entity-Klassen folgenden Wirkungszusammenhänge zu beachten. Die Existenzabhängigkeiten zwischen konstruierten Entity-Typen und ihren konstituierenden Entity-Typen, wie sie Kapitel 4 für jede Art von Konstruktion und damit auch für Klassen definiert worden ist, wird durch das folgende Bild dargestellt.

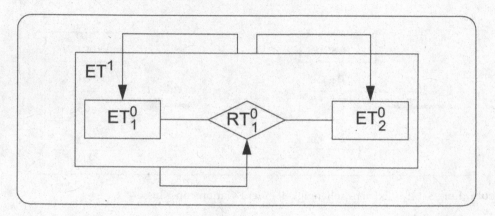

Abbildung 5-15:   Existenzabhängigkeiten in Aggregations-Konstruktion

Das Bild zeigt, dass der konstruierte Entity-Typ existenzabhängig ist von den konstituierenden Entity-Typen und darüber hinaus, dass der konstruierte Entity-Typ von dem konstituierenden Relationship-Typ existenzabhängig ist. Die die Konstruktion -im Bild nicht explizit dargestellte- als Mengen-Operation definierte Konstruktions-Abstraktions-Beziehung muss diese Existenzabhängigkeiten abbilden.

Die die Wirkungszusammenhänge auslösenden Änderungsoperationen können sowohl an den konstituierenden als auch an der jeweiligen konstituierten Entity-Klasse initiiert werden und die dann folgenden induzierten Operationen können demzufolge auch konstituierende Entity-Klasse betreffen.

Darstellung von Wirkungszusammenhängen zwischen konstruierten und konstituierenden Klassen

Die im Folgenden dargestellten Wirkungszusammenhänge sind Beispiele für konstruierte Entity-Klassen, deren die in ihnen aufgezählten konstruierten Entities, aus zwei konstituierenden Entities aus zwei verschiedenen konstituierenden Entity-Klassen zusammengesetzt sind. Sie stellen insoweit „elementare" Wirkungszusammenhänge dar, die problemlos für andere Klassen-Konstruktionen erweitert werden können.

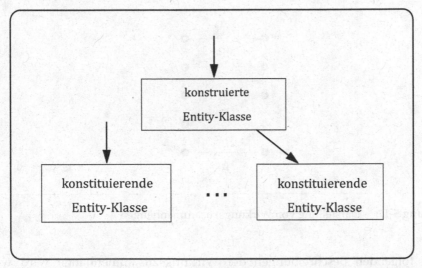

Abbildung 5-16: Darstellung von Wirkungszusammenhängen zwischen abstrakten Entity-Klassen und konstituierenden Entity-Klassen

Die in der obigen Abbildung von oben nach unten bzw. von unten nach oben zeigenden Pfeile im Erklärungsschema bezeichnen die mit einem Wirkungszusammenhang festgelegte Reihenfolge initialer und induzierter Änderungen. Senkrechte Pfeile repräsentieren initiale Änderungen Verbindungspfeile zwischen konstruierten abstrakten Entity-Klassen und konstituierenden Entity-Klassen repräsentieren die induzierten Änderungen.

Darüber hinaus werden in den Erklärungsschemata zur Bezeichnung von sowohl konstruierten Entity-Klassen als auch von konstituierenden Entity-Klassen jeweils die Bezeichner EK verwandt. Sie werde voneinander nur durch unterschiedliche hochgestellte Indizes unterschieden.

Für die Beispielschemata gilt jetzt die folgende Interpretation: Die Punkte in den Schemata repräsentieren unterschiedliche Entities aus zwei konstituierenden Entity-Klassen. Die Entities der konstruierten abstrakten Entity-Klasse werden durch Verbindungslinien zwischen Entities der konstituierenden Entities repräsentiert. Darin wird zum Ausdruck gebracht, dass Zuordnungen zwischen konstituierenden Entities in einer konstruierten abstrakten Entity-Klasse nicht notwendigerweise eindeutige 1:1 Zuordnungen sein müssen und dass ein konstituierendes Entity in mehreren Zuordnungen auftreten kann. Darüber hinaus wird mit den Beispielschemata auch verdeutlicht, dass konstituierende Entities nicht zwingend zugeordnet sein müssen und damit nur in der konstituierenden Entity-Klasse, nicht aber in der abstrakten Entity-Klasse auftreten.

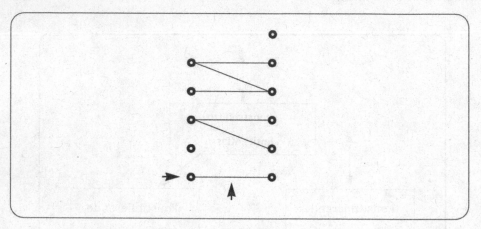

Abbildung 5-17:   Darstellung von Wirkungszusammenhängen

In den folgenden Beschreibungen der Wirkungszusammenhänge wird wieder vorausgesetzt, dass Veränderungen an Entities der konstituierenden Entity-Klassen so stattfinden, dass keine Redundanzen entstehen, d.h. also Existenzprüfungen stattfinden, bevor eventuell Einfügungen vorgenommen werden.

Beispiel:

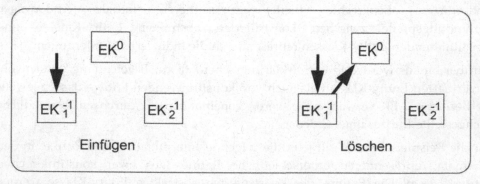

Abbildung 5-18:   EK^{-1}$_1$ initiiertes Einfügen und Löschen

Propagationspfade:

> BEGIN   einfügen (EK$^{-1}_1$); NIL
>
> BEGIN   löschen (EK$^{-1}_1$); löschen (EK^0); NIL

Erklärung:

Das Einfügen eines Entitys in eine konstituierende Entity-Klasse verursacht bei partiellen abstrakten Entity-Klassen keine Folgeoperationen, da konstituierende Entities unabhängig von einer abstrakten Entity-Klasse existieren können. Beim Löschen müssen allerdings vorhandene Entities in der abstrakten Entity-Klasse beachtet und ggf. gelöscht werden.

Das folgende Beispiel zeigt diesen Sachverhalt.

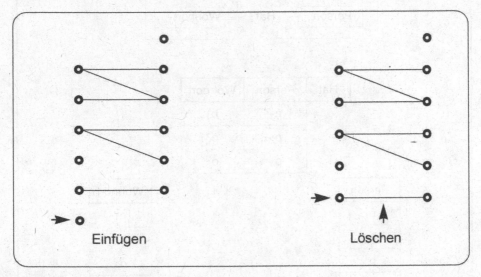

Abbildung 5-19:   EK$^{-1}_1$ initiiertes Einfügen und Löschen

Propagationspfade (Darstellung mittels Cursor):

einfügen (EK$^{-1}_1$): ➔ *löschen (EK$^{-1}_1$):* ➔ ⬆

Im vorangegangenen Absatz ist schon die Wirkungszusammenhänge auslösende Existenzabhängigkeit zwischen Entities der konstituierenden Entities-Klassen und Entities der aus ihnen gebildeten abstrakten Entity-Klasse dargestellt worden. Weder durch die konstituierende Relationship noch durch die Konstruktions-Abstraktionsbeziehung für Klassen-Konstruktionen wie sie oben erläutert worden sind, sind weitere Abhängigkeiten vorgegeben, die zu weiteren Wirkungszusammenhänge führen können. Im Folgenden werden diese Wirkungszusammenhänge nach dem in Kapitel 3 eingeführten Meta-Modell, das hier noch einmal kurz erläutert wird, dargestellt und beschrieben.

5.1.4.1 Wirkungszusammenhänge für partiell abhängige konstituierende Entity-Klassen

In einer partiellen konstruierten Entity-Klasse dürfen in beiden konstituierenden Entity-Klassen (also sowohl in der linken Entity-Klasse EK1 als auch in der rechten Entity-Klasse EK2) Entities enthalten sein, die nicht in der konstruiert Entity-Klasse enthalten sind.

Beispiel:

Hat	Person	Wohnort
	p_1	o_1
	p_2	o_2
	p_3	o_3

Person
p_1
p_2
p_3
p_4
p_5

Wohnort
o_1
o_2
o_3
o_4
o_5
o_6
o_7

Person ──< Hat >── Wohnort

Abbildung 5-20:   Die partiell konstruierte Entity-Klasse

1. *Zu jedem Zeitpunkt existiert zu jedem Entity der konstruierten Entity-Klasse „Person/Wohnort" ein Entity aus der Entity-Klasse „Person" und ein Entity aus der Entity-Klasse „Wohnort" (Personen sollen einen Wohnort haben).*

2. *Zu jedem Zeitpunkt können in den Entity-Klassen „Person" und „Wohnort"*
    Entities existieren, die nicht in der konstruierten Entity-Klasse
    „Person/Wohnort" enthalten sind (nicht alle Personen müssen einen Wohnort
    haben und nicht in allen Wohnorten müssen Personen wohnen).

Mit Hilfe dieses Beispiels können die im Folgenden dargestellten
Wirkungszusammenhänge nachvollzogen werden.

$EK^{-1}{}_1$ initiierte Änderungen für partielle konstruierte Entity-Klassen

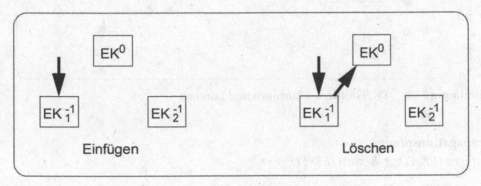

Abbildung 5-21: $EK^{-1}{}_1$ initiiertes Einfügen und Löschen

Propagationspfade:

BEGIN   einfügen ($EK^{-1}{}_1$); NIL

BEGIN   löschen ($EK^{-1}{}_1$); löschen (EK^0); NIL

Erklärung:

Das Einfügen eines Entitys in eine konstituierende Entity-Klasse verursacht bei partiell
konstruierten Entity-Klassen keine Folgeoperationen, da konstituierende Entity-Klassen
unabhängig von der konstruierten Entity-Klasse existieren können. Beim Löschen müssen
allerdings vorhandene Entities in der konstruierten Entity-Klasse beachtet und ggf.
gelöscht werden.

Das folgende Beispiel zeigt diesen Sachverhalt.

Beispiel:

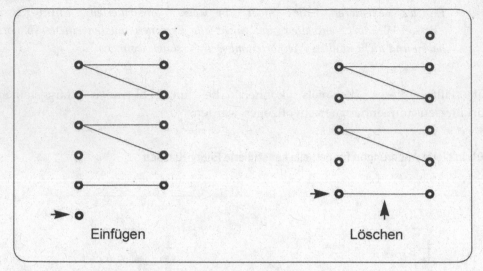

Abbildung 5-22: $EK^{-1}{}_1$ initiiertes Einfügen und Löschen

Propagationspfade:
einfügen (EK-11): ➔ *löschen (EK-11):* ➔ ⬆

EK^0 initiierte Änderungen für partielle konstruierte Entity-Klassen

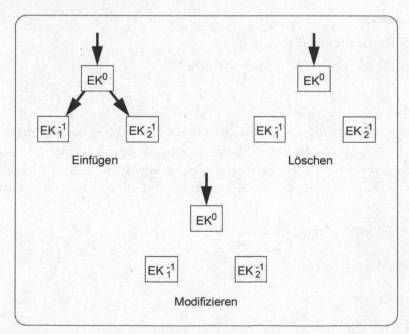

Abbildung 5-23: EK^0 initiiertes Einfügen, Löschen und Modifizieren

Propagationspfade:

> BEGIN   einfügen (EK^0); (einfügen (EK^{-1}_1) + einfügen (EK^{-1}_2)); NIL
>
> BEGIN   löschen (EK^0); NIL
>
> BEGIN   modifizieren (EK^0); NIL

Erklärung:

Das Einfügen eines Entity in die konstruierte Entity-Klasse kann das Einfügen von Entities in EK^{-1}_1 und EK^{-1}_2 nötig machen (wenn die entsprechenden Entities noch nicht in EK^{-1}_1 bzw. EK^{-1}_2 enthalten sind).

Das Löschen eines Entity in der konstruierten Entity-Klasse induziert keine weiteren Änderungsoperationen, da die Entities der Entity-Klassen EK^{-1}_1 und EK^{-1}_2 auch unabhängig von einer konstruierten Entity-Klasse existieren können.

Modifikationsoperationen beziehen sich stets auf vorhandene Entities der Entity-Klassen, sodass zusätzliche Entities in die Entity-Klassen nicht eingeführt werden müssen.

Beispiel:

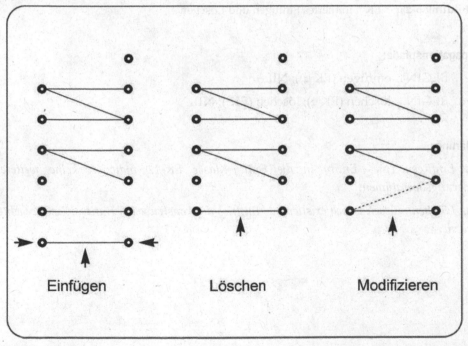

Abbildung 5-24:   RK initiiertes Einfügen, Löschen und Modifizieren

Propagationspfade:

einfügen (EK^0):   ➜ (➜ ◄)

löschen (EK^0):   ▲

modifizieren (EK^0):   ▲

$EK^{-1}2$ initiierte Änderungen für partielle konstruierte Entity-Klassen

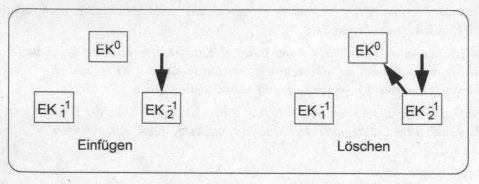

Abbildung 5-25: $EK^{-1}2$ initiiertes Einfügen und Löschen

Propagationspfade:

BEGIN   einfügen ($EK^{-1}2$)); NIL

BEGIN   löschen ($EK^{-1}2$); löschen (EK^0); NIL

Erklärung:

Das Einfügen eines Entity in die Entity-Klasse EK-12 induziert keine weiteren Änderungsoperationen.

Beim Löschen müssen jedoch existierende Entities der konstruierten Entity-Klasse beachtet werden.

Beispiel:

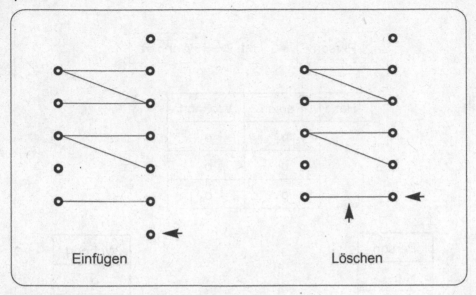

Abbildung 5-26: EK^{-1}2 initiiertes Einfügen und Löschen

Propagationspfade (Darstellung mittels Cursor):

einfügen (EK-12):

lösche(EK12):

5.1.4.2 Wirkungszusammenhänge für total abhängige konstituierende Entity-Klassen

In einer total konstruierten Entity-Klasse EK^0 müssen alle Entities der Entity-Klasse EK^{-1}1 mit mindestens einem Entity der Entity-Klasse EK^{-1}2 in der konstruierten Entity-Klasse EK^0 enthalten sein. Es gibt demzufolge keine unabhängigen Entities in der Entity-Klasse EK^{-1}1. Für die totale konstruierte Entity-Klasse bestehen dann die folgenden Wirkungszusammenhänge.

Zur Veranschaulichung wird das folgende Beispiel angegeben:

Beispiel:

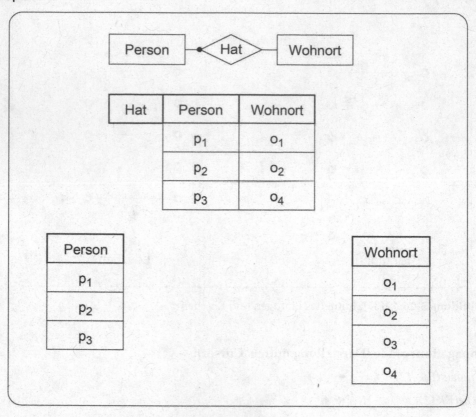

Abbildung 5-27:   Die total konstruierte Entity-Klasse

1. *Zu jedem Zeitpunkt ist jedes Entity der Entity-Klasse „Person" in der konstruierten Entity-Klasse „Hat" enthalten (jede Person „hat" einen Wohnort).*
2. *Zu jedem Zeitpunkt können in der Entity-Klasse „Wohnort" Entities existieren, die nicht in der konstruierten Entity-Klasse „Hat" enthalten sind (es dürfen Wohnorte existieren, in denen zurzeit niemand wohnt).*

Mit Hilfe dieses Beispiels können wiederum die im Folgenden dargestellten Wirkungszusammenhänge nachvollzogen werden.

EK^{-1}_1 initiierte Änderungen für totale konstruierte Entity-Klassen

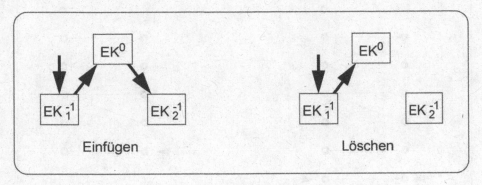

Abbildung 5-28: EK^{-1}_1 initiiertes Einfügen und Löschen

Propagationspfade:

> BEGIN einfügen (EK^{-1}_1); einfügen (EK^0); einfügen (EK^{-1}_2)NIL
>
> BEGIN löschen (EK^{-1}_1); löschen (EK^0); NIL

Erklärung:

Jedes eingefügte Entity der Entity-Klasse EK^{-1}_1 muss wegen der Forderung der Totalität in der konstruierten Entity-Klasse enthalten sein. Gegebenenfalls ist ein Entity in die Entity-Klasse EK^{-1}_2 ebenfalls einzufügen.

Beim Löschen eines Entity der Entity-Klasse EK^{-1}_1 muss es in der konstruierten Entity-Klasse (da total) mitgelöscht werden. In der Entity-Klasse EK^{-1}_2 können unabhängige Entities vorhanden sein.

Beispiel:

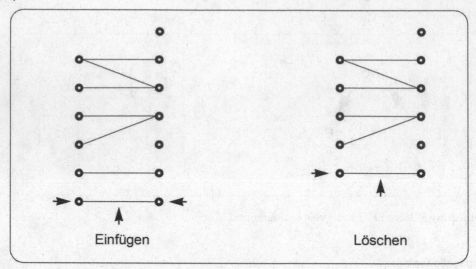

Abbildung 5-29:   EK^{-1}₁ initiiertes Einfügen und Löschen

Propagationspfade (Darstellung mittels Cursor):

einfügen (EK-11):   ➜ ⬆ ⬅

löschen (EK-11):   ⬆ ➜

EK⁰ initiierte Änderungen für totale konstruierte Entity-Klassen

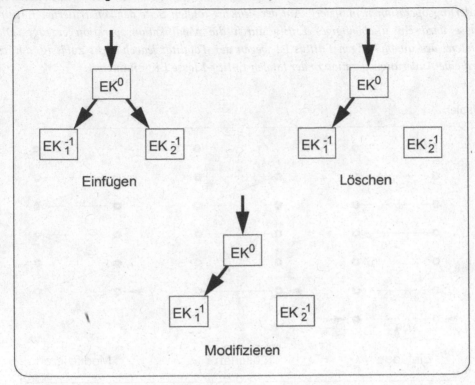

Abbildung 5-30:   EK⁰ initiiertes Einfügen, Löschen und Modifizieren

Propagationspfade:

      BEGIN einfügen (EK⁰); (einfügen (EK⁻¹₁) + einfügen (EK⁻¹₂)); NIL

      BEGIN löschen (EK⁰); löschen (EK⁻¹₁); NIL

      BEGIN modifizieren (EK⁰); löschen (EK⁻¹₁); NIL

Erklärung:

Das Einfügen eines Entity in eine total konstruierte Entity-Klasse führt zur Einfügung von Entities der Entity-Klasse EK⁻¹₁ und EK⁻¹₂.

Für den Fall, dass durch die Löschoperation ein unabhängiges Entity in der totalen Entity-Klasse EK⁻¹₁ erzeugt wird, ist dieses ebenfalls zu löschen.

Bei den Modifikationsoperationen auf total konstruierten Entity-Klassen sind drei Fälle zu unterscheiden:

Die Modifikation eines Entity der konstruierten Entity-Klasse EK⁰ führt nicht zur Entstehung unabhängiger Entities.

Auf der (rechten) partiellen Seite der konstruierten Entity-Klasse wird ein unabhängiges Entity durch die Modifikationsoperation erzeugt (vergleiche das eingangs dargestellte

Beispiel „Person" „Hat" „Wohnort"). Auch in diesem Fall werden keine weiteren Änderungsoperationen induziert. Auf der (linken) totalen Seite der konstruierten Entity-Klasse wird ein unabhängiges Entity durch die Modifikationsoperation erzeugt. Die Existenz des unabhängigen Entitys ist wegen der Totalität jedoch nicht zulässig, d.h. es wird eine Änderungsoperation in der totalen Entity-Klasse EK^{-1}_1 induziert.

Beispiel:

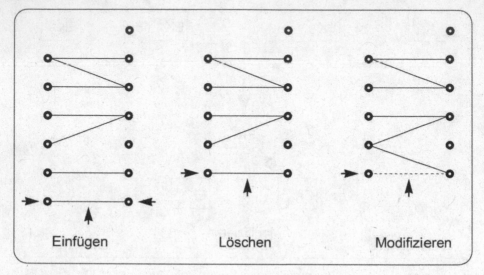

Abbildung 5-31: EK^0 initiiertes Einfügen, Löschen und Modifizieren

Propagationspfade:

einfügen (EK0):   ↟ (↦ ↤)

löschen (EK0):   ↟ ↦

modifizieren (EK0):   ↟ ↦

EK$^{-1}_2$ initiierte Änderungen für totale konstruierte Entity-Klassen

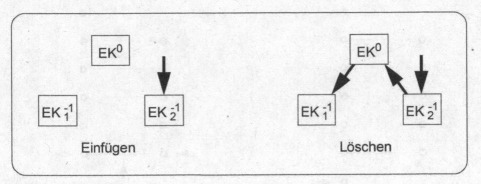

Abbildung 5-32:   EK$^{-1}_2$ initiiertes Einfügen und Löschen

Propagationspfade:

> BEGIN einfügen (EK$^{-1}_2$); NIL
>
> BEGIN löschen (EK$^{-1}_2$); löschen (EK^0); löschen (EK$^{-1}_1$); NIL

Erklärung:

Das Einfügen eines Entitys in die Entity-Klasse EK$^{-1}_2$ induziert keine weiteren Einfügungen.

Das Löschen eines Entitys in der schwachen Entity-Klasse induziert die Löschung eines eventuell existierenden Entity der Entity-Klasse EK$^{-1}_1$, da unabhängige Entities in der Entity-Klasse EK$^{-1}_1$ wegen der Totalität nicht existieren dürfen. Ein eventuell entstandenes unabhängiges Entity in EK+$_1$ muss gelöscht werden.

Beispiel:

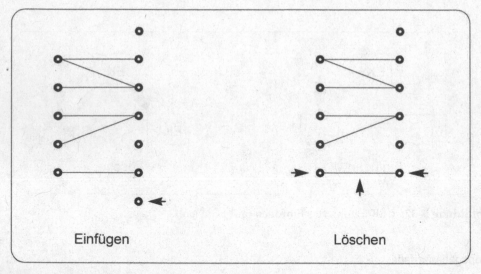

Abbildung 5-33:   EK $^{-1}_2$ initiiertes Einfügen und Löschen

Propagationspfade (Darstellung mittels Cursor):

einfügen (EK$^{-1}_2$):   ◄

löschen (EK$^{-1}_2$):   ◄ ▲ ►

5.1.4.3 Wirkungszusammenhänge für schwach abhängige konstituierende Entity-Klassen

In einer schwachen konstruierten Entity-Klasse ist jedes Entity einer schwachen konstituierenden Entity-Klasse EK$_2$ existenzabhängig von einem (bestimmten) Entity einer anderen konstituierenden Entity-Klasse EK$_1$.

Jedes Entity der konstituierenden Entity-Klasse EK$_2$ muss also immer mit einem ganz bestimmten Entity der konstituierenden Entity-Klasse EK$_1$ in einem Entity der konstruierten Entity-Klasse EK stehen. Es bestehen deshalb für schwach konstruierten Entity-Klassen die folgenden Wirkungszusammenhänge.

Beispiel:

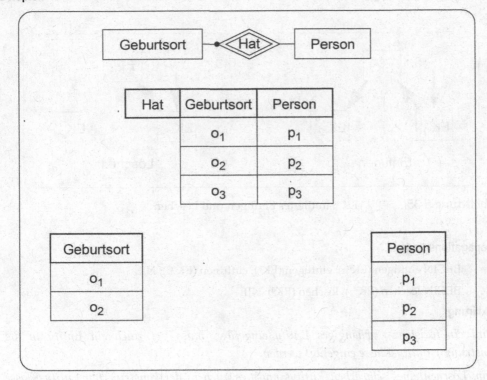

Abbildung 5-34: Die schwache abstrakte Entity-Klasse

Ein Entity „Geburtsort" ist existenzabhängig von einem bestimmten Entity des Typs

1. „Person". Ein Geburtsort kann nur für eine bestimmte Person angegeben werden. Wird ein Entity des Typs „Person" gelöscht, muss zwingend auch dessen Geburtsort gelöscht werden. Dies geschieht durch die Löschung der die Entities der Entity-Klasse „Person" und der Entity-Klasse „Geburtsort" in der abstrakten Entity-Klasse „Hat".

2. Es können Entities der Entity-Klasse „Person" existieren, die nicht mit einem Entity der Entity-Klasse „Geburtsort" in der abstrakten Entity-Klasse enthalten sind. Es dürfen jedoch keine Entities der Entity-Klasse „Geburtsort" als unabhängige Entities existieren.

Auch mit diesem Beispiel können die im Folgenden dargestellten Wirkungszusammenhänge nachvollzogen werden.

EK$^{-1}_1$ initiierte Änderungen für schwache konstruierte Entity-Klassen

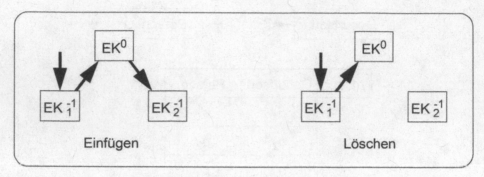

Abbildung 5-35:   EK$^{-1}_1$ initiiertes Einfügen und Löschen

Propagationspfade:

BEGIN einfügen (EK$^{-1}_1$); einfügen (EK^0); einfügen (EK$^{-1}_2$); NIL

BEGIN löschen (EK$^{-1}_1$); löschen (EK^0); NIL

Erklärung:

Wird ein (existenz-) abhängiges Entity eingefügt, muss ggf. auch ein Entity in die konstruierte Entity-Klasse eingefügt werden.

Beim Löschen eines schwachen Entitys muss es auch in der konstruierten Entity-Klasse gelöscht werden.

Beispiel:

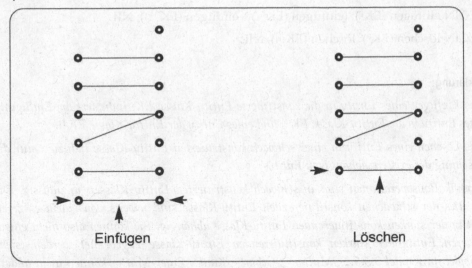

Abbildung 5-36:   EK$^{-1}_1$ initiiertes Einfügen und Löschen

Propagationspfade:

einfügen (EK$^{-1}_1$):   ➔ ⬆ ⬅

löschen (EK$^{-1}_1$)   ⬆

EK^0 initiierte Änderungen für schwache konstruierte Entity-Klassen

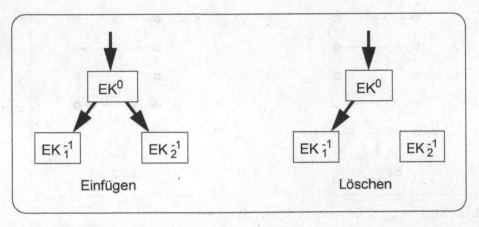

Abbildung 5-37:   EK^0 initiiertes Einfügen und Löschen

Propagationspfade:

BEGIN einfügen (EK^0); (einfügen (EK^{-1}$_1$) + einfügen (EK^{-1}$_2$)); NIL

BEGIN löschen (EK^0); löschen (EK^{-1}$_1$); NIL

Erklärung:

Das Einfügen eines Entity in die konstruierte Entity-Klasse EK^0 induziert die Einfügung eines Entity in die Entity-Klasse EK^{-1}$_1$ und eines Entity der Entity-Klasse EK^{-1}$_2$.

Das Löschen eines Entity in einer schwach konstruierten Entity-Klasse induziert nur die Löschung des existenzabhängigen Entitys.

Modifikationsoperationen sind in schwach konstruierten Entity-Klassen unzulässig. Die Entities der schwachen konstituierenden Entity-Klasse sind jeweils von einem einzigen Entity der starken konstituierenden Entity-Klasse abhängig. Sie können also nicht einem anderen Entity der starken konstituierenden Entity-Klasse zugeordnet werden (siehe Beispiel im Kapitel 3.5.5.2 „Mutter" „Gebar" „Kind": Einer Mutter können nicht andere schon existierende und bereits zu einer anderen Mutter gehörende Kinder nachträglich als Kinder zugeordnet werden). Außerdem gilt: Alle Entities in der konstituierenden Entity-Klasse EK^{-1}$_1$ sind existenzabhängig von den Entities der konstituierenden Entity-Klasse EK^{-1}$_2$.

Beispiel:

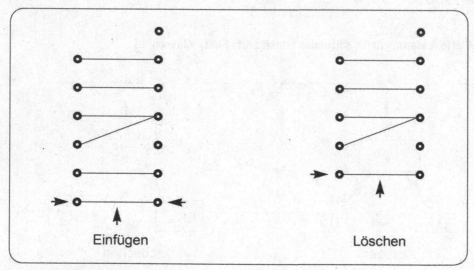

Abbildung 5-38:   EK^0 initiiertes Einfügen und Löschen

Propagationspfade:

einfügen (EK0):   ↑ (→ ←)

löschen (EK0):   ↑ → .

EK$^{-1}_2$ initiierte Änderungen für schwache konstruierte Entity-Klassen

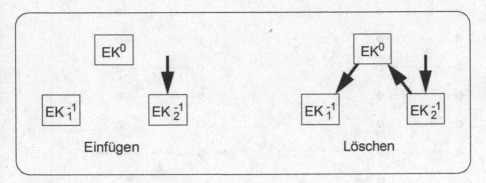

Abbildung 5-39: EK$^{-1}_2$ initiiertes Einfügen und Löschen

Propagationspfade:

BEGIN einfügen (EK$^{-1}_2$); NIL

BEGIN löschen (EK$^{-1}_2$); löschen (EK^0); löschen (EK$^{-1}_1$); NIL

Erklärung:

Das Einfügen eines Entitys in die starke konstituierende Entity-Klasse EK$^{-1}_2$ induziert keine weiteren Änderungen.

Das Löschen eines Entitys der starken konstituierenden Entity-Klasse EK$^{-1}_2$ induziert eventuell die Löschung des entsprechenden Entities in der konstruierten Entity-Klasse EK^0 und des korrespondierenden Entitys der schwachen konstituierenden Entity-Klasse EK$^{-1}_1$.

Beispiel:

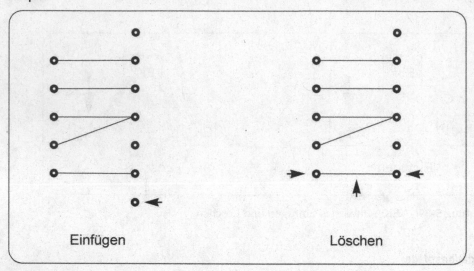

Abbildung 5-40:   EK^{-1}2 initiiertes Einfügen und Löschen

Propagationspfade:

einfügen (EK-12):   ←

löschen (EK-12):   ← ↑ →

5.1.4.4 Wirkungszusammenhänge für Klassen-Konstruktionen in der Übersicht

Die in diesem Kapitel erläuterten Wirkungszusammenhänge für konstruierte Entity-Klassen können nun wie folgt tabellarisch dargestellt werden:

Initiierung		Änderungsoperation								
		einfügen			löschen			modifizieren		
		EK_1^{-1}	EK^0	EK_2^{-1}	EK_1^{-1}	EK^0	EK_2^{-1}	EK_1^{-1}	EK^0	EK_1^{-1}
partiell	EK_1^{-1}	1	0	0	1	1	0	#	#	#
	EK^0	1	1	1	0	1	0	0	1	0
	EK_2^{-1}	0	0	1	0	1	1	#	#	#
total	EK_1^{-1}	1	1	1	1	1	0	#	#	#
	EK^0	1	1	1	1	1	0	1	1	0
	EK_2^{-1}	0	0	1	1	1	1	#	#	#
schwach	EK_1^{-1}	1	1	1	1	1	0	#	#	#
	EK^0	1	1	1	1	1	0	#	#	#
	EK_2^{-1}	0	0	1	1	1	1	#	#	#

1 Änderungsoperation muß propagiert werden

0 Änderungsoperation muß propagiert werden

 # undefiniert

Tabelle 5-1:   Wirkungszusammenhänge für abstrakte Entity-Klassen

5.2 Gruppen-Konstruktionen

Mit dem Konstruktions-Konzept Gruppierung werden mehrere Unter-Klassen von Entities, Relationships oder Entity-Relationships einer Basis-Klasse zu Gruppen zusammengefasst. Die Gruppierung der Entities einer Basis-Klasse zu Gruppen wird durch eine Auswahlbedingung festgelegt. Eine konstruierte abstrakte Gruppe von Entities, abstrakten Relationship bzw. zu einer abstrakten Entity-Relationship entsteht durch die Konstruktion mehrerer, über verschiedene Basis-Klassen gebildeter, Gruppen zueinander.

Durch mehrere voneinander verschieden Gruppierungen mit jeweils verschiedenen Auswahlbedingungen, die auf die gleiche Basis-Klasse, Basis-Relationship-Klasse oder Basis-Entity-Relationship-Klasse angewendet werden, entstehen in der Konstruktion möglicherweise mehrere Zuordnungen zwischen den Gruppen der an der Konstruktion beteiligten Basis-Klassen.

Die Gruppierung wird durch die Konstruktions-Abstraktions-Beziehung „Ist-Mitglied-von" charakterisiert. Die Gruppierung soll in den folgenden Beispielen erklärt werden.

Beispiel für die Gruppierung:

Die Entity-Klasse „Vornamen" repräsentiere die Entities „Sabine", „Ute", „Annett",

„Ruth", „Jens", „Jürgen", „Manfred". Lautet die Auswahlbedingung

„männliche_Vornamen", so resultiert daraus die Bildung der Gruppe mit den Entities „Jens", „Jürgen", „Manfred". Lautet die Auswahlbedingung „Kinder" resultiert daraus möglicherweise die Bildung der Gruppe "Anett", „Jens".

Zur schematischen Darstellung der Gruppenabstraktion Entity-Klassen EK, Relationship-Klassen RK oder Entity-Relationship-Klassen wird das folgende Schema eingeführt:

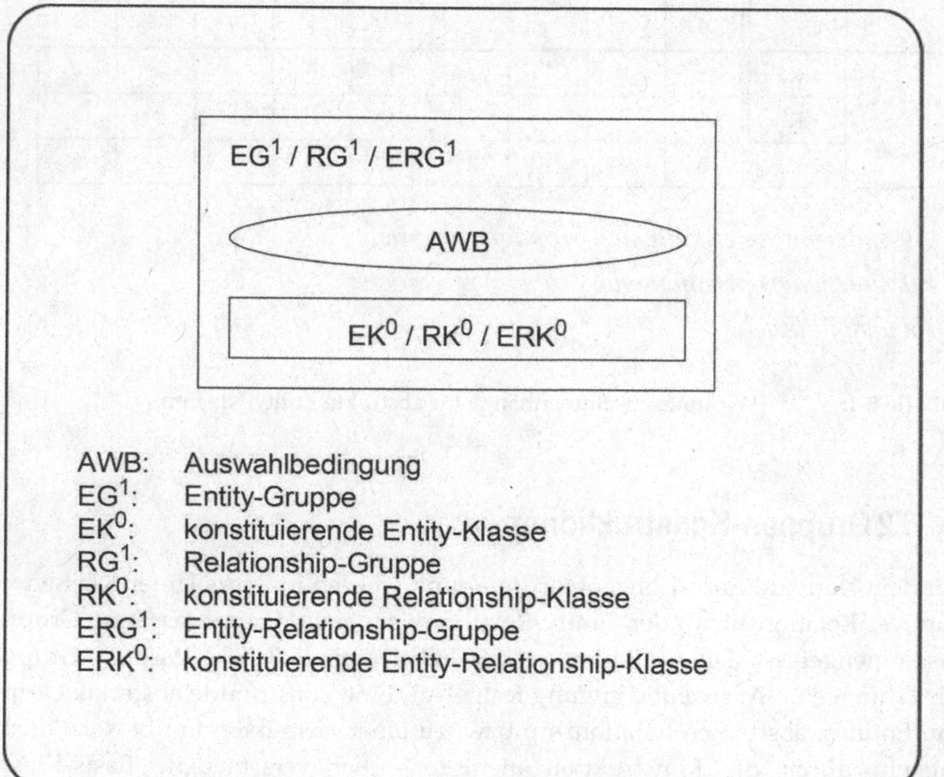

$$EG^1 / RG^1 / ERG^1$$

AWB

$$EK^0 / RK^0 / ERK^0$$

AWB: Auswahlbedingung
EG^1:   Entity-Gruppe
EK^0:   konstituierende Entity-Klasse
RG^1:   Relationship-Gruppe
RK^0:   konstituierende Relationship-Klasse
ERG^1: Entity-Relationship-Gruppe
ERK^0: konstituierende Entity-Relationship-Klasse

Abbildung 5-41:   Gruppierungs-Konstruktion   von   Entities/Relationships/Entity-Relationships

Für das vorangegangene Beispiel nimmt das obige Schema die folgende Ausprägung an:

Beispiel:

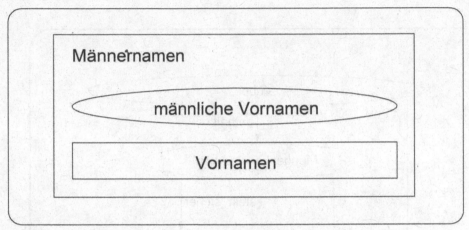

Abbildung 5-42: Entity-Gruppe „Männernamen"

Die zur Gruppierung führende Auswahlbedingung wird explizit angegeben. Mit ihr wird zunächst die

Übereinstimmung der Eigenschaften der Entities der konstituierenden Entity-Klasse mit den Entities des Entity-Gruppe, der Relationships der konstituierenden Relationship-Klasse mit den Relationships der Relationship-Gruppe bzw. der Entity-Relationships der konstituierenden Entity-Relationship-Klasse mit den Entity-Relationships der Entity-Relationship-Gruppe festgestellt.

Im obigen Beispiel ist diese Übereinstimmung der Eigenschaften sichergestellt, wenn alle in der Gruppe „Männername" zusammengefassten Namen männliche Vornamen sind.

5.2.1 Die Konstruktions-Abstraktions-Beziehung „Gruppierung"

Um die Beziehung zwischen einer Gruppe und dem konstituierenden Typ zu charakterisieren, wird wieder eine spezielle Abstraktionsbeziehung angegeben, der „Gruppierung". Mit der „Gruppierung" wird die Zugehörigkeit einer Untermenge der Entities der konstituierenden Entity-Klassen, bzw. der Relationships der konstituierenden Relationship-Klasse bzw. der Entity-Relationships der konstituierenden Entity-Relationship-Klasse zur jeweiligen Gruppe definiert, die eine (weitere) gemeinsame Eigenschaft der konstituierenden Komponenten repräsentiert.

Beispiel:

Über dem Entity-Typ „Vornamen" wird die Gruppe der „Männernamen" dadurch definiert, dass ihnen die zusätzliche Eigenschaft „männlicher Vorname" zugeordnet wird.

Die Konstruktion einer Gruppe lässt sich mit dem folgenden Metamodell erklären:

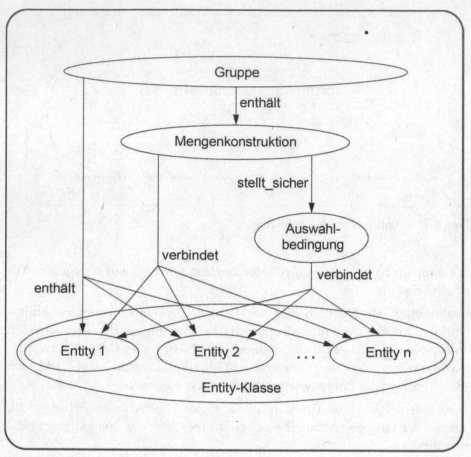

Abbildung 5-43:   Gruppierungs-Konstruktion

Die Konstruktions-Abstraktions-Beziehung „Ist-Mitglied-von" ist so definiert, dass mit ihr auch im Hinblick auf ihre Elemente nicht disjunkte Gruppen über einer Klasse definiert werden können.

Die Konstruktions-Abstraktions-Beziehung „Ist-Mitglied-von" soll nun noch einmal an einem Beispiel verdeutlicht werden, in dem Intension und Extension für eine Gruppe und des konstituierenden Entitys dargestellt werden.

Beispiel:

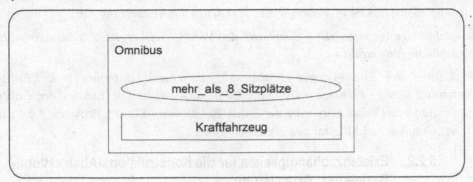

Abbildung 5-44: Der Entity-Gruppe „Omnibus"

Omnibus	Kraftfahrzeugtyp	Sitzplätze
	kfz_Typ_2	10
	kfz_Typ_3	28

Abbildung 5-45: Tabellarische Darstellung der Entity-Gruppe „Omnibus"

Personen_Kfz	Kraftfahrzeugtyp	Sitzplätze
	kfz_Typ_1	4
	kfz_Typ_2	10
	kfz_Typ_3	28
	kfz_Typ_4	8

Abbildung 5-46: Tabellarische Darstellung der konstruierten Entity-Relationship-Gruppe „Personen_Kfz"

Die konstruierte Entity-Gruppe „Omnibus" repräsentiert genau diejenigen Entities der Entity-Relationship-Klasse „Personen_Kfz", bei denen die Auswertung der

Auswahlbedingung „mehr_als_8_Sitzplätze" den Wert WAHR ergibt, d. h. bei denen diese Auswahlbedingung erfüllt ist.

Die Entities der Entity-Gruppe „Omnibus" bilden eine Untermenge der Entity-Relationship-Klasse „Personen_Kfz". Man kann auch sagen: Die Entities der Entity-Gruppe „Omnibus" sind Mitglieder der Entity-Relationship-Klasse „Personen_Kfz" oder kürzer: „Omnibus" ist Mitglied von „Personen_Kfz".

5.2.2   Existenzabhängigkeiten für die Konstruktions-Abstraktions-Beziehung „Gruppierung"

Es sei auch bei der weiteren Charakterisierung der Gruppen-Konstruktion betont, dass nach dem Konstruktionskonzept die Bildung eines konstruierten Entity-Typs von der

Existenz eines konstituierenden Relationship-Typs abhängt. Für die Bildung von Entity-Gruppen, Relationship-Gruppen bzw. Entity-Relationship-Gruppen soll deshalb die nachfolgend beschriebene konstituierende Relationship gelten.

Da auch Gruppenabstraktionen – genau wie Klassenabstraktionen – der Charakterisierung der Extension dienen, kann folgendes gelten:

Die Menge der Entities, Relationships oder Entity-Relationships, die zu einer Entity-Gruppe, Relationship-Gruppe oder Entity-Relationship-Gruppe zusammengefasst werden soll, muss im Hinblick auf eine Eigenschaft identisch sein. Sie müssen also im Hinblick auf diese Eigenschaft identisch sein, d.h. sie müssen in einer Identitätsbeziehung stehen. Diese Identitätsbeziehung ist der konstituierende Relationship-Typ.

Anders als bei Klassen-Konstruktionen wird der konstituierende Relationship-Typ bei Gruppenabstraktionen explizit in Form der Auswahlbedingung angegeben. Die Auswahlbedingung bzw. der konstituierende Relationship-Typ kann sogar formal als logische Formel beschrieben werden, weil sich die Auswahl auf eine wohldefinierte Basis – eine bestimmte konstituierende Entity-, Relationship- oder Entity-Relationship-Klasse – bezieht.

Wir sind deshalb bei der Bestimmung der Bedeutung von Gruppenabstraktionen nicht mehr nur auf eine intuitive Deutung angewiesen, sondern können die Bedeutung formal aus der – zugegebenermaßen intuitiv bestimmten – Bedeutung der konstituierenden Entity-Klasse ableiten.

Nach dieser Feststellung ist es nunmehr wichtig, die die Gruppierung charakterisierende Konstruktions-Abstraktions-Beziehung „Ist-Mitglied-von" durch die Angabe von Existenzabhängigkeiten weitergehend zu definieren.

Für eine Gruppe existiert die in der nachfolgenden Skizze als Pfeil dargestellte Existenzabhängigkeit.

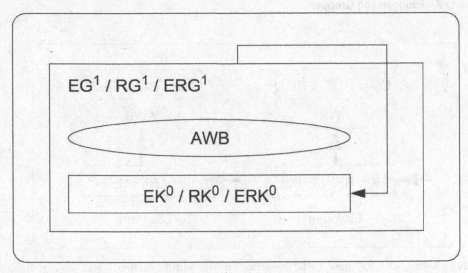

Abbildung 5-47: Existenzabhängigkeit bei der Entity/Relationship/ Entity-Relationship-Gruppe

Nach diesen Darstellungen ist eine Entity-Gruppe EG^1, eine Relationship-Gruppe RG^1 bzw. eine Entity-Relationship-Gruppe-ERG^1 von der Existenz einer konstituierenden Entity-Klasse EK^0, Relationship-Klasse RK^0 bzw. Entity-Relationship-Klasse ERK^0 abhängig.

Beispiel für die Existenzabhängigkeit:

Es sei gegeben (siehe vorhergehendes Beispiel):

- *die Entity-Gruppe: Omnibus*
- *die konstituierende Entity-Klasse: Kraftfahrzeug*

Die Ausführung der Änderungsoperationen Löschen eines Entitys der konstituierenden

Entity-Klasse „Personen_Kfz" hat auch das Löschen des entsprechenden Entitys der Gruppe „Omnibus" zur Folge

5.2.3 Wirkungszusammenhänge

Bei der Ausführung von Änderungsoperationen auf Gruppen müssen die folgenden Wirkungszusammenhänge beachtet werden. Diese sollen an dem folgenden Erklärungsschema dargestellt werden: Mit T als summarische Bezeichnung für Entity-, Relationship-. Entity-Relationship-Gruppen.

T⁰ initiierte Änderungen von Gruppen

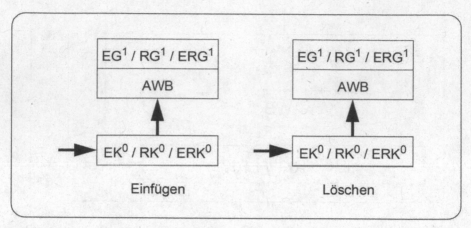

Abbildung 5-48: EK^0, RK^0 bzw. ERK^0 initiiertes Einfügen und Löschen

Propagationspfade:

BEGIN einfügen ($EK^0/RK^0/ERK^0$); einfügen ($EG^1/RG^1/ERG^1$); NIL

BEGIN löschen ($EK^0/RK^0/ERK^0$); löschen ($EG^1/RG^1/ERG^1$); NIL

Erklärung:

Wird ein Entity in die konstituierende Entity-Klasse eingefügt, so muss dieses zur Erfüllung der angegebenen Auswahlbedingung auch zu einer Einfügung in die Gruppe führen.

Wird ein Entity aus der Klasse der konstituierenden Entity-Klasse gelöscht, muss dieses auch in der Gruppe gelöscht werden.

T[1] initiierte Änderungen an Gruppen

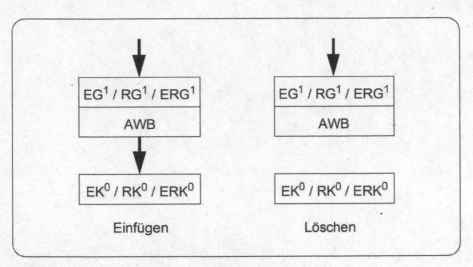

Abbildung 5-49: ET[1], RT[1] bzw. ERT[1] initiiertes Einfügen und Löschen .

Propagationspfade:

BEGIN einfügen ($EG^1/RG^1/ERG^1$); einfügen ($EK^0/RK^0/ERK^0$); NIL

BEGIN löschen ($EG^1/RG^1/ERG^1$); NIL

Erklärung:

Wird ein Entity in die Gruppe eingefügt, so muss dieses Entity auch in die konstituierende Klasse eingefügt werden.

Wird ein Entity aus der Gruppe gelöscht, ist keine Folgewirkung zu beachten.

6 Intensionale Konstruktionen

Zusammenfassung

Während bei extensionalen Konstruktionen Entities, Relationships und Entity-Relationships „gesammelt" und „erfasst" und solche mit gleichen Merkmalen „aufgezählt" und zu Klassen zusammengefasst werden, werden bei der intensionalen Konstruktion aus Entity-Klassen/Entity-Typen, Relationship-Klassen/Relationship-Typen und Entity-Relationship-Klassen/Entity-Relationship-Typen durch die Anwendung intensionaler Konstruktions-Abstraktions-Beziehungen „kreativ" konstruierte Entity-Klassen/Entity-Typen, Relationship-Klassen/Relationship-Typen und Entity-Relationship-Klassen/Entity-Relationship-Typen gebildet. Gegenstand der Betrachtung von intensionalen Konstruktionen sind also nicht mehr die die Extension bildenden einzelnen Daten, sondern die „Gesamtheit" aller extensionalen Elemente bevor diese extensionalen Elemente überhaupt bereitstehen, also die Intension.

Intensionale Konstruktionen sind domänensemantisch orientierte Konstruktionen von Informationen. Die Entscheidung darüber welches Ergebnis mit der Konstruktion erreicht werden soll, ist ein kreativer Akt. Eine intensionale Konstruktion setzt deshalb Wissen über das mit der Konstruktion verfolgte Ziel und damit über den mit der Konstruktion zu adressierenden Wissensbereich oder den zu adressierenden Wissens-Baustein, und das wiederum setzt Kenntnisse in einem odermehreren Bezugssystemen voraus. Der Vollständigkeit der Erklärung der intensionalen Konstruktionen wegen sei darauf hingewiesen, dass die jeweiligen kreativen Akte keineswegs nur durch direktes menschliches Agieren sondern auch durch indirektes menschliches, algorithmisch definiertes, Handeln bewirkt werden können.

Während bei extensionalen Konstruktionen verfügbare oder verfügbar werdende Daten und Informationen „erfasst" und „gesammelt" und solche mit gleichen Merkmalen „aufgezählt" und zu Klassen oder Gruppen zusammengefasst werden, werden nunmehr bei der intensionalen Konstruktion Daten und Informationen ganzheitlich, unabhängig von deren später verfügbar gemachter Extension, durch die Anwendung intensionaler Konstruktions-Abstraktions-Beziehungen „kreativ" konstruiert. Gegenstand der Betrachtung von intensionalen Konstruktionen sind also nicht mehr die die Extension bildenden einzelnen Daten, sondern die „Gesamtheit" aller potenziellen extensionalen Elemente bevor diese extensionalen Elemente überhaupt bereitstehen. Intensionale Konstruktionen sind somit die Basis-Konzepte der „konstruktiven" Informationsmodellierung.

Für intensionale Konstruktionen gilt genauso wie für extensionale Konstruktionen das in Kap. 4 eingeführte Konzept zur Konstruktion von Informationsmodellen. Während die extensionalen Konstruktionen insbesondere der Systematisierung der Sammlung und Erfassung von Daten in der Informationsmodellierung dienen, dienen die intensionalen Konstruktionen insbesondere der Planung der „Versorgung" mit Daten für bestimmte Nutzungen und damit der Festlegung von Daten- und Informationsmodellen für deren kontinuierlichen Nutzung.

Intensionale Konstruktionen sind sowohl Konstruktionen für mengenwertige als auch für nicht-mengenwertig Informationen. Intensional konstruierte mengenwertige Informationen sind wieder Klassen auch mehrwertiger Entities und Relationships. Intensionale Konstruktionen für nicht mengenwertige Informationen sind hingegen eher „physikalische" Konstruktionen. Mit beiden sollen Daten und Informationen verschiedener Formen und damit form- und domänensemantisch völlig verschiedene konstituierende Informationen zu neuen konstruierten Informationen mit einer konstruierten Form- und Domänensemantik zusammengeführt werden können um beispielsweise auch materielle und virtuelle Artefakte und deren Konstruktion darstellen zu können.

Die Konstruktionen können sowohl mathematisch oder auch algorithmisch definiert sein. Letztlich soll dazu in Kapitel 6 auch die Konstruktion „aktivierbarer" Informationsmodelle eigeführt werden um aktivierbare materielle und virtuelle Artefakte und deren Verhalten abzubilden. Während Konstruktionen mengenwertiger Informationen immer auch mathematisch definiert werden können und damit auch kompositional sind, sind Konstruktionen nicht-mengenwertiger Informationen nur dann kompositional, wenn andere mathematische Kalküle, wie sie zum Beispiel in der Physik genutzt werden, zur Beschreibung der Konstruktionen verfügbar sind. Für algorithmisch definierte Konstruktionen nicht mengenwertiger Informationen lässt sich dann auch nur eine „algorithmischer Nachweis" der Kompositionalität erreichen. Intensionale Konstruktionen möglichen Konstruktions-Abstraktionen sowohl als „Information Neglection", „Separation of Concern" und auch als „Divide and Conquer" – Abstraktionen.

Intensionale Konstruktionen mengenwertiger Informationen sind Konstruktionen mit denen, die auch aus der klassischen Informationsmodellierung bekannten Abstraktionen „Generalisierung" und „Aggregation" ermöglicht werden.

Generalisierung und Aggregation

Nachfolgend sollen zwei kompositionale intensionale Konstruktions-Konzepte und die sie charakterisierenden Konstruktions-Abstraktions-Beziehungen erläutert werden, die „kompositionale Generalisierung" und die „kompositionale Aggregation" für mengenwertige, sowie die „kompositionale Aggregationen" für nicht mengenwertige Informationen eingeführt werden. Beide werden sich jedoch trotz gleicher Bezeichnung, signifikant von den Konzepten „Aggregation" und „Generalisierung" in der klassischen Information-Modellierung unterscheiden.

Mit der Generalisierung wird ein mathematisches Konstruktions-Konzept für mengenwertige konstituierende Komponenten eingeführt. Die Konstruktion durch Aggregation erlaubt sowohl die Konstruktion mengenwertiger als auch nicht-mengenwertiger beliebiger konstituierender Komponenten durch mathematische, physikalische oder auch andere Methoden zu einer konstruierten Komponente. Intensionale Konstruktionen können natürlich auch durch andere als durch mathematische Konzepte erzeugt werden.

Erfolgt die intensionale Konstruktion durch die Aggregation mengenwertiger Informationen, kann durch die Anwendung formaler, mathematischer Konzepte, wie z.B. durch die Bildung des kartesischen Produkts von Mengen, der Vereinigung von Mengen, der Bildung des Durchschnitts von Mengen, der Differenz von Mengen oder von Joins von Mengen, wie sie in der relationalen Algebra definiert sind, sichergestellt werden, dass sich die Semantik der konstruierten Entity-Typen, Relationship-Typen, Entity-Relationship-Typen aus der der konstituierenden Komponenten ableiten lässt. Dies wiederum entspricht der Eigenschaft, die gefordert ist, um Aggregations-Konstruktionen als kompositionale Konstruktionen bezeichnen zu können. Das bedeutet, dass die Konstruktion, konstruierte Entity-Typen, Relationship-Typen und Entity-Relationship-Typen durch eine präzise Form-Semantik ausgezeichnet sind.

Erfolgt die Konstruktion durch Aggregation nicht mengenwertiger konstituierender Komponenten ist auch die konzeptionelle Verwandtschaft zur Informationsmodellierung mit Entity-Relationships nicht mehr gegeben. Dies wird dann auch dadurch zum Ausdruck gebracht, dass nicht mehr konstituierende und konstruierte Entity-Typen sondern beliebige konstituierende und konstruierte Komponenten Gegenstand der Betrachtung sein werden.

6.1 Generalisierungs-Konstruktionen

Die Generalisierung ist als Abstraktions-Konzept Bestandteil der klassischen Informationsmodellierung. Sie stellt dort mit der für sie definierten „is a"-Beziehung die Aufzählung aller Entities einer Menge als von „gleicher Art", als form-und domänensemantisch identisch zu sein, dar. Generalisierungs-Konstruktionen hingegen bezeichnen die Bildung von Mengen durch die Vereinigung als eine mathematisch fundierte Konstruktions-Abstraktion dar, mit der durch die Vereinigung eine vereinigte Ober-Menge als „abstrakter" als die Ausgangsmengen betrachtet wird. Dieser Ansatz wird für die folgende Einführung von Generalisierungs-Konstruktionen übernommen.

Die Generalisierungs-Konstruktion dient der Konstruktion von mengenwertigen Informationen aus konstituierenden mengenwertigen Informationen des gleichen

Wissensbereiches und vielleicht sogar des gleichen Wissensbausteins. Mit Generalisierungs-Konstruktionen werden aus mengenwertigen form- und domänensemantisch identischen Informationen andere mengenwertige form- und domänensemantisch identische Informationen konstruiert.

Die folgenden Darstellungen der Generalisierungs-Konstruktion werden davon ausgehen, dass nicht Generalisierungen für Mengen, sondern wie in der klassischen Informationsmodellierung üblich, für Entity-Klassen, Relationship-Klassen und Entity-Relationship-Klassen, wie sie im vorangegangenen Kapitel eigeführt worden sind, also für sich im Zeitablauf ändernde Mengen beschrieben werden.

Die Elemente der konstituierenden und konstruierten Entity-Typen sind mehrwertig. Dazu werden Entity-Typen durch eine Menge von Attributen repräsentiert. Während die im vorangegangenen Kapitel 5 erläuterten Klassen-Konstruktion eine durch das kartesische Produkt oder andere mengentheoretische Konstruktionen wie z. B. „Differenz" oder „Durchschnitt" definierte Aufzählung von Entities der konstituierenden Entity-Klassen war, ist die Generalisierungs-Konstruktion die „Obermengen-Bildung" nicht mehr durch Aufzählung sondern durch die Ausführung der Mengenoperation „Vereinigung" der Extensionen der konstituierenden Entity-Typen.

Die Vereinigung der konstituierenden Entity-Typen muss nicht im Hinblick auf die Gesamtheit der Attribute der konstituierenden Entity-Typen erfolgen, wenn sie über eine Menge gemeinsamer, form- und domänensemantisch identischer Attribute verfügen und deren Konstruktion durch Vereinigung damit auch eine nur partiell form- und domänensemantisch identische Konstruktion ist.

Dies wird mit dem folgenden einleitenden Beispiel verdeutlicht:

Beispiel 1 für die Generalisierung:

Die konstruierten Entity-Typ„Angestellter" und „Arbeiter" mit ihren jeweiligen konstituierenden Entity-Klassen

> *Angestellter (Personal_Nummer, Abteilung, Gehaltsgruppe)*

> *Arbeiter (Personal_Nummer, Abteilung, Lohngruppe)*

können im Hinblick auf ihre gemeinsamen Attribute zu einem generalisierten Entity-Typ „Mitarbeiter"

> *Mitarbeiter (Personal_Nummer, Abteilung*

vereinigt werden.

Die die Generalisierung charakterisierende Konstruktions-Abstraktions-Beziehung lautet dann „ist eine Vereinigung":

> *„Mitarbeiter" „ist eine Vereinigung" von „Angestellter"*

> *und „Arbeiter".*

Kommentare

*Die unterschiedlichen Charakterisierungen der Entity-Typen „Angestellter", „Arbeiter"
und „Mitarbeiter" erfolgen durch die ihnen zugeordneten, voneinander abweichenden,
Listen von Attributen „Personal_Nummer", „Abteilung", Gehaltsgruppe" bzw.
"Personal_Nummer", „Abteilung", „Lohngruppe" aber auch „Personal_Nummer",
Abteilung" mit gemeinsamen Attributen. In der Sprechweise der Information-
Modellierung heißt das, dass Entity-Typen, die gleichen Sachverhalte des gleichen
Wissensbereichs /Wissensbausteins repräsentieren, aber durch unterschiedliche Mengen
von Eigenschaften charakterisiert sein können.*

*Der Verzicht auf die Betrachtung des Attributs „Gehaltsgruppe" und „Lohngruppe" in
den beteiligten konstituierenden Entity-Typen erlaubt die Zusammenführung aller Entities
der beiden konstituierenden Entity-Typen zu einem konstruierten Entity-Typ. Die
Zusammenführung erfolgt durch die Vereinigung der beiden Entity-Mengen. Mit dem
Verzicht auf die Betrachtung der die beiden konstituierenden Entity-Typen
unterscheidenden Eigenschaften wird die geforderte formsemantische Uniformität für die
konstruierte Entity-Klasse hergestellt.*

*Wie das Beispiel zeigt, ist es offensichtlich, dass die Entscheidung zu treffen, dass die
Entity-Typen „Arbeiter" und „Angestellter" sinnvoll vereinigt werden können, dadurch
möglich wird, dass erkennbar ist, dass beide Bezeichner einen gemeinsamen Wissensbereich
betreffen. Die Entscheidung ist also das Resultat einer linguistischen und damit
domänensemantischen Analyse der beiden Bezeichner. Dies aber ist eine Analyse der
Intension und die Konstruktion wird damit zu einer intensionalen Konstruktion.*

*Die Generalisierungs-Konstruktion setzt also voraus, dass der generalisierte Entity-Typ
und die konstituierenden Entity-Typen dem gleichen Wissensbereich zugeordnet werden
können. Der in der Generalisierungs-Konstruktion des obigen Beispiels adressierte
Wissensbereich ist etwa mit dem Bezeichner „Personal-Management" angemessen
gekennzeichnet. In diesem Wissensbereich/Wissensbaustein sind alle im Beispiel
verwendeten Bezeichner bekannt und in hinreichend gleicher Weise interpretiert, wenn sie
auch im Einzelfall durch unterschiedliche Listen konstituierender Entity-Klassen
abweichend voneinander definiert sind. Die Festlegung, dass die Voraussetzung für die
Generalisierungs-Konstruktion die Existenz eines gemeinsamen Wissensbereichs für die
konstituierenden Entity-Typen ist, wird später im Metamodell für die Generalisierungs-
Konstruktion durch die konstituierende Relationship repräsentiert.*

Ohne dass es besonders betont worden ist geht aus dem Beispiel auch hervor, dass
der Ausgangspunkt jeder Generalisierung existierender konstituierende Entity-
Typen sind, über die die Generalisierung stattfinden kann.

Da im obigen Bespiel noch nicht demonstriert worden ist, dass mit der
Generalisierungs-Konstruktion gleichzeitig auch unterschiedliche „eigenschafts-
abhängige Sortierungen" der Entities von Entity-Typen ermöglicht werden
können, soll dies im Folgenden demonstriert werden. Um dies zu demonstrieren
wird in einem weiteren Beispiel nun eine eigenschaftsbezogene Separierung eines

Entity-Typs in mehrere Sub-Typen zu deren Spezialisierung dargestellt. Darüber hinaus wird mit dem folgenden Beispiel auch verdeutlicht, dass auch Generalisierungen bzw. Zerlegungen kaskadiert stattfinden können,

Beispiel 2:

Der schrittweise Aufbau einer dreistufigen Spezialisierungs-Hierarchie zur Repräsentation von Fahrzeugtypen lässt sich durch die Darstellung der Fahrzeugtypen charakterisierenden Eigenschaften nachvollziehen.

Fahrzeuge	*Landfahrzeuge*	*Auto*
		Fahrrad
	Wasserfahrzeuge	*Schiff*
		Boot
		Flugzeug
		Hubschrauber

Die Darstellung einer Folge von Schritten zum Aufbau einer Spezialisierungs-Hierarchie erfolgt mit den folgenden Bildern.

Zur Darstellung der jeweiligen Liste der Eigenschaften verwenden wir ein einfaches Entity-Relationship-Modell zur Repräsentation der „Internstruktur" der Fahrzeugtypen durch entsprechende Entity-Klassen. Dazu werden das zu charakterisierende Artefakt und seine Eigenschaftenliste als „hat-Relationship"- wie das in der klassischen Information-Modellierung üblich ist- dargestellt, um zu sagen „Artefakt hat Eigenschaft".

Im Beispiel werden Fahrzeuge jeder beliebigen Art durch deren sie charakterisierende Eigenschaften „Benennung", „Antriebsart" und „Art der Steuerung" dargestellt.

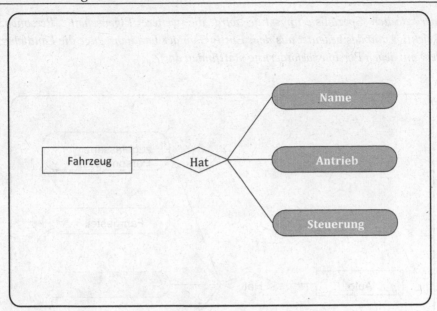

Abbildung 6-1: Der Entity-Typ „Fahrzeug"

In einer ersten Spezialisierung wird durch die Berücksichtigung der weiteren Eigenschaft „Fahrgestell" festgelegt, dass aus der Menge aller Fahrzeuge nur noch die separiert werden, die ein Fahrgestell besitzen und das sind „Landfahrzeuge".

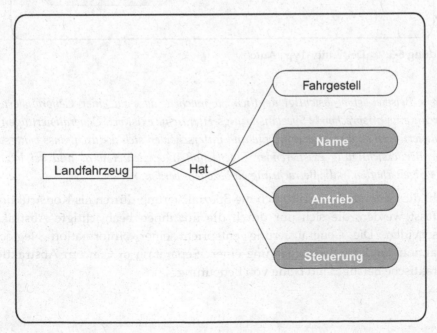

Abbildung 6-2: Der Entity-Typ „Landfahrzeug"

In einer zweiten Spezialisierungsstufe wird die weitere Eigenschaft „Personenzahl"
berücksichtigt und das bedeutet aus dem Entity-Typ der Landfahrzeuge die Landfahrzeuge
separiert mit denen Personenbeförderung stattfinden darf.

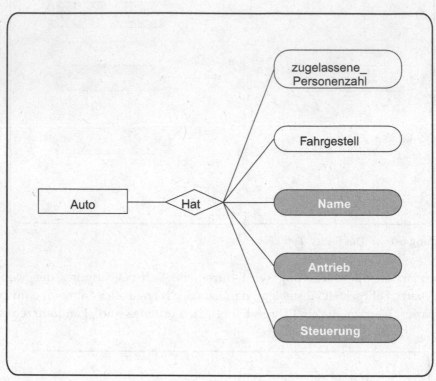

Abbildung 6-3:   Der Entity-Typ „Auto"

Mit dem Beispiel ist beabsichtigt deutlich zu machen, dass zu einer Generalisierungs-
Hierarchie eine entsprechende Spezialisierungs-Hierarchie existiert. Generalisierungen und
Spezialisierungen sind inverse Konzepte und unterscheiden sich dadurch, dass bei ersteren
auf die Berücksichtigung existierender Eigenschaften verzichtet wird und bei letzteren
weitere Eigenschaften in die Betrachtung einbezogen werden.

Sowohl die Generalsierung als auch die Spezialisierung dürfen als Konstruktionen
aufgefasst werden, die sich nur durch die mit ihnen beabsichtigte Abstraktion
unterscheiden. Die Generalisierung entspricht einer „Information Neglection
Abstraktion" und die Spezialisierung einer „Separation of Concern Abstraktion".
Für praktische Belange sind beide von Bedeutung.

Generalisierungs- und Spezialisierungs-Hierarchien

Wie mit dem obigen Bespielen demonstriert, lassen sich mit wiederholten, aufeinander aufbauenden Generalisierungs-Konstruktionen, Generalisierungs-Hierarchien bilden. Das soll noch einmal mit dem folgenden Bild für das obige Beispiel und mit einer gleichzeitigen Vervollständigung der Hierarchie demonstriert werden.

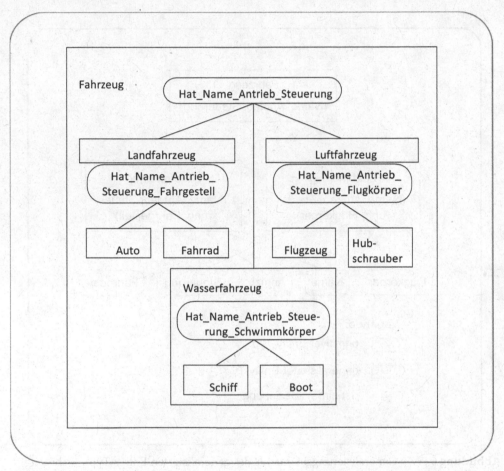

Abbildung 6-4: Darstellung der mehrstufigen Generalisierung

Mit der Generalisierungs-Konstruktion wird mit jedem Generalisierungsschritt von einigen weiteren Eigenschaften der konstituierenden Entity-Typen abstrahiert (d. h. diese Eigenschaften werden auf dem nächsthöheren Generalisierungs-Niveau nicht mehr betrachtet). Da der Vorrat an Eigenschaften, von denen abstrahiert werden kann, begrenzt ist, ist auch die Anzahl der Generalisierungs-Stufen begrenzt.

Ein weiteres Charakteristikum der Generalisierungs-Hierarchien wird mit dem folgenden Bild veranschaulicht: Scheinbar disjunkte Entity-Typen in einer Hierarchie dürfen nicht über alle Ebenen der Konstruktion hinweg im Hinblick auf ihre Attribute-Menge disjunkt sein. Im folgenden Bild sind die Attribute „Name", „Antrieb" und „Steuerung" Attribute auf allen Stufen der Generalisierungs-/Spezialisierungs-Hierarchie und erlauben damit die Hierarchie als Generalisierungs-Hierarchie zu bezeichnen.

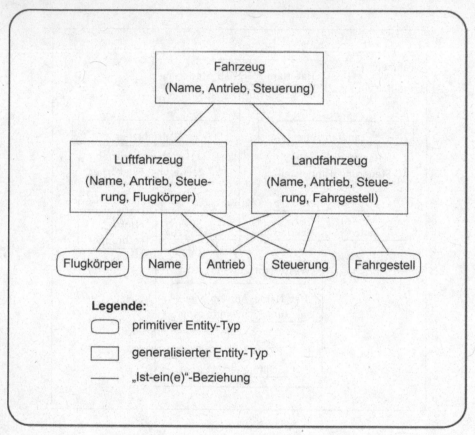

Abbildung 6-5:   Generalisierungshierarchie des generalisierten Entity-Typs „Fahrzeug"

Für Generalisierungs-Konstruktionen gilt, dass in ihnen über mehrere Generalisierungsniveaus hinwegreichende Generalisierungen zugelassen sein sollen und mehrere Generalisierungen sich „überlappen" dürfen. Generalisierungshierarchien können dann nicht mehr durch Bäume dargestellt werden, sondern nehmen die Form von zyklenfreien Graphen an. Dies sei durch das folgende Beispiel demonstriert:

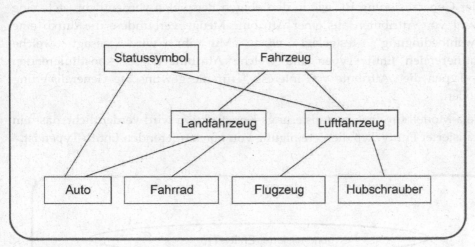

Abbildung 6-6: Graph sich überlappender Generalisierungshierarchien

Meta-Modell für die Generalisierungs-Konstruktion

Zu einer ersten graphischen Darstellung der Generalisierungs-Konstruktion wird folgendes Schema eingeführt. Wie für die anderen kompositionalen Konstruktionen lässt sich auch für die Generalisierungs-Konstruktion deren Definition durch ein Meta-Modell verdeutlichen: Das folgende Bild stellt eine erste Skizze zu deren Erläuterung dar.

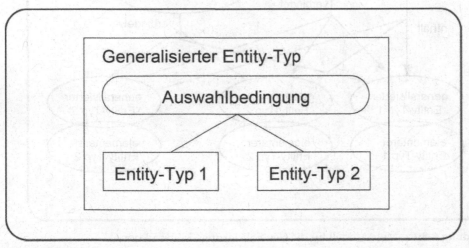

Abbildung 6-7: Generalisierter Entity-Typ

Mit der Generalisierung ist, wie in den obigen Beispielen verdeutlicht, stets eine Auswahl von Attributen aus einer Attribute-Menge verbunden, die durch eine „Auswahlbedingung" festgelegt wird. Mit ihr wird gesagt welche konstituierenden Entity-Typen und welche Attribute dieser konstituierenden Entity-Typen die „Attribute von Interesse" für die gewünschte Generalisierung sein sollen.

Im Meta-Modell für die Generalisierungs-Konstruktion wird verdeutlicht, dass ein generalisierter Entity-Typ die Vereinigung von konstituierenden Entity-Typen ist.

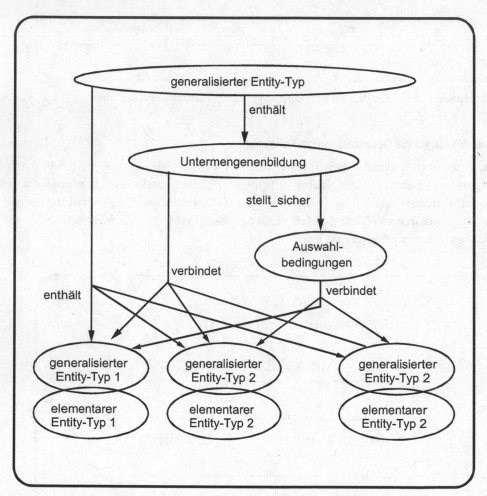

Abbildung 6-8:   Meta-Modell für die Generalisierungs-Konstruktion

Aus dem Metamodell ist abzuleiten, dass ein generalisierter Entity-Typ in einer Generalisierungs-Konstruktion als konstituierende Entity-Typen in der Regel wieder generalisierte Entity-Typen (z. B. „generalisierter Entity-Typ 1", "generalisierter Entity-Typ 2", ...)" haben kann. Dies gilt nur nicht für den Spezialfall einer Generalisierungs-Konstruktion über atomare konstituierende Entity-Typen. Es macht außerdem deutlich, dass die Generalisierungs-Konstruktion sowohl durch die Auswahl der die konstituierenden Entity-Typen charakterisierenden Eigenschaften als auch durch eine dazu korrespondierende Auswahl der Attribut-Menge des konstruierten Entity-Typen bestimmt ist.

Das Bild stellt die konstituierende Relationship der Generalisierungs-Konstruktion mit dem Schlüsselwort „Auswahl" dar, um deutlich zu machen, dass die Auswahl der im konstruierten Entity-Typ zu integrierenden konstituierenden Entity-Typen aus der konstituierenden Relationship für die Konstruktion abgeleitet sein muss. Dass für eine bestimmte Nutzung sinnvolle Generalisierungs-Konstruktionen stattfinden kann nicht allein durch eine konstituierende Relationship erreicht werden, mit der nur festgelegt wird, dass die konstituierenden Entity-Typen dem gleichen Wissensbereich zugeordnet sein müssen. Vielmehr müssen konstituierende Relationships auch eine Aussage zu deren Beziehung in der beabsichtigten Konstruktion zulassen.

Formsemantik und Domänensemantik von Generalisierungs-/Spezialisierungs-Hierarchien

Mit den obigen Beispielen sollte auch verdeutlicht werden, dass die Form- und Domänensemantik der Generalisierungs-/Spezialisierungs-Hierarchien sowohl durch die Reduktion als auch durch die Erweiterung der Menge der betrachteten Attribute der konstituierenden Entity-Typen in der Generalisierungs-/Spezialisierungs-Hierarchie verändert wird. Für die Bildung von Generalisierungs-/Spezialisierungs-Konstruktionen ist nur sicherzustellen, dass die für die Konstruktion betrachteten konstituierenden Entity-Typen form-und domänensemantisch im Hinblick auf die Menge ihrer „Attribute von Interesse" gleich sind. Deren Formsemantik darf sich im Hinblick auf jeweils alle ihre konstituierenden Entity-Typen aber voneinander unterscheiden. Ist diese Forderung erfüllt, werden die konstituierenden Entity-Typen eines konstruierten Entity-Typs als formsemantisch kompatibel für die Konstruktion bezeichnet.

Im Hinblick auf ihre Domänensemantik sind Generalisierungs-/Spezialisierungs-Hierarchien dadurch gekennzeichnet, dass die Domänensemantik –wie die Begriffe „Generalisierung" und „Spezialisierung" schon suggerieren- mit jeder Spezialisierung semantisch präziser und mit jeder Generalisierungs-Konstruktion semantisch unpräziser wird.

Stellt ein konstruierter Entity-Typ ein Modell eines in der Realität existierenden Artefakts dar und stellen Attribute die Eigenschaften dieses Artefakts dar, werden mit jedem Spezialisierungsschritt Eigenschaften des konstruierten Entity-Typs an die konstituierenden Entity-Typen vererbt. Eine Spezialisierungs-Hierarchie wird damit zu einer Vererbungs-Hierarchie.

Generalisierungs-/Spezialisierungs-Hierarchien entstehen nicht nur durch die kaskadenartige Reduktion bzw. Erweiterung einer bestimmten vorgegebenen Menge von „Attributen von Interesse" über alle Generalisierungs-/Spezialisierungsstufen hinweg. Von einer bestimmten Stufe zur nächsten kann auch eine neue, zu der ersten Menge disjunkte Menge von „Attributen von Interesse" die nächstfolgende Stufe der Generalisierung bzw. Spezialisierung bestimmen. Der Übergang von einer zu einer nächstfolgenden anderen Generalisierung/Spezialisierung hat Auswirkungen auf die später zu diskutierenden Wirkungszusammenhänge für Änderungen der Extensionen von Generalisierungs/Spezialisierungs-Hierarchien.

6.1.1   Die Konstruktions-Abstraktions-Beziehung „Generalisierung"

In der klassischen Informationsmodellierung wird die Generalisierung durch die sogenannte „is a" Beziehung zwischen einer generalisierten und den Ausgangs-Entity-Klassen charakterisiert. Dies erfolgt mit dem Ziel zum Ausdruck zu bringen, dass jedes Element einer Untermenge auch ein Element der entsprechenden Obermenge ist.

Die konstituierenden Relationships für die Generalisierungs-Konstruktion

Wie für alle Konstruktionen wird auch für die Generalisierungs-Konstruktion gefordert, dass die konstituierenden Entity-Klassen in einer konstituierenden Relationship zueinander stehen. Wie im obigen Meta-Modell für die Generalisierung angezeigt, ist die konstituierende Relationship eine Auswahlbedingung und zwar genau die Auswahlbedingung, mit der festgelegt wird welche Attribute der konstituierenden Entity- Typen als „Attribute von Interesse" gelten sollen. Diese Auswahl kann wie jede Auswahl von Elementen aus einer Menge durch ein Prädikat spezifiziert werden. Im Gegensatz zu der Auswahl von Entities aus einer Entity-Klasse in extensionalen Konstruktionen wie der Klassenkonstruktion ist die Auswahl der Attribute für eine Generalisierungs-Konstruktion eine intensional Auswahl und das dazu festgelegte Prädikat kann als „intensionales Prädikat" bezeichnet werden.

Die Spezifikation eines „intensionalen Prädikats" kann nur domänensemantisch definiert werden. So sind zum Beispiel unterschiedliche Generalisierungs-Konstruktionen für eine gegebene Menge von Attributen durch sich voneinander unterscheidende Untermengen der gegebenen Attributmenge möglich, deren Bedeutung und zulässige Deutung einer jeweils anderen Domänensemantik entspricht. Die Festlegung einer konstituierenden Relationship für eine Generalisierungs-Konstruktion entspricht also einem domänensemantisch festgelegten Prädikat.

Im Hinblick auf das obige Beispiel bedeutet das, dass bei den gegebenen Entity-Typen „Landfahrzeug" und „Luftfahrzeug" die Entscheidung, einen konstruierten Entity-Typ „Fahrzeuge" zu erzeugen, ein kreativer Akt, getrieben durch das

Wissen über eine Aufgabe, die einen solchen konstruierten Entity-Typ erfordert, ist. Im gleichen Sinne ist bei einem gegebenen Entity-Typ „Fahrzeuge" die Festlegung von zwei untergeordneten Entity-Typen „Landfahrzeug" und „Luftfahrzeug" als zwei Spezialisierungen, auch ein kreativer Akt. Die damit verbundene linguistisch bestimmte Auswahl für die Bezeichner der Spezialisierungen führt zu einer durch diese Bezeichner bestimmten Domainsemantik für die Spezialisierungen.

In der praktischen, klassischen Informationsmodellierung werden keine Vorkehrungen für einen expliziten Verweises auf das benötigte Wissen beziehungsweise auf die relevanten Bezugssysteme, die einer Konstruktion zuzuordnen sind, getroffen. Stattdessen wird erwartet, dass die Informationen aus der expliziten Darstellung der Intension durch Bezeichner für Entity-Klassen abgeleitet werden kann. In der intensionalen kompositionalen Informationsmodellierung wird die Bestimmung der Domainsemantik im Rahmen der hierarchischen Konstruktion dadurch unterstützt, dass mit übergeordneten Entity-Typen „Kontexte" für die untergeordneten konstituierenden Entity-Typen festgelegt werden, sodass damit die Zuordnung der Konstruktion zu den jeweiligen Wissens-Anforderungen und Bezugssystemen möglich wird.

Dennoch wird es für die Festlegung der konstituierenden Relationship für eine Generalisierungs-Konstruktion nicht ausreichen einen linguistisch abstrakten Bezeichner für den übergreifenden Wissensbereich anzugeben. Aussagekräftigere Bezeichnungen können wiederum durch Prädikate, die von der konstruierten Entity-Klasse erfüllt sein müssen, erreicht werden. Darüber hinaus ist durchaus auch die Angabe mehrerer konstituierender Relationships möglich. Allerdings ist dann die Kompatibilität der verschiedenen konstituierenden Relationships sicherzustellen was nicht immer einfach zu bewerkstelligen sein wird.

Zusammenfassend kann konstatiert werden, dass die konstituierenden Entity-Typen einer Generalisierungs-Konstruktion die folgenden Bedingungen erfüllen müssen: Die konstituierenden Entity-Typen müssen im Hinblick auf ihre Form-Semantik und im Hinblick auf ihre Domänen-Semantik kompatibel sein. Die formsemantische Kompatibilität ist dann gegeben wenn der jeweilige konstruierte Entity-Typ und alle seine konstituierenden Entity-Typen unabhängig von deren Bezeichnung, eine Menge gemeinsamer Attribute umfassen. Konstituirende Entity-Typen sind dann domänensemantisch zueinander kompatibel, wenn sie dem gleichen Wissensbereich und den gleichen Bezugssystemen zugeordnet sind. Ein konstruierter Entity-Typ und seine konstituierenden Entity-Typen sind dann zueinander kompatibel, wenn der konstruierte Entity-Typ im Hinblick auf seine konstituierenden Entity-Typen einem übergeordneten Wissensbereich zugeordnet ist.

Mit der Befolgung dieser Kompatibilitäts-Regeln ist sichergestellt, dass mit der mathematisch formalen Untermengen-Bildung durch die Spezifikation eines „intensionalen Prädikats" für die Attribute-Auswahl die Voraussetzungen dafür gegeben sind, dass auch die Generalisierungs-Konstruktion als kompositionale Konstruktion zu bezeichnet werden kann.

Die Konstruktions-Abstraktions-Beziehung Generalisierung

Die Generalisierungs-Konstruktion erlaubt, wie in den obigen Beispielen gezeigt, die „Vereinigung formsemantisch und domänensemantisch kompatibler" Entity-Typen. Die Kompatibilität der Form- und Domänensemantik kann auch als „Vereinigungsverträglichkeit" bezeichnet werden. (In Anlehnung an den in der Relationen –Algebra für das relationale Datenmodell für die dort geforderte „union compatibility" für die Vereinigung von Tupel-Mengen)

Für die Bildung der Vereinigung in einer Generalisierungs-Konstruktion können mehrere Fälle unterschieden werden:

Die konstituierenden Entity-Typen sind formsemantisch identisch: Die den konstituierenden Entity-Typen zugeordneten Attribut-Mengen sind identisch. Sie sind entweder „einwertige" Mengen, die nur einen Attribut-Wert repräsentieren oder sie sind „mehrwertige" Mengen die eine Menge von Attribut-Werten repräsentieren. Für den Fall, dass die konstituierenden Entity-Typen auch domänensemantisch identisch sind, entspricht die Generalisierungs-Konstruktion einer einfachen Vereinigung mit einer Elimination der mehrfach in der Gesamtheit der konstituierenden Entity-Klassen enthaltenen Entities.

Sind die konstituierenden Entity-Typen einer geforderten Generalisierungs-Konstruktion formsemantisch voneinander verschieden, ist zu prüfen ob die Mengen der den konstituierenden Entity-Typen zugeordneten Attribute gemeinsame Attribute enthalten und die gemeinsamen Attribute nicht nur möglicherweise die gleichen Bezeichner tragen sondern auch domänensemantisch „partiell" identisch sind. Ist das der Fall sind –wie in den Beispielen am Beginn dieses Kapitels dargestellt worden ist- ist dies eine Generalisierungs-Konstruktion „partiell" formsemantisch und domänensemantisch identischer Entity-Typen.

Sind die konstituierenden Entity-Typen sowohl formsemantisch als auch domänensemantisch voneinander verschieden aber einem gleichen Wissensbereich/Wissensbaustein zugeordnet, wird mit der Generalisierungs-Konstruktion ein formsemantisch und domänensemantisch neuer Entity-Typ für den Wissensbereich/Wissensbaustein gebildet. Lässt sich der konstruierte Entity-Typ und die formsemantisch und domänensemantisch verschiedenen konstituierenden Entity-Typen keinem gemeinsamen Wissensbereich/Wissensbaustein zuordnen muss auf die Konstruktion verzichtet werden.

Intension und Extension von Generalisierungs-Konstruktionen

In der Einleitung zu diesem Kapitel ist betont worden, dass intensionale Konstruktionen die Konstruktion der Extension außer Betracht lassen. Das gilt auch für Generalisierungs-Konstruktionen, mit denen aus konstituierenden Mengen generalisierte Mengen gebildet werden. Mit einer Generalisierung entsteht demzufolge durch die Vereinigung der konstituierenden Mengen eine „generalisierte Intension". Der generalisierten Intension entspricht dann auch eine „generalisierte Extension". Die „generalisierte Extension" umfasst dann alle Elemente mit den für die Generalisierungs-Konstruktion ausgewählten form- und domänensemantisch identischen Attributen aller konstituierenden Mengen.

In Generalsierungs-Konstruktionen entstehen aber durch die Auswahl form- und domänensemantisch identischer Attribute aus der Menge aller Attribute der konstituierenden Mengen, mit deren Vereinigung, auch extensionale Existenzabhängigkeiten zwischen den Extensionen der konstituierenden und der Extension der konstruierten Menge. Wird die Generalisierungs-Konstruktion auf zeitlich veränderbare Mengen, das heißt für Klassen vorgesehen, entsteht die Notwendigkeit die durch die extensionalen Existenzabhängigkeiten zwischen konstituierenden und konstruierter Klasse induzierten Wirkungszusammenhänge zu beachten.

6.1.2 Extensionale Existenzabhängigkeiten für die Generalisierungs-Konstruktion

In einer Generalisierungs-Konstruktion ist der generalisierte Entity-Typ intensional existenzabhängig von den konstituierenden Entity-Typen und von der Auswahlbedingung. Das heißt, nur wenn die konstituierenden Entity-Typen existieren, kann auch ein konstruierter generalisierter Entity-Typ erzeugt werden. Die konstituierenden Entity-Typen können unabhängig vom konstruierten Entity-Typen existieren.

Die Existenzabhängigkeiten für die Generalisierungs-Konstruktion sind durch die folgende Darstellung nochmals verdeutlicht:

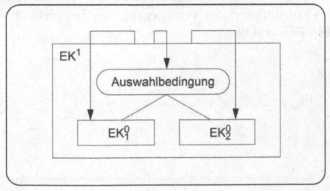

Abbildung 6-9:   Existenzabhängigkeiten für Generalisierungsabstraktionen

Beispiel :

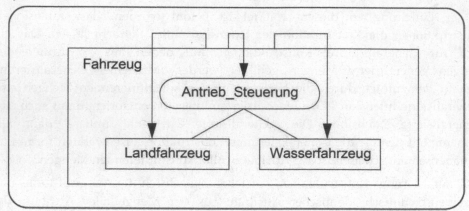

Abbildung 6-10:   Existenzabhängigkeiten für Generalisierungsabstraktionen

Der Entity-Typ „Fahrzeug" ist existenzabhängig vom Entity-Typ „Landfahrzeug",
vom Entity-Typ „Wasserfahrzeug" und von der Auswahlbedingung, mit der die
Existenz der charakterisierenden Attribute „Antrieb" und „Steuerung" erfüllt
werden muss. Jedes Entity des Typs „Fahrzeug" ist damit auch entweder ein
Entity des Typs „Landfahrzeug" oder ein Entity des Typs „Wasserfahrzeug".

Die Extension von Generalisierungs-/Spezialisierungs-Hierarchien

Auch wenn Generalisierungs-Konstruktionen intensional definiert sind, sind ihnen
sich im Zeitablauf ändernde extensionale Ausprägungen zugeordnet. Die
Extension der intensional definierten konstruierter und konstituierender Entity-
Typen wird durch die ihnen zum jeweiligen Betrachtungs-Zeitpunkt zugeordnete
Klasse von Entities bestimmt. Änderungen der Extension entsprechen dann wieder
Änderungen der Klasse der zugeordneten Entities durch das Einfügen, Löschen
und Ändern von Entities der jeweiligen Klassen.

Die Extension der Generalisierungs-Konstruktion lässt sich wie folgt tabellarisch
darstellen. Die tabellarische Darstellung der Extension für die Generalisierungs-
/Spezialisierungs-Konstruktion des vorangegangenen Beispiels erfolgt durch die
folgende Tabellen-Konstruktion.

Fahrzeug		
Name	Antrieb	Steuerung
bmw700	kardan	elektronisch
b747	direkt	hydraulisch
peugeot	kette	manuell
bo700	direkt	hydraulisch

Luftfahrzeug			
Name	Antrieb	Steuerung	Flugkörper
b747	direkt	hydraulisch	zelle
bo700	direkt	hydraulisch	kanzel

Landfahrzeug			
Name	Antrieb	Steuerung	Fahrgestell
bmw700	kardan	elektronisch	rahmenlos
peugeot	kette	manuell	rahmen

Abbildung 6-11:   Extension des generalisierten Entity-Typs „Fahrzeug"

Dem durch die Generalisierungs-Konstruktion erzeugten konstruierten Entity-Typ wird eine konstruierte Entity-Klasse zugeordnet und sie umfasst eine „Obermenge" zu den konstituierenden Entity-Typen zugeordneten konstituierenden Entity-Klassen. Die Entities der konstituierenden Entity-Klassen stellen die „Untermengen" zu der Menge der Entities der konstruierten Entity-Klasse dar. Die Auswahl der in der Obermenge zusammenzuführenden Entities ist durch die Vereinigung der Menge der Entities der konstituierenden Entity-Klassen und die zur Anwendung kommende Auswahlbedingung festgelegt.

Änderungen der Extension von konstruieren oder konstituierenden Entity-Klassen haben dann möglicherweise wieder weitergehende durch Wirkungszusammenhänge bedingte Änderungen zur Folge. Extensionale Änderungen von konstituierenden und konstruierten Entity-Klassen entstehen durch die Veränderung der den Attributen der mehrwertigen Entity-Klassen zugeordneten Werte. Eine ausführliche Beschreibung der dadurch erzeugten extensionale Wirkungszusammenhänge erübrigt sich nach deren ausführlichen Erläuterung in Kapitel 5. Für intensionale Konstruktionen wie die Generalisierung und die später eingeführten Aggregations-Konstruktionen sind hingegen entstehende intensionale Wirkungszusammenhänge von Bedeutung.

6.1.3 Intensionale Wirkungszusammenhänge für Generalisierungs-Konstruktionen

Wie mit dem Begriff „intensionale Wirkungszusammenhänge" schon angedeutet wurde entstehen intensionale Wirkungszusammenhänge durch Änderungen der Intension mehrwertiger Klassen durch Änderungen der Menge der die mehrwertige Klasse charakterisierenden Attribute durch das Hinzufügen weiterer Attribute, durch das Löschen von Attributen oder das Ersetzen von Attributen durch andere Attribute. Auch intensionale Wirkungszusammenhänge lassen sich wieder durch Propagationspfade beschreiben.

EK^0_1 initiierte Änderungen für generalisierte Entity-Klassen

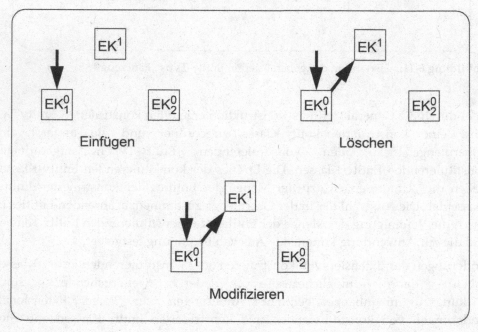

Abbildung 6-12: Das Einfügen, Löschen und Modifizieren auf EK^0_1

Einfügungen von Attributen in eine konstituierende Entity-Klasse führen nicht zu weiteren Änderungen an der konstruierten Entity-Klasse. Ein Wirkungszusammenhang existiert weder zur konstruierten Entity-Klasse noch zu anderen an der Konstruktion beteiligten konstituierenden Entity-Klassen.

Löschungen von Attributen in einer konstituierenden Entity-Klasse führen zu Wirkungszusammenhängen zwischen der jeweiligen konstituierenden Entity-Klasse und der konstruierten Entity-Klasse wenn das zu löschende Attribut sowohl ein Attribut der konstituierenden als auch der konstruierten Entity-Klasse ist.

Modifikationen der Attributmenge einer konstituierenden Entity-Klasse durch deren Ersetzen durch andere Attribute erzeugen Wirkungszusammenhänge, wenn das zu ersetzende Attribut sowohl ein Attribut der konstituierenden als auch der konstruierten Entity-Klasse ist.

Propagationspfade

BEGIN   einfügen (EK^0_1); NIL

BEGIN   löschen (EK^0_1); löschen (EK^1); NIL

BEGIN   modifizieren (EK^0_1); modifizieren (EK^1); NIL

EK^1 initiierte Änderungen für generalisierte Entity-Klassen

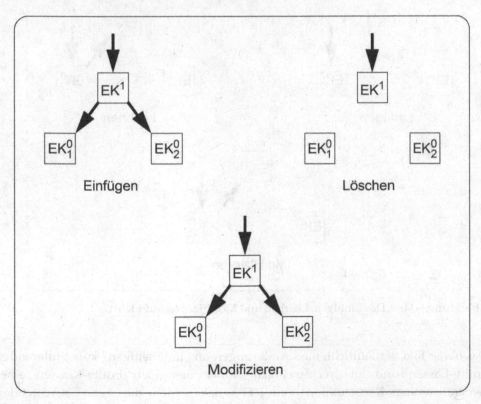

Abbildung 6-13:   Das Einfügen, Löschen und Modifizieren auf EK^1

Änderungen der generalisierten Entity-Klasse durch die Einfügung eines Attributes führen zu Wirkungszusammenhängen zu allen konstituierenden Entity-Klassen.

Die Löschung eines Attributes in der generalisierten Entity-Klasse führt zu keinen weiteren Wirkungszusammenhängen.

Das Ersetzen eines Attributes in der generalisierten Entity-Klasse führt zu Wirkungszusammenhängen zu allen den konstituierenden Entity-Klassen.

Propagationspfade

BEGIN   einfügen (EK^1); (einfügen (EK^0_1) / einfügen (EK^0_2)); NIL

BEGIN   löschen (EK^1); NIL

BEGIN   modifizieren (EK^1); (modifizieren (EK^0_1) / modifizieren (EK^0_2)); NIL

EK^0_2 initiierte Änderungen für generalisierte Entity-Klassen

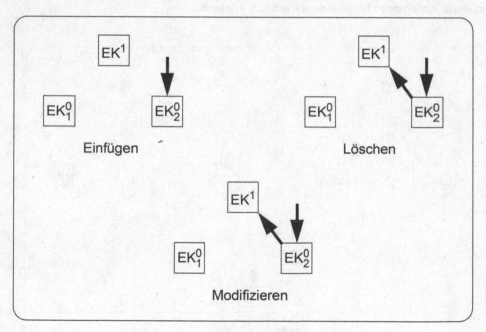

Abbildung 6-14:   Das Einfügen, Löschen und Modifizieren auf EK^0_2

Das obige Bild verdeutlicht, dass Änderungen an „linksseitigen" konstituierenden Entity-Lassen und an „rechtsseitigen" konstituierenden Entity-Klassen einer Generalisierungs-Konstruktion im Hinblick auf die zu beachtenden Wirkungszusammenhänge zueinander symmetrisch sind.

Propagationspfade

BEGIN   einfügen (EK$^0{}_2$); NIL

BEGIN   löschen (EK$^0{}_2$); löschen (EK^1); NIL

BEGIN   modifizieren (EK$^0{}_2$); modifizieren (EK^1); NIL

Aus den obigen Erläuterungen von intsensionalen Wirkungszusammenhängen abgeleitet werden kann, können Propagationspfade wie sie bisher eingeführt und genutzt worden sind, keine hinreichende Beschreibung intensionaler Wirkungszusammenhänge für Generalisierungs-Konstruktionen ermöglichen, weil sie bisher keine Bedingungen zu formulieren gestatten. Eine entsprechende Beschreibungssprache für die Darstellung bedingter Wirkungszusammenhänge wird in Kapitel 7 eingeführt.

Tabellarische Darstellung der Generalisierungs-Konstruktion

Wie für die schon beschriebenen Konstruktionen lassen sich auch für Generalisierungs-Konstruktionen tabellarische Darstellungen angeben. In der folgenden Tabelle wird die Intension für das oben eingeführte Beispiel.

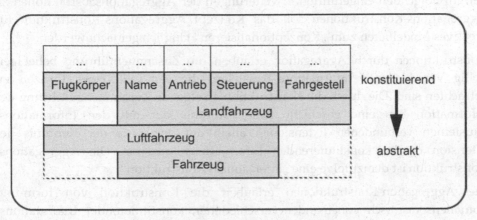

Abbildung 6-15:   Extension einer Generalisierungshierarchie

Generalisierungen mit Überlappungen korrespondieren zu den in der Literatur als „multiplen Vererbung" bezeichneten Sachverhalten. Zur Darstellung der Extension von Generalisierungshierarchien die aus der relationalen Datenbank-Theorie bekannten NF2-Tabellen, in denen Überlappungen dargestellt werden können, verwendet werden.

6.2 Aggregations-Konstruktionen

Auch die Aggregation ist ein aus der klassischen Informationsmodellierung bekanntes Abstraktions-Konzept. Sie dient dort dazu die Zugehörigkeit von „Teilen" zu etwas „Übergeordnetem" oder „Ganzem" zu dokumentieren. Daraus könnte geschlossen werden, dass Aggregationen in der klassischen Informationsmodellierung immer auch Konstruktionen sind. Die Aggregation wird in der klassischen Informationsmodellierung deshalb auch als „ist Teil von" oder „is_spart_of" Beziehung benannt. Mit ihr wird keine Aussage darüber gemacht, ob die einem Ganzen zugeordneten Teile eine vollständige Aufzählung aller Teile eines Ganzen sind und auch nicht wie die Teile dem Ganzen zugehörig gemacht worden sind. Aggregations-Konstruktionen erfordern solche Festlegungen.

Die Definition der Aggregations-Konstruktion entspricht der in Kapitel 4 für Konstruktionen eingeführten. Von Konstruktionen wird erwartet, dass sie durch eine konstituierende Relationship und eine Konstruktions-Abstraktions-Beziehung definiert sein müssen. Aggregationen der klassischen Informationsmodellierung sind deshalb, so wie dort auch erklärt, „Devide and Conquer" Abstraktionen. Mit den im Folgenden eingeführten Erweiterungen der Aggregationsabstraktionen zu Aggregations-Konstruktionen soll das Konzept Aggregations-Konstruktion für kreatives Modellieren zum „Konzeptionalisieren" tauglich gemacht werden.

Konstruktionen durch Aggregation erlauben die Zusammenführung beliebiger, völlig verschiedener Informations-Bausteine, die als Teile eines Ganzen zu betrachten sind. Die durch die Konstruktion erfolgende Zusammenzuführung der Informations-Bausteine geschieht ohne Kenntnis der mit den Informations-Bausteinen verbundenen Extensionen allein auf der Basis der Kenntnis der Intension der zu konstituierenden Informations-Bausteine. Die Aggregations-Konstruktion ist demzufolge eine „intensionale Konstruktion".

Die Aggregation-Konstruktionen erlauben die Konstruktion von form-und domänensemantisch voneinander verschiedener, konstituierender Informations-Bausteinen, definiert durch die Konstruktions-Abstraktions-Beziehung „Aggregation" und dem sie verbindenden konstituierenden Relationship-Typ, zu einem konstruierten Informationsbaustein. Aggregations-Konstruktionen sind damit ein extrem mächtiges Modellierungs-Konzept, dass viel Freiheit für die Modellierung ermöglicht aber damit auch viele Möglichkeiten zur Erzeugung von hochkomplexe aber wohlstrukturierten Informationsmodellen eröffnet..

Beispiel:

Konstruierte und konstituierende Informationsbausteine sollen, um die Verbindung zu den Abstraktions-Konzepten der klassischen Informationsmodellierung zu verdeutlichen, wieder als Entity-Typen und Relationship-Typen bezeichnet werden. Die form- und domänensemantisch voneinander verschiedenen konstituierenden Entity-Typen „Flug" und „Flugzeug" stehen über den konstituierenden Relationship-Typ „Hat" in Beziehung. Der Entity-Relationship-Typ „Flug_ Hat_ Flugzeug" wird zum konstruierten Entity-Typ „Flugplan". Der konstruierte aggregierte Entity-Typ „Flugplan" repräsentiert den Sachverhalt „Flug_ Hat_ Flugzeug".

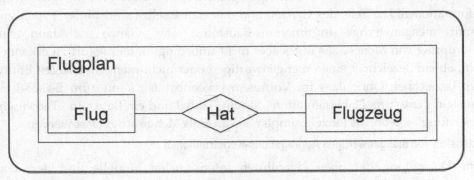

Abbildung 6-16: Graphische Darstellung des aggregierten Entity-Typs „Flugplan"

Wie das Beispiel zeigt, dürfen Aggregations-Konstruktionen Informationen, die virtuelle Artefakte wie zum Beispiel „Flug" und materielle Artefakte wie zum Beispiel „Flugzeug" als konstituierende Bausteine umfassen und der konstruierte Entity-Typ darf wiederum ein virtuelles Artefakt „Flugplan" bezeichnen.

Eine verallgemeinernde schematische Darstellung der Form für die Darstellung der Aggregations-Konstruktion für zwei Entity-Typen nimmt dann die folgende Form an:

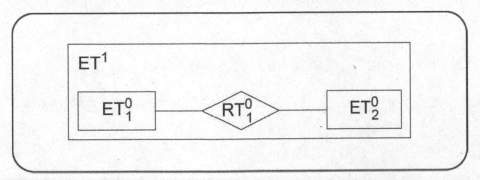

Abbildung 6-17: Graphische Darstellung der Aggregations-Konstruktion

Durch eine Aggregations-Konstruktion erfolgt eine Zuordnung der konstituierenden Entity-Typen ET^0_1 und ET^0_2 unter Beachtung des sie verbindenden Relationship-Typs RT^0_1 zu einem neuen konstruierten Entity-Typ ET^1. Wie früher schon dargestellt, ist der die Entity-Typen ET^0_1 und ET^0_2 verbindende Relationship-Typ RT^0_1 der für die Aggregations-Konstruktion konstituierende Relationship-Typ. Der in einer Aggregations-Konstruktion entstandene konstruierte Entity-Typ kann nun wieder wie ein elementarer Entity-Typ weiterverwendet werden.

Das obige Beispiel zur einführenden Erläuterung der Aggregation war –ohne dass dies auch erwähnt worden ist- eine Aggregations-Konstruktion für mengenwertige Informationen. Die Teile des Ganzen und das Ganze selbst sind Entity-Typen und damit mengenwertige Informations-Bausteine. Das Ganze ist dann eine Zuordnung von Mengen. Es muss aber nicht unbedingt immer sofort zu erkennen sein, ob ein Bezeichner einen mengenwertigen oder nicht-mengenwertigen Entity-Typ bezeichnet. Ohne dass im Vorhinein erkennbar ist, kann zum Beispiel ein Baustein „Entwurfs-Dokumentation" für ein Bauteil und ein Baustein „Technische Zeichnung" sowohl als Einzelexemplar als auch als Menge aufgefasst werden.

Extension von mengenwertigen Aggregations-Konstruktionen

Eine Darstellung des oben eigeführten intensionalen Modells und der dazu korrespondierende Extension zu einem bestimmten Zeitpunkt kann dann durch das folgende Schema repräsentiert werden.

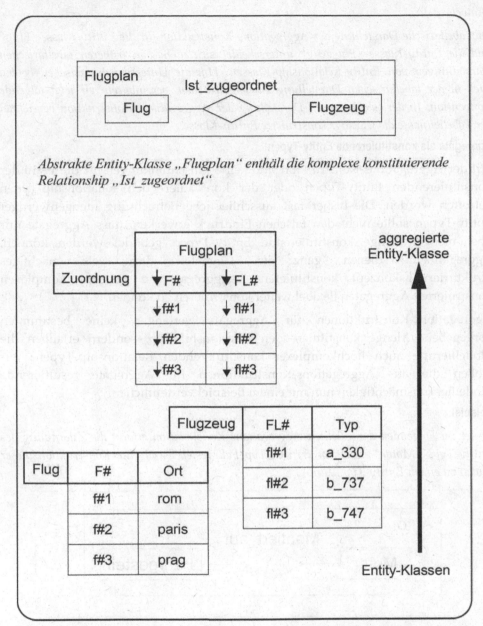

Abbildung 6-18: Tabellarische Darstellung der aggregierten Entity-Klasse „Flugplan" und ihrer konstituierenden Entity-Klassen

Die konstruierte Entity-Klasse „Flugplan" ist als Aggregations-Konstruktion über den konstituierenden Entity-Klassen „Flug" und „Flugzeug" und der konstituierenden Relationship-Klasse „ist zugeordnet zu" gebildet worden um auszudrücken das beide Teil einer konstruierten Entity-Klasse sein sollen.

Hinweis:

*Die tabellarische Darstellung der Aggregations-Konstruktion für die Entity-Klasse „Flug"
und die Entity-Klasse „Flugzeug" unterscheidet sich nicht von früheren tabellarischen
Darstellungen von Entity-Relationship-Klassen. Um die Unterschiede zwischen beiden
auch in der tabellarischen Darstellung zu verdeutlichen, vereinbaren wir jetzt folgende
Konvention: In der tabellarischen Darstellung der Aggregations-Konstruktion bezeichnet
der Tabellenname die jeweilige konstruierte Entity-Klasse.*

Aggregate als konstituierende Entity-Typen

Mit der Aggregations-Konstruktion sind keine Einschränkungen für die Wahl der
konstituierenden Entity-Typen oder der konstituierenden Relationship-Typen
getroffen worden. Die bisher fast ausschließliche Betrachtung mengenwertiger
Entity-Typen sollte nicht den falschen Eindruck erwecken, dass Aggregate nur
über mengenwertige konstituierende Entity-Typen gebildet werden können.
Aggregationen dienen ganz im Gegenteil dazu, als mächtiges
Strukturierungskonzept konstituierende Aggregate zu beliebig komplexen
konstruierten Aggregaten flexibel weiter konstruieren zu können.

Aggregations-Konstruktionen für Aggregate verlangen keine bestimmten
vorgegebene Menge konstituierenden Relationship-Typ, sondern erlauben die
Modellierung auch hochkomplexer konstituierenden Relationship-Typen. Wir
wollen die aus Aggregations-Konstruktionen für Aggregate resultierende
Modellierungsmächtigkeit nun mit einem Beispiel verdeutlichen.

Beispiel:

*In der im Folgenden dargestellten Aggregations-Konstruktion erfolgt die Zuordnung des
Entity-Typs „Motor" zu einem Entity-„Typ Fahrgestell" und eine Konstruktion dieser
beiden zu einem Entity-Typ „Auto".*

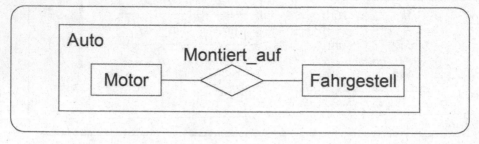

Abbildung 6-19:   Aggregat „Motor" und „Fahrgestell" in der komplexen Relationship
                      „Montiert_auf"

*Es ist offensichtlich dass die beiden Aggregate „Motor" und „Fahrgestell" durch eine
unterschiedliche Form-und Domänensemantik gekennzeichnet sind und dass die Form-und
Domänensemantik von „Auto" als eine Abstraktion bezeichnet werden kann.*

Das oben dargestellte Beispiel beschreibt die Konstruktion von Aggregaten aus beliebig strukturierten konstituierenden Aggregaten. Aggregations-Konstruktionen können dann zur Beschreibung „hoch- konstruierter" Artefakte wie z.B. Maschinen, Fahrzeuge, chemische Fabriken dienen und dass mit der Aggregations-Konstruktion nachgebildet werden kann, wie aus konstituierenden Komponenten konstruierte abstraktere Komponenten gebildet werden können.

Mit der Einführung von Aggregaten als konstituierende Bausteine von konstruierten Aggregaten wird deutlich, dass mit ihnen die klassische Informationsmodellierung signifikant erweitert wird. Wie später gezeigt werden wird, erlauben Aggregations-Konstruktionen mit Aggregaten als konstituierende Bausteine systematische Modellierungen hochkomplexer materieller und/oder virtueller Artefakte sowie Modellierungen von materiell-virtuellen aktivierbaren Artefakten. Für die Bezeichnung der Bausteine in Aggregations-Konstruktionen sollen deshalb auch nicht mehr die in der klassischen Informationsmodellierung eingeführten Begriffe „Entity" und „Relationship" sondern die Begriffe „Komponente" und „Artefakte" genutzt werden.

Nach diesen Erläuterungen ist es unschwer nachzuvollziehen, dass die Modellierung von Komponenten und deren Aggregations-Konstruktion einerseits unterschiedliches Fachwissen und Fachverständnis über den Diskursbereich und die dazu assoziierten Bezugssysteme und andererseits gute Modellierungskenntnisse erfordert. Es ist deshalb nicht möglich, ein Standard-Schema für die Modellierung vorzugeben. Es wird in aller Regel notwendig sein, für jeden neuen Diskursbereich eine „Branchenlösung" zu entwickeln. Um den Aufwand für die Entwicklung solcher Branchenlösungen so klein wie möglich zu halten, sollte möglichst viel Wiederverwendung von Modellen angestrebt werden. Dies geschieht in der heutigen Praxis häufig durch die Bereitstellung von virtuelle Plattformen über die Dienste angeboten werden, die von einer größeren Anzahl von Interessenten genenutzt werden kann.

Aggregations-Konstruktionen für mengenwertige und nicht mengenwertige Entity-Typen

Aggregationen erlauben die Konstruktion gänzlich verschiedener Bausteine, die auch gänzlich verschiedener Artefakte wie zum Beispiel „Prozesse" und „Produkten" als Teile einer „Fertigungsanlage" sein können, für die die Prozesse die Abfolge von Arbeitsschritten zur Herstellung eines Produktes und die Produkte eine Konstruktion aus Bauteilen beschreiben sein, so das damit die direkte Zuordnung von Fertigungsschritten zu Konstruktionsschritten repräsentiert werden könnte.

Sehr formalistisch argumentiert könnte man auch sagen, dass selbst nicht-mengenwertige Konstruktionen mengenwertige Konstruktionen sind, weil eine einwertige Menge natürlich auch eine Menge ist. Dass dieser Argumentation hier nicht gefolgt wird ist darin begründet, dass in Aggregations-Konstruktionen sowohl nicht-mengenwertige Entity-Typen als mengenwertige Entity-Typen zugleich konstituierenden Entity-Typen sein können und dass das Ergebnis einer solchen Konstruktion wiederum entweder ein nicht-mengenwertiger oder mengenwertiger Entity-Typ sein kann.

Aggregations-Konstruktionen für nicht-mengenwertige Informationen haben auch, wie oben für mengenwertige Informationsbausteine gezeigt, eine Extension. Mit der Aggregations-Konstruktion wird jedoch keinerlei Festlegung für die Extension der konstituierenden und konstruierten Informationsbausteine getroffen. Die als Aggregations-Konstruktionen dargestellten materiellen oder virtuellen Artefakte dürfen von der Aggregations-Konstruktion unabhängig festgelegte mengenwertige oder nicht mengenwertige Extensionen zugeordnet erhalten.

Damit sind Aggregations-Konstruktionen noch nicht vollständig erklärt. Für eine umfassende Erläuterung muss noch der konstituierende Relationship-Typ und die Konstruktions-Abstraktions-Beziehung für die Aggregation erklärt werden. Entities der an der Konstruktion beteiligten konstituierenden Entity-Typen werden in der Konstruktion einander zugeordnet.

6.2.1   Metamodell für Aggregations-Konstruktionen

Aus den oben dargestellten Beispielen ist deutlich geworden, dass die Praxis sehr unterschiedliche Aggregations-Konstruktionen zu modellieren wünscht und damit auch eine Vielzahl sehr unterschiedlicher Konstruktions-Abstraktions-Beziehungen die Konstruktion bestimmen kann. Für alle Aggregations-Konstruktionen gilt jedoch, genauso wie für Aggregationen in der klassischen Informationsmodellierung, dass sie „Teile" eine „Ganzen" betrachtet. Deshalb gilt auch für die Definition unterschiedlicher Aggregations-Konstruktionen das folgende allgemeine Meta-Modell für die Bildung der Strukturen der konstruierten Komponenten aus den konstituierenden Komponenten.

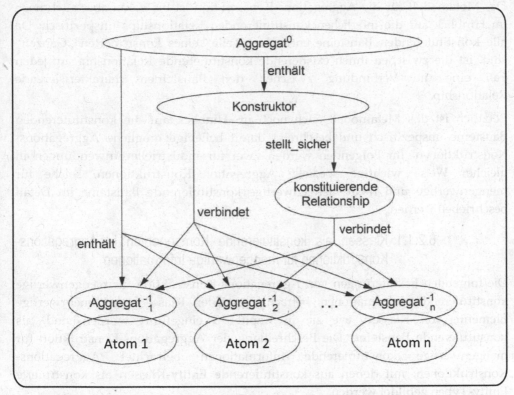

Abbildung 6-20: Metamodell der Aggregations-Konstruktion

Aus dem Metamodell ist abzuleiten, dass eine Konstruktion durch einen Konstruktor bestimmt ist und dass damit nach einer vorgegebenen Aggregations-Konstruktions-Abstraktions-Beziehung, sowie einer vorgegebenen konstituierenden Relationship aus vorgegebenen konstituierenden Bausteinen Aggregate erzeugt werden. Die konstituierenden Bausteine dürfen selbst auch Aggregate sein (wie z. B. im obigen Bild die Aggregat 1, Aggregat 2, Aggregat 3,.....). Für den Spezialfall, dass die konstituierenden Bausteine atomar sind, stellt die Aggregations-Konstruktion die unterste Stufe einer Aggregations-Konstruktions-Hierarchie dar.

Das obige Metamodell ist allgemeingültig im Hinblick auf mengenwertige und nicht-mengenwertige Informationen und auch im Hinblick auf verschiedene Aggregations-Konstruktionen für beliebige Dinge und Sachverhalte. Die Konstruktion-Abstraktions-Beziehung kann dazu unterschiedliche Ausprägungen, abhängig von der Art der zu modellierenden Dinge und Sachverhalte, annehmen. Die verschiedenen Aggregations-Konstruktionen werden sich demzufolge dann auch in ihrer Semantik voneinander unterscheiden.

Das Metamodell für die Aggregations-Konstruktion ist bis dahin aber auch noch im Hinblick auf die möglichen konstituierenden Relationships unspezifisch. Da alle konstituierenden Bausteine entweder „Teile" eines konstruierten „Ganzen" sind, ist die zwischen ihnen existierende konstituierende Relationship auf jeden Fall eine die Verbindung zwischen den Bausteinen charakterisierende Relationship.

Letztlich ist das Metamodell auch noch im Hinblick auf die konstituierenden Bausteine unspezifisch und beschreibt damit beliebige mögliche Aggregations-Konstruktionen. Im Folgenden werden zwei für industrielle Anwendungen in gleicher Weise wichtige spezielle Aggregations-Konstruktionen, solche für mengenwertige und nicht mengenwertige konstituierende Bausteine im Detail beschrieben werden.

6.2.1.1 Klassen als konstituierende Komponenten in Aggregations-Konstruktionen für mengenwertige Informationen

Die folgenden Erläuterungen von Aggregations-Konstruktion für mengenwertige konstituierende Informationen betrachten wieder Klassen und mehrwertige Elemente von Klassen wie sie in Kapitel 5 eingeführt worden sind, als konstituierende Bausteine. Die Beschreibung der Aggregations-Konstruktion für mengenwertige konstituierende Informationen betrachtet Aggregations-Konstruktionen, mit denen aus konstituierende Entity-Klassen als konstruierte Entity-Typen gebildet werden.

Dies führt dann zu einer für die Aufgabe spezifischeren Instanziierung des Metamodells, in der die konstituierenden Entity-Typen Entity-Klassen sind, der Konstruktor eine Mengenoperation ist und die konstituierende Relationship irgendeine Relation zwischen beteiligten Entity-Klassen ist.

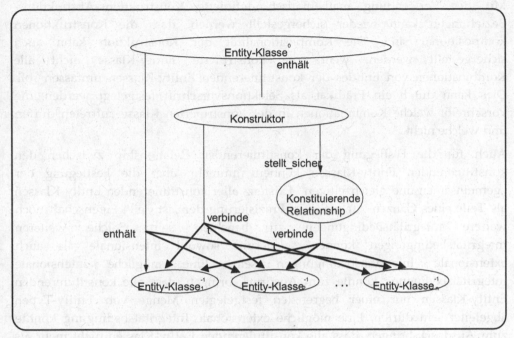

Abbildung 6-21: Metamodell der Konstruktion

Damit wird eine Aggregations-Konstruktion beschrieben, bei der die Extension der konstituierenden Entity-Typen und Relationship-Typen veränderbare Klassen von Entities sind. Um eine kompositionale Konstruktion von Klassen zu erreichen muss, wie für jede kompositionale Konstruktion, die Konstruktion durch die Anwendung einer mathematisch formalen Konstruktions-Abstraktions-Beziehung determiniert sein.

Aggregations-Konstruktionen für Entity-Klassen können nicht nur durch die Konstruktions-Abstraktions-Beziehung „kartesisches Produkt" über den Entity-Klassen der konstituierenden Entity-Typen und durch einen entsprechenden konstituierenden Relationship-Typ determiniert gebildet werden. Eine Aggregations-Konstruktion kann auch mit anderen mengentheoretische Operationen wie z.B. „Join-Zuordnungen" und "Projektion", wie sie in der relationalen Algebra definiert sind, stattfinden, mit denen Entities der konstituierenden Entity-Typen einander zugeordnet werden und dass durch diese Zuordnungen Entities des konstruierten Entity-Typ gebildet werden.

Mit der Verwendung mathematisch definierte Konstruktions-Abstraktions-Beziehungen kann wieder sichergestellt werden, dass die Konstruktionen kompositional sind. Die Kompositionalität der Konstruktion kann auch sichergestellt werden, wenn die konstruierte Entity-Klasse nicht alle Kombinationen von Entities der konstituierenden Entity-Klassen umfassen soll. Dies kann durch ein Prädikat als Selektionsvorschrift festgelegt werden, die vorschreibt welche Kombinationen in der konstruierten Klasse auftreten dürfen und welche nicht.

Auch für die Festlegung der konstituierenden Relationship zwischen den konstituierenden Entity-Klassen können nunmehr über die Festlegung der „gemeinsamen und gleichzeitigen" Existenz aller konstituierenden Entity-Klassen als Teile eines Ganzen zur weiteren Präzisierung der „ist Teil" Eigenschaft noch weitere Integritätsbedingungen zu beachten sein. Solche weiteren Integritätsbedingungen können wiederum sowohl intensionale als auch extensionale Integritätsbedingungen sein. Eine mögliche intensionale Integritätsbedingung könnte zum Ausdruck bringen, dass alle konstituierenden Entity-Klassen nur einer begrenzten festgelegten Menge von Entity-Typen abgeleitet sein dürfen. Eine mögliche extensionale Integritätsbedingung könnte zum Ausdruck bringen, dass alle konstituierenden Entity-Klassen nicht mehr als eine maximale Anzahl von Entities umfassen darf. Da die Konstituierenden Entity-Klassen mathematisch definiert sind können auch die jeweiligen intensionalen und extensionalen Integritätsbedingungen mathematisch formuliert werden.

Semantik der Konstruktions-Abstraktions-Beziehung „Aggregation" für Entity-Klassen

Aus den vorangegangenen Erläuterungen kann geschlossen werden, dass Aggregations-Konstruktionen, durch deren mathematisch formale Definition zum Beispiel als kartesisches Produkt, als durch eine präzise Formsemantik definiert bezeichnet werden dürfen. Es kann weiterhin daraus geschlossen werden, dass sich, weil konstituierende Entity-Typen beliebig gewählt sein können und damit eine voneinander verschiedene Domänensemantik haben können, die mit einer Aggregationskonstruktion entstandenen konstruierten Entities im Hinblick auf ihre Domänensemantik „heterogen" sein können.

Es ist wichtig zu beachten, dass kompositionale Aggregat-Konstruktionen sich von den „ist Teil" Abstraktionen der klassischen Informationsmodellierung signifikant unterscheiden. Die letzteren definieren nur Aufzählungen der in einem konstruierten Entity-Typ enthaltenen konstituierenden Entity-Typen. Die ersteren repräsentieren darüber hinaus die Konstruktion der konstituierenden Entity-Typen zu einem neuen „ganzen" Entity-Typ auf einem höheren Abstraktions-Niveau denn das „Ganze" ist in der Konstruktion mehr als die „Summe seiner Teile".

Existenzabhängigkeiten und Wirkungszusammenhänge in Aggregations-Konstruktionen

Die Existenzabhängigkeiten zwischen konstruierten Entity-Typen und ihren konstituierenden Entity-Typen wird durch das folgende Bild dargestellt:

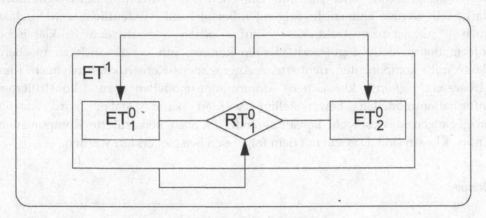

Abbildung 6-22: Existenzabhängigkeiten in Aggregations-Konstruktion

Das Bild zeigt, dass der konstruierte Entity-Typ existenzabhängig ist von den konstituierenden Entity-Typen und darüber hinaus, dass der konstruierte Entity-Typ von dem konstituierenden Relationship-Typ existenzabhängig ist.

Zur weiteren Charakterisierung der kompositionalen Aggregations-Konstruktion von Entity-Klassen können nun wiederum Prädikate, mit denen die Auswahl der zulässigen Entities in der konstruierten Klasse durch Existenzabhängigkeiten bestimmt sind, vorgegeben werden.

In einer Aggregations-Konstruktion für Entity-Klassen ist die konstruierte (aggregierte) Entity-Klasse existenzabhängig von den konstituierenden Entity-Klassen (zu aggregierende Entity-Typen) und damit ist ein konstruierter Entity-Typ existenzabhängig von allen konstituierenden Entities. Konstruierte aggregierte Entity-Klassen existieren deshalb nur so lange, wie auch ihre konstituierenden Entity-Klassen und die die jeweiligen Entity-Klassen verbindende konstituierende Relationship existieren.

6.2.1.2 Entity-Relationship-Netze als konstituierende Komponenten in Aggregations-Konstruktionen.

Ausgangspunkt der Modellierung sind die häufig relativ schnell erstellbaren Beziehungsgeflechte wie sie mit einfachen Entity-Relationship-Diagrammen dargestellt werden können. Im folgenden Beispiel soll verdeutlicht werden, dass auch Aggregat-Konstruktionen auf schon existierende klassische Informationsmodelle angewandt werden können, um verständlich zu machen, dass mit komponentenorientierten Aggregations-Konstruktionen auch der „Übergang" von klassischen Informationsmodellen zu konstruierten Informationsmodellen bewerkstelligt werden kann. Dabei wird davon ausgegangen, dass sowohl konstituierende als auch konstruierte Komponenten Entity-Klassen sind. Das soll mit dem folgenden Beispiel erklärt werden.

Beispiel:

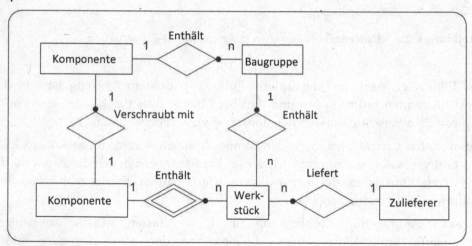

Abbildung 6-23:   Ausgangsmodell für die Aggregat-Konstruktion

Unter Verwendung der Aggregations-Konstruktion lässt sich daraus der konstruierte Entity-Typ „Produkt" ableiten. In diesem Beispiel wird verdeutlicht, dass die konstituierenden Relationships für den konstruierten Entity-Typ „Produkt" aus einer Menge von Relationships abgeleitet werden muss. Das einfachste dafür angebbare Verfahren besteht darin, zunächst jeden in diesem Modell enthaltenen elementaren Entity-Relationship-Typ zum Ausgangspunkt der Ableitung zu machen, und zunächst für jeden dieser elementaren Entity-Relationship-Typen eine Aggregationsabstraktion anzugeben. Dabei entstehen Zwischen-Aggregate, die dann weiter aggregiert werden, um das umfassende Aggregat „Produkt" zu definieren. Dies geschieht in den folgenden Schritten:

Schritt 1: Interpretation des Ausgansmodells.

Das Ausgangsmodell stellt fünf verschiedene „Werkstücke", W1......W5 und fünf „Beziehungen" B1........B5 zwischen den fünf „Werkstücken" dar.

Das Modell beschreibt, dass die mechanischen Verbindungen zwischen den Werkstücken entweder vom Typ „verklebt_mit" oder vom Typ „verschraubt_mit" sind.

W1(verklebt_mit)W2

W3(verklebt_mit)W2

W3(verklebt_mit)W4

W4(verschraubt_mit)W5

Schritt 2: Ableitung der Konstruktionen aus den die Konstruktionen bestimmenden

konstituierenden Relationships zwischen den fünf Werkstücken für die

Konstruktion von Baugruppen.

Identifikation der vier Baugruppen BG 1.........BG 4, die durch die abgeleiteten Konstruktionen aus den fünf Werkstücken entstehen sollen.

Festlegung der konstituierenden Relationships zwischen den vier identifizierten Baugruppen.

BG1(verschraubt_mit)BG2

BG2(verschraubt_mit)BG

BG3(verschraubt_mit)BG4

Schritt 3: Ableitung der Konstruktionen aus den die Konstruktion bestimmenden

konstituierenden Relationships zwischen den vier Baugruppen für die

Konstruktion von Komponenten.

Identifikation der drei Komponenten K1...K3, die aus den vier Baugruppen entstehen sollen.

Festlegung der konstituierenden Relationships zwischen den drei identifizierten

Komponenten.

K1(verschraubt_mit)K2

K2(verschraubt_mit) ·

Schritt 4: Ableitung der Konstruktion aus den die Konstruktion bestimmenden

Konstituierenden Relationships zwischen den drei Komponenten für die

Konstruktion des Produktes.

Identifikation des Produktes.

Die in diesen Schritten durchgeführten Aggregations-Konstruktionen können durch die folgende Graphik veranschaulicht werden.

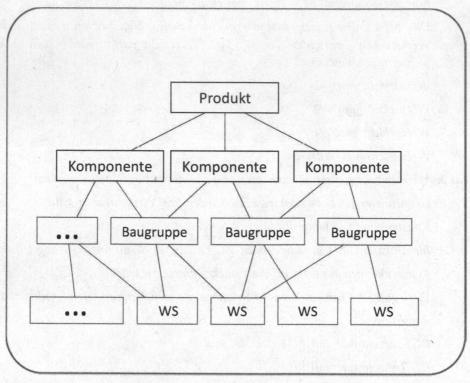

Abbildung 6-24:   Aggregationsschema für das Aggregat „Produkt"

Das obige Bespiel ist natürlich eine extreme Vereinfachung im Hinblick auf die in der industriellen Praxis zu modellierenden Informationen. Sie hat ihre Berechtigung nur deshalb, um zunächst das Prinzip der Aggregations-Konstruktion verstehen zu helfen und um daran anschließend komplexere Aufgaben bewältigen zu können. Die in der Praxis wahrnehmbare Komplexität wird dann auch häufig mit der Lebensweisheit kommentiert „alles hängt mit Allem zusammen". Genau diese Feststellung muss zur Folge haben, dass gute Techniken dieses „alles hängt mit Allem zusammen" so darzustellen, dass die Übersicht nicht verlorengeht und trotzdem auf die Darstellung des letzten Details nicht verzichtet werden muss. Aggregations-Konstruktionen werden dazu wesentlich beitragen.

Diese zugegebenermaßen aufwendige Vorgehensweise ist nicht zwingend. Insbesondere, wenn die Konstruktions-Aggregations-Beziehung auf einfachere Weise direkt angegeben werden kann, darf auf diesen Weg verzichtet werden. Es sei die Warnung gestattet, dass gerade für die präzise Definition der dynamischen Eigenschaften der Aggregate die schrittweise Vorgehensweise häufig unvermeidbar ist. Dies wird besonders deutlich, wenn versucht wird, mit Hilfe der Aggregation komplexe Produkte (z. B. Maschinen, Anlagen) zu beschreiben, für die die auf den Zwischenstufen definierten Abstrakte in sehr komplexen Relationships verbunden sein können.

Auch wenn mit den obigen Beispielen zwei verschiedene Modellierungs-Anforderungen demonstriert worden sind gilt, dass sie mit dem gleichen Konstruktionskonzept für die Aggregation von Entity-Klassen erfasst werden können. Die meisten der für die Praxis relevanten Modellierungsanforderungen sind zwischen diesen Extremen angesiedelt.

6.2.1.3 Wirkungszusammenhänge für die Aggregations-Konstruktion von Entity-Klassen

Auch für die Aggregations-Konstruktion für Entity-Klassen gilt, dass deren Semantik nicht nur durch konstituierenden Entity-Klassen und durch die die Konstruktion definierende Konstruktion-Abstraktions-Beziehung, sowie durch das durch Wirkungszusammengänge festgelegte Verhalten bestimmt wird. Die Konstruktions-Abstraktions-Beziehung zwischen einer konstruierten Entity-Klasse und ihren konstituierenden Entity-Klassen legt nicht nur fest, wie die Konstruktion ausgeführt werden muss (z.B. durch die Anwendung einer bestimmten mengentheoretischen Operation), sondern auch welche weiteren Integritätsbedingungen bei der Ausführung der Konstruktion gelten sollen (z.B. die Existenzabhängigkeit zwischen konstruiertem Entity-Typ und den konstituierenden Entity-Typen).

In einer Aggregations-Konstruktion können weitere Integritätsbedingungen durch weitergehende Anforderungen zur Sicherung der Konsistenz der mit ihr gebildeten konstruierten Komponenten, die aus der konstituierenden Relationship abgeleitet sein können, existieren und dazu bei der Konstruktion zu beachten sein. Auch diese Integritätsbedingungen sind weitere Charakterisierungen und damit weitere Festlegungen der Semantik der Konstruktion.

Auch für Aggregations-Konstruktion von Entity-Klassen lassen sich die speziellen Integritätsbedingungen wie in der klassischen Informationsmodellierung festlegen. Sie dürfen auch partielle Aggregations-Konstruktionen, totale Aggregations-Konstruktionen und schwache Aggregations-Konstruktionen sein und die daraus ableitbaren Wirkungszusammenhänge festlegen und sicherstellen.

Wirkungszusammenhänge für spezielle Aggregations-Konstruktion von Entity-Klassen.

Aggregations-Konstruktionen dürfen durch unterschiedliche Konstruktions-Abstraktions-Beziehungen, die durch die jeweilige mengentheoretischen Operationen für die Konstruktion wie zum Beispiel „kartesisches Produkt", „Join" oder „Differenz" bestimmt ist, definiert sein. Die Beachtung dieser unterschiedlichen Aggregations-Konstruktionen entspricht der Beachtung weiterer spezieller Integritäts-Bedingungen für die konstruierten Klassen neben den ohnehin geltenden Existenzabhängigkeiten, die im folgenden Bild dargestellt werden.

Wirkungszusammenhänge für partielle Klassen-Aggregationen

Die durch Aggregations-Konstruktion erzeugten konstruierten Entity-Klassen sind existenzabhängig von den konstituierenden Entity-Klassen und von der konstituierenden Relationship. Die Existenzabhängigkeit wird in der folgenden graphischen Darstellung der Konstruktion durch die Pfeile zwischen der konstruierten Entity-Klasse und den beiden konstituierenden Entity-Klassen und durch den Pfeil zwischen der konstruierten Entity-Klasse und der konstituierenden Relationship zum Ausdruck gebracht.

Beispiel:

Für die im Beispiel dargestellte partielle Klassen-Aggregation gilt, dass nicht alle Entities der konstituierenden Entity-Klassen auch konstituierende Entities des konstruierten aggregierten Entitys sein müssen, aber zu allen aggregierten Entities müssen die korrespondierenden konstituierenden Entities existieren. Die aggregierten Entities sind existenzabhängig von den konstituierenden Entities.

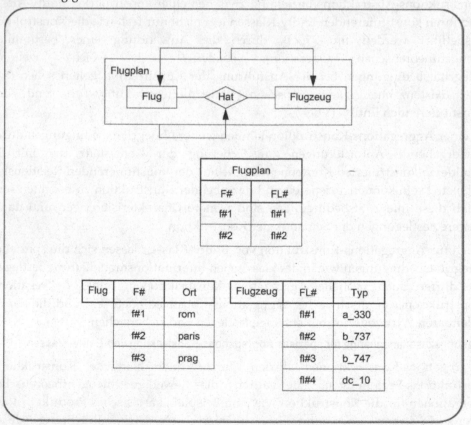

Abbildung 6-25: Intension und Extension der partiellen aggregierten Entity-Klasse „Flugplan"

Integritätsbedingungen:

1. Die Entities der Entity-Klasse „Flugplan" sind existenzabhängig von den Entities der Entity-Klasse „Flug" und „Flugzeug".
2. Es können Entities der Entity-Klasse „Flug" und „Flugzeug" existieren, die nicht auch konstituierende Entities der Entity-Klasse „Flugplan" sind (partielle Abhängigkeit).

Bedeutung:

1. Zu jedem Eintrag im Flugplan existieren stets ein Flug und ein Flugzeug (Existenzabhängigkeit).
2. Zu jedem Zeitpunkt können Flüge existieren, auf die im Flugplan verwiesen wird, und es können Flüge existieren, auf die nicht im Flugplan verwiesen wird (Partialität).
3. Zu jedem Zeitpunkt können Flugzeuge existieren, auf die im Flugplan verwiesen wird, und es können Flugzeuge existieren, auf die nicht im Flugplan verwiesen wird (Partialität).

Beispiel: Wirkungszusammenhänge für die totale Aggregations-Konstruktionen für Entity-Klassen

Für die totale Aggregation gilt, dass alle Entities der einen (totalen) konstituierenden Entity-Klasse in einer totalen Relationship zu Entities des zweiten konstituierenden Entity-Typs und existenzabhängig von den korrespondierenden Entities des abstrakten aggregierten Entity-Typs sind.

Die graphische Darstellung der Existenzabhängigkeiten bei totaler Aggregation gibt das folgende Bild wieder:

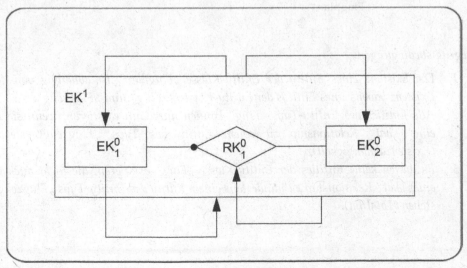

Abbildung 6-26: Darstellung der Existenzabhängigkeiten bei der totalen Aggregation

Beispiel

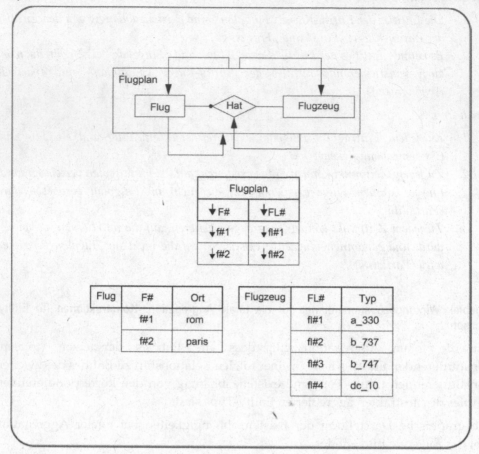

Abbildung 6-27: Existenzabhängigkeiten für die totale aggregierte Entity-Klasse „Flugplan"

Integritätsbedingungen:

1. *Die Existenz eines Entity der Entity-Klasse „Flugplan" ist abhängig von der Existenz jeweils eines Entitys der Entity-Klassen „Flug" und „Flugzeug".*
2. *Alle Entities des Entity-Typs „Flug" können nur dann existieren, wenn sie in einer „hat" Relationship zu einem Entity des Typs „Flugzeug" stehen (Existenzabhängigkeit).*
3. *Es dürfen keine Entities der Entity-Klasse „Flug" existieren, die nicht auch in einer „hat" Relationship zu mindestens einem Entity des Entity-Typs „Flugzeug" stehen (Totalität).*

Bedeutung:

1. *Zu jedem Zeitpunkt existieren zu jedem Eintrag im Flugplan ein Flug und ein Flugzeug (Existenzabhängigkeit).*
2. *Zu jedem Zeitpunkt existieren zu jedem Flug ein Eintrag im Flugplan und ein Eintrag für ein Flugzeug (Existenzabhängigkeit).*
3. *Zu jedem Flug existiert ein Flugzeug (Totalität).*
4. *Zu jedem Zeitpunkt existieren Flugzeuge, die entweder einem Flug zugeordnet sind oder keinem Flug zugeordnet sind (Partialität).*

Zur Sicherstellung der Integrität müssen die folgenden bei der totalen Aggregation die durch Propagationspfade beschriebenen Wirkungszusammenhänge beachtet werden.

Schwache Aggregation

Für die schwache Aggregation gilt darüber hinaus, dass jedes Entity der schwachen konstituierenden Entity-Klasse existenzabhängig von einem bestimmten Entity der zweiten konstituierenden Entity-Klasse ist.

Die graphische Darstellung der Existenzabhängigkeiten der schwachen Aggregate veranschaulicht das folgende Bild:

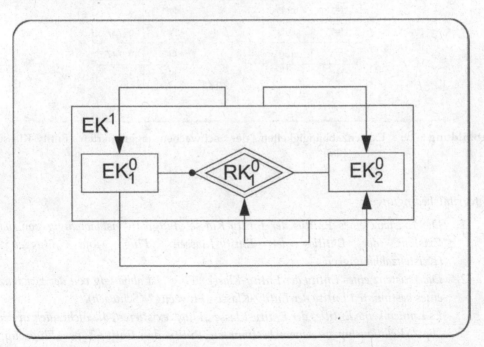

Abbildung 6-28: Existenzabhängigkeiten bei der schwachen Aggregation

Beispiel:

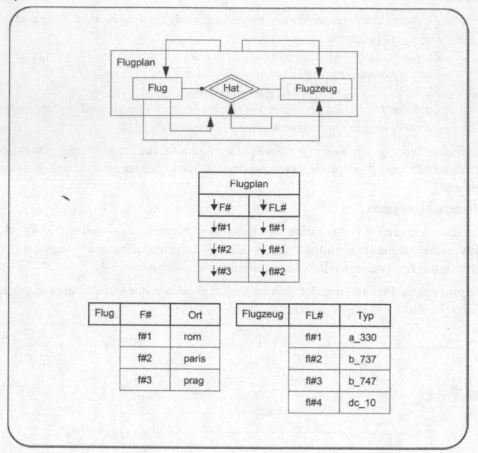

Abbildung 6-29: Existenzabhängigkeiten der schwachen aggregierten Entity-Klasse „Flugplan"

Integritätsbedingungen:

1. *Die Existenz eines Entitys der Entity-Klasse „Flugplan" ist abhängig von der Existenz der Entities der Entity-Klassen „Flug" und „Flugzeug" (Existenzabhängigkeit).*

2. *Die Existenz eines Entity der Entity-Klasse „Flug" ist abhängig von der Existenz eines bestimmten Entity der Entity-Klasse „Flugzeug" (Schwach).*

3. *Es können keine Entities der Entity-Klasse „Flug" existieren, die nicht auch in der „hat" Relationship zu einem bestimmten Entity des Entity-Typs „Flugzeug" stehen (Schwach).*

4. *Es können Entities der Entity-Klasse „Flugzeug" existieren, die nicht in einer „hat" Relationship zu einem Entity des Entity-Typs „Flug" stehen (Partialität).*

Bedeutung:

1. *Zu jedem Zeitpunkt existieren zu jedem Eintrag im Flugplan ein Flug und ein Flugzeug (Existenzabhängigkeit).*
2. *Zu jedem Zeitpunkt existiert zu jedem Flug ein Flugzeug (Totalität, Schwach).*
3. *Zu jedem Zeitpunkt existieren Flugzeuge, die entweder einem Flug zugeordnet sind oder keinem Flug zugeordnet sind (Partialität).*
4. *Jeder Flug ist von der Existenz eines bestimmten Flugzeuges abhängig (Schwach).*

Zur Sicherstellung der Integrität für schwache aggregierte Entity-Klassen sind folgende, durch Propagationspfade beschriebene, Wirkungszusammenhänge zu beachten.

Wie üblich beschreiben Propagationspfade die für die jeweilige Operation geltenden Wirkungszusammenhänge und stellen eine Spezifikation aller notwendigen konsistenzerhaltenden Maßnahmen (d. h. von mehreren zwingend auszuführenden Operationen in einer Transaktion) dar. Wie leicht zu erkennen ist, unterscheiden sich die für durch Mengenoperationen definierten Aggregations-Konstruktionen im Hinblick auf die zu beachtenden Existenzabhängigkeiten nicht von den in Kapitel 5 beschriebenen Klassen-Konstruktionen durch mengentheoretische Operationen. Deren ausführliche Diskussion ist deshalb an dieser Stelle nicht noch einmal erforderlich und die Gesamtheit der Wirkungszusammenhänge in unterschiedlichen Aggregations-Konstruktionen von Entity-Klassen kann der hier noch einmal dargestellten Übersicht entnommen werden.

Initiierung		einfügen			löschen			modifizieren		
		EK_1^0	EK^1	EK_2^0	EK_1^0	EK^1	EK_2^0	EK_1^0	EK^1	EK_2^0
partiell	EK_1^0	1	0	0	1	1	0	#	#	#
	EK^1	1	1	1	0	1	0	0	1	0
	EK_2^0	0	0	1	0	1	1	#	#	#
total	EK_1^0	1	1	1	1	1	0	#	#	#
	EK^1	1	1	1	1	1	0	1	1	0
	EK_2^0	0	0	1	1	1	1	#	#	#
schwach	EK_1^0	1	1	1	1	1	0	#	#	#
	EK^1	1	1	1	1	1	0	#	#	#
	EK_2^0	0	0	1	1	1	1	#	#	#

1 Änderungsoperation muss ausgeführt werden
0 Änderungsoperation muss nicht ausgeführt werden
 # undefiniert

Tabelle 6-1: Die aus den Integritätsbedingungen folgenden elementaren Wirkungszusammenhänge

Ohne dass in vorangegangenen Ausführungen darauf hingewiesen worden ist, sind die Wirkungszusammenhänge für Aggregations-Konstruktionen für Entity-Klassen auch mengentheoretisch definiert und damit kompositional sind.

6.2.2 Form-Änderungen und intensionale Wirkungszusammenhänge für mengenwertige Informationen

Die bisher beschriebenen Wirkungszusammenhänge für die Änderung mengenwertiger Informationen sind „extensionale Wirkungszusammenhänge" weil mit ihnen aus Existenzabhängigkeiten einer Konstruktion abgeleitete Wirkungszusammenhänge für die Extension der Konstruktion betrachtet werden. Für die Aktualisierung einer Konstruktion von mengenwertigen Informationen sind daneben aber auch noch „intensionale Wirkungszusammenhänge" zu berücksichtigen. Das heißt, dass bisher nur Veränderungen von Informationsmodellen nur durch Änderungen von extensionalen Werten diskutiert worden sind, bei denen deren Form- und Domänensemantik nicht verändert werden.

In industriellen Anwendungen, insbesondere technische industriellen Anwendungen, werden jedoch auch Änderungen der Formen zur Darstellung der Informationen während der Lebenszeit der Informationen gefordert. Sie werden immer dann nötig wenn industrielle Artefakte wie Produkte und Anlagen zur Produktion kontinuierlich weiterentwickelt werden um sie zu verbessern oder um sie an neue Herausforderungen anzupassen.

Anpassungen verursachen auch „Intensionale Wirkungszusammenhänge", wenn die Intension einer bestimmten Konstruktion während deren „Lebenszeit" durch Änderungen der Formen der konstruierten und/oder der konstituierenden Informationen, der konstituierenden Relationship oder der Konstruktions-Abstraktions-Beziehung beabsichtigt sind.

Häufig sind nur partielle Veränderungen von Konstruktionen durch partielle Änderungen der Formen zur Darstellung von konstituierenden Informationen, zur Darstellung von konstituierenden Relationships, von Konstruktions-Abstraktions-Beziehungen und zur Darstellung der konstruierten Informationen gefordert. Finden partielle Veränderungen an einer dieser, die Konstruktion definierenden Formen statt, müssen mögliche intensionale Wirkungszusammenhänge zwischen diesen Änderungen der Formen beachtet werden.

Finden partielle Änderungen an der konstituierenden Relationship oder an der Konstruktions-Abstraktions-Beziehung statt, entspricht dies der partiellen Änderung des durch sie gebildeten Konstruktors der Konstruktion. Finden partielle Änderungen an den konstituierenden Informationen oder an der konstruierten Informationen statt, kann daraus folgen, dass auch die konstituierende Relationship und/oder der Konstruktions-Abstraktions-Beziehung stattfinden müssen.

Auch partielle Änderungen irgendeiner der Formen einer Konstruktion entspricht einer Änderung der Intension und der Extension der Konstruktion und damit auch einer Veränderung der Formsemantik der Konstruktion. Partielle Änderungen der Form der konstituierenden Informationen führen nur dann zu einer Veränderung der Domänensemantik der konstruierten Information, wenn deren Konstruktion auch zu einer Veränderung der Form der konstruierten Information führt.

Intensionale Wirkungszusammenhänge für mengenwertige Informationen

Für mengenwertige Informationen, dargestellt durch Klassen, können partielle Veränderungen durch die Veränderung der Internstruktur der mehrwertigen Elemente einer Klasse, das heißt durch Veränderungen der Menge der Menge der Attribute, erreicht werden.

Auch für die Betrachtung der „intensionalen Wirkungszusammenhänge für Aggregations-Konstruktionen gelten die für jede Art von Konstruktion zu beachtenden Existenzabhängigkeiten zwischen konstruierten und konstituierenden Informationen und damit auch die zwischen konstituierenden

Informationen geltende konstituierende Relationship. Sind sowohl konstruierte als auch konstituierende Informationen mengenwertig und als Klassen dargestellt, gilt das schon bekannte Schema für die Darstellung von Existenzabhängigkeiten in Klassen-Konstruktionen.

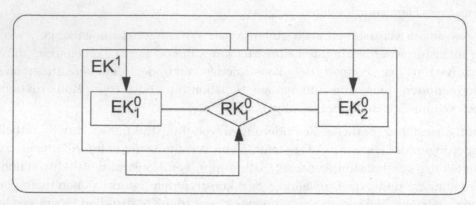

Abbildung 6-30:   Darstellung der Existenzabhängigkeit für die Aggregations-Konstruktion: ET^1 ist existenzabhängig von $ET^0{}_1$ und $ET^0{}_2$ und von RT $ET^0{}_1$

Ist die konstruierte Entity-Klasse existenzabhängig von allen konstituierenden Entity-Klassen und wird eine der konstituierenden Entity-Klassen der Aggregations-Konstruktion gelöscht oder eine weitere eingefügt, verändert das die Intension der Konstruktion. Umfasst die konstruierte Entity-Klasse auch konstituierende Entity-Klassen von denen die konstruierte Entity-Klasse nicht existenzabhängig ist, bewirkt deren Löschung oder Einfügung keine Veränderung der Intension der Aggregations-Konstruktion.

Die Veränderung der Intension der Aggregations-Konstruktion durch Veränderungen der Menge der konstituierenden Entity-Klassen führt zu einer Veränderung der konstituirenden Relationship für die Aggregations-Konstruktion dadurch, dass die Menge der Relationships zwischen den konstituierenden Entity-Klassen verändert wird.

Die Veränderung der Intension durch die Veränderung der Menge der konstituierenden Entity-Klassen und der daraufhin folgenden Veränderung der konstituierenden Relationship bewirkt auch eine Veränderung der Konstruktions-Abstraktions-Beziehung. Das bedeutet, dass mit der Veränderung der Menge der konstituierenden Entity-Klassen einer Aggregations-Konstruktion eine Veränderung des Konstruktors erfolgt.

Veränderungen der Intension einer Aggregations-Konstruktion für mehrwertige Entity-Klassen können auch dadurch bewirkt werden, dass die Menge der sie konstituierenden Attribute verändert wird. Änderungen der Menge der konstituierenden Attribute können durch Einfügen, Löschen und Ersetzen von Attributen erfolgen. Nicht jede Veränderung der Menge der konstituierenden Attribute muss zwangsläufig zu Wirkungszusammenhängen führen. Das ist darin begründet, dass die konstituierenden Entity-Klassen einer Aggregationskonstruktion und die mit ihnen gebildeten konstruierten Entity-Klassen „eigenständige" Informationsbausteine repräsentieren und demzufolge nicht jedes Attribut der konstituierenden Entity-Klassen auch ein Attribut der konstruierten Entity-Klasse sein muss und dass nicht jedes Attribut der konstruierten Entity-Klasse auch ein Attribut in mindestens einer konstituierenden Entity-Klasse sein muss.

Diese Charakteristik der Aggregations-Konstruktion spiegelt die häufig in der Praxis der Modellierung gewünschte Möglichkeit konstituierende Entity-Klassen zur Darstellung von Dingen und deren Eigenschaften abzubilden. Dazu muss nicht zwingend gefordert werden, dass sich alle Eigenschaften der konstruierten Dinge aus den Eigenschaften der konstituierenden Dinge ableiten lassen müssen, sondern auch durch weitere nicht abgeleitete Eigenschaften charakterisiert sein können. So ist zum Beispiel die „Farbe" eines Automobils üblicherweise nicht aus der „Farbe" des Fahrgestells und des Motors abgeleitet ist, sondern ein allein dem Automobil zugeordnete Eigenschaft.

Aggregations-Konstruktionen erlauben dann ebenso, dass nicht notwendigerweise, dass alle Attribute der konstituirenden Entity-Klassen Attribute der konstruierten Entity-Klasse sein müssen. So ist zum Beispiel der „maximale Betriebsdruck" im Kühlsystem des Automobils eine für das Kühlsystem relevante Eigenschaft, sie wird aber kaum zu Charakterisierung des Automobils für den Käufer taugen.

Mit dieser Charakterisierung der Aggregations-Konstruktion für mengenwertige Informationen wird verdeutlicht, dass mit ihr auch „Information Neglection Abstraktionen" und „Information Hiding Abstraktionen" dargestellt werden können und mit der Aggregations-Konstruktion auch form- und domänensemantische Veränderungen der an der Konstruktion beteiligten Entity-Klassen stattfinden können.

Dazu sind folgende Fälle zu unterscheiden:

Attribute konstituirender Entity-Klassen in Aggregations-Konstruktionen, die zu deren Identifikation dienen dürfen nur dann verändert werden, wenn mit der Veränderung tatsächlich der Austausch der betroffenen konstituierenden Entity-Klasse beabsichtigt ist.

Attribute konstituierender Entity-Klassen in Aggregations-Konstruktionen, die nicht zur Identifikation dienen können aber müssen nicht auch Attribute der mit den konstituierenden Entity-Klassen konstruierten Entity-Klasse sein.

Veränderungen der Menge der die Identität bestimmenden Attribute einer konstituierenden Entity-Klasse durch das Einfügen , Löschen und Ersetzen eines Attributes durch ein anderes verursachen in jedem Fall einen intensionalen Wirkungszusammenhang zur konstruierten Entity-Klasse und erfordern das Einfügen, Löschen bzw. Ersetzen des entsprechenden Attributs in der konstruierten Entity-Klasse.

Veränderungen der Menge der die Identität bestimmenden Attribute der konstruierten Entity-Klasse durch das Einfügen, Löschen oder Ersetzen eines Attributes in der konstruierten Entity-Klasse verursachen in jedem Fall einen Wirkungszusammenhang zu einer oder mehreren konstituierenden Entity-Klassen und erfordern entsprechendes Einfügen, Löschen, Ersetzen eines Attributes in einer oder mehreren konstituierenden Entity-Klasse und bewirken damit auch eine Veränderung der Intension der konstituierenden Entity-Klasse.

Veränderungen der Menge der nicht die Identität bestimmenden Attribute der konstruierten oder konstituierenden Entity-Klassen durch das Einfügen, Löschen oder Ersetzen eines Attributes Entity-Klasse verursachen nicht in jedem Fall einen Wirkungszusammenhang zwischen konstituierenden und konstruierter Entity-Klassen und erfordern nicht notwendigerweise entsprechendes Einfügen, Löschen, Ersetzen eines Attributes in einer oder mehreren Entity-Klasse und bewirken damit nicht zwangsläufig auch eine Veränderung der Intension der Aggregations-Konstruktion.

Alle drei der oben unterschiedenen Fälle für die Änderung der Intension einer Aggregations-Konstruktion können im Hinblick auf die durch die Existenzabhängigkeiten verursachten Wirkungszusammenhänge gleich charakterisiert werden: Sie sind entweder in jedem Fall oder nicht notwendigerweise Veränderungen der Intension und die Wirkungszusammenhänge sind intensionale Wirkungszusammenhänge. Intensionale Wirkungszusammenhänge in einer Aggregations-Konstruktions-Hierarchie erfolgen in Übereinstimmung mit dem die Hierarchie abbildenden Graphen sind Unter-Graphen des die Konstruktionshierarchie darstellenden Graphen. Die Propagation der Änderungen erfolgt entlang der Kanten im die Hierarchie darstellenden Graphen. Eine weitergehende Erläuterung der intensionalen Wirkungszusammenhänge in Aggregations-Konstruktions-Hierarchien erfolgt in Kapitel 7.

Extensionale Wirkungszusammenhänge für Aggregations-Konstruktionen mengenwertiger Informationen

Extensionale Wirkungszusammenhänge in Aggregations-Konstruktionen sind wie die intensionalen Wirkungszusammenhänge durch die für die Konstruktion geltenden Wirkungszusammenhänge bestimmt. In Übereinstimmung mit den jeweils zutreffenden intensionalen Wirkungszusammenhängen erfolgen in Aggregations-Konstruktionen auch extensionale Wirkungszusammen hänge durch die Veränderung von Entities der an der Konstruktion beteiligten Entity-Klassen. Sind die Entities der beteiligten Entity-Klassen mehrwertig, können Änderungen der Extension auch durch Änderungen der jeweiligen Attributwerte erfolgen.

Extensionale Wirkungszusammenhänge sind in Aggregations-Konstruktionen aber nicht nur durch Existenzabhängigkeiten sondern auch durch die zwischen den konstituierenden Entity-Klassen geltenden Integritätsbedingungen bestimmt. Für extensionale Wirkungszusammenhänge lassen sich dann wiederum partielle, totale oder schwache extensionale Wirkungszusammenhänge für Aggregations-Konstruktionen von Entity-Klassen ableiten. In partiellen Aggregationskonstruktionen ist die konstruierte Entity-Klasse nicht von allen konstituierenden Entity-Klassen existenzabhängig, in totalen Aggregations-Konstruktionen ist die konstruierte Entity Klasse von allen konstituierenden Entity-Klassen existenzabhängig und in schwachen Aggregations-Konstruktionen ist die konstruierte Entity-Klasse von einer bestimmten Extension von einer oder mehreren konstituierenden Entity-Klassen existenzabhängig. Deren Erläuterung durch die üblichen in Kapitel 3 eingeführten Schemata erfolgt im nächstfolgenden Absatz.

Extensionale Wirkungszusammenhänge in Aggregations-Konstruktionen entstehen darüber hinaus aber auch durch die zur Anwendung kommende Konstruktions-Abstraktions-Beziehung zwischen den konstituierenden und der konstruierten Entity-Klasse. Wie am Beginn des Kapitel erklärt, kann jede beliebige Mengenoperation wie zum Beispiel das kartesische Produkt, die Vereinigung, der Quotient, die Differenz aber auch der join und die Projektion von Mengen die Konstruktion definieren und damit werden dann jeweils voneinander verschiedene Wirkungszusammenhänge erzeugt. Eine ausführliche Diskussion der dadurch entstehenden Varianten für die Aggregations-Konstruktion muss hier verzichtet werden. Sie sind im Rahmen der Algebra bzw. Im Rahmen der Relationalen Algebra ausführlich behandelt worden. Die folgenden Darstellungen extensionaler Wirkungszusammenhänge für die Aggregations-Konstruktion durch Propagationspfade wird davon ausgegangen werden, dass die zur Anwendung kommende Konstruktion-Abstraktions-Beziehung durch das kartesische Produkt definiert ist.

Darstellung extensionaler Wirkungszusammenhänge durch Propagationspfade

Für die graphische Darstellung intensionaler Wirkungszusammenhänge werden im Wesentlichen die gleichen Schemata wie für die Darstellung extensionaler Wirkungszusammenhänge genutzt. Allerdings umfassen sie auch die explizite Darstellung der in der Konstruktion zur Anwendung kommenden Konstruktoren, weil unterschiedliche Konstruktions-Abstraktions-Beziehungen und intensionale Wirkungszusammenhänge durch Änderungen der an der Konstruktion beteiligten Entity-Klassen auch Änderungen der jeweiligen Konstruktoren erfordern können.

Im Weiteren sollen die folgenden Abkürzungen gelten:

EK^0 = konstituierende Entity-Klasse

KR   = konstruierte Relationship-Klasse

EK^1 = konstruierte Entity-Klasse

K   = Konstruktor

EK^0_1 initiierte Änderungen für partielle aggregierte Entity-Klassen

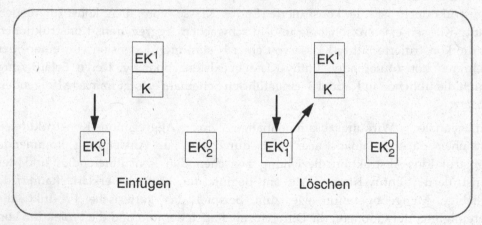

Abbildung 6-31:   Das Einfügen und Löschen von EK^0_1

Propagationspfade

   BEGIN   einfügen (EK^0_1); NIL

   BEGIN   löschen (EK^0_1); löschen (EK^1); NIL

Modifikationen sind durch Löschen und Einfügen von Entity-Klassen darstellbar.

---

[1]   Modifikationsoperationen sind wegen der angenommenen Atomizität von e^0_i nicht möglich.

EK¹ initiierte Änderungen für partielle aggregierte Entity-Klassen

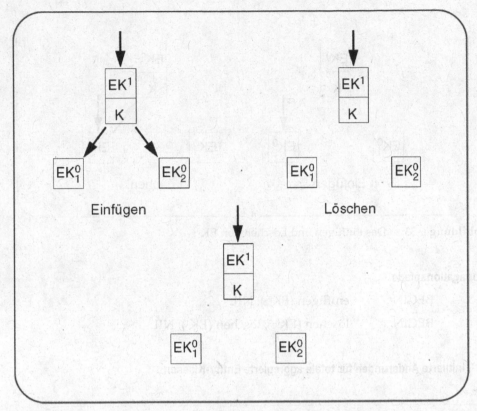

Abbildung 6-32: Das Einfügen und Löschen und Modifizieren von EK¹

Propagationspfade

BEGIN   einfügen (EK¹); (einfügen (EK$^0_1$) + einfügen (EK$^0_2$)); NIL

BEGIN   löschen (EK¹); NIL

BEGIN   modifizieren (EK¹); NIL

EK$^0_2$ initiierte Änderungen für partielle aggregierte Entity-Klassen

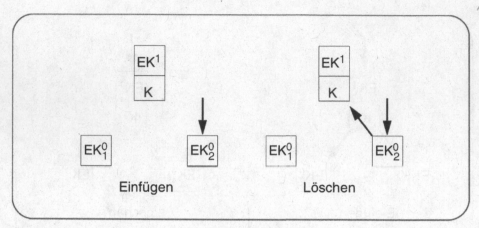

Abbildung 6-33:   Das Einfügen und Löschen von EK$^0_2$

Propagationspfade

      BEGIN   einfügen (EK$^0_2$); NIL

      BEGIN   löschen (EK$^0_2$); löschen (EK^1); NIL

EK$^0_1$ initiierte Änderungen für totale aggregierte Entity-Klassen

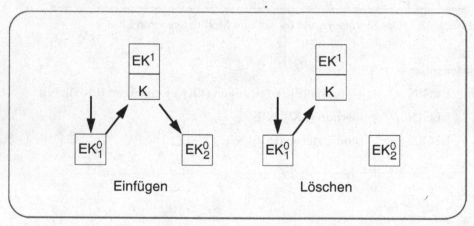

Abbildung 6-34:   Das Einfügen und Löschen von EK$^0_1$

Propagationspfade

      BEGIN   einfügen (EK$^0_1$); einfügen (EK^1); einfügen (EK$^0_2$); NIL

      BEGIN   löschen (EK$^0_1$); löschen (EK^1); NIL

EK^1 initiierte Änderungen für totale aggregierte Entity-Klassen

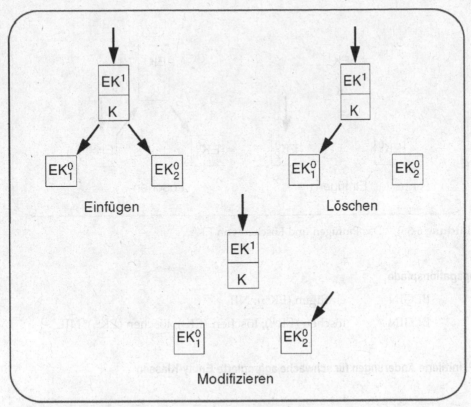

Abbildung 6-35: Das Einfügen, Löschen und Modifizieren von EK^1

Propagationspfade

BEGIN   einfügen (EK^1); (einfügen (EK$^0_1$) + einfügen (EK$^0_2$)); NIL

BEGIN   löschen (EK^1); löschen (EK$^0_1$); NIL

BEGIN   modifizieren (EK^1); löschen (EK$^0_1$); NIL

EK$^0_2$ initiierte Änderungen für totale elementare Entity-Klassen

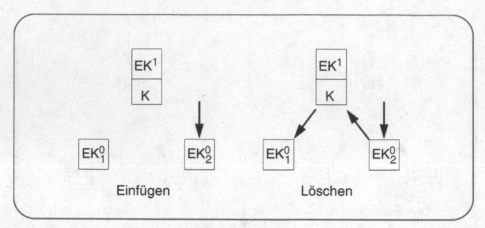

Abbildung 6-36:   Das Einfügen und Löschen von EK$^0_2$

Propagationspfade

> BEGIN   einfügen (EK$^0_2$); NIL
>
> BEGIN   löschen (EK$^0_2$); löschen (EK^1); löschen (EK$^0_1$); NIL

EK$^0_1$ initiierte Änderungen für schwache aggregierte Entity-Klassen

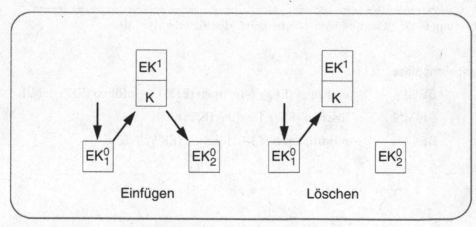

Abbildung 6-37:   Das Einfügen und Löschen von EK$^0_1$

Propagationspfade

> BEGIN   einfügen (EK$^0_1$); einfügen (EK^1); einfügen (EK$^0_2$); NIL
>
> BEGIN   löschen (EK$^0_1$); löschen (EK^1); NIL

EK¹ initiierte Änderungen für schwache aggregierte Entity-Klassen

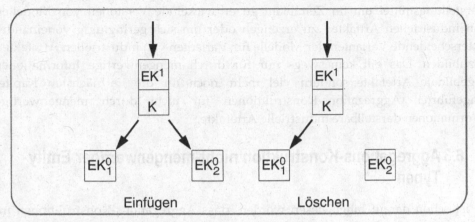

Abbildung 6-38: Das Einfügen und Löschen von EK¹

Propagationspfade

> BEGIN einfügen (EK¹); (einfügen (EK⁰₁) + einfügen (EK⁰₂))); NIL
>
> BEGIN löschen (EK¹); löschen (EK⁰₁); NIL

EK⁰₂ initiierte Änderungen für schwache aggregierte Entity-Klassen

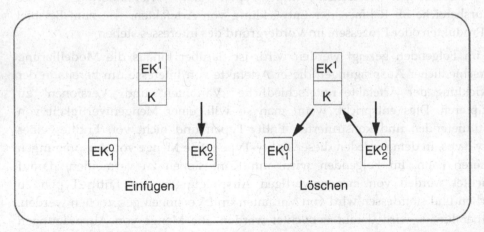

Abbildung 6-39: Das Einfügen und Löschen von EK⁰₂

Propagationspfade

> BEGIN einfügen (EK⁰₂); NIL
>
> BEGIN löschen (EK⁰₂); löschen (EK¹); löschen (EK⁰₁); NIL

Formänderungen und aus Formänderungen resultierende Wirkungszusammenhänge sind in industriellen Anwendungen geeignete Darstellungsmittel um im Zeitablauf zu entwickelnde Versionen von Modellen von industriellen Artfakten zu erzeugen oder um sich geringfügig voneinander unterscheidende Varianten der Modelle für Varianten von industriellen Artefakten abzubilden. Das gilt keineswegs nur für durch mengenwertige Informationen abgebildete Artefakte sondern viel mehr noch für die im nächsten Kapitel eingeführten Aggregations-Konstruktionen für nicht durch mengenwertige Informationen darstellbare industrielle Artefakte.

6.3 Aggregations-Konstruktion nicht-mengenwertiger Entity-Typen

Es ist schon darauf hingewiesen worden, dass Aggregations-Konstruktionen im Allgemeinen und insbesondere Aggregations-Konstruktionen für nicht-mengenwertige konstituierende und konstruierte Informations-Bausteine der konstruktiven Informationsmodellierung dienen. Dazu sind einige weitere Erläuterungen zu den verwendeten Begriffen nötig:

Nicht-mengenwertige konstituierende und konstruierte Informations-Bausteine sollen solche sein, in denen nicht die Darstellung von Mengen sich voneinander unterscheidender Entities eines Entity-Typs zur Erfassung der Informationen eines Diskursbereiches modelliert werden sollen, sondern wenn vielmehr Entity-Typen und Beziehungen zwischen Entity-Typen zur „Konzipierung" eines Diskursbereiche im Rahmen der Entwicklung von Artefakten, wie zum Beispiel von Produkten oder Prozessen, im Vordergrund des Interesses stehen.

Wie im Folgenden gezeigt werden wird, ist darüber hinaus die Modellierung unterschiedlicher Ausprägungen dieser Artefakte von Interesse um bereits in der Entwicklung der Artefakte unterschiedliche „Varianten" und „Versionen" zu konzipieren. Dies entspricht, wenn man so will, einer Mengenwertigkeit von konstituierenden und konstruierten Entity-Typen und nicht von Entities eines Entity-Typs, in dem für jeden dieser Entity-Typen eine Menge von Ausprägungen existieren kann. Im Folgenden wird, um Konfusionen zu vermeiden, darauf verzichtet werden von mengenwertigen Ausprägungen von Entity-Typen zu sprechen und stattdessen wird von Varianten und Versionen gesprochen werden. Darüber hinaus wird darauf verzichtet werden, die Menge von Ausprägungen eines Entity-Typs als Klasse zu bezeichnen.

6.3.1 Aggregations-Konstruktionen für materielle Artefakte

In diesem Unter-Kapitel soll zunächst mit einem Bespiel die Aggregations-Konstruktion für materielle Artefakte veranschaulicht werden. Im folgenden Unter-Kapitel wird dann die Aggregations-Konstruktion für virtuelle Artefakte und für das „Ineinandergreifen" von materiellen und virtuellen Artefakten verdeutlicht werden.

Für die Modellierung materieller Artefakte ist nicht nur die Abbildung der Struktur der Artefakte durch Aggregations-Konstruktionen, sondern auch die Repräsentation der „materiellen" Eigenschaften der Artefakte in den Modellen unverzichtbar. Im Folgenden werden deshalb zunächst Strukturbildungen und Strukturen von Aggregations-Konstruktionen und daran anschließend die Modellierung der Eigenschaften der materiellen Artefakte diskutiert werden.

6.3.1.1 Modellierung von materiellen Aggregations-Konstruktionen

Wie auch bei der Einführung der jeweiligen Modellierungs-Konzepte in den vorangegangenen Kapiteln soll auch die Einführung der Konzepte für die Aggregations-Konstruktion materieller Artefakte durch ein einfach nachzuvollziehendes Beispiel unterstützt werden.

Beispiel:

Modelliert wird ein „Kühlsystem" wie es zum Beispiel in einer Verbrennungskraft-Maschine benötigt wird, um die Erwärmung der Maschine nicht über einen Schwellenwert hinaus ansteigen zu lassen und um damit Beschädigungen der Maschine zu vermeiden. Das Kühlsystem besteht aus einer Pumpe mit der Kühlmittel zu den Maschinenteilen gepumpt wird, an denen die Erwärmung entsteht (d.h. zu den Zylindern der Hob-Kolben-Maschine). Die Pumpe sorgt darüber hinaus für den Weitertransport des Kühlmittels nach dessen Erwärmung zu einem kaltluft-durchströmten Radiator in dem das Kühlmittel wieder auf eine zulässige Temperatur gekühlt wird. Die Bauteile des Kühlsystems sind durch Rohrverbindungen zu einem geschlossenen Kühlsystem zusammengefügt. Das Kühlsystem lässt sich dann ganz offensichtlich als eine Aggregations-Konstruktion mit den konstituierenden Aggregaten „Pumpe", „Wärmetauscher-Zylinder" und „Wärmetauscher-Radiator" modellieren.

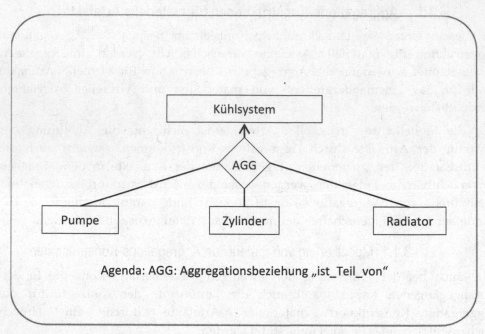

Abbildung 6-40:   Aggregation in der klassischen Informationsmodellierung

Das obige Modell stellt eine Aufzählung der Entity-Typen „Pumpe", „Zylinder" und „Radiator" dar, die in einer „is_part_of" –Beziehung zum Entity-Typ „Kühlsystem" stehen. Es umfasst keine Informationen, die darstellen in welcher Weise die Teile zu einem Ganzen zusammengefügt werden.

Um darzustellen, dass die Voraussetzung für die Konstruktion der Teile zu einem Ganzen die Existenz einer Vorstellung vom Zusammenwirken der Teile im Ganzen ist, werden die im folgenden erweiterten Bild eingefügten konstituierenden Relationship-Typen KR eingefügt. Mit den KR wird verdeutlicht, dass zwischen den konstituierenden Teilen des Ganzen konstituierende Beziehungen existieren müssen, mit denen die Voraussetzungen für das Zusammenwirken der Teile im Ganzen erfüllt werden.

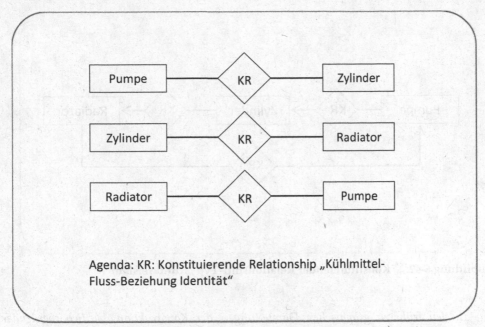

Abbildung 6-41:   Voraussetzungen für die Aggregations-Konstruktion

Die im Bild dargestellten konstituierenden Relationship-Typen tragen den gleichen Bezeichner KR und damit wird zum Ausdruck gebracht, dass sie eine gleiche Beziehung zwischen den verschiedenen konstituierenden Entity-Typen repräsentieren. Mit ihnen wird zum Ausdruck gebracht, dass jeder der konstituierenden Relationship-Typen die Beziehung „Kühlmittelfluss" zwischen den konstituierenden Entity-Typen „Pumpe" und „Zylinder", „Zylinder" und „Radiator" sowie zwischen „Radiator" und „Pumpe" als Voraussetzung für die Konstruktion bezeichnet. Der konstituierende Relationship-Typ ist wie dargestellt nicht nur ein Relationship-Typ sondern jeweils ein Relationship-Typ für jedes der Entity-Typ-Paare „Pumpe/Zylinder", „Zylinder/Radiator" und „Radiator/Pumpe". Allerdings sind alle diese konstituierenden Relationship-Typen KR gleich und repräsentieren die Kühlmittelfluss-Beziehung für jedes der betrachteten Entity-Typ-Paare. Mit der obigen Darstellung ist auch zum Ausdruck gebracht, dass wegen der Namensdopplungen in diesen Paaren offensichtlich noch weitere Beziehungen zwischen den drei Entity-Typ-Paare noch zu berücksichtigen sind. Diese Tatsache wird im folgenden ergänzten Bild berücksichtigt.

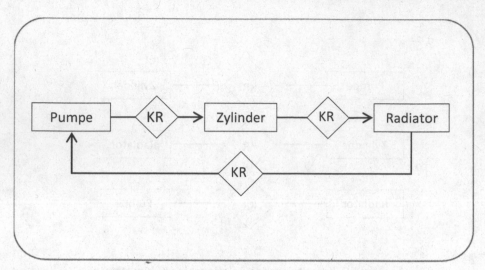

Abbildung 6-42:   Konstituierender Relationship-Typ „Kühlkreislauf"

Ein zu den früheren graphischen Darstellungen der Konstruktion deutlich werdender Unterschied besteht darin, dass die konstituierenden Relationship-Typen zwischen den konstituierenden Entity-Typen nicht nur lineare Ketten sondern auch Zyklen bilden können. Das Beispiel macht deutlich, dass der konstituierende Relationship-Typ tatsächlich ein ganzes Entity-Typ/Relationship-Typ-Netz sein kann und im Beispiel auch sein muss. Der konstituierende Relationship-Typ in seiner Gänze repräsentiert deshalb nicht nur eine „Kühlmittelfluss-Beziehung" sondern eine „Kühlkreislauf-Beziehung". Das Bild ergänzt die Darstellung des konstituierenden Relationship-Typs auch noch weiterhin dadurch, dass die Kühlmittelfluss-Beziehung als gerichtete Beziehung darstellt um tatsächlich einen „Kreislauf" zu repräsentieren.

Diese noch immer unvollständige graphische Darstellung der Aggregations-Konstruktion lässt noch keine Rückschlüsse auf die Art der Konstruktion des Ganzen aus seinen konstituierenden Teilen zu. Erst der Eintrag der Konstruktions-Abstraktions-Beziehung in die obige Graphik behebt dieses Defizit.

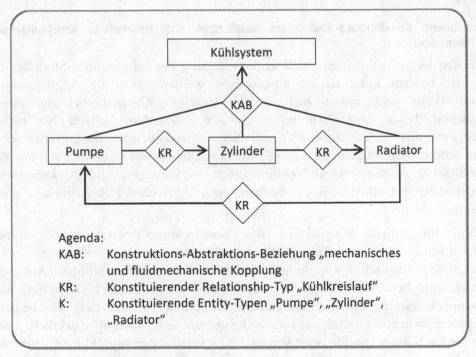

Abbildung 6-43:   Aggregations-Konstruktion „Kühlsystem"

Die Konstruktion des Ganzen aus seinen Teilen wird durch die Angabe der Konstruktions-Abstraktions-Beziehung „mechanische und fluidmechanische Kopplung" der Teile bezeichnet. Deren Bedeutung und gewünschte Deutung wird später zusammen mit einigen weiteren Erläuterungen der Aggregations-Konstruktion im Detail erklärt werden. Dem obigen Bild ist weiterhin zu entnehmen, dass die konstituierenden Relationship-Typen KR gerichtete Beziehungen sind um deutlich zu machen in welcher Richtung der Kühlmittelfluss erfolgen muss um einen geschlossenen „Kühlkreislauf" zu modellieren.

Mit einer weiteren Bemerkung soll darauf hingewiesen werden, dass die oben entwickelte Konstruktion mit den konstituierenden Entity-Typen „Pumpe", „Zylinder" und „Radiator" materielle Artefakte und mit den konstituierenden Relationship-Typen „Kühlmittelfluss" virtuelle Artefakte umfasst. Dass dies in den hier zur Debatte stehenden Anwendungen der Regelfall sein wird, wird Anlass dafür sein die materillen/virtuellen Kopplungen im nächsten Unterkapitel ausführlicher zu diskutieren.

Strukturierte Konstruktions-Abstraktions-Beziehungen und strukturierte konstituierende Relationship-Typen

Vor den weiteren Schritten zur Vervollständigung des Informations-Modells für ein Kühlsystem muss darauf hingewiesen werden, dass die Aggregations-Konstruktion und mithin auch die Konstruktions-Abstraktions-Beziehungen zwischen Teilen und dem mit ihnen zu bildenden Ganzen für nicht mengenwertige Teile komplexe Vorschriften, wie zum Beispiel die „mechanische und fluidmechanische Kopplung", sein können. Diese selbst zu detaillieren um sie handhabbar zu machen, sie vollumfänglich zu verstehen und zu konkreten Anleitungen für die Praxis zu machen, erfordert weitere Überlegungen und Konzeptbildungen.

Schon im obigen Beispiel ist die Konstruktions-Abstraktions-Beziehung offensichtlich durch zwei Konstruktionsaspekte, nämlich als „mechanische" und die „fluidmechanische" Kopplung zu betrachten, vorgegeben worden. Aus der Anschauung heraus kann abgeleitet werden, dass die mechanische Kopplung die Voraussetzung für die fluidmechanische Kopplung ist und dass die beiden Kopplungen in einer Beziehung zueinander stehen. Es ist auch offensichtlich, dass die beiden Konstruktionsaspekte konzeptionell verschieden sind. Für die weiteren Überlegungen soll deshalb davon ausgegangen werden, dass Konstruktions-Abstraktions-Beziehungen selbst auch wie Entity-Typen konstruiert sein können und mehrere sich semantisch voneinander unterscheidende Konstruktions-Abstraktions-Beziehungen als konstituierende Konstruktions-Abstraktions-Beziehungen umfassen können.

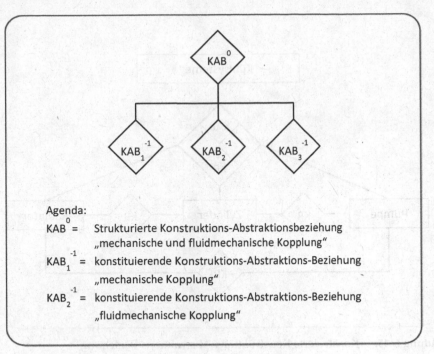

Abbildung 6-44: Strukturierte Konstruktions-Abstraktions-Beziehung

Dass dies nicht wirklich eine konzeptionelle Erweiterung der komponentenorientierten Informationsmodellierung darstellt wird unter Berücksichtigung der Relativitäts-Prinzips sofort deutlich, nach dem die Konstruktions-Abstraktions-Beziehung zwischen konstituierenden Entity-Typen selbst wiederum als eine von zwei Repräsentationen eines Entity-Typ aufgefasst werden kann.

Kompatibilität von Konstruktions-Abstraktions-Beziehungen in strukturierten Konstruktions-Abstraktions-Beziehungen

Ist eine Konstruktions-Abstraktions-Beziehung strukturiert und umfasst mehrere konstituierende Konstruktions-Abstraktions-Beziehungen muss sichergestellt sein, dass die konstituierenden Konstruktions-Abstraktions-Beziehungen zueinander kompatibel sind, das heißt, dass die sie umfassende Konstruktions-Abstraktions-Beziehung durch eine Konstruktion gebildet worden ist. Dies wird mit dem folgenden Bild veranschaulicht.

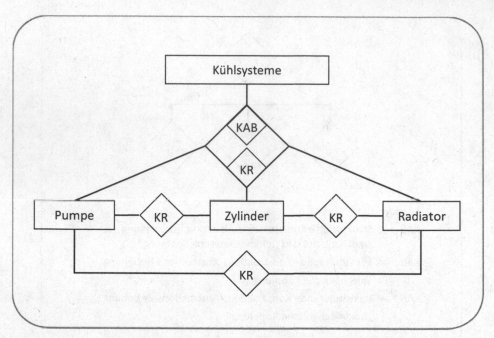

Abbildung 6-45:   Konstruierte Konstruktions-Abstraktions-Beziehung

Die Darstellung der konstruierten Konstruktions-Abstraktions-Beziehung im Rahmen der Aggregations-Konstruktion erfolgt durch ein Ineinanderschachteln der konstruierten und der konstituierenden Konstruktions-Abstraktions-Beziehungen. Das soll wiederum mit dem oben eingeführten Beispiel verdeutlicht werden.

Beispiel:

Die beiden dort geforderten Aggregations-Konstruktionen „mechanische Kopplung" und „fluidmechanische Kopplung" können so erreicht werden, dass eine der beiden Konstruktionen gleichzeitig auch die zweite Konstruktion sicherstellt und damit Kompatibilität nachzuweisen trivial ist. (Eine „Rohrverbindung" zwischen Pumpe, Zylinder und Radiator ist sowohl eine mechanische als auch eine mögliche fluidmechanische Kopplung. In anderen Modellierungs-Aufgaben ist möglicherweise eine der beiden Konstruktionen die Voraussetzung für die zweite, nicht notwendigerweise aber auch eine zur ersten Konstruktion kompatible Konstruktion. Der Nachweis der Kompatibilität kann möglicherweise nur durch eine Veränderung von einer der beiden Konstruktionen erreicht werden. (Die mechanische Kopplung durch eine Rohrverbindung kann nicht durch eine Schraubverbindung zwischen dem Radiator und der Pumpe sondern nur durch eine Klebeverbindung hergestellt werden.)

Das Beispiel stellt eine extrem vereinfachte Aufgabe dar. Sie macht aber schon deutlich, dass die Modellierung ausreichende Kenntnisse der physikalischen Ingenieurwissenschaften erfordert um Entscheidungen über Kompatibilität oder Inkompatibilität treffen zu können.

Aggregations-Konstruktions-Hierarchien

Konstruierte Entity-Typen haben, als Repräsentationen beliebiger konstruierter, virtueller oder materieller Dinge, einen dualen Charakter: Sie repräsentieren das konstruierte Ding und zugleich die Konstruktion des Dings aus seinen es konstituierenden Dingen. Das konstruierte Ding erhält eine eigene Identität durch einen Bezeichner für das konstruierte Ding. Die Konstruktion ist durch die für die Konstruktion spezifische Konstruktion-Abstraktions-Beziehung und durch die mit ihr kompatiblen konstituierenden Relationship definiert. Dies ist mit dem in Kapitel 4 eingeführten Relativitäts-Prinzip für Konstruktionen begründet worden. Die dazu dort eingeführten graphischen Darstellungen dieses Sachverhaltes verdeutlichen die dort eingeführten Bilder noch einmal.

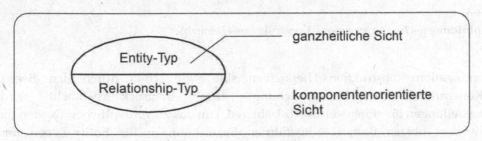

Abbildung 6-46:   Duale Darstellung

Die Sicht von oben auf die Darstellung eines Entity-Typs entspricht der ganzheitlichen Sicht auf einen konstruierten Gegenstand des Diskursbereiches. Die Sicht von unten auf die Darstellung eines Entity-Typs liefert die Sicht auf die, mit einer konstituierenden Relationship kompatiblen, Konstruktions-Abstraktions-Beziehung für diesen konstruierten Gegenstand des Diskursbereiches und damit auf den Konstruktor für diese Konstruktion.

Die Darstellung einer Aggregations-Konstruktions-Hierarchie entspricht dann dem folgenden Bild.

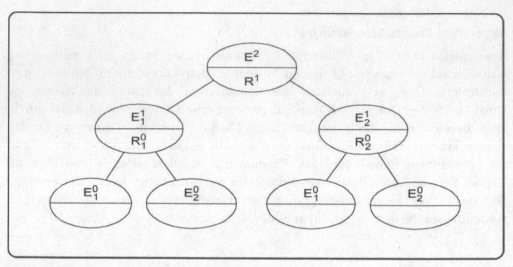

Abbildung 6-47:   Aggregations-Konstruktions-Hierarchie

Aggregations-Konstruktions-Hierarchien sind, wie schon durch den Begriff „Konstruktions-Abstraktions-Beziehung" zum Ausdruck gebracht wird, Darstellungen für stufenweises Abstrahieren. Um das zu verdeutlichen werden die mit dem obigen Beispiel eingeführten Bezeichnungen für Entity-Typen und Relationship-Typen weiterverwendet.

Beispiel:

Die Entity-Typen „Pumpe", „Zylinder" und „Radiator" werden mittels einer Konstruktion, die durch die Konstruktions-Abstraktions-Beziehung „mechanische und fluidmechanische Kopplung", zum Entity-Typ „Kühlsystem". Diese Konstruktion repräsentiert die höchste Konstruktionsstufe in der im obigen Beispiel vorgegebenen Aggregations-Konstruktions-Hierarchie. Mit ihr wird von den tatsächlich nötigen Informationen, wie eine mechanische und fluidmechanische Kopplung erfolgen soll abstrahiert. Die Information, dass eine solche Kopplung durch eine „Rohrverbindung" zwischen den Entity-Typen „Pumpe", „Zylinder" und „Radiator" ermöglicht werden kann, ist auf dieser Konstruktionsstufe nicht von Belang.

Damit wird verdeutlicht, dass bei einer Konstruktion immer auch entschieden werden muss, welche Abstraktionen mit dem jeweiligen Konstruktionsschritt gewünscht sind. Auch wenn Konstruktionen mit Abstraktionen verbunden sind müssen sie, um die Kompositionalität der Konstruktion sicherzustellen zusammen betrachtet werden. Konstruktions-Abstraktionen spielen in der Organisation von Arbeitsteilung und damit in der Produktgestaltung durch Zulieferung von

Komponenten und von im Markt angebotenen „Standard-Produkten" zu deren Einbau in neue Produkte eine große Rolle. Dies wird im Folgenden noch einmal verdeutlicht werden.

Kompositionale Aggregations-Konstruktions-Hierarchien

Soll sichergestellt werden, dass Aggregations-Konstruktionen kompositional sind, muss sich die Semantik eines konstruierten Entity-Typs aus der Semantik der konstituierenden Entity-Typen und aus der Semantik der Konstruktion ableiten lassen. Da Aggregations-Konstruktions-Hierarchien gleichzeitig auch Verfeinerungs-Hierarchien sind, das heißt, dass ein konstruierter Entity-Typ auf einem feingranularerem Niveau durch seine konstituierenden Entity-Typen repräsentiert wird, kann Kompositionalität nur garantiert werden, wenn die Verfeinerung das zur Abstraktion inverse Modellierungskonzept für Aggregations-Konstruktionen ist.

Beispiel:

Der Entity-Typ „Kühlsystem" wird in der obigen Darstellung durch seine Verfeinerung durch die Entity-Typen „Pumpe", „Zylinder" und „Radiator" repräsentiert. Dass diese Verfeinerung keine hinreichende Verfeinerung ist, wird dadurch deutlich, dass mit ihr keine auch fluidmechanische Kopplung, wie sie mit der Konstruktions-Abstraktions-Beziehung gefordert wird, zu erreichen ist.

Die bisher betrachtete Verfeinerung verletzt die Bedingung, dass Konstruktion und Verfeinerung zueinander invers sein müssen und damit wird die Kompositionalitäts-Forderung nicht erfüllt. Um die Kompositionalitäts-Forderung erfüllen zu können ist eine vollständigere Verfeinerung, wie sie folgenden Bild dargestellt ist nötig.

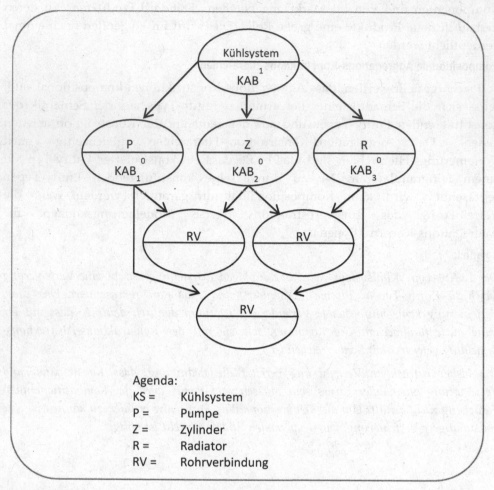

Abbildung 6-48:   Vervollständigte Konstruktions-Hierarchie

Rohrverbindungen sind zwischen jeweils zwei der konstituierenden Komponenten des Kühlsystems nötig um einen Kühlmittelfluss zwischen ihnen zu ermöglichen. Rohrverbindungen sind deshalb, neben anderen, konstituierende Entity-Typen der Entity-Typen „Pumpe", „Zylinder" und „Radiator".

Gemeinsame konstituierende Entity-Typen

Im obigen Bild der vervollständigten Konstruktions-Hierarchie sind die Entity-Typen „Rohrverbindung" gemeinsame konstituierende Entity-Typen von zwei übergeordneten Entity-Typen weil mit ihnen die nötige Verbindung hergestellt wird, um einen Fluss des Kühlmittels zu ermöglichen. Das ist ein in Aggregations-Konstruktionen häufig anzutreffender Tatbestand. Die Semantik der gemeinsamen Entity-Typen tragen in kompositionalen Konstruktionen in gleicher Weise zur Semantik aller übergeordneten Entity-Typen bei. Werden währen der Nutzung eines modellierten Artefakts Änderungen an gemeinsamen konstituierenden Entity-Typen verlangt, entstehen zwischen den jeweils übergeordneten Entity-Typen „transitive Abhängigkeiten". Sie bedingen die Notwendigkeit die geforderten Veränderungen zu allen über- und untergeordneten Entity-Typen zu propagieren. Eine ausführlichere Diskussion der damit erzeugten Effekte und ihrer Handhabung erfolgt in Kap.7.

Konstruktions-Abstraktionen für materielle Artefakte

Wie oben schon einleitend betont, sind Konstruktions-Abstraktionen der Schlüssel zur Organisation von industrieller Arbeitsteilung, von Zulieferung und von Zuliefer-Ketten. Mit Konstruktions-Abstraktionen können Sichtbarkeitsgrenzen für den „inneren Aufbau" von Artefakten festgelegt werden um beispielsweise geistiges Eigentum, dass mit den zuzuliefernden Artefakten verbunden ist, zu schützen. Dies geschieht dadurch dass nur die Informationen über den „inneren Aufbau" nach außen bekannt gemacht werden, die für die Nutzung relevant oder unabdingbar sind, während „sensible" Informationen zurückgehalten werden. Auch dies soll mit dem oben eingeführten Beispiel verdeutlicht werden.

Beispiel:

Die zwischen den konstituierenden Entity-Typen „Pumpe", „Zylinder" und „Radiator" benötigten „Rohrverbindungen" können auf sehr unterschiedliche Weise hergestellt werden: Durch Verwendung unterschiedlicher Materialien für die Rohre selbst oder durch unterschiedliche Dichtungs-Materialien für die Dichtungen zwischen den Rohren und den obigen konstituierenden Komponenten des Kühlsystems, mit denen besonders hohe Drücke im Kühlsystem möglich werden, das Durchfluss-Volumen der Kühlflüssigkeit pro Zeiteinheit außergewöhnlich hoch sein kann und die Kühlleistung größer sein kann. Diese Informationen über die Rohrverbindung stellen möglicherweise einen Wettbewerbsvorteil dar und deren Zurückhaltung dient dem Erhalt dieses Wettbewerbsvorteils.

Zur Vervollständigung der obigen Erläuterungen zur Bedeutung von Konstruktions-Abstraktionen muss erwähnt werden, dass sich das Zurückhalten von Informationen nicht auf die konstituierenden Komponenten selbst, sondern auch auf deren Eigenschaften beziehen kann. Diese Unterscheidung zwischen der Zurückhaltung von Informationen über die Artefakte selbst und über die Eigenschaften der Artefakte gelingt auch hier durch die aus der klassischen Informationsmodellierung bekannte Unterscheidung zwischen Entity-Typen und Attributen und mit der Zuordnung von Attributen zu Entity-Typen. Weitere Erläuterungen dazu folgen nach der folgenden Diskussion zur Modellierung von Eigenschaften in Aggregations-Konstruktionen.

Mengenwertige konstituierende Komponenten in Aggregations-Konstruktionen

Um Missverständnissen vorzubeugen sei einleitend betont, dass mit den jetzt zu beschreibenden Aggregations-Konstruktionen nach wie vor intensionale Komponenten-Konstruktionen betrachtet werden, auch wenn einzelne konstituierende Komponenten einer Konstruktion mengenwertig sind. Mit anderen Worten: Die hier betrachtete Mengenwertigkeit ist eine intensionale Mengenwertigkeit. In einer solchen existieren für eine konstituierende Komponente mehrere zulässige unterschiedliche Ausprägungen. Auch hier wird wieder mit dem oben eingeführten Beispiel das Modellierungs-Konzept verdeutlicht.

Beispiel:

Die für ein Kühlsystem benötigten Rohrverbindungen können entweder „Metall-Rohre" oder „Verbundmaterial-Rohre" sein. Wenn dabei gilt, dass Metall-Rohre höhere Drücke als Verbundmaterial-Rohre im Kühlsystem zulassen, sind dies zwar keine gleichwertigen Optionen aber möglicherweise akzeptable Optionen. Sind die Verbundmaterial-Rohre flexibler kann deren Verlegung im Motorraum zum Beispiel platzsparender sein und damit einen anderen Vorteil als die Metall-Rohre anbieten. Damit kann das ansonsten gleiche Kühlsystem möglicherweise in zwei unterschiedlichen Automobilen genutzt und damit wiederverwendet werden.

Mengenwertige konstituierende Komponenten dienen demzufolge der Entwicklung von Varianten eines Produktes. Mit ihnen ist mithin eine „Individualisierung" eines Produktes verbunden: Das Produkt wird individuell im Hinblick auf eine ganz bestimmte konstituierende Komponente. Je größer die Anzahl der mengenwertigen konstituierenden Komponenten in einer Aggregations-Konstruktions-Hierarchie ist, umso größer sind die Individualisierungsmöglichkeiten. Aggregations-Konstruktions-Hierarchien sind sobald auch nur eine konstituierende Komponente eine mengenwertige Komponente ist intensional „einzigartig". Um Individualisierungen wegen der damit verbundenen Kosten nicht ausufern zu lassen, können in Aggregations-Konstruktionen solche konstituierenden Komponenten, die vielen übergeordneten Komponenten genutzt werden, als Standard-Plattformen eigeführt werden, um Individualisierungen immer nur relativ zu diesen Plattformen zulassen zu können. Eine weitergehende Erörterung dieses Vorgehens erfolgt in Kapitel 7.

Die Aggregations-Konstruktions-Beziehung „one_of_a_kind"

Die im vorangegangenen Absatz beschriebene Individualisierung durch mengenwertige konstituierende Komponenten in einer Aggregations-Konstruktions-Hierarchie stellt keine Festlegung im Hinblick auf die für jede Komponente tatsächlich späterhin hergestellten und genutzten Exemplare einer individualisierten konstruierten Komponente dar. Für eine intensional einzigartige Komponente dürfen selbstverständlich beliebig viele extensionale Exemplare existieren, es sei denn dies wird in einem parallelen extensionalen Modell, wie es in Kapitel 6.2.2 beschrieben worden ist, anders festgelegt. Das entspricht dann insoweit der klassischen Informationsmodellierung, in der koexistierende intensionale Entity-Typ/Relationship-Typ-Modelle und die dazugehörigen extensionalen Entity/Relationship-Modelle erst vollständige Informationsmodelle sind.

Individualisierungen sind nicht nur durch mengenwertige intensionale konstituierende Komponenten zu erreichen, sondern auch –wie oben schon angedeutet– durch den konstituierenden Komponenten zugeordnete unterschiedliche „Attributierungen". Damit ist gemeint, dass die durch Attribute, die die Eigenschaften der durch die konstituierenden Komponenten modellierter Artefakte abbilden, unterschiedliche (extensionale) Werte annehmen können. Die Veränderung der Attributwerte –so die Annahme– verursachen keine Veränderung des intensionalen Modells. Typische Attribute, deren Werteänderung keine intensionalen Veränderungen nach sich ziehen, sind etwa die Attribute „Farbe" oder „Bezeichner".

Beide, intensionale und extensionale Individualisierungen, entsprechen einer Konstruktion nach der „one_of_a_kind"-Aggregations-Konstruktions-Beziehung. Dennoch sind beide sehr unterschiedlich zu bewerten. Intensionale Individualisierungen erfordern dass alle Exemplare einer intensional mengenwertigen konstituierenden Komponente „passgerecht" sind und bei ihrem Austausch keine Veränderungen an den übergeordneten, sie nutzenden Komponenten, erfordern. Ist diese Forderung nicht erfüllt und müssen für ihren Austausch Veränderungen in „ihrer Umgebung" stattfinden, ist der Bedarf für die dadurch induzierten Veränderungen zu analysieren und festzulegen. Diese später in Kapitel 7 „Impacts" genannten Veränderungen können in einer Aggregations-Konstruktions-Hierarchie ihrerseits wiederum Veränderungen in „deren Umgebung" induzieren und damit zu Propagationseffekten führen. Extensionale Individualisierungen induzieren keine Impacts.

Existenzabhängigkeiten in Aggregations-Konstruktionen

Die bisherige Diskussion der Aggregations-Konstruktion ist davon ausgegangen, dass alle konstituierenden Komponenten auf allen Konstruktionsniveaus existieren müssen, damit die Konstruktion ausgeführt werden kann. Diese Forderung ist nicht in jedem Fall berechtigt und deshalb ist eine differenziertere Betrachtung von Existenzabhängigkeiten in Aggregations-Konstruktionen erforderlich.

Dennoch gilt die für Konstruktionen jeder Art getroffene Festlegung, dass ein konstruierter Entity-Typ existenzabhängig ist von einer Konstruktions-Abstraktions-Beziehung, einem konstituierenden Relationship-Typ und von konstituierenden Entity-Typen.

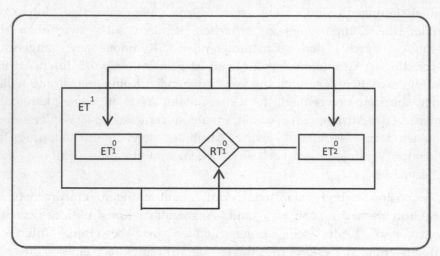

Abbildung 6-49:   Existenzabhängigkeiten in Aggregations-Konstruktionen

Mit diesem vereinfachten Bild ist der Eindruck vermittelt worden, dass der konstruierte Entity-Typ von allen konstituierenden Entity-Typen existenzabhängig ist. Dies ist bei materiellen Aggregations-Konstruktionen nicht in jedem Fall richtig. Vielmehr sollen auch solche Konstruktionen dargestellt werden können, in denen einige der konstituierenden Entity-Typen nicht zwingend Bestandteil des konstruierten Entity-Typs werden müssen. Beispiele für eine solche Optionalität sind aus Zuverlässigkeitsgründen redundant vorhandene konstituierende Entity-Typen, die nur bei bestimmten Sonderanfertigungen erforderlich sind oder häufig als „Extras" bezeichnete Artefakte wie ein Navigationssystem in einem Automobil. Dabei ist natürlich zu beachten, dass in den die konstituierenden Entity-Typen umfassenden konstruierten Entity-Typen, für alle Optionen die notwendigen konstruktiven Vorkehrungen getroffen worden sind.

Bemerkung

In der Darstellung der Modellierung von Aggregations-Konstruktionen für materielle Artefakte ist mit dem oben eingeführten Beispiel, in dem nur mechanische und fluidmechanische Kopplungen der konstituierenden Entity-Typen zu einem konstruierten Entity-Typ Gegenstand der Betrachtung waren, möglicherweise der Eindruck entstanden, dass Kopplungen für materielle Artefakte grundsätzlich mechanische Kopplungen sein müssen. Das ist in vielen technischen industriellen Anwendungen natürlich nicht gefordert, nicht nötig und nicht möglich. Die Palette möglicher Kopplungen umfasst alle physikalisch denkbaren Kopplungen neben den mechanischen Kopplungen wie zum Beispiel, elektrische Kopplungen, magnetische Kopplungen, akustische Kopplungen, thermodynamische Kopplungen und viele andere mehr. Es ist offensichtlich, dass deren Modellierung physikalische Fachkenntnisse erfordert und deren Darstellung in dieser Monographie den Rahmen sprengen würde.

6.3.1.2 Modellierung von Eigenschaften in materiellen Aggregations-Konstruktionen

Bei materiellen Artefakten und deren Konstruktion ist eine Vielzahl von Interdependenzen zwischen deren Strukturen und Eigenschaften zu beachten: Strukturen bedingen bestimmte Eigenschaften und bestimmte geforderte Eigenschaften bedingen bestimmte Strukturen. So muss zum Beispiel eine Achse eines Automobils einen bestimmten Durchmesser haben, damit sie für eine vorgegebene Belastung ausreichend dimensioniert ist; Die Fläche, über die der Wärmeaustausch in einem Radiator erfolgen soll, muss hinreichen groß sein, damit die geforderte Abkühlung der Kühlflüssigkeit stattfinden kann; Die Fläche der Bremsscheiben muss hinreichen groß sein, damit die geforderte Bremswirkung erzielt werden kann, und damit entsteht die Forderung, dass die Räder eines Automobils so groß werden müssen, damit die geforderte Bremsfläche der Bremsscheiben erreicht werden kann. Das bedeutet, dass zwischen Eigenschaften Wirkungszusammenhänge, wie sie schon in den vorangegangenen Kapiteln diskutiert worden sind, nun auch zwischen Eigenschaften existieren können und modelliert werden müssen.

Für materielle Artefakte gelten die Gesetzmäßigkeiten der Physik, häufig auch der Chemie und in vielen Fällen auch der Biologie. Sie stellen die für die Modellierung von Eigenschaften nötigen Parameter wie zum Beispiel „Temperatur", „Druck", „Volumen", aber auch „elektrische Feldstärke", „magnetische Feldstärke" bereit und charakterisieren die Abhängigkeiten zwischen denen.

In der Informationsmodellierung für materielle Artefakte werden Eigenschaften, wie in der Informationsmodellierung grundsätzlich, durch den Entity-Typen und Relationship-Typen der Modelle zugeordnete Listen von Attributen dargestellt. Die die Eigenschaften bestimmenden Parameter können auf verschiedene Arten miteinander in Beziehung stehen: Die Beziehungen zwischen den Eigenschaften von Entity-Typen und Relationship-Typen entstehen durch deren Verbindung in einer Konstruktion oder sie entstehen als Folge anderer Abhängigkeiten wie zum Beispiel solchen, die sich aus physikalischen Gesetzen ableiten lassen.

Beispiel 1:

Die für ein Kühlsystem für ein Automobil erforderliche Konstruktion verlangt den Durchfluss von Kühlmittel durch die „Pumpe", den „Zylinder" und den „Radiator". Eine der Eigenschaften dieser drei ist mit dem Parameter „Durchfluss-Volumen" bezeichnet. Dass deren Durchfluss-Volumen durch die jeweilige Querschnitts-Fläche des Durchfluss-Kanals bestimmt ist, führt dazu, dass das maximale Durchfluss-Volumen des Gesamtsystems durch die Durchfluss-Volumen der Komponente mit der kleinsten Querschnittsfläche bestimmt ist. Dies entspricht einer durch die Konstruktion bedingten Abhängigkeit zwischen den Eigenschaften der an der Konstruktion beteiligten Komponenten.

Beispiel 2:

Im geschlossenen Kühlkreislauf des Kühlsystems stehen die Parameter „Temperatur",
„Druck" und „Volumen" nach einem einfachen thermodynamischen Gesetz in Beziehung
zueinander: Bei konstantem Volumen führt eine Erhöhung der Temperatur zu einer
Erhöhung des Drucks. Dies entspricht einer durch physikalische Gesetze bestimmten
Abhängigkeit zwischen den Eigenschaften einer konstruierten oder einer oder mehreren
konstituierenden Komponenten einer Aggregations-Konstruktion.

Die im ersten Beispiel beschriebene Abhängigkeit ist ganz offensichtlich eine der
konstituierenden Relationship für die Aggregations-Konstruktion zuzuordnenden
Eigenschaft, die aus den Eigenschaften der konstituierenden Entity-Typen abgeleitet
werden kann: Das maximale Durchfluss-Volumen des Kühlsystems lässt sich aus der
maximalen Querschnittsfläche der Durchflüsse in den konstituierenden Entity-Typen
ableiten.

Die im zweiten Bespiel beschriebene Abhängigkeit ist ganz offensichtlich eine dem
konstruierten Entity-Typ für die Aggregations-Konstruktion zuzuordnende Eigenschaft:
Dem konstruierte Entity-Typ „geschlossenes Kühlsystem" kann der Parameter
„Schwellenwert für die Betriebstemperatur" zugeordnet werden, um das Kühlsystem und
damit den Motor gegen Überhitzungen zu schützen.

Die im Folgenden vorgestellte Systematik zur Bestimmung der durch Eigenschaften
bestimmten Wirkungszusammenhänge in Aggregations-Konstruktionen dient zu deren
Unterscheidung und der Ableitung von möglichen Impacts. Dazu werden die aus den
vorangegangenen Kapiteln bekannten graphischen Darstellungen für die Abbildung von
Wirkungszusammenhängen ein wenig erweitert werden.

Gleichzeitig wird zur Erläuterung das oben eingeführte Beispiel genutzt, dessen graphische
Darstellung   durch die auf das Konstruktionsniveau bezogene Bezeichnungen von Entity-
Typen und Relationship-Typen ergänzt wird.

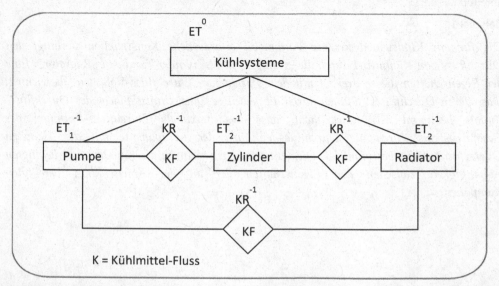

Abbildung 6-50:   Kühlsystem

Eigenschaftsbedingte Wirkungszusammenhänge zwischen verschiedenen Eigenschaften des gleichen Entity-Typs einer Aggregations-Konstruktions-Hierarchie

Mit dem folgenden Bild wird der Wirkungszusammenhang, der bei einer Veränderung des Schwellenwertes für die Betriebstemperatur des Entity-Typs „Zylinder" ausgelöst wird, dargestellt wird.

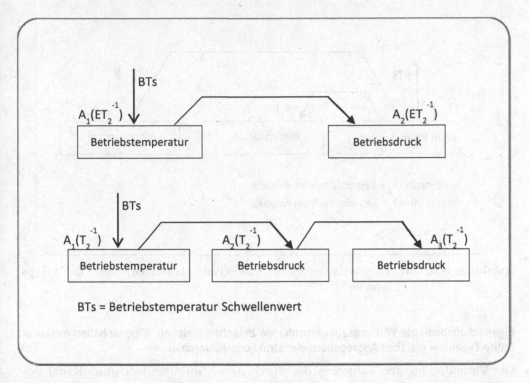

Abbildung 6-51: Wirkungszusammenhänge zwischen Attributen des Entity-Typs „Zylinder"

Die Veränderung des Schwellenwertes für die Betriebstemperatur, der vorgegeben wurde, um eine Überhitzung des Zylinders zu vermeiden, hat einen Einfluss auf den Betriebsdruck: Wird der Schwellenwert der Betriebstemperatur herabgesetzt, muss, um die gleiche Kühlleistung zu erreichen, ein größeres Volumen des Kühlmittels pro Zeiteinheit durch den Zylinder gedrückt werden und das gelingt durch die Erhöhung des Betriebsdrucks im Kühlmitteldurchfluss-Kanal des Zylinders. Die Senkung des Schwellenwertes für die Betriebstemperatur im Zylinder bedingt eine Erhöhung des Betriebsdruckes und diese induziert eine Erhöhung des Durchfluss-Volumens.

Eine Erweiterung dieses Beispiels wird in folgenden Bild dargestellt: Die Senkung des Schwellenwertes für die Betriebstemperatur bewirkt unterschiedliche Wirkungszusammenhänge für die Veränderung des Betriebsdrucks am Eingang und am Ausgang des Kühlmitteldurchfluss-Kanals.

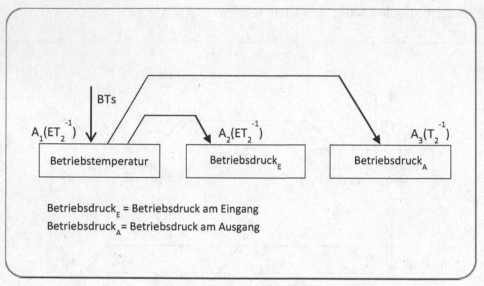

Abbildung 6-52:   Wirkungszusammenhänge zwischen Attributen des Entity-Typs „Zylinder"

Eigenschaftsbedingte Wirkungszusammenhänge zwischen gleichen Eigenschaften mehrerer Entity-Typen der gleichen Aggregations-Konstruktions-Hierarchie

Die Veränderung des Volumens des durch den Kühlmitteldurchfluss-Kanal des Zylinders zu drückenden Kühlmittels erfordert, wie im obigen Bespiel erklärt, die Erhöhung des Betriebsdrucks. Wird gefordert die Durchflussvolumens des Kühlmittels durch den Kühlmitteldurchfluss-Kanal zu erhöhen, muss zwangsläufig auch eine Erhöhung des Betriebsdrucks durch die Pumpe erfolgen. Wenn zwischen Zylinder und Pumpe ein konstituierende Relationship-Typ „Kühlmittelfluss-Beziehung Identität" zu berücksichtigen ist, mit der gefordert wird dass das Durchfluss-Volumen pro Zeiteinheit für die Pumpe und den Zylinder gleich groß sein soll entsteht ein Wirkungszusammenhang zwischen „Pumpe" und "Zylinder".

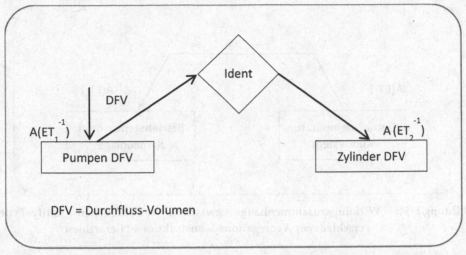

Abbildung 6-53: Wirkungszusammenhänge zur Sicherung eines identischen Durchfluss-Volumens

Der Auslöser für den Wirkungszusammenhang ist in diesem Fall der zwischen den Entity-Typen existierende Relationship-Typ. In Änderungen entstehen dann sowohl ein Wirkungszusammenhang zwischen dem die Änderung auslösenden konstituierenden Entity-Typ und dem konstituierenden Relationship-Typ sowie ein induzierter Wirkungszusammenhang zwischen dem konstituierenden Relationship-Typ und dem anderen konstituierenden Entity-Typ.

Eigenschaftsbedingte Wirkungszusammenhänge zwischen verschiedenen Eigenschaften mehrerer Entity-Typen voneinander verschiedener Aggregations-Konstruktions-Hierarchien

In voneinander verschiedenen Aggregations-Konstruktions-Hierarchien existieren zwischen den Entity-Typen in diesen voneinander verschiedenen Hierarchien keine konstituierenden Relationship-Typen. Dennoch können Forderungen für eine Anpassung von Eigenschaften verschiedener Artefakte entstehen. So erfordert die Senkung der Betriebstemperatur des „Kühlsystems" möglicherweise eine Neueinstellung der Betriebstemperatur der „Klimaanlage".

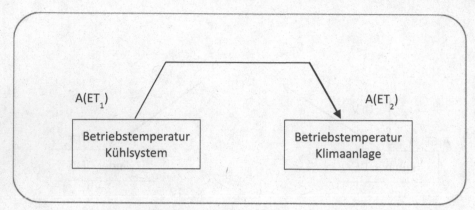

Abbildung 6-54:   Wirkungszusammenhänge zwischen verschiedenen Entity-Typen verschiedener Aggregations-Konstruktions-Hierarchien

Eigenschaftsbedingte Wirkungszusammenhänge zwischen Eigenschaften eines konstruierten Entity-Typ und einem oder mehreren konstituierenden Entity-Typen

Die Aggregations-Konstruktion ist einerseits durch die die konstituierenden Entity-Typen verbindenden konstituierenden Relationship-Typen und andererseits durch die Konstruktions-Abstraktions-Beziehung zwischen konstruiertem Entity-Typ und den konstituierenden Entity-Typen bestimmt. Eine Eigenschaft der konstituierenden Entity-Typen beeinflusst abhängig von der Konstruktions-Abstraktions-Beziehung diese Eigenschaft des konstruierten Entity-Typs und die konstituierenden Relationship-Typen bestimmen die wechselseitigen Abhängigkeiten zwischen den Eigenschaften der konstituierenden Entity-Typen.

Eine Änderung der Eigenschaft „Betriebsdruck" der „Pumpe" bedingt – abhängig von der Konstruktions-Abstraktions-Beziehung- eine Änderung des Betriebsdrucks des „Kühlsystems" als Ganzes und auch –abhängig von den konstituierenden Relationships- eine Änderung des Betriebsdrucks von „Zylinder" und „Radiator". Da darüber hinaus die alle konstituierenden Entity-Typen verbindende konstituierende Relationship „Kühlkreislauf" fordert, dass die Eigenschaften aller konstituierenden Entity-Typen zueinander in Bezug stehen, stehen die die Beziehungen repräsentierenden Attribute in einem nicht mehr als einfach zu bezeichnenden Beziehungs-Schema: Eine Veränderung eines Attributes von „Pumpe" bewirkt eine Veränderung dieses Attributs für „Zylinder" und diese steht in einem Wirkungszusammenhang zu „Kühlsystem". Gleichzeitig bewirkt die Veränderung des Attributes für „Zylinder" eine Veränderung dieses Attributes für „Radiator" und diese steht wiederum auch in einem Wirkungszusammenhang „Kühlsystem".

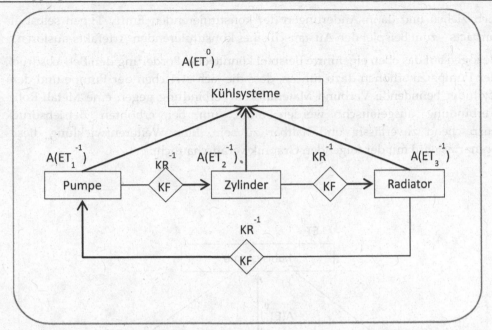

Abbildung 6-55: Wirkungszusammenhänge zwischen konstruierten und konstituierenden Entity-Typen

Die Konstruktions-Abstraktions-Beziehung für die Aggregations-Konstruktion „Kühlsystem" muss die einzelnen Wirkungszusammenhänge zusammenführen um die Änderung dieses Attributes für das ganze Kühlsystem zu bestimmen. Es ist zu erwarten, dass diese Konstruktions-Abstraktions-Beziehung zu bestimmen auch eine komplexe physikalische Aufgabe ist.

Eigenschaftsbedingte Wirkungszusammenhänge und Impacts in Aggregations-Konstruktionen.

Die die Forderung zur Änderung von zulässigen oder gewünschten Eigenschaften von materiellen Artefakten in einer Aggregations-Konstruktion kann dazu führen, dass die geforderten veränderten Eigenschaften auch eine Kette von Folgeänderungen bis hin zu Veränderungen von Artefakten der Aggregations-Konstruktion selbst nach sich ziehen und damit Impacts auslösen. Die Kette von Folgeänderungen kann solche Änderungen umfassen, die andere Eigenschaften des gleichen konstituierenden Entity-Typs betreffen, sie kann Änderungen an den Eigenschaften anderer konstituierender Entity-Typen und Änderungen von konstituierenden Relationships umfassen und natürlich auch Änderungen der Eigenschaften der zugeordneten konstruierten Entity-Typen umfassen. In gleicher Weise können geforderte Änderungen von Eigenschaften konstruierter Entity-Typen entsprechende Ketten von Änderungen der Eigenschaften der konstituierenden Entity-Typen und von konstituierenden Relationship-Typen nach sich ziehen und dann Änderungen der konstituierenden Entity-Typen selbst als Impacts – zum Beispiel den Austausch eines konstituierenden Artefakts-auslösen.

Bezogen auf das oben eigeführte Beispiel könnte eine Forderung den Betriebsdruck der Pumpe zu erhöhen dazu führen, dass die sich zwischen der Pumpe und dem Zylinder befindende Verbund-Material-Rohrverbindung gegen eine Metall-Rohr-Verbindung ausgetauscht werden muss, um bei erhöhten Betriebsdruck ausreichend zuverlässig und haltbar zu sein. Eine Weiterentwicklung dieses Scenarios wird mit der folgenden Graphik veranschaulicht:

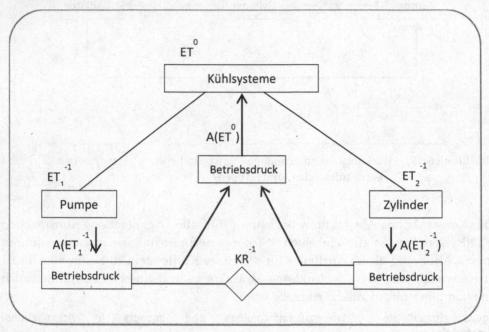

Abbildung 6-56:   Wirkungszusammenhänge zwischen Attributen von konstruierten und konstituierenden Entity-Typen

Die Erhöhung des Betriebsdrucks in der Pumpe führt – wegen der konstituierenden Relationship zwischen Pumpe und Zylinder- zu einer Erhöhung des Betriebsdrucks im Zylinder. Die Erhöhung des Betriebsdrucks in der Pumpe und im Zylinder führt – bedingt durch die Konstruktions-Abstraktions-Beziehung- zu einer Erhöhung des Betriebsdrucks im gesamten Kühlsystem. Die aus diesen Wirkungszusammenhängen ableitbare Forderung zur Erhöhung des Betriebsdrucks im Kühlsystem kann möglicherweise wegen der unzureichenden Haltbarkeit der für seine Entwicklung vorgesehenen Materialien nicht zugelassen werden und erfordert den Komplettaustausch des Kühlsystems durch ein haltbareres. Der Komplett-Austausch des Kühlsystems löst dann seinerseits

Impacts aus, die im Gesamtsystem „Motor" zum Tragen kommen und darüber womöglich auch im Gesamtsystem „Fahrzeug".

Die mit den obigen Beispielen beschriebenen Szenarien sind natürlich Vereinfachungen und Idealisierungen der tatsächlich in „digitalen Produkten" für industriellen Anwendungen vorzufindenden, sehr viel umfassenderen und komplexeren Sachverhalte. Sie dienten hier vor allen Dingen dazu einfache einführende Erklärungen zu liefern. Sie haben deshalb sicher nicht hinreichend deutlich gemacht, dass die Informationsmodellierung für industrielle Artefakte in der Regel ohne Werkzeuge nicht effektiv zu leisten sein wird. In einem späteren Kapitel wird deshalb auf die mögliche tabellarische Repräsentation von Aggregations-Konstruktionen verwiesen werden, um den Einsatz auch schon existierender Werkzeuge zum Einsatz bringen zu können.

Algorithmisch definierte Aggregations-Konstruktionen für materielle Artefakte

Mit den Beispielen ist möglicherweise der Eindruck entstanden, dass die Aggregations-Konstruktion materieller Artefakte physikalisch definierte Konstruktionen sind. Tatsächlich sind die Aggregations-Konstruktionen nicht immer allein durch naturwissenschaftliche Gesetze zu erklären, sie sind häufig komplexe „Montagevorschriften" die sich nur algorithmisch formulieren lassen.

Beispiel:

Sollen zur Konstruktion einer Rohrleitung für eine chemische Flüssigkeit Rohre über eine Flanschverbindung zusammengefügt werden, sind zuallererst geometrisch definierte Aggregationen Gegenstand der Betrachtung: Die Flansche müssen den gleichen lichten Durchmesser haben, die Flansche müssen den gleichen Umfang haben und die Bohrlöcher für die Schraubverbindung zwischen den Flanschen müssen so gebohrt worden sein, dass die beiden Flansche „geometrisch deckungsgleich" sind. Die Konstruktion selbst erfolgt durch die Verschraubung der Flansche. Sie erfolgt in den folgenden Schritten: Einrichtung der Flanschverbindung zur Verschraubung; Einstecken der Schrauben; Aufstecken von Federringen Auf die Schraubenenden; Aufdrehen der Muttern auf die Schrauben; Festdrehen der Muttern mit einem maximalen Drehmoment von xx Newtonmeter.

Wie leicht zu erkennen ist, ist die im Beispiel beschriebene Aggregations-Konstruktion durch eine Folge von Aktivitäten, also algorithmisch definiert ist. Die die Konstruktion motivierende konstituierende Relationship ist durch die Forderung zur Bildung einer Rohrleitung gegeben und durch die Forderung dass die Flansche der zu verbindenden Rohre „ geometrisch deckungsgleich" und damit durch eine mathematisch definierte Beziehung, definiert ist. Damit macht das Beispiel auch deutlich, dass eine Aggregations-Konstruktion durch mehrere, fundamental verschiedene definierte konstituierende Relationships und Konstruktions-Abstraktions-Beziehungen definiert sein kann und damit zu ihrer Modellierung Kenntnisse zu mehreren Bezugsystemen erfordern kann.

6.3.2   Aktivierbare industrielle Produkte und Produktionssysteme

Materielle Artefakt in industriellen Anwendungen sind -wie schon im obigen Beispiel verdeutlicht- nicht nur „materielle Körper" sondern auch „materielle Aktoren" die eine Leistung erbringen können. So ist zum Beispiel die „Pumpe" in einem „Kühlsystem" ein solcher Aktor, weil sie im Betrieb Druck erzeugt und damit den Transport von Kühlflüssigkeit bewirkt. Mit der Einbettung der Pumpe in das Kühlsystem wird dann auch das Kühlsystem selbst zu einem Aktor, der eine Kühlleistung erbringt. Aktoren, das zeigt schon dieses Bespiel, können komplexe Anlagen sein und sie können selbst wieder mehrere oder sogar eine Vielzahl anderer konstituierende Aktoren aber auch „passive" konstituierende materielle Artefakte umfassen.

Aktivierbare materielle Artefakte

Die bisher dargestellten Aggregations-Konstruktionen haben diese Eigenschaft materieller Artefakte für industrielle Anwendungen nicht zum Gegenstand der Informationsmodellierung gemacht. Mit ihnen ist die Erzeugung von Bildern –im Sinne eines „Schnappschusses"- der materieller Artefakte angestrebt worden. Die Betrachtung von Aktoren als materieller Artefakte in industriellen Anwendungen erfordert aber auch die Berücksichtigung von Informationen, die den „Betrieb" des Aktors im Zeitablauf von seiner Aktivierung bis zu seiner Deaktivierung betreffen. Darüber hinaus sind auch solche Aktoren in industriellen Anwendungen zu modellieren, die nach ihrer Aktivierung kontinuierlich betrieben werden, ohne dass ein Ende ihres Betriebes beabsichtigt ist. Die neu zu berücksichtigenden Informationen sind Informationen über den potenziell möglichen und den tatsächlich stattfindenden „Betriebsablauf" der Aktoren.

Da die im Folgenden betrachteten Aktoren, von Menschen geplante Leistungen produzieren, sollen sie „Produktionssyteme" genannt werden, um sie von anderen Aktoren abzugrenzen. Produktionssysteme produzieren ein Produkt und das Produkt bestimmt wie das Produktionssystem gestaltet sein muss, um das zu erzeugende Produkt auf die wirtschaftlichste Art herzustellen. Das Produkt, sein Aufbau und seine Funktion während seiner späteren Nutzung, bestimmen den „Masterplan" für das Vorgehen in seiner Produktion. Für das Vorgehen werden Abläufe und Leistungen, die in den Abläufen erbracht werden müssen, festgelegt. Sie definieren damit Betriebsabläufe für die Produktion.

Für Produktionssysteme wird gefordert, dass sie für ihren Betriebsablauf gesteuert werden können. Die erste und wichtigste Art der Steuerung ist ihre Aktivierung und Deaktivierung. Von großer Bedeutung sind auch Steuerungen die „Unregelmäßigkeiten" im Betriebsablauf erkennen und die Behebung der Unregelmäßigkeiten steuern können. Darüber hinaus sollen Steuerungen die flexible Nutzung mehrerer Betriebsabläufe der Produktionssysteme so sicherstellen, dass die bestmögliche Leistung der Produktionssysteme erzielt wird.

Produktionssysteme benötigen, um die Steuerungsaufgaben erledigen zu können, die Fähigkeit zu einem „Operations Management".

Spezifikation von Produkten und Produktionssystemen

Die Spezifikation eines Produktes, d.h. die Festlegung aller seiner geforderten Eigenschaften, bestimmt die Leistungen die zur Erstellung des Produktes erbracht werden müssen und bestimmt das Vorgehen zur Erbringung aller Leistungen. Beide Produktplanung und Produktionsplanung müssen Hand in Hand gehen, um nicht durch ungeeignete Konstruktionen der Produkte undurchführbare oder nur sehr kostenintensive Vorgehen zu verursachen. Insbesondere die Festlegung des Vorgehens muss berücksichtigen, dass mit der Festlegung von Vorgehen auch eine optimale Nutzung der zur Produktion genutzten Produktionsmittel ermöglicht wird.

Insbesondere Planungen und Neuplanungen können sehr viel leichter und kostengünstiger bewerkstelligt werden, wenn die aus Maschinen, Anlagen und Zulieferstrukturen bestehenden Fertigungssysteme auch als virtuelles Modell, also als Algorithmen und Daten bereitgestellt werden kann.

Diese dann virtuellen Produktionssysteme sind sowohl im Hinblick auf ihren Aufbau als auch im Hinblick auf ihre Abläufe umfassende Informationsmodelle für industrielle Artefakte. Sie haben damit nicht nur die Funktion einer Informationsbasis sondern gewinnen durch die Festlegung der möglichen Abläufe den Charakter eines Simulationssystems, weil sie, so wie im Modell festgelegt, in virtuellen Experimenten ausgeführt werden können. Sie dienen damit der Validierung ihrer Planung, Entwicklung und Einsatzvorbereitung.

Eine noch weitergehende Bedeutung erlangen virtuelle Produktionssysteme dann, wenn sie als Informationsbasis für die Steuerung eines realen Produktionssystems genutzt werden und die Basis für die Steuerung und Überwachung aller Abläufe übernehmen. Neben diesen vorhersehbaren Änderungen von Produktionssystemen entstehen spontan auch nicht vorhersehbaren Anpassungserfordernisse. Auch dafür müssen Zuordnungen von Betriebsmitteln neu geplant und erneuert werden, und auch das erfordert dann möglicherweise eine komplexe Umstellung bei Anlagen und „Fertigungsstrecken" der Produktionssysteme.

Um Produktionssysteme als virtuelle Produktionssysteme darstellen zu können, sind zunächst die Informationen über Produktionssysteme zu identifizieren, die zu ihrer zweckdienlichen Nachbildung in Modellen zur Steuerung der Produktionssysteme benötigt werden.

Industrielles Operations Management für Produktionssysteme

Industrielle Abläufe zur Entwicklung und Fertigung von Produkten, zu deren Überwachung sowie Steuerung und zur Regelung, aber auch zu deren Dokumentation und späteren Aktualisierung greifen in komplexer Weise ineinander. Dies erfordert die Integration aller Abläufe und ein entsprechendes integriertes „Industrial Operations Management. Zentrale Aufgabe neben der Koordination der Abläufe in Produktionssystemen ist das Management der Zuordnung der geforderten und nötigen „Betriebsmittel" zu den Abläufen. Die Abläufe müssen so erfolgen, dass letztlich eine optimale Ausnutzung der Betriebsmittel erfolgt, dass auf die Verfügbarkeit von Betriebsmitteln nach Möglichkeit nicht gewartet werden muss und dass keine Verzögerungen eintreten und damit keine unnötigen Kosten verursacht werden.

So sind z. B. in der Fertigungsindustrie Maschinen, Anlagen, Zulieferketten etc. die Betriebsmittel, und deren Nutzung erfolgt entsprechend einem Fertigungsplan für ein Produkt. Unvorhergesehene Ereignisse können eine „Neujustierung" des Fertigungsplans nötig machen und – insbesondere, wenn mehrere sich auch voneinander unterscheidende Produkte gefertigt werden – bedeutet das, dass diese „Neujustierungen" sehr umfangreiche Neuplanungen erfordern können.

Nicht vorhersagbaren Anpassungsanforderungen erfordern die Anpassung auch während des Betriebs von Fertigungssystemen und damit ein „Agiles Industrial Operations Management". Die dabei in den zu treffenden Entscheidungen nötigen Informationen über den jeweiligen Betriebszustand zum Zeitpunkt des Eintretens der Anforderung zur Anpassung erfordern eine kontinuierliche Beobachtung und Erfassung von Daten, die den jeweiligen Betriebszustand repräsentieren.

Modellierung von Operations Management Systemen

Das Industrial Operations Management erfordert „ Operations-Management-Systeme" oder „industrielle Betriebssysteme", die autonom agieren können, möglichst wenig menschliche Interventionen erfordern und mit Hilfe „eingebetteter Intelligenz" erforderliche Steuerungs-Leistungen erbringen können.

Die Konzipierung und Entwicklung „industrieller Betriebssysteme" geht davon aus, dass industrielle Abläufe in aller Regel als Materialflüsse betrachtet werden können, in denen Werkstücke, Bauteile, Baugruppen, Komponenten von einer zur nächsten Fertigungsstation „fließen". Industrielle Betriebssysteme müssen dazu diese Materialflüsse konfliktfrei und möglichst optimal steuern. Um dies zu erreichen, müssen industrielle Betriebssysteme mit den Fertigungsstationen kommunizieren können, um Steuer- und Regelungsanweisungen zu geben, aber auch um über das aktuelle Geschehen Informationen zu erhalten.

Das folgende Bild veranschaulicht dieses Ineinandergreifen von Materialflüssen und Informationsflüssen. Es macht deutlich, dass ein Ineinandergreifen von Materialflüssen und Informationsflüssen und dass zum Management der Materialflüsse ein Management der Informationsflüsse organisiert werden muss. Genau dies ist die Aufgabe des Industrial Operations Management.

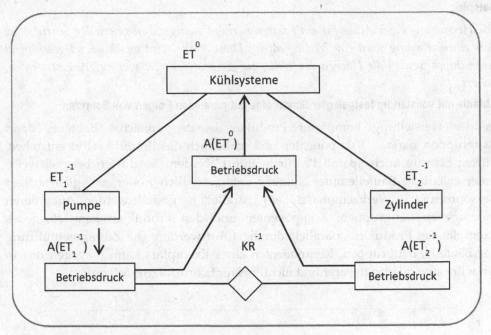

Abbildung 6-57:   Ineinandergreifende industrielle Abläufe

6.3.2.1 Industrielle Abläufe

Industrielle Unternehmungen führen gleichzeitig eine Vielzahl voneinander verschiedener, aber „ineinandergreifender" und miteinander „verschränkter" Abläufe durch. Abläufe sind –wie schon gesagt- zuerst solche, in denen Folgen von Schritten dazu führen, dass eine Aufgabe erledigt wird. Diese Art von Abläufen werden deshalb auch „Schrittfolgen" oder einfach „Folgen" genannt.

Strikt sequenzielle Abläufe

Abläufen mit vollständig festgelegter Schrittfolgen als strikt lineare Folgen von Schritten

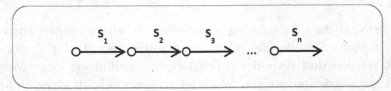

Abbildung 6-58:   Strikt sequenzielle Abläufe

Typisch für solche Abläufe sind Fließbänder in der Fertigungsindustrie wie sie aus der Automobilindustrie bekannt sind.

Beispiel:

Die Herstellung einer Achse für ein Fahrzeug erfolgt zwingend in genau der Schrittfolge: Aus einem Rohling wird eine Welle gedreht; Diese Welle wird anschließend geschliffen; Am Schluss werden die Flächen der Welle, auf die später Kugellager aufgepresst werden, poliert.

Abläufe mit vollständig festgelegter Schrittfolge mit parallelen Folgen von Schritten

In der Herstellung komplexer Produkte, in der zunächst Bauteile, dann Baugruppen, dann   Komponenten und schließlich das Produkt selbst entstehen, dürfen Schritte auch „parallel" durchgeführt werden. So dürfen beispielsweise unterschiedliche Bauteile unter Nutzung unterschiedlicher oder auch gleichartiger Ressourcen (z. B. Werkzeugmaschinen) „parallel" hergestellt werden. Auch deren Montage zu Baugruppen, Komponenten und den Produkten kann für jedes Exemplar des Produktes „parallel" durchgeführt werden. Die Zusammenführung der Bauteile, Baugruppen, Komponenten eines Exemplars kann hingegen nur in einer linearen oder in linearer und nichtlinearer Schrittfolge erfolgen.

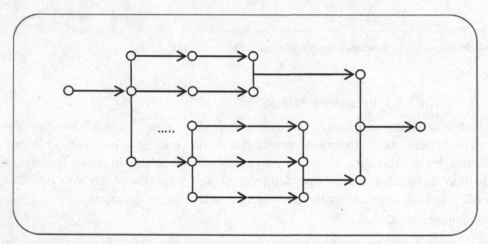

Abbildung 6-59:   Parallele Abläufe

Nach der erfolgreichen Ausführung eines ersten Schrittes können anschließend mehrere   weitere Schritte des gleichen Ablaufs nebenläufig („concurrent") ausgeführt werden und nach der nebenläufigen Ausführung einer Menge von Schritten kann wiederum nur ein folgender weiterer Schritt ausgeführt werden (engl. „fork" und „join").

Beispiel:

Die Fertigung einer „Motorsteuerung" erlaubt, dass deren konstituierende Komponenten „Kraftstoffzufuhr", „Kühlung", und „Zündung" parallel gefertigt werden können und auch die Fertigung des „Kühlsystems" kann durch die parallele Fertigung der „Pumpe", des „Zylinders" und des „Radiators" erfolgen

Aus den obigen Bildern ist nicht zu erkennen, dass Abläufe nicht immer durch vollständig festgelegt Schrittfolgen definiert sind sondern auch alternative Schrittfolgen zulassen ohne dass der Masterplan für die Produktion dadurch verletzt wird. In der Modellierung von Produktionssystemen durch virtuelle Produktionssysteme in den folgenden Kapiteln, werden diese Möglichkeiten durch Bereitstellung von Konzepten zur Beschreibung alternativer Ausführungs-Reihenfolgen, berücksichtigt werden.

Es bleibt abschließend wichtig zu bemerken, dass nicht alle industriellen Abläufe als endliche lineare Schrittfolgen betrachtet werden können, sondern dass häufig Abläufe kontinuierlich erfolgen und dass Abläufe nicht notwendigerweise beendet werden, sondern dauerhaft sind.

Für wiederum andere industrielle Abläufe lässt sich kein schrittweises Vorgehen erreichen. Die Abläufe sind – wenn überhaupt – nur durch ihren Beginn und ihr Ende und durch die Beobachtung der zwischen Anfang und Ende kontinuierlich stattfindenden Vorgänge charakterisiert. Typische Beispiele für solche Abläufe sind Anlagen für die chemische Industrie zur Durchführung chemischer Reaktionen, etwa zur Herstellung von rohölbasierten Kraftstoffen oder Anlagen oder in der Energiewirtschaft zur Erzeugung von Elektrizität in Generatoren.

Agile Abläufe

Industrielle Abläufe können nur dann erfolgen, wenn die zur Erbringung der Leistungen in jedem der Schritte in einem Ablauf zur Zeit seiner Nutzung auch verfügbar ist. Betriebsmittel, häufig auch Ressourcen genannt, können den Schritten in Abläufen auf unterschiedliche Art zur Verfügung gestellt werden: Ein Betriebsmittel kann auf Dauer einem Schritt in einem bestimmten Ablauf zugeordnet werden. Ein Betriebsmittel kann aber auch einem bestimmten Schritt in einem bestimmten Ablauf genau für die Dauer der Durchführung dieses Schrittes zugeordnet werden und ist in der übrigen Zeit zur Nutzung durch andere Schritte in möglicherweise anderen Abläufen freigegeben. Darüber hinaus kommen in industriellen Anwendungen Betriebsmittel zum Einsatz, die für mehrere aufeinanderfolgende oder auch parallele Nutzungen geeignet sind, zum Einsatz.

Die Nutzung von Betriebsmitteln in industriellen Abläufen ist mit Kosten verbunden. Zur Kosten-Optimierung sind deshalb Verfahren nötig mit denen die Betriebsmittel so den Schritten in Abläufen zugeordnet werden, dass deren möglichst lückenlose Nutzung stattfindet und andererseits keine Produktions-Stillstände stattfinden, weil das für einen bestimmten Schritt in einem Ablauf notwendige Betriebsmittel nicht verfügbar ist. Mit einer agilen Zuordnung von

Betriebsmitteln zu Abläufen soll, unter Nutzung der für Abläufe häufig möglichen Nutzung alternativer Schrittfolgen in Abläufen oder durch die Verschränkung von parallelen Abläufen, genau das erreicht werden.

Der Begriff Agilität bezeichnet die Möglichkeit, die Nutzung existierender physikalischer oder virtueller Betriebsmittel flexibel zu handhaben, ohne die in den Masterplänen festgelegten Regeln für das Ineinandergreifen von Abläufen zu verletzen. Die Veränderungen der Nutzung können zum Beispiel darin bestehen, dass die Nutzung der Betriebsmittel in veränderter Reihenfolge erfolgt, um eine Aufgabe zu erledigen. Allgemeiner formuliert kann gesagt werden, dass Betriebsmittel so genutzt werden, dass, wann immer ein Betriebsmittel als verfügbar gilt, jede mögliche und zulässige Nutzung dieses Betriebsmittels erfolgen kann.

Beispiele:

Als Beispiel für die agile Nutzung von Ressourcen sind Fertigungsanlagen, mit denen die Fertigung von Produkten als Schrittfolgen unter Nutzung einer Menge von Ressourcen erfolgt, betrachtet werden und mehrere Fertigungsabläufe zeitgleich oder zeitüberlappend durchgeführt werden können. Zum besseren Verständnis dieses Beispiels sollen Darstellungen der folgenden Änderungen agiler Abläufe erläutert werden:

FALL 1

Eine Ressource wird von mehreren Abläufen angefordert und vom OMS einer dieser Anforderungen zugeordnet, weil die Ressource nicht zwei Leistungen für zwei Anforderungen gleichzeitig erbringen kann.

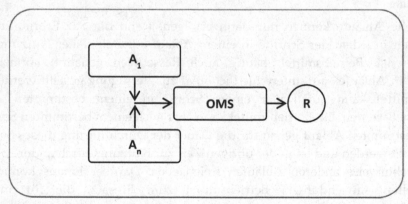

Abbildung 6-60:   Ressourcen-Zuweisung durch das Operations-Management-System

FALL 2

Eine Ressource wird von mehreren Abläufen angefordert, aber die Ausführung von Abläufen vom darf vom OMS zeitweilig unterbrochen werden, um einen Ablauf mit höherer Priorität zu bevorzugen, um dann anschließend die begonnene Ausführung des unterbrochenen Ablaufs fortzusetzen.

FALL 3

Mehrere Ressourcen, die die gleichen Leistungen erbringen können, werden von mehreren Abläufen angefordert.

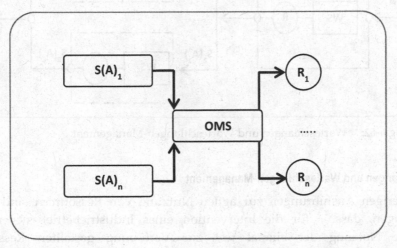

Abbildung 6-61: Lastverteilung durch das Operations-Management System

Die gleichzeitig oder zeitlich überlappende Anforderung erlaubt die Verteilung dieser Anforderungen zur „Lastenverteilung (engl. „Load Balancing") durch das OMS. Diese Möglichkeit ist insbesondere dann von Bedeutung, wenn die jeweiligen Abläufe die angeforderte Ressource unterschiedlich lange benötigen und damit „Staus" vor einzelnen Ressourcen entstehen können.

Außerdem können im Fall 3 natürlich auch die Veränderungen, die in den Fällen 1 und 2 beschrieben sind, zugelassen werden.

Es ist damit erkennbar, dass auch für diese einfachen Fälle bereits ein hochkomplexes Warteschlangen-Management erforderlich werden kann, weil für die Anforderungen an jede Ressource, die in der Schrittfolge angefordert wird, eine Warteschlange existieren kann und das „Gesamtsystem" dann eine Folge von Warteschlangen umfasst

Die Interventionsmöglichkeiten des Operations Management Systems umfassen dann Interventionen an jeder der Warteschlangen. Die Optimierung der Ausführung von Abläufen zu einer möglichst vollständigen Nutzung der Ressourcen erfordert dann die Betrachtung eines ganzen Netzwerks von Warteschlangen.

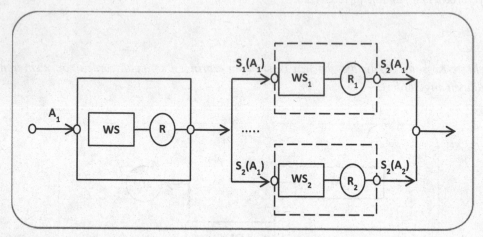

Abbildung 6-62:   Warteschlangen und Warteschlangen-Management

Warteschlangen und Warteschlangen-Management

Die bisherigen Ausführungen zur agilen Nutzung von Ressourcen sind davon ausgegangen, dass   für die Intervention eines Industriebetriebssystems die maximale Nutzung der einmal fest zur Verfügung gestellten Ressourcen sichergestellt wird. Von ihm wird also erwartet, dass es die optimale Nutzung der Ressourcen als Optimierungskriterium zur Anwendung bringt.

Dieses Optimierungskriterium ist keinesfalls das einzig mögliche. Andere Anforderungen   können eine „kürzest mögliche" Durchlaufzeit eines Ablaufs bei der Gesamtheit der beim Ablauf benötigten Ressourcen betreffen und weniger Wert auf die optimale Ausnutzung der Ressourcen legen. Natürlich können weiter differenzierte Optimierungskriterien angewandt werden, mit denen eine „faire Bilanzierung" zwischen den Anforderungen „Optimale Nutzung der Ressourcen" und „Optimale Durchlaufzeit" angestrebt wird.

Die vorangegangene Beschreibung der Planung und Durchführung von Abläufen einerseits und der Zuordnung von Ressourcen zu diesen Abläufen andererseits ist keineswegs schon eine umfassende Darstellung aller möglichen verschiedenen Fälle. Die Vielfalt der Fälle wird erst bei einer genaueren Betrachtung der jeweiligen Gegebenheiten, der Rahmenbedingungen für eine jeweils passgerechte Strategie erkennbar. Dieser Vielfalt der Anforderungen stehen aber auch schon seit langem Lösungen gegenüber, die entweder in Fertigungsplanung und Fertigungssteuerung entwickelt worden sind und – soweit es sich nicht um physikalische, sondern virtuelle Ressourcen handelt – aus der Entwicklung und Bereitstellung von Computerbetriebssystemen bekannt sind.

Es erhebt sich nun die Frage: Worin besteht der Unterschied zwischen den schon heute praktizierten Fertigungsverfahren in industriellen Anwendungen und agilen Fertigungsverfahren? Während Fertigungsplanung und Fertigungssteuerung die partielle Automatisierung des Operations-Managements erreicht hat, ist mit der Forderung, agile Verfahren zu entwickeln, die möglichst vollständige Automatisierung angestrebt um die gesamte Fertigung in einem flexibel agierendes autonomes System zu erreichen.

Steuerung industrielle Abläufe

Die in industriellen Anwendungen besonderen Herausforderungen für die Steuerung und Regelung von Abläufen im „Industrielle Operations Management" entstehen dadurch, dass ein komplexes „Ineinandergreifen" unterschiedlicher Abläufe unvermeidbar ist. Das gilt sowohl für das Ineinandergreifen von administrativen Abläufen mit technischen Abläufen, aber auch von mehreren administrativen Abläufen und mehreren sich gegenseitig beeinflussenden technischen Abläufen.

Das bedeutet, dass durch das „Industrielle Operations Management" die Koordination einer Vielzahl „nebenläufig" stattfindender Abläufe und deren Synchronisation sichergestellt werden muss. Dazu ist es nötig, dass die Gesamtheit aller zulässigen „Bezüge" und „Abhängigkeiten" zwischen allen verschränkten Abläufen als „Masterplan" bekannt sein muss, damit ein Industriebetriebssystem zulässige und unzulässige Abläufe voneinander unterscheiden kann, um entsprechende konfliktfreie Ausführungen aller Abläufe zu ermöglichen.

Masterpläne für das „Industrielle Operations Management" müssen dazu Informationen darüber bereitstellen, welche Instanzen mit welchen anderen Instanzen in einem industriellen Produktionssystem kommunizieren können müssen. Sie müssen darüber hinaus Informationen über die zu koordinierenden Abläufe umfassen und wie diese Abläufe ineinandergreifen dürfen.

Nicht nur die Erfassung und Bereitstellung aller relevanten Informationen über ein Industrielles Produktionssystem sondern auch die „Zustellung" der für den kontinuierlichen Fortschritt in allen Abläufen nötigen Informationen an den Platz wo diese Informationen benötigt werden, ist mit dem „Industriellen Operations Management" sicherzustellen. Das „Industrielle Operations Management" muss für den notwendigen Informationsfluss sorgen damit die richtigen Informationen zum richtigen Zeitpunkt am richtigen Ort verfügbar sind. Das dazu nötige Informationsfluss-Management entspricht damit einer „Information-Logistik" für industrielle Abläufe.

Mit   einer   Aggregations-Konstruktions-Hierarchie   eines   virtuellen
Produktionssystems kann ein solcher Masterplan bereitgestellt werden. Es ist leicht
nachzuvollziehen, dass sich die jeweiligen „Masterpläne" für unterschiedliche
industrielle Aufgaben signifikant voneinander unterscheiden können, um den
Spezifika der jeweils entstehenden Produkte und der jeweils für die Produkte
spezifischen Produktion gerecht werden zu können.

6.3.2.2 Plattformen in industriellen Anwendungen

Industrielle Produkte und die industrielle Produktion sind in den vergangenen
Dekaden einer umfassenden Revision unterzogen worden um eine höhere
Produktivität zu erzielen. Eine der Innovationen bestand darin Produkte aus
Standard-Bausteinen, die häufig auch Module genannt worden sind, aufzubauen.
Das verfolgte Ziel, aufwändige Reparaturen während der Nutzungszeit der
Produkte zu vermeiden indem Standard-Bauteile ersetzt statt repariert werden, ist
erreicht worden und hat die erwarteten Produktivitätszuwächse ermöglicht. Die
Weiterentwicklung der Modularisierungs-Strategie hat zur Entwicklung einer in
nahezu allen Bereichen der Industrie akzeptierten Plattform-Strategie geführt.
Informationsmodelle für industrielle Produkte und industrielle
Produktionsanlagen müssen diesen Entwicklungen Rechnung tragen.

Das eindrucksvollste Beispiel für die Nutzung von Plattformen entstand in der
Automobilindustrie in den 80er Jahren des vorigen Jahrhunderts mit der
Einführung einer Plattformstrategie im Volkswagenkonzern zur multiplen
Nutzung von Bauteilen und Baugruppen bis hin zu Systemen in verschiedenen
Automobilmodellen.

Der Erfolg, der mit der Einführung der Plattformstrategie verbunden war, bestand
darin, dass erhebliche Kosteneinsparungen möglich wurden und damit die
Möglichkeit der Variantenvielfalt für Automobilmodelle entstand und Kunden
individualisierte Angebote in Anspruch nehmen konnten. Insgesamt hat dies nicht
nur den Volkswagenkonzern erfolgreicher gemacht, sondern letztendlich auch zu
einer totalen Veränderung der Automobilindustrie geführt. Ähnliche
Entwicklungen sind seit dem Beginn der Industrialisierung im 19. Jahrhundert in
vielen Bereichen der Industrie vorangetrieben worden, indem z. B.
„standardisierte" Elektromotoren mit bestimmten Leistungsmerkmalen als
Antriebsaggregate für unterschiedliche Anwendungen verfügbar gemacht wurden
oder standardisierte Typen von Dübeln das Bauhandwerk massiv verändert
haben.

Die nunmehr am Beginn der Entwicklung befindliche Plattformstrategie für
industrielle Aufgaben ist nicht mehr nur die Etablierung von materiellen
Plattformen in Produkten, sondern die Etablierung von virtuellen Plattformen in
der Produktion und die automatische Bereitstellung und Nutzung von Leistungen
unterschiedlicher Art, die über unterschiedliche miteinander kooperierende

Plattformen verfügbar sind. Mit dieser Art von Plattformen soll eine nächste noch effektivere Stufe der Automatisierung industrieller Abläufe erreicht werden.

Plattformen für das Industrielle Operations Management

Der Begriff „Plattform" ist in der aktuellen Diskussion zum Thema Digitalisierung vielfach überlagert. Leider wird nicht immer deutlich gemacht, was der Begriff genau bezeichnen soll. Dass dies aber nötig ist, ist darin begründet, dass Plattformen in industriellen Anwendungen sehr unterschiedliche Rollen einnehmen können und sie sich demzufolge auch technisch sehr voneinander unterscheiden können. In der öffentlichen Wahrnehmung bezeichnet der Begriff vor allen Dingen Plattformen, über die Dienste des elektronischen Handels angeboten werden und Einkäufe bzw. Ersteigerungen erfolgen können.

Diese Art von Plattformen offerieren einen sogenannten „Single Point of Sale", über den ein Warenangebot bekannt gemacht wird und beliebig viele Käufer diese Waren angeboten bekommen und genau diese Angebote „aus einer Hand" erwerben können.

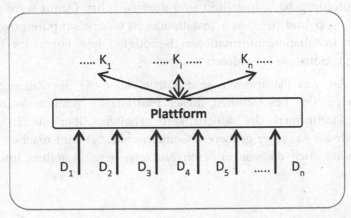

Abbildung 6-63:   Dienste-Plattform für Mengen von Kunden und Mengen von Diensten

Die Kunden K_1 ... K_i ... K_n nehmen die Dienste D_1 ... D_n wie z. B. die „Besichtigung des Warenangebotes" oder das „Erteilen einer Kauforder" über genau diesen „Single Point of Sale" in Anspruch. Eine weitere Kategorie von Plattformen dient als Vermarktungskanal für Software in Form von „Apps". Auch hier gilt, dass die Plattform der „Single Point of Sale" für alle über die Plattform zu beziehenden Apps ist.

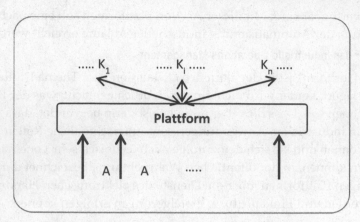

Abbildung 6-64: Dienste-Plattform für Mengen von Kunden und Mengen von Apps

Im Unterschied zu den Plattformen, über die Dienste verfügbar gemacht werden, werden hier Softwaresysteme selbst an den Kunden „übergeben", die dieser in seiner Computerumgebung installiert und dort ausführt. Damit werden mit dem Erwerb einer App und für deren Installation in einer Computerumgebung des Nutzers auch Installationsinformationen benötigt. Diese Form der Plattformen erlauben damit „Software Downloads"

Eine andere Art von Plattformen, sind solche, über die der Zugang zu Daten ermöglicht wird. Die Besonderheit dieser Plattformen besteht darin, dass die Nutzer der Plattformen die Möglichkeit erhalten, über sie Informationen unterschiedlichster Art einer größeren Gemeinschaft bekannt machen zu können und andererseits auch die von anderen Nutzern bereitgestellten Informationen nutzen können.

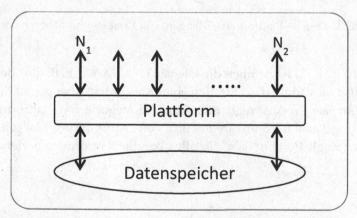

Abbildung 6-65: Plattformen als Zugangspunkte zu Daten für Mengen von Nutzern

Über die sogenannte Uploads und Downloads wird die Plattform vor allen Dingen zu einem großen Datenspeicher, wobei auf die Daten dann nach den Regeln des Plattformanbieters zugegriffen werden kann. Die Nutzer der Plattform übernehmen damit sowohl die Rolle der Informationsproduzenten als auch der Informationskonsumenten, und die Plattform ermöglicht damit die „indirekte" Kommunikation zwischen ihren Nutzern, indem sie Informationen im Speicher hinterlassen, die anderen Nutzern vom Plattformbetreiber zugänglich gemacht werden.

Plattformen für administrative und technische industrielle Anwendungen

Plattformen werden auch in Zukunft die administrativen und technischen industriellen Nutzungen von Informations- und Kommunikationstechnologien bestimmen. Die Größe und Komplexität dieser Anwendungen erfordern um sie verstehen, nutzen und beherrschen zu können das „separation of concerns"- Abstraktions-Prinzip und die darauf basierend möglich werdende Arbeitsteilung zu nutzen.

Vor allen Dingen wird in der industriellen Produktion die Steuerung der über unterschiedliche Plattformen verfügbaren unterschiedlichen Leistungen konfliktfrei organisiert und damit konfliktfrei überwacht, gesteuert und geregelt.

Die Notwendigkeit, Leistungen des „industriellen Operations Management" über Plattformen anzubieten, ist dabei besonders darin begründet, dass von Werkzeugen wie „Metallbearbeitungsmaschinen", „Logistikinfrastrukturen", „Fertigungsanlagen" sehr unterschiedliche Leistungen zu erbringen sind, für deren Überwachung, Steuerung und Regelung auch informations- und kommunikationstechnisch sehr verschiedene Leistungen nötig sind, die nur über bestimmte spezifische Plattformen effektiv und effizient erbracht werden können. So werden z. B. Leistungen, die in „Realzeit" verfügbar gemacht werden müssen, Anforderungen zur besonderen schnellen Kommunikation mit der Plattform erfüllen müssen. Bei der Nutzung anderer Leistungen kann zum Beispiel für die Ausführung der Leistung eine besondere „Präzisionsanforderung" wiederum andere informations- und kommunikationstechnische Lösungen für die Plattform erforderlich machen.

Eine Plattformstrategie für industrielle Anwendungen wird deshalb in aller Regel eine „physikalisch-technische" und eine „informations- und kommunikationstechnische" Plattformstrategie umfassen. Mit der Digitalisierung 4.0 wird die Hoffnung verbunden, dass die beiden Plattformstrategien zu wechselseitigen Leistungssteigerungen führen werden.

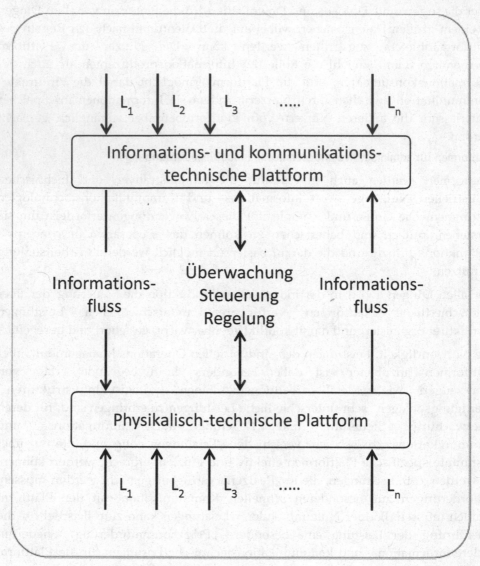

Abbildung 6-66:   Informationstechnische und physikalisch-technische Plattformen für das
                       Operations Management

Um unterschiedlichen physikalisch-technischen Anforderungen gerecht zu
werden, werden z. B. Plattformen der folgenden Art unterschieden, die jeweils
unterschiedlich physikalisch-technische Leistungen erbringen und die
„Kaskadierung" der Leistungserbringung ermöglichen.

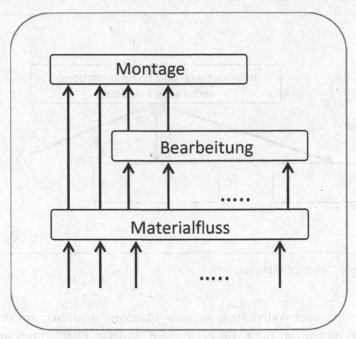

Abbildung 6-67:   Kaskaden von Plattformen für das Operations Management

Kommunizierende informations- und kommunikationstechnische Plattformen

Die Leistungen, die über informations- und kommunikationstechnische Plattformen angeboten werden, werden der allgemeinen Konvention entsprechend Dienste genannt. Dabei erhält der Begriff eine spezielle Bedeutung, indem er zum Ausdruck bringt, dass die jeweiligen Leistungen beliebig oft multipliziert nebenläufig in Anspruch genommen werden können und ihre Nutzung so stattfindet, als wäre jede Kopie so ausgeführt worden, als wäre sie die einzige Kopie, die ausgeführt wurde. Mit anderen Worten: Die Ausführungen der Kopien sind gegeneinander „isoliert". Dies entspricht dem Konzept der „Mandantenfähigkeit" und der „Virtualität" der einzelnen Kopien und deren Ausführungen.

Die über Plattformen verfügbar gemachten Leistungen können dann entsprechend kaskadiert genutzt werden. Um dies zu ermöglichen, müssen die Plattformen miteinander kommunizieren, mit der eine Plattform einer anderen Plattform mitteilt, dass sie eine Leistungen in Anspruch nehmen möchte, dass sie dann die Erbringung der Leistungen anfordert und die Erbringung der Leistung der anderen Plattform startet, dass sie die geforderten jeweiligen Leistungen entgegennimmt, um sie weiternutzen zu können. Die stattfindende Kommunikation muss dazu nicht zwingend zwischen einer Plattform mit nur einer anderen Plattform, sondern kann gleichzeitig mit mehreren Plattformen stattfinden.

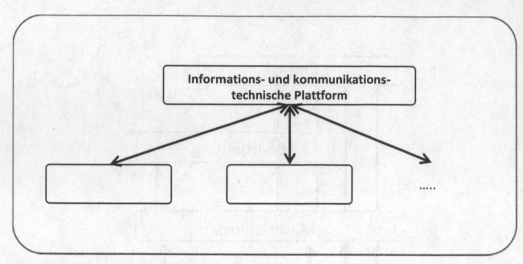

Abbildung 6-68:   Plattform-Hierarchien

Die Koordination aller Aktivitäten, die eine Plattform ausführt, um ihre eigenen Leistungen zu erbringen oder die Leistungen anderer Plattformen anzufordern und zu erhalten, ist dann die Aufgabe des Operations Management der Plattformen, und die Kommunikation zwischen Plattformen ist tatsächlich die Kommunikation zwischen den Operations-Management-Systemen betreffenden Plattformen. Sie müssen in der Lage sein, zu beliebigen Zeitpunkten eintreffende Anforderungen an eine Plattform für bestimmte über diese Plattform angebotene Leistungen entgegenzunehmen. Sie müssen weiterhin sicherstellen, dass neue Anforderungen nicht zu Konflikten mit anderen schon akzeptierten Anforderungen führen und die Gesamtheit der angeforderten Leistungen auch erbracht werden.

Industrielle Plattformen und Kaskaden solcher Plattformen lassen sich, nach dem früher schon eingeführten Schema, wie folgt darstellen:

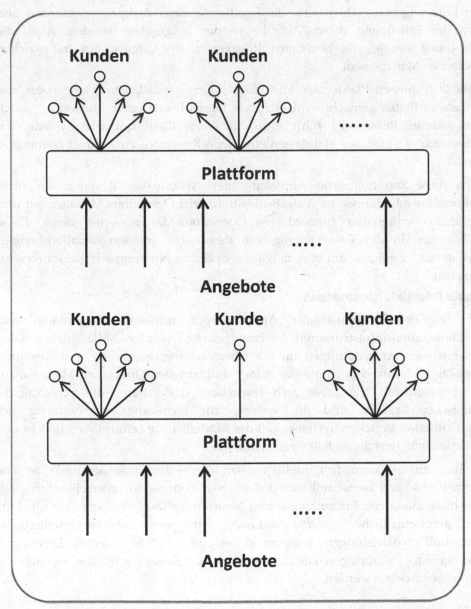

Abbildung 6-69:   Plattform-Kaskaden für das Operations Management

Kaskadierte Plattformen und deren Nutzung stellen ein dynamisches System dar, in dem unterschiedliche „Ereignisse" einen einmal bestimmten und befolgten Ablaufplan verändern können.

Das Erbringen von Leistungen bedeutet, dass Plattformen auch „Ressourcen" zugeordnet bekommen müssen, um die Leistungen zu erbringen. Dabei können Ressourcen Maschinen, Werkzeuge, Anlagen etc. sein, die abhängig vom Stand der Durchführung eines Ablaufs für die Erledigung einer Aufgabe angefordert und nach der Erledigung dieser Aufgabe wieder freigegeben werden. Auch die Zuordnung der jeweils benötigten Ressourcen ist Aufgabe des Industriellen Operations Management.

Schließlich müssen Plattformen auch die Änderung des Leistungsangebotes, das über sie verfügbar gemacht wird, erlauben. Dieser Ersatz einer „Ressource" durch eine andere „Ressource" führt dazu, dass ein Plattformbetriebssystem eine „Ressource" aufgibt und stattdessen eine neue Ressource zugeordnet bekommen muss.

Auch diese kontinuierliche Anpassung der Abläufe als Reaktion auf nicht vorhersehbare Ereignisse ist Aufgabe des Industriel Operations Management und der dazu verfügbaren zugeordneten Operations-Management-Systeme. Diese Änderungen in der Bereitstellung von Ressourcen müssen situationsbedingt „dynamisch" erfolgen, um eine möglichst optimale Nutzung der Ressourcen zu erreichen.

Virtuelle Industrielle Infrastrukturen

Für den Betrieb industrieller Anwendungen müssen Informations- und Kommunikationsinfrastrukturen bereitgestellt werden, die den vielen verschiedenen Anforderungen für die Überwachung, Steuerung und Regelung physikalisch-technischer Systeme im Industriellen-Operations-Management gerecht werden. Dazu lässt sich feststellen, dass diese -die physikalisch-technischen Systeme und die Systeme zur Steuerung der Nutzung der physikalisch-technischen Systeme- Teil der Modellierung sein müssen und in den Modellen integriert dargestellt werden müssen.

Darüber hinaus kann festgestellt werden, dass die Anforderungen an die informations- und kommunikationstechnischen Systeme so unterschiedlich sind, dass diese integrierte Informations- und kommunikationstechnische Infrastruktur sehr unterschiedliche Systeme umfassen muss und sehr unterschiedliche Kommunikationsleistungen anbieten muss, um die geforderten Leistungen kosteneffektiv zu erbringen. Die dazu entwickelten Konzepte werden im nächsten Kapitel beschrieben werden.

6.3.3 Aggregations-Konstruktionen für virtuelle Artefakte

Nach der Identifikation der für die Steuerung von materiellen industriellen Produktionssystemen im vorangegangenen Kapitel relevanten Konzepte und Informationen soll nun deren Nutzung zu deren Modellierung als virtuelle Produktionssysteme diskutiert werden. Insbesondere soll dabei verdeutlicht werden, dass die Nachbildung der materiellen Produktionssysteme in virtuellen Produktionssystemen als Aggregations-Konstruktionen erfolgen kann und aus einer Reihe von Gründen auch sollte. Um mit der Nachbildung von materiellen Produktionssystemen die Voraussetzungen zu schaffen mit ihnen die Steuerung der materiellen Produktionssysteme zu ermöglichen, müssen in den virtuellen Produktionssystemen dann auch alle für die Steuerung die im vorangegangenen Kapitel identifizierten, dafür relevanten Informationen zu einem Informations-Modell zusammengefügt werden. Das geschieht zunächst dadurch, dass allen materiellen Artefakten der materiellen Produktionssysteme in den virtuellen Produktionssystemen virtuelle Artefakte zugeordnet werden.

Die in der Industrie anzutreffenden materiellen Artefakte sind Maschinen, Anlagen wie Fertigungsanlagen, Logistik-Infrastrukturen aber auch Roboter, andere autonom agierende Einrichtungen. Es bedarf keiner besonderen Betonung, dass diese Systeme durch eine große Vielzahl auch sehr unterschiedlicher Daten beschrieben werden müssen. In diesem „Datenraum" eine Ordnung zu schaffen und zu erhalten ist die Voraussetzung für die zielführende und korrekte Nutzung der Daten. Diese Rolle übernimmt die Informationsmodellierung der durch die Daten repräsentierten Informationen. Mit ihr sollen alle materillen Artefakte, also auch die im vorangegangenen Kapitel identifizierten zur Steuerung nötigen Informationen in Informationsmodellen erfasst werden, um für sie ganzheitliche, aber auch für Detailsichten zu erzeugen, mit denen erkennbar ist, welche Rolle im Betriebsgeschehen welches System spielt und wie die Systeme zusammenspielen müssen, um das geforderte Betriebsgeschehen zu ermöglichen.

Als virtuelle Artefakte sollen im Folgenden beliebige Algorithmen und deren Repräsentation durch ausführbare Programme, die in den Algorithmen und Programmen zu ihrer Ausführung genutzten Daten sowie die aus Programmen und Daten konstruierten virtuellen Systeme und aus diesen aufgebaute virtuellen Informations-und Kommunikationsinfrastrukturen gelten. Die Begriffe „Daten" und „Programme" haben die durch die jeweils genutzte Programmiersprache und durch deren Ausführungs-Umgebung vorgegebene Definition. Als „Systeme" werden hier die als abgeschlossene Problemlösung zu bezeichnenden Programme, die auch als Produkte am Mark angeboten und erworben werden, bezeichnet. Als „Infrastrukturen" sollen Programme bezeichnet werden, die einer Gemeinschaft von Nutzern angeboten und genutzt werden und für diese eine „shared ressource" darstellen. Die zur Ausführung der Programme notwendigen materiellen Hardware-Systeme bleiben dabei zunächst außer Betracht.

Informationsmodelle für virtuelle Produktionssysteme

In industriellen Anwendungen wird, weil materielle Artefakte, wie zum Beispiel Maschinen, durch informations- und kommunikationstechnische Systeme „gesteuert" werden sollen, deren „verbundene" Modellierung nötig, um auch das Zusammenwirken von materiellen und virtuellen Artefakten abzubilden. Die Modellierung dieses Zusammenwirkens kann sich allerdings nicht darauf beschränken abzubilden welche materiellen und virtuellen Artefakte zusammenwirken, sondern auch wie dieses Zusammenwirken stattfinden muss, damit die geforderte Steuerung korrekt stattfindet. Das bedeutet, dass auch modelliert werden muss, dass sowohl materielle als auch virtuelle Artefakte Leistungen des jeweils anderen erbringen und in Anspruch nehmen können.

Die Aggregations-Konstruktion für industrielle Anwendungen legt deshalb fest, dass in einer Aggregation-Konstruktions-Hierarchie übergeordnete Artefakte die Leistungen untergeordneter Artefakte in Anspruch nehmen und untergeordnete Artefakte Leistungen für die übergeordneten Artefakte erbringen. Weil sowohl materielle als auch virtuelle Artefakte als Aggregations-Konstruktionen modelliert werden können, wird es möglich, „integrierte" materielle und virtuelle Artefakte in uniformer Weise darzustellen. Dies soll wieder mit einem einfachen Beispiel verdeutlicht werden.

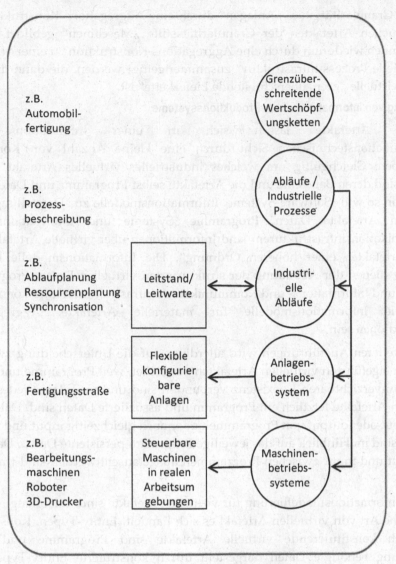

Abbildung 6-70: Beispiel eines integrierten Produktions-Systems

Im Bild wird ein integriertes „Produktions-System" dargestellt mit dem Produkte durch deren Bearbeitung durch Maschinen hergestellt werden. Die Rechtecke auf der linken Seite der Graphik stellen materielle Artefakte, die auf der rechten Seite stellen virtuelle Artefakte dar. Die Darstellung der materiellen Artefakte umfasst zwei Granularitätsstufen: Die Stufe der „Maschinen" und die Stufe der aus Maschinen aufgebauten „Anlagen". Die Steuerung der Maschinen erfolgt durch virtuelle „Maschinen-Betriebssysteme" und die Steuerung der Anlagen erfolgt durch virtuelle „Anlagen-Betriebssysteme". Wie für die materiellen Artefakte gilt auch die Aufteilung der Steuerung auf zwei Granularitätsstufen und auch hier gilt dass die Granularitätsstufe „Anlagen" durch eine Aggregations-Konstruktion aus den virtuellen Artefakten der Granularitätsstufe „Maschinen" gebildet wurde. Diese können wiederum durch eine Aggregations-Konstruktion zu einer virtuellen „Industrielle Prozess-Infrastruktur" zusammengefügt werden, die dann die Basis für eine virtuelle „grenzüberschreitende Lieferkette" ist.

Darstellung von Informationen über Produktionssysteme

Virtuelle Artefakte lassen sich in einer informations- und kommunikationstechnischen Sicht durch eine kleine Anzahl von Konzepten beschreiben: Gleichgültig um welches industrielles virtuelles Artefakt es sich handelt sind deren Bausteine und die Artefakte selbst Programme und Daten und - wenn man so will- Software-Systeme. Informationsmodelle zur Darstellungen der virtuellen Artefakte Daten, Programme, Systeme und Informations- und Kommunikationsinfrastrukturen sind Informationen über virtuelle Artefakte also selbst Artefakte „einer höheren Ordnung". Die Informationsmodelle höherer Ordnung dienen der Abbildung der strukturierten virtuellen Daten, Programme, Systeme und Informations- und Kommunikationsinfrastrukturen und können, wie auch die Informationsmodelle für materielle Artefakte, Aggregations-Konstruktionen sein.

In den weiteren Ausführungen wird allerdings auf die Unterscheidung zwischen den oben eigeführten virtuellen Artefakten verzichtet, weil Programme und Daten in einer unverzichtbaren Koexistenz verbunden sind und weil damit jedes dieser virtuellen Artefakte letztlich ein Programm und assoziierte Daten sind. Daten sind dabei input oder output von Programmen oder auch gleichzeitig input und output. Letztere sind im Hinblick auf das jeweilige Programm persistente Daten. Daten die als output und input zwischen Programmen ausgetauscht werden sind transiente Daten.

Für die Informationsmodellierung für virtuelle Artefakte sind, unabhängig davon um welche Art von virtuellen Artefakt es sich handelt, Entity-Typen. Konstruierte wie auch konstituierende virtuelle Artefakte sind Programme und deren Ausführung benötigte Daten dargestellt durch konstruierte Entity-Typen und konstituierende Entity-Typen im in Kapitel 4 eingeführten Sinn. Beliebige, zwischen Programmen angebbaren Beziehungen und Abhängigkeiten können konstituierende Relationships sein. Die zwischen Entity-Typen existierenden Relationships werden in der Regel „Kontroll-Fluss-Beziehungen" und „Daten-Fluss-Beziehungen" sein, mit denen festgelegt wird, welches Programm die Ausführung welchen anderen Programms initiieren kann (Kontroll-Fluss) und welche Daten dabei vom initiierenden zum initiierten Programm übergeben werden (Datenfluss).

Bis dahin entspricht das zur Informationsmodellierung für virtuelle Artefakte dem für die Informationsmodellierung für beliebige Artefakte Gesagten. Für die Modellierung von virtuellen Artefakten, die der Steuerung der Nutzung von materiellen Artefakten dienen, sind weitere Überlegungen nötig. Um die damit verbundene neue Dimension der der Informationsmodellierung zugeordneten Aufgabe deutlich zu machen, wird im Folgenden eine Übersicht der bisher beschriebenen Konstruktionsmechanismen   und deren Charakteristika in Kurzform wiederholt.

Informationsmodelle für die Konstruktion materieller und virtueller Artefakte

Vor der Diskussion der weiterführenden Modellierungs-Konzepte wird zunächst mit einer Einordnung der bisher vorgestellten Konstruktions-Konzepte in ein umfassenderes Schema deutlich gemacht werden. Damit und mit den Ausführungen in den Kapiteln 5 und 6 wird die schon in der Einführung dieser Monographie angekündigte Differenzierung zwischen den Konstruktionsmechanismen nun – so die Hoffnung- besser nachvollzogen werden können.

In Kapitel 5 ist die extensionale Konstruktion mengenwertiger Entity-Typen und Relationship Typen vorgestellt und erklärt worden. Die für sie zu entwickelnden Informationsmodelle dienten vor allen Dingen der Identifikation der relevanten Informationen eines Diskursbereiches, der Akquisition sowie Organisation der Erfassung, der Dokumentation und der Bereitstellung der sie repräsentierenden, in der Regel uniform strukturierten, großer und auch extrem großer Datenmengen. Dabei ist verdeutlicht worden, dass extensionale Konstruktionen dann, wenn die Aufzählung von Entities zur Bildung mengenwertiger Entity-Klassen durch ein die jeweilige Klasse charakterisierendes Prädikat erfolgt ist, als kompositionale Konstruktionen gelten.

Die in Kapitel 6 eingeführten intensionalen Konstruktionen zur Beschreibung von Ober-und Untermengen gegebener Mengen wurden eingeführt, um mit Kaskaden von Generalisierungen /Spezialisierungen umfassende und beliebig detaillierte Klassifikationen von Entities und Relationships zu ermöglichen. Sie dienten vor allen Dingen der Erfassung der Zusammenhänge, Beziehungen und Abhängigkeiten zwischen Entity-Typen und Relationship-Typen mit gemeinsamen und sie unterscheidenden Eigenschaften. Diese, mengentheoretisch definierten Konstruktionen, dürfen deshalb auch als kompositionale Konstruktionen gelten.

Die danach in Kapitel 6 eingeführten intensionalen Konstruktionen für mengenwertige Entity-Typen   durch Aggregations-Konstruktionen erlauben beliebige Mengen-Konstruktionen durch beliebige andere mengentheoretisch definierte Operationen wie „Produkt", „Differenz", „Vereinigung", „Join" etc. Sie dienen auch wieder der umfassenden und beliebig detaillierten Klassifikation von Entities und Relationships. Die dabei zur Anwendung kommenden Klassifikationskriterien entsprechen beliebigen Prädikaten über den Mengen. Auch diese Aggregations-Konstruktionen dürfen deshalb als kompositionale Konstruktionen gelten.

Die danach in Kapitel 6 eingeführten intensionalen Aggregations-Konstruktionen für nicht mengenwertige, materielle Artefakte sind in der Regel physikalisch definiert und, soweit die physikalischen Phänomene auch geschlossen mathematisch beschrieben sind, auch als kompositional zu bezeichnen. Sie dienen der Abbildung von mehr- und vielstufigen Aggregations-Konstruktionen für die „Individualisierung" der durch sie dargestellten materiellen Artefakte und der Beziehungen zwischen diesen materiellen Artefakte in einer Aggregations-Konstruktions-Hierarchie. Die Informationsmodellierung wird dabei zum Werkzeug in der Konstruktion von Artefakten für einen Diskursbereich wie zum Beispiel für ein Produkt oder eine technische Anlage, sowie von „Produkt-Familien" aus Varianten und Versionen der Artefakte.

Diese Wiederholung der Beschreibung von Konstruktions-Konzepten für die Informationsmodellierung erfolgte hier um deutlich zu machen, dass für industrielle Anwendungen alle diese Konzepte benötigt werden und für die Informationsmodellierung unterschiedlicher industrieller Artefakte auch zum Einsatz kommen. Die industriellen Anwendungen die im Folgenden als besonders interessant betrachtet werden, hier so genannte „Produktions-Systeme", erfordern geradezu, dass vor der Modellierung der sie steuernden virtuellen Produktionssysteme die gesteuerten materiellen Produktionssysteme erfolgt ist.

Aggregations-Konstruktionen für virtuelle Artefakte

Die intensionalen Aggregations-Konstruktionen für virtuelle Artefakte sind algorithmisch definiert. Darunter ist zu verstehen, dass eine Konstruktion zwischen virtuellen Artefakten dadurch zustande kommt, dass ein Algorithmus das Muster für das „Zusammenfügen" von konstituierenden virtuellen Artefakten festlegt. Der Algorithmus definiert – wie oben schon angedeutet- den Kontrollfluss und den Datenfluss zwischen einem konstruierten Programm und seinen konstituierenden Programmen. Aggregations-Konstruktionen für virtuelle Artefakte sind Konstruktionen hierarchischer Kaskaden von Abläufen wie sie im folgenden Absatz diskutiert werden.

Virtuelle Artefakte implementieren nicht notwendigerweise nur einen Algorithmus sondern umfassen eine Menge von Programmen unterschiedlicher Funktion: Programme können Daten von einer Datenquelle abfragen, Daten in eine Datenbasis einfügen, löschen und dort befindliche aktualisieren; Andere Programme des gleichen virtuellen Artefaktes können andere Programme aktivieren und deaktivieren und dabei Datenflüsse initiieren und terminieren. Vor allen Dingen können sie auch unter bestimmten technischen Gegebenheiten materielle Artefakte aktivieren und deaktivieren. Virtuelle Aggregations-Konstruktionen sind damit „multi-funktional" und können, wenn sie selbst unterschiedlich aktiviert werden unterschiedliche Leistungen erbringen.

Für konstruierte virtuelle Artefakte bedeutet dies, dass sie ihre konstituierenden Artefakte zur Erbringung unterschiedlichen Leistungen, und situationsbedingt zur

Erbringung unterschiedlicher Folgen von Leistungen beauftragen können. Mit den von ihnen durchgeführten Veränderungen von Daten der ihren konstituierenden Artefakten zugeordneten Daten können sie Wirkungszusammenhänge auslösen. Das bedeutet, dass virtuelle Aggregations-Konstruktionen durch Propagationspfade wie sie in Kapitel 3 definiert worden sind, definiert werden.

Algorithmisch definierte Aggregations-Konstruktionen sind nur bedingt kompositional: Wenn die die virtuellen Artefakte umfassenden virtuellen Daten, Programme, Systeme und Infrastrukturen ganz oder in signifikanten Teilen mathematisch definiert sind, kann für diese gelten, dass sie kompositional sind. Ist zum Beispiel die algorithmisch definierte Kommunikation zwischen virtuellen Artefakten durch mathematisch definierte Kommunikationsmusters, wie etwa mathematisch definierte Graphen, definiert, dann kann auch die durch die Kommunikation bedingte Konstruktion als kompositional gelten.

Aktivierung und Ausführung virtueller Artefakte

Wie schon im Eingangs-Beispiel zu diesem Kapitel zu erkennen ist, sind Aggregations-Konstruktionen auch das Konzept um in einer Aggregations-Konstruktions-Hierarchie „koexistierende" materielle und virtuelle Artefakte darzustellen. In solchen „hybriden" Aggregations-Konstruktions-Hierarchien werden die materiellen Artefakte zusammen mit den sie in ihrer Nutzung überwachenden und steuernden virtuellen Artefakten dargestellt. Dies entspricht der in der Praxis vorzufindenden Situation, dass materille Artefakte wie Maschinen und Anlagen auch ihnen speziell zugeordnete virtuelle Artefakte umfassen. Materielle und virtuelle Artefakte sind in ihnen soweit integriert, dass mit ihrer Hilfe die Beobachtung und Steuerung der Abläufe in den „aktivierbaren" materiellen Artefakten möglich wird. Die hybriden Aggregations-Konstruktions-Hierarchien als Informationsmodelle für hybride Artefakte stellen damit einen „statischen" Masterplan für hybride Artefakte dar mit dem deren Aufbau beschrieben wird. Um in einem umfassenden Masterplan, in dem auch die Abläufe in hybriden Artefakten beschrieben werden können, zu erhalten, dienen die folgenden Erläuterungen.

Die nun folgende entscheidende Erweiterung der Aggregations-Konstruktion für industrielle Artefakte besteht darin, dass sie nicht nur Abbilder eines Diskursbereiches sind, sondern auch eine „aktive" Rolle haben: Sie können das Auslösen von Aktionen und die Durchführung von Aktivitäten beschreiben. Die virtuellen Artefakte können damit aktiv auch auf andere virtuelle aber auch auf materielle Artefakte Einfluss ausüben. Sie können insbesondere einen steuernden Einfluss ausüben und andere materielle und virtuelle Artefakte aktivieren und deaktivieren.

Materielle Artefakte können, wenn sie über elektrische Antriebe wie Elektromotoren verfügen, über elektrische ein/aus Signale aktiviert und deaktiviert werden. In vielen industriellen Anwendungen werden aber auch pneumatische, hydraulische und andere mechanische Steuerungen benutzt, die dann aber durch elektrische, und diese wiederum durch virtuelle Steuerungen beeinflusst werden können.

Virtuelle Artefakte können, wenn sie auf dem gleichen Hardware-System residieren, durch die in der jeweiligen Prgrammierumgebung verfügbaren Befehls-Paare wie zum Beispiel „call/return", „send/receive" oder „split/join" aber auch „preemt/resume etc. aktiviert und deaktiviert werden und dabei bestimmte Datenflüsse bewirken. Diese aus der Programmierung in algorithmischen Hochsprachen entlehnten Kontrollfluss-Steuerungs-Primitive sind dann auch zur Abbildung von Steuerungen materieller Artefakte auf Steuerungen virtueller Artefakte verwendbar. Die zwischen ihnen bestehenden Unterschiede werden im Rahmen der weiteren Diskussionen noch detailliert beschrieben werden.

Damit virtuelle Artefakte die von ihnen geforderte Steuerungsfunktion für andere materielle und virtuelle Artefakte übernehmen können, ist deren „Ausführung" nötig. Da virtuelle Artefakte Programme und die zu ihrer Ausführung nötigen Daten sind, müssen Programme ausgeführt werden. Auch Ausführungen von Abläufen durch Ausführungen von Programmen zu modellieren geht über den bisher für die Informationsmodellierung gesetzten Rahmen hinaus.

Die Steuerung materieller Artefakte durch die Ausführung von Programmen erfordert in der Regel Daten über deren „Zustand" zu einem Betrachtungs-Zeitpunkt und liefert Daten die eine „Zustandsveränderung" der materiellen Artefakte bewirken können. Die Aktivierung der Zustandsänderungen kann durch während der Beobachtung der zu steuernden materiellen Artefakte erkennbaren „Handlungsbedarf", zum Beispiel durch Signale von Sensoren und Aktoren ausgelöst werden.

Schon diese wenigen Hinweise machen deutlich, dass in industriellen Anwendungen eine Vielzahl unterschiedlicher Ursache-Wirkungs-Schemata für die Ausführung von Abläufen in und zwischen virtuellen Artefakten zur Anwendung kommen kann, so dass hier für die weitere Erörterung der Informationsmodellierung „ausführbarer virtueller Artefakte" im nächsten Absatz ein entsprechender Rahmen gesetzt wird. Dabei wird berücksichtigt, dass in der Praxis typische Größen der Artefakte dazu zwingen Aggregations-Konstruktionen auf unterschiedlichen Granularitäts-Niveaus voneinander zu unterscheiden, sodass zum Beispiel Aggregations-Konstruktions-Hierarchien für „Komponenten", „Systeme", „Plattformen" und andere betrachtet werden.

Zunächst soll im nächsten Kapitel mit dem Beispiel mit einem „Virtuellen Produktions-System" illustriert werden , wie eine Konkretisierung der heute häufig gebrauchten abstrakten Begriffe „digitales Produkt", „digitale Produktions-Anlage" oder „digitale Fabrik" erfolgen könnte.

6.3.3.1 Virtuelle Produktionssysteme als hybride Aggregations-Konstruktionen

Ein virtuelles Produktionssystem dient, wie jedes andere Produktions-System, der Entgegennahme von Aufträgen und der Rücklieferung von Leistungen an den Auftraggeber. Dem hier diskutierten virtuellen Produktionssystem werden Aufträge zur Ausführung von Abläufen und damit zur Steuerung und Überwachung der Ausführung von Abläufen erteilt. Die Rücklieferung besteht in der geplanten Ausführung der Abläufe und, falls die Abläufe nicht wie geplant ablaufen, die Rückmeldung an den Auftraggeber über den Fehler.

Das Informations-Modell des virtuellen Produktionssystems ist eine Aggregations-Konstruktions-Hierarchie, in der Aufträge in Unteraufträge zerlegt werden, die von untergeordneten konstituierenden Produktionssystemen ausgeführt werden. Ein Die konstituierenden und die konstruierten Produktionssysteme sind die Entity-Typen des Informations-Modells. Eine Ablaufbeziehung, festgelegt in einem Ablaufplan, ist der konstituierende Relationship-Typ für die Aggregations-Konstruktion. Die Konstruktions-Abstraktions-Beziehung legt fest, wie die Abläufe in den konstituierenden Entity-Typen zu einem konstruierten Gesamt-Ablauf, wie zum Bespiel als „Folge" von Teilabläufen oder als parallel auszuführende „Teilfolgen", zusammengefügt werden. Treten in den Ausführungen Fehler und damit Abweichungen vom Ablaufplan auf, muss die Konstruktions-Abstraktions-Beziehung auch Vorkehrungen für die Fehlerbehandlung umfassen.

Das folgende veränderte Bild des am Beginn des Kapitels vorgestellten hybriden Produktionssystems soll seine Charakteristik als Aggregations-Konstruktions-Hierarchie deutlich werden lassen. Darin werden Aufträge von der Leitwarte entgegengenommen und die Leitwarte nimmt während und nach der Ausführung des Auftrags entstandene Leistungen entgegen. Die Leitwarte erteilt Unteraufträge an den Anlagenbetrieb, der wiederum Aufträge an das Anlagen-Betriebssystem erteilt. Anlagen-Betriebssysteme erteilen Aufträge an den Maschinenbetrieb der seinerseits Aufträge an Maschinen-Betriebssysteme erteilen, die dann Aufträge an Maschinen erteilen. Bis auf die Maschinen repräsentieren alle anderen konstruierten und konstituierenden Entity-Typen virtuelle Artefakte. Es ist ganz offensichtlich, dass jeder der dargestellten Entity-Typen selbst noch als konstruiert zu betrachten ist. Diese „innere" Konstruktion wird ausgeblendet und dies entspricht einer Abstraktion.

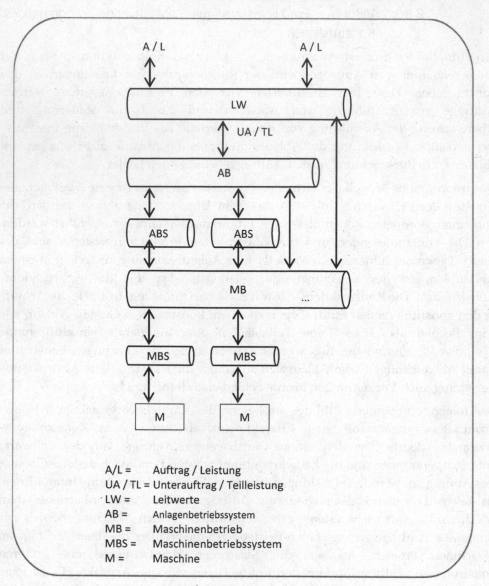

A/L =   Auftrag / Leistung
UA / TL = Unterauftrag / Teilleistung
LW =   Leitwerte
AB =   Anlagenbetriebssystem
MB =   Maschinenbetrieb
MBS =   Maschinenbetriebssystem
M =   Maschine

Abbildung 6-71:   Hybrides Produktionssystem

Die Aggregation-Konstruktions-Hierarchie unterscheidet, wie oben schon
angedeutet, mehrere Granularitäts-Niveaus, die unterste materielle „Maschinen-
Ebene" und die anderen virtuellen Ebenen „Maschinen-Betrieb", „Anlagen-
Betrieb" und letztlich die virtuelle Ebene „Leitwarte". Die virtuellen Ebenen
repräsentieren „Plattformen", die die jeweilige Auftragserteilungen auch
gleichzeitig eingehender Aufträge und die Vergabe von Unteraufträgen
organisieren. Um die damit verbundenen Aufgaben genauer zu beschreiben,

folgen zunächst grundsätzliche Erörterungen zur Informationsmodellierung für das „Industriellen Operations-Management".

Modellierung materieller und virtüeller Artefakte in virtuellen Produktionssystemen

Wie oben erläutert können auch hybride Produktionssysteme und ihre konstruierten und die sie konstituierenden materiellen und virtuellen Artefakte durch Programme und Daten beschrieben werden. Virtuelle und materielle Artefakte werden in einem Informations-Modell für ein hybrides Produktionssystem dann als virtuelle Artefakte abgebildet. Die Konstruktion von Artefakten entspricht damit einer Konstruktion von Programmen und Daten. Diese uniforme Beschreibung beliebiger materieller und virtueller Artefakte erlaubt dann die Definition eines einfachen Referenz-Konzeptes für Artefakte und deren Konstruktion:

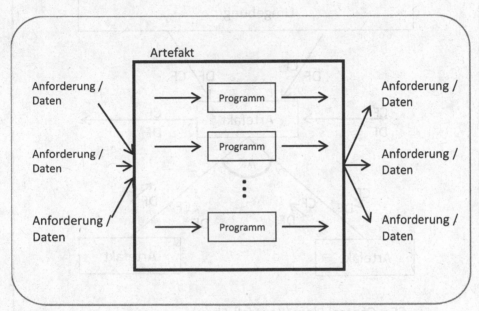

Abbildung 6-72:   Referenz-Konzept 1

Ihrer Rolle in einem Produktionssystem entsprechend empfängt im Rahmen eines Produktions-Ablaufs ein Artefakt Anforderungen zur Erbringung von Leistungen von anderen Artefakten und Daten als ein „input" und sie geben an wiederum andere Artefakte Anforderungen zur Erbringung von Leistungen und Daten als „output" ab. Die einem Artefakt zugeordneten Programme von denen die Erbringung der Leistung gefordert wird, werden mit der an das Artefakt ergehenden Aufforderung zur Erbringung der Leistung ausgewählt. Die einem Artefakt zugeordneten Programme, die mit ihrer Ausführung eine Leistung erbringen, wählen die anderen, Artefakten zugeordneten Programme aus, die zur Erbringung der eigenen Leistung von denen angefordert werden.

Ein Artefakt kann darüber hinaus aus der Umgebung des Produktionssystems, die nicht integraler Bestandteil des Produktionssystems ist, Daten als einen weiteren input erhalten und Daten als einen weiteren output abgeben. Die erhaltene Anforderung und die geforderte Erbringung einer Leistung entsprechen in der Programm-Ausführung einem „Kontroll-Fluss" und der Empfang von Daten als input und die Abgabe von Daten als Output entspricht einem „Daten-Fluss". Daten-Flüsse setzten Kontroll-Flüsse voraus.

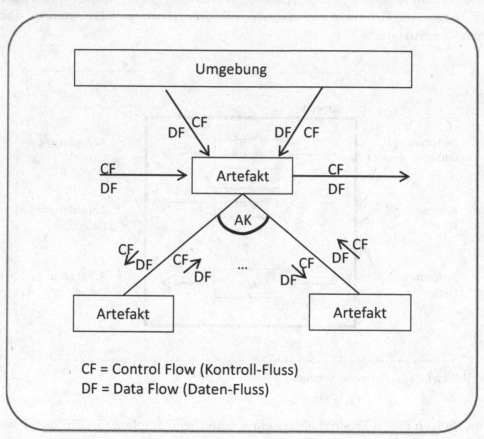

Abbildung 6-73:   Referenz-Konzept 2

Ein Artefakt kann darüber hinaus persistente Daten für seine exklusive Nutzung besitzen. Die einem konstruierten Artefakt zugeordneten persistenten Daten sind durch eine Aggregations-Konstruktion aus den konstituierenden Artefakten zugeordneten persistenten Daten gebildet. Die den konstruierten Artefakten zugeordneten Programme sind durch eine Aggregations-Konstruktion aus den konstituierenden Artefakten zugeordneten Programmen gebildet. Die Aggregations-Konstruktion ist dann eine integrierte Konstruktion von Programmen und Daten.

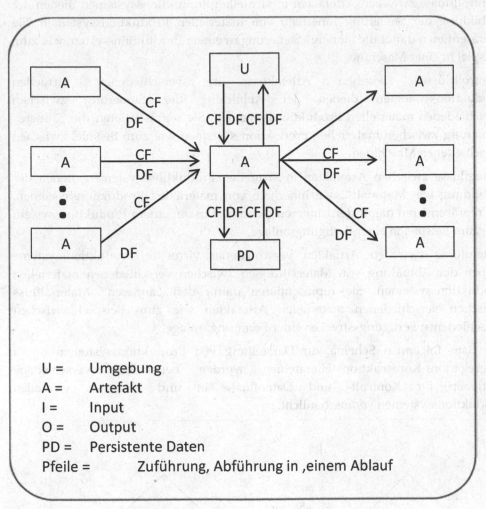

U =   Umgebung
A =   Artefakt
I =   Input
O =   Output
PD =   Persistente Daten
Pfeile =   Zuführung, Abführung in ‚einem Ablauf

Abbildung 6-74:   Bild Referenz-Konzept 3

Konstruierte Daten in konstruierten Artefakten dürfen beliebige Aggregations-Konstruktionen, also für beliebige konstituierende Relationships zwischen den konstituierenden Daten und für beliebige Aggregations- Konstruktions-Abstraktions-Beziehungen sein. Konstruierte Programme der konstruierten Artefakte sind auf unterschiedliche Weise „zusammengeführte" Programme wie sie im Folgenden beschrieben werden Die Art der Zusammenführung von Programmen legt dann den zwischen ihnen möglichen und zugelassenen Kontroll- und Datenfluss fest.

Kontrollflüsse und Datenflüsse zwischen Artefakten in virtuellen Produktionssystemen und zwischen virtuellen Produktionssystemen

Kontrollflüsse zwischen Artefakten in virtuellen Produktionssystemen dienen der Abbildung der Steuerung innerhalb von materiellen Produktionssystemen. Sie repräsentieren damit die „innere" Steuerung in einem Produktionssystem wie zum Beispiel in einer Maschine.

Kontrollflüsse zwischen Artefakten in verschiedenen virtuellen Produktionssystemen dienen der Abbildung der Steuerung zwischen verschiedenen materiellen Produktionssystemen. Sie repräsentieren die „äußere" Steuerung zwischen materiellen Produktionssystemen wie zum Beispiel zwischen verschiedenen Maschinen.

Datenflüsse zwischen Artefakten in virtuellen Produktionssystemen dienen der Abbildung von Materialflüssen innerhalb von materiellen Produktionssystemen. Sie repräsentieren damit den „inneren" Materialfluss in einem Produktionssystem wie zum Beispiel in einer Fertigungsanlage.

Datenflüsse zwischen Artfakten verschiedener virtueller Produktionssysteme dienen der Abbildung von Materialflüssen zwischen verschiedenen materiellen Produktionssystemen. Sie repräsentieren damit den „äußeren" Materialfluss zwischen verschiedenen materiellen Artefakten wie zum Beispiel zwischen verschiedenen Fertigungsstrecken einer Fertigungsanlage.

Mit dem folgenden Schema zur Darstellung von Produktionssystemen durch Aggregations-Konstruktions-Hierarchien werden beispielhaft verschiedene Optionen für Kontroll- und Datenflüsse in und zwischen virtuellen Produktionssystemen veranschaulicht.

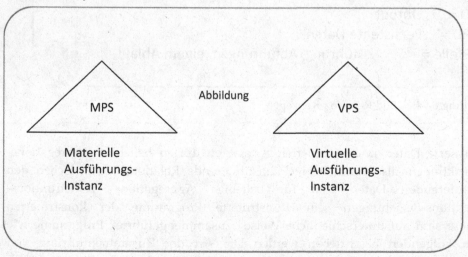

Abbildung 6-75:   Referenz-Schema für das Zusammenwirken von materiellen und virtuellen Produktionssystemen

Beispiel:

Eine moderne Werkzeugmaschine mit der sowohl „gedreht" als auch „geschliffen" werden kann.

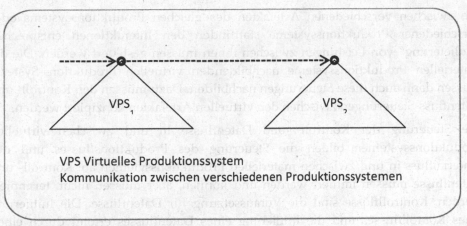

Abbildung 6-76: Referenz-Schema für das Zusammenwirken von zwei virtuellen Produktionssystemen

Beispiel:

Eine erste Werkzeugmaschine, mit der „gedreht" werden kann, und eine zweite Werkzeugmaschine, mit der in die, von der ersten Werkzeugmaschine gedrehten Welle, eine Nut „gefräst" werden kann.

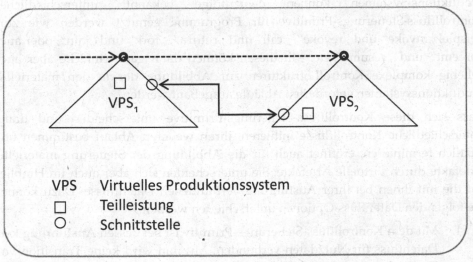

Abbildung 6-77: Referenzschema für die Kollaboration von zwei virtuellen Produktionssystemen

Beispiel:

Das Klimatisierungs-Produktionssystem eines Automobils steuert seine Wärmezufuhr im Kühlsystem des Automobils.

Steuerung der Kontroll- und Datenflüsse in und zwischen virtuellen Produktionssystemen

Die zwischen verschiedenen Artefakten des gleichen Produktionssystems oder verschiedener Produktionssysteme stattfinden den Interaktionen entsprechen „Zulieferung" von Leistungen zwischen ihnen müssen gesteuert werden. Die die materiellen Produktionssysteme nachbildenden virtuellen Produktions-Systeme müssen dann auch diese Steuerungen nachbilden. Dazu müssen den Kontroll- und Datenfluss-Steuerungen zwischen den virtuellen Artefakten konzipiert werden.

Die Steuerung der Kontroll- und Datenflüsse in und zwischen virtuellen Produktionssystemen bilden die Steuerung des Produktionsflusses und des Materialfluss in und zwischen materiellen Produktionssytemen ab. Kontroll- und Datenflüsse müssen initiiert werden und können, aber müssen nicht, terminiert werden. Kontrollflüsse sind die Voraussetzung für Datenflüsse. Die Initiierung eines Kontollflusses und die Initiierung eines Datenflusses erfolgt durch einen initiierenden Kontrollfluss, zum Beispiel durch eine „Einschaltung" des Produktionssystems oder durch einen beliebigen anderen initiierenden Kontrollfluss. Der initiierte Kontrollfluss steuert den initiierten Datenfluss und Datenflüsse erfolgen „entlang" der Kontrollflüsse.

Da virtuelle Produktionssyteme letztlich Aggregations-Konstruktionen von Programmen und Daten sind, sind Kontrollflüsse letztlich Kontrollflüsse zwischen Programmen und sind Datenflüsse letztlich Datenflüsse zwischen Programmen. Zur Festlegung der Steuerung der Kontrollflüsse in und zwischen virtuellen Produktions-Systemen können demzufolge bekannte unterschiedlichen Kontrollfluss-Steuerungs-Primitive für Programme genutzt werden wie zum Beispiel „invoke" und „revoke", „call" und „return", „fork" und „join", oder auch „preemt" und „resume" etc. Mit diesen können dann ganz einfache aber auch beliebig komplexe Kontroll-Strukturen zur Abbildung der in den materiellen Produktionssystemen geforderten Abläufe aufgebaut werden.

Dass sich diese Kontrollfluss-Steuerungs-Primitive unterscheiden und damit unterschiedliche Kontrollflüsse initiieren, ihren weiteren Ablauf bestimmen und letztlich terminieren, eröffnet auch für die Abbildung der Steuerung materieller Artefakte durch virtuelle Artefakte. Sie unterscheiden sich aber auch im Hinblick auf die mit ihnen bei ihrer Ausführung verbundenen Datenflüsse. Dazu können die folgenden Datenfluss-Optionen unterschieden werden:

1. Mit dem Kontrollfluss-Steuerungs-Primitiv ist bei dessen Ausführung kein Datenfluss für Nutzdaten verbunden. Mit ihm wird keine Transition von Daten bewirkt sondern lediglich die Ausführung eines Programms ausgelöst. (In der Regel wird dieses Kontrollfluss-Steuerungs-Primitiv mit dem Bezeichner „exec" belegt.).

2. Mit dem Kontrollfluss-Steuerungs-Primitiv wird bei dessen Ausführung ein transientes Datum zur weiteren Nutzung in einem anderen Kontrollfluss weitergereicht. Dies entspricht im Hinblick auf den Datenfluss einer „Push-Funktion" für transiente Daten. (Mit einem „send" Kontrollfluss-Steuerungs-Primitiv ist in aller Regel eine solche „Push-Funktion" assoziiert.).

3. Mit dem Kontrollfluss-Steuerungs-Primitiv wird bei dessen Ausführung ein transientes Datum von einem anderen Kontrollfluss entgegengenommen, um es dann zur weiteren Nutzung im Kontrollfluss verfügbar zu machen. Dies entspricht im Hinblick aus den Datenfluss einer „Pull-Funktion" für transiente Daten. (Mit einem „receive" Kontrollfluss-Steuerungs-Primitiv ist in aller Regel eine solche „Pull-Funktion" assoziiert.).

4. Mit dem Kontrollfluss-Steuerungs-Primitiv wird mit dessen Ausführung sowohl ein transientes Datum zur weiteren Nutzung in einem anderen Kontrollfluss weitergereicht und die spätere Entgegennahme eines anderen transienten Datums aus einem anderen Kontrollfluss zu dessen weiterer Nutzung im Kontrollfluss verfügbar gemacht. Dies entspricht einer „Push-Pull-Funktion" für transiente Daten. (Mit einem „call" Kontrollfluss-Steuerungs-Primitiv ist in der Regel eine solche Push-Pull-Funktion assoziiert und die Ausführung des den „call" auslösenden Kontrollflusses wird vorübergehend suspendiert, bis die vorgesehene Entgegennahme eines transienten Datums aus dem anderen Kontrollfluss stattfinden kann.). Dass „Push-Pull" Kontrollfluss-Steuerungs-Primitiv dient damit auch der synchronisierten Kommunikation zwischen Programmen.

5. Mit dem Kontrollfluss-Steuerungs-Primitiv wird die kontinuierlich bestehende Bereitschaft zur Entgegennahme transienter Daten und die kontinuierlich stattfindende Abfrage für die Verfügbarkeit (neuer) transienter Daten oder (neuer) Werte transienter Daten aus anderen Kontrollfüssen bewirkt und die beobachteten und entgegengenommenen Daten können in den Kontrollfluss eingebracht werden. Dies entspricht einer „Poll-Funktion" für transiente Daten. (Mit einem Kontrollfluss-Steuerungs-Primitive „watch" kann die permanente Überwachung einer Datenquelle wie zum Beispiel eines Sensors gesteuert erfolgen.)

Mit der Darstellung der Kontrollfluss-Steuerungs-Primitive und der Datenflüsse, die sie mit ihrer Ausführung bewirken, kann der Eindruck entstanden sein, dass auch Daten und deren Verfügbarkeit Kontrollflüsse auslösen. Sie ist dann häufig auch der Anlass über datenfluss-gesteuerte Ausführungen zu sprechen. So wird häufig dann argumentiert, wenn zum Beispiel von Sensoren bereitgestellte Daten eine Ausführung initiieren. Dabei sollte nicht unbeachtet bleiben, dass auch Sensoren, Aktoren oder Transponder einen Kontrollfluss auslösen, bevor sie einen Datenfluss bewirken.

Nach der Festlegung über welche Kontrollfluss-Steuerungs-Primitive komplexe interagierende Kontrollflüsse modelliert werden können, ist nun die Frage zu beantworten welche Reihenfolgen für die Ausführung der Kontrollflüsse potenziell möglich und zulässig sind, ohne dass die Integrität der im Produktionssystem vorgehaltenen persistenten Daten beeinträchtigt wird. Die Definition dieser zulässigen Kontrollflüsse kann auch durch die schon in Kapitel 3 eingeführten Propagationspfade erfolgen. Dafür sind allerdings neben den bisher eingeführten Kontrollfluss-Steuerungs-Primitiven weitere nötig.

Insbesondere sind Ausführungen –trotz ihrer prinzipiell zulässigen geplanten Ausführung- zum Zeitpunkt der geforderten Ausführung nicht die Bedingungen erfüllt, die für eine sofortige Ausführung erfüllt sein müssen. Da die Kontroll-und Datenflüsse in und zwischen Artefakten und zwischen verschiedenen Produktionssysteme nebenläufig (concurrent) ausgeführt werden, entstehen Konflikte zwischen diesen nebenläufigen Kontroll- und Datenflüsse im Hinblick auf die Verfügbarkeit der angeforderten Programme weil eine andere Ausführung noch stattfindet und beide Ausführungen nicht nebenläufig stattfinden dürfen um die Integrität der in Programmen genutzten persistenten Daten nicht zu verletzen.

Propagationspfade als Festlegungen für zulässige Ausführungsfolgen müssen deshalb möglicherweise konditional definiert sein: Nur wenn bestimmte Bedingungen, wie zum Bespiel eine Freigabe einen nächsten Schrittes in einem Kontrollfluss erfolgt ist, kann der Anforderung Folge geleistet werden oder andernfalls auf einen späteren Zeitpunkt verschoben werden muss.

Mit Propagationspfaden algorithmisch definierte Kontrollflüsse in virtuellen Produktions-Systemen

Wie aus Kapitel 3 bekannt, sind Propagationspfade durch Sonderzeichen (d.h. Delimiter) getrennte Bezeichner von Aktionen. Die in den Propagationspfaden zu bezeichnenden Aktionen sind Programme und Propagationspfade sind Festlegungen zulässiger Ausführungs-Reihenfolgen für Programme des gleichen Artefakts oder verschiedener Artefakte.

Die Festlegung welche Ausführungs-Reihenfolgen korrekt sind und welche nicht, ist einerseits festgelegt durch die geforderten Schrittfolgen für die Produktion bestimmter Produkte und andererseits durch die Verfügbarkeit und zulässige Nutzung von Ressourcen für die Produktion. In virtuellen Produktionssystemen sind Ressourcen durch Daten repräsentiert und die Propagationspfade sind demzufolge auch datenspezifische Festlegungen von zulässigen Ausführungs-Reihenfolgen für Programme.

Beispiel:

Für ein Artefakt „Drehen" mit dem aus Rohlingen wellenförmige Produkte hergestellt werden ist die dafür nötige Ressource eine „Drehbank". Die „Drehbank" wird im Modell des Artefakts „Drehen" des Produktionssystems als persistentes Datum des Artefakts dargestellt. Die dem Artefakt „Drehen" zugeordneten Programme sollen „Einschalten" und „Ausschalten" sein. Der Propagationspfad muss deshalb festlegen, dass auf ein „Einschalten nur ein „Ausschalten" und kein erneutes „Einschalten" folgen darf sowie, dass auf ein „Ausschalten" nur ein „Einschalten" folgen darf. Mit dem erfolgreichen „Einschalten" und „Ausschalten" muss das Datum „Drehbank" jeweils verändert werden um den jeweiligen neuen Zustand zu kennzeichnen.

Da mit dem „Einschalten" der Drehbank auch Daten, die die erwarteten Eigenschaften des zu drehenden Werkstück, zum Beispiel seine Abmaße, festlegen, zugeführt werden müssen, muss mit dem „Einschalten" auch ein Datenfluss von einem Auftraggeber an das Artefakt „Drehen" erfolgen.

Um den erweiterten Anforderungen an die Modellierung industrieller virtueller Produktionssysteme gerecht zu werden, muss auch die Definition von Propagationspfaden gegenüber der Definition in Kapitel 3 erweitert werden, um weitere Reihenfolge-Regelungen, wie sie für den Betrieb von industriellen Produktions-Systemen benötigt werden formulieren zu können.

Propagationspfade, wie sie in Kapitel 3 eingeführt worden sind, haben die Kontroll-Fluss-Steuerungs-Primitive „sequenziell", „alternativ" und „parallel" unterschieden um Wirkungszusammenhänge darzustellen. Mit ihnen wurde festgelegt das Operationen aufeinander folgen müssen (sequentiell), dass von zwei Optionen für die Ausführung voneinander verschiedener Operationen nur eine verfolgt werden darf (alternativ) und das mehrere Operationen zeitlich überlappend durchgeführt werden dürfen (parallel).

Es ist leicht nachzuvollziehen dass diese drei Kontrollfluss-Steuerungs-Primitive nicht ausreichen, um die Steuerung von Kontrollflüssen in materiellen Produktionssystemen vollständig abbilden zu können. Die notwendige Erweiterung der Menge der Primitive folgt den für Kontrollflüsse in Programmen von Habermann eingeführten „path expressions" in denen neben den drei für Propagationspfade eingeführten die Primitive „simultan", „optional", „wiederholen" und „schachteln" vorgesehen werden, die im Folgenden ausführlich beschrieben werden.

Zur Definition der Sprachmittel wird eine erweiterte Backus-Naur-Form (EBNF) mit folgenden Erweiterungen gegenüber der Backus-Naur-Form verwendet :

1. stellt die Alternative dar.
2. (...) beschreibt die Zusammenfassung mehrerer Terminal- und Nichtterminalzeichen.
3. [...] beschreibt die Optionalität von Terminal- und Nichtterminalzeichen.
4. {...} beschreibt die n-fache Iteration des Inhalts der Klammern.
5. (...) Schlüsselwörter werden ausschließlich mit großen Buchstaben geschrieben.
6. Terminale werden in Anführungszeichen eingeschlossen, wenn sie durch dasselbe Zeichen wie ein Metasymbol dargestellt werden, z. B. „(" bedeutet das Terminalzeichen linke Klammer.

Sequenzialität:

Die sequentielle Ausführung von Aktionen erfordert, dass alle vorgesehenen Aktionen tatsächlich, und in der vorgegebenen Reihenfolge ausgeführt werden.

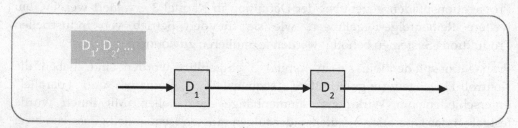

Abbildung 6-78:   **Sequenzialiät**

Alternative:

Von einer vorgegebenen Menge von Aktionen wird nur eine ausgeführt. Welche der vorgegebenen Aktionen ausgewählt und ausgeführt wird, ist nicht vorbestimmt. Die anderen Aktionen werden ignoriert.

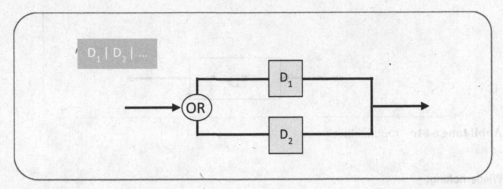

Abbildung 6-79: Alternative

Simultanität:

Eine vorgegebene Aktion kann beliebig oft und zeitlich überlappend ausgeführt werden bevor eine Folge-Aktion ausgeführt wird.

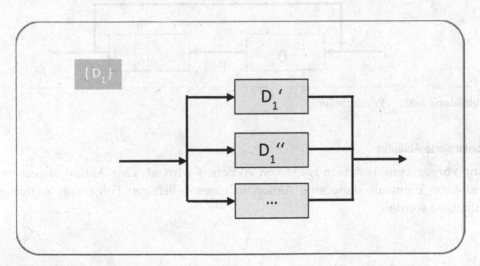

Abbildung 6-80: Simultanität

Optionalität:

Eine vorgegebene Aktion kann aber muss nicht ausgeführt werden. Wird sie nicht ausgeführt wird sofort die nächstfolgende Aktion ausgeführt.

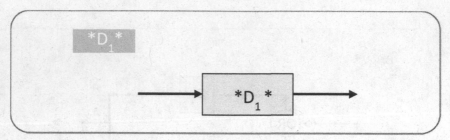

Abbildung 6-81:   Optionalität

Wiederholung:

Eine vorgegebene Aktion oder eine beliebige Folge vorgegebener Aktionen kann beliebig oft wiederholt werden, es sei denn die Anzahl der Wiederholungen ist auch vorgegeben.

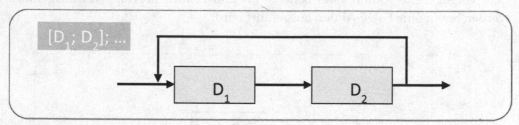

Abbildung 6-82:   Wiederholung

Konstruierte Abläufe:

Eine vorgegebene beliebige Folge von Aktionen wird als eine Aktion angesehen und kann dann als diese eine Aktion in einer beliebigen Folge von Aktionen aufgefasst werden.

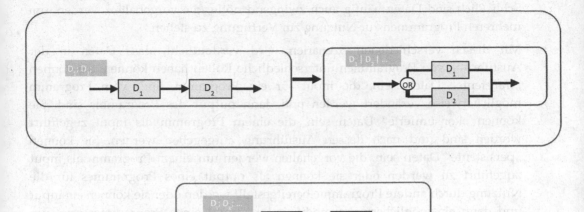

Abbildung 6-83: Konstruierte Abläufe

Mit diesen Kontrollfluss-Steuerungs-Primitiven, darauf sei noch einmal hingewiesen, sind nur mögliche Kontrollflüsse festgelegt. Mit ihnen wird nicht festgelegt, wie unter Einhaltung der durch die Kontrollfluss-Steuerungs-Primitive gegebenen Regeln ad hoc Ausführungsfolgen entstehen. Diese Möglichkeit „dynamisch" Kontrollflüsse flexibel auszuführen ist die Voraussetzung für die Gestaltung agiler Abläufe in industriellen Produktionssystemen. Für agile Kontrollflüsse sind, wie schon oben erläutert, Festlegungen der zulässigen Kontroll- und Datenflüsse nur durch erweiterte konditionale Propagationspfade möglich um einerseits nur zulässige Ausführungsfolgen zu erzeugen und damit die Integrität der persistenten Daten sicherzustellen und andererseits ein flexible und optimale Nutzung der Ressourcen in Produktionssystemen zu erreichen.

Durch Kontrollflüsse definierte Datenflüsse in virtuellen Produktionssystemen

Der Datenfluss folgt dem Kontrollfluss weil Daten nur an durch den Kontrollfluss adressierte Artefakte transferiert werden können. Während eines Kontrollflusses müssen zwangsläufig solche Daten transferiert werden die der Kontrollfluss selbst charakterisieren und für seine Ausführung zwingend notwendig sind. Diese „systemischen" Datenflüsse werden im Folgenden nicht weiter diskutiert werden, die hier folgenden Diskussionen betrachten dagegen den Datenfluss von „Nutzdaten", die mit der Ausführung von Programmen „transportiert" und genutzt werden.

Nicht mit jedem Kontrollfluss findet auch ein Datenfluss von Nutzdaten statt, und die Ausführung nicht jeden Programms erfordert einen input von Nutzdaten und produziert einen output von Nutzdaten. Darüber hinaus können Nutzdaten für die Ausführung von Programmen als input zwingend nötig sein, werden aber, nachdem die Ausführung des sie nutzenden Programmes erfolgt ist, obsolet.

Schließlich sind Daten häufig auch zwingend nötig, die vorgehalten werden, um mehreren Programmen zur Nutzung zur Verfügung zu stehen.

Mit diesen verschiedenen Szenarien wird verdeutlicht, dass Daten in der Ausführung von Programmen unterschiedliche Rollen haben können: Sie können „transiente" Daten sein, die input für ein Programm sind, vom Programm möglicherweise verändert werden und dann output des Programms sind. Sie können „konsumierte" Daten sein, die einem Programm als input zugeführt worden sind und nach dessen Ausführung aufgegeben werden. Sie können „persistente" Daten sein, die vorgehalten werden um einem Programm als input zugeführt zu werden oder sie können als output eines Programmes für die Nutzung durch andere Programme bereitgestellt werden oder sie können ein input und dann ein möglicherweise modifizierter output eines Programmes sein, um danach wieder input für andere Programme sein zu können.

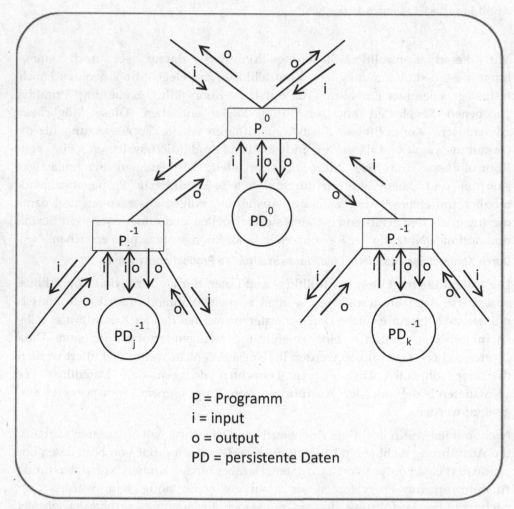

Abbildung 6-84:   Programmen zugeordnete persistente Daten

Wie am Beginn in diesem Kapitel ausführlich diskutiert, können Daten entweder intensionale Daten oder extensionale Daten, sowie entweder mengenwertige und nicht mengenwertige Daten sein. Die daraus ableitbaren Szenarien für mögliche Datenflüsse werden durch die folgenden Beispiele und die sie charakterisierenden Schaubilder verdeutlicht. Allen Beispielen liegt die Aufgabe einen Maschinenpark zu verwalten zugrunde. Der Maschinenpark umfasst unterschiedliche Typen von Maschinen, mit denen unterschiedliche Leistungen erbracht und Aufgaben erledigt werden und er umfasst zu jedem Maschinentyp sich durch zum Beispiel unterschiedliche Leistungs-Parameter dennoch voneinander unterscheidende Maschinen.

Beispiel 1: *Datenflüsse intensional einwertiger Daten*

Ein Programm des virtuellen Artefakts „Maschinenpark-Verwaltung" leistet die Neubenennung aller Maschinen des Maschinenparks nach einem im Programm vorgegebenen Zuordnungsschema.

Input für das Programm ist der intensional einwertige Entity-Typ „Maschinenpark". Output des Programms ist der Entity-Typ „Maschinenpark" in einer veränderten Form.

Der Entity-Typ „Maschinenpark" ist im Hinblick auf das Programm ein transienter Entity-Typ.

Ist vom Programm auch gefordert, dass es den veränderten Entity-Typ „Maschinenpark" zur Nutzung durch andere Programme des Artefakts „Maschinenpark-Verwaltung" bereitstellt, muss der Entity-Typ „Maschinenpark" auch in einem dem Entity-Typ „Maschinenpark-Verwaltung" zugeordneten virtuellen Speicher als persistenter Entity-Typ eingestellt werden.

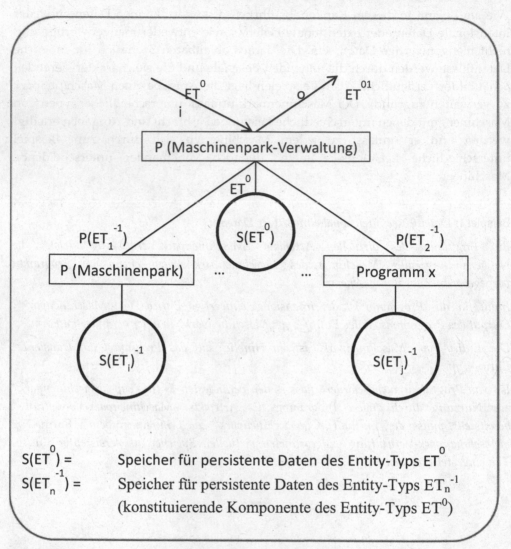

Abbildung 6-85:   Beispiel für die Zuordnung persistenter Daten

Beispiel 2: *Datenflüsse intensional mengenwertiger Daten*

Ein Programm des Entity-Typs „Maschinenpark" leistet das Einfügen, Löschen oder Verändern eines Entity-Typs „Maschinentyp" und damit verändert es die Menge der Typen der Maschinen im Maschinenpark.

Input für das Programm ist der intensional mengenwertige Entity-Typ „Maschinentyp". Output des Programms ist der durch einfügen oder löschen oder verändern erzeugte veränderte Entity-Typ „Maschinentyp".

Der Entity-Typ „Maschinentyp" ist im Hinblick auf das Programm ein transienter Entity-Typ.

Ist vom Programm auch gefordert, dass es den veränderten Entity-Typ „Maschinentyp zur Nutzung durch andere Programme des Artefakt „Maschinenpark" bereitstellt, muss der Entity-Typ „Maschinentyp" auch in einem dem Entity-Typ „Maschinenpark" zugeordneten virtuellen Speicher als persistenter Entity-Typ eingestellt werden.

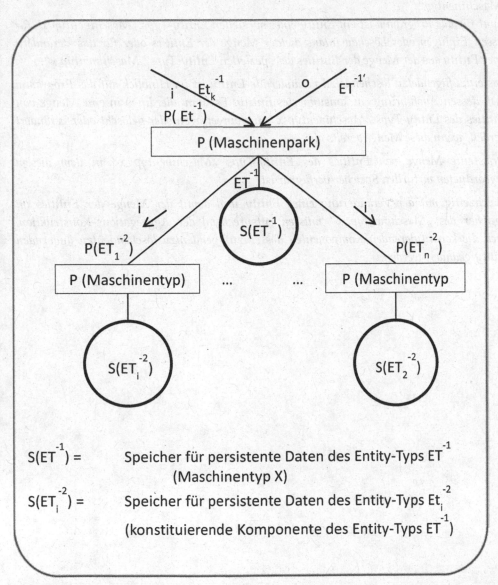

Abbildung 6-86: Fortsetzung des Beispiels aus Abb.6.85

Beispiel 3: *Datenflüsse extensional mengenwertiger Daten*

Ein Programm des Entity-Typs „Maschinentyp" leistet das Einfügen, Löschen oder Verändern eines Entity und damit eine Veränderung der Menge der Entities eines Maschinentyps. Es verändert nur die Extension nicht die Intension des Entity-Typs „Maschinentyp".

Input für das Programm ist ein Entity eines speziellen Entity-Typs „Maschinentyp x" für dessen Einfügen oder Löschen in/aus die/der Menge der Entities oder für das Verändern eines Entity aus der Menge der Entities des speziellen Entity-Typs „Maschinentyp x".

Das einzufügende/zu löschende/zu verändernde Entity ist im Hinblick auf das Programm nach dessen Ausführung ein konsumiertes Entity. Es kann allerdings in eine Menge von Entities des Entity-Typs „Maschinentyp x" nur eingetragen oder gelöscht oder verändert werden, wenn diese Menge bereits als

persistente Menge von Entities des Entity-Typs „Maschinentyp x" in dem diesem zugeordneten virtuellen Speicher verfügbar ist.

Gleichzeitig mit der Veränderung eines Entity und damit der Menge der Entities im Speicher des „Maschinentyp x" müssen entsprechend der Aggregations-Konstruktion, auch die konstituierenden Komponenten des einzufügenden/zu löschenden/zu ändernden Entity geändert werden.

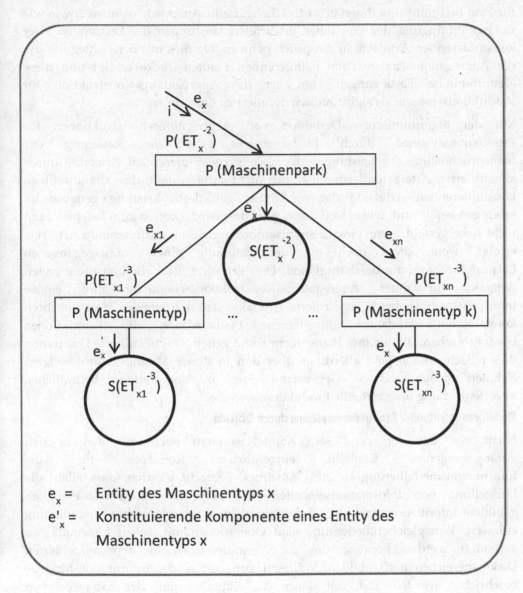

$e_x =$ Entity des Maschinentyps x

$e'_x =$ Konstituierende Komponente eines Entity des Maschinentyps x

Abbildung 6-87: Fortsetzung des Beispiels aus Abb.6.85

Pfadausdrücke als algorithmisch definierte Konstruktions-Abstraktions-Beziehungen für Aggregations-Konstruktionen

Pfadausdrücke können mit den oben erläuterten Kontrollfluss-Steuerungs-Primitiven auch die Kontrollflüsse in Aggregations-Konstruktions-Hierarchien festlegen. Sie legen damit also fest wie konstruierte Artefakte die von ihnen erwartete Leistung aus Leistungen ihrer konstituierenden Artefakte zusammenzufügen und genau welche Leistungen ihrer konstituierenden Artefakte für eine bestimmt von ihnen erwartete Leistung in Anspruch nehmen sowie wie sie zur Erbringung der von ihnen erwarteten Leistungen die Leistungen ihrer konstituierenden Artefakte in Anspruch nehmen. Da dies mit der Festlegung der die Aggregations-Konstruktion definierenden Pfadausdrücke erfolgt und diese algorithmische Festlegungen sind, ist die Aggregations-Konstruktion für Produktionssysteme als algorithmisch definiert zu bezeichnen.

Mit der algorithmischen Definition von Aggregations-Konstruktionen für Produktionssysteme durch Pfadausdrücke, die die Steuerung der Inanspruchnahme der Leistungen der jeweils konstituierenden Artefakte durch konstruierten Artefakten leisten, ist noch nicht sichergestellt, dass die jeweiligen konstituierenden Artefakte die von ihnen geforderte Leistung genauso zu erbringen bereit sind, wie es von ihnen gefordert wird. Dies ist zum Beispiel dann nicht sichergestellt, wenn eine Leistungsanforderung an konstituierende Artefakte erfolgt, wenn diese noch mit der Erfüllung einer vorausgegangenen Leistungsanforderung beschäftigt sind. Dies erfordert, dass die konstituierenden Artefakte in einer Aggregations-Konstruktions-Hierarche ihre eigene Inanspruchnahme durch konstruierte Artefakte dadurch steuern, dass sie ihren konstruierten Artefakten mit einem Pfadausdruck die Restriktionen bekanntmachen, die für ihre Inanspruchnahme gelten. Die detaillierte Diskussion dieser Sachverhalte geht allerdings über den in dieser Monographie gesetzten Rahmen hinaus und ist Gegenstand einer in Vorbereitung befindlichen Veröffentlichung über virtuelle Produktionssysteme.

Modellierung virtueller Produktionssysteme durch Objekte

Nicht erst mit der in diesem Kapitel sondern auch mit den in den vorangegangenen Kapiteln eingeführten Konzepte für die Informationsmodellierung ist zum Ausdruck gebracht worden, dass allein die Darstellung von Informationseinheiten und von mit Informationseinheiten gebildete Informationsstrukturen keine hinreichend praxisgerechte Modellierung zulassen. Von gleicher Bedeutung sind Operationen mit denen Informationen verändert werden können, um die Veränderungen in den modellierten Diskursbereichen nachzubilden. Während zunächst solche Information-Modelle beschrieben worden sind, mit denen die Aktualisierung der Extension von mengenwertigen Informationseinheiten zur Aktualisierung der Informationsmodelle vorgestellt worden sind, sind in der Folge auch solche Modelle, mit denen Veränderungen der Intension auch nicht mengenwertiger beliebiger Informationseinheiten diskutiert worden, mit den intensionale Veränderungen in den modellierten Diskursbereichen nachgebildet werden können. Letztendlich sind dann auch Informationsmodelle zur Nachbildung von Abläufen in den Diskursbereichen, in denen Informationen zu ihrer Ausführung zwingen nötig sind eigeführt worden.

In allen diesen Konzepten galt, dass den Informationen das primäre Interesse gilt und dass mit Operationen Informationen durch Aktualisierungen deren Nutzwert zu erhalten und sie der Nutzung zugänglich zu machen. Dabei sind die dazu genutzten Operationen nie als Operationen in einem generischen Sinn, sondern immer nur als Operationen, die auf ganz bestimmte Informationen angewendet werden können, verstanden worden. Damit ist, wenn auch nicht ausdrücklich betont, eine Clusterung von Informationen und Operationen in Objekten, wie sie in der Programmierung in der Zwischenzeit üblich sind, erfolgt. Mit en hier eigeführten Konstruktionen von Informationen ist damit auch die Notwendigkeit der Konstruktion von Objekten entstanden. Diese ist mit den oben beschriebenen Referenz-Konzepten eingeführt worden und sie wird im Kapitel 7 ausführlicher diskutiert werden.

6.3.3.2 Industrielle Abläufe in vernetzten virtuellen Produktionssystemen

Industrielle Abläufe erfordern für ihre Ausführung in der Regel eine kleinere oder größere Menge von vernetzten Produktionssystemen um alle im Rahmen einer Produktion geforderten Leistungen zu erbringen. Das bedeutet, dass die Produktionssysteme auf unterschiedliche Weise gekoppelt werden: Durch Logistiksysteme, die ihrerseits natürlich auch Produktionssysteme sind, aber insbesondere auch durch deren kommunikative Kopplung um eine möglichst vollständig automatisierte Erbringung einer Gesamtleistung zu ermöglichen.

Der Ansatz industrielle Abläufe nicht zuerst als Algorithmen sondern zuerst durch Daten und dann erst durch die auf diesen Daten auszuführenden Algorithmen zu definieren wird möglicherweise nicht von allen sofort für sinnvoll gehalten werden. Er trägt der Tatsache Rechnung, dass in automatisierten und insbesondere in autonom agierenden Systemen und Anlagen die Daten die wichtigeren und werthaltigeren Ressourcen sind.

Die dort benötigten Daten sind nicht die „ohnehin anfallenden" Daten, sondern Daten, die eine komplexe „Umwelt" adäquat repräsentieren müssen oder solche die das Zusammenwirken von Mensch und Maschine nachbilden müssen. Die Auswahl der Datenquellen, die Erfassung der Daten und deren zielgerichtete Nutzung erfordern deren Protektion in einem umfassenden Sinn: Sie dürfen nur für den Zweck genutzt werden für den sie wirklich passgerecht sind, ihre Bedeutung, d.h. ihre Semantik, muss vollumfänglich verstanden sein und ihre zulässige Deutung darf nicht dem „Zeitgeist folgend" neuen Gegebenheiten angepasst werden. Daten die Werkstücke und Werkzeuge sowie Produkte oder daran anschließende Fertigungsanlagen für Massenfertigungen charakterisieren und beschreiben, müssen so präzis sein, so dass „Produktfehler", die Produkthaftungen auslösen, ausgeschlossen werden können. Dem soll die Forderung, die Kompositionalität von Daten für industrielle Anwendungen anzustreben, Rechnung tragen. Diese Forderung gilt insbesondere auch dann, wenn mit der Erfassung von Massendaten auch deren statistische Auswertung verbunden ist oder wenn mit ihnen als Basis maschinellen Lernens die Gewinnung neuer Erkenntnisse angestrebt wird.

Es geht letztendlich vor allen Digen darum einen hohen Grad und den höchst möglichen Grad von Vertrauenswürdigkeit der Daten und der mit ihnen erstellten Leistungen sicherzustellen.

Abläufe in virtuellen Produktionssystemen

Die erste Aufgabe vor der Initiierung von Abläufen in einem Virtuellen Produktionssystem ist dessen Initialisierung. Die Initiierung von Abläufen erfolgt durch Programme, die mit dem höchst-aggregierten konstruierten Artefakt der Aggregations-Konstruktions-Hierarchie zugeordnet sind. Über die weitere Abfolge der Schritte in der Ausführung „entscheiden" die den Artefakten zugeordneten und genutzten Programme mit den in diesen Programmen den Kontrollfluss steuernden Kontrollfluss-Primitiven.

Abläufe in virtuellen Produktionssystemen entstehen durch die Ausführung von Programmen. Die quasi „kanonischen" Abläufe in virtuellen Produktionssystemen sind die durch die Aggregations-Konstruktions-Hierarchie vorgegebenen Kontrollflüsse und die mit ihnen verbundenen Datenflüsse.

Die Kontrollflüsse beginnen immer mit der Initiierung einer Programmausführung im höchst-aggregierten konstruierten Artefakt der Aggregations-Konstruktions-Hierarchie durch die das Produktionssystem repräsentiert wird. (Das ist im Graphen, der die Aggregations-Konstruktions-Hierarchie repräsentiert, der Wurzelknoten oder der „Top"-Knoten des Graphen.).

Die Fortsetzung der Kontrollflüsse in virtuellen Produktionssystemen erfolgt durch die aufeinanderfolgend, d.h. sequentiell, stattfindende Ausführungen von Programmen entlang der in der Aggregations-Konstruktions-Hierarchie vorgegebenen möglichen Pfade vom Top-Knoten bis zu einem tiefst-gelegenen Knoten der Aggregations-Konstruktions-Hierarchie. (Das ist im Graphen, der die Aggregations-Konstruktions-Hierarchie repräsentiert, ein Blatt-Knoten oder ein „Bottom"-Knoten des Graphen.). Jeder Ausführungspfad für jedes der dem Top-Knoten zugeordneten Programme beginnt im Top-Knoten, muss aber nicht zwingend in einen Bottom-Knoten der Aggregations-Konstruktions-Hierarchie enden. Der dann tiefst gelegene Knoten ist der durch ein „terminales" Programm, das keine weiteren Programme initiiert, festgelegt.

Kontrollflüsse enden nach den Ausführungen entlang aller, sich möglicherweise verzweigenden Pfade in einer Ausführungs-Hierarchie der Aggregations-Konstruktions-Hierarchie, vom Top-Knoten zu allen Bottom-Koten der Ausführungs-Hierarchie einer Aggregations-Konstruktions-Hierarchie. Eine Ausführungs-Hierarchie für ein dem Top-Knoten zugeordneten Programms ist damit trotzdem immer ein Untergraph des Graphen der die Aggregations-Konstruktions-Hierarchie repräsentiert.

Kontrollflüsse in Ausführungs-Hierarchien erfolgen nicht zwingend unterbrechungsfrei. Das ist darin begründet, dass die Ausführung von Programmen in einer Ausführungs-Hierarchie die Erfüllung bestimmter Voraussetzungen erfordert. So kann zum Beispiel ein in einer Ausführungs-Hierarchie auszuführende Operation „receive (x)" nur ausgeführt werden, wenn von einer anderen Operation x zum Empfang durch die erste Operation bereitgestellt worden ist. Während diese möglicherweise verzögert Ausführung eines Programms in einer Ausführungs-Hierarchie allein durch die Bedeutung einer auszuführenden Operation bedingt ist, können Voraussetzungen für die Ausführung auch durch logische Ausdrücke definiert sein, deren Auswertung „wahr" ergeben muss, bevor die Operation ausgeführt werden darf. Die Diskussion der dafür nötigen Spezifikationen für die „konditionale" Ausführung von Programmen in Ausführungs-Hierarchien erfolgt im Kapitel 7.

Abläufe in vernetzten virtuellen Produktionssystemen

Materielle Produktionssysteme entstehen arbeitsteilig in einem und für einen hochdifferenzierten Markt für die unterschiedlichsten industriellen Aufgaben. Hochkomplexe Zulieferstrukturen verbinden Anbieter und Nutzer und erlauben die Konzentration beider auf ihre Kernkompetenzen und erlauben bestmögliche Qualität der Angebote zu günstigsten Preisen. Die Nutzung verschiedener Produktionssysteme für unterschiedliche Teilaufgaben einer industriellen Anwendung und deren Integration für die ganzheitliche Bearbeitung einer industriellen Aufgabe sind demzufolge nicht zu vermeiden. Die Festsetzung von Normen und Standards ist die Voraussetzung für niedrige Aufwände zu deren Integration, stehen aber häufig der Wahrnehmung der Vorteile aus einer Alleinstellung entgegen.

Virtuelle Produktionssysteme müssen diese Gegebenheiten nachbilden. Das geschieht durch die für informations-und kommunikationstechnische Systeme gegebenen Möglichkeiten zur Vernetzung von virtuellen Produktionssystemen. Produktionssysteme und virtuelle Produktionssysteme sind als Aggregations-Konstruktions-Hierarchien ausführbarer materieller und virtueller Artefakte definiert worden. Die Vernetzung von virtuellen Produktionssystemen entspricht demzufolge der Vernetzung von Aggregation-Konstruktions-Hierarchien.

Informations- und kommunikationstechnische Vernetzungen von virtuellen Produktionssystemen lassen sich auf unterschiedliche Art erreichen und die jeweiligen Konzepte sollen wie folgt kategorisiert werden:

Kommunizierende virtuelle Produktionssysteme:

Virtuelle Produktionssysteme verhalten sich wie „black boxes", sie erbringen eine Leistung und reichen die erbrachte Leistung weiter an eine andere „black box". Das entspricht einer Bearbeitungsaufgabe für Werkstücke durch Werkzeuge mit denen aufeinanderfolgende Teilaufgaben der Gesamtaufgabe erledigt werden. In virtuellen Produktionssystemen entsprich dies der kommunikativen Weiterleitung von Informationen von einem Produktionssystem zum nächsten. Dazu ist der Aufbau einer „Kommunikations-Verbindung" zwischen Produktionssystemen nötig. Die folgende Graphik veranschaulicht dies:

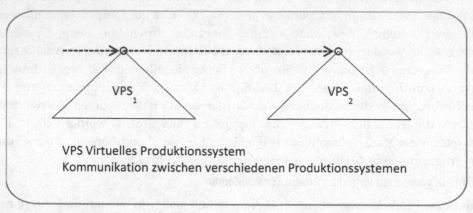

Abbildung 6-88:   Kommunikation zwischen Produktionssystemen

Produktionssysteme werden als spitze Dreiecke dargestellt, um zu verdeutlichen, dass sie Aggregations-Konstruktions-Hierarchien symbolisieren. Die Beauftragung eines virtuellen Produktionssystems seine Leistung als Ganzes zu erbringen wird durch die Übergabe des Auftrages an den höchst gelegenen Knoten der Aggregations-Konstruktions-Hierarchie repräsentiert, genauso wie auch die kommunikative Weiterleitung eines Auftrages an das zu beauftragende Produktionssystem. Die Weiterleitungen müssen nicht notwendigerweise linear erfolgen, sondern können ein beliebiger „Verbund" mit einem ersten und einem letzten virtuellen Produktionssystem sein.

Interoperierende virtuelle Produktionssysteme:

Virtuelle Produktionssysteme verhalten sich wie „gray boxes", sie benötigen zu Erbringung einer ihrer Teilleistungen andere Teilleistungen, die als Teilleistungen von anderen virtuellen Produktionssytemen erbracht werden können. Das entspricht der Beauftragung eines Zulieferers zur Herstellung bzw. zur Herstellung und Lieferung eines Bauteils an den Auftraggeber. In virtuellen Produktionssystemen entspricht dies der kommunikativen Beauftragung zur Ausführung eines Programms und der Rücklieferung des Ergebnisses der Ausführung eines Programms eines anderen virtuellen Produktionssystems. Interoperierende Produktionssysteme müssen dazu über die „Kommunikations-Verbindung" Nutzdaten austauschen können und die ausgetauschten Nutzdaten müssen von jedem beteiligten Produktionssystem „verstanden" werden.

In virtuellen Produktionssystemen sind, wie auch in materiellen Produktionssystemen, dafür syntaktische und semantische Kompatibilitätsanforderungen zu erfüllen. In virtuellen Produktionssystemen wird dazu die Fähigkeit zur Interoperabilität der beteiligten Produktionssysteme gefordert.

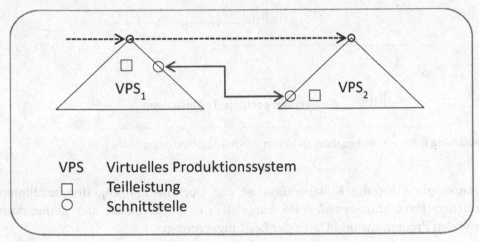

Abbildung 6-89:   Interoperabilität zwischen Produktionssystemen

Der Zugang zu den Teilleistungen anderer virtueller Produktionssysteme erfolgt über öffentlich zugängliche Programm-Schnittstellen in den zu beauftragenden virtuellen Produktionssystemen. Voraussetzung für Interoperabilität ist die Übereinstimmung der beteiligten virtuellen Produktionssysteme im Hinblick auf die Syntax der Programme und Daten der beteiligten Leistungserbringer.

Kollaborierende virtuelle Produktionssysteme:

Produktionssysteme verhalten sich wie „white boxes", sie betrachten Teilsysteme als gemeinschaftlich nutzbare integrale Bestandteile in jedem der beteiligten virtuellen Produktionssystems. Das entspricht der Nutzung eines Transportsystems zum Transport von Werkstücken von einem Werkzeug zu einen anderen Werkzeug für den Transport in beide Richtungen. In virtuellen Produktionssystemen entspricht dies der gemeinsamen möglicherweise nebenläufigen Nutzung eines Programms. Dazu sind Vorkehrungen für die konfliktfreie Nutzung dieses Programms durch beide virtuellen Produktionssysteme durch die Synchronisation der Nutzungen nötig um die Kollaboration der virtuellen Produktionssysteme zu ermöglichen.

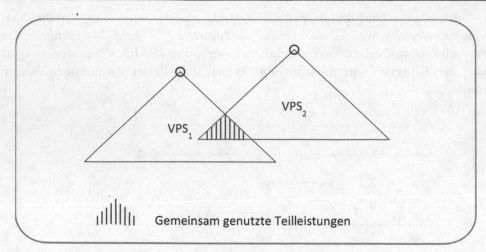

Abbildung 6-90:   Kollaboration zwischen Produktionssystemen

Voraussetzung für die Kollaboration ist die Übereinstimmung der beteiligten virtuellen Produktionssysteme im Hinblick auf die Semantik der gemeinsam genutzten Programme und Daten der Leistungserbringer.

Hierarchisch vernetzte virtuelle Produktions-Systeme:

Produktionssysteme sind hierarchisch vernetzte Aggregations-Konstruktions-Hierarchien. Die Vernetzung erfolgt, um die Modularisierung von Produktionssystemen zu erreichen. Durch sie entsteht eine neue Möglichkeit für ihre flexible Nutzung und zur agilen Produktion abhängig von der jeweiligen Auslastung der beteiligten Produktionssysteme. In virtuellen Produktions-Systemen entspricht dies Aggregations-Konstruktionen für virtuelle Produktions-Systeme.

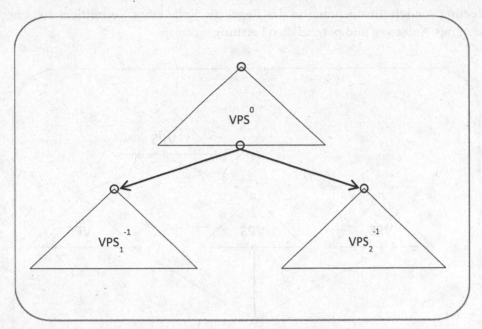

Abbildung 6-91: Hierarchisch vernetzte virtuelle Produktionssysteme

Hierarchisch vernetzte virtuelle Produktionssysteme unterscheiden sich konzeptionell nicht von Produktionssystemen wie sie in Kapiteln 6.2.3.2 und 6.2.3.3 eingeführt worden sind. In der dortigen Bezeichnung waren Produktionssystem Aggregations-Konstruktions-Hierarchien von materiellen oder virtuellen Artefakten genannt worden um offenzuhalten welch konstituierenden Bausteine damit gemeint sein sollen. Der Begriff Produktionssystem sollte, so die Absicht, damit zur Modellierung auf unterschiedlichen Granularitätsniveaus verwendet werden können und selbstreferenzierend virtuelle Produktionssysteme von virtuellen Produktionssystemen abbilden können.

Virtuelle Produktionssysteme als Pattformen:

In hierarchisch vernetzten Produktionssystemen sind in aller Regel unterschiedliche Nutzungsmustervorzufinden: Konstituierende virtuelle Produktions-Systeme in konstruierten virtuellen Produktionssystemen werden unterschiedlich intensiv genutzt, weil die Leistungen unterschiedlich oft in einer oder mehreren industriellen unterschiedlich oft in Anspruch genommen werden. Virtuelle Produktionssysteme, die eine „generische" Leistung anbieten, die auch global nachgefragt wird, versprechen für deren Anbieter wirtschaftlich besonders attraktiv zu sein. Sie zu einem "Standard" zu entwickeln um eine Monopolstellung im globalen Markt zu erreichen, wird als Plattformstrategie bezeichnet und virtuelle Produktionssysteme die das Leisten werden virtuelle Plattformen genannt. Sie agieren dann aber nicht nur als Anbieter einer stark nachgefragten

Leistung sondern übernehmen in der Regel die Rolle eines Vermittlers zwischen Leistungs-Anbietern und potenziellen Leistungsnutzern.

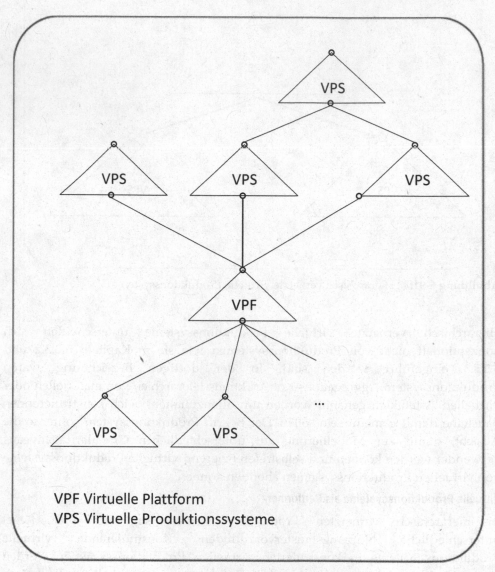

Abbildung 6-92:   Virtuelle Produktionssysteme als Plattformen

Plattformen für industrielle Anwendungen sind zum Beispiel solche, über die ein besonders geschütztes Speichern und Nutzen industrieller Daten zugesichert wird. Plattformen sind dann nicht selbst die Leistungserbringer sondern die Vermittler für die Leistungen anderer Anbieter.

Eine vertiefende Diskussion von Produktionssystemen als Plattformen geht über den Rahmen dieser Monographie hinaus, weil Plattformen im Rahmen ihrer Vermittlung informationslogistische Leistungen erbringen müssen mit denen multiple Nachfragen nach Leistungen und multiple Angebote von Leistungen auf die bestmögliche Art erreicht werden kann. Sie spielen nur eine untergeordnete Rolle für die Bereitstellung und Nutzung von Daten in industriellen Anwendungen.

Föderative virtuelle Produktionssysteme:

Föderative virtuelle Produktions-Systeme sind nicht als Aggregations-Konstruktion-Hierarchien darstellbar. Die konstituierenden virtuellen Produktions-Systeme sind Produktions-Systeme „eigenen Rechts" (in Englisch „self contained"). Ihre Entwicklung erfolgte unabhängig voneinander von möglicherweise von sich juristisch, organisatorisch und/oder auch technisch fundamental voneinander unterscheidenden Anbietern. Ihre Einbindung in föderative virtuelle Produktions-Systeme erfordert deren nachträgliche Integration zur Überwindung von syntaktischen und semantischen Heterogenitäten und Inkompatibilitäten. Um nicht die Integration für jedes Paar von virtuellen Produktionssystemen eines föderativen Produktions-Systems leisten zu müssen, sind Integrationen über spezielle Integrations-Plattformen eine kostengünstigere Alternative.

Die in industriellen Nutzungsumgebungen überwiegend anzutreffende Art der Vernetzung von virtuellen Produktionssystemen sind mehr oder weniger gut integrierte föderative virtuelle Produktions-Systeme. Es stellt sich dann die Frage, welche Bedeutung als Aggregations-Konstruktions-Hierarchien ausgelegte virtuelle Produktionssysteme überhaupt haben können. Da sie nicht nur syntaktisch sondern als kompositionale virtuelle Produktionssysteme auch semantisch und damit auch ingenieur-technisch solide konstruiert gelten können, haben sie eine besondere Bedeutung als eine „Schablone" für die Integration beliebiger virtueller Produktionssysteme zu zuverlässigen und qualitativ hochwertigen Integrations-Plattformen. Das folgende Schaubild skizziert die Architektur solcher föderiertet Produktionssysteme.

6.3.3.3 Implementierung vernetzter industrieller Abläufen als vernetzte Produktionssystem-Hierarchien

Wie in Kapitel 6.3.2.1 erläutert sind industrielle Abläufe in dem hier intendierten Sinn Folgen von diskreten Schritten. Sie zu implementieren bedeutet diese Schritte zu identifizieren und eine „Ordnung", d.h. eine Reihenfolge für diese Schritte als „Masterplan" für den Ablauf festzulegen. Die Dokumentation dieser Festlegung kann durch unterschiedliche Formalismen, wie zum Beispiel durch „Ablauf-Diagramme" erfolgt sein, wie sie in bekannten und standardisierten Diagrammtechniken bereitgestellt werden. Die Festlegung der Abläufe ist die Voraussetzung für die Implementierung der Abläufe als verteilte Produktions-System-Hierarchien.

Zuordnung von Ressourcen zu vernetzten industriellen Abläufen

Industrielle Abläufe können, wie schon erläutert, als Kontroll- und Datenflüsse in vernetzten Produktionssystem-Hierarchien implementiert werden. Dabei ist eine vernetzte Produktionssystem-Hierarchie die Implementierung nicht nur eines einzigen Ablaufs, sondern die Implementierung einer Menge von kommunizierenden, interoperierenden und kollaborierenden industriellen Abläufen. Jedes konstruierte und jedes konstituierende Produktionssystem einer vernetzten Produktions-System-Hierarchie kann somit eine Ressource für einen oder eine Menge von Abläufen sein, die zum Zeitpunkt der intendierten Nutzung durch den jeweiligen Ablauf für diesen Ablauf verfügbar sein muss.

Zeitgleich oder zeit-überlappend stattfindende Abläufe in einer verteilten Produktions-System-Hierarchie konkurrieren möglicherweise um die Bereitstellung eines Produktions-Systems um einen nächstfolgenden Schritt im Ablauf ausführen zu können. Dazu muss für jedes konstruierte und jedes konstituierende Produktionssystem in einer verteilten Produktionssystem-Hierarchie eine Strategie für seine Zuteilung zu konkurrierenden Anforderungen unterschiedlicher Abläufe implementiert werden. Dies geschieht durch die Nutzung der im Kapitel 6.2.3.3 eingeführten Steuerungs-Primitive und mit den mit ihnen gebildeten Pfadausdrücken.

Zu dieser „äußeren" Zuordnung von Ressourcen zu kommunizierenden, interoperierenden und kollaborierenden Abläufe in verteilten Produktionssystem-Hierarchien korrespondiert eine „innere" Zuordnung von Ressourcen innerhalb eines Produktionssystems. Die dort zu vergebenden Ressourcen sind die an eines der in einem Produktions-System angebotenen Programme zur Nutzung der in diesem Produktions-System verfügbar gehaltenen und verfügbar gemachten persistenten Daten. Auch dafür ist die Implementierung einer entsprechenden Zuordnungsstrategie nötig, mit der sichergestellt wird, dass durch die Ausführung der Programme die Konsistenz der gemeinsam genutzten Daten nicht verletzt wird.

Mit der Strategie für die „äußere" Zuordnung von Ressourcen zu industriellen Abläufen muss das Ziel verfolgt werden eine „faire" Behandlung aller zeitgleich oder zeit-überlappend stattfinden Abläufe sicherzustellen um einen möglichst „optimalen" Fortschritt der Ausführung aller Abläufe zu erreichen. Mit der Strategie für die „innere" Zuordnung von Ressourcen zu den in einem Produktionssystem verfügbaren Programmen muss das Ziel verfolgt werden die Konsistenz der gemeinsam genutzten persistenten Daten nicht zu verletzen.

„Äußere" und „innere" Zuordnung von Ressourcen unterscheiden sich zudem dadurch, dass die äußere Zuordnung durch einen „Master-Plan" für den jeweiligen Ablauf , wie zum Beispiel einen Fertigungs-Ablauf für ein Produkt, weitgehend festgelegt ist und dem zufolge nur wenige Freiheitsgrade für die Veränderung von Ausführungs-Folgen und die Flexibilität für die Ressourcen-Zuordnung ermöglichen. Die äußere Ressourcen-Zuordnung stellt ein globales für die gesamte verteilte Produktionssystem-Hierarchie zu lösendes Problem dar. Die innere Ressourcen-Zuordnung erfordert nur die Lösung eines für ein konstruiertes oder konstituierendes Produktionssystem geltenden lokalen Problems.

Eine verteilte Produktionssystem-Hierarchie ist damit durch die Summe aller durchzuführenden   Abläufe determiniert. Sie umfasst weder nichtgenutzte Produktionssysteme noch fehlen in ihr Produktionssysteme die zur Durchführung von vorgegebenen Abläufen angefordert werden. Für eine verteilte Produktions-System-Hierarchie sind alle konstruierten und konstituierenden Produktionssysteme bekannt und können als Ressourcen angefordert, zugeordnet und genutzt werden. Einzelne Produktionssysteme in einer verteilten Produktionssystem-Hierarchie können vorübergehend nicht genutzt sein und andere können in einem höheren Maß angefordert sein als sie verfügbar sind. Beides ist Anlass dazu Einsparungen und Erweiterungen von Ressourcen zu erwägen.

Betriebssysteme für das industrielle Operations Management

Verteilte Produktionssystem Hierarchien sind nicht nur Implementierungen von industriellen Abläufen sondern auch ausführbare Implementierungen. Deren Ausführung erfolgt durch die Ausführung der den konstruierten und konstituierenden Produktionssystemen zugeordneten Programme. Zur Ausführung der Programme muss eine informations- und kommunikationstechnologische Ausführungs-Umgebung bereitstehen. Die konstruierten und konstituierenden Produktionssysteme einer verteilten Produktionssystem-Hierarchie sind insoweit „selfcontained", als dass sie, abhängig von der implementierten Zuordnungs-Strategie, während der Ausführung von Abläufen autonom entscheiden welche Anforderungen sie wann akzeptieren.

Verteilte Produktionssystem-Hierarchien sind nach ihrer Initialisierung in ihrer Ausführungs-Umgebung kontinuierlich aktiv solange sie nicht in ihrer

Ausführungsumgebung stillgelegt worden sind. Sie erfüllen damit nach ihrer Initialisierung die Anforderung ein kontinuierlich verfügbares „Industrielles Operations Management System" oder ein „Industrie-Betriebssystem" zu sein, mit dem eine kontinuierliche Überwachung der Ausführung von Abläufen durch die kontinuierliche Erfassung des Status der Ausführungen und die Fortführung aller Ausführungen durch deren Initiierung, deren mögliche Unterbrechung und Terminierung gesteuert werden kann.

Die Verwendung des Begriffs „Betriebssystem" für das industrielle Operations Management ist darin begründet, dass auch für das industrielle Operationsmanagement wie für Computer-Betriebssysteme die dynamische Organisation des Zusammenwirkens von vernetzten, interoperierenden und kollaborierenden Produktions-Systemen und damit das „scheduling von Prozessen" und die „dynamische Ressourcen Allokation" zu Prozessen die zentralen Aufgaben sind. Der Begriff kann bei industriellen Protagonisten aber Missverständnisse und Ablehnung auslösen, weil Computer-Betriebssysteme nicht durch vorgegebene, zwingend einzuhaltende, Masterpläne für die Ausführung von Abläufen in ihren Freiheitsgraden eingeschränkt sind. Dennoch bestimmt der Begriff zunehmend die Diskurse der Fachexperten.

Plattformen und Infrastrukturen für das industrielle Operations-Management

Als Infrastrukturen werden hier „nichtproprietäre" Ausführungs-Umgebungen bezeichnet. Es ist offensichtlich, dass industrielle Anwender auch offene und sogar öffentliche informations- und kommunikationstechnische Einrichtungen nutzen und nutzen müssen, um grenzüberschreitende Abläufe ausführen zu können. Die von Infrastrukturen angebotenen Leistungen sind deshalb als „mandantenfähig" konzipiert und implementiert um nicht nur a priori festgelegten Nutzern zugänglich zu sein. Die sich abzeichnende Entwicklung für die nächste Phase der industriellen Digitalisierung deutet darauf hin, dass Industrielles Operations Management in Zukunft durch von Infrastruktur-Anbietern bereitgestellte Infrastrukturen möglich sein wird. Es ist auch erkennbar, dass solche offenen Infrastrukturen Plattformen bereitstellen, über die auch Teilleistungen und damit Teile der komplexen Steuerung von Ausführungen komplexer Abläufe verfügbar gemacht werden und diese dann nicht nur zur Setzung von Standards sondern auch zur Monopolisierung der Märkte dienen können. An diesen Entwicklungen mitzuwirken ist für die Deutsche/europäische Industrie unabdingbar.

Es ist auch absehbar, dass für das industrielle Operations-Management über diese Dienst-Plattformen informations- und kommunikationstechnische Dienste bereitgestellt werden, mit denen Ablaufsteuerungen flexibel konfiguriert werden sollen. Dass dies auch stattfinden kann, erfordert die Möglichkeit zur Anpassung der die Dienste bereitstellenden Infrastruktur an sich verändernde Anforderungen und dies wiederum erfordert die flexible Aktualisierung der die Dienste integrierenden verteilten Produktionssystem-Hierarchie.

Dienste und Dienste-Infrastrukturen für das industrielle Operations Management

Die oben beschriebenen Entwicklungen sind der Anlass für die Entwicklung von Referenz-Konzepten und von Referenz-Modellen für Dienste und Dienste-Infrastrukturen als Ausführungs-Umgebungen für das industrielle Operations Management. Nicht jeder dieser Versuche berücksichtigt, dass die Entwicklung von Referenzen und möglicherweise sogar von Standards davon ausgehen muss, dass diese nicht als Entwicklungen „auf der grünen Wiese" betrachtet werden dürfen. Sie müssen stattdessen das über Dekaden entwickelte „technologische Erbe" weiterzuentwickeln in der Lage sein. Das bedeutet, dass neue service-orientierte Technologien und proprietäre Systeme der heute schon existierenden Unternehmens IT integriert werden müssen. Dies soll mit dem folgenden Bild für ein zukünftiges dienste-orientiertes industrielles Operations Management verdeutlicht werden.

Von Integrations-Plattformen wird dann erwartet, dass sie das Referenz-Modell sowohl für die organisatorische als auch die technische Integration von föderativen virtuellen Produktionssystemen darstellen. Sie können als ausführbare Artefakte auch in Simulationen validiert werden und sind auch die konzeptionelle Basis für Industrie-Betriebssysteme und das von ihnen zu leistende Industrial Operations Management.

Das folgende Bild veranschaulicht die Grobarchitektur einer Dienste-Infrastruktur, deren Nutzung durch die Bereitstellung eines Front-End, über das die Nutzung von Diensten oder von Apps, Anwendungen, Lösungen, unterschiedlicher Anbieter angeboten werden. Es zeigt, wie einer vernetzten Aggregations-Konstruktions-Hierarchie die Aufgabe eines organisatorischen und technischen Integrationsrahmens zugeordnet wird und wie mit einem Back-End, das das durch die Infrastruktur insgesamt verfügbar gemachte Leistungsanagebot für die Nutzung bereitstellt.

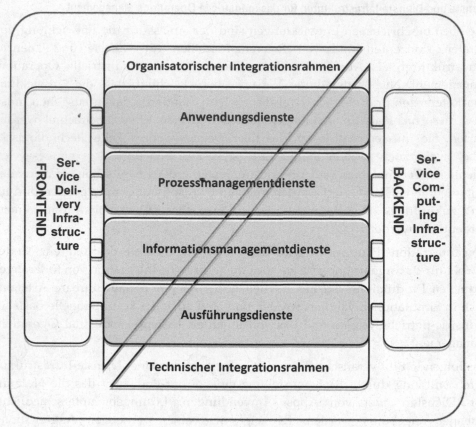

Abbildung 6-93: Dienste-orientiertes industrielles Operations Management

Front-End und Back-End selbst können wiederum implementierte vernetzte Aggregations-Hierarchien, die auf entsprechenden Hardware/Software Systemen residieren sein, wohingegen die zunächst virtuellen organisatorischen und technischen Integrations-Rahmen durch deren Implementierung und Allokation im Ganzen oder in Teilen zum Front-End oder zum Back-End oder mit einem dazu speziell installierten Mediator- Hardware/Software-System bereitgestellt werden können. Die über das „Front-End" angebotenen Leistungen können dabei von autonom, semi-autonom oder auch manuell gesteuerten Systemen erbracht werden. Für die Erfassung und Analyse der über das Back-End zu nutzenden Leistungen von existierenden Systemen und Infrastrukturen steht eine der Monographie zugeordnete PowerPoinPräsentation zu deren „Profiling" bei Bedarf zur Verfügung.

Der organisatorische und technische Integrations-Rahmen kann als plattformorientierte Aggregations-Hierarchie implementiert werden. Die im Bild dargestellten Dienste-Plattformen „Anwendungsdienste", „Prozessmanagementdienste", „Informationsmanagementdienste" und „Ausführungsdienste" sind denkbare aber nicht zwingend die jeweils zweckmäßigsten Dienste-Plattformen. Zur systematischen Konzipierung plattformorientierte Aggregations-Hierarchien ist dieser Monographie eine Anleitung als PowerPoint Präsentation verfügbar, die bei Bedarf zur Verfügung gestellt werden kann

6.3.3.4 Darstellungen von Aggregations-Hierarchien durch Graphen und Tabellen

Tabellarische Darstellungen für Informationsmodelle sind in den vorangegangenen Kapiteln immer wieder zur Erläuterung der jeweiligen Modellierungs-Konzepte genutzt worden. Sie haben aber auch eine darüber hinaus gehende Bedeutung: Für die Entwicklung, Bereitstellung und Nutzung großer und komplexer Informationsmodelle ist die Nutzung dafür geeigneter Werkzeuge unerlässlich. Für die Entwicklung, Bereitstellung und Nutzung tabellarischer Darstellungen ist eine Vielzahl von Werkzeugen zu akzeptablen Konditionen erhältlich und häufig gehören solche Werkzeuge ohnehin zur Standard-Ausstattung eines Betreibers von Informations- und Kommunikationsinfrastrukturen . Deshalb ist es angebracht auch andere Darstellungen von Informationsmodellen durch tabellarische Darstellungen zu ermöglichen. Diesem Ziel dienen die folgenden Ausführungen, um insbesondere auch Aggregations-Konstruktion-Hierarchien durch Tabellen zu ermöglichen.

In den bisher eigeführten tabellarischen Darstellungen von Aggregations-Konstruktionen sind jeweils konstituierende Entity-Typen eines Konstruktionsniveaus zu einem Aggregat auf einem nächsthöhergelegenen Konstruktionsniveau zusammengefügt worden. Die konstituierenden Entity-Typen dürften ihrerseits bereits Aggregations-Konstruktionen sein und die durch Aggregations-Konstruktionen entstehenden Aggregate dürfen wiederum konstituierende Entity-Typen für weitere Aggregations-Konstruktionen sein. Daraus folgt, dass sich mit Hilfe von Aggregations-Konstruktionen über konstituierender Entity-Typen beliebig hohe Aggregationshierarchien aufbauen lassen.

Diese Sachverhalt veranschaulicht das folgende Beispiel einer Aggregations-Konstruktions-Hierarchie. Diese Darstellungen der Aggregations-Konstruktion hatten jeweils die Aggregations-Konstruktion konstituierender Entity-Typen des gleichen Konstruktions-Niveaus zum Gegenstand. Die Darstellung der Aggregations-Konstruktions-Hierarchie entspricht einem abstrakten Baum.

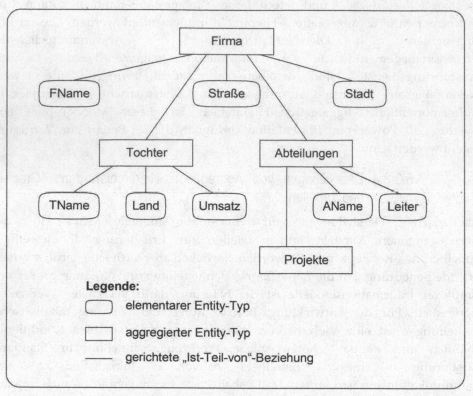

Abbildung 6-94:   Aggregationshierarchie mit elementaren und aggregierten Entity-Typen

Eine derartige Einschränkung, dass sich Aggregationen nur für adjazente Konstruktions-Niveaus darstellen ließen, gibt es nicht. Es ist im Gegenteil das erklärte Ziel, über mehrere Konstruktions-Niveaus hinwegreichende Aggregationen zu ermöglichen. Dieser Sachverhalt lässt sich durch die folgende Abwandlung des vorherigen Beispiels verdeutlichen:

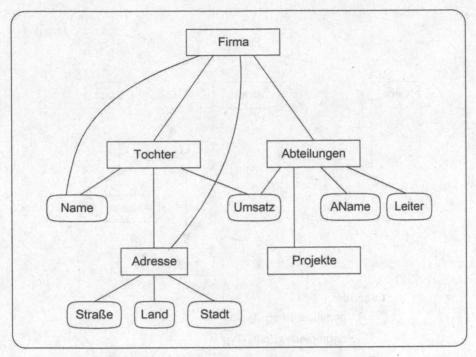

Abbildung 6-95: Nicht strikt baumartige Aggregationshierarchie mit primitiven und aggregierten Entity-Typen

Der konstruierte Entity-Typ „Firma" entsteht in einer Aggregations-Konstruktion, die sowohl Entity-Typen der unmittelbar darunterliegenden Aggregations-Ebene als auch solche der zweiten darunterliegenden Ebene einschließt.

Es sei an dieser Stelle darauf hingewiesen, dass mit der Modellierung solcher nicht strikt baumartiger Strukturen Probleme verbunden sind, deren vollständige Behandlung den Rahmen dieser Monographie sprengt.

Die „Mehrfacheinbindung" eines konstituierenden Entity-Typs einer Aggregations-Konstruktions-Hierarchie in mehrere konstruierte Entity-Typen auf dem gleichen oder auf verschiedenen Konstruktions-Niveaus korrespondiert mit der Definition unterschiedlicher Sichten auf diesen konstituierenden Entity-Typ. Die abstrakte Darstellung der Aggregations-Konstruktions-Hierarchie kann dann nicht mehr durch einen Baum erfolgen, sie erfolgt stattdessen durch gerichtete zyklenfreie Graphen.

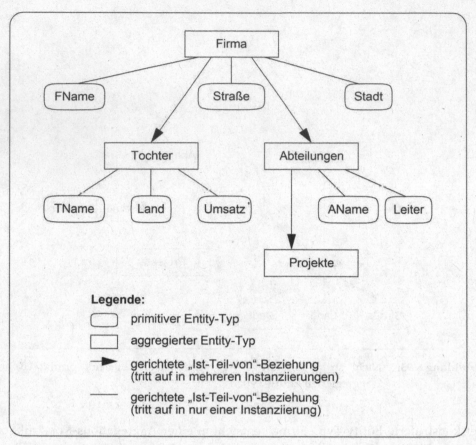

Abbildung 6-96:   Aggregationshierarchie mit elementaren und aggregierten Entity-Typen

Die Darstellung der Extension einer Aggregations-Konstruktions-Hierarchie kann dann deshalb tabellarisch nur mit einer dafür speziellen tabellarischen Darstellung erfolgen. Dies soll am vorangegangenen Beispiel verdeutlicht werden.

Firma								
			Tochter			Abteilung		
FName	Straße	Stadt	TName	Land	Umsatz	AName	Leiter	Projekte
x	...	...	tx_a	...	...	a_{a1}	...	p_{a11}
								p_{a12}
						a_{a2}	...	p_{a21}
			tx_b	...	...	a_{b1}	...	p_{b11}
						a_{b2}	...	p_{b21}
								p_{b22}
y	...	...	...	...	...	...	...	...

Abbildung 6-97:   Tabellarische Darstellung einer Aggregationshierarchie mit primitiven und aggregierten Entity-Typen

Die entstehende tabellarische Darstellung korrespondiert zu der Darstellung, die für sogenannte NF2-Relationen definiert wurde.

Die NF2-Repräsentation der Extension einer Aggregations-Konstruktions-Hierarchie muss redundanzfrei sein. Um dieser Forderung zu genügen, müssen wir ein etwas modifiziertes Schema für die Darstellung der Intension einführen, mit dem Überlappungen explizit dargestellt werden können. Das soll am vorangegangenen Beispiel demonstriert werden.

Firma							
	Tochter						
				Abteilung			
	Adresse						Projekte
Name	Stadt	Land	Straße	Umsatz	AName	Leiter	undef.
...	...	...	...	...	...	...	....

Abbildung 6-98:   Tabellarische Darstellung einer Aggregationshierarchie mit primitiven und aggregierten Entity-Typen

Für praktische Belange ist deshalb zu entscheiden, ob in der Modellierung auf Überlappungen verzichtet werden kann, oder ob zur Sicherstellung der Konsistenz in Modifikationen entsprechende Vorkehrungen, wie z. B. die Definition und Sicherstellung von Integritätsbedingungen, getroffen werden können.

Aus der tabellarischen Darstellung der Aggregationshierarchie als NF2-Relation lassen sich einige Schlüsse ziehen:

1. Sind die elementaren konstituierenden Entity-Typen in einer Aggregations-Konstruktions-Hierarchie Klassen, lässt sich deren Extension als NF2-Relation darstellen.
2. Abstraktionen durch Aggregationen entsprechen der durch Relationen-Joins zu bewerkstelligenden Konstruktionen einer Universalrelation aus konstituierenden Relationen.
3. Sind die primitiven konstituierenden Entity-Typen in einer Aggregationshierarchie beliebige, anders strukturierte Objekttypen, ist eine Darstellung in einem relationalen System nicht möglich und erfordert ein Objektverwaltungssystem.

In den vorangegangenen Erläuterungen zur tabellarischen Darstellung der Aggregations-Konstruktion für Entity Typen ist deutlich geworden, dass das Konzept dann dem Konzept der „ Relationen in relationalen Datenbanken" ähnlich ist wenn die Entity-Typen mengenwertig sind.

Eine sich für die Darstellung von Aggregations-Konstruktions-Hierarchien anbietende kanonische Form –neben deren Darstellung durch Graphen- können Indices-Matrizen sein, wie sie im folgenden Bild veranschaulicht sind, in dem über ein Front-End zugängliche gemachte und gelieferte Leistungen und über ein Back-End dafür genutzten Leistungen einander zugeordnet werden.

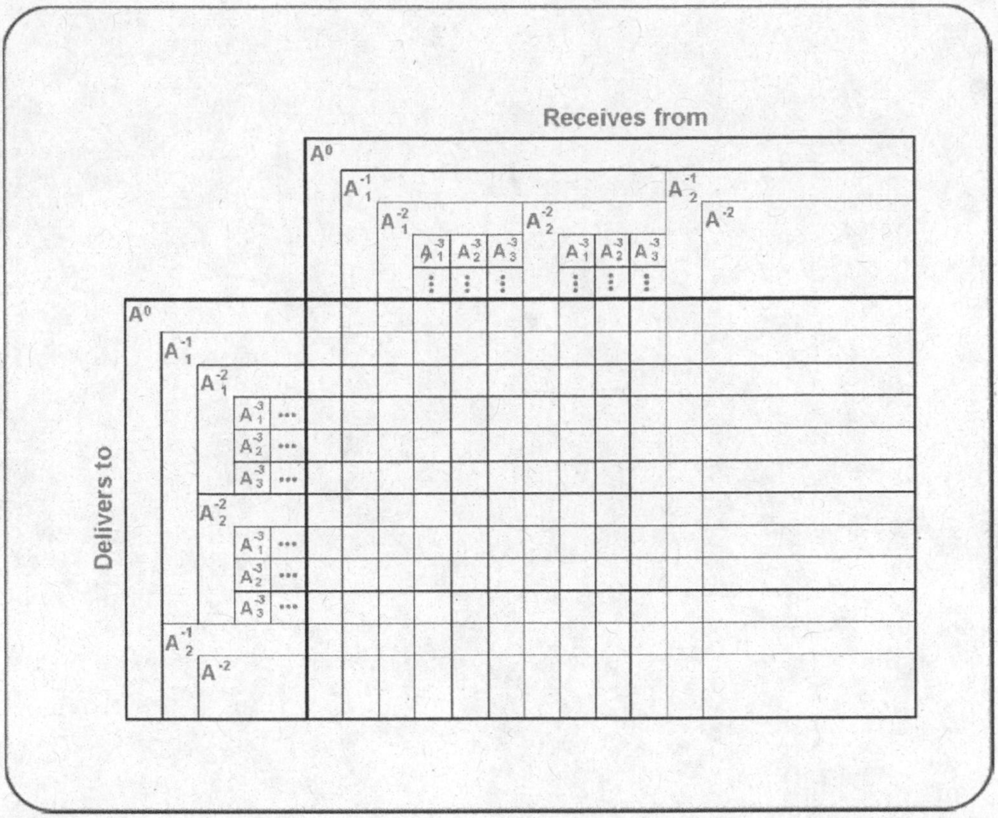

Abbildung 6-99:   Inzidenz-Matrix für die Darstellung von Aggregations-Konstruktions-Hierarchien

Selbstverständlich können die gleichen Darstellungs-Konzepte zur Charakterisierung auch anderer   Beziehungen wie zum Beispiel von „Komponente_zu_Komponente", von „Komponente_zu_Persistente Daten" oder von „Struktur_zu_Verhalten" verwendet werden, sodass mit Hilfe linear-algebraischen Methoden auch Analysen unterschiedlicher Art zur Validierung und Verifikation komplexer Aggregations-Hierarchien entwickelt werden können.

7 Das HERMES Komponentenmodell

Zusammenfassung

In Kapitel 7 wird das HERMES Komponenten Konstruktionsmodell für die Informationsmodellierung definiert und in kompakter Form vorgestellt. Dabei wird deutlich gemacht, dass mit den in den vorangegangenen Kapiteln eingeführten Konstruktionen ein uniformes „Objektmodell" für die Informationsmodellierung entstanden ist. Es gestattet die Konstruktion mengenwertiger und nicht mengenwertiger Informationen, es gestattet die Konstruktion extensionaler und intensionaler Informationen und es gestattet die Konstruktion von Informationen, die die Konstruktion von Abläufen sowie die Dynamik von Abläufen abzubilden. Darüber hinaus wird die Sprache zur Beschreibung kompositionaler konstruierter Objekthierarchien eingeführt. Dazu wird deren Syntax und Semantik formal definiert und gezeigt, wie mit der Nutzung der Sprache die Darstellung von Syntax und Semantik von Informationsmodellen für industrielle Artefakte erfolgen kann.

In diesem Kapitel wird das HERMES-Komponenten-Konstruktions-Modell für die Informationsmodellierung definiert und in kompakter Form vorgestellt. Die Bezeichnung steht dabei für „Hierarchical Entity-Relationship Modeling Extensions". Dabei wird deutlich gemacht, dass mit den in den vorangegangenen Kapiteln eingeführten Konstruktionen ein uniformes „Objekt-Konstruktions-Modell" für die Informationsmodellierung entstanden ist. Es gestattet die Konstruktion mengenwertiger und nicht mengenwertiger Informationen, es gestattet die Konstruktion extensionaler und intensionaler Informationen und es gestattet die Konstruktion von Informationen, die die Konstruktion von Abläufen sowie die Dynamik von Abläufen abbildet. In Kapitel 7 wird die Sprache zur Beschreibung kompositionaler konstruierter Objekt-Hierarchien eingeführt. Dazu wird deren Syntax und Semantik formal definiert und gezeigt, wie mit der Nutzung der Sprache die Darstellung von Syntax und Semantik von Informationsmodellen für industrielle Artefakte erfolgen kann.

Die besondere Bedeutung von Objekt-Konstruktionen wird auch im HERMES-Modell darin gesehen, dass mit ihnen eine Synthese von „Informationsmodellierung" und „Funktionsmodellierung" möglich wird, und damit neben den Informationen selbst auch der „Nutzung-Kontext" für Informationen bestimmt wird. Durch die Synthese dieser beiden bisher häufig als komplementär betrachteten Modellierungstechniken entfällt die Notwendigkeit zur nachträglichen „Integration" der beiden Darstellungen: Informationsmodelle enthalten im Objektmodell bereits die Funktionsmodelle. Die Bedeutung dieser

Synthese für praktische Belange kann gar nicht hoch genug eingeschätzt werden, weil durch sie eine Vielzahl möglicher Fehler in der Informationsmodellierung vermieden werden kann.

Erst nach der Synthese von Informationsmodellierung und Funktionsmodellierung wird auch eine wirklich formale Definition der Bedeutung der Modelle möglich, weil in ihnen nun Struktureigenschaften und dynamische Eigenschaften kombiniert betrachtet, aufeinander abgestimmt, festgelegt und auf Konsistenz überprüft werden können.

Die in den vorigen Kapiteln eingeführten Konstruktions-Konzepte nutzen die in Kap.3 eingeführten „Objekt-Abstraktionen", „Information-Hiding-Abstraktion" und „Parametrisierungs-Abstraktion nicht, obwohl sie, wie in Kap.3 dargestellt, einen wichtigen Beitrag zur Beherrschung von Größe und Komplexität von Informationsmodellen darstellen könnten. Der Verzicht auf ihre Nutzung ist auch einen Verzicht auf die Nutzung der Modularisierung von Informationsmodellen.

Die aufeinander abgestimmte Festlegung von Struktureigenschaften und dynamischen Eigenschaften in einem Objekt, die wir im späteren als einführen werden, schafft den Grad von Abgeschlossenheit einer Komponente, der dann berechtigt, von einer Informationseinheit „eigenen Rechts", oder auch von einem „Modul" zu sprechen, weil deren Semantik ohne jeden Bezug zu anderen Informationseinheiten spezifiziert und deren Semantik ohne jeden Bezug auf andere Informationseinheiten aus der Spezifikation abgeleitet werden kann.

Dies wird durch die Parametrisierungs-Abstraktion erreicht, mit der durch „formale" Parameter Unterkomponenten einer Komponente bezeichnet werden, durch unterschiedliche Unter-Komponenten bezeichnende „aktuelle" Parameter aktualisiert werden können. Insoweit wird sich das dem HERMES-Modell unterliegende Objektmodell auch von anderen Objektmodellen unterscheiden und auch „Komponenten-Modell" genannt. Damit erfährt die Einführung und Nutzung der Begriffe „Komponente" und „komponenten-orientiert" in Kapitel 4, mit denen dort eine Beschreibung eines Ganzen in seine Teile bezeichnet werden sollte, eine weitergehende Bedeutung und eine formale Definition. Wir werden in der weiteren Einführung des HERMES-Komponentenmodells auf diese Besonderheit aufmerksam machen.

7.1 Objekte und Objekt-Konstruktionen

Das klassische Objektmodell der Informationsmodellierung erlaubt die Beschreibung eines Diskursbereiches durch miteinander in Beziehung stehende Objekte. Das entspricht, so könnte man sagen, dem Erbe, das die objektorientierte Modellierung aus der Entity-Relationship-Modellierung übernommen hat.

Objekte und konstruierte Objekte

In der klassischen objektorientierten Informationsmodellierung sind Objekte wie folgt definiert: Objekte kapseln Daten mit den für die Änderung der Daten zulässigen Operationen ein und Objekte können miteinander „kommunizieren" in dem Operationen eines Objektes die Operationen eines anderen Objektes initiieren. Objekte haben Werte: Kapselt ein Objekt eine Klasse von Entities ein, entspricht dem Wert der Klasse die Gesamtheit der Werte der eingekapselten Entities. Die Gesamtheit der Werte einer eingekapselten Klasse zu einem bestimmten Zeitpunkt repräsentiert den Zustand des Objektes zu diesem Zeitpunkt. Wird durch eine die Klasse im Objekt einkapselnde Operation der Wert eines Entity aus der Klasse der eingekapselten Entities verändert, wird der Zustand des Objektes verändert. Objekte sind in dem Sinne Kapseln, das sie nur über die für sie definierten Operationen Änderungen ihres Zustands ermöglichen. Sie sind in diesem Sinne „autark" (in Englisch „selfcontained") und entscheiden selbst mit der Festlegung der Operationen ihr Verhalten. Diese Definition für Objekte, die wiederum auf eine über viele Jahre geführte wissenschaftliche Debatte über „Abstrakte Daten-Typen", „Module" und "Komponenten" zurückzuführen ist, wird für die Modellierung mit HERMES weitgehend übernommen.

In HERMES sollen nicht mehr Objekte schlechthin, sondern konstruierte Objekte die Basis für kompositionale Informationsmodelle sein. Konstruierte Objekte entstehen durch Anwendung der in den Kapiteln 4,5 und 6 beschriebenen Konstruktions-Konzepte und, wie später gezeigt wird, durch Kaskaden von Anwendungen der Konstruktionskonzepte. Das Ergebnis der Anwendung der Konstruktions-Konzepte sind Hierarchien von konstruierten Objekten. Die Anwendungen der Konstruktions-Konzepte dürfen sowohl „vom konstituierenden Objekt zum konstruierten Objekt" als auch vom „konstruierten Objekt zum konstituierenden Objekt" erfolgen, umgangssprachlich „top down" oder „bottom up".

Wir unterscheiden in den Objekt-Hierarchien atomare (unzerlegbare) Objekte und konstruierte (zusammengesetzte) Objekte. Die konstruierten Objekte sind durch Konstruktion aus anderen konstruierten Objekten und/oder aus atomaren Objekten zusammengesetzte Objekte. Die atomaren Objekte sind die Blätter einer Konstruktionshierarchie. Die Konstruktionshierarchie wird durch einen gerichteten azyklischen Graphen dargestellt.

Die Semantik der Objekte einer Konstruktions-Hierarchie und die der Konstruktions-Hierarchie selbst sind durch die jeweils zur Anwendung kommende Konstruktions-Abstraktions-Beziehung und die konstituierende Relationship zwischen konstituierenden Objekten festgelegt. Mit ihnen wird zum Ausdruck gebracht, in welcher Weise Objekte andere Objekte als Komponenten enthalten, in welcher Weise Objekte aus Objekten zusammengesetzt sind.

Die folgende Abbildung stellt ein Beispiel für eine Konstruktions-Hierarchie für Objekte dar.

Beispiel:

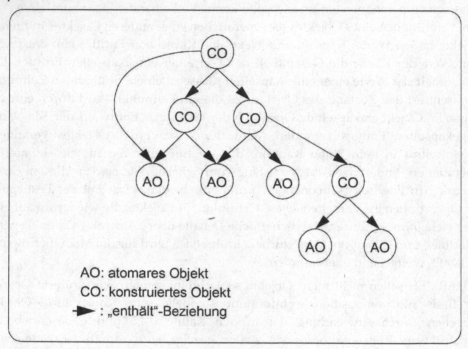

AO: atomares Objekt
CO: konstruiertes Objekt
➤ : „enthält"-Beziehung

Abbildung 7-1:   Konstruktions-Hierarchie für Objekte

Bemerkung:

In künftigen Darstellungen einer Konstruktions-Hierarchie wird auf die Kennzeichnung der Pfeilrichtung verzichten und stattdessen vereinbart, dass in einer Konstruktions-Hierarchie Pfeile stets von oben nach unten zeigen, um anzudeuten, dass in einem Bild oben stets die höchste Konstruktions-Stufe und unten die unterste Konstruktionsstufe dargestellt sind.

Wie das obige Bild verdeutlicht, müssen Objekt-Konstruktions-Hierarchien nicht notwendigerweise wie Bäume strukturiert sein und dürfen transitive Verbindungen zwischen Objekten und ihren konstituierenden Objekten enthalten. Damit wird zum Ausdruck gebracht, dass zum Beispiel ein virtuelles konstituierendes Objekt über mehrere Konstruktions-Stufen und zusätzlich auch direkt zu einem virtuellen konstituierenden Objekt eines konstruierten Objektes werden kann. Dies gilt, wie leicht einzusehen ist nicht für materielle Objekte.

Objekte werden durch Identifizierer bezeichnet und die Bezeichnung eines Objektes muss eindeutig sein. Eindeutigkeit wird dadurch erreicht, dass alle untergeordneten Objekte eines konstruierten Objektes verschieden benannt werden. Das konstruierte Objekt stellt einen Kontext für die untergeordneten Objekte und damit einen „Sichtbarkeits-Bereich" dar. Sollen Objekte außerhalb des Sichtbarkeits-Bereichs bekannt gemacht werden, sind sie nur dann eindeutig identifiziert wenn sie als Präfix den Identifizierer des oder der übergeordneten Objekte tragen. .

Die graphische Darstellung einer Objekthierarchie enthält deshalb als Markierung an den gerichteten Kanten die Identifizierer für die Objekte, auf die die Kanten zeigen. Diese Darstellung einer Objekthierarchie wird OK-Graph (Object Construction Graph) genannt.

Objekte sind, wie oben erläutert, Kapseln von Daten und den auf den Daten zugelassenen Operationen. Eine Objekt-Hierarchie ist damit, technisch gesprochen, eine Hierarchie von Kapseln und deshalb eine Daten-und Operationen-Hierarchie. Die den Daten in einer Kapsel zugeordneten Operationen können entweder die Daten nutzen ohne sie zu verändern oder sie können Operationen sein, die die Daten in der Kapsel verändern. Um die Veränderung von Daten in einer Objekt-Hierarchie zu verständlich zu demonstrieren, führen wir eine etwas veränderte graphische Darstellung der OC-Graphen ein.

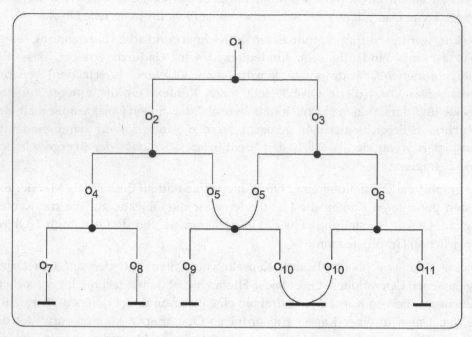

Abbildung 7-2:   D^O-Graph für ein Objekt

Das Bild stellt eine Objekt-Konstruktions-Hierarchie für ein Objekt dar. Die Markierungen an den gerichteten Kanten der Objekt-Konstruktions-Hierarchie stellen die Identifizierer für die jeweiligen Objekte dar. Die schwarzen Punkte stellen jeweils eine Konstruktion dar. Unterschiedliche Punkt können auch sich voneinander unterscheidende Konstruktionen wie zum Beispiel Aufzählungs-Konstruktionen, Generalisierungs-Konstruktionen und Aggregations-Konstruktionen für mengenwertige Entity Typen darstellen. Von unten nach oben betrachtet repräsentiert das Bild damit eine Kaskade von Konstruktionen.

Das folgende Beispiel stellt die Änderung von drei konstruierten Objekten mit dem Namen a, b und c dar. Die v_i bezeichnen atomare Objekte und diese atomaren Objekte nehmen atomare Werte (im Beispiel natürliche Zahlen) an. Die Änderungen der Werte der komplexen Objekte erfolgen durch entsprechende Änderungen der Werte der atomaren Objekte.

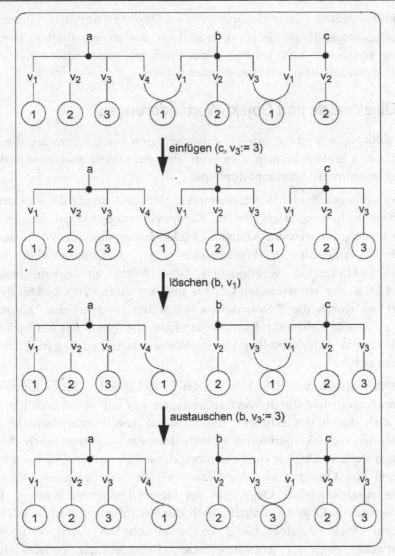

Abbildung 7-3: Einfügen, Löschen und Austauschen im D°-Graph

In einer Objekt-Hierarchie müssen die Änderungen nicht notwendigerweise an der Wurzel eines OC-Graphs sondern können auch an anderen Objekten zwischen der Wurzel und den Blättern eines OC-Graphs eingeleitet werden. Verändern die Operationen eines Objektes die Daten dieses Objektes kann die Ausführung dieser Operation erfordern, dass zur Sicherstellung der Konsistenz der Daten der gesamten Objekthierarchie, auch Änderungen an Daten anderer Objekte nötig machen. Wie in Kap. 3, 4, 5 und 6 schon erläutert sind solche als Wirkungszusammenhänge bezeichneten Seiteneffekte durch Integritätsbedingungen für Daten bedingt. Die dort dargestellten einfachen Wirkungszusammenhänge haben sich immer nur über zwei adjazente

Konstruktionsniveaus erstreckt. In einer Objekt-Hierarchie können diese Wirkungszusammenhänge bis zur Wurzel bzw. bis zu den Blättern der Objekt-Hierarchie erstrecken und können dann auch zu entsprechend umfassenden Propagationspfaden für deren Spezifikation führen.

7.2 Objektwerte und Objekt-Wertänderungen

Objekte nehmen, wie oben gezeigt, Ausprägungen oder Werte an, die sich im Ablauf der Zeit ändern können. Der Wert, den ein Objekt zu einem bestimmten Zeitpunkt annimmt, ist bestimmt durch die

Werte der untergeordneten Komponentenobjekte und durch die Konstruktions-Abstraktions-Beziehung, nach der die Komponentenobjekte zu übergeordneten Objekten konstruiert werden. Atomare Objekte haben atomare Werte aus einem dem Objekt zugeordneten Wertebereich. Die Gesamtheit aller in einer Konstruktions-Hierarchie verbundenen Objektwerte zu einem bestimmten Zeitpunkt (d. h. der konstruierten Objekte und der atomaren Objekte) definieren den Wert des durch die Konstruktions-Hierarchie beschriebenen konstruierten Objektes zu diesem Zeitpunkt. Diese Gesamtheit aller Werte der in Objekten einer Objekt-Hierarchie eingekapselten Daten definiert dann auch den Zustand der Objekt-Hierarchie.

Zustandsänderungen von Objekten, deren eingekapselte Daten Entity-Klassen sind, können nicht nur durch Werteänderungen sondern wie im obigen Beispiel gezeigt, auch durch das Einfügen und Löschen von Werten bewirkt werden. Zustandsänderungen konstruierter Objekte können allerdings auch durch das Hinzufügen weiterer Objekte zur Gesamtheit der existierenden Objekte oder durch Löschungen von Objekten aus der Gesamtheit der existierenden Objekte oder durch Austausch einzelner Objekte in der Objekt-Hierarchie erfolgen. Ob eine derartig veränderte Objekt-Hierarchie nach der Veränderung noch als das gleiche konstruierte Objekt darstellt hängt davon ab ob mit den Veränderungen möglicherweise eine der konstituierenden Relationships verletzt oder ein Wertebereich eines Objekte überschritten worden ist. Ist dies nicht der Fall ist das konstruierte Objekt auch nach der Veränderung noch das gleiche Objekt.

Ohne es besonders betont zu haben sind in den obigen Beispielen die Objekt-Konstruktionen als extensionale Abstraktionen eingeführt worden, indem wir als eingekapselte Daten einzelne Daten oder Klassen von Aufzählungen von Daten eingeführt haben. Allerdings sind auch für Objekt-Konstruktionen beliebige extensionale und intensionale Konstruktionen von Interesse, um mit den Konstruktionen realistische Informationsmodelle für industrielle Anwendungen entwickeln zu können. Die Festlegung der in einer Objekt-Hierarchie zur Anwendung kommenden Konstruktionen erfolgt mit der Spezifikation von Objekt-Typen und von Objekt-Typ-Hierarchien.

7.3 Objekt-Typen und Objekt-Typ-Spezifikationen

Die Eigenschaften von Objekten und von Objekt-Konstruktionen, also zum Beispiel deren Wertebereiche, sind durch Objekt-Typen und durch Objekt-Typ-Konstruktionen festgelegt. Objekt-Typen sind atomar oder konstruiert. Konstruierte Objekt-Typen sind aus atomaren Objekt-Typen konstruiert. Konstruierte Objekt-Typen entstehen entsprechend der für die Konstruktion festgelegten Konstruktions-Abstraktions-Beziehungen und der jeweiligen konstituierenden Relationship.

Konstruierte Objekt-Typen können durch eine Konstruktions-Hierarchie definiert sein. Die Konstruktions-Hierarchie ist durch die Gesamtheit der Konstruktions-Abstraktions-Beziehung und durch die Gesamtheit der konstituierenden Relationships in der Konstruktion-Hierarchie definiert. Mit ihr wird zum Ausdruck gebracht, dass konstruierte Objekt-Typen andere Objekt-Typen (atomare und konstruierte) als konstituierende Objekt-Typen enthalten. Die atomaren Objekt-Typen sind die Blätter einer Konstruktions-Hierarchie für Objekt-Typen. Eine Objekt-Typ-Konstruktions-Hierarchie kann, wie eine Objekt-Konstruktions-Hierarchie durch einen azyklischen gerichteten Graphen dargestellt werden.

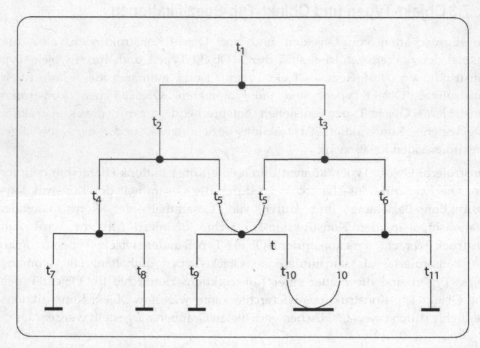

Abbildung 7-4:   D$_T$ –Graph

Die graphische Darstellung einer Objekt-Typ-Hierarchie enthält als Markierungen an den gerichteten Kanten die Objekt-Typ-Identifizierer für die Objekt-Typen, auf die die Kanten zeigen. Diese Darstellung einer Objekttyp-Hierarchie wird D$_T$-Graph (Object-Type Dependency Graph) genannt.

Eine Objekt-Typ-Konstruktions-Hierarchie stellt das Muster dar, nach dem konstruierte Objekt-Typen aus anderen untergeordneten, entweder konstruierten Objekt-Typen oder atomaren Objekt-Typen zusammengesetzt werden dürfen.

Eine Objekt-Typ-Spezifikation beschreibt die Eigenschaften, die Objekte dieses Typs haben. Die erste zu beschreibende Eigenschaft betrifft die Konstruktion von Objekten. Die Spezifikation einer Konstruktion für Objekt-Typen erfolgt durch die Festlegung der Konstruktions-Abstraktions-Beziehung, der konstituierende Relationship und der ihn konstituierenden Objekt-Typen.

Das bedeutet jedoch zunächst noch nicht, dass die Objekt-Konstruktions-Hierarchie eine Festlegung darüber macht, wie viele Objekte vom jeweiligen Objekt-Typ in einer Konstruktions-Hierarchie zu einem beliebigen Zeitpunkt existieren dürfen. Mit einer Typ-Spezifikation wird nur der »Wertebereich« für einen Objekt-Typ festgelegt. Objekt-Typ-Spezifikationen dürfen weitere darüber hinausgehende Festlegungen umfassen: Festlegung der Menge der konstituierenden Objekte, die in einer Konstruktion dem konstruierten Objekt- Typ zu einem bestimmten Zeitpunkt oder in einer bestimmten Zeitspanne zugeordnet sein dürfen. Dazu sollen zunächst die folgenden, leicht einzusehenden, Optionen gelten:

- Es darf zu jedem beliebigen Zeitpunkt nur eine bestimmte Anzahl x von konstituierenden Objekten eines konstruierten Objekt-Typs existieren und für jeden konstituierenden Objekt-Typ dieses konstruierten Objekt-Typs darf auch nur die Anzahl x von konstituierenden Objekten existieren.

- Es darf zu jedem beliebigen Zeitpunkt nur eine maximale Anzahl n von konstruierten Objekten des konstruierten Objekt-Typs existieren und es darf für jedes dieser konstruierten Objekte auch nur die maximale Anzahl x von konstituierenden Objekten des jeweiligen konstituierenden Objekt-Typs existieren.

- Es muss zu jedem beliebigen Zeitpunkt für jeden Objekt-Typ einer Konstruktions-Hierarchie die Mindest-Anzahl k der für diesen Objekt-Typ notwendigen existierenden Objekte geben um zum Beispiel festzulegen, dass keine „leeren" Objekt-Typen (solche, für die keine Objekte existieren) existieren.

Offensichtlich ist die obige Aufzählung der Optionen in keinem Sinne vollständig. Mit der Aufzählung sollten lediglich Beispiele für mögliche Festlegungen gegeben werden.

Objekt-Typen einer (Objekt-Typ-) Konstruktions-Hierarchie werden, wie oben schon erläutert, durch Identifizierer bezeichnet. Die Bezeichnung eines Objekt-Typs muss eindeutig sein. Eindeutigkeit wird dadurch erreicht, dass konstituierende Objekt-Typen eines konstruierten Objekt-Typs verschieden benannt werden. Existieren mehrere Objekte eines Objekt-Typs, müssen auch diese eindeutig identifiziert werden. Dies kann, wie im folgenden Bild, mit einer Indexierung mit hoch- und tiefgestellten Indizes erfolgen. Mit hochgestellten Indizes wir das Konstruktions-Niveau in einer Konstruktions-Hierarchie und mit tiefgestellten Indizes die Bezeichnung der Exemplare auf einem Konstruktions-Niveau bezeichnet.

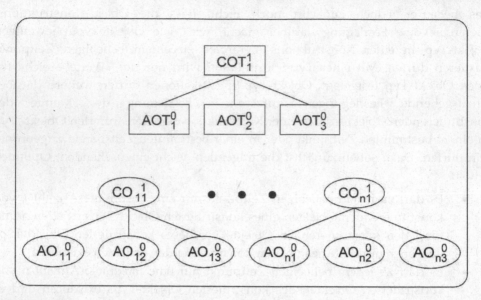

Abbildung 7-5:   Abstrakter Typ und Objekte mit ihren Komponentenobjekten

Mit einer Objekt-Typ Spezifikation sollen auch die dynamischen Eigenschaften der Objekte dieses Typs festgelegt werden. Dies geschieht durch die Angabe der für die Veränderung von Objekten des betreffenden Objekttyps zulässigen Operationen. Von diesen Operationen erwarten wir, dass sie bei ihrer Ausführung die für die Objekte des Objekt-Typs intendierte Semantik nicht verletzen. Mit ihnen werden also alle invarianten Eigenschaften der Objekte bewahrt. Operationen, die dieser Forderung gerecht werden, können nicht mehr universell gültige Operationen wie „einfügen", „löschen", „modifizieren" sein. Vielmehr müssen Operationen für den Objekt-Typ spezielle Operationen sein.

In gleicher Weise, wie Objekt-Typen in einer Objekt-Typ-Konstruktions-Hierarchie einander zugeordnet sind, um die Konstruktion von Objekten aus untergeordneten konstruierten oder atomaren Objekten zu spezifizieren, müssen dann auch die für jeden Objekt-Typ definierten zulässigen Operationen in einer gleichen Operations-Hierarchie einander zugeordnet werden. Mit der Objekt-Typ-Konstruktions-Hierarchie wird dann sowohl die Objekt-Konstruktions-Hierarchie als auch eine Operations-Konstruktions-Hierarchie festgelegt. Dies soll mit dem folgenden Diagramm (Bild 7.6) verdeutlicht werden:

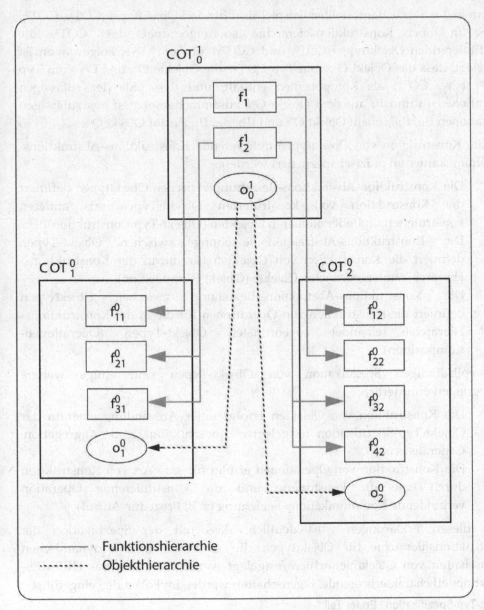

Abbildung 7-6: Konstituierte Darstellung von Objekt- und Operationskomposition

In dem in der Skizze dargestellten Beispiel sind die drei Objekttypen COT^1_0, COT^0_1, COT^0_2 in einer Konstruktionshierarchie so angeordnet, dass COT^1_0 die konstituierenden Objekttypen COT^0_1 und COT^0_2 „umfasst". Als Folge davon ist festgelegt, dass das Objekt O^1_0 vom Typ COT^0_1, die Objekte O^0_1 und O^0_2 vom Typ COT^0_1 bzw. COT^0_2 als Komponenten enthält, und dass jede der zulässigen Operationen f^1_1 und f^1_2 auf dem Objekt O^1_0 zusammengesetzt ist aus zulässigen Operationen f^1_{11}, f^1_{21}, f^1_{31} auf Objekt O^0_1 und f^1_{12}, f^1_{22}, f^1_{32}, f^1_{42} auf Objekt O^0_2.

Die die Konstruktion von Objekttypen definierende Konstruktions-Abstraktions-Beziehung kann nun präziser spezifiziert werden.

i.   Die Konstruktion-Abstraktions-Beziehung zwischen Objekttypen definiert die Konstruktion von konstruierten Objekt-Typen aus anderen konstruierten und/oder atomaren Objekten (Objekt-Typ Konstruktion).

ii.   Die Konstruktions-Abstraktions-Beziehung zwischen Objekt-Typen definiert die Konstruktion von Objekten für die in der Konstruktions-Hierarchie untergeordneten Objekte (Objekt-Komposition).

iii. Die Konstruktions-Abstraktions-Beziehung zwischen Objekttypen definiert die Konstruktion von Operationen für die in der Konstruktions-Hierarchie einander zugeordneten Objekt-Typen (Operationen-Komposition).

Zur vollständigen Spezifikation von Objekt-Typen sind einige weitere Festlegungen erforderlich:

iv.   Die Konstruktion von Objekten erfolgt unter Anwendung einer in der Objekt-Typ-Spezifikation festgelegten Konstruktion (z. B. Aggregation, Generalisierung).

v.   Die Konstruktion von Operationen erfolgt für jede Art von Konstruktion durch eine die konstruierte und die konstituierende Operation verbindende Kommunikations-Beziehung (z. B. Prozedur-Aufruf).

Nach diesen Erklärungen wird deutlich, dass mit der Spezifikation der Konstruktionshierarchie für Objekttypen die strukturellen und dynamischen Eigenschaften von Objekthierarchien festgelegt werden. Weitere, das HERMES-Objektmodell charakterisierende, Eigenschaften werden im Folgenden eingeführt.

Objekt-Typ-Spezifikation / Erster Teil

Zunächst soll nun eine Sprache zur Spezifikation dieser festzulegenden Eigenschaften eingeführt werden. Wir legen für diese Sprache die folgende Syntax fest.

< object type > ::= OBJECT TYPE < object type identifier >

              < constructor >

              < operator list >

< object type identifier > := CHARACTER

< constructor > ::= CONSTRUCTED BY < constructor symbol >

          OF < object type identifier > {, < object type identifier >}

< operator list > ::= OPERATIONS < operator symbol > [< parameter list >]

                {, < operator symbol > [< parameter list >]}

< constructor symbol > ::= CLASSIFICATION | GROUPING |

              AGGREGATION | GENERALIZATION

                  <any other self-defined constructor symbol >

< operator symbol > ::= STRING

::= < parameter symbol > {, < parameter symbol >}

::= STRING

< any other self-defined abstraction symbol > ::= STRING

Die folgenden Bedeutungen sollen gelten:

1. Objekt-Typ-Spezifikationen benennen zunächst den zu spezifizierenden Objekttyp.
2. Danach wird die Konstruktion des zu spezifizierenden Objekttyps beschrieben. In dieser Beschreibung werden die konstituierenden Objekttypen bezeichnet.
3. Die Objekttyp-Spezifikation enthält dann eine Auflistung aller zulässigen Operationen, die auf Objekten des zu spezifizierenden Objekttyps ausgeführt werden dürfen.

Objekttyp-Spezifikationen unter Verwendung dieser Sprache sollen mit dem folgenden Beispiel demonstriert werden:

Beispiel:

Die Spezifikation eines Objekttyps 'Airportschedule' wird wie folgt dargestellt: Ein Objekttyp 'Airportschedule' sei durch eine Aggregationsabstraktion aus den Objekttypen 'Flightschedule' und 'Plane' entstanden. Die Objekttypen 'Flightschedule' und 'Plane' seien ihrerseits durch Aggregation aus den atomaren Objekttypen 'Flight_Number', 'Destination', 'Start_Time' bzw. aus den atomaren Objekttypen 'Plane_Number' und 'Type' nach dem folgenden Konstruktionsschema entstanden.

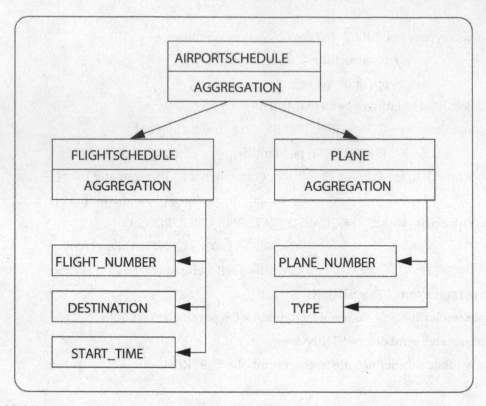

Abbildung 7-7:   Konstruktionsschema für den Objekttyp 'Airportschedule'

In der nun folgenden Spezifikation sollen die nachfolgenden Bezeichner verwendet werden:

'Airportschedule'   : *Bezeichner des Objekttyps*

'Flightschedule'   : *Bezeichner des Objekttyps*

'Plane'   : *Bezeichner des Objekttyps*

'aps'   : *Bezeichner eines Objektes des Objekttyps*
                        'Airportschedule'

'fs'   : *Bezeichner eines Objektes des Objekttyps*
                        'Flightschedule'

'p'   : *Bezeichner eines Objektes des Objekttyps 'Plane'*

'f#'   : *Bezeichner eines Objektes des Objekttyps*
                        'Flight_Number'

'dest'   : *Bezeichner eines Objektes des Objekttyps*

Die Spezifikation für 'Airportschedule' nimmt dann die folgende Form an:

```
OBJECT TYPE Airportschedule
CONSTRUCTED BY Aggregation OF Flightschedule, Plane
OPERATIONS create_aps [aps],
    add_entry [aps], cancel_flight [aps],
    search_flight [aps], search_plane [aps]
```

Objekt-Typ-Spezifikationen / Zweiter Teil

Die obige Spezifikation enthält noch keine Beschreibung der Operationen-Konstruktion. Diese soll in einer entsprechenden Erweiterung der Spezifikation und mit einer Erweiterung der oben eingeführten Spezifikationssprache erreicht werden. Mit der Festlegung der Operations-Komposition sollen nur solche Kompositionen zugelassen werden, die sicherstellen, dass durch die Ausführung der zusammengesetzten Operationen und durch die Ausführung der Komponentenoperationen keine Verletzungen der invarianten Eigenschaften der Objekte erfolgen sollen. Die Definition solcher, die Konsistenz zusammengesetzter Objekte bewahrender, Kompositionen von Operationen soll mit den für die speziellen Abstraktionskonzepte in Kapitel 3.6 eingeführten Propagationspfaden erreicht werden. Wir übernehmen deshalb das dort für die Spezifikation von Wirkungszusammenhängen für abstrakte Entity-Typen bzw. abstrakte Relationship-Typen eingeführte Konzept und erweitern es zur Beschreibung der Wirkungszusammenhänge zwischen konstruierten und konstituierenden Objekttypen.

Die zuvor eingeführte Syntax der Beschreibungssprache wird dazu wie folgt erweitert:

< operator list > ::= OPERATIONS < operator symbol > [< parameter list >]

< propagation path > {, < operator symbol >

[< parameter list >] <propagation path >}

< propagation path > ::= BEGIN {< operator symbol > [< parameter list >]

< delimiter >} NIL

< delimiter > ::= ; | | | + | ** | ( ) | [ ] | { }

Damit erweitert sich die Spezifikation für das oben eingeführte Beispiel wie folgt:

Beispiel: Fortsetzung

```
OBJECT TYPE Airportschedule
CONSTRUCTED BY AGGREGATION OF Flightschedule, Plane
OPERATIONS
    create_aps [aps]
    BEGIN   create_aps [aps];
            (create_fs [fs] + create_p [p]); NIL


    add_entry [aps]
    BEGIN add_entry [aps];
            (schedule_flight [fs] + schedule_plane [p]); NIL


        cancel_flight [aps]
        BEGIN   cancel_flight [aps];
                cancel_flight [fs]; NIL


        search_flight [aps]
        BEGIN   search_flight [aps];
                search_flight [fs]; NIL
                search_plane [aps]
        BEGIN   search_plane [aps];
                search_plane [p]; NIL
```

Bemerkung zur Verwendung von Bezeichnern:

Im Beispiel sind die gleichen Bezeichner für Operationen verschiedener Objekt-Typen verwendet worden. Dies ist eigentlich nur dann zulässig, wenn die Bezeichner von Operationen mit den Bezeichnern des Objekt-Typs, für den die Operationen definiert worden sind, gemeinsam angegeben sind. Damit hat sich die folgende Notation eingebürgert:

OBJEKTTYP BEZEICHNER . OPERATIONEN BEZEICHNER

Wir haben im Beispiel auf diese eindeutige Bezeichnung verzichtet, um die Spezifikation knapp darstellbar zu halten.

Beispiel: Fortsetzung

Mit dieser Spezifikation wird ein Objekttyp 'Airportschedule' spezifiziert. Objekte des Objekttyps 'Airportschedule' sind nach dieser Spezifikation aus je einem Objekt des Objekttyps 'Flightschedule' und einem Objekt des Objekttyps 'Plane' zusammengesetzt.

Zwischen diesem konstituierten Objekttyp 'Airportschedule' und seinen konstituierenden Objekttypen 'Flightschedule' und 'Plane' existieren Wirkungszusammenhänge. Die Existenz des Objekttyps 'Airportschedule' ist abhängig von der Existenz der Objekttypen

'Flightschedule' und 'Plane', da der Objekttyp 'Airportschedule' durch Aggregation aus den

Objekttypen 'Flightschedule' und 'Plane' entsteht.

Als Folge dieser Wirkungszusammenhänge führen initiale Operationen auf Objekten des Objekttyps

'Airportschedule' zu induzierten Operationen auf den Objekttypen 'Flightschedule' bzw. 'Plane'. Die formale Beschreibung der Wirkungszusammenhänge erfolgt durch die Spezifikation mit den die Operationen ordnenden Propagationspfaden. Es ist daher zu beachten, dass nicht jede der initialen Operationen auf Objekten des Objekttyps 'Airportschedule' auch zu induzierten Operationen auf Objekten des Objekttyps 'Flightschedule' und 'Plane' führt. Dies widerspricht nicht der Festlegung der

Wirkungszusammenhänge für Aggregationen, wie sich anhand der in Kapitel 6 eingeführten Definition der Aggregations-Konstruktion nachvollziehen lässt.

Spezifikation von zulässigen Zuständen von Objekten und Zustandsänderungen

Die obige Spezifikation des Objekttyps 'Airportschedule' lässt eine weitere Unzulänglichkeit erkennen. Mit ihr wird noch nicht zum Ausdruck gebracht, welche Zustandsänderungen an den Objekten des jeweiligen Objekttyps durch die Ausführung der Operation bewirkt werden sollen.

Aus der Definition des Zustandsbegriffes ist abzuleiten, dass Zustandsänderungen eines Objektes durch Änderungen seines derzeitigen Wertes, d.h. durch das Hinzufügen, Löschen und Modifizieren von Komponentenobjekten, erreicht werden können. Dieser Zustand kann aber nur in Übereinstimmung mit den festgelegten Konstruktionen erfolgen.

Beispiel: Fortsetzung

Für die Spezifikation des Objekttyps 'Airportschedule' gilt deshalb, dass eine Änderung des Zustandes eines Objektes vom Objekttyp 'Airportschedule' nur erreicht werden kann durch eine Änderung des Wertes seiner Komponentenobjekte vom Objekttyp 'Flightschedule' bzw. 'Plane'. Die für Aggregationsabstraktionen festgelegten Regeln lassen aber weder eine

Hinzufügung oder Löschung von Objekten des Objekttyps 'Flightschedule' oder von Objekten des Objekttyps 'Plane' zu, sondern erfordern stets das Hinzufügen und Löschen von

Objekten beider Objekttypen (bedingt durch die für Aggregationen festgelegte Existenzabhängigkeit).

Darüber hinaus sind Änderungen des Zustandes eines Objektes des Objekttyps 'Airportschedule' natürlich durch die Änderung der Werte eines oder beider

Komponentenobjekte des Objekttyps 'Flightschedule' bzw. 'Plane' möglich. Gehen wir beispielsweise davon aus, dass die Objekte der Objekttypen 'Flightschedule' und 'Plane' durch Klassifikation gebildet sind, lassen sich Zustandsänderungen an Objekten des Objekttyps 'Flightschedule' bzw. 'Plane' (und damit auch Zustandsänderungen an

Objekten des Objekttyps 'Airportschedule') durch Hinzufügen und Löschen von Elementen in den jeweiligen Klassen erreichen.

Die Beschreibung dieser Zustandsänderungen in den Spezifikationen des Objekttyps 'Airportschedule' nimmt dann die folgende Form an:

```
OBJECT TYPE Airportschedule
CONSTRUCTED BY AGGREGATION OF Flightschedule, Plane
OPERATIONS
          add_entry [aps, f#, dest, st_t, p#, type]
          BEGIN add_entry [aps, f#, dest, st_t, p#, type];
          (schedule_flight [fs, f#, dest, st_t] +
           schedule_plane [p, p#, type]); NIL


          cancel_flight [aps, f#, dest, st_t, p#, type]
          BEGIN   cancel_flight [aps, f#, dest, st_t, p#, type];
                  cancel_flight [fs, f#, dest, st_t]; NIL


          search_flight [aps, f#, dest, st_t]
          BEGIN   search_flight [aps, f#, dest, st_t];
                  search_flight [fs, f#, dest, st_t]; NIL


          search_plane [aps, p#, type]
          BEGIN   search_plane [aps, p#, type];
                  search_plane [p, p#, type]; NIL
```

Für die Operationen bewirkt nunmehr die obige Spezifikation die folgenden *Festlegungen:*

Die Operation 'add_entry' bewirkt eine Änderung des derzeitigen Wertes des Objektes 'aps'. Um diese   Wertänderung zu bewirken, müssen die konstituierenden Objekte 'fs', 'p' des Objekt-Typs 'Flightschedule' bzw. 'Plane' ihre Werte ändern. Da beide Objekte als Klassen-Objekte eingeführt worden sind, können Änderungen ihrer Werte durch Hinzufügen oder Löschen von Klassenelementen erfolgen. Mit der 'add_entry' Operation wird ein neues Element (f#, dest, st_t) in die Klasse des Objekt-Typs 'Flightschedule' und ein neues Element (p#, type) in die Klasse des Objekt-Typs 'Plane' eingefügt.

Durch die Operation 'cancel_flight' wird die Wertänderung des Objektes des Objekt-Typs 'Airportschedule' durch die alleinige Änderung des konstituierenden Objektes des Objekt-Typs 'Flightschedule' bewirkt. Dies ist zulässig, wenn die Objekt-Klasse des Objekt-Typs 'Flightschedule' und die Objekt-Klasse des Objekt-Typs 'Plane' in einer partiellen Relationship verbunden sind. Die Operationen 'search_flight' und 'search_plane' bewirken keine Zustandsänderungen.

7.4 Objekt-Typ-Hierarchien und Objekt-Hierarchien

Die Modellierung eines Diskursbereiches kann durch eine oder mehrere Objekt-Typ-Hierarchien erfolgen. Zu jeder dieser Objekt-Typ-Hierarchien können dann wieder mehrere korrespondierende Objekt-Hierarchien existieren.

Objekttyp-Hierarchien werden durch die Anwendung von Konstruktionen definiert. Es ist schon darauf hingewiesen worden, dass innerhalb einer Objekttyp-Hierarchie mehrere verschiedene Konstruktionen zur Anwendung kommen dürfen.

Beispiel:

Der Objekt-Typ 'Landfahrzeug' kann als eine Generalisierungskonstruktion über den

Objekt-Typen 'Kraftfahrzeuge', 'Schienenfahrzeuge', 'Zweiradfahrzeuge' und 'Vierradfahrzeuge' aufgefasst werden. Jeder der konstruierten Objekt-Typen kann seinerseits durch eine Aggregations-Konstruktion gebildet worden sein: Das 'Kraftfahrzeug' als Aggregations-Konstruktion von 'Motor', 'Fahrgestell' und 'Karosserie'; das 'Zweiradfahrzeug' als Aggregations-Konstruktion von 'Rahmen' und 'Räder' usw.

Objekt-Typ-Hierarchien und entsprechend Objekt-Hierarchien sind also nicht uniform im Hinblick auf die zur Anwendung kommenden Konstruktionen. Die Bedeutung von Objekt-Typ-Hierarchien muss deshalb auch aus den Bedeutungen aller Konstruktionen aller konstituierenden Objekte und abgeleitet werden. Dieses Konzept steht im Widerspruch zu anderen Konzepten, für die für eine Konstruktions-Hierarchie nur uniforme Konstruktionen (z. B. die Generalisierung) als Strukturierungskonzept vorsehen. Dem möglichen Nachteil der hier verfolgten „nicht uniformen" Konstruktions-Hierarchien im Hinblick auf deren Verständlichkeit, steht deren sehr viel größere „Modellierungsmächtigkeit" gegenüber. Eine Diskussion darüber, welches der Modelle in praktischen Situationen das angemessenere ist, muss hier nicht geführt werden, weil das hier eingeführte Konzept jederzeit auf das einfache uniforme Konzept reduziert werden kann.

Modifikation von Extension und Intension in Objekt-Typ und Objekt-Hierarchien

Objekt-Typ-Hierarchien sind Objekt-Typ-Konstruktions-Hierarchien, die durch unterschiedliche Konstruktionen gebildet werden können und wie oben dargestellt spezifiziert werden können. Objekt-Typ-Konstruktions-Hierarchien sind die „Schablone" für die Bildung und zulässige Modifikation von Objekt-Konstruktions-Hierarchien. Objekt-Typ-Hierarchien und deren Spezifikationen legen die Bedeutung und zulässige Deutung (d.h. die Semantik) der Objekt-Konstruktion-Hierarchie durch die Festlegung von Konstruktion und deren Verhalten fest.

In den bisherigen Erläuterungen ist möglicherweise der Eindruck entstanden, dass die Änderungen konstruierter Objekte auch die Ausführung von Änderungen auf allen konstituierenden Objekten auslösen, dass also die Operationen auf dem konstruierten Objekt Sekundär-Operationen auf allen seinen konstituierenden Komponenten-Objekten auslösen. Dies ist nicht zwingend.

Es soll vielmehr zugelassen sein, dass Änderungen von konstruierten Objekten nur Änderungen einiger ihrer konstituierenden Komponenten-Objekte auslösen. Das bedeutet, dass nicht alle der die Änderungen eines konstruierten Objektes bewirkenden Operationen konstituierende Operationen auf allen konstituierenden Objekten auslösen müssen, um die gewünschte Änderung des konstruierten Objektes zu erreichen.

Es soll auch zugelassen sein, dass Änderungen von konstruierten Objekten nicht in jedem Fall Änderungen der konstituierenden Komponenten-Objekten auf allen Konstruktionsniveaus der Konstruktions-Hierarchie auslösen. Das bedeutet, dass nicht alle der die Änderungen eines konstruierten Objektes bewirkenden Operationen konstituierende Operationen auf konstituierenden Objekten auf allen Konstruktionsniveaus einer Konstruktions-Hierarchie auslösen müssen, um die gewünschte Änderung des konstruierten Objektes zu erreichen.

Eine weitere Festlegung für die Ausführung von Änderungen in Objekt-Konstruktions-Hierarchien soll sicherstellen, dass Änderungen einer Hierarchie nicht unbedingt im in der Hierarchie höchstgelegenen „Wurzel-Objekt" eingeleitet werden müssen, sondern auch an konstituierenden Objekten in der Objekt-Typ-Konstruktions-Hierarchie. Insbesondere diese Festlegung bedarf weiterer Erörterungen über die Ausführung von Änderungen in Objekt-Konstruktions-Hierarchien.

Damit ist klar, dass Ausführungen von Operationen und mögliche Ausführungsfolgen in Objekt-Konstruktion-Hierarchien Untergraphen der O_T – Graphen sind.

Ausführungen von Operationen auf Objekt-Konstruktions-Hierarchien

Die in Objekt-Typ-Konstruktions-Hierarchien festgelegten zulässigen Operationen können zu ihrer Ausführung eine beliebige Objekt-Konstruktions-Hierarchie zugeordnet erhalten und dann für diese Objekt-Konstruktions-Hierarchie ausgeführt werden. Entsprechend des jeweiligen, in der Objekt-Typ-Konstruktions-Hierarchie festgelegten Typs der Konstruktion, erfolgt die Ausführung von Operationen konstruierter Objekte in Übereistimmung mit der in der Konstruktion festgelegten konstituierenden Relationship zwischen seinen konstituierenden Objekten über alle Konstruktionsniveaus.

Werden Ausführungen von Operationen nicht im initialen – oder wie in der mathematischen Graphen-Theorie genannten- Wurzel-Objekt der betroffenen Objekt-Konstruktions-Hierarchie sondern auf einem beliebigen anderen Konstruktionsniveau eingeleitet, entstehen möglicherweise Wirkungszusammenhänge zwischen dem geänderten Objekte und möglicherweise allen Objekten auf allen darüber liegenden Konstruktionsniveaus, um sicherzustellen, dass durch die Ausführung der Operation die durch die konstituierenden Relationships festgelegten invarianten Eigenschaften der Objekt-Konstruktions-Hierarchie nicht verletzt werden bzw. durch induzierte Operationen wiederhergestellt werden. (Dies geschieht nach dem gleichen Vorgehen wie schon in Kapitel 3 bei der Einführung von Wirkungszusammenhängen erklärt wurde.)

Da konstruierte Objekte jeweils unter Anwendung einer Konstruktion gebildet werden, die einer bestimmten Konstruktions-Abstraktions-Beziehung gehorcht, muss mit der Konstruktion eines Objektes auch sichergestellt werden, dass die zwischen den konstituierenden Objekten durch die konstituierenden Relationships gegebenen invarianten Eigenschaften gewahrt werden.

Werden nun Änderungen an Objekten nicht durch Operationen auf den die Komponenten-Objekte unmittelbar umfassenden Objekten eingeleitet, ist deren Änderung nicht ohne Vorbedingungen möglich, weil durch die Änderung der Komponenten-Objekte Verletzungen der invarianten Eigenschaften der zusammengesetzten Objekte ausgelöst werden können. Entsprechende Vorkehrungen, mit denen die Verletzung invarianter Eigenschaften verhindert werden kann, werden deshalb später noch in Rahmen der Spezifikation von Konstruktoren ausführlich behandelt.

Auf jeden Fall machen Änderungen, die auf Komponenten-Objekte eingeleitet werden, die Inspektion der die Komponenten-Objekte enthaltenen Objekte nötig. Diese Inspektion dient der Überprüfung der Zulässigkeit der Änderung der Komponenten-Objekte anhand der für das übergeordnete Objekt definierten invarianten Eigenschaften. Dies kann mit der folgenden Prinzip-Skizze verdeutlicht werden:

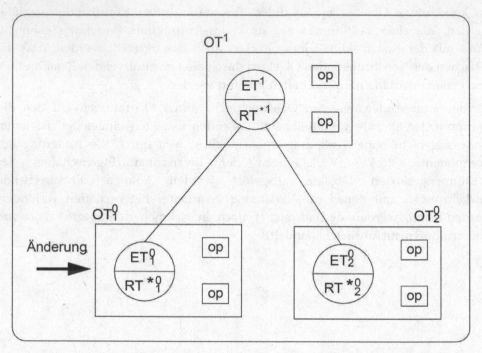

Abbildung 7-8:   Einleitung einer Änderung an einem Komponenten-Objekt

Die Änderung des Objektes $O^0{}_1$ des Objekttyps $OT^0{}_1$ kann zu einer Verletzung der invarianten Eigenschaften des Objektes O^1 des Objekttyps OT^1 führen, die durch den konstituierenden Relationship-Typ RT^{*1} festgelegt sind. Der Ausführung der Änderung auf $O^0{}_1$ muss deshalb eine induzierte Änderung des Objektes O^1 folgen. Dies entspricht der Spezifikation von Propagationspfaden, wie sie für die Beschreibung der dynamischen Eigenschaften abstrakter Entity-Typen eingeführt worden sind.

Für Objekt- bzw. Objekttyp-Hierarchien beliebiger Tiefe sind im Extremfall Inspektionen bis zum Wurzelelement der Hierarchie nötig. Es ist darüber hinaus auch wichtig zu beachten, dass die gemeinsamen Komponenten-Objekte mehrerer Objekte für die Propagation eine wichtige Rolle spielen. Durch sie ist eine Verzweigung der Propagationspfade bedingt. Im Extremfall kann das zur Notwendigkeit einer Inspektion nahezu aller übergeordneten Objekte führen. Dies soll durch die folgende Skizze verdeutlicht werden:

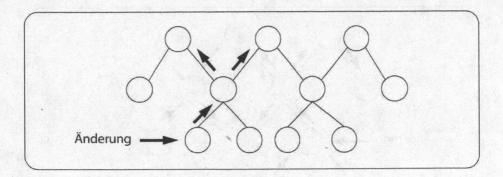

Abbildung 7-9:   Propagation in Objekt-Hierarchien

Aus Bild 7.9 wird erkennbar, dass auch minimale Änderungsanforderungen an einer Objekt-Hierarchie zu umfangreichen induzierten Änderungen führen können.

Dass Propagationen ausgeführt werden bevor bekannt ist ob diese möglicherweise unzulässig sind, weil bei deren Ausführung die Konsistenz des Informationsmodelle verletzt werden würde, zwingt dazu vor der Ausführung einer Änderung eine Überprüfung der Zulässigkeit der Ausführung durchzuführen. In gleicher Weise, wie Propagationen zur Überprüfung der Zulässigkeit von Änderungen an

Objekten erforderlich sind, müssen natürlich auch Propagationen zur Durchführung von Änderungen von Objekten stattfinden falls die Gesamtheit der Änderungen als zulässig erkannt worden ist. Das bedeutet, dass Änderungen in Objekt-Hierarchien wie Datenbank-Transaktionen zu behandeln sind.

Die Gesamtheit der nötigen Propagationen, die durchzuführen sind wenn nicht ein atomares Objekt sondern ein beliebiges konstruiertes Objekt verändert werden soll, lässt sich durch die folgende erweiterte Prinzip-Skizze veranschaulichen:

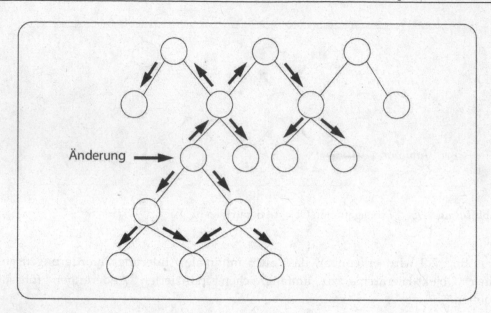

Abbildung 7-10:   Propagation in Objekt-Hierarchien

Es sei darauf hingewiesen, dass Propagationen sowohl durch Änderung der den Objekten zugeordneten persistenten Daten (extensionale Änderungen wie sie durch Wirkungszusammenhänge charakterisiert worden sind), aber natürlich auch durch Veränderungen der den Objekten zugeordneten Operationen sowie durch die Änderung der Struktur von Objekt-Hierarchien (als Impacts bezeichnete intensionale Änderungen) bewirkt werden können.

Insbesondere der Umfang der möglicherweise zu bewältigenden Propagationen ist der Anlass dafür im Kapitel 7.7 Objekt-Konstruktions-Hierarchien zu Modularen Komponenten-Hierarchien weiterzuentwickeln.

Änderungs-Operationen

Für die Änderungen der Extension von Informationsmodellen sind bisher die generischen Operationen von „Einfügen", „Löschen" und „Modifizieren" betrachtet worden wie sie im Bild 7.3 dargestellt worden sind. Für die Änderung einer Objekt-Konstruktions-Hierarchie durch „Einfügen", „Löschen" und „Modifizieren existieren mehrere Möglichkeiten.

Dies soll durch die folgende Aufzählung der Möglichkeiten und anhand ihrer graphischen Darstellung verdeutlicht werden:

   i.   Änderung eines konstruierten Objektes durch Einfügen, Löschen und Modifizieren von unmittelbar konstituierenden Objekten (Bild 7.12).

  ii.   Änderung eines konstruierten Objektes durch Einfügen, Löschen und Modifizieren von mittelbar konstituierenden Objekten (Bild 7.13).

iii. Änderung mengenwertiger konstruierter Objekte (z.B. Klassenobjekte) durch Einfügen, Löschen und Modifizieren von Elementen der Menge von Elementen (Bild 7.14).

iv. Änderung mengenwertiger konstruierter Objekte, deren konstituierende Objekte selbst wieder mengenwertige konstruierte Objekte sind, durch Einfügen, Löschen und Modifizieren von Elementen in deren konstituierende Objekte. (Bild 7.15).

Nach diesen Vorbemerkungen lassen sich die vier oben aufgeführten Möglichkeiten wie folgt skizzieren. Dazu werden die folgenden graphischen Veranschaulichungen eingeführt:

Für die Darstellung von nicht mengenwertigen Objekten und ihren unmittelbar konstituierenden Objekten benutzen wir das Schema (Bild 7.11), mit dem dargestellt wird, dass das Objekt o die konstituierenden Objekte $k(o_1)$, $k(o_2)$, ... enthält.

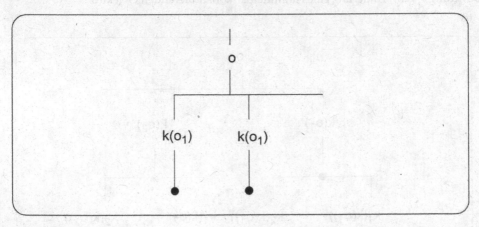

Abbildung 7-11: Objekt und seine unmittelbar konstituierenden Objekte

Eine Änderung des Objektes o erfolgt durch das Einfügen, Löschen oder Modifizieren eines unmittelbar konstituierenden Objektes.

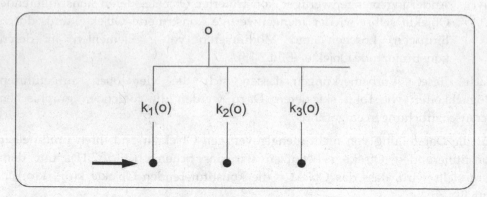

Abbildung 7-12: Änderung eines unmittelbar konstituierenden Objektes

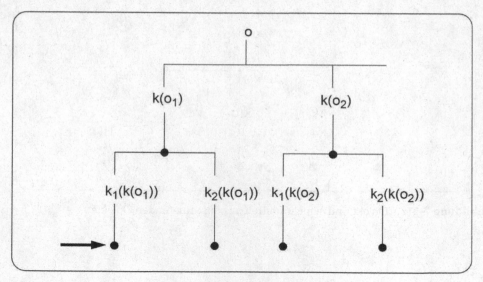

Abbildung 7-13: Änderung eines mittelbar konstituierenden Objektes

Zur Darstellung der Änderung mengenwertiger Objekte wird das folgende Schema eingeführt:

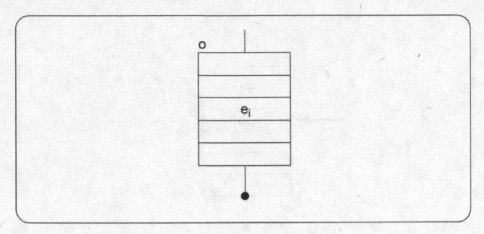

Abbildung 7-14:   Darstellung von mengenwertigen Objekten

Nach dieser Darstellung umfasst das mengenwertige Objekt o die Elemente e_i.

Ein Element e_i selbst muss nicht atomar sein sondern kann auf beliebige Art und Weise konstruiert sein, so dass die Menge der Elemente e_i von o auch konstruiert sein kann:

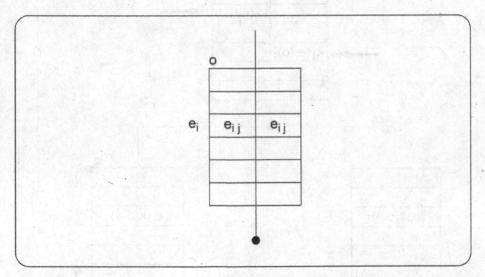

Abbildung 7-15:   Darstellung von mengenwertigen Objekten deren Elemente nicht atomar sind

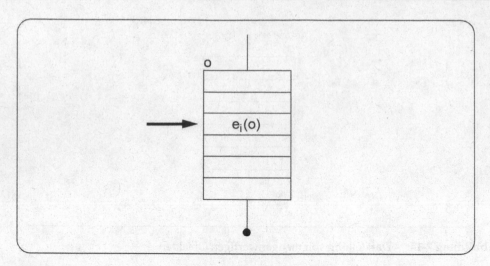

Abbildung 7-16:   Änderung von mengenwertigen Objekten

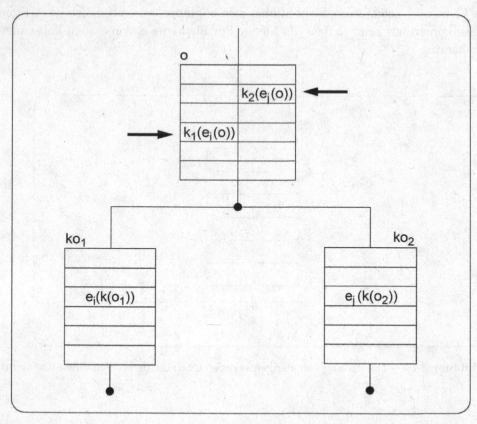

Abbildung 7-17:   Änderung von zusammengesetzten mengenwertigen Objekten

Suchen und Finden von Objekten in Objekt-Konstruktions-Hierarchien

Neben den oben beschriebenen Änderungsoperationen sind natürlich auch Operationen zum Suchen und Finden von Objekten in Objekt-Konstruktions-Hierarchien von Bedeutung. Dazu ist die eindeutige Identifikation von Objekten in den Hierarchien nötig.

Zur Identifikation von Objekten, und zur Identifikation von Elementen in mengenwertigen Objekten sind Erweiterungen der bisher eingeführten Bezeichner notwendig. Um die Unterschiede zu verdeutlichen, listen wir die Bezeichnungsschemata für die zu unterscheidenden Fälle erneut auf:

i. Objektidentifikation

$\quad\quad$ *Objektidentifizierer: o_i*

ii. Objektidentifikation für konstituierende Objekte

$\quad\quad$ *Objektidentifizierer: $k_j\,(o_i)$*

$\quad\quad$ *Objektidentifizierer: $k_l\,(k_j\,(o_i))$*

Der Identifizierer $k_e(k_j(\,\dots\,(k_i(o_i))$ definiert einen logischen Zugriffspfad zu konstituierenden Objekten einer Objekt-Konstruktions-Hierarchie auf beliebigem Konstruktionsniveau.

iii. Elementidentifikation

$\quad\quad$ *Elementidentifizierer: $e_i\,(o_j)$*

$\quad\quad$ *Element-Identifizierer: $k_e\,(e_i\,(o_j))$*

$\quad\quad$ *Elementidentifizierer: $e_k\,(k_i\,(o_j))$*

Neben der direkten Bezeichnung von Objekten, Komponentenobjekten und Elementen von mengenwertigen Objekten wollen wir auch die indirekte Bezeichnung zulassen. Bei der indirekten Bezeichnung wird ein Objekt über eine Selektionsklausel erreicht. Selektionsklauseln umfassen ein oder mehrere Selektionsprädikate.

Suchen und Finden von Objekten in Objekt-Konstruktions-Hierarchien durch Selektion

Das Suchen und Finden von Objekten in Objekt-Konstruktions-Hierarchien kann darin begründet sein, dass im Rahmen der Fehlersuche bei notwendigen Reparaturen ein bestimmter Zustand der Hierarchie zu einem Zeitpunkt in der „Änderungsgeschichte" der Hierarchie von Bedeutung ist.

Mit der Selektionsklausel

$$exs(o, a, s)$$

wird das konstituierende Objekt a eines Objektes o im Zustand s ermittelt.

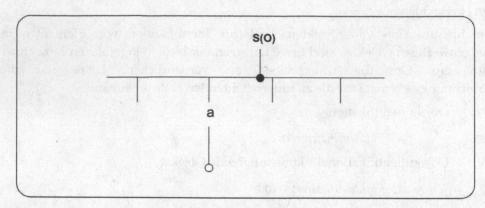

Abbildung 7-18:   Selektion eines Komponenten-Objektes a

Mit der Selektionsklausel

$$has\_val(a, v, s)$$

wird der Wert v des Komponenten-Objektes a eines Objektes o im Zustand s ermittelt.

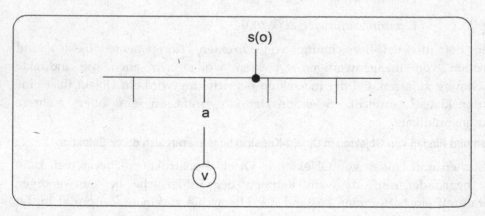

Abbildung 7-19:   Selektion eines Wertes v eines Objektes a

Für den Fall, dass a kein atomares Objekt ist, repräsentiert v die Gesamtheit aller a zuzuordnenden Werte aller konstituierenden Objekte.

Mit der Selektionsklausel

$$proj(ab, a, s)$$

wird das konstituierende Objekt a des konstruierten Objektes ab, dass seinerseits konstituierendes Objekt eines konstruierten Objektes o im Zustand s ermittelt.

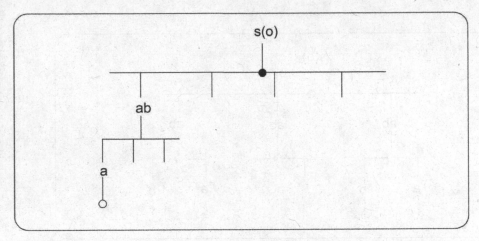

Abbildung 7-20: Selektion der Komponente a eines konstituierenden Objektes ab

Das konstituierende Objekt ab enthält außer der dem konstituierenden Objekt a weitere konstituierende Objekte, die nicht von Interesse sind.

Mit der Selektionsklausel

$$exs\ (ab, s): proj\ (ab, a, s)$$

werden die konstituierenden Objekte *ab* eines Objektes *o* im Zustand *s*, für die gelten soll, dass sie das Objekt *a* im Zustand *s* enthalten, ermittelt. Aus der Menge aller konstituierenden Objekte *ab*, die über das Selektionskriterium *exs (ab, s)* ermittelt werden, sollen die ausgewählt werden, die die Zusatzbedingung *proj (ab, a, s)* erfüllen.

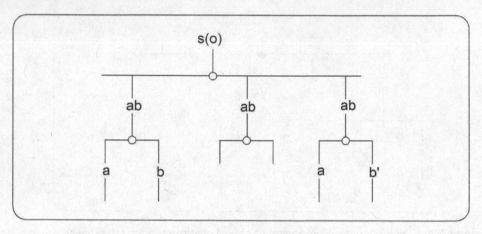

Abbildung 7-21:   Selektion mehrerer Komponenten-Objekte

Die oben eingeführten Selektionsklauseln entsprechen Zustandsprädikaten. Zur direkten und indirekten Bezeichnung von Objekten müssen nunmehr noch einige Erweiterungen der Spezifikationssprache eingeführt werden.

::= < parameter symbol > {, < parameter symbol >} |

                        < selection clause >

< selection clause > ::=   < state predicate list > | (< state predicate list >

                               < connector > (<< NOT >> < state predicate > :

                               < state predicate list >))

7.5 Spezifikation von Operationen durch Regeln

Regeln werden eingeführt, um Zustände von Objekten, die durch die Ausführung von Operationen verändert werden, zueinander in Beziehung zu setzen. Zur Spezifikation der abstrakten Eigenschaften von Operationen ist es deshalb naheliegend, die Zustände der Objekte eines Objekttyps vor der Ausführung einer Änderungsoperation mit den Zuständen der Objekte eines Objekttyps nach der Ausführung dieser Änderungsoperation in Beziehung zu setzen. Die Art der Beziehung zwischen diesen beiden Zuständen gibt dann Aufschluss über die abstrakten Eigenschaften einer Operation.

Die Regeln werden so formuliert, dass mit ihnen zunächst eine „Wenn-Klausel" über den Zustand der Objekte vor ihrer Zustandsänderung angegeben wird und diese mit einer „Dann-Klausel" über den Zustand der Objekte nach einer Zustandsänderung in Beziehung gesetzt wird.

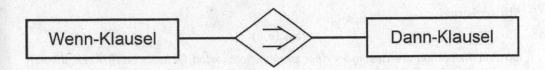

Wir wollen darüber hinaus festlegen, dass „Wenn-Klausel" und „Dann-Klausel" so miteinander in Beziehung gesetzt sind, dass eine oder mehrere mit der „Wenn-Klausel" definierte Vorbedingungen (d. h. Bedingungen, die vor der Ausführung der betrachteten Operationen gelten) durch die Ausführung der Operationen zu einer oder mehreren Nachbedingungen (d. h. Bedingungen, die nach der Ausführung der betrachteten Operationen gelten) führen müssen. Wir sagen deshalb auch, die Vorbedingungen implizieren die Nachbedingungen. Dies ist in der obigen graphischen Darstellung durch das Implikationssymbol ⯈ bereits verdeutlicht.

Vor- und Nachbedingungen beziehen sich jeweils in gleicher Weise auf Zustände aller Objekte eines Objekttyps, für den die Operation definiert ist. Die Zustandsänderung für zusammengesetzte Objekte wird durch Einfügungen, Löschungen und Modifikationen (d. h. Austausch von Komponenten-Objekten wie im Bild 7.3 dargestellt) bewerkstelligt. Die Spezifikation der abstrakten Eigenschaften einer Operation für zusammengesetzte Objekte nimmt deshalb Bezug zu einem Zustand und zu einem Komponenten-Objekt, über dessen Einfügen, Löschen oder Modifizieren der Ausgangszustand des zusammengesetzten Objektes durch die betrachtete Operation in seinen Endzustand überführt werden kann. Vor- und Nachbedingungen enthalten deshalb Formeln, mit denen die Inspektion von Zuständen beschrieben wird und eine Auswertung darüber stattfindet, ob eine Bedingung für den Zustand eines konstruierten Objektes und für eines seiner Komponenten-Objekte erfüllt ist oder nicht.

Beispiel:

Mit der Formel

$$exs\,(e, s)$$

wird die Inspektion des Zustandes eines zusammengesetzten Objektes beschrieben, die mit dem Ziel durchgeführt wird, festzustellen, ob die Existenzbedingung 'exs' für das Komponenten-Objekt 'e' im Zustand 's' erfüllt ist oder nicht. Die Auswertung der Formel beantwortet also die Frage, ob das Komponenten-Objekt 'e' im Zustand 's' des zusammengesetzten Objektes existiert oder nicht.

Formeln sind also auswertbare Prädikate. Werden die in der Vorbedingung formulierten Prädikate zu „wahr" ausgewertet, impliziert die Ausführung der betrachteten Operation das Auswertungsergebnis „wahr" für die Prädikate der Nachbedingung.

Im Gegensatz zu den Formeln, die die Vorbedingungen beschreiben, mit denen nur eine Inspektion eines Zustandes formuliert wird, stellen die Formeln, die die Nachbedingungen beschreiben, einen Bezug zur Zustandsänderung bewirkenden Operation her. Mit den Formeln selbst wird dann der Effekt, der mit der Ausführung der betrachteten Operation auf den Ausgangszustand des zusammengesetzten Objektes erzielt wurde, inspiziert.

Beispiel:

Mit der Formel

$$exs\ (e, in\ (e, s))$$

wird die Inspektion des Effektes der Operation 'in' (als Abkürzung für 'insert') auf den Ausgangszustand 's' eines zusammengesetzten Objektes beschrieben, mit der das

Komponenten-Objekt 'e' dem Zustand 's' hinzugefügt wird. Die Inspektion wird mit dem

Ziel durchgeführt, festzustellen, ob die Existenzbedingung 'exs' für das Komponenten-Objekt 'e' nach der Ausführung der 'in'-Operation erfüllt ist oder nicht. Die Auswertung der Formel beantwortet also die Frage, ob das Komponenten-Objekt 'e' im Zustand nach der Ausführung der 'in'-Operation existiert oder nicht.

Werden also die in der Vorbedingung formulierten Prädikate zu „wahr" ausgewertet und werden die in der dazugehörigen Nachbedingung formulierten Prädikate zu „wahr" ausgewertet, ist die Regel befolgt.

Für das Formulieren von Regeln führen wir nun die folgenden Erweiterungen für die bereits eingeführte Spezifikationssprache ein. Die Syntax der Sprache wird erweitert um die folgenden Produktionsregeln:

< rules > ::= RULES < pre_condition > ⊚ < post_condition >

< pre_condition > ::= < quantor > < state identifier > : < state predicate list >

< state predicate list > ::= << NOT >> < state predicate >

{, << NOT >> < connector > < state predicate >}

< state predicate > ::= EXS (< object identifier >, < state identifier >) |

HAS_VAL (< object identifier >, < value >,

< state identifier >)

< quantor > ::= FOR ALL

< state identifier > ::= CHARACTER

< connector > ::= AND | OR

< post condition > ::= << NOT >> < effect predicate >

< effect predicate > ::= EXS* (< object identifier >, < operator symbol >

(< object identifier >, < state identifier >)) |

HAS_VAL* (< object identifier >, < value >

< operator symbol >

(< object identifier >, < value >,

< value >, < state identifier >))

< value > ::= CHARACTER

Bemerkung:

In der obigen Erweiterung der Syntax ist das neue terminale Symbol << >> zur Anwendung gebracht worden. Mit diesem Symbol wird die Optionalität für die Existenz des terminalen Symbols 'NOT', das die Negation bezeichnet, zum Ausdruck gebracht.

Für die Bedeutung der Spracherweiterung gilt:

i.   Eine Regel besteht aus einer Vor- und einer Nachbedingung. Die Vorbedingung impliziert die Nachbedingung.

ii.   Vor- und Nachbedingung gelten für alle Zustände eines Objektes in gleicher Weise. Regeln enthalten deshalb eine „für alle"-Klausel.

iii.   Vorbedingungen umfassen Zustandsprädikate, mit denen der Zustand von Objekten inspiziert wird und deren Auswertung zu Aussagen über deren Zustand führt.

iv.   Es werden zur Inspektion eines Zustandes insbesondere die Zustandsprädikate 'EXS', mit dem die Existenz eines Objektes in einem Zustand überprüft wird und 'HAS_VAL', mit dem die Existenz eines Wertes eines Objektes in einem Zustand überprüft wird, eingeführt.

v.   Nachbedingungen umfassen Effekt-Prädikate. Mit ihnen wird der Effekt der Ausführung der zu spezifizierenden Operation auf den Zustand eines Objektes, auf das die Operation angewandt wurde, inspiziert.

vi.   Mit den Zustandsprädikaten 'EXS*' und 'HAS_VAL*' wird die Inspektion eines Effektes einer Operationsausführung inspiziert.

Unter Anwendung der obigen Definition der Erweiterung der Spezifikationssprache lassen sich nunmehr die folgenden Regeln für die zustandsändernden Operationen 'einfügen', 'löschen', und 'modifizieren' angeben:

Regel 1

Für die Einfüge-Operation 'in (Komponenten-Objekt, Zustand) → Zustand' gilt:

$$FOR\ ALL\ s: NOT\ EXS\ (e,s) \wedge EXS^* \left(e, in\ (e,s)\right)$$

Erklärung:

Für alle Zustände s eines zusammengesetzten Objektes soll gelten: Nur wenn das

Komponenten-Objekt e im Ausgangszustand s nicht existiert, darf es nach Ausführung der Operation 'in' (als Abkürzung für 'insert') existieren. Mit dieser Regel wird verhindert, dass Komponenten-Objekte in einem zusammengesetzten Objekt mehrfach auftreten.

Regel 2

Für die Lösch-Operation 'del (Komponenten-Objekt, Zustand) → Zustand' gilt:

$$FOR\ ALL\ s: EXS\ (e,s) \wedge NOT\ EXS^* \left(e, del\ (e,s)\right)$$

Erklärung:

Für alle Zustände s eines zusammengesetzten Objektes soll gelten: Nur wenn das Komponenten-Objekt e im Ausgangszustand s existiert, darf die Operation 'del' (als Abkürzung für 'delete') ausgeführt werden.

Regel 3

Für die Modifikations-Operation

mod (Komponenten-Objekt, alter_Wert, neuer_Wert, Zustand) → Zustand' gilt:

$$FOR\ ALL\ s:\ EXS\ (e,s) \land HAS_{VAL}(e,v,s) \land$$
$$HAS\_VAL^*\ (e,v',mod\ (e,v,v',s))$$

Erklärung:

Für alle Zustände s eines zusammengesetzten Objektes soll gelten: Nur wenn das

Komponenten-Objekt e im Ausgangszustand s existiert und wenn dieses Komponenten-Objekt im Ausgangszustand den Wert v hat, darf die Operation 'mod' (als Abkürzung für 'modification') ausgeführt werden und führt zu einer Veränderung des Wertes des Komponenten-Objektes von Wert v zu Wert v'.

7.6 Spezifikation von Konstruktoren durch Zustandsgleichungen

Die bisherige Darstellung der Spezifikation von Objekttypen ist von der Existenz vordefinierter Konstruktoren für Klassenabstraktion, Gruppen-Abstraktion, Generalisierungsabstraktion und Aggregationsabstraktion ausgegangen. Gleichzeitig ist jedoch in der bisher schon eingeführten Syntax festgelegt worden, dass auch weitere frei definierbare Konstruktoren in die Informationsmodellierung eingeführt werden dürfen. Für die Definition weiterer Konstruktoren sind weitergehende Überlegungen notwendig, um sicherstellen zu können, dass die Konstruktoren eindeutig definiert werden. Dazu sind Propagationspfade eingeführt worden. Selbst diese Spezifikation der Konstruktoren ist, wie auch schon in Kapitel 4 erwähnt worden ist, nicht hinreichend.

Die in Propagationspfaden dargestellten Operationsfolgen bezeichneten nicht notwendigerweise zwingende Operationsausführungen, sondern eventuell nur optionale Operationsausführungen. Die Entscheidung darüber, ob die Ausführung aller in einem Propagationspfad enthaltenen Operationen erfolgen muss, war abhängig vom Ausgangszustand eines Objektes vor Beginn der Ausführung der im Propagationspfad bezeichneten Operationen. Die Spezifikation dieser Entscheidung ist bisher nicht vorgesehen. Um diesen Mangel in der Spezifikation von Konstruktoren zu beheben, führen wir nunmehr eine weitere Erweiterung der Spezifikationssprache zur Spezifikation von Objekttypen ein.

Die einzuführende Erweiterung wird die Spezifikation von Konstruktoren mit Zustandsgleichungen vorsehen. Zustandsgleichungen werden eingeführt, um Zustände vor und nach der Ausführung von Operationen miteinander in Beziehung zu setzen. Im Unterschied zu den im vorigen Kapitel eingeführten Regeln, in denen „Wenn-Klauseln" und „Dann-Klauseln" über Objektzustände in Beziehung gesetzt worden sind, werden mit Zustandsgleichungen „Berechnungsvorschriften" angegeben, mit denen dargestellt wird, wie Ergebniszustände aus Initialzuständen abgeleitet werden können.

Ergebnis_Zustand	=	Berechnungsvorschrift(Initial_Zustand)

Eine Berechnungsvorschrift bezieht sich jeweils auf eine Operation, mit der ein betrachtetes Objekt aus einem Initialzustand in einen Ergebniszustand überführt wird. Die Ausführung der für eine Berechnungsvorschrift spezifischen Operation kann vom Erfülltsein von Anfangsbedingungen abhängig sein und für die Ausführung der Operation kann das Erfülltwerden bestimmter Endbedingungen gefordert werden. Eine Zustandsgleichung nimmt deshalb die folgende Form an:

$$EZ = [AB] \; oper \; (par, IZ, [EB])$$

Der durch die Ausführung der Operation 'oper' zu erreichende Endzustand 'EZ' eines betrachteten Objektes ergibt sich, falls die Anfangsbedingung [AB] vor Ausführung der Operation erfüllt ist, durch die Ausführung der Operation 'oper' mit dem Parameter 'par' für den Initialzustand 'IZ' nur dann, wenn auch die Endbedingung [EB] erfüllt werden kann. Eine Anfangsbedingung und eine Endbedingung muss nicht zwingend angegeben werden.

Beispiel 1:

$$s' = in \, (x, s)$$

Mit dieser Zustandsgleichung wird festgelegt, dass sich der Ergebniszustand s' eines Objektes durch die Ausführung der Operation 'in' (für 'insert') mit dem Komponenten-Objekt x und dem Initialzustand s als Parameter ergibt. Anfangs- bzw. Endbedingung sind nicht angegeben.

Beispiel 2:

$$s' = [NOT \; exs \, (x, s)] \, in \, (x, s)$$

Mit dieser Zustandsgleichung wird festgelegt, dass sich der Ergebniszustand s' eines Objektes durch die Ausführung der Operation 'in' mit dem Komponenten-Objekt x und dem Initialzustand s als Parameter nur dann ergibt, wenn vor der Ausführung der Operation 'in' die Anfangsbedingung 'NOT exs (x, s)' erfüllt war.

Beispiel 3:

$$s' = [NOT \; exs \, (x, s)] \, in \, (x, s[NOT \; exs(y, s) \, in \, (y, s)])$$

Mit dieser Zustandsgleichung wird festgelegt, dass sich der Ergebniszustand s' eines Objektes durch die Ausführung der Operation 'in' mit dem Komponenten-Objekt x und dem Initialzustand s als Parameter nur dann ergibt, wenn vor der Ausführung der Operation 'in' die Anfangsbedingung 'NOT exs (x, s)' erfüllt war und nach der Ausführung der Operation 'in' die Endbedingung 'NOT exs (y, s) in (y, s)' erfüllt werden kann. Die Endbedingung verlangt, dass als Folge der Einfügung x in s auch eine Einfügung y in s erfolgt, wenn y nicht schon Komponente von s ist.

Zustandsgleichungen sollen, das hat das dritte Beispiel verdeutlicht, auch für den Fall angegeben werden können, dass sich der Ergebniszustand nicht in einem Schritt durch Ausführung einer Operation aus dem Initialzustand ergibt, sondern durch mehrere Operationen über mehrere Zwischenzustände erreicht wird.

Die verallgemeinerte Form einer Zustandsgleichung lässt sich dann wie folgt darstellen:

$$EZ = ([AB] \, oper \, (par, IZ \, ([AB] \, oper \, (par, IZ \, ...))))$$

Die Darstellung von mehrschrittigen Zustandsänderungen wird als geschachtelte Zustandsgleichung angegeben. Die „äußeren" Zustandsgleichungen einer geschachtelten Zustandsgleichung dienen der Berechnung eines Zwischenzustandes. Die Zwischenzustände sind dann die Initialzustände für die jeweils nächsten inneren Zustandsgleichungen. Zur Berechnung eines Endzustandes eines Objektes wird der rechts vom Gleichheitszeichen der Zustandsgleichung dargestellte Ausdruck von außen nach innen ausgewertet. Die Auswertung muss als erfolglos abgebrochen werden, wenn sich bei der Auswertung das Erfülltsein von Anfangsbedingungen nicht feststellen lässt. Die beabsichtigte Zustandsänderung wäre in diesem Fall eine nicht zulässige Zustandsänderung. Kann hingegen der rechte Ausdruck erfolgreich ausgewertet werden, ist die beabsichtigte Zustandsänderung zulässig. Die zulässige Zustandsänderung repräsentiert die Überführung eines Objektes aus einem zulässigen Zustand in einen anderen zulässigen Zustand. Zustandsgleichungen sind also ein Instrument zur Spezifikation der invarianten Eigenschaften eines Objektes.

Es verbleibt nun die Aufgabe, die zur Formulierung von Zustandsgleichungen notwendige Erweiterung der Spezifikationssprache durchzuführen.

< any other self-defined constructor > ::= < constructor symbol >

< state equation >

{,< state equation >}

< state equation > ::= < state identifier > = <<[< initial condition >]>>

< operator symbol > (< parameter list >,

< state identifier >, (< terminal condition >))

< initial condition > ::= << <qualification clause> >>

< state predicate list >

< qualification clause > ::= < quantor > : < object identifier >

< terminal condition > ::= << [< initial condition >] >>

< operator symbol (< parameter list >, < state identifier >,

< terminal condition >) | NIL

Bedeutung:

i.   Jeder Konstruktor wird durch ein Konstruktorsymbol bezeichnet und durch eine oder mehrere Zustandsgleichungen definiert.

ii.   Zustandsgleichungen definieren einen »neuen« Zustand durch einen auswertbaren Ausdruck, der aus Anfangsbedingungen, Operationen und Endbedingungen gebildet wird.

iii. Jeder Operation in einem Ausdruck können eine Anfangsbedingung und eine Endbedingung zugeordnet sein.

iv.   Ausdrücke können im Hinblick auf die in ihnen vorkommenden Operationssymbole geschachtelt sein. Damit sind auch Anfangs- und Endbedingungen geschachtelt.

v.   Insbesondere ist die Endbedingung für eine Operation Anfangsbedingung für eine geschachtelte Operation, oder die Endbedingung besteht aus dem Terminationssymbol NIL.

Die folgenden Beispiele sollen die Anwendung der erweiterten Spezifikationssprache zur Spezifikation von Konstruktoren demonstrieren. Mit diesen Beispielen wird der Aggregations-Konstruktor für Objektklassen definiert. Der Aggregations-Konstruktor soll aus zwei mengenwertigen Objekten (Objektklassen) A und B das konstruierte mengenwertige Objekt (die konstruierte Objektklasse) AB erzeugen. Die Definition des Aggregations-Konstruktors für zwei Objektklassen entspricht dem Aggregationsmechanismus für Entity-Klassen, wie er im Kapitel 6 beschrieben worden ist.

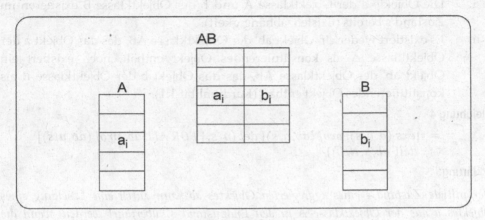

Abbildung 7-22: Das konstruierte mengenwertige Objekt AB

Der Aggregations-Konstruktor assoziiert je ein Objekt a_i aus der Klasse A mit einem Objekt b_i aus der Klasse B. Außerdem soll gelten, dass die Klassen A und B über einen partiellen Relationship-Typ R miteinander assoziiert seien und für den Relationship-Typ R die Kardinalität 1:1 gilt.

Für die Definition dieses Aggregations-Konstruktors gelten dann die folgenden Zustandsgleichungen:

Gleichung 1

$$s' = in\,(a, s)$$

Erklärung:

Der initiale Zustand s eines aggregierten Objektes kann durch eine Einfügung eines Objektes a in die Objektklasse A in den Endzustand s' überführt werden, ohne dass weitere Bedingungen zu beachten wären (Partialität).

Gleichung 2

$$s' = in\,(b, s)$$

Erklärung:

Der initiale Zustand s eines aggregierten Objektes kann durch eine Einfügung eines Objektes b in die Objektklasse B in den Endzustand s' überführt werden, ohne dass weitere Bedingungen zu beachten wären (Partialität).

Gleichung 3

$$s' = [exs\,(a, s)\ AND\ exs\,(b, s)\ AND\ (NOT\ exs\,(ab', s): proj\,(ab', a, s)$$
$$OR\ proj\,(ab', b, s))]\ in\,(ab, s)$$

Erklärung:

Der initiale Zustand s eines aggregierten Objektes kann durch eine Einfügung eines Objekts ab in die Objektklasse AB in den Endzustand s' überführt werden, wenn die folgenden Bedingungen erfüllt sind:

i.   Die Objekte a der Objektklasse A und b der Objektklasse B existieren im Zustand s bereits (Existenzabhängigkeit).

ii. Es existiert weder ein Objekt ab' der Objektklasse AB, das das Objekt a der Objektklasse A als konstituierendes Objekt enthält, noch existiert ein Objekt ab' der Objektklasse AB, das das Objekt b der Objektklasse B als konstituierendes Objekt enthält (Kardinalität 1:1).

Gleichung 4

$$s' = [exs\ (a,b,s): proj\ (ab,a,s)]\ del\ (a,s,[\ FOR\ ALL\ ab: proj\ (ab,a,s)]$$
$$del(\ ab,s,NIL))$$

Erklärung:

Der initiale Zustand s eines aggregierten Objektes ab kann durch eine Löschung eines Objektes a aus der Objektklasse A in den Endzustand s' überführt werden, wenn die folgende Bedingung erfüllt wird:

Alle Objekte ab, von denen a Komponent-Objekt ist, müssen auch gelöscht werden.

Gleichung 5

$$s' = [exs\ (ab,s): proj\ (ab,b,s)]\ del\ (b,s,[\ FOR\ ALL\ ab: proj\ (ab,b,s),a]NIL$$

Erklärung:

Der initiale Zustand s eines aggregierten Objektes kann durch eine Löschung eines Objektes b aus der Objektklasse B in den Endzustand s' überführt werden, wenn die folgende Bedingung erfüllt ist:

Alle Objekte ab von denen b Komponenten-Objekt ist, müssen auch gelöscht werden.

Gleichung 6

$$s' = del(ab,s)$$

Erklärung:

Der initiale Zustand s eines aggregierten Objektes kann durch eine Löschung eines Objektes ab aus der Objektklasse AB in den Endzustand s' überführt werden, ohne dass weitere Bedingungen zu beachten wären.

7.7 Modularität des Objektmodell:Das HERMES Komponenten-Modell

Die bisherige Erklärung des HERMES-Objektmodells hat noch nicht deutlich werden lassen, dass die Beschreibung eines Diskursbereiches mit Hilfe des HERMES-Objektmodells modular aufgebaut werden kann. Bisher muss davon ausgegangen werden, dass eine Konstruktions-Hierarchie für einen Objekttyp in ihrem Ganzen die Semantik des Objekttyps und aller seiner konstituierenden Objekt-Typen vollständig bestimmt, und dass die Semantik jedes einzelnen Objekt-Typs in der Konstruktions-Hierarchie durch die Bedeutung aller konstituierenden Objekt-Typen der Hierarchie festgelegt wird.

Diese Eigenschaft der Konstruktions-Hierarchie ist einerseits sehr wünschenswert, weil die Bedeutung von abstrakten Objekt-Typen immer aus der Bedeutung seiner konstituierenden Objekt-Typen abgeleitet werden kann und damit die Aufgabe der Definition dieser Bedeutungen erheblich vereinfacht werden kann. Andererseits behindert diese Eigenschaft der Konstruktions-Hierarchie aber die voneinander unabhängige Betrachtung von Objekt-Typen einer Konstruktions-Hierarchie und letztlich damit auch die Wiederkennung und Wiederverwendung einzelner Objekt-Typen dieser Hierarchie.

Diese Anforderung, Objekt-Typen als Objekt-Typen „eigenen Rechts" betrachten zu können, ist jedoch so wichtig für praktische Situationen, dass wir auf die Erfüllung dieser Anforderung nicht verzichten wollen. Wir führen deshalb die folgende nochmalige Erweiterung des HERMES-Objektmodells ein. Sinn dieser Erweiterung des HERMES-Objektmodells ist die Einführung von Objekttyp-Spezifikationen als abgeschlossene Bausteine einer Beschreibung eines Diskursbereiches. Die Abgeschlossenheit für Objekt-Typ-Spezifikationen wollen wir erreichen, um jede von ihnen als einen Baustein „eigenen Rechts" betrachten zu können.

Um dies zu erreichen, entwickeln wir jede Objekt-Typ-Spezifikation unabhängig von einer Konstruktions-Hierarchie. Eine einmal entwickelte Objekttyp-Spezifikation soll dann bei Bedarf zu einem konstituierenden Bestandteil beliebiger Konstruktions-Hierarchien gemacht werden können.

Für die Entwicklung einer Objekttyp-Spezifikation für einen konstruierten Objekt-Typen war bisher die Spezifikation der konstituierenden Objekttypen notwendig. Solche Spezifikationen konstruierter Objekt-Typen sollen von nun an nicht mehr die Spezifikation aller »konkreten« konstituierenden Objekt-Typen erfordern, sondern sollen nur die Spezifikationen von »Platzhaltern« für die konstituierenden Objekttypen umfassen. Beliebige „passende konkrete" konstituierende Objekttypen dürfen hinter deren „Platzhalter" dürfen „versteckt" bleiben. Jeder für den Platzhalter später ersetzte konkrete Objekttyp muss alle

Eigenschaften des Platzhalters erfüllen. Für ihn dürfen jedoch weitere Eigenschaften festgelegt sein, die vom Platzhalter nicht gefordert worden sind.

Komponenten und Komponenten-Spezifikationen

Zur Spezifikation von konstruierten Objekt-Typen und korrespondierenden Komponenten-Konstruktionen wird deshalb ein modifiziertes Schema eingeführt, nach dem Spezifikationen drei Sektionen umfassen:

i. Eine Export-Sektion, die die »abstrakten Eigenschaften« eines zu spezifizierenden abstrakten Objekt-Typs repräsentiert. Die »abstrakten Eigenschaften« werden durch die Benennung aller auf Objekten dieses Objekt-Typs ausführbaren Operationen und durch Regeln, die für die Ausführung dieser Operationen gelten, beschrieben.

ii. Eine Body-Sektion, die die »konkreten Eigenschaften« eines zu spezifizierenden abstrakten Objekt-Typs repräsentiert. Die »konkreten Eigenschaften« werden durch die Beschreibung der Konstruktion und durch den darin enthaltenen Verweis auf ein oder mehrere Platzhalter-Objekt-Typen beschrieben.

iii. Eine Import-Sektion, die die »abstrakten Eigenschaften« aller Platzhalter-Objekt-Typen repräsentiert. Diese werden wieder durch die Benennung aller Operationen für jeden der Platzhalter-Objekttypen und durch Regeln für die Ausführung der Operationen beschrieben.

Eine Konstruktions-Hierarchie (Bild 7.9) für unabhängig voneinander entwickelte Objekt-Typen COT^1 und $COT^0{}_1$ sowie $COT^0{}_2$ nimmt die folgende Form an, wenn die in der Import-Sektion von COT^1 festgelegten konstruierten Eigenschaften für zwei Platzhalter-Objekt-Typen mit den konstruierten Eigenschaften der Objekt-Typen $COT^0{}_1$ und $COT^0{}_2$ übereinstimmen, wie sie in deren Export-Sektion festgelegt worden sind.

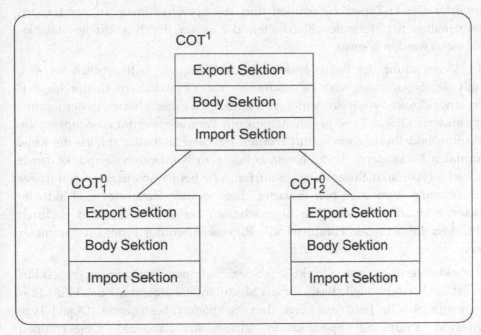

Abbildung 7-23:   Konstruktion abstrakter Objekttypen über deren Import und Export

Die Import-Sektion der Spezifikation von COT^1 legt für die Platzhalter die zwingend notwendigen Eigenschaften fest. Die Export-Sektionen der Spezifikationen von COT^0_1 und COT^0_2 müssen mindestens die in der Import-Sektion von COT^1 festgeschriebenen Eigenschaften der Platzhalter haben und dürfen weitere Eigenschaften haben.

Die Export-Sektion einer Objekt-Typ-Spezifikation bietet eine Sicht auf die Eigenschaften eines Objekttyps an, die keinen Bezug zur Konstruktion des zu spezifizierenden Objekttyps aus seinen konstituierenden Objekttypen herstellt. Die Einführung der Export-Sektion für eine Objekttyp-Spezifikation erlaubt deshalb die Separierung von sichtbaren und versteckten Eigenschaften eines Objekttyps.

Die Body-Sektion einer Objekt-Typ-Spezifikation enthält hingegen die Beschreibung der Konstruktion eines zu spezifizierenden Objekt-Typs aus seinen konstituierenden Objekt-Typen. Von ihr wird erwartet, dass sie die Eigenschaften des Konstruktionsmechanismus festlegt, der zur Konstruktion des zu spezifizierenden Objekttyps zur Anwendung kommt.

Die Import-Sektion einer Objekt-Typ-Spezifikation legt Anforderungen an bisher nicht existierende oder bisher noch nicht identifizierte Objekt-Typen fest, indem sie die gewünschten Eigenschaften dieser Objekt-Typen festlegt, ohne einen Bezug zur Konstruktion dieser bisher unbekannten Objekt-Typen darzustellen. Damit wird es dann möglich, die geforderten Eigenschaften durch eine Vielzahl unterschiedlich konstruierter Objekt-Typen zu erfüllen und die Spezifikationen in der Import-Sektion erhalten für »formale« Platzhalter, die später durch »aktuelle« Objekt-Typen ersetzt werden können.

Mit der Verwendung der Begriffe »formal« und »aktuell« soll deutlich werden, dass mit der Separierung von Eigenschaften von Platzhaltern in der Import-Sektion einer Objekt-Typ-Spezifikation von konkreten Eigenschaften in der Export-Sektion anderer Objekt-Typ-Spezifikationen ein Parametrisierungskonzept in die Informationsmodellierung eingeführt worden ist. Die Platzhalter spielen die Rolle von formalen Parametern, die zu einem beliebig zu wählenden Zeitpunkt durch reale Objekt-Typen aktualisiert werden dürfen. Wie bei Parametrisierungen in der Programmierung wird auch hier erwartet, dass formale Parameter und aktuelle Parameter zueinander kompatible Eigenschaften besitzen. Dies wird dadurch erreicht, dass die aktuellen Parameter alle Eigenschaften der formalen Parameter erfüllen.

Diese „Sektionierung" von Objekt-Typ-Spezifikationen, wie sie oben erklärt wurde, ist die konzeptionelle Basis für ein Modularitätskonzept für das HERMES-Komponentenmodell. Jede aus den drei Sektionen bestehende Objekt-Typ-Spezifikation kann als Spezifikation eines von anderen Objekt-Typen weitestgehend unabhängigen Objekt-Typs aufgefasst werden. Jeder so spezifizierte Objekt-Typ kann zu einem beliebigen Zeitpunkt wiederverwendet werden und zum Bestandteil einer anderen Konstruktionshierarchie gemacht werden. Der Einbindung in eine Konstruktionshierarchie muss lediglich die Überprüfung der Kompatibilität der in der Export-Sektion festgelegten Eigenschaften mit den in der Import-Sektion einer anderen Objekttyp-Spezifikation festgelegten Eigenschaften vorangehen.

Die Separierung der Beschreibung der Eigenschaften eines Objekttyps in einer Drei-Sektionen-Spezifikation schafft auch erst die Voraussetzung für die Darstellung eines Diskursbereiches auf verschiedenen Konstruktionsniveaus. Erst damit wird im HERMES-Komponentenmodell die Voraussetzung geschaffen, einen Diskursbereich auf einem Konstruktionsniveau zu beschreiben, ohne Bezüge zu anderen Konstruktionsniveaus herstellen zu müssen.

Spezifikationssprache für Komponenten und Komponenten-Konstruktionen

Mit diesen Erweiterungen des Objektmodells müssen Objekttyp-Spezifikationen von nun ab in einer erweiterten Spezifikationssprache beschrieben werden, für die die folgende Syntax gilt:

< universe of discourse > ::= UNIVERSE

                     < object type specification >

                     {, < object type specification >}

                     END OF UNIVERSE

< object type specification > ::= OBJECT TYPE < object type identifier >

            EXPORT < export section>

            BODY < body section >

            IMPORT < import section >

< export section > ::= < object type identifier >

                < operator list >

                < rules >

<body section > ::= < object type identifier >

                < constructor >

                < operator list >

< import section > ::= < object type identifier >

                      < operator list >

                      < rules >

                 {, < object type identifier >

                      < operator list >

                      < rules >}

Die folgenden Bedeutungen sollen gelten:

i.   Der Diskursbereich kann durch eine oder mehrere Objekttyp-Spezifikationen beschrieben werden.

ii. Jede Objekttyp-Spezifikation erfolgt in drei Sektionen: Export, Body, Import.

iii. Die Export-Sektion benennt einen Repräsentanten für den zu spezifizierenden Objekttyp und alle auf Objekten dieses Objekttyps zulässigen Operationen. Für die Ausführung der Operationen werden beschränkende Regeln angegeben. Der Repräsentant des   zu spezifizierenden Objekttyps versteckt einige der Eigenschaften des zu spezifizierenden Objekttyps, wie z. B. einige der auf Objekten des zu spezifizierenden Objekttyps zugelassenen Operationen (»Hidden Operations«) und auf jeden Fall die Konstruktion des zu spezifizierenden Objekttyps.

iv. Die Body-Sektion benennt den zu spezifizierenden Objekttyp und alle auf Objekten dieses Objekttyps zulässigen Operationen. Die Bezeichner des Repräsentanten, wie er in der Export-Sektion festgelegt wurde, müssen nicht mit dem Bezeichner des zu spezifizierenden Objekttyps übereinstimmen. Die Body-Sektion enthält die Beschreibung der Konstruktion des zu spezifizierenden Objekttyps und umfasst eine präzise Beschreibung des Konstruktionsmechanismus, wenn es sich nicht um einen der vorgegebenen Standard-Mechanismen (Klassifikation, Gruppierung, Aggregation, Generalisierung) handelt. Dazu enthält die Body-Sektion eine vollständige Beschreibung der Wirkungszusammenhänge zwischen zu spezifizierenden Objekttypen und seinen konstituierenden Platzhalter-Objekttypen für alle auf Objekten des zu spezifizierenden Objekttyps zulässige Operationen.

v.   Die Import-Sektion benennt einen oder mehrere Platzhalter-Objekttypen mit den für sie jeweils festgelegten zulässigen Operationen. Für jeden der Platzhalter-Objekttypen werden die Ausführungen der Operationen einschränkende Regeln angegeben.

Unter Berücksichtigung der oben eingeführten Erweiterungen und Präzisierungen des Objektmodells wird die Syntax der Beschreibungssprache wie folgt vervollständigt:

< constructor > ::= CONSTRUCTED BY < constructor symbol >

                  OF < object type identifier >

                  {, < object type identifier >}

< operator list > ::= OPERATIONS < object type identifier > •

                  < operator symbol > [< parameter list >]

                  {, < object type identifier > •

                  < operator symbol > [< parameter list >]

                  < propagation path >}

< constructor symbol > ::= CLASSIFICATION I GROUPING I

                  AGGREGATION I GENERALIZATION I

                  < any other self-defined constructor >

::= < parameter symbol > {, < parameter symbol >}

< propagation path > ::= BEGIN

                  {< object type identifier > • < operator symbol >

                  [< parameter list >] < delimeter >} NIL

< delimiter > ::= ; I I I + I ** I ( ) I {} I [ ]

< object type identifier > ::= STRING

< operator symbol > ::= CHARACTER

::= CHARACTER

< • > dot notation

In der obigen Syntaxdefinition sind bisher keine Auflösungen für die nicht terminalen Symbole < rules > und < any other self-defined constructor > angegeben. Für beides, für die Definition der Regeln und für die Definition beliebiger Konstruktionen, sind in den Kapiteln 5 und 6 weitergehende Erörterungen erfolgt.

Nach der Demonstration der bisher definierten Syntax mit dem schon früher eingeführten Beispiel einer Spezifikation für einen 'Airportschedule' findet nun, abweichend von der vorangegangenen Spezifikation des Objekt-Typs 'Airportschedule', die Spezifikation der konstituierenden Objekt-Typen 'Flightschedule' und Plane' jedoch als Platzhalter statt, die später durch aktuelle konstituierende Objekttypen ersetzt werden.

Beispiel:

```
UNIVERSE Airportschedule
OBJECT TYPE Airportschedule
EXPORT Airportschedule


OPERATIONS    Airportschedule.add_entry [aps, f#, dest, st_t, p#, type]
                                                            → aps,
              Airportschedule.cancel_flight [aps, f#, dest, st_t, p#,type]
                                                            → aps,
              Airportschedule.search_flight [aps, f#, dest, st_t]
                                                            → boolean,
              Airportschedule.search_plane [aps, p#, type]
                                                            → boolean

 RULES void


BODY Airportschedule

CONSTRUCTED BY AGGREGATION OF Flightschedule, Plane

OPERATIONS Airportschedule.add_entry [aps, f#, dest, st_t, p#, type]
                                                            → aps
        BEGIN
           Airportschedule.add_entry [aps, f#, dest, st_t, p#, type];
           (Flightschedule.schedule_flight [fs, f#, dest, st_t] +
           Plane.schedule_plane [p, p#, type]);
        NIL
        BEGIN
           Airportschedule.cancel_flight [aps,f#,dest,st_t,p#,type]
                                                            → aps
        NIL
```

```
BEGIN
            Airportschedule.cancel_flight [aps, f#, dest, st_t, p#,
            type];
       Flightschedule.cancel_flight [fs, f#, dest, st_t];
       NIL
       BEGIN
            Airportschedule.search_flight [aps, f#, dest, st_t] →
                                                             boolean
       NIL
       BEGIN
            Airportschedule.search_flight [aps, f#, dest, st_t];
            Flightschedule.search_flight [fs, f#, dest, st_t];
       NIL
       BEGIN
            Airportschedule.search_plane [aps, p#, type] → boolean
       NIL

       BEGIN
            Airportschedule.search_plane [aps, p#, type];
            Plane.search_plane [p, p#, type];
       NIL
IMPORT Airportschedule
 Flightschedule
OPERATIONS  Flightschedule.schedule_flight [fs, f#, dest, st_t] → fs,
            Flightschedule.cancel_flight [fs, f#, dest, st_t] → fs,
            Flightschedule.search_flight [fs, f#, dest, st_t] → boolean,
            Flightschedule.return_flight [fs, f#, dest, st_t] →
                                                   f#, dest, st_t

RULES void
Plane
OPERATIONS  Plane.schedule_plane [p, p#, type] → p,


            Plane.search_plane [p, p#, type] → boolean,
            Plane.return_plane [p, p#, type] → p#, type,



RULES void

END OF UNIVERSE
```

Erläuterungen zur Bedeutung der Objekttyp-Spezifikation für den Objekttyp 'Airportschedule':

i. Die Spezifikation definiert mit den Operationen 'Airportschedule.add'_entry' und 'Airportschedule.cancel_flight' Zustandsänderungen für ein existierendes Objekt 'aps' des Objekttyps 'Flightschedule'. Das Ergebnis der Ausführung der Operationen ist jeweils das Objekt 'aps' mit der gleichen Bezeichnung 'aps' aber mit verändertem Zustand.

ii. Die Spezifikation definiert mit den Operationen 'Airportschedule.search_flight' und 'Airportschedule.search_plane' Inspektionsoperationen, mit denen der Zustand eines existierenden Objektes 'aps' nicht verändert wird. Mit ihnen wird bestätigt oder nicht bestätigt, dass der Zustand des Objektes 'aps' bestimmte angefragte Ausprägungen hat. Das Resultat der Ausführung der Operation ist deshalb ein boolscher Wert.

iii. Die Spezifikation definiert in der Import-Sektion für beide dort beschriebenen Platzhalter-Objekttypen 'Flightschedule' und 'Plane' je eine weitere Operation 'Flightschedule.return_flight' und 'Plane.return_plane', mit denen Ausgaben, die den Zustand der existierenden Objekte 'fs' bzw. 'p' charakterisieren, ausgelöst werden. Diese beiden Operationen sind zurzeit nicht Komponentenoperationen einer Operation auf Objekten des Objekttyps 'Airportschedule'. Damit soll angedeutet werden, dass die Platzhalter-Objekttypen nicht nur die Minimalanforderungen aus der Spezifikation eines Objekttyps erfüllen müssen, sondern beispielsweise Vorkehrungen für absehbare weitere Anforderungen berücksichtigen können.

8 Gesamt - Zusammenfassung

Zusammenfassung

Die weiterführende Automatisierung der industriellen Produktion aber auch die Entwicklung von zunehmend autonom agierenden technischen Systemen und Produkten und die dazu stattfindende Entwicklung hochgradig vernetzter informations-und kommunikationstechnischer Systeme und Infrastrukturen erfordern den Herausforderungen entsprechende ingenieur-wissenschaftliche Kompetenzen. Dass dabei der Gewinnung und Nutzung von Informationen und der sie repräsentierenden Daten eine überragende Bedeutung zukommt, ist schon lange nicht mehr in Frage gestellt. Sie müssen, schon allein wegen der Menge von Informationen und Daten und der zu ihrer Nutzung nötigen Verknüpfungen, die die gewünschten Entwicklungen erst möglich machen, selbst Gegenstand neuer Überlegungen zu ingenieur-wissenschaftlichen Konzepten, Theorien und Handlungskonzepten für die Praxis werden. Diese sind nötig um die Funktions-Sicherheit der künftigen industriellen Systeme zu gewährleisten, um von ihnen und von ihren Nutzern auch lebensbedrohende Schäden abzuwenden und für ihre Produzenten die Haftungsrisiken zu minimieren.

Daten und Informationen

Die „Alles hängt mit Allem zusammen" Metapher ist die richtige Charakterisierung der künftigen „Datenwelten" in allen industriellen Umgebungen. Die größte Aufgabe dort besteht darin nicht nur „Ordnung in dieser Welt" zu schaffen, sondern „die Ordnung für die jeweilige Welt" zu schaffen, dauerhaft zu erhalten und an neue Gegebenheiten anzupassen, um Daten und Informationen und die Bibliotheken für Daten und Informationen –etwas populistisch formuliert- auch zum „master mind" für das jeweilige industrielle Handeln werden zu lassen. Datenbanken und unstrukturierte Daten und Informationen in elektronisch verfügbaren Archiven erfüllen diese Aufgabe nicht.

Die Diversität der in industriellen Umgebungen genutzten Daten und Informationen setzt auch das Überbrücken von Gräben und das Überschreiten von Grenzen zwischen verschiedenen wissenschaftlichen und ingenieurtechnischen Fachgebieten voraus. Daten und Informationen beschreiben oder charakterisieren unsere „physikalische Welt" indem sie physikalische Kenngrößen und Bezüge zwischen diesen erfassen und für die anschließende Nutzung bereitstellen werden damit zu Abbildern der physikalischen Welt. Daten und Informationen beschreiben und charakterisieren aber auch unsere „sozio-ökonomische Welt" durch die Abbildung von menschlichen und virtuellen Aktionen und Akteuren, sie dokumentieren das „Jetzt" und schaffen damit die Basis für die Ableitung von

© Springer Fachmedien Wiesbaden GmbH, ein Teil von Springer Nature 2021
H. Weber, *Data Engineering 4.0*, https://doi.org/10.1007/978-3-658-33185-6_8

Erkenntnissen und Erfahrungen, sie überwachen und steuern dieses „Jetzt" und sie erlauben Extrapolationen und Prognosen.

Semantik

Zentrales Anliegen für die Informationsmodellierung für industrielle Anwendungen muss vor dem Hintergrund dieser Herausforderungen die möglichst eindeutige und reproduzierbare Abbildung eines Diskursbereiches in einem Informations-Modell sein. Dies erforderte zuerst das Verstehen des Diskursbereiches und dessen Abbildung durch Daten und Informationen so dass sie später so verstanden werden wie sie verstanden werden sollten. Es erfordert Konzepte für das Erfassen, die richtige digitale Repräsentation und Nutzung von Daten und Informationen entsprechend ihrer richtigen Bedeutung und der zulässigen Deutung und damit der Semantik von Daten und Informationen in Informationsmodellen. Dieses Anliegen ist Gegenstand der Ausführungen in Kapitel 3 indem zunächst ausgehend von klassischer Informationsmodellierung erklärt wird was Semantik von Daten und Informationen ist und wie sie erfasst und dokumentiert werden kann.

Dies stellt für jeden denkbaren Diskursbereich und für jede Art von Daten und Informationen eine enorme Herausforderung dar. Insbesondere für Beschreibungen durch Daten und Informationen in alphabet- und vokabularbasierten Schriftsprachen, gleichgültig ob diese Beschreibungen durch strukturierte, semistrukturierte oder sogar durch unstrukturierte Daten und Informationen erfolgt, sind Mehrdeutigkeiten nicht zu vermeiden. Selbst Schriftsprachen mit den basierend auf großen Alphabeten und Vokabularen sind nicht ausdrucksmächtig genug, um diese Mehrdeutigkeiten zu verhindern. Vor allen Dingen die Möglichkeiten, durch algorithmische Analysen zum Erkennen syntaktischer Korrelationen, von diesen erfolgreich auf semantische Korrelationen zwischen Daten und Informationen und sogar auf logische Implikationen zu schließen, sind deshalb sehr begrenzt. Allerdings ist die Mehrdeutigkeit von Daten und Informationen in industriellen Anwendungen nicht, wie in der bewusst mehrdeutigen Nutzungen der Sprache für satirische oder ironische Beschreibungen, eher nicht zu befürchten. Für technische industrielle Diskursbereiche sind vor allem die über Jahrhunderte naturwissenschaftlich geprägten Vokabulare so präzis definiert, dass deren mehrdeutige Nutzung kaum zu befürchten ist.

In Kapitel 3, aber auch in allen folgenden Kapiteln, wird immer wieder dafür geworben, der Reproduzierbarkeit der Modellierung der Semantik von Daten und Informationen auch in der Praxis die nötige Aufmerksamkeit zukommen zu lassen. Dabei wird berücksichtigt, dass allein die Nutzung des Begriffs Semantik bei vielen eigentlich Betroffenen Aversionen auslöst, weil der Begriff für akademisch und nicht praxisrelevant erachtet wird. Die in Kapitel 3 gegebenen Beispiele sollen diese Zurückhaltung zu überwinden helfen. Sie sollen insbesondere deutlich machen, dass nicht nur in der „maschinellen" sondern auch in der „menschlichen" Nutzung von Daten und Informationen, allein wegen deren falscher Interpretation, große Missverständnisse mit schwerwiegenden Folgen entstehen können.

Der Begriff Semantik wird deshalb für die Praxis der Informationsmodellierung so definiert, dass für seine Nutzung in der Praxis Handlungsoptionen für ihre Erfassung und Modellierung angeboten werden. Die dafür zentralen Begriffe sind „Formsemantik" und „Domänensemantik" sowie der Begriff „Kontextualisierung", der dazu dient auch die leider nicht immer formalisierbare Domänensemantik schrittweise zu präzisieren. Systematische Kontextualisierungen in der Informationsmodellierung ist dann in Kapitel 4 der Anlass „Konstruktionen" als ein Modellierungs-Konzept vorzuschlagen mit dem auch die uniforme syntaktische und semantische Informationsmodellierung sowohl „im Kleinen" wie auch „im Großen" für beliebige, nicht nur mengenwertige Informationen wie in der Entity-Relationship-Modellierung, zur Verfügung zu stellen. Auf der Basis dieser Differenzierungen soll dann soweit wie möglich auch die Ableitung der Semantik von konstruierten Daten und Informationen aus der Semantik der konstituierenden Daten und Informationen möglich sein und die Kompositionalität der Konstruktionen sichergestellt werden können.

Dieses Modellierungs-Konzept stellt dann zugleich einen Übergang von der bisher dominanten „dokumentarischen" zu einer „konstruktiven" Informationsmodellierung dar. Es soll dann nicht mehr nur der Erfassung der „Realität" von Diskursbereichen dienen, sondern soll auch als Methode und Werkzeug für die Gestaltung industrieller Artefakte sein.

Konstruktion

Bei ihrer Einführung wird darauf geachtet, dass die neue Informationsmodellierung sowohl in organisatorischen als auch technischen Anwendungen in gleicher Weise nutzbar ist und als eine Weiterentwicklung der klassischen Informationsmodellierung verstanden werden kann. Dazu werden die in der klassischen Informationsmodellierung eigeführten Begrifflichkeiten beibehalten und ergänzt und nicht durch neue ersetzt. Die Erweiterungen gegen über der klassischen Informationsmodellierung werden dadurch erreicht, dass Entity-Typen und Entities sowie Relationship-Typen und Relationships jetzt auch konstruiert sein können und mit Hilfe von Konstruktionen Informationsmodelle als syntaktisch und semantisch uniforme Konstruktions-Hierarchien dargestellt werden können. Sie stellen damit das Instrument dar, um mit Kontextualisierungen in Informationsmodellen deren Semantik schrittweise verfeinert dargestellt werden kann.

Durch Konstruktions-Hierarchien repräsentierte Informationsmodelle können dann kontext-abhängig in Cluster zerlegt werden, die jeweils Unter-Graphen der Graphen die die Konstruktions-Hierarchie darstellen, sind. Mit dieser Aufteilung in Cluster ist dann die bei großen Modellierungsaufgaben unvermeidbare Arbeitsteilung und die Entwicklung von Kern-Kompetenzen für die Modellierung unterschiedlicher, aber insgesamt konstruierter Informationsmodelle möglich, weil die „Schnittstellen" zwischen den Clustern stets als Konstruktionen modelliert werden können.

Im Rahmen der Informationsmodellierung dürfen zur Erstellung von Konstruktions-Hierarchien unterschiedliche Konstruktionen stattfinden. Für deren Charakterisierung werden zunächst Konstruktionen mengenwertiger Informationen und nicht-mengenwertige Informationen unterschieden. Erstere werden „extensionale" Konstruktionen genannt, weil sie die Erstellung und Konstruktion von Mengen von Entities oder Relationships von Entity-Typen oder Relationship-Typen betrachten. Letztere werden auch „intensionale" Konstruktionen genannt, weil die Betrachtung ihrer Extension für das zu erstellende Informations-Modell irrelevant ist.

Als extensionale Konstruktionen werden in Kapitel 5 „Klassen-Konstruktionen" und „Gruppen-Konstruktionen und in Kapitel 6 als intensionale Konstruktionen „Generalisierungs-Konstruktionen" und „Aggregations-Konstruktionen" für mengenwertige und nicht-mengenwertige Informationen eingeführt. Das Verhalten der jeweiligen Konstruktionen, d.h. der durch Änderung der Extension oder der Intension von konstruierten oder konstituierenden Entity-Typen und Relationship-Typen ausgelösten, als „Wirkungszusammenhänge" bezeichneten „Seiten-Effekte", werden diskutiert und sie bestimmen –wie gezeigt wird- die Semantik der jeweiligen Konstruktion. Mit der Darstellung von Wirkungszusammenhängen wird dargestellt welche Änderungen welche anderen Änderungen erfordern um Informationsmodelle semantisch konsistent zu erhalten.

Materielle, virtuelle und cyberphysikalische industrielle Artefakte

In Kapitel 6 wird auch deutlich gemacht, das Aggregationskonstruktionen für mengenwertige, aber noch mehr für nicht-mengenwertige Informationen, ein mächtiges aber auch notwendiges Modellierungs-Konzept für industrielle Anwendungen darstellen. Sie sind sowohl für die Modellierung materieller als auch virtueller Artefakte industrieller Anwendungen in gleicher Weise anwendbar und erlauben damit die integrierte Modellierung beider um auch cyberphysikalische Artefakte in Informationsmodellen darzustellen. Für die Modellierung cyberphysikalischer Artefakte ist allerdings noch eine weitere Ergänzung der Mudellierungs-Konzepte nötig: Sowohl materielle als auch virtuelle, aber vor allen Dingen cyberphysikalische industrielle Artefakte sind aktivierbar und erbringen Leistungen. Sie stellen damit eine wichtige aber auch spezielle Art industrieller Artefakte dar und werden materielle, virtuelle oder hybride Produktionssysteme genannt.

Für Produktions-Systeme werden zur Erbringung ihrer Leistungen Abläufe festgelegt und Informationsmodelle müssen Abläufe und insbesondere auch „vernetzte" abzubilden gestatten. Abläufe sind als Algorithmen darstellbar und Informationsmodelle für vernetzte Produktionssysteme sind dann vernetzte Programme und Daten sowie vernetzte Kontroll- und Datenflüsse. Die Informationsmodelle sind dann selbst ausführbar und ihre Ausführung kann zur Simulation, statt oder in Ergänzung zu teuren Experimente oder Prototypentwicklungen, zur Validierung der modellierten industriellen Abläufe genutzt werden. Ist deren Validität sichergestellt, können die Informationsmodelle für die vernetzten Produktionssysteme auch die „Schablone" für deren Ausführungs-Steuerung sein. Sie stellen somit einen Schritt auf dem Weg zu „Industrie-Betriebssystemen" zur Überwachung und Steuerung industrieller Abläufe und zum „Industriellen Operations Management" dar.

Das formale Modell HERMES

Mit dem formalen Modell HERMES werden die in den vorangegangenen Erläuterungen in einer konsolidierten Form zusammengefasst. Damit sollte erreicht werden, dass die narrativen Erläuterungen soweit das möglich war auch durch formale Konzepte definiert werden können. Insbesondere wird deutlich gemacht, dass die diskutierten Modellierungs-Konzepte erlauben, Informationsmodelle letztlich als gerichtete zyklenfreie Graphen darzustellen. Für deren Beschreibung wird eine Spezifikations-Sprache, mit der die Syntax und die Semantik von Informationsmodellen durch Regeln und Gleichungen festgelegt werden kann.

9 ANHANG A

Formale Beschreibungskonzepte für Konstruktionen mengenwertiger Komponenten in HERMES

In den vorhergehenden Kapiteln 3 bis 7 sind vorwiegend graphischen Darstellungsmöglichkeiten genutzt worden, um die eingeführten Konzepte für die Informationsmodellierung für industrielle Anwendungen zu erläutern. Nunmehr sollen in Ergänzung zu den in Kapitel 7 eingeführten formalen textuellen Beschreibungen weitere, insbesondere für die Spezifikation von Produktionssystemen in HERMES benötigte Ausdrucksmittel eingeführt werden. Das sind Ausdrucksmittel, mit denen die Steuerung synchronisierter und nicht synchronisierter Nebenläufigkeiten bei der Ausführung von vernetzten industriellen Abläufen abgebildet werden können. Dazu wird zunächst die in Kapitel 7 eingeführte Spezifikationssprache zur Beschreibung von Objekt-Konstruktions-Hierarchien um Sprachelemente, die Ablauf-Steuerungs-Primitive erweitert. Dafür wird zunächst im Anhang A-1.1 deren Syntax durch eine formale Grammatik festgelegt. Die im weiteren Anhang in Anhang A-2 beschriebene operationale Semantik dient der präzisen Definition der Konstruktions-Abstraktions-Konzepte. Anschließend wird skizziert, wie die formulierten Regeln der operationalen Semantik ausgewertet und daraus ableitend Integritätsbedingungen für die Steuerung von Abläufen abgeleitet werden können.

Letztendlich werden mit den im Anhang A dargestellten Formalisierungen die mathematische, durch mengentheoretische und algebraische Konzepte, zu beschreibenden Methoden, zur Spezifikation der Semantik von Daten und Informationen zusammenfassend dargestellt. Für Daten über physikalische (materielle) Artefakte kommen darüber hinaus die jeweiligen physikalischen Gesetze zur Spezifikation der Semantik von Daten und Informationen zum Tragen und diese sind wegen ihrer Vielfalt nicht auch in einer einfachen Übersicht darstellbar.

© Springer Fachmedien Wiesbaden GmbH, ein Teil von Springer Nature 2021
H. Weber, *Data Engineering 4.0*, https://doi.org/10.1007/978-3-658-33185-6

A-1 Textuelle Darstellung in HERMES

In den vorhergehenden Kapiteln haben wir die Bedeutung der Darstellungen konzeptioneller

Modelle mittels Entity- und Relationship-Typen erläutert. Gleichzeitig haben wir die Definition von Attributen und die Formulierung von Abstraktionskonzepten als geeignete und mächtige Hilfsmittel für die Modellierung der Informationen eines Diskursbereichs kennengelernt. Diese Konzepte wurden mit geeigneten graphischen Diagrammen beschrieben.

Im folgenden Kapitel wird eine weitere Beschreibungsart der mit den Konzepten des EERM formulierten Informationsmodelle eingeführt und erläutert, die textuelle Darstellung. Mit der textuellen Darstellung werden die Konzepte in geeigneter Weise über grammatikalische Regeln beschrieben. Zur Charakterisierung der textuellen Darstellung wird zuerst die Grammatik definiert und danach werden die kontextsensitiven Abhängigkeiten erläutert. Abschließend wird die Verwendung der Grammatik zur Beschreibung eines Informations-Modells dargelegt.

A1.1 Grammatik zur Beschreibung von Regeln

Das in den vorhergehenden Kapiteln formulierte EERM soll nun in einer textuellen Darstellung beschrieben werden. Zur Definition der Sprachmittel wird eine erweiterte Backus-Naur-Form (EBNF) mit folgenden Erweiterungen gegenüber der Backus-Naur-Form verwendet[2]:

1. | stellt die Alternative dar.
2. (...)   beschreibt die Zusammenfassung mehrerer Terminal- und Nichtterminalzeichen.
3. [...]   beschreibt die . Optionalität von Terminal- und Nichtterminalzeichen.
4. {...}   beschreibt die n-fache Iteration des Inhalts der Klammern.
5. (...)   Schlüsselwörter werden ausschließlich mit großen Buchstaben geschrieben.
6. Terminale werden in Anführungszeichen eingeschlossen, wenn sie durch dasselbe Zeichen wie ein Metasymbol dargestellt werden, z.B. „(" bedeutet das Terminalzeichen linke Klammer

In den folgenden Kapiteln werden nur diejenigen grammatikalischen Regeln dargestellt, die zur textuellen Darstellung des jeweiligen Informations-Modells

---

g[2] *Diese textuelle Darstellung entspricht der Chomsky-Grammatik vom Typ 2.*

notwendig sind. Dabei werden Regeln, die Nichtterminale beschreiben, die sich in dem jeweiligen Kontext jedoch als elementar darstellen, nicht angegeben.

A-1.1.1   Regeln zur Definition von Entity-Typen

Der Entity-Typ ist zum einen dadurch gekennzeichnet, dass er Basiselement der Informationsmodelle   ist und in Beziehung mit den ihn charakterisierenden Attributen stehen kann, zum anderen aber kann er auch ein konstruierter Entity-Typ als Resultat einer Konstruktion sein. In den Regeln R1 bis R4 der Grammatik wird das wie folgt ausgedrückt.

Regeln:

R1:   <InformationModel>::= „[" [<EntityTypList>] „]"

R2:   <EntityTypList>::= <EntityTyp> {„ , " <EntityTyp>}

R3:   <EntityTyp>::= <EntityTypName> [<Construct>] [<Attributes>]

R4:   <Construct>::= <Aggregation> | <Generalisation> | <Group>

Ein Entity-Typ wird durch seinen Namen repräsentiert. Er ist entweder ein Blatt in der

Hierarchie der Entity-Typen, dann wird der Entity-Typ nur durch Attribute beschrieben, oder er ist ein konstruierter Entity-Typ, dann ist er durch die Anwendung eines Konstruktions-

Abstraktionskonzeptes aus anderen Entity-Typen konstruiert worden.

Mit den durch die Grammatik definierten Sprachmitteln können die Konstruktions-Abstraktions-Konzepte   Klassifikation,   Aggregation, Generalisierung und Gruppierung textuell dargestellt werden. Im folgenden Kapitel werden zunächst die Regeln zur Darstellung der Attribute beschrieben.

A-1.1.2   Regeln zur Definition von Relationship-Typen

Über Relationship-Typen werden Entity-Typen bzw. konstituierte abstrakte Entity-Typen miteinander in Beziehung gesetzt. Den Relationship-Typen können auch Attribute zugeordnet sein[3] (siehe vorher).

R5:   <RelationshipTyp>::= <RelationshipTypName>

„(" [<Complexity>] „)"

<Kind> <EntityTyp> „,"

<Kind> <EntityTyp> „,"

[„," <Kind> <EntityTyp>]

[<Attributes>]

R6:   <Complexity>::= <CapitalLetters> | <One> „,"

<CapitalLetters> | <One>

[„," <CapitalLetters> | <One>]

R7:   <Kind>::= [PARTIAL | TOTAL | WEAK]

R8:   <Attributes>::= ATTRIBUTE, „[" <AttributList> „]"

Der Relationship-Typ wird durch den ihn repräsentierenden Namen, der Kardinalität (Komplexität), einer Menge von mindestens zwei in Beziehung zu setzenden Entity-Typen und den optional vorhandenen Attributen definiert. Die Kardinalität wird entweder über einen

Großbuchstaben (in der Regel M bzw. N) oder über die Zahl „1" angegeben. Für jeden Entity-Typ ist seine Kardinalität angebbar.

Wird die Art des Relationship-Typs nicht angegeben, so wird PARTIAL angenommen.

---

[3] In HERMES nicht möglich.

A-1.1.3   Regeln zur Beschreibung von Attributen

Die Attribute beschreiben die Eigenschaften der Entities bzw. der Entity-Typen. Die Beschreibung der Menge der Attribute eines Entity-Typs wird durch die Regeln R9 bis R12 definiert.

Regeln:

R9:   <Attributes>::= ATTRIBUTE „[" <AttributeList> „]"

R10:   <AttributeList>::= <Attribute> {„," <Attribute>}

R11:   <Attribute>::= [KEY] <AttributeName> „:" <Domain>

R12:   <Domain>::= <Identifier> | <Enumeration> | <SubRangeType>

Eine Attributmenge wird durch das Schlüsselwort ATTRIBUTE und einer Liste von Attributen beschrieben. Das Schlüsselattribut, bzw. bei zusammengesetzten Schlüsseln, werden die Schlüsselattribute durch das Schlüsselwort KEY gekennzeichnet. Ein Attribut setzt sich aus seinem Namen und einem Wertebereich („domain") zusammen. Der Wertebereich eines Attributes wird entweder durch einen Identifizierer oder einen Aufzählungstyp beschrieben.

Der Identifizierer kann einen systembekannten Wertebereich beschreiben (CARDINAL, DATUM o. ä.) oder er steht für einen Wertebereich, der noch beschrieben werden muss (z. B. Alter). Durch die explizite Beschreibung des Wertebereiches können systembekannte Wertebereiche eingeschränkt und dadurch Integritätsbedingungen spezifiziert werden.

Beispielsweise kann der Wertebereich „Alter" für einen Menschen als ein Unterbereichstyp von CARDINAL mit [0..130] definiert werden.

Aufzählungstypen sind Listen eindeutiger Elemente. So beschreibt „Farbe: (grün, rot, blau)" ein Attribut mit dem Aufzählungstyp „Farbe" und den Werten (grün, rot, blau).

Beispiel (Attribute):

```
BESCHÄFTIGTER
            ATTRIBUTE
                    [KEY Personal_Nr:Cardinal,
                    Vorname: Text, Nachname: Text,
                    Gehalt: Cardinal ]
```

In diesem Beispiel werden dem Entity-Typ „BESCHÄFTIGTER" vier Attribute zugeordnet.

„Personal_Nr" ist das Schlüsselattribut des Entity-Typs, das den Entity-Typ eindeutig identifiziert.

A-1.1.4   Die textuelle Darstellung der Aggregation

Eine Aggregation wird durch die Regeln R13 bis R16 dargestellt.

Regeln:

R13:   <Aggregation>::= AGGREGATED „["

                                    <Relationship> <Kind> <EntityTyp> „ ,"

                                    <Kind> <EntityTyp>   {„," <Kind> <EntityTyp>}

                                    „]"

R14:   <Relationship>::= <RelationshipName> „(" [<Complexity>] „)"

R15:   <Kind>::= [PARTIAL I TOTAL I WEAK]

R16:   <Complexity>::= <CapitalLetters> I <One> „,"<CapitalLetters> I <One>

                                    {„ ," <CapitalLetters> I <One>}

Eine Aggregation wird durch den Namen der aggregierten Klasse, durch das Schlüsselwort

AGGREGATED, durch die ihr zugrunde liegende Relationship und einer Menge von Entity-Typen beschrieben. Ein aggregierter Entity-Typ besteht aus mindestens zwei aggregierenden Entity-Typen.

Die Kardinalität für die an der Aggregation beteiligten Entity-Typen wird im Relationship-Typ angegeben, entweder mit einer „1" oder mit einem Großbuchstaben (in der Regel M bzw. N).

Jedem aggregierenden Entity-Typ wird die Eigenschaft der Existenzabhängigkeit zugeordnet.

Sie beschreibt die Art der Beziehung zum aggregierten Entity-Typ. Ein aggregierender Entity-

Typ ist entweder total, schwach oder partiell. Dieser Sachverhalt wird durch die Schlüsselwörter PARTIAL, TOTAL oder WEAK ausgedrückt. Wird kein entsprechendes Schlüsselwort angegeben, so wird PARTIAL angenommen.

Beispiel (partielle Aggregation):

```
Schüler
            AGGREGATED
                    [ Besucht (M, 1)
                    PARTIAL Kind,
                    PARTIAL Schule ]
```

Der aggregierte Entity-Typ „Schüler" wird durch die aggregierenden Entity-Typen „Kind" und „Schule" und den sie verbindenden Relationship-Typ „Besucht" definiert. Seine Kardinalität ist M:1.

Die beiden Entity-Typen stehen jeweils über einen partiellen Relationship-Typ miteinander in Beziehung.

Beispiel (geschachtelte Aggregation):

```
Tischler
            AGGREGATED
                    [ Baut (M, N)
                    PARTIAL Handwerker,
                    AGGREGATED
                            [ Fertigt_an (M, N)
                            PARTIAL Mensch,
                            PARTIAL Ware ]
                    PARTIAL Möbel ]
```

Das vorstehende Beispiel verdeutlicht die Verwendung abstrakter Datentypen in dem Abstraktionskonzept Aggregation. Das entsprechende grafische Diagramm ist hierbei im folgenden Bild zu sehen.

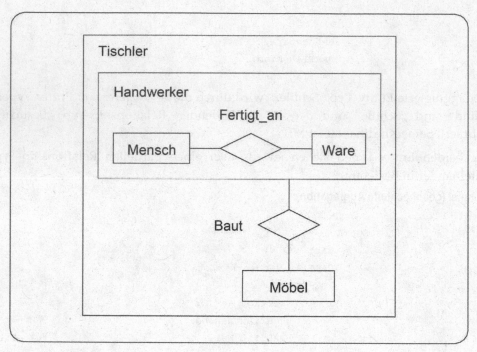

Abbildung A-8-1: Beispiel

Der aggregierte Entity-Typ „Tischler" wird durch partielle Aggregation der aggregierenden

Entity-Typen „Handwerker" und „Möbel" und durch den sie verbindenden Relationship-Typ

„Baut" definiert. Während der Entity-Typ „Möbel" atomar ist, wird der Entity-Typ „Handwerker" wiederum aus den aggregierenden Entity-Typen „Mensch" und „Ware" gebildet.

Sowohl für den elementaren als auch für den aggregierten Relationship-Typ gilt im gewählten Beispiel eine „many-to-many" Beziehung. Die aggregierenden Entity-Typen sind bezüglich der aggregierten Entity-Typen partiell.

A-1.1.5   Die textuelle Darstellung der Generalisierung

Der Abstraktionsmechanismus Generalisierung wird durch die Regel R17 beschrieben.

Regel:

R17:   <Generalisation>::= GENERALIZED   „[" „(" <Identifier> „ ,"

                                         <IdentifierList> „)"

                                         <EntityTyp> „ ,"

                                         <EntityTypList>

                                         „]"

Der generalisierte Entity-Typ wird durch seinen ihn repräsentierenden Namen, dem Schlüsselwort GENERALIZED, mindestens zwei Entity-Typen und dem Auswahlprädikat definiert.

Beispiel (Generalisierung):

```
Raubtier
            GENERALIZED
                    [ (Fleischfresser, Säugetier)
                            Löwe,
                            Marder,
                            Bär
            ]
```

Der generalisierte Entity-Typ „Raubtier" wird durch das Auswahlprädikat (in diesem Fall zwei: Fleischfresser, Säugetier) sowie den generalisierenden Entity-Typen „Löwe", „Marder" und „Bär" definiert.

Die entsprechende grafische Darstellung ist semantisch gleichwertig.

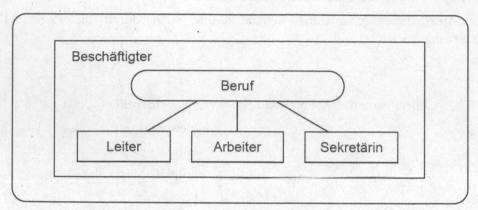

Abbildung A-8-2: Bildunterschrift

Der generalisierte Entity-Typ „BESCHÄFTIGTER" wird durch das Auswahlprädikat „Beruf" sowie den generalisierenden Entity-Typen „Leiter", „Arbeiter" und „Sekretärin" definiert. Das Auswahlprädikat ist eine bijektive Funktion über dem Aufzählungstyp (Leiter, Arbeiter, Sekretärin) und den generalisierenden Entity-Typen, das Eindeutigkeit gewährleistet.

A-1.1.6   Die textuelle Darstellung der Gruppierung

Das Abstraktionskonzept Gruppierung wird in der textuellen Darstellung durch die Regeln R18 bis R24 beschrieben.

Regeln:

R18:   <Group>::= GROUPED „[" <Predicate> <EntityTyp> „]"

R19:   <Predicate>::= <PredicateName> <Formula>

R20:   <Formula>::= „(" <SimpleFormula> „)" | „(" <ComplexFormula> „)"

R21:   <SimpleFormula>::= <RelatedEntityTyp> |

           [<Negation>] <AttributeName>

R22:   <ComplexFormula>::= <Formula> <Operator> <Formula>

R23:   <Operator>::= AND | OR

R24:   <RelatedEntityTyp>::= <EntityTypName>

Die Definition der textuellen Beschreibung des Abstraktionskonzepts Gruppierung besteht aus dem die Gruppierung repräsentierenden Namen, dem Schlüsselwort GROUPED, dem Zuordnungsprädikat und dem gruppierenden Entity-Typ. In unserer Syntax wollen wir nur

Gruppierungen über einen Entity-Typ zulassen. Durch das Prädikat wird festgelegt, welche

Entities der gruppierenden Entity-Typen ein Entity des gruppierten Entity-Typen bilden. Das Prädikat ist ein beliebig komplexer logischer Ausdruck; durch die logischen Operatoren werden beliebig viele Entities der beteiligten Entity-Typen und/oder beliebig viele Attribute miteinander verknüpft. Ein Entity des gruppierten Entity-Typs umfasst dann alle Entities des gruppierenden Entity-Typs, die das Prädikat erfüllen.

Beispiel (Gruppierung):

```
Abschreibung
        GROUPED [ Aussondern ((Maschinen_Wert < 1000) OR
                            (Baujahr < 1950)) Maschine
        ATTRIBUTE [KEY: Maschinen_Nr: Cardinal,
                        Maschinen_Wert: Cardinal,
                        Baujahr: Date]]
```

In diesem Beispiel wird der Entity-Typ „Abschreibung" definiert. Durch das

Zuordnungsprädikat „Aussondern" werden alle Instanzen (Entities) des Entity-Typs „Maschine" zusammengefasst, bei denen das Zuordnungsprädikat den logischen Wert TRUE liefert, d. h., dass alle Entities des Entity-Typs „Maschine" mit einem Maschinenwert unter 1000 Euro oder einem Baujahr älter als 1970 werden durch den Entity-Typ „Abschreibung" repräsentiert.

A-1.2   Kontextsensitive Eigenschaften

In diesem Abschnitt werden die kontextsensitiven Eigenschaften beschrieben, die für die Darstellung des vorgestellten EERM gelten, die aber nicht durch die bisher angegebenen Regeln der Grammatik oder durch die in den vorhergehenden Kapiteln eingeführte graphische Darstellung ausgedrückt werden können.

Es gelten folgende zu berücksichtigende Forderungen:

1. Alle Identifizierer der graphischen und textuellen Darstellung des konzeptionellen Schemas müssen eindeutig sein.
2. Die Schlüsselwörter der Grammatik dürfen nicht als Identifizierer verwendet werden.
3. Wenn ein Entity-Typ durch die Anwendung eines Abstraktionskonzeptes definiert wird, dann ist die Definition beim ersten Auftreten der Entity-Typen anzugeben.

4. Atomare Entity-Typen haben mindestens ein Schlüsselattribut. Eine Ausnahme bilden atomare generalisierende Entity-Typen, weil sie die Attribute des generalisierten Entity-Typs erben.

5. Die Anzahl der Kardinalitäten eines Relationship-Typs in der Aggregation muss mit der Anzahl der aggregierenden Entity-Typen identisch sein. Die Kardinalitäten sind in der Reihenfolge anzugeben, die der Reihenfolge der Angabe der aggregierenden Entity-Typen entspricht.

6. Die im Prädikat des gruppierten Entity-Typs benannten Entity-Typen müssen mit dem gruppierenden Entity-Typ in einer direkten Beziehung stehen. Die Attribute müssen zu dem gruppierenden Entity-Typ gehören.

7. Kommentare beginnen mit den beiden Zeichen „/*" und werden mit den beiden Zeichen „*/" beendet. Sie können an jeder beliebigen Stelle eingefügt werden, sind jedoch nicht innerhalb von Namen und Schlüsselwörtern zulässig.

A-2 Operationale Semantik

Nachfolgend soll die Bedeutung der Sprachmittel des EERM beschrieben werden. Um eine einheitliche Benutzung der angegebenen Sprachmittel des EERM zu gewährleisten, wird eine operationale Semantik für die im EERM benutzten Abstraktionsmechanismen formuliert. Die operationale Semantik gibt an, welche Folge von Operationen ausgeführt werden muss, um von einem gegebenen integeren Zustand zu dem durch die Operationen induzierten integeren Zustand zu gelangen und sie legt Bedingungen fest, die bei der Ausführung einer Operation zu beachten sind.

A-2.1 Operationen zur Datenmanipulation

Die im Datenbankverwaltungssystem definierten Operationen zur Manipulation der verwalteten Daten sind so zu konzipieren, dass sie den integeren Zustand der Datenbank vor und nach der Ausführung der Operation sicherstellen. Durch den Zustand einer Datenbank wird eine bestimmte Konfiguration der Datenbank, die Datenbankextension, zu einem definierten Zeitpunkt beschrieben.

Zur semantischen Beschreibung der ausgewählten Operationen wird eine der Prädikatenlogik entlehnte Notation verwendet. Dabei wird die Bezeichnung „entity" einheitlich für das Entity und für die Entity-Typen verwendet. Folgende Operationen sollen betrachtet werden:

a) Erzeugen eines Entitys
   Syntax: cr (entity, state)
   Bedeutung: cr: entity, state -> state
   Notation: FOR ALL s: NOT exs (e,s) => exs (e,cr(e,s))

Für alle Zustände s gelte, dass ein nicht existierendes Entity im Zustand s nach Ausführung der Operation CREATE (cr) dann im   Zustand s' existiert.

Bemerkung: Das mehrfache Erzeugen desselben Entitys ist damit nicht zulässig. Nach der Erzeugung eines Entitys hat es einen durch Attribute beschriebenen Status.

b) Löschen eines Entitys

Syntax: del (entity, state)

Bedeutung: del: entity, state -> state

Notation: FOR ALL s: exs (e,s) => NOT exs (e,del(e,s))

Für alle Zustände s gelte, dass ein im Zustand s existierendes Entity nach Ausführung der Operation DELETE (del) im Zustand s dann im resultierenden Zustand s' nicht mehr existiert. Bemerkung: Nur wenn ein Entity e in dem Zustand s existiert,   dann kann es gelöscht werden.

c) Verändern von Werten

Syntax: mod (entity, old_value, new_value, state)

Bedeutung: mod: entity, value, value, state -> state

Notation: FOR ALL s: exs (e,s) AND h_val (e,v,s) =>   h_val (e,v',mod(e,v,v',s))

Bemerkung: Wenn ein Entity e existiert und den Wert v hat, dann hat das Entity nach der Ausführung der Operation Modify den Zustand s' mit dem neuen Wert v'.

d) Ermitteln von Komponenten

Syntax: proj (entity, comp_entity, state)

Bedeutung: proj: entity, entity, state -> Boolean

Notation: FOR ALL s: exs (a_b,s) AND exs (a,s) AND exs (b,s) AND a_b = (a,b)
⇨   proj (a_b,a,s)=TRUE AND proj(a_b,b,s)=TRUE

Bemerkung: Wenn ein abstraktes Entity a_b und die konstituierenden Entities a und b existieren, dann liefert die Operation proj   den Wert TRUE.

e) Ermitteln eines Entity aus dem Entity-Typ

Syntax: exs (entity, state)

Bedeutung: exs: entity, state -> Boolean

Notation: FOR ALL s: exs (a,s) => (a ISIN A) = TRUE

Bemerkung: Ist das Entity a im Entity-Typ A, dann liefert exs den Wert TRUE.

A-2.2 Beschreibung der statischen und dynamischen Integritätsbedingungen

Unter den statischen Integritätsbedingungen sollen die Bedingungen verstanden werden, die in den durch die Ausführung der Operationen induzierten Zuständen gelten müssen. Im Gegensatz dazu formulieren die dynamischen Integritätsbedingungen Anforderungen an die Operationen selbst, um integere Datenbankzustände nach Zustandsänderung zu gewährleisten.

Die Regeln, die die dynamischen Integritätsbedingungen beschreiben, werden nach der bisher verwendeten Grammatik formuliert. Eine Regel besteht aus einer Anforderung, einem logischen Operator und einer Aktion. In der Anforderung werden die den Datenbankzustand ändernden Operationen formuliert, während eine Aktion die auf die Anforderung folgenden Operationen beschreibt. Aktionen können jede Folge von Operationsanforderungen oder Sequenzen von Zustandsprädikaten sein. Die logischen Operatoren legen dann fest, ob eine Anforderung unmittelbar ausgeführt werden soll oder ob die integritätssichernden Aktionen vor der Anforderung ausgeführt werden. Durch die Regeln werden entweder Nachbedingungen (durch Trigger-Prozeduren) oder Vorbedingungen (durch „preconditions") formuliert.

Im Folgenden wird die syntaktische Beschreibung der grammatikalischen Regeln für die Integritätsbedingungen angegeben.

Grammatik der Integritätsbedingungen:

I 1:   <Regel>::= <Aktion> <LogischerOperator> <Anforderung>

I 2:   <Aktion>::=   none |

                                  <Zustandsprädikatfolge> |

                                  <Regel> |

                                  <Anforderung>

I 3:   <Zustandsprädikatfolge>::=

           „(" <Zustandsprädikat> {<Funktor> <Zustandsprädikat>} „)"

I 4:   <Zustandsprädikat>::=

           {[NOT] [<Quantor> entity „:"]} <PrädikatFolge>

I 5:   <Quantor>::= FOR ALL | EXIST

I 6:   <Prädikatfolge>::=

           „(" [NOT] <Prädikat> {<Funktor> [NOT] <Prädikat>} „)"

I 7:   <Prädikat>::= exs „(" entity „," zustand „)" |

          proj „(" entity „," entity „," zustand „)" |

          predicate (Auswahlprädikat | Gruppierungsprädikat)

I 8:   <Funktor>::= AND | OR | =>

I 9:   <Anforderung>::=   „(" <Operationsfolge> „)" |

                                        „(" <Zustandsprädikat> „)"

I 10: <Operationsfolge>::=

           „(" zustand „=" Anforderungsfolge „)" |

           „(" zustand „=" <Regel> {<Funktor> <Regel>} „)"

I 11: <Anforderungsfolge>::=

           „(" <OpAnforderung> {<Funktor> <OpAnforderung>} „)" |

           „(" <PrdAnfFolge> {<Funktor> <PrdAnfFolge>} „)"

I 12: <OpAnforderung>::=

cr „(" entity „," zustand „)" |

del „(" entity „," zustand „)" |

mod „(" entity „," value „," value „," zustand „)"

I 13:   <PrdAnfFolge>::=

[<Quantor> entity „:"]   <Zustandsprädikatfolge> <Funktor>

<Anforderungsfolge>

I 14:   <LogischerOperator>::= if | oif

Die Terminale sind in den Regeln der Grammatik entweder unterstrichen oder durch Anführungsstriche gekennzeichnet[4].

Die Funktoren AND und OR dienen der Verknüpfung von Regeln, Operationsanforderungen und prädikativen Anforderungsfolgen.

Mit dem logischen Operator IF wird festgelegt, dass eine Anforderung mit den

integritätssichernden Aktionen unmittelbar ausgeführt werden soll (Postconditions), während der logische Operator OIF kennzeichnet, dass die integritätssichernden Aktionen vor der Anforderung ausgeführt werden soll (Preconditions).

Die für die Abstraktionsmechanismen gegebenen Integritätsbedingungen werden von rechts nach links ausgewertet. Die initiale Anforderung, d.h. der Aufruf einer Operation, die den Datenbankzustand verändern soll, wird am Ende der Regel beschrieben. Die Anforderung wird von der Aktion durch den logischen Operator getrennt. Weil eine Aktion auch als eine Regel formuliert werden kann, ist auch die Aktion von rechts nach links auszuwerten. In Regeln, die für Aktionen stehen, können Anforderungen als Zustandsprädikate formuliert werden. Die Aktionsteile dieser Regeln sind dann auszuführen (if), wenn die Auswertung des Zustandsprädikates TRUE ist.

Durch die rekursive Formulierung von Regeln als Aktionen folgt, dass die Aktion einer Regel die Anforderung der nächsttieferen Regel werden kann.

Die Verwendung der Grammatik zum Aufbau der Regeln der operationalen Semantik soll an einem Beispiel erläutert werden:

Beispiel:

Die Syntax der im nachfolgenden Kapitel semantisch beschriebenen Regel

---

[4] In den folgenden Regeln wird auf die Unterstreichung der Terminale verzichtet.

RA1.1: none if (s' = cr (a,s)) resultiert aus den   grammatikalischen Konstrukten:

RA1.1	ist die Regelbezeichnung
none	ist die Aktion
if	ist der logische Operator
s' = cr (a,s)	ist die Anforderung aus der Operationsfolge
s'	ist ein Zustand
cr (a,s)	ist die Operationsanforderung in der Anforderungsfolge.

A-2.3   Die operationale Semantik der Abstraktionskonzepte

Im Folgenden werden die dynamischen Integritätsbedingungen in einer operationalen Semantik formuliert.

Aggregation

Nach den Regeln zur Darstellung der Entity-Typen gilt für die partielle Aggregation (vergleiche Regel R9 bis R12) die folgende Konstruktion.

Konstruktion:

$$A\_B \; AGGREGATED \; [A\_B \; (1,1) \; A, B]$$

Für diese Konstruktion (Kardinalität 1,1) gelten die folgenden dynamischen Integritätsbedingungen[5].

---

[5] *Es soll gelten, dass ein aggregierender Entity-Typ nur in einem und nur einem aggregierten Entity-Typ existiert.*

Regeln für dynamische Integritätsbedingungen:

R A1.1   none if (s' = cr (a,s))

Bedeutung der Regel R A1.1:

Wenn in einem Zustand s das Entity a kreiert wird, dann sind weder Prädikate im Zustand s, noch Anforderungen im resultierenden Zustand s' zu erfüllen.

R A1.2   none if (s' = cr (b,s))

Bedeutung der Regel R A1.2:

Wenn in einem Zustand s das Entity b kreiert wird, dann sind weder Prädikate im Zustand s, noch Anforderungen im resultierenden Zustand s' zu erfüllen.

R A1.3   (exs (a,s) AND exs (b,s) AND

(NOT EXIST a_b: (proj(a_b,a,s)) OR proj(a_b,b,s)))

oif (s' = cr (a_b,s))

Bedeutung der Regel R A1.3:

Die Anforderung, das aggregierte Entity a_b im Zustand s zu kreieren, darf nur dann ausgeführt werden, wenn alle Zustandsprädikate erfüllt sind. Das heißt, es müssen die aggregierenden Entities a und b existieren und es darf noch kein aggregiertes Entity a_b existieren, das eines der aggregierenden Entities a oder b enthält. Die Aktion spezifiziert die Vorbedingung für die Ausführung der Operation cr(a_b,s).

R A1.4   (s'' = del (a_b,s'))

if (EXIST a_b: (proj(a_b,a,s')))

if (s' = del (a,s))

Bedeutung der Regel R A1.4:

Wenn im Zustand s das Entity a gelöscht wird, dann ist im resultierenden Zustand s' das vorkommende aggregierte Entity a_b zu löschen, falls das Entity a ein zu diesem Entity aggregierendes Entity ist. Die Aktion der höherwertigen Anforderung spezifiziert die Nachbedingung für die Ausführung der Operation del (a): Es darf kein aggregiertes Entity existieren, dessen Komponente das gelöschte Entity a ist. Die Nachbedingung triggert (d. h. spezifiziert nachfolgende) Operationen, die

die Integrität gewährleisten.

R A1.5   (s" = del (a_b,s'))

if (EXIST a_b: (proj(a_b,b,s')))

if (s' = del (b,s))

Bedeutung der Regel R A1.5:

Das Löschen des Entity b im Zustand s führt bei der Aggregation zu der unter Regel R A1.4 genannten Semantik.

R A1.6   none if (s' = del (a_b,s))

Bedeutung der Regel R A1.6:

In einem Zustand s kann ein aggregiertes Entity gelöscht werden, ohne dass Prädikate im Zustand s oder Anforderungen im Zustand s' resultieren.

Für die Aggregation mit den Kardinalitäten (N,1) und (N,M) gelten entsprechende semantische Regeln, die die dynamische Integrität der Datenbankzustände gewährleisten.

Nachfolgend wird die operationale Semantik für die dynamischen Integritätsbedingungen bei der totalen und bei der schwachen Aggregation jeweils mit den Kardinalitäten (N,M) bzw. (1,N) angegeben. Bei diesen Konstruktionen wollen wir diesmal zulassen, dass ein aggregierendes Entity in mehreren aggregierten Entities abstrahiert wird.

Konstruktion:

$A\_B\ AGGREGATED\ [A\_B\ (M, N)\ TOTAL\ A, B]$

Regeln für dynamische Integritätsbedingungen:

R A2.1   (s" = cr (a_b,s')) if (s' = cr (a,s))

Bedeutung der Regel R A2.1:

Wenn im Zustand s das Entity a kreiert wird, dann ist im resultierenden Zustand s' auch das aggregierte Entity a_b zu kreieren.

R A2.2   none if (s' = cr (b,s))

Bedeutung der Regel R A2.2:

Beim Kreieren eines Entitys b im Zustand s sind keine Anforderungen zu erfüllen.

R A2.3   (exs (a,s) AND exs (b,s)) oif (s' = cr (a_b,s))

Bedeutung der Regel R A2.3:

Die Anforderung, ein aggregiertes Entity a_b im Zustand s zu kreieren, ist nur dann auszuführen, wenn die aggregierenden Entities a und b im Zustand s existieren.

R A2.4   (s'' = (FOR ALL a_b: proj(a_b,a,s) => del (a_b,s')))

if (EXIST a_b: (proj(a_b,a,s')))

if (s' = del (a,s))

Bedeutung der Regel R A2.4:

Die Bedeutung dieser Regel entspricht Regel RA1.4, jedoch wird im Zustand s' jedes vorkommende aggregierte Entity a_b gelöscht.

R A2.5   (s'' = (FOR ALL a_b: proj(a_b,b,s) => del (a_b,s')))

if (EXIST a_b: (proj(a_b,b,s')))

if (s' = del (b,s))

Bedeutung der Regel R A2.5:

Diese Regel entspricht der Regel R A2.4, jedoch wird im Zustand s das Entity b gelöscht.

R A2.6   (s'' = del (a,s'))

if (EXIST a: NOT EXIST a_b: proj(a_b,a,s'))

if (s' = del (a_b,s))

Bedeutung der Regel R A2.6:

Wenn das aggregierte Entity a_b im Zustand s gelöscht wird, dann ist im resultierenden Zustand s' jedes vorkommende Entity a zu löschen, falls Entity a existiert und kein weiteres Entity a_b existiert. Im Falle der Existenz vom Entity a und der Nichtexistenz vom Entity a_b liefert das Prädikat (EXIST a:

NOT EXIST a_b: proj(a_b),a,s')) den Wert TRUE für den Zustand s'.

Konstruktion:

$$A\_B \ AGGREGATED \ [A\_B \ (1, N) \ WEAK \ A, B]$$

Regeln für dynamische Integritätsbedingungen:

R A3.1   (s'' = cr (a_b,s')) if (s' = cr (a,s))

Bedeutung der Regel R A3.1:

Die Anforderung, ein aggregierendes Entity einzufügen (zu kreieren), triggert die Anforderung, im resultierenden Zustand s' auch ein aggregiertes Entity einzufügen.

R A3.2   none if (s' = cr (b,s))

Bedeutung der Regel R A3.2:

Ein Entity b kann im Zustand s kreiert werden, ohne dass Anforderungen im Zustand s' spezifiziert werden müssen (vergleiche die graphische Darstellung der schwachen Aggregation).

R A3.3   (exs (a,s) AND exs (b,s))

AND (NOT EXIST a_b': proj(a_b',a,s'))

oif (s' = cr(a_b,s))

Bedeutung der Regel R A3.3:

Die Anforderung, das aggregierte Entity a_b um Zustand s zu kreieren, kann nur dann erfüllt werden, wenn im Zustand s auch die aggregierenden Entities a und b existieren und noch kein aggregiertes Entity a_b mit dem aggregierenden Entity a definiert wurde. Durch diese Spezifikation wird die in der schwachen Aggregation unzulässige M:N-Beziehung ausgeschlossen.

R A3.4   (s'' = del (a_b,s'))

if (EXIST a_b: (proj(a_b,a,s')))

if (s' = del (a,s))

Bedeutung der Regel R A3.4:

Im Zustand s soll das Entity a in einer schwachen Aggregation gelöscht werden. Wenn das aggregierte Entity a_b mit dem aggregierenden Entity a existiert (und es existiert wegen der schwachen Aggregation genau einmal), dann ist das aggregierte Entity a_b zu löschen.

R A3.5   (s″ = (FOR ALL a: proj (a_b,a,s) => del (a,s′)))

if (s″= (FOR ALL a_b: proj(a_b,b,s) => del(a_b,s′)))

if (EXIST a_b: (proj (a_b,b,s′)))

if (s′ = del(b,s))

Bedeutung der Regel R A3.5:

Im Zustand s soll das in einer schwachen Aggregation stehende Entity b gelöscht werden. In dem resultierenden Zustand s′ sind dann alle aggregierten Entities a_b zu löschen, die das Entity b als Komponente haben. Gleichfalls sind auch alle Entities a im Zustand s wegen der Existenzabhängigkeit zu löschen, die Komponente des aggregierten Entitys a_b sind.

R A3.6   (s″ = del (a,s′))

if (EXIST a: NOT EXIST a_b: proj(a_b,a,s′))

if (s′ = del (a_b,s))

Bedeutung der Regel R A3.6:

Die Anforderung, das aggregierte Entity a_b zu löschen, triggert im resultierenden Zustand s′ eine Löschanforderung für das Entity a, wenn es aggregierendes Entity im aggregierten Entity a_b ist.

Für das Abstraktionskonzept Aggregation gelten insgesamt die folgenden grammatikalischen Konstruktionen.

Konstruktionen:

K1:   *A_B AGGREGATED [A_B (N, 1) A, B]*

K2:   *A_B AGGREGATED [A_B (1, N) A, B]*

K3:   *A_B AGGREGATED [A_B (N, 1) A, B]*

K4:   *A_B AGGREGATED [A_B (N, M) A, B]*

K5:   *A_B AGGREGATED [A_B (1,1) TOTAL A, B]*

K6:   *A_B AGGREGATED [A_B (1, N) TOTAL A, B]*

K7: $A\_B\ AGGREGATED\ [A\_B\ (N,1)\ TOTAL\ A,B]$

K8: $A\_B\ AGGREGATED\ [A\_B\ (M,N)\ TOTAL\ A,B]$

K9: $A\_B\ AGGREGATED\ [A\_B\ (1,1)\ TOTAL\ A,TOTAL\ B]$

K10: $A\_B\ AGGREGATED\ [A\_B\ (1,N)\ TOTAL\ A,TOTAL\ B]$

K11: $A\_B\ AGGREGATED\ [A\_B\ (N,1)\ TOTAL\ A,TOTAL\ B]$

K12: $A\_B\ AGGREGATED\ [A\_B\ (N,M)\ TOTAL\ A,TOTAL\ B]$

K13: $A\_B\ AGGREGATED\ [A\_B\ (1,1)\ A,TOTAL\ B]$

K14: $A\_B\ AGGREGATED\ [A\_B\ (1,N)\ A,TOTAL\ B]$

K15: $A\_B\ AGGREGATED\ [A\_B\ (N,1)\ A,TOTAL\ B]$

K16: $A\_B\ AGGREGATED\ [A\_B\ (N,M)\ A,TOTAL\ B]$

K17: $A\_B\ AGGREGATED\ [A\_B\ (1,1)\ WEAK\ A,B]$

K18: $A\_B\ AGGREGATED\ [A\_B\ (N,1)\ WEAK\ A,B]$

K19: $A\_B\ AGGREGATED\ [A\_B\ (1,1)\ WEAK\ A,WEAK\ B]$

K20: $A\_B\ AGGREGATED\ [A\_B\ (1,N)\ WEAK\ A,WEAK\ B]$

K21: $A\_B\ AGGREGATED\ [A\_B\ (1,1)\ A,WEAK\ B]$

K22: $A\_B\ AGGREGATED\ [A\_B\ (1,N)\ A,WEAK\ B]$

K23: $A\_B\ AGGREGATED\ [A\_B\ (1,1)\ TOTAL\ A,WEAK\ B]$

K24: $A\_B\ AGGREGATED\ [A\_B\ (1,N)\ TOTAL\ A,WEAK\ B]$

Die Regeln für die dynamischen Integritätsbedingungen der vorstehenden Konstruktionen sind entsprechend der angegebenen Notation operational semantisch zu formulieren.

Generalisierung

Das Abstraktionskonzept Generalisierung kann erst für ein konkretes Auswahlprädikat eines konzeptionellen Schemas spezifiziert werden. In den Regeln können daher nur die grundsätzlichen Integritätsbedingungen des Abstraktionsmechanismus semantisch angegeben werden.

Konstruktion:

$$A\_B\ GENERALIZED\ [A\_B\ (predicate)\ A, B]$$

Regeln für dynamische Integritätsbedingungen:

R Ge1   (s'' = ((s = cr (a,s') AND s = cr (b,s'))

oif predicate returns (a,b))

if (s' = cr (a_b,s))

Bedeutung der Regel R Ge1:

Das generalisierte Entity a_b wird durch zwei generalisierende Entities erzeugt. Die Auswertung des Gattungsattributes ermöglicht die Abstraktion der generalisierenden Entity-Typen a und b zu dem generalisierten Entity-Typ.

R Ge2   (s'' = del (a_b,s'))

if (s' = ((del (a,s) OR del (b,s)))

Bedeutung der Regel R Ge2:

Die Anforderung, eines der generalisierenden Entities a oder b zu löschen, macht auch das Löschen des generalisierten Entitys a_b notwendig.

R Ge3   none if (s' = del (a_b,s))

Bedeutung der Regel R Ge3:

Das Löschen eines generalisierten Entitys ist ohne Prädikate im Zustand s und ohne Anforderungen im Zustand s' möglich. Dabei wollen wir das Löschen des Gattungsattributs unberücksichtigt lassen.

Gruppierung

Im Abstraktionskonzept der Gruppierung wird aus einem bereits existierenden Entity-Typ über ein Auswahlprädikat ein gruppierter Entity-Typ abstrahiert. Somit kann das Abstraktionskonzept Gruppierung durch definierte Angaben des Auswahlprädikats spezifiziert werden. Zwei Regeln sollen für die Gruppierung angegeben werden.

Konstruktion:

$$A\_B \; GROUPED \; [A\_B \; (predicate) \; A]$$

Regeln für dynamische Integritätsbedingungen:

R Gr1.1   (s'' = cr (a,s)

oif (predicate (a))

if (s' = cr (a_b,s))

Bedeutung der Regel RGr1.1:

Soll in einem Zustand s das gruppierte Entity a_b definiert werden, dann muss vorher das gruppierende Entity a definiert worden sein, und es muss das Auswahlprädikat erfüllt werden.

R Gr1.2   (s'' = del (a_b,s')) if (s' = del (a,s))

Bedeutung der Regel RGr1.2:

Wenn im Zustand s das gruppierende Entity a gelöscht wird, dann ist nachfolgend auch das gruppierte Entity a_b zu löschen.

Erweiterung der Regeln

Die bisher formulierten Regeln der operationalen Semantik des HERMES beschreiben in den Abstraktionskonzepten nur binäre Beziehungen. Im Folgenden wird die Erweiterung der operationalen Semantik auf binäre Beziehungen an Beispielen der Aggregation und Generalisierung erläutert.

Insbesondere bei dem „Hat"-Relationship-Typ ist eine Aggregation mit mehreren aggregierenden Entity-Typen (Attributen) möglich. In diesem Falle spricht man häufig – wie bereits angegeben – von einer Attributaggregation. Die operationale Semantik lässt sich auf derartige aggregierte Entity-Typen abbilden, jedoch müssen wir in einigen Regeln unsere Operation projection (proj) erweitern, um zu überprüfen, ob alle als Parameter angegebenen Instanzen in dem zu untersuchenden Entity-Typ enthalten sind.

Definition 7.1

Das generische Prädikat „t" liefert den Wert TRUE, wenn die als Parameter angegebenen Repräsentationen aggregierende Entities des angegebenen aggregierten Entitys sind.

Damit ist die Projektion ein Sonderfall des Prädikats t, denn es gilt:

$$t\ (a\_b, a, s)\ entspricht\ proj\ (a\_b, a, s).$$

Für Einfügungen n-närer Relationships im Abstraktionskonzept Aggregation können wir dann spezifizieren:

Konstruktion:

$$A\_B\_C\ AGGREGATED\ [A\_B\_C\ (M, N, O)\ PARTIAL\ A,$$
$$PARTIAL\ B, PARTIAL\ C]$$

Regel:

$$(s'' = (exs(a, s)\ AND\ exs(b, s)\ AND\ exs(c, s))$$
$$oif\ (s' = cr(a\_b\_c, s)))$$

Konstruktion:

$$A\_B\_C\ AGGREGATED\ [A\_B\_C\ (1, M, N)\ PARTIAL\ A,$$
$$PARTIAL\ B, PARTIAL\ C]$$

Regel:

$$(s'' = (exs(a, s)\ AND\ exs(b, s)\ AND\ exs(c, s))\ AND$$
$$(NOT\ EXIST\ a\_b\_c': t(a\_b\_c', b, c, s))\ oif\ (s'$$
$$= cr(a\_b\_c, s)))$$

Bedeutung der Regel:

Die Anforderung, ein aggregiertes Entity a_b_c in Zustand s zu kreieren, soll nur dann erfüllt werden, wenn alle aggregierenden Entities existieren und die Entities b und c nicht in einem anderen aggregierten Entity als Konstituenten vorhanden sind.

Konstruktion:

$$A\_B\_C\ GENERALIZED\ [A\_B\_C\ (predicate)\ A, B, C]$$

Regel:

$$s'' = ((s = cr(a,s')AND\ s = cr(b,s')AND\ s$$
$$= cr(c,s'))\ oif\ predicate\ returns\ (a,b,c)$$

A-3   Die Linearisierung in HERMES

Zur expliziten Darstellung der operationalen Semantik in den betrachteten

Abstraktionsmechanismen ist es sinnvoll, von der hierarchischen Darstellung zu abstrahieren. So sollen Entities bzw. Entity-Typen bezüglich der auf sie wirkenden Operationen gleichberechtigt nebeneinander stehen. Bei der Linearisierung des EERM stehen alle Entity-Typen auf derselben logischen Stufe, so dass die Entities bzw. die Entity-Typen unabhängig von ihrer Abstraktionsstufe durch die Ausführung der Operationen manipuliert werden.

Beispiel:

Bei dem generalisierten Entity-Typ „BESCHÄFTIGTER" und bei den generalisierenden

Entity-Typen „ARBEITER" und „LEITER" werden Create-, Delete- und Modify-

Operationen definiert. Jeder Entity-Typ kann dann der Startpunkt für eine Folge von Operationsaufrufen sein, d.h. die Änderungsoperation kann integritätssichernde Operationen triggern.

A-3.1   Propagations-Elemente und EER-Netzwerke

Die Betrachtung der Entity-Typen auf einer einheitlichen hierarchischen Ebene führt zu dem Begriff der Propagations-Elemente. Ein Propagations-Element ist die Darstellung eines Entity-Typs bzw. Entitys unabhängig von der hierarchischen Struktur.

Definition 7.2

Ein Propagations-Element ist ein Tupel aus dem Namen des Entity-Typs und einer Liste aller Nachfolger.

Ein Propagations-Element beschreibt genau einen Entity-Typ. Die Darstellung der Entity-

Typen in den Abstraktionskonzepten wird durch die Liste der Nachfolger für das Propagations-Element beschrieben. Jeder Nachfolger repräsentiert somit die Art der Verbindung und den mit diesem Entity-Typen verbundenen Entity-Typ.

Definition 7.3

Ein Nachfolger ist ein Tripel aus Statusinformation, Konstruktionsinformation und dem Namen eines Propagations-Elements.

Durch die Angabe der Nachfolger eines Propagations-Elements wird die hierarchische Struktur beschrieben bzw. sie kann rekonstruiert werden. Die Statusinformation gibt dabei an, ob das betrachtete Propagations-Element auf einer relativ höheren oder auf einer relativ niedrigeren Abstraktionsebene als der Nachfolger steht. Die Art der abstrakten Konstruktion wird in der Konstruktionsinformation des Nachfolgers fixiert.

Beispiel:

```
Sei das folgende konzeptionelle Schema gegeben:
Tischler
            AGGREGATED
                    [ Baut (M, N)
                    PARTIAL Handwerker,
                    PARTIAL Möbel ]
```

Die resultierenden Propagations-Elemente für die in der Aggregation enthaltenen Entity-Typen sind dann:

```
(Tischler, Nachfolgerliste1)


(Handwerker,Nachfolgerliste2)
(Möbel, Nachfolgerliste3)
mit den Nachfolgerlisten:
    Nachfolgerliste1:      (High, (Aggregation,partiell,M), Handwerker),
                           (High, (Aggregation,partiell,N), Möbel)
    Nachfolgerliste2:      (Low, (Aggregation,partiell,M), Tischler)
    Nachfolgerliste3:      (Low, (Aggregation,partiell,N), Tischler)
```

Die Propagations-Elemente und die Nachfolger können als ein gerichteter Graph dargestellt werden, dessen Knoten die Propagations-Elemente und dessen markierte Kanten die Nachfolger sind. Die Gesamtheit aller Propagations-Elemente und Nachfolgerlisten wird EER-Netzwerk genannt.

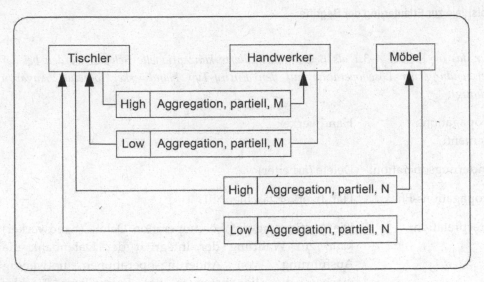

Abbildung A.3:   EER-Netzwerk

Die Darstellung des konzeptionellen Schemas als ein EER-Netzwerk ist ein Hilfsmittel, um die operationale Semantik mit den Abstraktionskonzepten der Entity-Typen zu verbinden.

A-3.2   Propagations-Pfade

Ein Propagations-Pfad ist ein Weg durch das EER-Netzwerk. Er beginnt bei einem beliebigen Propagations-Element. Durch die Angabe von Nachfolgern wird der Propagations-Pfad bestimmt. Die Auswertung der zugeordneten semantischen Integritätsbedingungen kann eine Verlängerung des Propagations-Pfades bedingen.

Für jede Änderungsoperation gelten gesonderte semantische Integritätsbedingungen. Ein Propagations-Pfad ist daher abhängig von der jeweiligen Änderungsoperation und den durch sie modifizierten Entities bzw. Entity-Typen.

Im Folgenden werden zunächst in zwei Beispielen die benötigten Begriffe erklärt und danach wird ein Verfahren zur Bestimmung der Propagations-Pfade angegeben.

Beispiele zur Erläuterung der Begriffe:

Für das im Kapitel A-3.1 als Beispiel formulierte konzeptionelle Schema werden bei der Verwendung der Löschoperation auf den Entity-Typ Handwerker folgende Angaben benötigt:

Propagations-   Handwerker
Element:

Änderungsoperation: Delete (arbeiter)

Propagations-Pfad: Handwerker.Tischler.NIL

Interpretation: Die Ausführung der Löschoperation Delete (handwerker)
                     kann zur Wahrung der Integrität der Datenbank die
                     Ausführung   von   Änderungsoperationen   notwendig
                     machen, die die Instanzen des Entity-Typs Tischler
                     manipulieren.

Bei der Definition des Entity-Typs Handwerker im gleichen konzeptionellen Schema gilt:

Propagations-   *Handwerker*
Element:

Änderungsoperation *Create (handwerker) Propagations-Pfad: Handwerker.NIL*

Interpretation   *Die Ausführung der Operation Create (handwerker) triggert zur*
                     Wahrung der Datenbank-Integrität keine weiteren Operationen.

Eine Pfadbeschreibung besteht aus einer Folge von Namen von Propagations-Elementen. Die

Propagations-Elemente repräsentieren einen Anfangspunkt (Access-Point), Fortsetzungspunkt (Continuation-Point) oder einen Endpunkt (Termination-Point). Jede Pfadbeschreibung beginnt an einem Access-Point. Dieser Einstiegspunkt wird in der Regel durch den Namen des Entity-Typs identifiziert. Ist in einer Änderungsoperation ein definiertes Entity eines Entity-Typs involviert, dann wird der Access-Point durch dieses Entity festgelegt. Ein durch die Nachfolger des Access-Points referenziertes Propagations-Element, ein sogenanntes adjazentes Propagations-Element, heißt Continuation-Point, wenn sich die Wirkung der Änderungsoperation zu diesem fortpflanzt. Es ist dann zu überprüfen, ob der Continuation-Point selbst wieder Continuation-Points besitzt. Eine Pfadbeschreibung wird durch Continuation-Points verlängert. Pflanzt sich eine Änderungsoperation nicht fort, dann heißt das adjazente Propagations-

Element Termination-Point. Jede Pfadbeschreibung endet an einem Termination-Point.

Die für ein konzeptionelles Schema zu erstellenden Propagations-Pfade repräsentieren komplexe Teilgraphen des EER-Netzwerkes, die Zyklen enthalten können. Es muss daher sichergestellt werden, dass die Pfade zu jeder Änderungsoperation terminieren und dass die durch die Pfade ausgeführten Änderungsoperationen immer dieselben Ergebnisse liefern, gleichgültig, in welcher Reihenfolge sie ausgeführt werden.

Unter Beachtung der angegebenen Forderungen kann ein Verfahren angegeben werden, das für eine gegebene Anforderung den Propagations-Pfad berechnet.

Algorithmus zur Berechnung des Propagations-Pfades:

```
{Finde das Propagations-Element in dem EER-Netzwerk, das durch die
Anforderung initial involviert, d.h. als Beginn enthalten ist};
{Markiere das gefundene Propagations-Element als Access-Point};
{Setze Access-Point als aktuelles Propagations-Element (aPE)};
FOR ALL {Nachfolger von aPE} DO
            IF {adjazentes Propagations-Element ist Continuation-Point}
            THEN {Setze adjazentes Propagations-Element als aPE};
            {verlängere Propagations-Pfad};
            IF NOT {Zyklus durch Verlängerung}
            THEN
                    FOR ALL {Nachfolger von aPE} DO
                    IF {adjazentes Propagations-Element ist
                    Continuation-Point}
                    THEN {Setze adjazentes als aktuelles
                    Propagations-Element};
                    {verlängere Propagations-Pfad};
            IF NOT {Zyklus durch Verlängerung}
            THEN FOR ALL
                    ELSE {Termination-Point erreicht}
                    END (*IF*)
                    ELSE {Termination-Point erreicht}
            END (*IF*)
            END (*FOR*)
                    ELSE {Termination-Point erreicht}
            END (*IF*)
            ELSE {Termination-Point erreicht}
            END (*IF*)
      END (*FOR*)
```

Durch den Algorithmus wird ein Teilgraph des EER-Netzwerkes bestimmt. Die durch die Klammer gekennzeichnete Rekursion endet, wenn entweder für ein aktuelles Propagations-Element kein Continuation-Point gefunden werden kann oder durch die Verlängerung des Pfades ein Zyklus entsteht.

Soll bestimmt werden, ob ein mit dem aktuellen Propagations-Element verbundenes Propagations-Element ein Continuation-Point ist, muss die Information aus dem Status und aus der Konstruktion der Nachfolger ermittelt werden. Mit Hilfe der operationalen Semantik der Abstraktionskonzepte kann bestimmt werden, ob ein adjazentes Propagations-Element ein Continuation-Point ist.

Definition 7.4

Ein adjazentes Propagations-Element ist ein Continuation-Point, wenn nach der Aktualisierung der durch die Nachfolgerinformation festgelegten Regel der operationalen Semantik der Name des adjazenten Propagations-Elements in einer Aktion als aktueller Parameter auftritt.

Das Verfahren zur Bestimmung eines Continuation-Points soll hier an einem Beispiel dargestellt werden:

Beispiel (Auswertung einer Regel zur Bestimmung des Continuation-Points):

Seien Handwerker das aktuelle und Tischler das adjazente Propagations-Element und der Nachfolger beinhalte die folgenden Informationen:

```
Status = Low,
Konstruktion = (Aggregation, partiell, N);
```

Die auszuführende Operation sei Delete.

Die für diese Operation zutreffende Regel lautet (vergleiche Regel RA1.4):

```
R(s'' = del (a_b,s')))      if (EXIST a_b:
(proj(a_b,a,s')))  if (s' = del (a,s))
```

Die Parameter der Operationen und Prädikate werden mit den Namen der Propagations-Elemente aktualisiert, d.h. der formale Parameter a wird durch den aktuellen Parameter Handwerker und der formale Parameter a_b wird durch den aktuellen Parameter Tischler ersetzt. Die aggregierten und aggregierenden Entity-Typen können im Bedarfsfall über die Statusinformationen ermittelt werden.

Die resultierende Regel beschreibt dann den Sachverhalt als

```
R' (s'' = del (Tischler,s')))
if (EXIST Tischler: (proj(Tischler,Handwerker,s')))
if (s'del(Handwerker,s))
```

Der Name des adjazenten Propagations-Elements (Tischler) tritt im Aktionsteil der aktualisierten Regel auf. Der Propagations-Pfad muss daher durch den ContinuationPoint „Tischler" verlängert werden.

A-3.3   Operationale Semantik von konzeptionellen Modellen im HERMES

Die Berechnung der Propagations-Pfade ist ein geeigneter Algorithmus, die Fortpflanzung der initialen Anforderung anzugeben. Durch die Berechnung der Propagationspfade wird ˙aber auch die operationale Semantik der Abstraktionskonzepte in die Modellierung der konzeptionellen Ebene eingefügt.

Dabei gelten die beiden Definitionen:

Definition 7.5

Ein Access-Point ist ein 4-Tupel aus einem Namen, einer Anforderung, einer Vorbedingung und dem Verweis auf einen oder mehrere Continuation-Points.

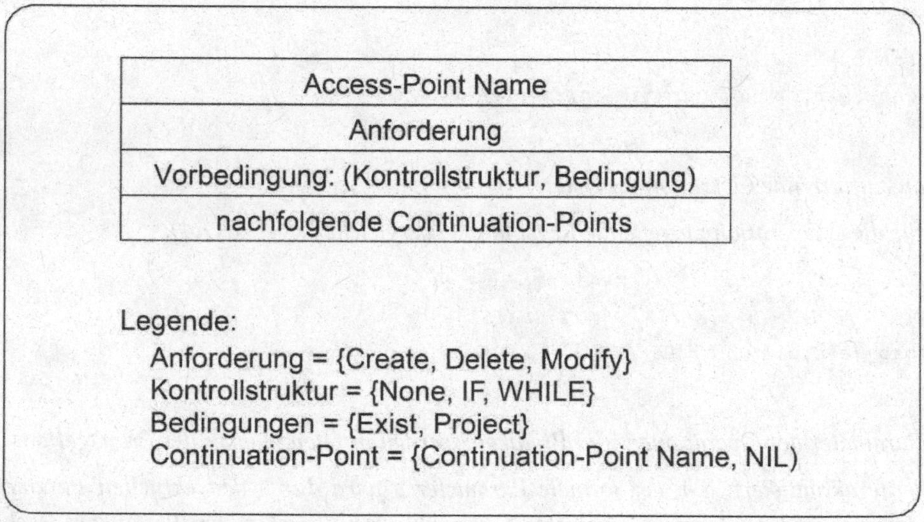

Abbildung A.4:   Struktur des Access-Point

Definition 7.6

Ein Continuation-Point ist ein 4-Tupel aus einem Namen, einer Anforderung, einer Kontrollstruktur mit Bedingung und einem Verweis auf einen oder mehrere Continuation-Points- oder auf einen Termination-Point (NIL).

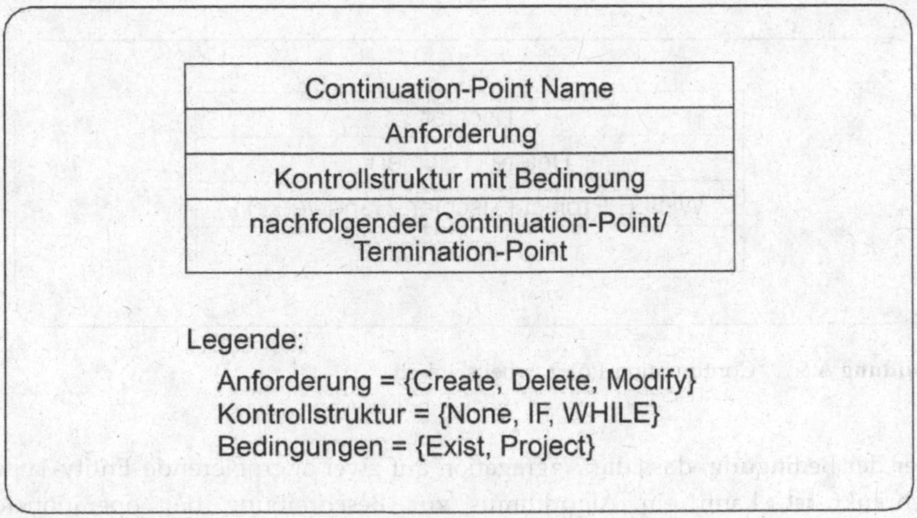

Continuation-Point Name
Anforderung
Kontrollstruktur mit Bedingung
nachfolgender Continuation-Point/ Termination-Point

Legende:

Anforderung = {Create, Delete, Modify}
Kontrollstruktur = {None, IF, WHILE}
Bedingungen = {Exist, Project}

Abbildung A.5:   Struktur des Continuation-Point

Die im Kapitel A-2.2 angegebenen Regeln zur Gewährleistung der dynamischen Integrität korrespondieren direkt mit der hier angegebenen operationalen Semantik konzeptioneller Modelle.

Beispiel für die Korrespondenz:

Sei Teil einer Regel (vergleiche RA3.5) der operationalen Semantik s'' :

```
FOR ALL a_b:proj(a_b,b,s) => del (a_b,s')
```

Zur Beschreibung des Löschens eines Entitys im Abstraktionskonzept Aggregation gilt der Teil einer dynamischen Integritätsbedingung:

```
FOR ALL Tischler: proj(Tischler,Handwerker,s) => del(Tischler,s')
```

Für den Continuation-Point Tischler wird die nachfolgende Struktur formuliert.

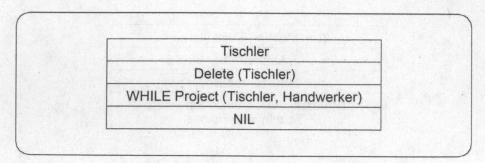

Abbildung A.6: Continuation-Point Arbeitseinheit

Unter der Bedingung, dass die Aggregation auf zwei aggregierende Entity-Typen beschränkt ist, kann ein Algorithmus zur Beschreibung der operationalen Semantik von konzeptionellen Modellen in Continuation-Points angegeben werden.

Die Struktur des Algorithmus zur Beschreibung der operationalen Semantik in den Continuation-Points beruht auf den bei der Anwendung eines Abstraktionskonzeptes festzulegenden Informationen. So sind die Nachfolger eines Propagations-Elements (Status High oder Low), die sich fortpflanzende Änderungsoperation (Create-, Delete- oder Modify-Operation) der Abstraktionsmechanismus (Gruppierung, Generalisierung oder Aggregation), die Abhängigkeiten bei der Aggregation (schwach, total oder partiell) und die bei der Aggregation anzugebende Kardinalität (1 oder N) zu berücksichtigen. Für eine konkrete Anwendung eines Abstraktionskonzepts wird jeweils genau eine der genannten Angaben ausgewählt und entschieden, ob sich die Änderungsoperation fortpflanzen, d. h. der Nachfolger des Propagations-Elements ein Continuation-Point ist.

Algorithmus zur Beschreibung von Continuation-Points:

```
CASE Status OF
            High:   CASE Anforderung OF
                    Create: CASE Abstraktionskonzept OF
                    Gruppierung: {...}
                    Generalisierung: {...}
                    Aggregation: CASE AggregationTyp OF
                    Total: CASE Kardinalität OF
                    '1': {...} 'Beliebig': {adjazentes Propagations-
                                            Element ist Continuation-
                                            Point}
                    {keine Anforderung}
                    {Kontrollstruktur ist bedingte Anweisung}
                    {Bedingung ist 'existiert aggregierendes  Entity?'}
                    END (* Kardinalität *)
                    Schwach: ... Partiell: ...
                    END (* Aggregation Typ *)
            END (* Abstraktionskonzept *)
            Delete:CASE Abstraktionskonzept OF ...
            Modify:CASE Abstraktionskonzept OF ...
            END (* Anforderung *)
            Low: CASE Anforderung OF ...
            END (* Anforderung *)
            END (* Status *)
```

Anhang B

Topic Map:

Die folgende Auflistung der in den jeweiligen Kapiteln behandelten Topics, soll einen Überblick zum leichteren Auffinden der in den Kapiteln behandelten Themen erlauben. Sie ist statt eines Schlagwortregisters eingeführt worden, um die Schlagworte in ihrem jeweiligen Kontext darzustellen.

© Springer Fachmedien Wiesbaden GmbH, ein Teil von Springer Nature 2021
H. Weber, *Data Engineering 4.0*, https://doi.org/10.1007/978-3-658-33185-6

Der Autor verbindet mit der vorliegenden Monographie die Hoffnung, dass deutlich wird, das ohne Betrachtung und Formalisierung der Beschreibung der Semantik von Daten und Informationen deren korrekte Nutzung nicht gewährleistet werden kann. Leser, die über diesen Text hinausgehende Studien zur Semantik und deren mathematischer Formalisierung anstellen wollen, verweise ich auf ein gut lesbares Buch: Ronny Cann „Formal Semantics", Cambridge University Press, 1993.

Printed in the United States
by Baker & Taylor Publisher Services